( COLLECTION Atrium )



# 3ds Max

## versions 2012 et 2013

ISBN : 978-2-7460-7358-6
Imprimé en France

**Editions ENI**
ZAC du Moulin Neuf
Rue Benjamin Franklin
44800 St HERBLAIN

Tél. 02.51.80.15.15
Fax 02.51.80.15.16

e-mail : editions@ediENI.com
http://www.editions-eni.com

Auteur : Laurent GIBERT

# Table des matières

Chapitre 9

## Les splines éditables



Chapitre 10

## Les patchs éditables

## Chapitre 13
## Les polygones éditables : outils de forme libre



## Chapitre 14
## Les polygones éditables : outils de sélection

Chapitre 19

## Édition avancée des coordonnées de texture



Chapitre 20

## Calculer un rendu de la scène

## Chapitre 21
## Animation



## Chapitre 22
## Squelettes et personnages

Chapitre 25

**Organisation et productivité**

Chapitre 26

## Nouveautés 3ds Max 2013

# Chapitre 1
# Tour d'horizon de 3ds Max

## A. L'interface

L'interface de 3ds Max présente de très nombreux outils, c'est pourquoi une résolution importante est nécessaire pour profiter pleinement du logiciel. Dans cet ouvrage, 3ds Max sera présenté dans une résolution de 1680 pixels par 1050 pixels, soit un ratio 16:10.

Par défaut, 3ds Max utilise un thème de couleurs sombre. Pour une meilleure lisibilité, cet ouvrage vous proposera d'utiliser un thème plus clair.

➲ Changez de thème par le menu **Customize - Custom UI and Defaults Switcher**.

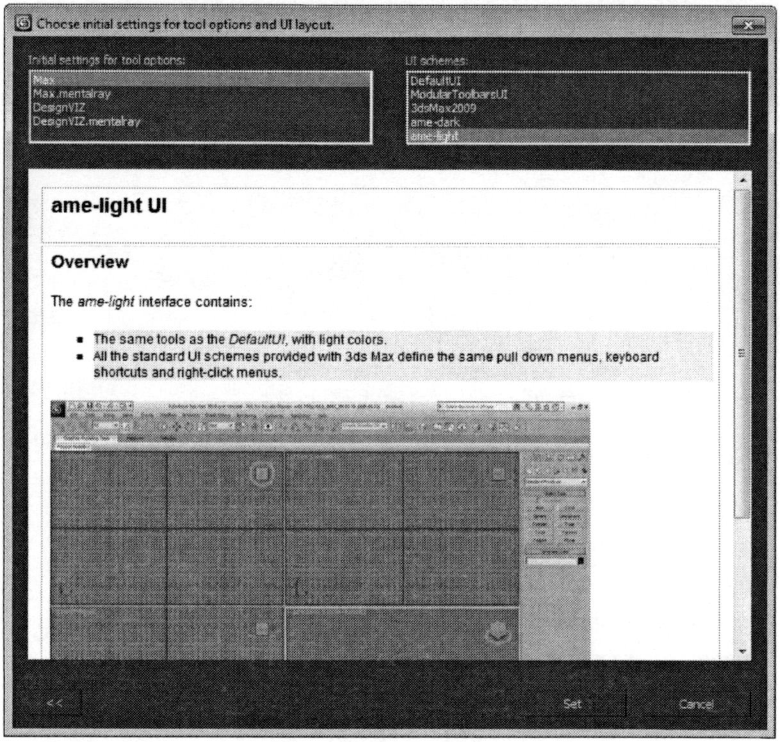


*La fenêtre des thèmes d'interface de 3ds Max.*

➲ Sélectionnez le thème **ame-light** dans la liste **UI schemes** et cliquez sur **Set**.

### Remarque

*Il arrive de « perdre » des barres d'outils de 3ds Max. Si vous n'arrivez plus à les retrouver ou à les réactiver, n'hésitez pas à recharger un thème, cela forcera l'interface à retrouver son agencement d'origine.*

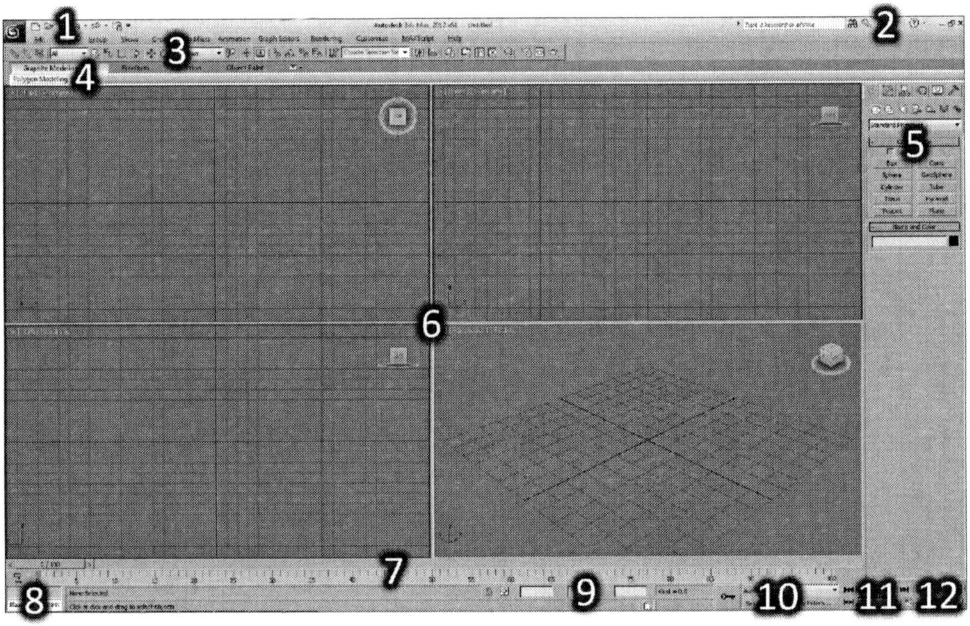


*L'interface de 3ds Max et ses principales zones avec le thème **ame-light**.*

1 : Le bouton 3ds Max et la barre d'accès rapide regroupent les opérations principales de gestion de scènes.

2 : Les outils d'aide et support.

3 : La barre de menus et les barres d'outils.

4 : Le ruban, une barre d'outils dédiée à la modélisation polygonale.

5 : Le panneau de commande, permettant la création et l'édition d'objets.

6 : Les fenêtres de vue de la scène.

7 : La barre de temps utilisée pour l'animation.

8 : Mini-invite du langage de script propriétaire de 3ds Max.

9 : Accès rapide aux valeurs de transformations.

10 : Barre d'outils d'animation.

11 : Barre d'outils de paramétrage des animations.

12 : Barre d'outils de paramétrage des vues.

## B. Le bouton 3ds Max et la barre d'accès rapide

- Le bouton 3ds Max vous donne accès aux outils de gestion de scènes. Les fichiers de scène 3ds Max comportent l'ensemble des données présentes dans la scène ainsi que les paramétrages de la session tels que le paramétrage du moteur de rendu ou encore des unités de la scène.

Les commandes principales sont :

**New** Crée une nouvelle scène tout en conservant les paramètres de session. Cette commande est accessible par le raccourci-clavier Ctrl **N**. Trois options sont proposées, une nouvelle scène vide, une nouvelle scène conservant les objets sans notion de hiérarchie, une nouvelle scène conservant les objets et leur hiérarchie.

**Reset** Réinitialise le logiciel avec ses paramètres par défaut, comme si vous veniez de l'ouvrir.

**ASTUCE**

*3ds Max est un logiciel très gourmand en mémoire vive. Si vous travaillez avec des scènes complexes durant de nombreuses heures, il est préférable de prendre l'habitude de fermer et rouvrir le logiciel, plutôt que de le réinitialiser, pour s'assurer de garder des performances optimales.*

**Open** Ouvre une scène précédemment enregistrée. Cette commande est accessible par le raccourci-clavier Ctrl **O**. 3ds Max 2012 vous permet d'ouvrir des fichiers de scène provenant de n'importe quelle version antérieure du logiciel.

**Save** et **Save As** Sauvegarde la scène dans un fichier utilisant l'extension **max**. Cette commande est accessible par le raccourci-clavier Ctrl **S**.

### Remarque

*Les fichiers de scène enregistrés avec 3ds Max 2012 ne sont pas compatibles avec les versions antérieures du logiciel. Vous pouvez choisir, lors de la sauvegarde, d'enregistrer la scène dans un format compatible avec 3ds Max 2010 ou 3ds Max 2011 en utilisant le menu déroulant **Save as type**.*

| | |
|---|---|
| **Import**, **Export** et **Send To** | 3ds Max supporte de nombreux format 3D. Une particularité est à noter : vous pouvez, en utilisant le menu **Import** - **Merge**, ajouter dans votre scène un ou plusieurs objets provenant d'une autre scène 3ds Max. |
| **Reference** et **Manage** | Ces outils d'aide à la productivité permettent de partager plus facilement le travail réalisé à l'aide de 3ds Max avec le reste de votre équipe. |

➲ La barre d'Accès rapide reprend un certain nombre d'outils du bouton 3ds Max en y ajoutant les outils Annuler et Refaire.

**Undo** Annule une action ; la commande est accessible par le menu **Edit** - **Undo**, le raccourci Ctrl **Z** ou l'outil (barre d'accès rapide).

**Redo** Réapplique une action qui a été précédemment annulée ; la commande est accessible par le menu **Edit** - **Redo**, le raccourci Ctrl **Y** ou l'outil (barre d'Accès rapide).

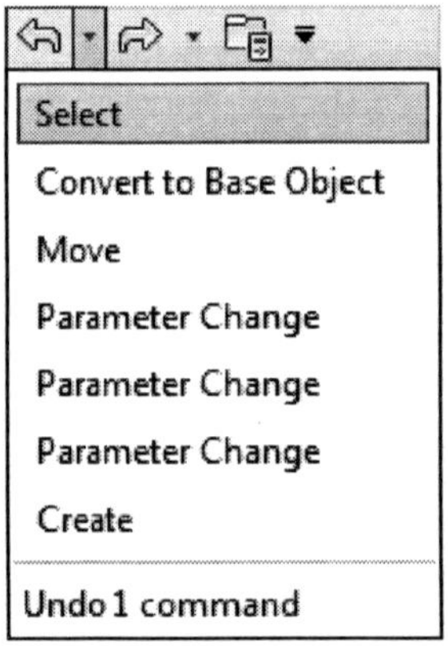


*Les commandes **Undo** et **Redo** de la barre d'accès rapide possèdent une flèche sur leur droite permettant de choisir une action à annuler ou refaire dans l'historique récent des actions.*

**ASTUCE**

*Par défaut, 3ds Max enregistre 20 actions dans l'historique d'annulation. Cela est peu, surtout lors de phases de modélisation où presque chaque clic de souris est une action en soi.*

L'historique d'actions consomme beaucoup de mémoire vive : pour chaque action, 3ds Max conserve potentiellement une copie de l'objet afin de pouvoir revenir en arrière. Toutefois, le réglage par défaut de 20 actions dans l'historique est très faible, il est conseillé de l'augmenter fortement. Il n'est pas rare de voir des réglages de 200 ou 300 actions d'historique. Surveillez le niveau de mémoire vive disponible de votre ordinateur, s'il devient trop faible lors d'une utilisation normale de 3ds Max, vous devriez alors baisser le nombre maximum d'actions disponible dans l'historique.

➲ Pour régler le nombre maximum d'actions de l'historique, ouvrez les paramètres de préférences par le menu **Customize** - **Preferences** puis, dans l'onglet **General**, modifiez le paramètre **Levels** du groupe **Scene Undo**.

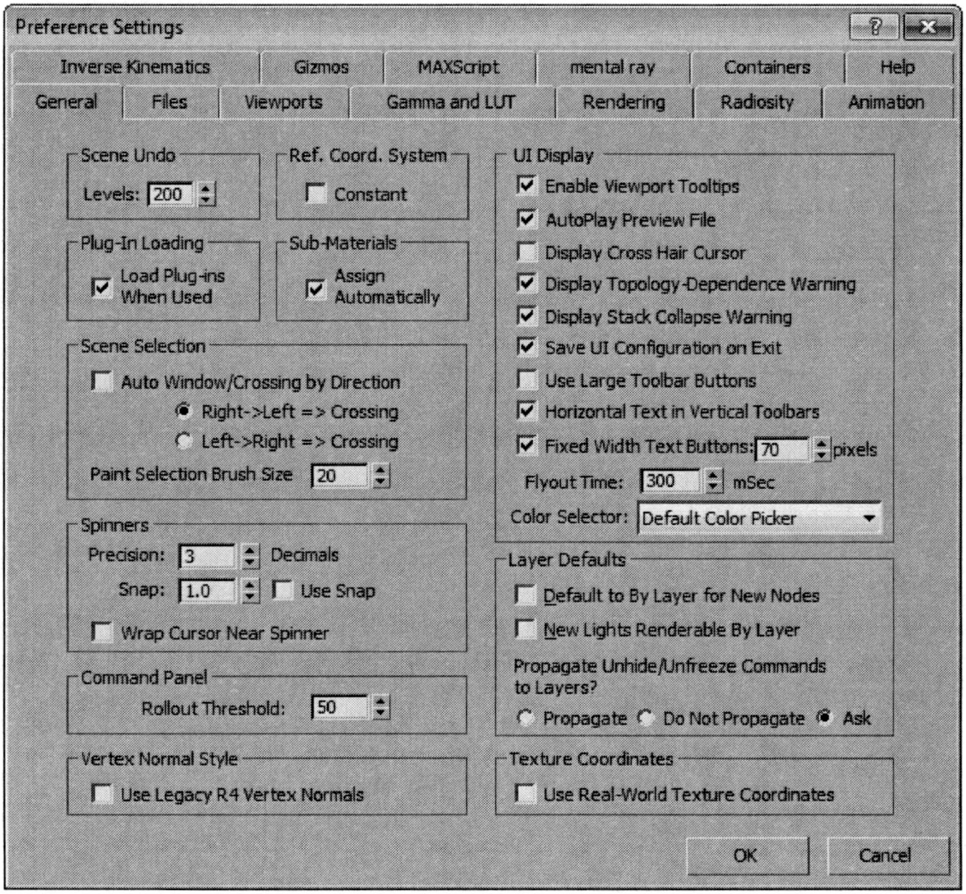


*Le panneau **General** de 3ds Max regroupe des options importantes.*

- Si vous avez perdu la barre des menus (**Edit**, **Tools... Customize...**), cliquez sur la flèche dirigée vers le bas à droite de la barre d'accès rapide et cliquez sur **Show Menu Bar**.

  3ds Max possède également une fonctionnalité vous permettant d'enregistrer temporairement un état de la scène et de le restaurer à tout moment.

- Pour enregistrer un état temporaire de la scène, utilisez le menu **Edit** - **Hold** ou Ctrl **H**.
- Pour restaurer un état de la scène, utilisez le menu **Edit** - **Fetch** ou Ctrl Alt **F**.

## C. Les outils d'aide et de support

Dans un logiciel aussi vaste que 3ds Max, la documentation et la communauté des utilisateurs sont vos alliés les plus précieux. En effet, vous allez atteindre à un moment un niveau d'expertise qui demandera de comprendre en profondeur chacune des options d'un outil afin de l'utiliser de façon optimale. De plus, l'observation et le partage avec d'autres utilisateurs vous permettront d'approcher les nombreuses problématiques avec des points de vue différents. Vous découvrirez qu'il y a de nombreuses façons d'obtenir le même résultat, mais que seulement l'une d'entre elle est la plus judicieuse au regard du contexte.

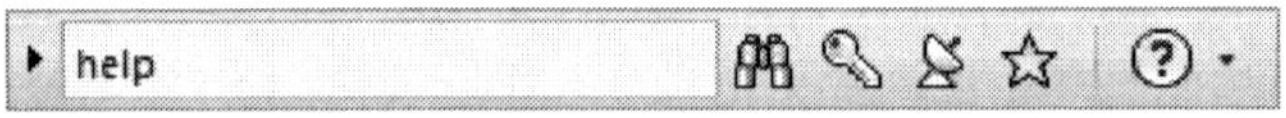


*La barre d'outils d'aide et de support vous permet de rechercher un terme ou une expression directement dans la documentation ou d'ouvrir les différents documents ou ressources d'un simple clic de souris.*

Par défaut, 3ds Max utilise une documentation en ligne. Cependant, effectuer une recherche dans cette vaste documentation peut parfois prendre un peu de temps. Vous pouvez télécharger une version hors ligne de la documentation et la sélectionner comme source par défaut lors d'une recherche.

- Ouvrez les paramètres de préférences par le menu **Customize** - **Preferences**.
- Allez dans l'onglet **Help** et choisissez l'option **Local Computer Network**.
- Cliquez sur le bouton **Download**, vous allez être redirigé sur le site Internet d'Autodesk.
- Téléchargez et installez la documentation dans la langue de votre choix. Il est judicieux d'installer la documentation dans le répertoire **help** du dossier de 3ds Max (par défaut **C:\Program Files\Autodesk\3ds Max 2012\help**).

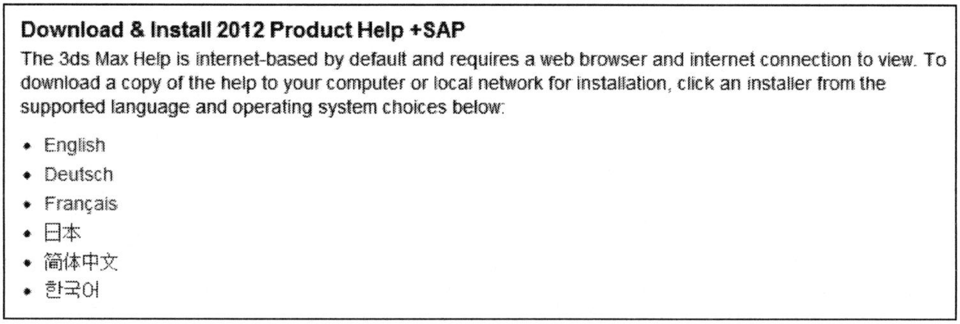

**Download & Install 2012 Product Help +SAP**

The 3ds Max Help is internet-based by default and requires a web browser and internet connection to view. To download a copy of the help to your computer or local network for installation, click an installer from the supported language and operating system choices below:

- English
- Deutsch
- Français
- 日本
- 简体中文
- 한국어

Choisir l'aide en anglais peut être intéressant car posséder le vocabulaire anglais de la 3D vous permettra de trouver plus de ressources sur Internet.

➲ Une fois la documentation installée, retournez dans 3ds Max et cliquez sur le bouton **Browse**.

*Si vous avez choisi le dossier **help** de 3ds Max pour l'installation de la documentation et que vous avez téléchargé la version anglaise de celle-ci, le dossier à sélectionner est le dossier **en_us**.*

➲ Parcourez vos dossiers jusqu'au répertoire de langue de la documentation.

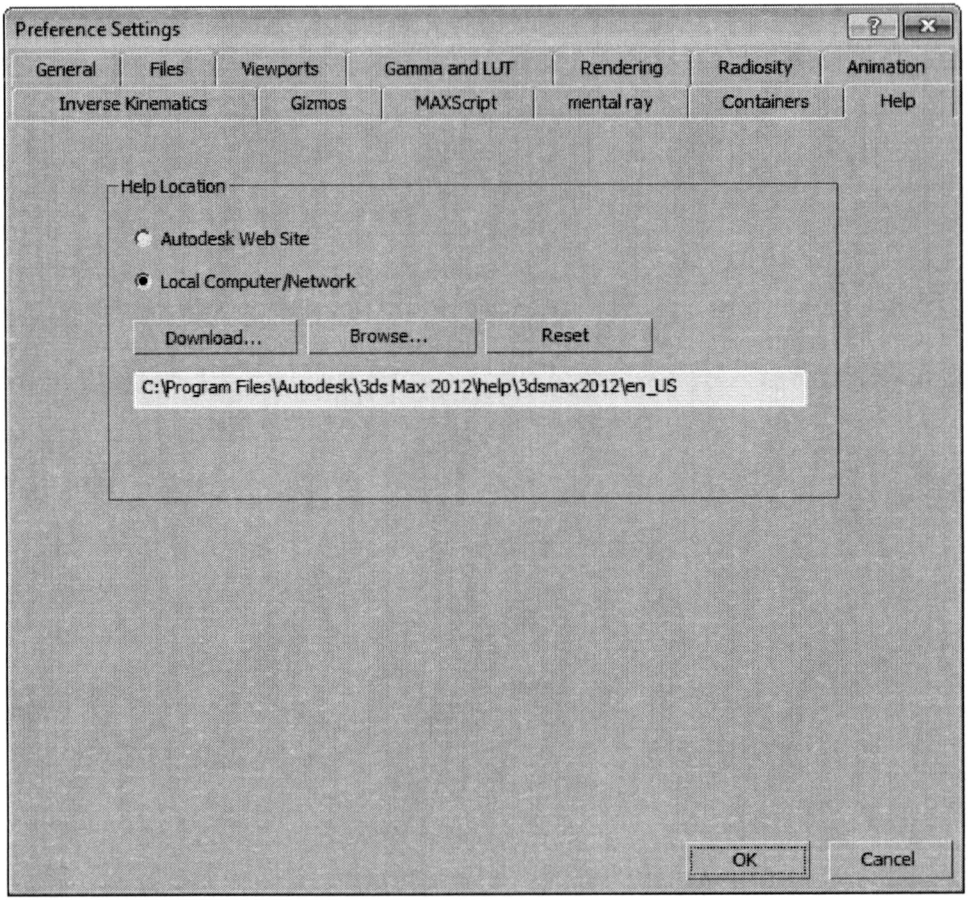


*La fenêtre des paramètres de préférences avec une documentation hors ligne paramétrée.*

➲ Cliquez sur le bouton **OK**.

## D. Les barres d'outils

Les barres d'outils proposent des accès rapides à de nombreux outils. Par défaut, un certain nombre de barres d'outils sont masquées.

➲ Pour afficher ou masquer une barre d'outils, faites un clic droit dans une zone vide de la barre d'outils principale et sélectionnez la barre d'outils désirée.

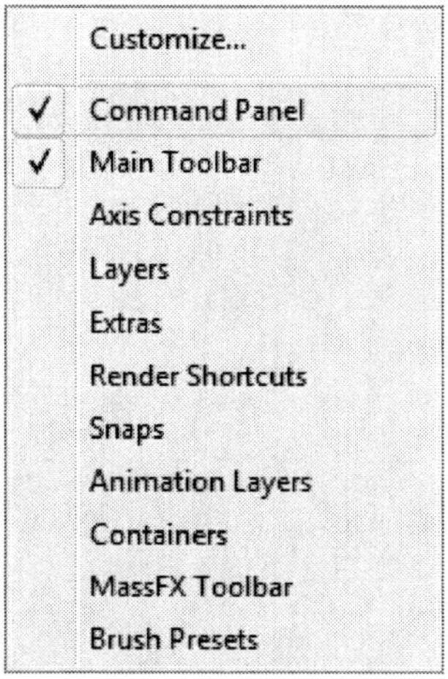


*Vous pouvez contrôler la visibilité des barres d'outils en faisant un clic droit dans un espace libre de la barre d'outils principale.*

- Si vous avez masqué la barre d'outils principale, vous pouvez l'afficher de nouveau par le menu **Customize** - **Show UI** - **Show Main Toolbar** ou Alt **6**.

Tout au long de cet ouvrage, lors de références à une icône de barres d'outils, la barre d'outils concernée sera mentionnée. L'interface de 3ds Max regroupe, sous une seule icône, les outils proposant des fonctionnalités similaires, celui affiché étant le dernier du groupe à avoir été utilisé. Ces groupes sont signalés par une petite flèche en bas à droite comme dans l'exemple de l'outil **Align** (barre d'outils principale) : .

- Pour lister les différents outils présents dans un groupe, gardez enfoncé le bouton gauche de la souris sur l'icône du groupe.

*La liste des outils disponibles dans le groupe de l'outil* ***Align****.*

## E. Le menu Quad

Le menu **Quad** s'affiche lors d'un clic droit dans une fenêtre de vue, les commandes qu'il présente sont en relation avec la sélection en cours et le mode de vue utilisé.

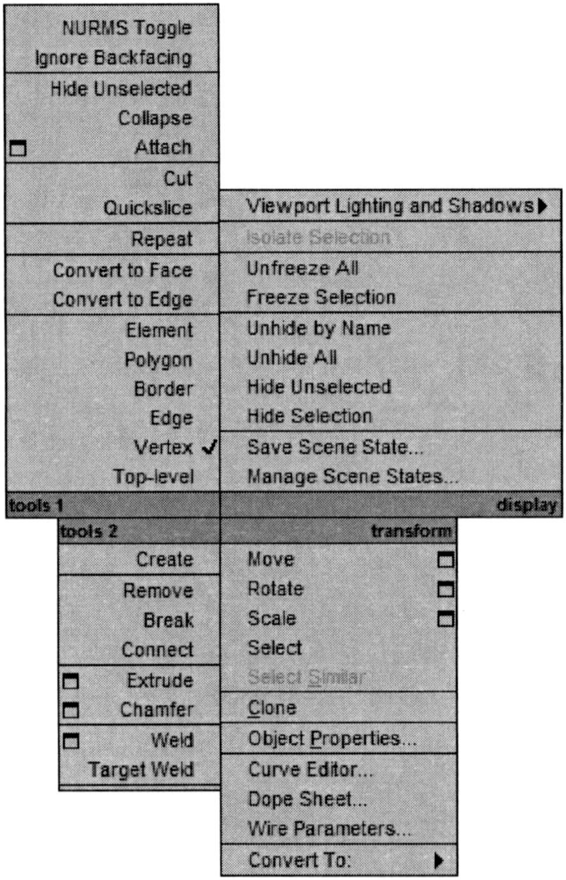


*Le menu **Quad** est composé au maximum de quatre parties. La partie en haut à droite présente en général des options de visibilité, en bas à droite des commandes de transformation et d'objet, en haut à gauche des commandes en relation avec le type d'objet sélectionné (ici un polygone éditable) et en bas à gauche des commandes en relation avec le niveau de sous-objet actif.*

## F. Les unités de mesure

3ds Max utilise deux jeux d'unités de mesure : les unités de travail (celles qui sont affichées dans l'interface et que vous utilisez comme base de travail) et les unités système (utilisées pour enregistrer les données de la scène).

Si le système de mesure n'est pas un enjeu pour vous, ne touchez à rien. Toutefois, de nombreuses raisons peuvent vous pousser à travailler avec un système de mesure déterminé, notamment les métiers liés à l'architecture ou encore les métiers dans lesquels des systèmes de simulations physiques sont paramétrés finement (simulations physiques dans un jeu vidéo ou encore système d'éclairage physiquement juste pour un rendu photo-réaliste).

Cependant, l'interopérabilité entre les différents logiciels 3D du marché n'est pas parfaite et vous pouvez avoir des surprises. Par exemple, si les unités de travail sont en mètres mais que les unités système sont en pouces, une sphère ayant un diamètre affiché de 1 m va être enregistrée en pouces, soit un diamètre de 39,7101. Si cette sphère est exportée dans un format ne prenant pas en charge les unités de mesure et importée dans un logiciel (même 3ds Max) dont l'unité système est le kilomètre, alors cette même sphère fera maintenant 39,7101 km de diamètre.

➲ Pour changer les unités de travail, utilisez le menu **Customize** - **Units Setup**.

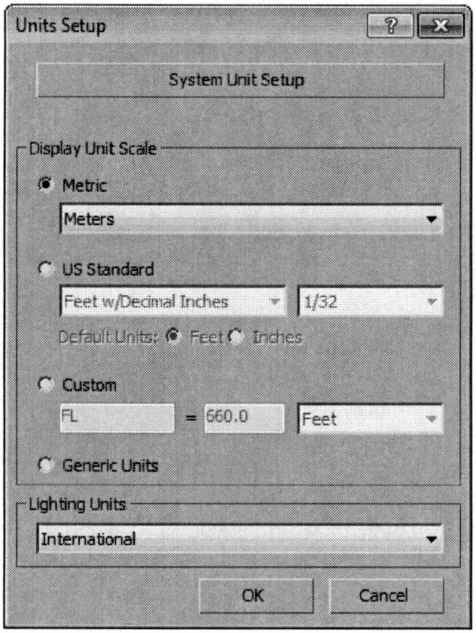


*Vous pouvez choisir entre les systèmes métriques, américains ou encore un système personnalisé. L'unité de mesure sélectionnée sera celle utilisée par défaut dans 3ds Max.*

➲ Pour changer les unités système, utilisez le menu **Customize** - **Units Setup** puis cliquez sur le bouton **System Unit Setup**.

*Vous pouvez définir quelle est l'unité exacte utilisée en interne par 3ds Max dans ses fichiers en changeant la valeur et l'unité de référence à l'aide des zones associées à l'option **1 Unit =**.*

**ASTUCE**

*Une unité système trop grande par rapport à l'échelle des objets peut poser des problèmes de manipulation de la scène (objets invisibles, ou trop petits pour être édités). Une bonne pratique est d'avoir une unité système peu éloignée de la taille du plus petit objet de votre scène. De même, une conversion compliquée entre les unités peut mener à de nombreuses erreurs d'imprécisions. Si vous utilisez par exemple le système métrique comme unité de travail, préférez le système métrique comme unité système.*

## G. Personnalisation de l'interface

L'interface de 3ds Max est hautement personnalisable, des couleurs, icônes, raccourcis, en passant par les barres d'outils aux contenus des différents menus, tout est modifiable. Cependant, le logiciel étant très vaste, il vaut mieux attendre une certaine maîtrise de celui-ci avant d'effectuer des changements importants.

➲ Pour modifier l'interface de 3ds Max, utilisez le menu **Customize** - **Customize User Interface**.

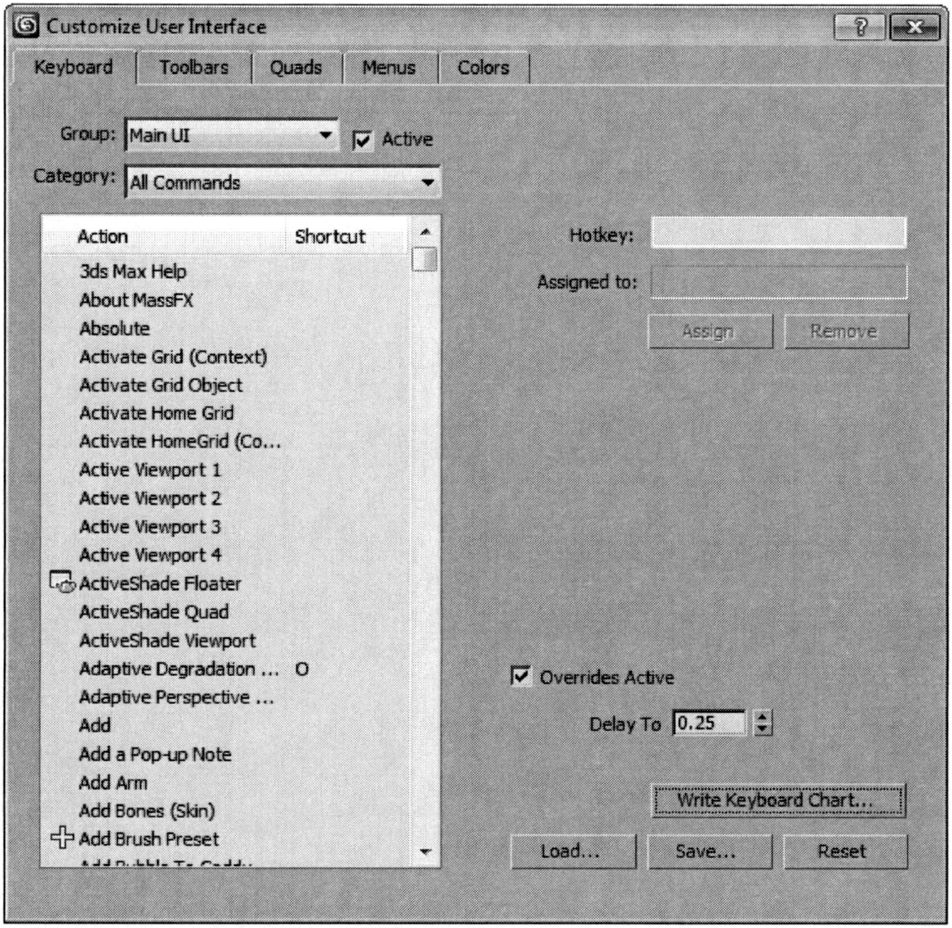


*Vous pouvez enregistrer ou charger un fichier de configuration ou réinitialiser chaque catégorie avec les boutons **Load**, **Save** et **Reset**.*

# Chapitre 2
# Fenêtres de vue

## A. Configurer les vues

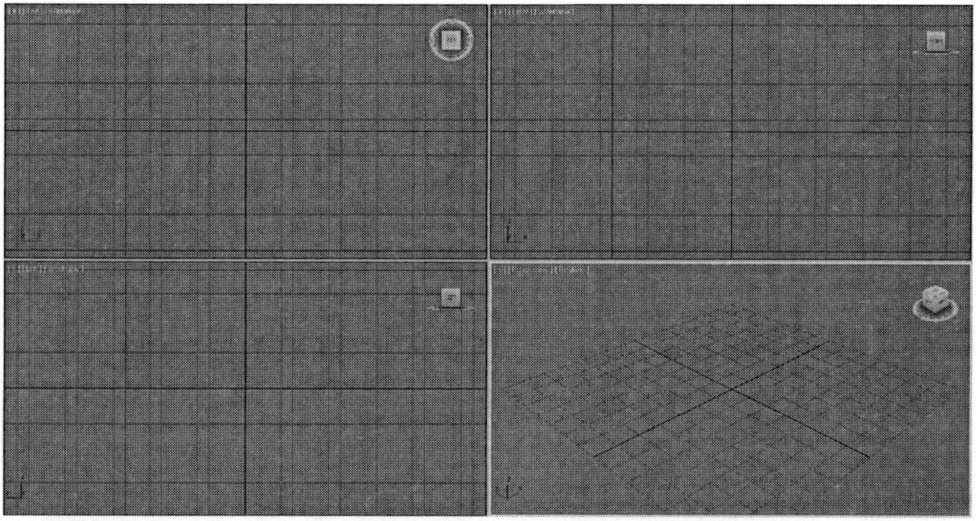

*Par défaut, les vues sont au nombre de quatre : dessus, face, gauche et perspective*

Chaque vue possède trois menus de configuration accessibles par un clic gauche. Le premier est un accès rapide aux paramètres de la vue, le deuxième permet de changer le type de vue et le troisième le mode de rendu.

*Les menus sont présents sur chaque vue de la scène.*

Seule une vue est active à la fois. Le vue active est signalée par un cadre jaune.

➲ Pour changer de vue active sans effectuer une manipulation par erreur, cliquez avec la molette de la souris sur la vue désirée.

- Pour maximiser temporairement la vue active, utilisez le premier menu de la vue et l'option **Maximize Viewport** ou  (barre d'outils de paramétrage des vues, en bas à droite de la fenêtre) ou Alt **W** ; utilisez une nouvelle fois ce menu, icône ou raccourci pour revenir à la configuration normale des vues.
- Pour personnaliser le nombre de vues et leur disposition, utilisez le premier menu de la vue et l'option **Configure Viewports** ou le menu **Views - Viewport Configuration** ou faites un clic droit sur l'une des icônes de la barre d'outils de paramétrage des vues.

  Choisissez l'onglet **Layout**.

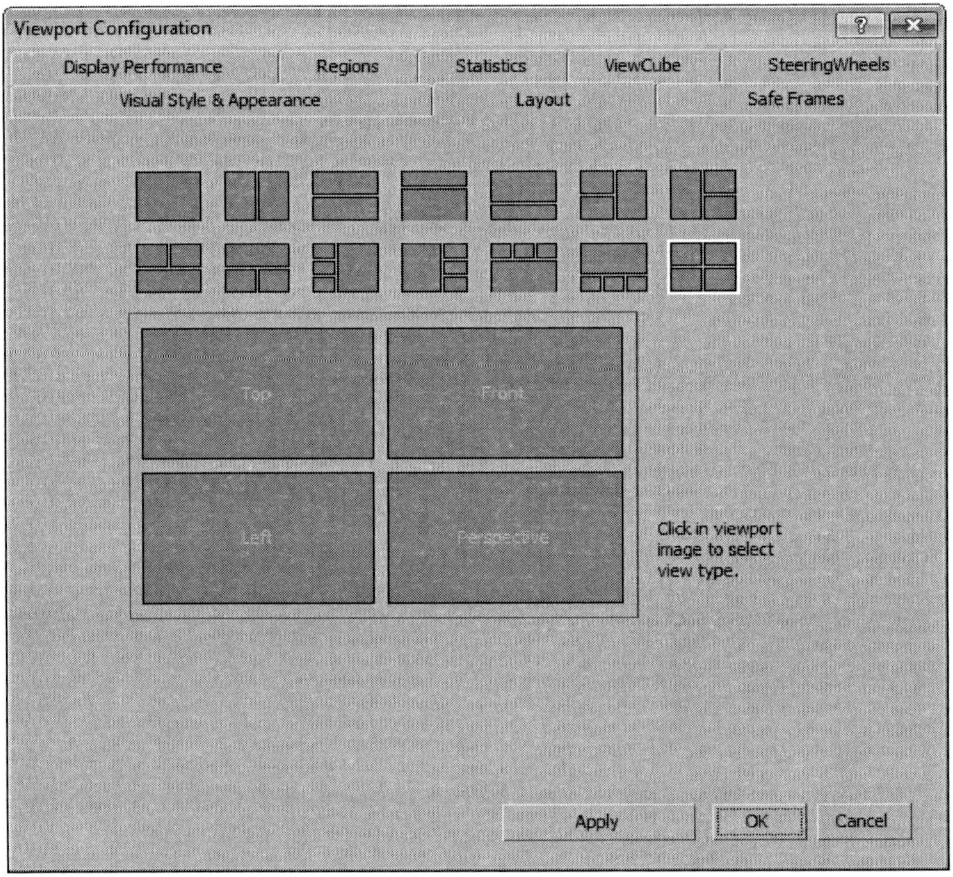


- Sélectionnez une configuration différente pour les vues, prévisualisez éventuellement le résultat avec le bouton **Apply** et validez avec le bouton **OK**.

## B. Les différents types de vues

3ds Max propose deux types de vues différents : les vues orthographiques (perspective axonométrique) et les vues de perspective classique (perspective conique).

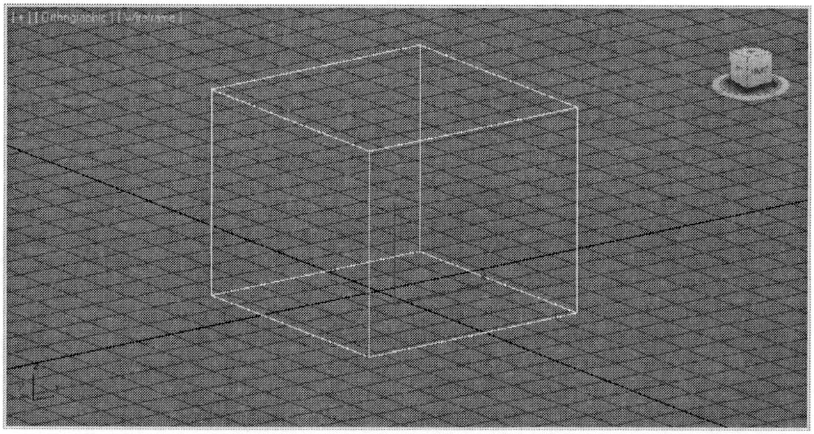

*Dans une vue orthographique, les lignes parallèles dans la réalité sont parallèles à l'écran. Cela est utile pour travailler dans un plan donné.*

Si les vues orthographiques peuvent être utiles dans un objectif d'alignement ou de vue en coupe des objets, elles ne sont pas naturelles et vous observerez la scène bien plus souvent avec une vue de perspective classique.

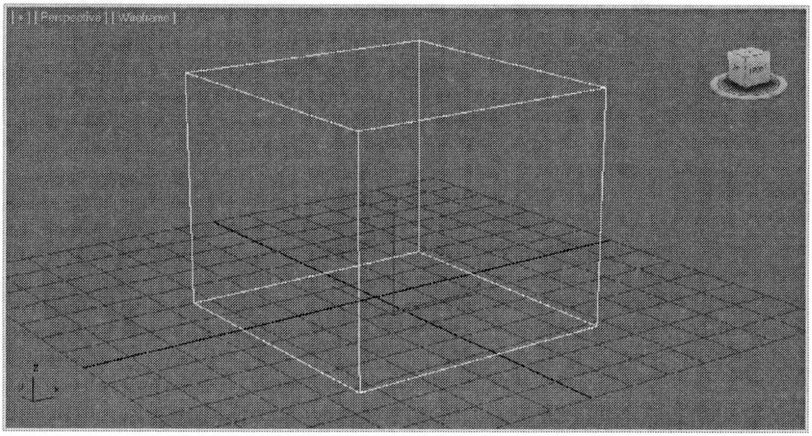

*Dans une vue de perspective classique, les lignes parallèles dans la réalité convergent à l'horizon sur l'écran, c'est le mode de représentation le plus proche de ce que perçoit l'œil humain.*

Les vues de face, arrière, dessus, dessous, gauche, droite et orthographique sont des vues orthographiques. Les vues perspective, caméra et lumière sont des vues de perspective classique (les vues caméra et lumière sont accessibles dès qu'une caméra ou une lumière est présente dans la scène et permet de visualiser la scène « par l'œil » de la caméra ou la lumière.

- Pour changer de type de vue, utilisez le deuxième menu de la vue puis cliquez sur l'option correspondant à la vue à activer.
- Vous pouvez aussi utiliser les raccourcis-clavier suivants :

**U** pour la vue orthographique

**F** pour la vue de face

**T** pour la vue de dessus

**L** pour la vue de gauche

**P** pour la vue perspective

**C** pour la vue de caméra

Si une caméra est sélectionnée ou si la scène ne contient qu'une seule caméra, la vue sera directement celle de cette caméra. Si votre scène comporte plusieurs caméras, une fenêtre vous proposera de choisir la caméra souhaitée.

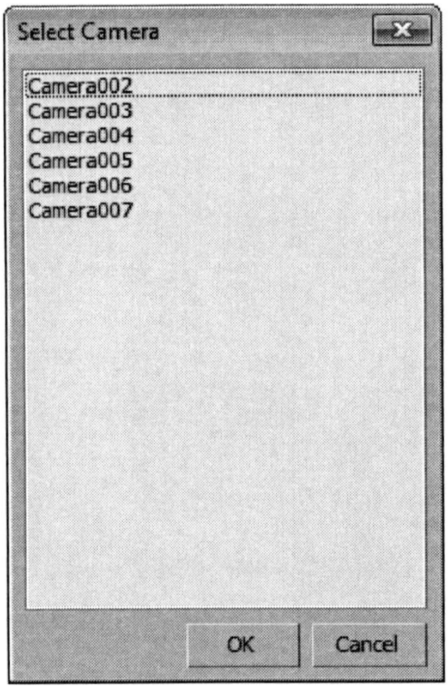

## C. Changer le mode de rendu de la vue

3ds Max propose de nombreux modes de rendu dans les fenêtres de vue, soit pour vous aider à visualiser un résultat, soit pour vous permettre de travailler au mieux tout au long des différentes phases de votre projet.

➲ Pour changer le mode de rendu, utilisez le troisième menu de la vue et éventuellement son sous-menu **Stylized**.

***Realistic*** *: utilise la couleur des objets, simule l'éclairage et l'occlusion ambiante.*

***Shaded*** *: ce rendu ne simule pas la lumière. L'ombrage des objets ne sert qu'à donner du relief.*

***Consistent Colors*** *: la lumière n'effectue pas de dégradé à la surface des objets.*

***Graphite*** *: simule un rendu par fusain.*

**Color Pencil** : *simule un rendu par crayons de couleurs.*

**Ink** : *simule un rendu à l'encre noire.*

**Color Ink** : *simule un rendu à l'encre en couleur.*

**Acrylic** : *simule un rendu à la peinture acrylique.*

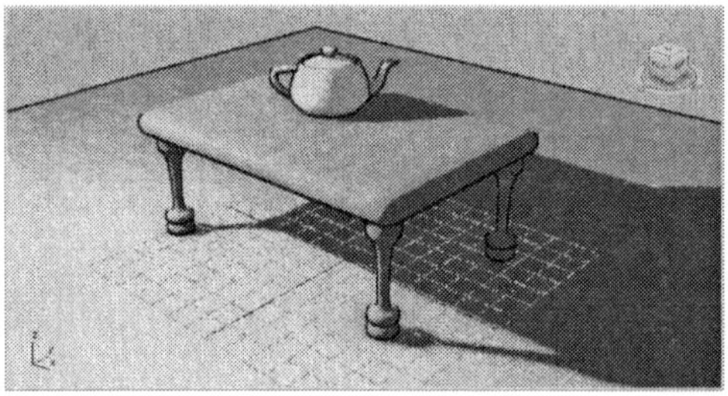

**Pastel** : *simule un rendu par pastels.*

**Tech** : *simule un rendu par aplats de couleurs.*

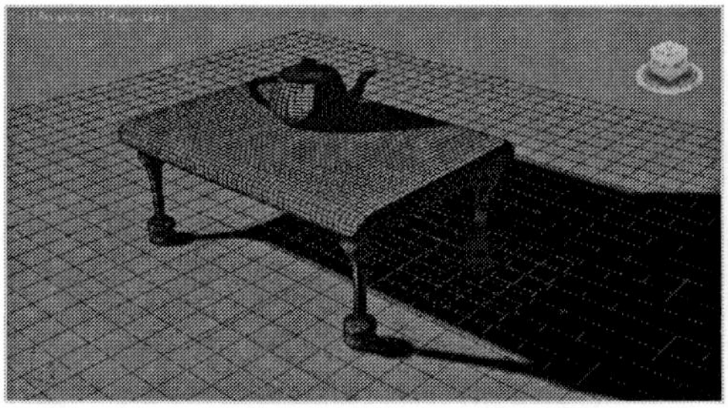

***Hidden Line*** *: présente les lignes du maillage des objets et simule l'éclairage en noir et blanc.*

***Wireframe*** *: présente les lignes du maillage des objets en transparence.*

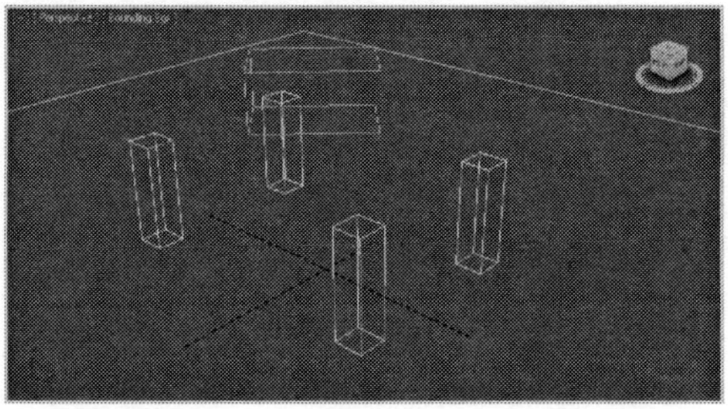

***Bounding Box*** *: présente les objets de la scène sous forme de boîtes en transparence.*

- Affichez ou masquez le maillage des objets par-dessus la vue en cours en utilisant le troisième menu de la vue et l'option **Edged Faces** ou la touche F4.
- Dans les vues gérant les ombres, vous pouvez activer ou désactiver les ombres en utilisant le troisième menu de la vue et l'option **Lighting and Shadows - Shadows**.
- Dans les vues gérant l'occlusion ambiante, vous pouvez activer ou désactiver l'occlusion ambiante en utilisant le troisième menu et l'option **Lighting and Shadows - Ambient Occlusion**.

#### Remarque

*L'occlusion ambiante est un effet ajoutant une ombre dans les angles aigus inter-objets. Cet effet est calculé dans le plan de l'écran et ne tient pas compte de la taille réelle des objets ou des lumières. Si cet effet ajoute un sentiment de réalisme, il ne correspond en rien au rendu final.*

- Affichez ou masquez la grille en utilisant le premier menu de la vue et l'option **Show Grid** ou la touche **G**.

## D. Manipuler les vues avec la souris

Les commandes suivantes de manipulation de la vue sont les plus couramment utilisées.

- Pour déplacer la vue dans le plan de la caméra, maintenez la molette enfoncée et déplacez la souris ; vous pouvez déplacer plus rapidement la vue en maintenant [Ctrl] et la molette.
- Pour faire pivoter la vue autour de ce que vous voyez, maintenez [Alt] et la molette et déplacez la souris.
- Pour zoomer, faites roulez la molette de la souris en avant ou en arrière.

#### Remarque

*À chaque fois que vous utilisez un outil dans 3ds Max par un maintien du clic gauche de la souris, vous pouvez annuler l'opération en cours : sans lâcher le clic gauche, faites un clic droit. Cette astuce permet de vérifier ce que va donner un outil sans avoir à annuler d'action par la suite.*

Ci-après des méthodes alternatives pour manipuler la vue.

- Déplacez la vue en sélectionnant l'outil  dans la barre d'outils de paramétrage des vues (en bas à droite de la fenêtre) et en réalisant un cliqué-glissé dans la vue en maintenant le bouton gauche de la souris enfoncé. Un clic droit désactive l'outil.

- Faites pivoter la vue en sélectionnant l'outil 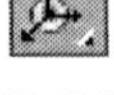 dans la barre d'outils de paramétrage des vues et en réalisant un cliqué-glissé dans la vue en maintenant le bouton gauche de la souris enfoncé. Un clic droit désactive l'outil.

- Zoomez en sélectionnant l'outil  dans la barre d'outils de paramétrage des vues et en réalisant un cliqué-glissé avec le bouton gauche de la souris vers l'intérieur ou l'extérieur selon le zoom souhaité. Un clic droit désactive l'outil.

- Zoomez en sélectionnant l'outil  dans la barre d'outils de paramétrage des vues et en dessinant un cadre autour de la partie à zoomer avec le bouton gauche de la souris. Un clic droit désactive l'outil.
- Zoomez dans toutes les vues en même temps en sélectionnant l'outil  dans la barre d'outils de paramétrage des vues et en réalisant un cliqué-glissé avec le bouton gauche de la souris vers l'intérieur ou l'extérieur selon le zoom souhaité dans une des vues. Un clic droit désactive l'outil.

## E. Manipuler les vues avec l'outil ViewCube

L'outil **ViewCube** est présent dans chacune des fenêtres de vue par défaut. Il permet à des personnes non familiarisées avec la 3D de manipuler la vue de façon très simplifiée.

*Le **ViewCube** représente l'angle de vue de la scène par rapport à un cube.*

- Un simple clic gauche sur une face, une arête ou un coin du cube réoriente la vue.
- Faire glisser l'anneau sous le cube permet de faire pivoter horizontalement la vue.
- En maintenant le clic gauche sur le cube et en déplaçant la souris, la vue pivote librement.
- Un simple clic gauche sur la petite maison ramène la vue en perspective par défaut.

*Lorsque la vue est alignée sur l'une des faces du cube, des flèches supplémentaires apparaissent pour vous permettre d'accéder aux autres faces du cube en un seul clic. Les deux flèches en arc de cercle permettent quant à elles de faire pivoter la vue dans le plan de vue actuel.*

Vous pouvez définir une nouvelle vue par défaut associée à la petite maison.

- Manipulez la vue.
- Faites un clic droit sur le **ViewCube**.
- Cliquez sur **Set Current View as Home**.

Vous pouvez définir une nouvelle position de départ (**Front**) pour changer l'alignement du **ViewCube**.

- Manipulez la vue.
- Faites un clic droit sur le **ViewCube**.
- Cliquez sur **Set Current View as Front**.
- Vous pouvez annuler cette opération en choisissant **Reset Front** dans le même menu.

Si vous décidez de vous familiariser dès maintenant avec les commandes standard, vous pouvez désactiver l'outil **ViewCube**.

- Utilisez le premier menu de la vue et l'option **Configure Viewports** ou le menu **Views - Viewport Configuration** ou faites un clic droit sur l'une des icônes de la barre d'outils de paramétrage des vues.
- Activez l'onglet **ViewCube**.
- Décochez la case **Show the ViewCube** puis cliquez sur **OK**.

## F. Manipuler les vues avec l'outil SteeringWheels

Lors du lancement de 3ds Max, si l'option correspondante est active, l'outil **SteeringWheels** est présent dans la vue active. Si vous passez votre souris dessus, 3ds Max vous propose différents modes d'utilisation regroupés sous deux onglets.

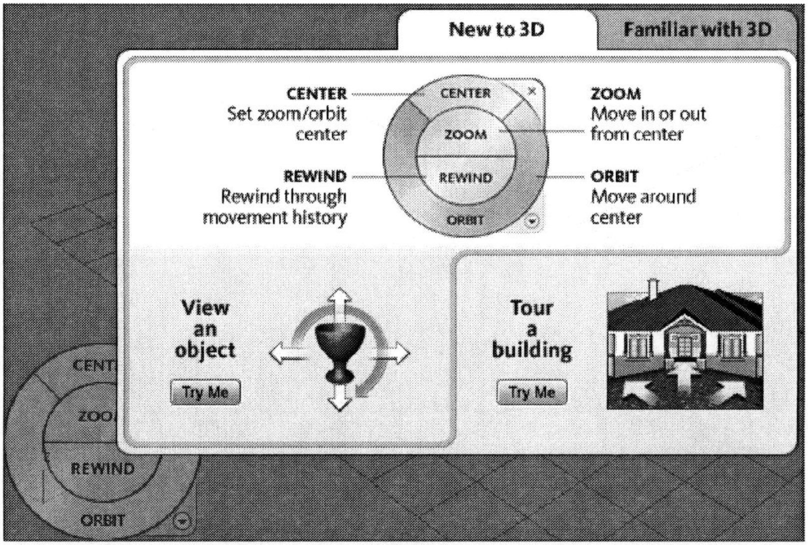


*L'onglet **New to 3D** présente deux modes : voir un objet et visiter un bâtiment.*

Nous allons nous intéresser au **SteeringWheels** intitulé **Full Nav** de l'onglet **Familiar with 3D** car il regroupe toutes les fonctionnalités présentes dans les autres versions.

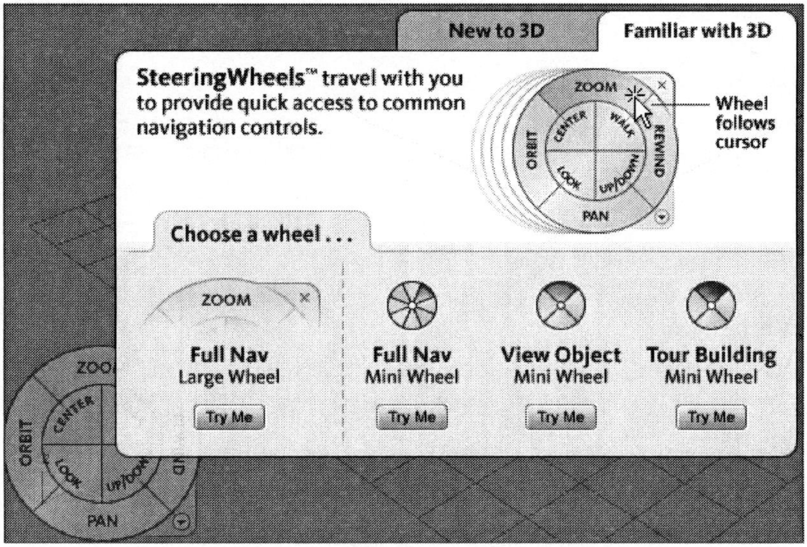


*L'onglet **Familiar with 3D** présente le **Steering Wheel** complet (**Full Nav**) et trois mini-versions.*

- Si le **SteeringWheels** n'est pas affiché, utilisez le premier menu de la vue, pointez l'option **SteeringWheels** et cliquez sur **Toggle SteeringWheels** ou utilisez le raccourci-clavier ⇧ **W**.
- Passez votre souris sur le **SteeringWheels**.
- Cliquez sur l'onglet **Familiar with 3D**.
- Cliquez sur le bouton **Try Me** en dessous de **Full Nav**.

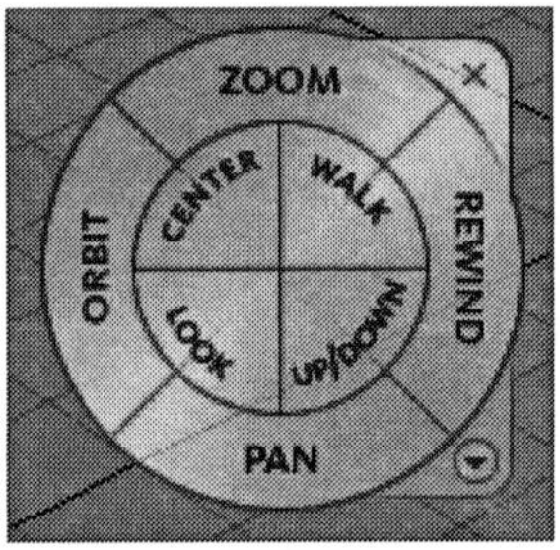


*Le **SteeringWheels Full Nav** suit votre souris. L'outil pointé par votre souris s'affiche en vert.*

- Pointez la partie de la vue à zoomer, maintenez le bouton gauche de la souris enfoncé sur l'outil **Zoom** et déplacez la souris pour zoomer.
- Maintenez le bouton gauche de la souris enfoncé sur l'outil **Orbit** et déplacez la souris pour tourner autour de la partie ciblée par la souris.
- Maintenez le bouton gauche de la souris enfoncé sur l'outil **Pan** et déplacez la souris pour vous déplacer dans le plan de la vue.
- Pointez un objet à l'endroit à partir duquel vous souhaitez que la vue se recentre puis cliquez sur l'outil **Center**.
- Maintenez le bouton gauche de la souris enfoncé sur l'outil **Look** et déplacez la souris pour réorienter la vue.
- Maintenez le bouton gauche de la souris enfoncé sur l'outil **Walk** et déplacez la souris lentement vers la direction dans laquelle vous voulez vous déplacer.
- Maintenez le bouton gauche de la souris enfoncé sur l'outil **Up/Down** et déplacez la souris pour déplacer la vue verticalement.
- Maintenez le bouton gauche de la souris enfoncé sur l'outil **Rewind** et déplacez la souris horizontalement pour rejouer les déplacements de vue que vous avez effectués précédemment avec l'outil **SteeringWheels**.

  Les autres versions du **SteeringWheels** reprennent en partie ces outils. Les versions **Mini** du **SteeringWheels** sélectionnent les outils non pas en cliquant dessus comme dans la version **Full Nav** mais en déplaçant la souris autour du mini **SteeringWheels**.

Le **SteeringWheels** peut être pratique pour des présentations, mais en règle générale, vous le désactiverez pour manipuler la scène avec les commandes classiques.

- Pour désactiver le **SteeringWheels** jusqu'au prochain redémarrage de 3ds Max, appuyez sur [Echap].
- Pour redémarrer le **SteeringWheels**, utilisez le premier menu de la vue et l'option **SteeringWheels - Toggle SteeringWheels** ou [⇧] **W**.
- Pour désactiver le **SteeringWheels** au démarrage, utilisez le premier menu de la vue et l'option **Configure Viewports** ou le menu **Views - Viewport Configuration** ou faites un clic droit sur l'une des icônes de la barre d'outils de paramétrage des vues.

  Allez dans l'onglet **SteeringWheels**.

  Décochez la case **Always Show the Pinned Wheel on Start** puis cliquez sur **OK**.

## G. Manipuler les vues avec l'outil Walk Through

L'outil **Walk Through** vous permet de naviguer dans la scène comme si vous étiez à bord d'un avion ou à l'intérieur d'un personnage de jeu vidéo. Les raccourcis-clavier sont d'ailleurs similaires à ceux d'un jeu vidéo de type « First Person Shooter ». Cependant, la norme « AZERTY » des claviers français rend l'exercice un peu difficile, mais vous pouvez réassigner de nouvelles touches pour un plus grand confort.

### Remarque

*L'outil **Walk Through** n'est accessible que pour des vues de perspective classique, car son mode de rotation de vue n'est pas adapté à une vue orthographique.*

- Activez l'outil **Walk Through** en cliquant sur le bouton (du même groupe que l'outil ) dans la barre d'outils de paramétrage des vues ou appuyez sur la touche [↑].
- Dans une vue perspective, maintenez le bouton gauche de la souris enfoncé pour faire pivoter la caméra sur elle-même.
- Utilisez la touche **W** pour avancer et **S** pour reculer.
- Utilisez les touches **A** et **D** pour vous déplacer respectivement sur la gauche et la droite.
- Utilisez la touche **E** pour vous déplacer vers le haut et la touche **C** pour vous déplacer vers le bas.
- Les touches **[** et **]** vous permettent respectivement de ralentir ou accélérer les mouvements (en pressant plusieurs fois la touche).

  Un clic droit désactive l'outil.

# Chapitre 3
# Créer des primitives 3D

## A. Introduction

Les primitives 3D sont les objets de départ classiques de tout projet de modélisation. Ils servent généralement de support de base afin de créer des objets plus complexes.

## B. Le panneau de commandes

Tous les outils de création sont regroupés dans le panneau de commandes situé à droite dans l'interface de 3ds Max.

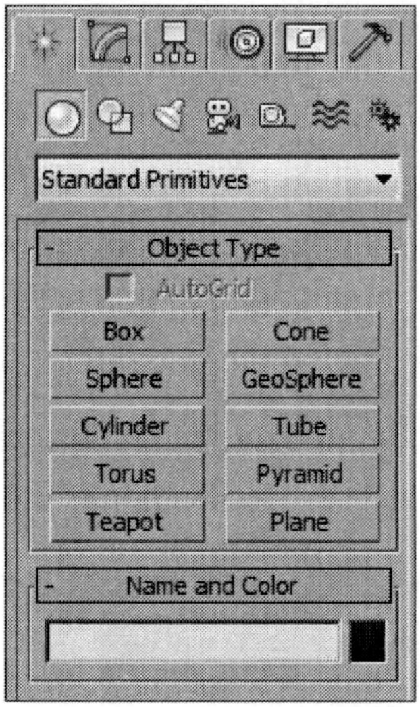


*Panneau de commande en mode création.*

➲ Pour masquer ou afficher le panneau de commandes, faites un clic droit dans une zone vide de la barre d'outils principale et sélectionnez **Command Panel** ou utilisez le menu **Customize** - **Show UI** - **Show Command Panel**.

Le panneau de commande contient des panneaux déroulants groupant les éléments d'interface tels que les boutons, les champs textes... Pour afficher ou masquer le contenu du panneau déroulant, cliquez sur son titre.

Le panneau de commandes peut parfois présenter une très longue liste de paramètres. Vous pouvez afficher un maximum de paramètres, surtout si vous possédez un écran large.

- Déplacez votre souris sur le bord gauche du panneau de commandes.
- Lorsque la souris se transforme en double flèche de redimensionnement, maintenez le bouton gauche de la souris et déplacez largement votre souris sur la gauche afin de faire apparaître deux colonnes ou plus dans le panneau de commandes.

  Si vous possédez un deuxième écran, il peut être agréable de détacher le panneau de commandes et de le positionner sur le deuxième écran.

- Déplacez votre souris à gauche ou à droite des icônes principales du panneau de commandes.
- Lorsque la souris se transforme et fait apparaître un rectangle blanc, maintenez le bouton gauche de la souris enfoncé et déplacez la souris pour détachez le panneau de commandes.
- Vous pouvez attacher à nouveau le panneau de commandes à l'interface de 3ds Max en faisant un clic droit sur la barre de titre du panneau de commandes et en utilisant le menu **Dock** - **Left** ou **Dock** - **Right**.

## C. Procédures de création des primitives

Toutes les créations d'objets suivent une procédure identique.

- Cliquez sur l'icône de création du panneau de commandes : .
- Sélectionnez la catégorie des objets géométriques : .
- Sélectionnez le type d'objet à créer dans le menu déroulant.
- Entrez en mode création d'un objet en cliquant sur son nom.

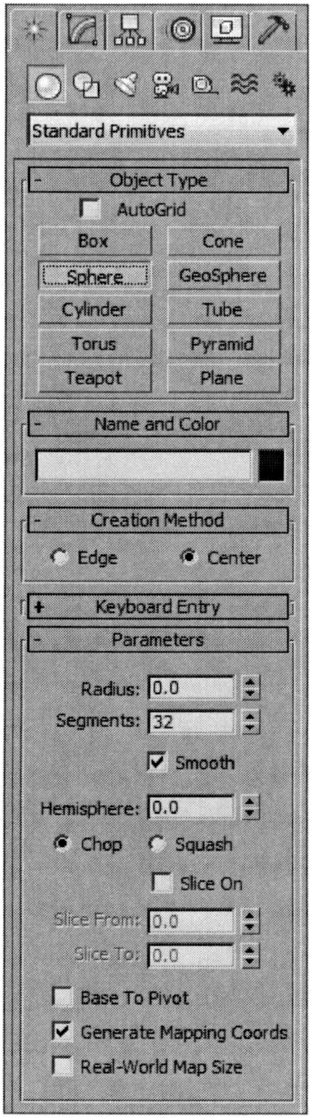


*Le panneau de commandes avec le mode de création de sphère activé.*

- Vous pouvez à cette étape cocher la case **AutoGrid** située au-dessus des boutons de création. Lorsque cette case est cochée, l'objet créé va s'aligner sur la surface d'un objet de la scène présent sous la souris lors du premier clic, ou à défaut sur la grille.

- Modifiez éventuellement la méthode de création dans le panneau déroulant **Creation Method**. Ces méthodes diffèrent d'un objet à l'autre, elles permettent comme dans le cas de la sphère d'indiquer si le premier clic est le centre de l'objet **Center** ou son bord **Edge**. Dans d'autres cas, comme pour la boîte, elles peuvent permettre de fixer toutes les dimensions de l'objet en un clic (dimensions identiques).
- Maintenez le bouton gauche de la souris enfoncé dans une fenêtre de vue, déplacez la souris pour définir la première dimension de l'objet et relâchez le bouton de la souris.
- Si l'objet nécessite d'autres dimensions, déplacez à nouveau la souris pour définir cette dimension et cliquez pour valider. Cette étape se répétera autant de fois qu'il faudra afin de fixer toutes les dimensions de l'objet.
- Vous pouvez à présent effectuer encore quelques réglages directement dans le panneau déroulant **Parameters** du panneau de commandes.
- Le mode création de l'objet reste actif, vous pouvez créer de nouveaux objets en reproduisant les étapes depuis l'entrée en mode création.
- Pour désactiver le mode de création de l'objet, faites un clic droit dans la vue active ou cliquez sur le bouton du mode de création de l'objet dans le panneau de commandes.

Il vous est possible de créer un objet en fixant ses paramètres et sa position à la main avant de l'insérer dans la scène. Dans ce cas, la procédure diffère quelque peu.

- Cliquez sur l'icône de création du panneau de commandes : .
- Sélectionnez la catégorie des objets géométriques : .
- Sélectionnez le type d'objet à créer dans le menu déroulant.
- Entrez en mode création d'un objet en cliquant sur le bouton correspondant.
- Cliquez sur le panneau déroulant **Keyboard Entry** du panneau de commandes.

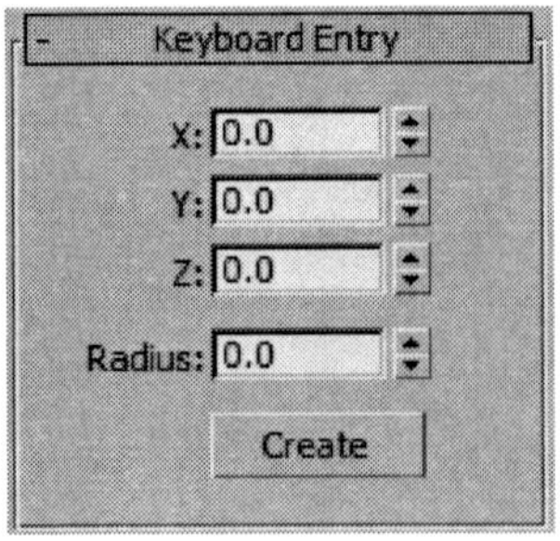


*Le panneau **Keyboard Entry** présente trois paramètres de la future position de l'objet dans la scène ainsi que les paramètres nécessaires à la création de l'objet. Ici, le menu **Keyboard Entry** de la sphère.*

- Entrez la position, les paramètres nécessaires.
- Modifiez éventuellement les autres paramètres de l'objet dans le panneau déroulant **Parameters** du panneau de commandes.
- Cliquez sur le bouton **Create** du panneau déroulant **Keyboard Entry**.

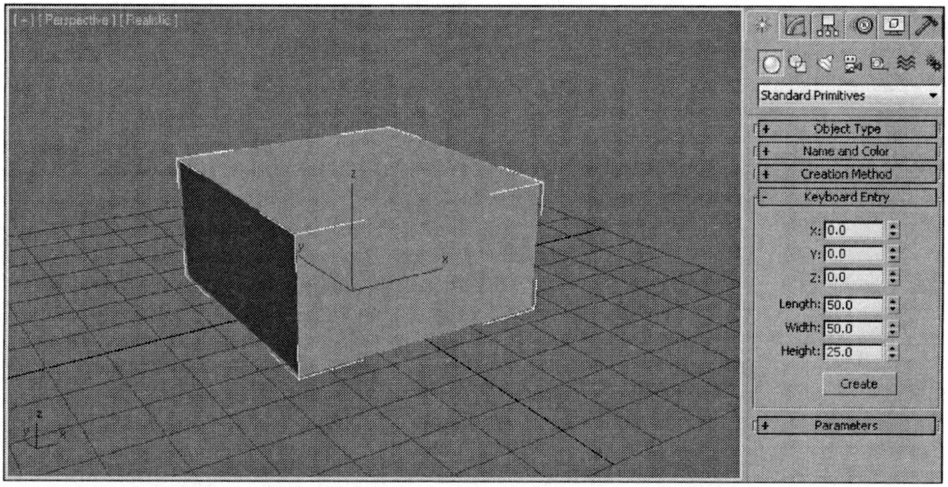


- Vous pouvez effectuer encore quelques réglages directement dans le panneau déroulant **Parameters** du panneau de commandes.
- Le mode de création de l'objet reste actif, vous pouvez créer de nouveaux objets en reproduisant les étapes depuis l'entrée en mode création.
- Pour désactiver le mode de création de l'objet, faites un clic droit dans la vue active ou cliquez sur le bouton du mode de création de l'objet.

## D. Les primitives standard

- Cliquez sur l'icône de création du panneau de commandes : .
- Sélectionnez la catégorie des objets géométriques : .
- Sélectionnez le type d'objet **Standard Primitives** dans le menu déroulant.
- Cliquez sur un nom d'objet pour entrer en mode création de celui-ci.

  Vous pouvez également entrer en mode création de ces objets par le menu **Create** - **Standard Primitives**.

  Certaines de ces primitives sont également accessibles par un menu **Quad** personnalisé, accessible en maintenant Ctrl et en faisant un clic droit dans la vue active.

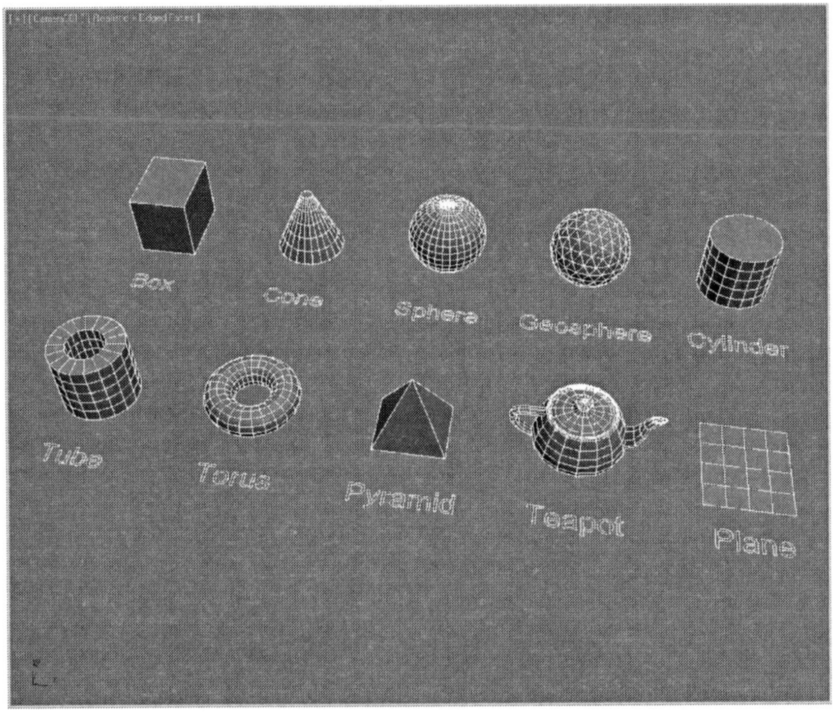


*Les primitives standard de 3ds Max*

La géosphère est peu utilisée en général parce que son maillage ne possède aucun alignement évident. Cependant, sa particularité est d'avoir un maillage parfaitement uniforme, ce qui peut en faire un objet nécessaire lors de considérations mathématiques particulières.

Le plan possède la particularité de ne pas être un volume fermé, ce n'est qu'une surface. Cette propriété peut vous poser problème par la suite, lors de simulations physiques ou lumineuses par exemple.

La théière est composée de quatre objets optionnels : le corps, l'anse, le bec et le couvercle. Ces parties optionnelles peuvent être enlevées facilement par des cases à cocher. La théière est présente dans les primitives 3D standard car elle est l'un des objets emblématiques et historiques de la 3D.

## E. Les primitives étendues

- Cliquez sur l'icône de création du panneau de commande : .
- Sélectionnez la catégorie des objets géométriques : .
- Sélectionnez le type d'objet **Extended Primitives** dans le menu déroulant.
- Cliquez sur un nom d'objet pour entrer en mode création ou utilisez le menu **Create** - **Extended Primitives**.

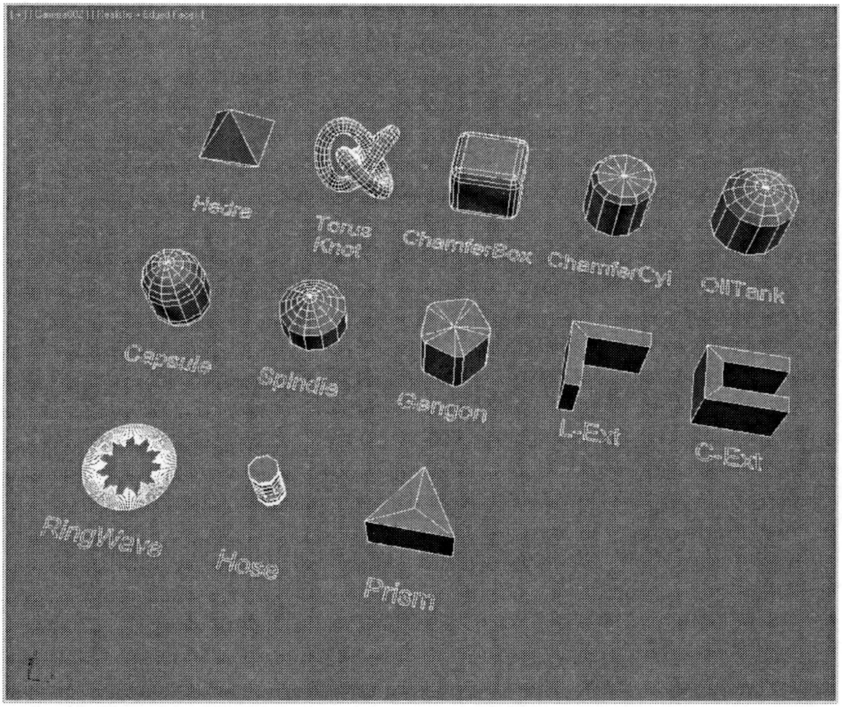


*Les primitives étendues de 3ds Max*

## F. Les primitives architecturales

3ds Max propose un certain nombre d'objets aidant à la création de bâtiments.

### 1. Les murs

L'objet de départ est le mur.

- Cliquez sur l'icône de création du panneau de commandes : .
- Sélectionnez la catégorie des objets géométriques : .
- Sélectionnez le type d'objet **AEC Extended** dans le menu déroulant.
- Cliquez sur l'objet **Wall** pour entrer en mode création de murs.
- Cliquez à plusieurs reprises dans la vue active pour poser des murs ; si vous cliquez à l'emplacement exact de la base d'un angle de mur déjà posé ou à la base du point de départ du mur, 3ds Max vous propose de fusionner les pans de murs.

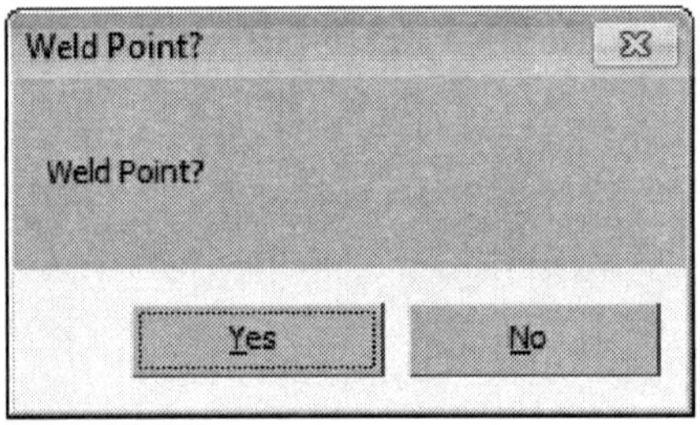


- Faites un clic droit pour terminer la pose de mur en cours.
- Vous pouvez à présent effectuer encore quelques réglages directement dans le panneau déroulant **Parameters** du panneau de commandes.
- Le mode de création de l'objet reste actif, vous pouvez créer de nouveaux objets en reproduisant les étapes depuis l'entrée en mode création.
- Pour désactiver le mode de création de l'objet, faites un clic droit dans la vue active ou cliquez sur le bouton du mode de création de l'objet.

### 2. Les portes et les fenêtres

- Cliquez sur l'icône de création du panneau de commandes : .
- Sélectionnez la catégorie des objets géométriques : .
- Sélectionnez le type d'objet **Doors** ou **Windows** dans le menu déroulant.
- Cliquez sur un nom d'objet pour entrer en mode création de celui-ci.

Vous pouvez également entrer en mode création de ces objets par le menu **Create** - **AEC Objects**.

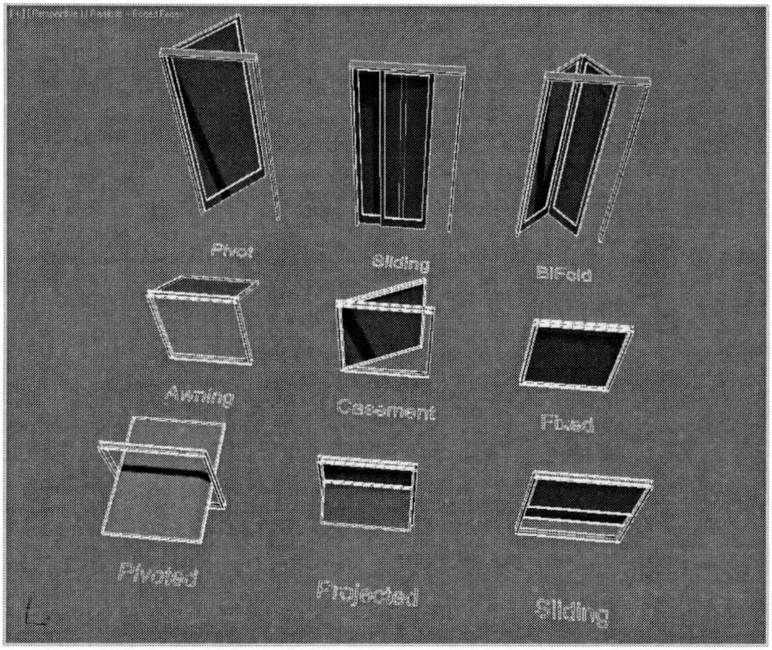


*Les portes et fenêtres de 3ds Max*

### Remarque

*Les murs de 3ds Max ont la particularité de prendre en compte les objets portes et fenêtres de 3ds Max. Si vous créez une porte que vous disposez à travers un mur, le mur créera de lui-même l'ouverture associée avec la porte.*

## 3. Les escaliers

3ds Max possède également quelques modèles d'escaliers.

- Cliquez sur l'icône de création du panneau de commandes : 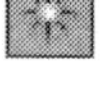.
- Sélectionnez la catégorie des objets géométriques : .
- Sélectionnez le type d'objet **Stairs** dans le menu déroulant.
- Cliquez sur un nom d'objet pour entrer en mode création de celui-ci.

Vous pouvez également entrer en mode création de ces objets par le menu **Create** - **AEC Objects**.

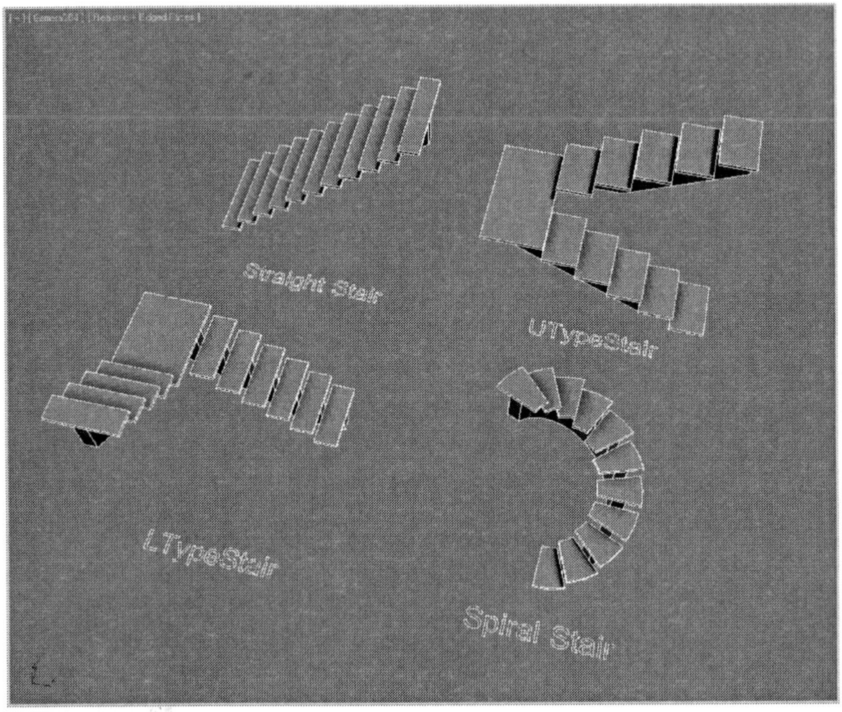


*Les escaliers de 3ds Max*

Les escaliers possèdent dans leurs paramètres un groupe de trois paramètres intitulé **Rise**. Ces paramètres contrôlent la hauteur de l'escalier et de ses marches.

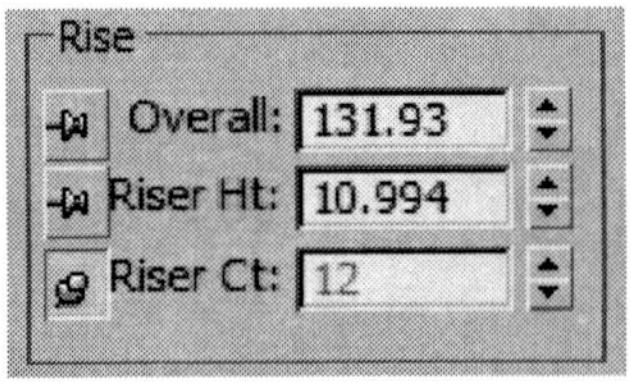


Le paramètre **Overall** est la hauteur totale de l'escalier, **Riser Ht** la hauteur d'une marche et **Riser Ct** le nombre de marches. Pour paramétrer un escalier, vous devez fixer à l'aide des épingles à leur gauche l'un de ces trois paramètres. Le paramètre fixé ne changera plus. Si vous changez l'un des deux autres paramètres, le troisième paramètre se mettra à jour automatiquement pour conserver la valeur du paramètre fixé.

Par exemple, si vous savez que votre escalier doit faire 2,72 mètres de haut et qu'une marche fait 16 cm de haut, 3ds Max en déduira automatiquement qu'il y a 17 marches. Si le résultat est impossible (nombre de marches pas entier), 3ds Max utilise les valeurs les plus proches.

## G. Les primitives végétales

Enfin, pour agrémenter des extérieurs, 3ds Max propose un ensemble de compositions végétales paramétrables.

- Cliquez sur l'icône de création du panneau de commandes : 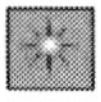.
- Sélectionnez la catégorie des objets géométriques : .
- Sélectionnez le type d'objet **AEC Extended** dans le menu déroulant.
- Cliquez sur l'objet **Foliage** pour entrer en mode création.

  Vous pouvez également entrer en mode création de ces objets par le menu **Create - AEC Objects - Foliage**.
- Sélectionnez une plante dans la liste déroulante.
- Cliquez autant de fois que vous voulez dans la vue active pour poser des plantes dans la scène.

*Les compositions végétales de 3ds Max*

# Chapitre 4
# Créer des formes

## A. Créer des lignes

- Cliquez sur l'icône de création du panneau de commandes : .
- Sélectionnez la catégorie des formes : .
- Sélectionnez **Splines** dans le menu déroulant.
- Entrez en mode création d'une ligne en cliquant sur le bouton **Line** ou utilisez le menu **Create** - **Shapes** - **Line** ou par le menu Ctrl **Quad** - **Line**.

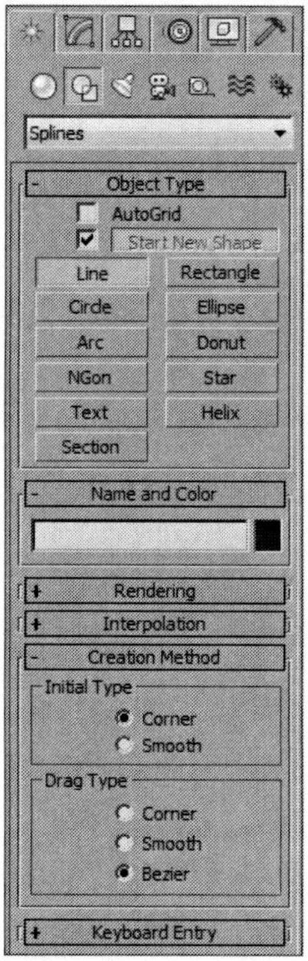


*Le panneau de commandes avec le mode création de ligne activé.*

- Vous pouvez à cette étape cocher la case **AutoGrid** située au-dessus des boutons de création. Lorsque cette option est cochée, l'objet créé va s'aligner sur la surface d'un objet de la scène présent sous la souris lors du premier clic, ou à défaut sur la grille.
- Choisissez éventuellement une méthode de création dans le panneau déroulant **Creation Method** : la méthode **Initial Type** sera appliquée lors de la pose d'un point par un clic gauche, la méthode **Drag Type** sera appliquée lors d'un clic gauche maintenu et un déplacement de souris lors de la pose d'un point.

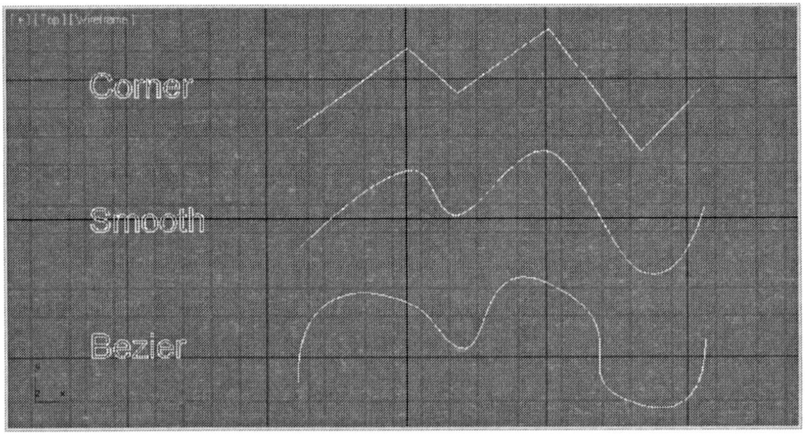


*Une ligne créée avec la méthode **Corner** n'est qu'une succession de segments, la méthode **Smooth** calcule une courbe automatique entre les points de la ligne et la méthode **Bezier** vous permet de contrôler la courbure en un point.*

- Cliquez dans la vue active pour poser des points de la ligne ; si vous maintenez le bouton gauche et déplacez la souris, par défaut (méthode **Bezier**), vous contrôlerez la courbure de la ligne en ce point.
- Si vous maintenez la touche ⇧ pendant le déplacement de la souris, la ligne sera alignée sur les axes **X**, **Y** ou **Z**.
- Si vous cliquez sur le point de départ de la ligne, 3ds Max vous proposera de fermer la ligne : si vous répondez oui, le dernier point sera fusionné avec le premier, stoppant la création de cette ligne. Si vous répondez non, le nouveau point se superpose au premier et la création de la ligne continue.
- Sinon, faites un clic droit pour arrêter la création de la ligne en cours.
- Le mode création de la ligne reste actif, vous pouvez créer de nouvelles lignes en reproduisant les étapes depuis l'entrée en mode création.
- Pour désactiver le mode création de la ligne, faites un clic droit dans la vue active ou cliquez sur le bouton du mode création de la ligne.

Il est possible de créer une ligne en entrant la position de chacun de ces points au fur et à mesure. Dans ce cas, la procédure diffère quelque peu.

- Cliquez sur l'icône de création du panneau de commandes : .
- Sélectionnez la catégorie des formes : .
- Sélectionnez **Splines** dans le menu déroulant.
- Entrez en mode création d'une ligne en cliquant sur **Line**.
- Cliquez sur le panneau déroulant **Keyboard Entry** du panneau de commandes.

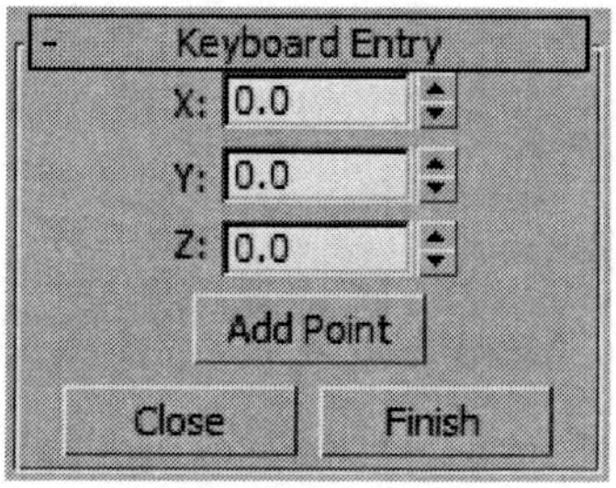


*Le panneau* ***Keyboard Entry*** *présente trois paramètres de la future position du point de la ligne à insérer dans la scène.*

- Entrez la position du prochain point de la ligne et cliquez sur le bouton **Add Point**. Répétez cette étape autant de fois que nécessaire.
- Si vous souhaitez fermer la ligne en fusionnant le dernier point et le premier, cliquez sur le bouton **Close** ; sinon, cliquez sur le bouton **Finish**.
- Le mode création de la ligne reste actif, vous pouvez créer de nouvelles lignes en reproduisant les étapes depuis l'entrée en mode création.
- Pour désactiver le mode création de la ligne, faites un clic droit dans la vue active ou cliquez sur le bouton du mode création de la ligne.

## B. Créer des formes étendues

Les formes étendues utilisent une procédure identique à la procédure de création des primitives 3D.

- Cliquez sur l'icône de création du panneau de commandes : 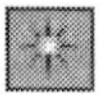.
- Sélectionnez la catégorie des objets géométriques : .
- Sélectionnez le type d'objet **Splines** ou **Extended Splines** dans le menu déroulant.
- Cliquez sur un nom de forme pour entrer en mode création.

Vous pouvez également entrer en mode création de ces formes par le menu **Create** - **Shapes** ou **Create** - **Extended Shapes**.

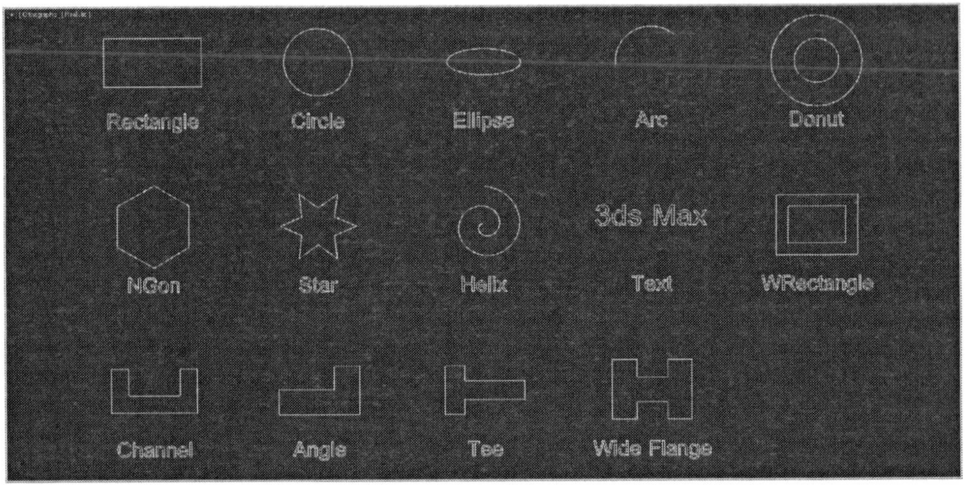


*Les formes étendues de 3ds Max.*

## C. Cas particulier de la section

La section est un outil créant une ligne à partir d'un objet 3D et d'un plan de coupe virtuel.

- Créez une sphère dans la scène.
- Positionnez la vue de telle sorte que la sphère soit à peu près au milieu de l'écran.
- Cliquez sur l'icône de création du panneau de commandes : .
- Sélectionnez la catégorie des objets géométriques : .
- Sélectionnez le type d'objet **Splines** dans le menu déroulant.
- Cliquez sur le bouton **Section** pour entrer en mode création.

  Vous pouvez également entrer en mode création de la section par le menu **Create** - **Shapes** - **Section**.
- Maintenez le bouton gauche de la souris enfoncé en plein milieu de la sphère puis éloignez la souris légèrement de la sphère.
- Relâchez le bouton de la souris.

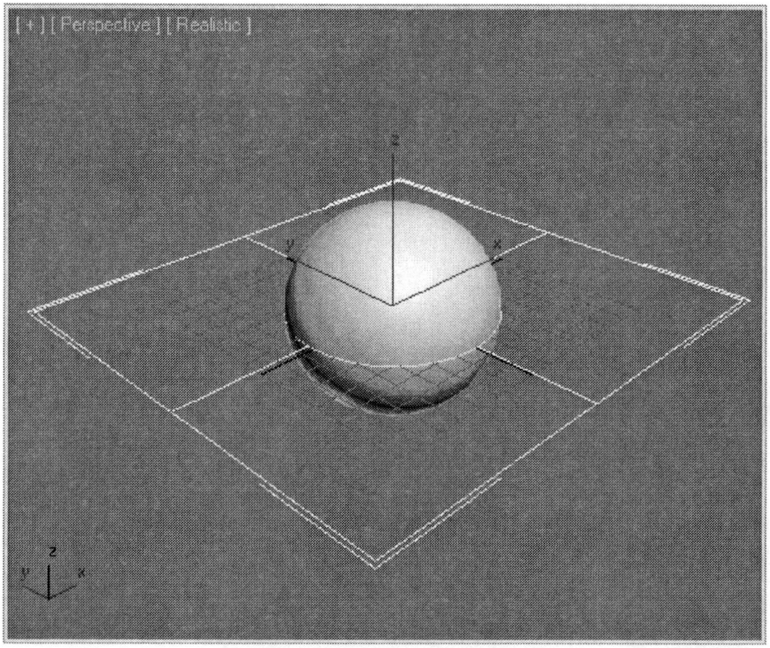


*La section est un plan de coupe virtuel délimitant sur la sphère une forme circulaire en jaune.*

- Cliquez sur le bouton **Create Shape** dans le panneau de commandes pour créer la ligne correspondant à la ligne jaune de coupe de la sphère.

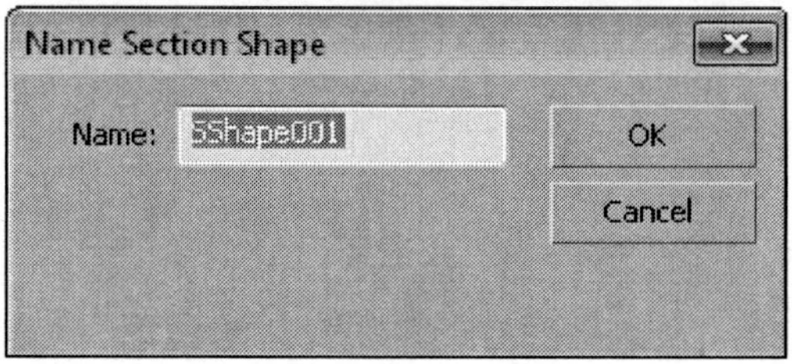


- Saisissez un nom pour le nouvel objet et validez en cliquant sur le bouton **OK**.
- Pour désactiver le mode création de la ligne, faites un clic droit dans la vue active ou cliquez sur le bouton du mode création de la ligne.

## D. Modifier les paramètres d'interpolation d'une forme

Les courbes des formes de 3ds Max sont issues de fonctions mathématiques relativement complexes. Pour des considérations de performance, le logiciel ne calcule pas pour chaque pixel de l'écran la position mathématique exacte de la courbe dans l'espace. À la place, il utilise un nombre fixe de positions intermédiaires pour calculer la courbure entre deux points. Plus le nombre de positions intermédiaires est grand, plus la courbe semble « courbe ».

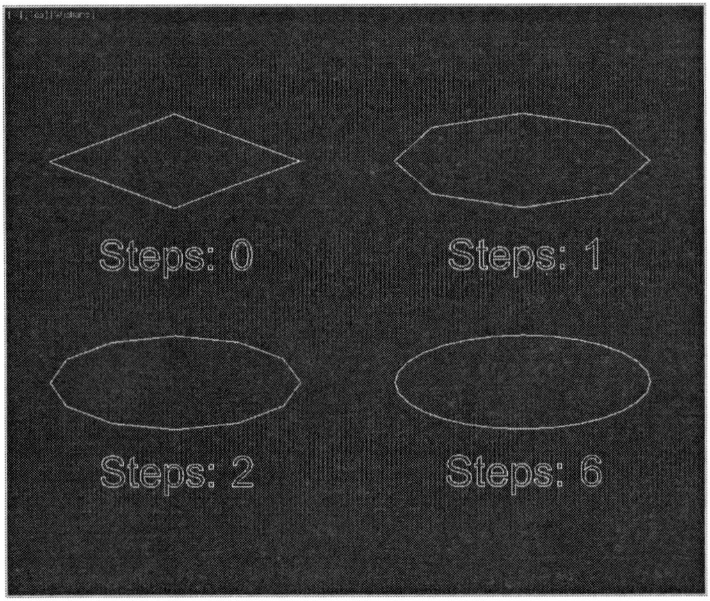


*L'ellipse ne compte que quatre points. Le nombre de positions intermédiaires (**Steps**) améliore la courbure de l'ellipse.*

➲ Lors de la création d'une forme, cliquez sur le panneau déroulant **Interpolation** du panneau de commandes.

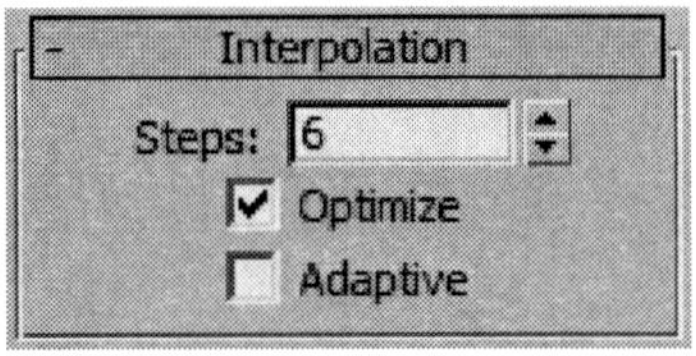


*Le panneau déroulant **Interpolation***

➲ Choisissez le nombre de positions intermédiaires en changeant la valeur de l'option **Steps**.

## E. Créer un objet 3D simple issu d'une forme 2D

3ds Max vous permet, par des paramètres simples, de transformer directement une forme en objet 3D.

- Lors de la création d'une forme, cliquez sur le panneau déroulant **Rendering** du panneau de commandes.

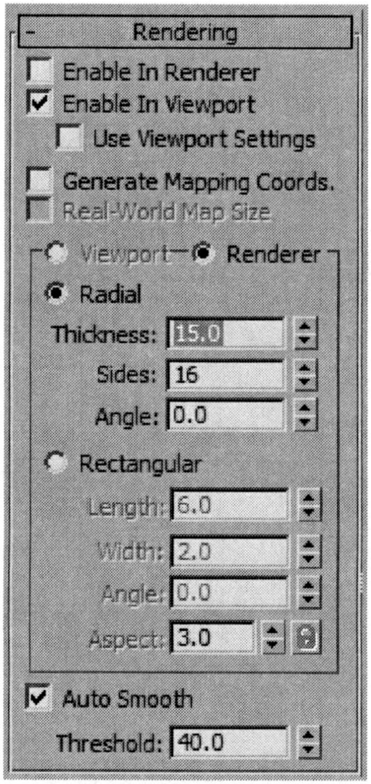


*Le menu **Rendering** du panneau de commandes.*

- Pour visualiser l'objet 3D lors du rendu, cochez l'option **Enable In Renderer**.
- Pour visualiser l'objet 3D dans la vue, cochez l'option **Enable In Viewport**.
- Si vous souhaitez avoir un paramétrage différent dans la vue et au rendu, cochez l'option **Use Viewport Settings**. Dans ce cas, les options **Viewport** et **Renderer** vous permettront de définir deux paramétrages différents.
- L'option **Radial** crée un objet 3D de type cylindre qui suit la forme, avec les paramètres diamètre (**Thickness**) et nombre de côtés (**Sides**).
- L'option **Rectangular** crée un objet 3D de type boîte qui suit la forme, avec les paramètres longueur (**Length**) et largeur (**Width**).

*Une forme de type **Star** avec un paramétrage 3D.*

# Chapitre 5
# Sélectionner et paramétrer les objets

## A. La théorie : pivot et boîte englobante

La sélection des objets est l'opération la plus courante lors de l'utilisation de 3ds Max. Sélectionner un objet signifie que vous allez le modifier ou effectuer une opération dessus. Vous pouvez sélectionner un ou plusieurs objets à la fois. Certaines opérations sont possibles sur un nombre indéfini d'objets, d'autres seulement sur des objets du même type, enfin, certaines opérations ne sont possibles qu'avec un seul objet sélectionné.

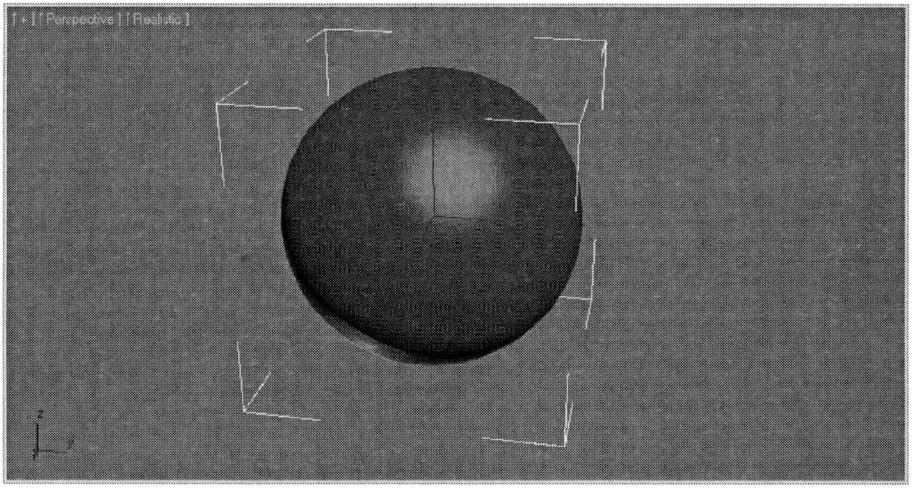

*Lorsque vous sélectionnez un objet, deux informations apparaissent, trois axes et un encadrement blanc autour de l'objet.*

Les trois axes indiquent l'orientation de la scène et la position de l'objet. L'encadrement blanc est ce que l'on appelle la boîte englobante. Celle-ci entoure l'objet et est utilisée avec différents outils comme une version « simplifiée » de l'objet. Ainsi, lorsque des outils parlent du centre de l'objet, bien souvent ils parlent du centre de la boîte englobante.

## B. Sélectionner des objets

Dans un projet 3D, le nombre d'objets de la scène augmente très vite. Les différents outils de sélection proposés par 3ds Max sont essentiels à la gestion et la manipulation de votre projet.

- Entrez en mode sélection en activant l'outil situé dans la barre d'outils principale.
- Pour sélectionner un objet, cliquez dessus dans une vue.

  Si vous cliquez sur un autre objet, le précédent est désélectionné et le nouvel objet est sélectionné.
- Pour sélectionner plusieurs objets, maintenez le bouton gauche de la souris enfoncé dans la vue et réalisez un cliqué-glissé pour dessiner une zone de sélection autour des objets à sélectionner. Relâchez le bouton pour valider la sélection.
- Pour ajouter un ou plusieurs objets à la sélection, maintenez la touche Ctrl enfoncée et cliquez sur les objets à ajouter à la sélection ou dessinez une zone de sélection autour.
- Pour enlever un ou plusieurs objets de la sélection, maintenez la touche Alt enfoncée et cliquez sur les objets à enlever de la sélection ou dessinez une zone de sélection autour de ces objets.

### Remarque

*Si vous souhaitez sélectionner un objet situé derrière un autre objet, vous n'êtes pas obligé de pivoter la vue. Sélectionnez l'objet qui est devant et sans bouger la souris, cliquez à nouveau. L'objet immédiatement derrière sera sélectionné et ainsi de suite tant qu'il y a des objets derrière eux.*

- Pour sélectionner tous les objets de la scène, utilisez le menu **Edit - Select All** ou Ctrl **A**.
- Pour désélectionner tous les objets de la scène, cliquez dans un espace vide de la scène ou utilisez le menu **Edit - Select None** ou Ctrl **D**.
- Pour inverser la sélection (désélectionner tout ce qui est sélectionné et sélectionner tout ce qui n'est pas sélectionné), utilisez le menu **Edit - Select Invert** ou Ctrl **I**.
- Pour sélectionner tous les objets de même type qu'un objet de la scène, sélectionnez cet objet et utilisez **Edit - Select Similar** ou Ctrl **Q** ou par le menu **Quad - Select Similar**.

## C. Modifier la zone de sélection

Par défaut, la zone de sélection est un rectangle et tous les objets totalement et partiellement inclus dans ce rectangle seront pris en considération pour l'opération de sélection. Vous pouvez modifier le comportement de cet outil ou changer son mode de fonctionnement.

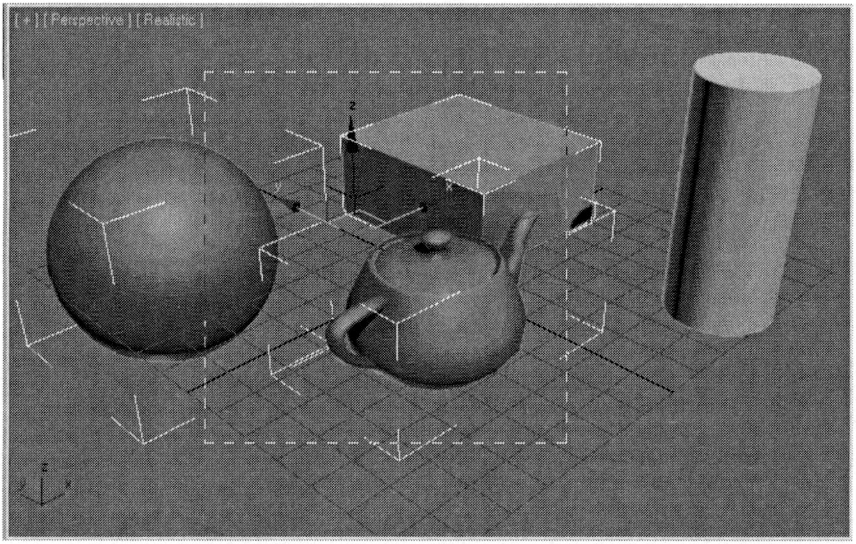


- Pour définir la zone de sélection avec une ellipse au lieu d'un rectangle, sélectionnez l'outil 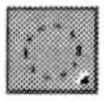 (barre d'outils principale) situé dans le groupe d'outils de la sélection 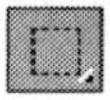 ou utilisez le menu **Edit** - **Selection Region** - **Circular Region**. Maintenez le bouton gauche de la souris enfoncé et déplacez la souris pour dessiner une zone de sélection de forme elliptique.
- Pour définir une zone de sélection avec une forme quelconque constituée de lignes droites, sélectionnez l'outil  (barre d'outils principale) situé dans le groupe d'outils de la sélection ou utilisez le menu **Edit** - **Selection Region** - **Fence Region**. Maintenez le bouton gauche de la souris enfoncé et déplacez la souris pour dessiner une première ligne. Cliquez ensuite plusieurs fois dans la vue afin de délimiter la zone de sélection. Double cliquez pour valider la zone.
- Pour définir une zone de sélection avec une forme dessinée à la main, sélectionnez l'outil  (barre d'outils principale) situé dans le groupe d'outils de la sélection ou utilisez le menu **Edit** - **Selection Region** - **Lasso Region**. Maintenez le bouton gauche de la souris enfoncé et déplacez la souris pour dessiner une zone de sélection. Relâchez le bouton pour valider la zone.

- Pour sélectionner des objets en passant la souris dessus, sélectionnez l'outil  (barre d'outils principale) situé dans le groupe d'outils de la sélection ou utilisez le menu **Edit** - **Selection Region** - **Paint Selection Region**. Maintenez le bouton gauche de la souris enfoncé et déplacez la souris sur les objets à intégrer à la sélection : tous les objets entrant en contact avec l'outil seront sélectionnés.
- Pour revenir à la zone de sélection rectangulaire par défaut, sélectionnez l'outil 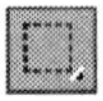 (barre d'outils principale) dans le groupe d'outils de la sélection ou utilisez le menu **Edit** - **Selection Region** - **Rectangular Region**.

- Par défaut, l'outil 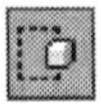 (barre d'outils principale) est actif, signifiant que les objets inclus dans l'opération de sélection sont ceux totalement et partiellement inclus dans la zone de sélection. Si vous cliquez sur l'outil 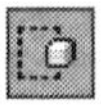, il devient 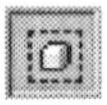 (vous pouvez aussi utiliser le menu **Edit** - **Selection Region** - **Window**) et désormais seuls les objets totalement inclus dans la zone de sélection seront utilisés pour l'opération de sélection. Cliquez à nouveau sur l'outil  pour désactiver ce mode ou utilisez le menu **Edit** - **Selection Region** - **Crossing**.

## D. Isoler une sélection

Bien souvent, excepté pour la mise en scène générale, vous ne travaillez qu'avec une partie de la scène, voire sur un objet de la scène. Vous pouvez temporairement masquer l'ensemble de la scène excepté les objets sur lesquels vous travaillez, sans modifier la visibilité des objets.

- Pour isoler une sélection, assurez-vous d'avoir plusieurs objets dans la scène et qu'une partie d'entre eux soit sélectionnée.
- Isolez la sélection par le menu **Tools** - **Isolate Selection** ou Alt **Q**.

Une fenêtre apparaît avec un bouton vous permettant de quitter le mode d'isolation.

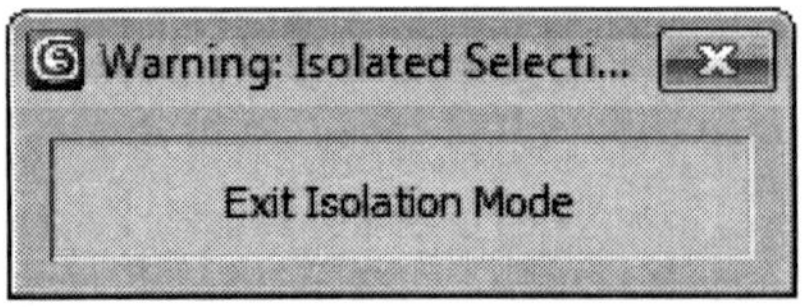


*Toute la scène est masquée à l'exception des objets précédemment sélectionnés.*

- Vous pouvez travailler sur les objets isolés et changer la sélection sans changer les objets isolés.
- Pour quitter le mode d'isolation, cliquez sur le bouton **Exit Isolation Mode**. Vous quitterez automatiquement le mode d'isolation si vous supprimez tous les objets isolés.

**ASTUCE**

*Si vous enregistrez la scène alors que le mode d'isolation est actif, lors de l'ouverture de la scène après un redémarrage, 3ds Max vous informera que des objets sont isolés mais n'affichera pas la fenêtre vous permettant de sortir du mode d'isolation. Si vous êtes dans ce cas, sélectionnez l'un des objets visibles, activez le mode d'isolation et quittez le mode d'isolation pour revenir à la scène complète. Si vous avez supprimé tous les objets isolés, créez-en un nouveau pour activer et quitter le mode d'isolation.*

## E. Verrouiller la sélection

Lorsque vous souhaitez travailler un long moment avec un objet, vous souhaiterez sûrement ne pas pouvoir le désélectionner par erreur.

- Pour verrouiller la sélection, cliquez sur l'outil  (barre de statut, en bas de l'interface) ou appuyez sur la touche Espace.

Le cadenas est maintenant activé et la sélection verrouillée.

- Pour déverrouiller la sélection, cliquez sur l'outil  pour le désactiver ou appuyez sur la touche Espace.

## F. Filtrer la sélection

Avec la complexité de la scène, il se peut que vous souhaitiez pouvoir ne sélectionner qu'un type d'objet en particulier. Vous pouvez par exemple demander à 3ds Max de ne considérer que les primitives 3D pour la sélection ; ainsi, les autres types d'objets ne pourront pas être sélectionnés.

- Pour filtrer la sélection, ouvrez la liste déroulante 

située à gauche de l'outil sélection.
- Sélectionnez un type d'objet pour n'inclure que ce type dans les opérations de sélection.
- Pour définir un filtrage avancé, sélectionnez **Combo** dans la liste.

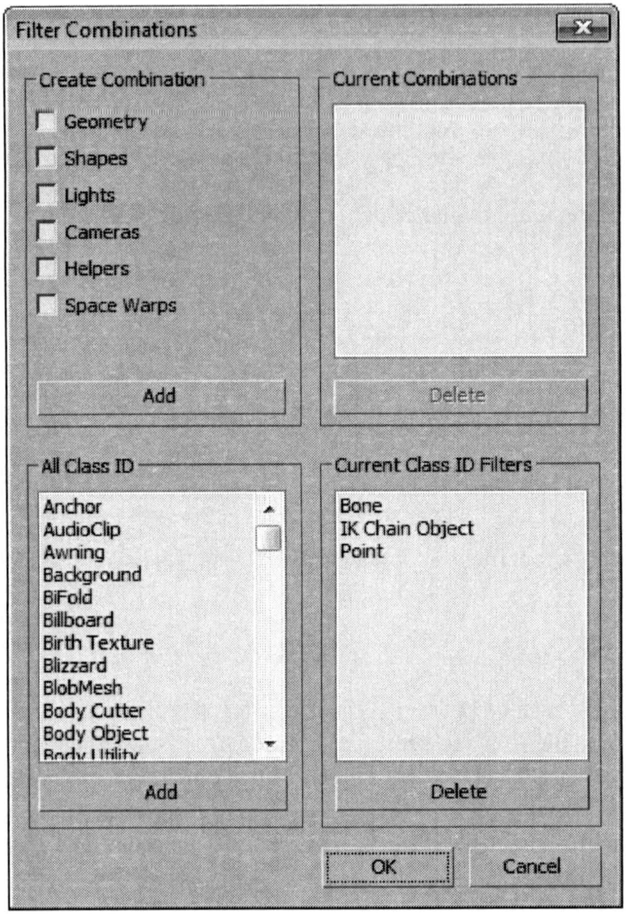


*Les combinaisons de filtres de sélection vous permettent de définir un filtre complexe de sélection.*

- Cochez un ou plusieurs types d'objets dans la zone **Create Combination** et cliquez sur le bouton **Add** pour les ajouter au filtre.
- Pour filtrer un type précis d'objet, sélectionnez-le dans la zone de liste **All Class ID** et cliquez sur le bouton **Add** ; plusieurs types d'objets peuvent être ajoutés de cette manière à la liste **Current Class ID Filters**.
- Pour chaque filtre à enlever, sélectionnez-le dans la zone **Current Combinations** ou **Current Class ID Filters** et cliquez sur le bouton **Delete**.

➲ Une fois tous les filtres définis, cliquez sur le bouton **OK**. Les filtres définis dans la boîte de dialogue **Filter Combinations** sont désormais visibles en bas de la liste des filtres de sélection 

.

### Remarque

*Les objets de 3ds Max sont regroupés en types et super-types. Par exemple le type d'une boîte est **Box** et son super-type est **Geometry**. Les identifiants de type sont appelés **Class ID** et les identifiants de super-type sont appelés **SuperClass ID**.*

## G. Les jeux de sélection

### 1. Créer un jeu de sélection

Afin de sélectionner un ensemble d'objets rapidement, notamment si vous sélectionnez souvent le même groupe d'objets, vous pouvez enregistrer la sélection. Ce jeu de sélection pourra alors être sélectionné en un clic.

➲ Sélectionnez des objets dans la scène.

➲ Entrez un nom pour le jeu de sélection dans le menu déroulant des jeux de sélection 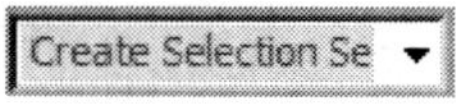

(barre d'outils principale) puis validez en appuyant sur ↵.

➲ Déselectionnez la sélection courante par le menu **Edit** - **Select None** ou le raccourci-clavier Ctrl **D**.

➲ Pour sélectionner à nouveau votre jeu de sélection, ouvrez la liste des jeux de sélection 

et cliquez le nom du jeu de sélection enregistré auparavant.

### 2. Gérer les jeux de sélection

➲ Cliquez sur l'outil  (barre d'outils principale) ou utilisez le menu **Edit** - **Manage Selection Sets**.

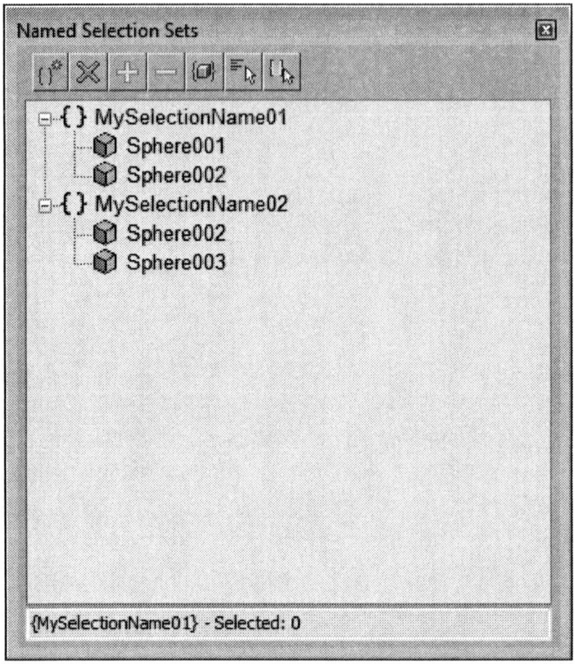


*Dans cet exemple, deux jeux de sélection ont été définis.* ***MySelectionName01*** *comporte les objets* ***Sphere001*** *et* ***Sphere002*** *et* ***MySelectionName02*** *comporte les objets* ***Sphere002*** *et* ***Sphere003****.*

- Pour créer un nouveau jeu de sélection incluant automatiquement les objets actuellement sélectionnés dans la scène, cliquez sur le bouton .
  Nommez le jeu de sélection.
- Pour ajouter des objets à un jeu de sélection existant, sélectionnez-les dans la scène, cliquez sur le nom du jeu de sélection dans la boîte de dialogue puis cliquez sur le bouton .
- Pour enlever un objet d'un jeu de sélection, utilisez une des méthodes suivantes :
  - Sélectionnez l'objet concerné dans la scène puis le jeu de sélection auquel il appartient dans la boîte de dialogue et cliquez sur le bouton ; si plusieurs objets doivent être enlevés en même temps, sélectionnez-les.
  - Sélectionnez l'objet à enlever dans la boîte de dialogue puis cliquez sur le bouton ; cette méthode ne permet pas d'enlever plusieurs objets en même temps.
- Pour sélectionner dans la scène les objets du jeu de sélection actif, cliquez sur le bouton .

- Pour retrouver le jeu de sélection auquel appartient un objet de la scène, sélectionnez cet objet dans la scène puis cliquez sur le bouton .
- Pour supprimer un jeu de sélection, sélectionnez son nom puis cliquez sur le bouton .

## H. Modifier les vues avec la sélection

Lorsque la scène devient complexe, il est de plus en plus difficile de naviguer efficacement à la main. Un certain nombre d'outils ont été conçus pour vous permettre de recadrer la vue active ou toutes les vues sur la scène complète ou la sélection en cours.

- Pour recadrer la vue active sur l'ensemble de la scène, veillez à ce qu'aucun objet ne soit sélectionné puis cliquez sur l'outil (dans le groupe de l'outil de la barre d'outils de paramétrage des vues) ou faites Ctrl Alt **Z**.
- Pour recadrer la vue active sur la sélection en cours, cliquez sur l'outil (dans le groupe de l'outil de la barre d'outils de paramétrage des vues).
- Pour recadrer toutes les vues sur l'ensemble de la scène, cliquez sur l'outil (dans le groupe de l'outil de la barre d'outils de paramétrage des vues) ou faites Ctrl ⇧ **Z**.
- Pour recadrer toutes les vues sur la sélection en cours, cliquez sur l'outil (dans le groupe de l'outil de la barre d'outils de paramétrage des vues) ou appuyez sur la touche **Z**.

La sélection peut également être utilisée pour modifier la façon de pivoter la vue autour de la scène.

- Pour utiliser la sélection comme centre de rotation lors du pivotement de la vue, activez l'outil (dans le groupe de l'outil de la barre d'outils de paramétrage des vues). Une fois que ce mode est actif, même lors d'une rotation avec Alt et la molette, la vue utilisera la sélection comme centre de rotation. Si vous changez la sélection, le centre de rotation change.
- Pour revenir à une rotation de vue classique, activez l'outil (barre d'outils de paramétrage des vues).

## I. Modifier les paramètres d'un objet

Une fois qu'un objet a été créé puis désélectionné, ses paramètres disparaissent du panneau de commande.

- Sélectionnez un seul objet dans la scène.
- Cliquez sur l'icône de modification du panneau de commandes : .

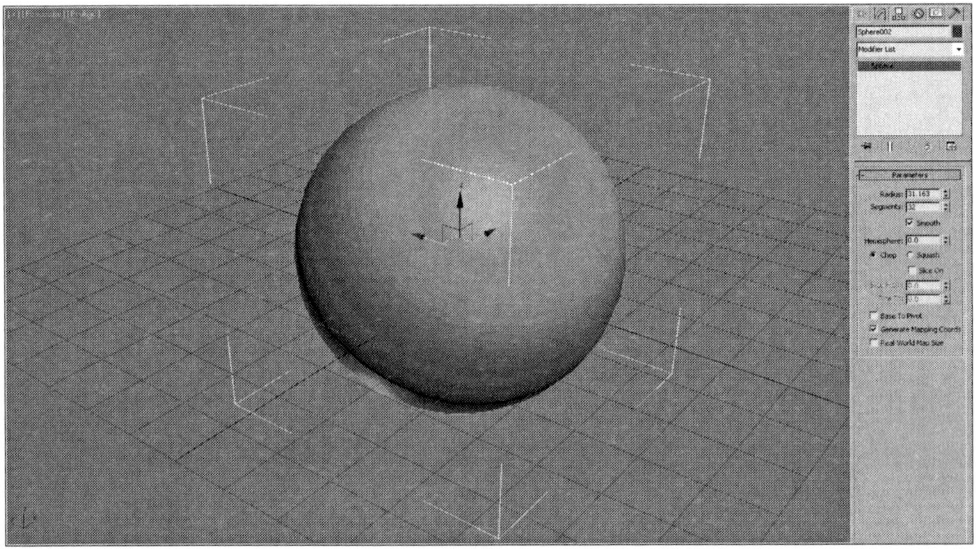


*Ici le panneau de commandes en mode modification avec l'objet **Sphere002** sélectionné.*

Après avoir créé un objet, la majeure partie des opérations se déroulent dans le mode modification du panneau de commandes. Voici un aperçu des contrôles les plus courants et la façon de les utiliser :

– Le bouton : un clic pour effectuer une action.

– Le bouton à points de suspension : ouvre une nouvelle fenêtre.

– Le bouton à bascule : un clic l'active, un deuxième clic le désactive.

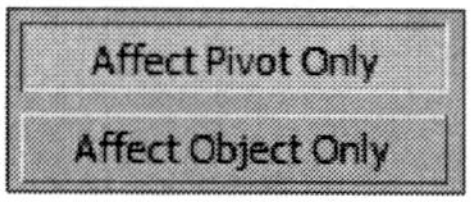


– La case à cocher : désactivé, activé et indéterminé. Ce dernier état peut correspondre par exemple à une propriété partagée entre différents objets pour lesquels la case est activée pour certains objets et désactivée pour d'autres.

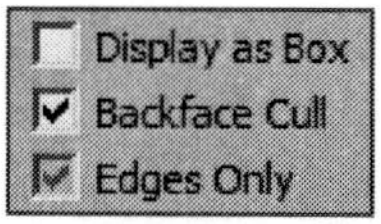


– Le spinner : une case de valeur à remplir à la main. Un clic sur les flèches de droite augmente ou réduit la valeur. Une dernière manipulation permet de changer la valeur : maintenez le bouton gauche enfoncé sur les flèches et déplacez la souris de haut en bas. Tant que le bouton n'est pas relâché, l'action est annulable en faisant un clic droit. Un clic droit sur les flèches remet la valeur par défaut.

– Le bouton radio : un seul des boutons radio du groupe peut être sélectionné à la fois.

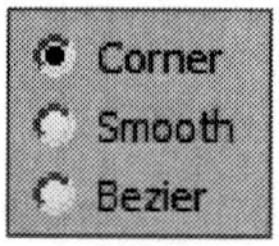


– La couleur : ouvre une palette de choix de couleur.

## J. Nom des objets et sélection par nom

Dans une scène constituée de très nombreux objets, le nom de ces objets devient très important. Le nom attribué par 3ds Max par défaut utilise le type de l'objet, par exemple : **Box001**. Souvent, préférez des noms qui ont un lien avec l'utilisation ou le rôle de l'objet dans la scène. N'oubliez pas, surtout si vous travaillez en équipe, que le nom doit être explicite au premier coup d'œil.

➲ Sélectionnez un objet.

➲ Cliquez sur l'icône de modification du panneau de commandes : .

- Changez le nom de l'objet dans le premier champ puis validez avec .

  Lorsque vos objets sont correctement nommés, il devient souvent plus rapide de les sélectionner par leur nom.

- Cliquez sur l'outil de sélection par nom  ou utilisez le menu **Edit** - **Select By** - **Name** ou appuyez sur la touche **H**.

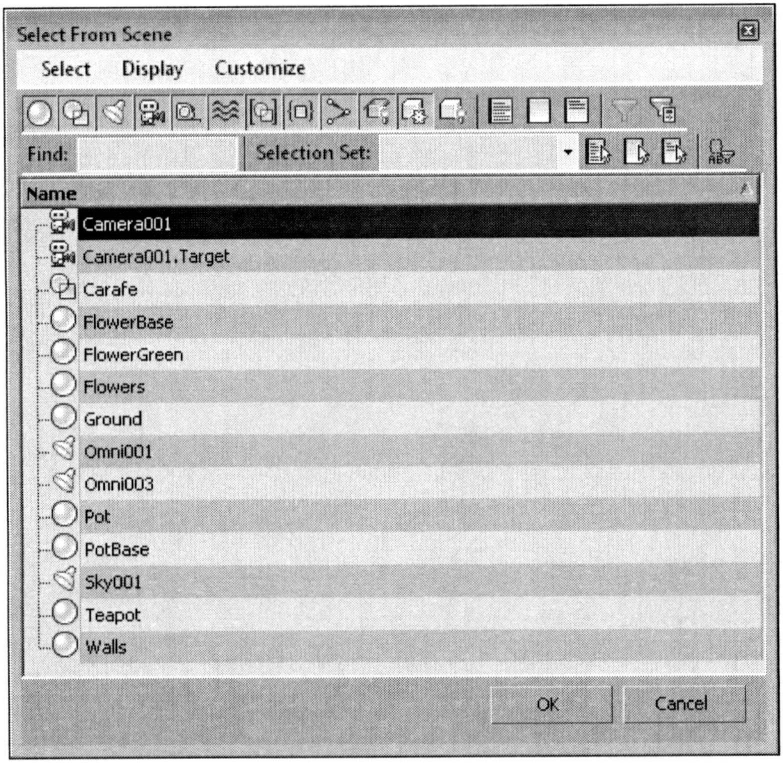


*L'outil de sélection par nom est très puissant à condition que les objets de la scène soient bien nommés.*

- À la façon des listes à multisélection de Windows, vous pouvez sélectionner plusieurs objets en cliquant successivement dessus avec la touche Ctrl enfoncée ou sélectionner une série en cliquant sur le premier objet et, tout en maintenant ⇧ enfoncée, en cliquant sur le dernier.
- Vous pouvez sélectionner plusieurs objets adjacents dans la liste en cliquant sur le premier objet à sélectionner puis, tout en gardant le bouton gauche de la souris enfoncé, en faisant glisser la souris vers le haut ou vers le bas selon la sélection souhaitée.
- Les icônes de la première ligne vous permettent d'afficher ou de masquer des types d'objet dans la liste.

- La zone de recherche **Find** vous permet de définir des conditions de nom. Si vous tapez la lettre **a**, seuls les objets dont le nom commence par **a** seront sélectionnés dans la liste. Ce champ de recherche supporte les caractères spéciaux de recherche tels que ***** (0 ou plusieurs lettres indéfinies) ou **?** (1 caractère indéfini).
- La liste **Selection Set** permet de choisir un jeu de sélection.
- Cliquez sur le bouton **OK** pour sélectionner les objets dont le nom est sélectionné dans la liste.

  L'outil de sélection par nom ne peut se fermer que lorsque vous avez validé une nouvelle sélection ou si vous annulez l'opération. L'explorateur de scène est une version de cet outil qui peut être gardée ouverte pendant que vous travaillez dans la scène. Les modifications de sélection dans la scène sont instantanément répercutées dans l'explorateur de scène et vice versa.
- Pour ouvrir un nouvel explorateur de scène, utilisez le menu **Tools** - **New Scene Explorer**.

  L'explorateur de scène a vocation à être finement paramétré suivant vos besoins. Vous pouvez donc ouvrir plusieurs explorateurs simultanément.
- Pour gérer les différents explorateurs de scène, utilisez le menu **Tools** - **Manage Scene Explorer**. Vous pouvez enregistrer la configuration d'un de vos explorateur de scène dans un fichier afin qu'il puisse être utilisé dans d'autres scènes.
- Vous pouvez afficher un explorateur de scène à la place de l'une des vues de 3ds Max : utilisez le deuxième menu de la vue concernée et choisissez l'option **Extended Viewports** - **Scene Explorer** - **New**.

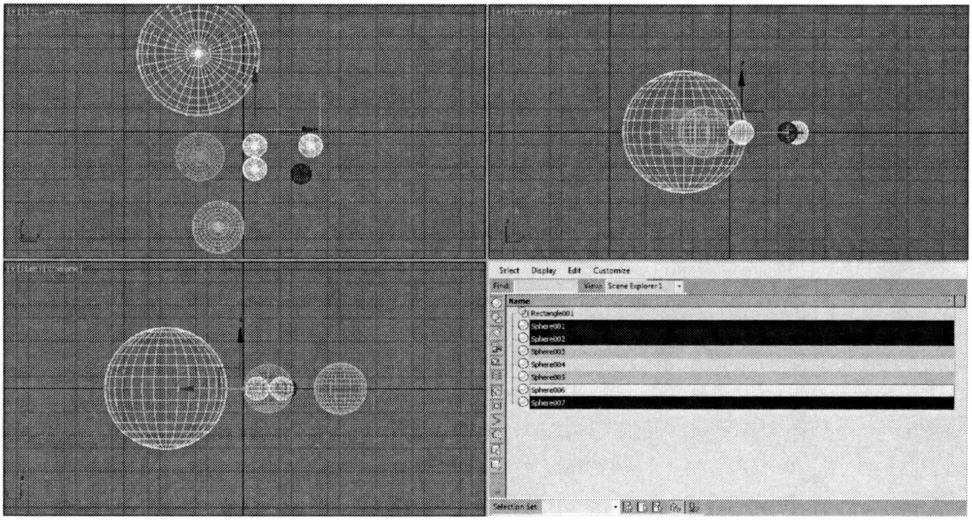

*Un explorateur de scène est affiché à la place de la vue Perspective.*

- Pour enlever l'explorateur de scène de la vue, utilisez le menu **Views** - **Set Active Viewport** puis cliquez sur l'option correspondant à la vue à activer.

## K. Afficher/masquer des objets

Afin de rendre la scène lisible pendant que vous travaillez dessus, vous pouvez masquer des catégories entières d'objets en un clic.

- Cliquez sur l'icône affichage du panneau de commandes : .
- Ouvrez le panneau déroulant **Hide by Category**.
- Pour afficher ou masquer des catégories entières d'objets, cochez ou décochez les cases correspondantes.
- Dans la liste du bas, vous pouvez ajouter des types d'objets particuliers. Affichez-les (**Add**) ou masquez-les (**Remove**) en les sélectionnant dans la liste.

Vous pouvez masquer des objets sans considération de leur type.

- Cliquez sur l'icône affichage du panneau de commandes : .
- Affichez le panneau déroulant **Hide**.
- Sélectionnez un ou plusieurs objets.
- Pour masquer la sélection, cliquez sur le bouton **Hide Selected**.
- Pour masquer tout sauf la sélection, cliquez sur le bouton **Hide Unselected**.
- Pour choisir les objets à masquer en utilisant leurs noms, cliquez sur le bouton **Hide by Name**.
- Pour masquer tous les objets sur lesquels vous cliquerez, cliquez sur le bouton **Hide by Hit** ; un clic droit désactivera l'outil.
- Pour afficher tous les objets masqués, cliquez sur le bouton **Unhide All**.
- Pour choisir par leurs noms les objets masqués à afficher, cliquez sur le bouton **Unhide by Name**.

**ASTUCE**

*Les options **Hide Selection, Hide Unselected, Unhide by Name** et **Unhide All** sont également accessibles par le menu **Quad**.*

## L. Geler/dégeler des objets

Il arrive souvent que des objets n'aient pas d'utilité immédiate. Ils pourraient être masqués mais leur présence à l'écran est indispensable. Vous pouvez les geler. Ils ne pourront plus être sélectionnés ou manipulés mais resteront affichés dans la scène.

- Cliquez sur l'icône affichage du panneau de commandes : .
- Affichez le panneau déroulant **Freeze**.
- Sélectionnez un ou plusieurs objets.
- Pour geler la sélection, cliquez sur le bouton **Freeze Selected**.
- Pour geler tout sauf la sélection, cliquez sur le bouton **Freeze Unselected**.
- Pour choisir les objets à geler en utilisant leurs noms, cliquez sur le bouton **Freeze by Name**.
- Pour geler tous les objets sur lesquels vous cliquerez, cliquez sur le bouton **Freeze by Hit** ; un clic droit désactivera l'outil.
- Pour dégeler tous les objets gelés, cliquez sur le bouton **Unfreeze All**.
- Pour choisir par leurs noms les objets gelés à dégeler, cliquez sur le bouton **Unfreeze by Name**.
- Pour dégeler tous les objets sur lesquels vous cliquerez, cliquez sur le bouton **Unfreeze by Hit** ; un clic droit désactivera l'outil.

# Chapitre 6
# Transformation des objets

## A. La théorie : le graphe de scène

Apprendre à utiliser un outil n'est pas suffisant. Comprendre pourquoi l'outil est fait tel qu'il est et quel est son but vous permettra de l'utiliser de façon optimale et de saisir facilement les subtilités de son utilisation.

Pour vous aider à comprendre les outils de transformation, il est nécessaire d'aborder les notions techniques de scène des logiciels 3D. Ces notions techniques ne sont pas propres à 3ds Max mais à l'ensemble des logiciels présentant de la 3D en général, comme les jeux vidéo par exemple.

Une transformation est le regroupement des trois informations : la position, la rotation et l'échelle. 3ds Max sauvegarde pour chacun des objets une transformation permettant de le placer dans l'espace 3D. La position s'exprime en trois valeurs suivant les trois axes X, Y et Z. La rotation s'exprime par défaut en degrés de rotation autour des trois axes. L'échelle s'exprime en pourcentage suivant les trois axes (une échelle de 100 % est une échelle neutre).

La scène 3D est un arbre de transformation appelé le graphe de scène. Cela signifie que tous les éléments présents dans la scène sont reliés les uns aux autres de façon hiérarchique par leur transformation. Cette hiérarchie est appelée relation parent/enfant. Les transformations des enfants sont exprimées dans le repère des parents.

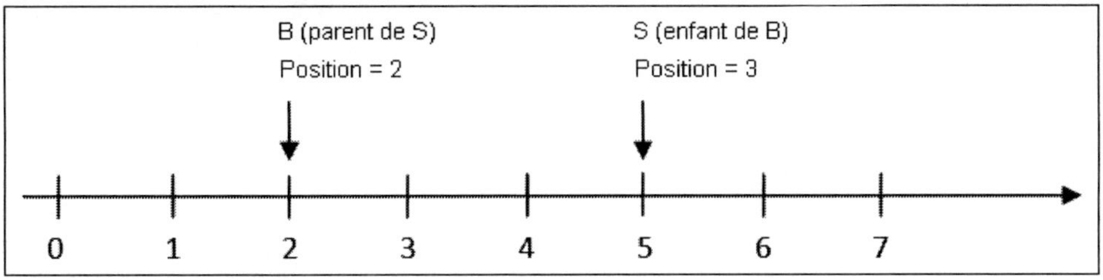


*Exemple 1 : si la boîte B est le parent de la sphère S, que B a la position 2 dans le monde et que S a la position 5 dans le monde, la vraie position de S est 3 (par rapport à B).*

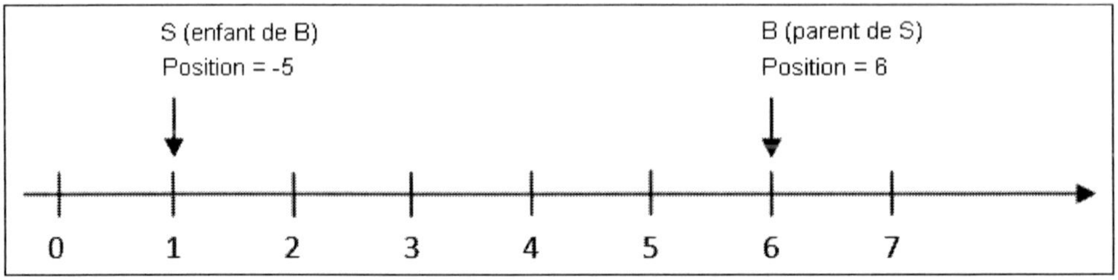


*Exemple 2 : si la boîte B est le parent de la sphère S, que B a la position 6 dans le monde et que S a la position 1 dans le monde, la vraie position de S est -5 (par rapport à B).*

Toutes les transformations ont un parent. Lorsque vous créez un objet dans la scène, il est automatiquement lié à la transformation racine de la scène, qui est unique et masquée. Cette transformation racine est le repère du monde.

Par commodité, 3ds Max vous montre par défaut les données des transformations dans le repère du monde (3ds Max vous indiquerait dans le premier exemple que la sphère est à la position 5). Toutefois, vous pouvez lui demander de vous indiquer les informations dans le repère local (dans le premier exemple, 3ds Max vous indiquerait alors que la sphère est à la position 3).

Comprendre cette relation parent/enfant va vous permettre de saisir instantanément que si vous déplacez, effectuez une rotation ou une échelle sur un parent, ses enfants vont être également déplacés, tournés ou mis à l'échelle dans la scène.

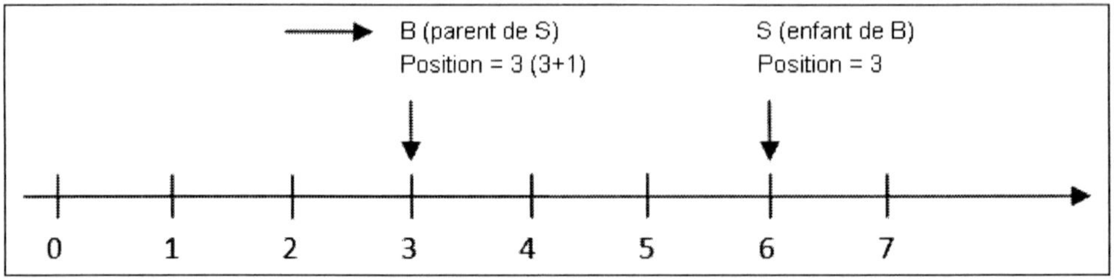


*En reprenant l'exemple 1, si B est déplacé de 1 à droite, la position de S par rapport à B n'a pas changée, elle est toujours de 3, mais dans le repère du monde, S est maintenant à la position 6 (position de B + 3).*

Dans la suite de cet ouvrage, nous adopterons la signalétique suivante pour les transformations :

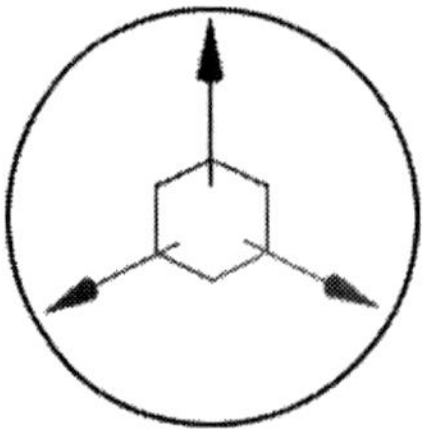

Nous adopterons la signalétique suivante pour les maillages, c'est-à-dire les données 3D des objets :

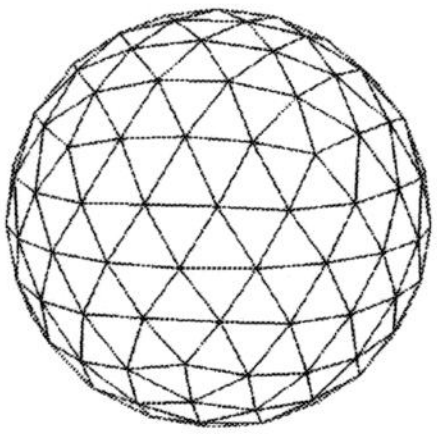

Le lien de transformation enfant à transformation parente sera symbolisé par une flèche de l'enfant vers le parent.

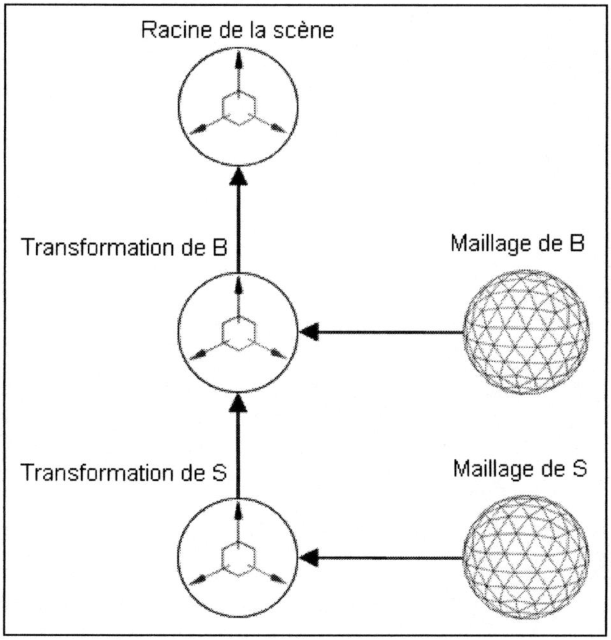


*Nous pouvons représenter la relation entre B et S de la manière suivante.*

**ASTUCE**

*Si une transformation de la hiérarchie comporte une mise à l'échelle, tous les enfants vont être impactés par cette échelle, y compris la position relative des enfants avec le parent. Dans l'exemple 1, si la boîte B avait une échelle de 200 %, S se retrouverait à la position 9 (3 + 2 x 3).*

## B. Translation

La translation est l'opération de déplacer un objet dans la scène. L'outil de translation permet également de sélectionner les objets.

- Assurez-vous d'avoir un objet dans la scène.
- Cliquez sur l'outil sélection et translation 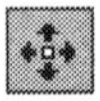 (barre d'outils principale) ou utilisez le menu **Edit - Move** ou le raccourci **W**.
- Sélectionnez un objet dans la scène en faisant un clic gauche dessus.

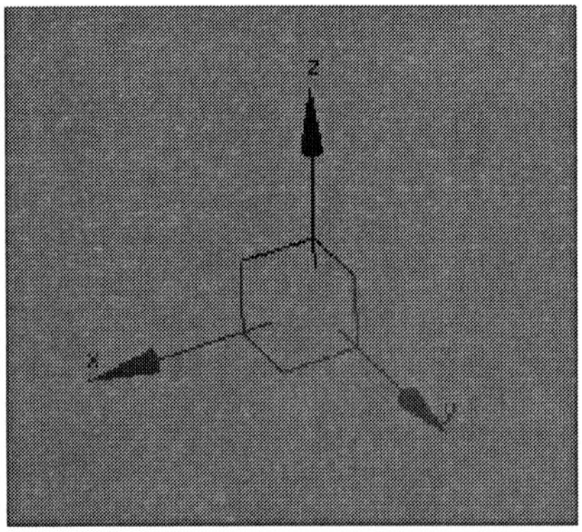


*Un outil d'aide au déplacement apparaît, constitué de trois flèches, rouge pour l'axe des X, verte pour l'axe des Y et bleue pour l'axe des Z. Ce genre d'outil d'aide à la manipulation s'appelle un **gizmo**.*

**ASTUCE**

*Si le **gizmo** de transformation n'apparaît pas, vous avez probablement appuyé par mégarde sur la touche **X**, permettant de masquer le **gizmo**. Appuyez à nouveau sur **X** pour afficher les **gizmos** de transformation.*

- Pour déplacer l'objet selon un axe, cliquez sur l'axe concerné : sa sélection est notifiée par sa couleur jaune.

  Maintenez le bouton gauche de la souris sur l'axe sélectionné ou sur l'objet et faites glisser la souris pour déplacer l'objet sur cet axe.
- Pour déplacer l'objet selon deux axes (dans le plan défini par ces deux axes), cliquez dans l'angle formé par l'endroit où se touchent les deux couleurs des deux axes : la sélection des deux axes est notifiée par leur couleur jaune.

  Maintenez le bouton gauche de la souris sur cet angle ou sur l'objet et faites glisser la souris pour déplacer l'objet dans ce plan.

### Remarque

*3ds Max sauvegarde la dernière sélection de plan ou d'axe que vous avez choisie. Ainsi, si vous maintenez le bouton gauche de la souris sur un objet non sélectionné, il va être sélectionné et vous pourrez en déplaçant la souris le déplacer selon la sélection d'axe ou de plan sauvegardée.*

### Remarque

*À chaque fois que vous utilisez un outil dans 3ds Max par un maintien du clic gauche de la souris, vous pouvez annuler l'opération en cours, sans lâcher le clic gauche, en faisant un clic droit. Cette astuce permet de vérifier ce que va donner un outil sans avoir à annuler d'action par la suite.*

## C. Rotation

La rotation est l'opération de faire tourner un objet autour d'un axe. L'outil de rotation permet également de sélectionner les objets.

- Assurez-vous d'avoir un objet dans la scène.
- Activez l'outil sélection et rotation  (barre d'outils principale) ou utilisez le menu **Edit** - **Rotate** ou le raccourci **E**.
- Sélectionnez un objet dans la scène en faisant un clic gauche dessus.

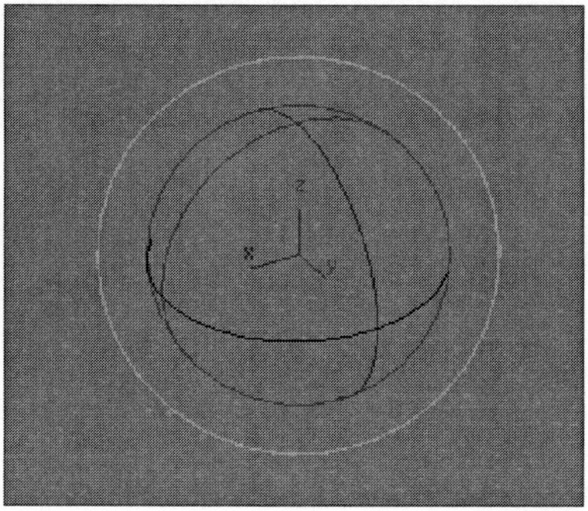

*Un **gizmo** de rotation apparaît, constitué de quatre cercles positionnés autour d'une sphère grise. Les cercles de couleur rouge, vert et bleu permettent respectivement de tourner autour des axes X, Y et Z. Le dernier cercle gris clair entourant les autres permet d'effectuer une rotation dans le plan de la vue.*

**ASTUCE**

*Si le **gizmo** de transformation n'apparaît pas, vous avez probablement appuyé par mégarde sur la touche **X**, permettant de masquer le **gizmo**. Appuyez à nouveau sur **X** pour afficher les **gizmos** de transformation.*

- Pour sélectionner un axe de rotation, cliquez sur le cercle de couleur concerné : sa sélection est notifiée par sa couleur jaune.
- Pour déplacer l'objet autour de l'axe sélectionné, maintenez le bouton gauche de la souris sur le cercle sélectionné ou sur l'objet et faites glisser la souris. Un disque rouge vous indique visuellement l'angle de rotation et la valeur de la rotation en degré s'affiche au-dessus du **gizmo**.
- Pour effectuer une rotation dans le plan de la vue, maintenez le bouton gauche de la souris sur le cercle gris clair entourant le **gizmo** et faites glisser la souris.
- Pour effectuer une rotation libre autour du **gizmo**, maintenez le bouton gauche de la souris entre les cercles de couleur du **gizmo** et faites glisser la souris.

**Remarque**

*À chaque fois que vous utilisez un outil dans 3ds Max par un maintien du clic gauche de la souris, vous pouvez annuler l'opération en cours, sans lâcher le clic gauche, en faisant un clic droit. Cette astuce permet de vérifier ce que va donner un outil sans avoir à annuler d'action par la suite.*

## D. Échelle

L'échelle est l'opération permettant de changer la taille d'un objet. L'objet en lui-même ne change pas, cette information est incluse dans la transformation. Le changement de taille peut être non uniforme, sa taille peut varier selon un seul axe par exemple. L'outil d'échelle permet également de sélectionner les objets.

- Assurez-vous d'avoir un objet dans la scène.
- Activez l'outil sélection et échelle  (barre d'outils principale) ou utilisez le menu **Edit** - **Scale** ou le raccourci **R**.
- Sélectionnez un objet dans la scène en faisant un clic gauche dessus.

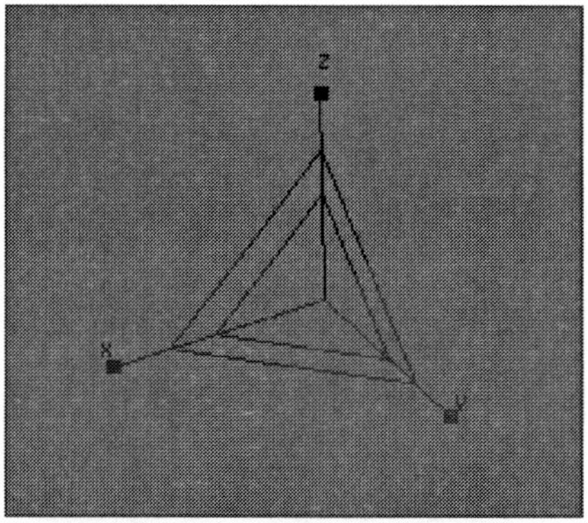


*Un **gizmo** d'échelle apparaît, constitué des trois axes X, Y et Z respectivement de couleurs rouge, vert et bleu, reliés entre eux.*

**ASTUCE**

*Si le **gizmo** de transformation n'apparaît pas, vous avez probablement appuyé par mégarde sur la touche **X**, permettant de masquer le **gizmo**. Appuyez à nouveau sur **X** pour afficher les **gizmos** de transformation.*

- Pour effectuer un changement d'échelle uniforme, maintenez le bouton gauche de la souris enfoncé au centre du **gizmo**, là où les trois axes se rejoignent, puis faites glisser la souris.

- Pour effectuer un changement d'échelle non uniforme, activez l'outil 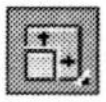 (barre d'outils principale, dans le groupe des outils d'échelle) ou appuyez plusieurs fois sur la touche **R**. Pour effectuer un changement d'échelle en conservant le volume, activez l'outil  (barre d'outils principale, dans le groupe des outils d'échelle) ou appuyez plusieurs fois sur **R**.

  Sélectionnez un axe de changement d'échelle en cliquant sur l'axe concerné : sa sélection est notifiée par sa couleur jaune.

  Maintenez le bouton gauche de la souris enfoncé sur l'axe sélectionné ou sur l'objet et faites glisser la souris pour changer l'échelle le long de cet axe.

- Pour sélectionner deux axes de changement d'échelle, cliquez sur les lignes reliant deux axes : la sélection des axes est notifiée par leur couleur jaune.

  Maintenez le bouton gauche de la souris enfoncé sur les lignes sélectionnées ou sur l'objet et faites glisser la souris pour changer l'échelle le long de ces deux axes.

### Remarque

> *À chaque fois que vous utilisez un outil dans 3ds Max par un maintien du clic gauche de la souris, vous pouvez annuler l'opération en cours, sans lâcher le clic gauche, en faisant un clic droit. Cette astuce permet de vérifier ce que va donner un outil sans avoir à annuler d'action par la suite.*

## E. Modifier une valeur de transformation

Les valeurs de transformation peuvent être entrées à la main. Vous pouvez définir les valeurs de manière absolue ou relative. Définir une valeur absolue de transformation est synonyme de donner la valeur finale du paramètre. Entrer une valeur relative ajoute cette valeur à la valeur en cours ; par exemple, entrer une valeur de position relative de 3 pour l'axe X déplacera l'objet de 3 sur l'axe des X.

Il existe deux outils permettant d'entrer les valeurs de transformation.

### Première méthode

- Sélectionnez un mode de transformation (translation, rotation ou échelle).
- Ouvrez l'outil des valeurs de transformation par le menu **Edit** - **Transform Type-In** ou la touche F12.

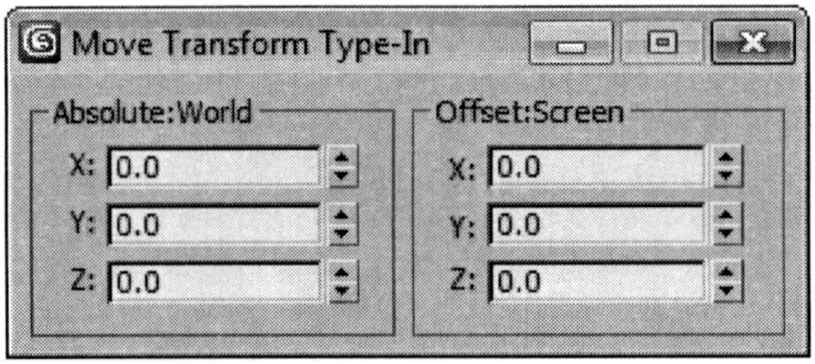


*Le type de valeurs dépend du mode de transformation que vous avez choisi.*

- Entrez les valeurs absolues dans la partie gauche ou les valeurs relatives dans la partie droite.

### Deuxième méthode

- Sélectionnez un mode de transformation (translation, rotation ou échelle).
- Changez éventuellement le mode d'entrée des valeurs dans la barre des statuts : mode absolu  (barre de statuts) ou mode relatif  (barre de statuts).

- Entrez directement les valeurs de transformation dans la zone d'accès rapide dans la barre de statuts.

*Le type de valeurs dépend du mode de transformation que vous avez choisi et du mode d'entrée des valeurs sélectionné.*

**ASTUCE**

*En entrant vous-même les valeurs, il est possible d'entrer des échelles négatives. Une valeur d'échelle négative sur un axe correspond à une symétrie sur cet axe. Cependant, ces valeurs d'échelle sont déconseillées, tout spécialement si vous travaillez avec plusieurs logiciels différents, qui pourraient bien ne pas savoir gérer ce type d'information.*

## F. Lier/délier des objets

Plus qu'une simple notion, le graphe de scène vous permet de définir des hiérarchies logiques d'objets vous facilitant ainsi bon nombre d'opérations et de manipulations.

Prenons l'exemple d'une table et d'une théière, le tout en sept objets : quatre pieds, la planche de la table, la théière et son couvercle. Il peut être logique, cela dépend du contexte et des besoins de votre production, que les pieds et la théière soient les enfants de la planche de la table et que le couvercle de la théière soit l'enfant de la théière. Dans cet exemple, si vous déplacez la planche de la table, l'ensemble va se déplacer. Si vous déplacez la théière, seul le couvercle sera inclus dans le déplacement.

- Assurez-vous d'avoir au moins deux objets dans la scène.
- Activez le mode de sélection et liaison en cliquant sur l'outil  (barre d'outils principale).
- Maintenez le bouton gauche de la souris sur le futur objet enfant puis faites glisser la souris au-dessus du futur objet parent.

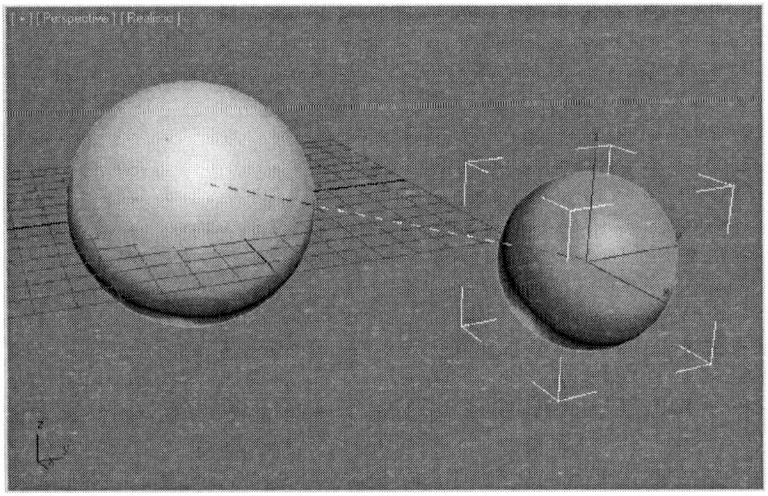

- Validez en relâchant le bouton de la souris.
- Vérifiez le lien en observant qu'une transformation de l'objet parent a un impact sur l'enfant et non l'inverse.
- Pour briser le lien, sélectionnez l'enfant ou le parent ou les deux puis cliquez sur l'outil  (barre d'outils principale). Dans ce cas, les transformations des deux objets deviennent automatiquement des enfants de la transformation racine de la scène.

  Vous pouvez lier plusieurs objets à la fois à un même parent.
- Assurez-vous d'avoir au moins un objet futur parent et plusieurs objets futurs enfants dans la scène.
- Sélectionnez les futurs objets enfants.
- Entrez dans le mode de sélection et liaison : .
- Maintenez le bouton gauche de la souris sur l'un des futurs objets enfants puis faites glisser la souris au-dessus du futur objet parent.
- Validez en relâchant le bouton de la souris.
- Pour briser les liens de hiérarchie de tous les objets sélectionnés, cliquez sur l'outil  (barre d'outils principale).

### Remarque

*Lorsque le mode sélection et lien est actif, vous pouvez utiliser l'outil sélection par nom*  *pour définir le parent. Cela est pratique si vous avez du mal à cliquer sur l'objet parent ou s'il est masqué par exemple.*

Le graphe de scène peut être affiché dans l'explorateur de scène ou l'outil sélection par nom. Avec cette option, les enfants sont regroupés sous le nom de leur parent.

- Assurez-vous d'avoir une hiérarchie parent/enfant dans la scène.
- Ouvrez l'outil explorateur de scène (**Tools** - **New Scene Explorer**) ou sélection par nom .
- Changez l'option de vision du graphe de scène par le menu **Display** - **Display Children**.

Lorsque l'option est cochée, les enfants disparaissent et vous devez cliquer sur le bouton à gauche du nom du parent pour voir ses enfants directs.

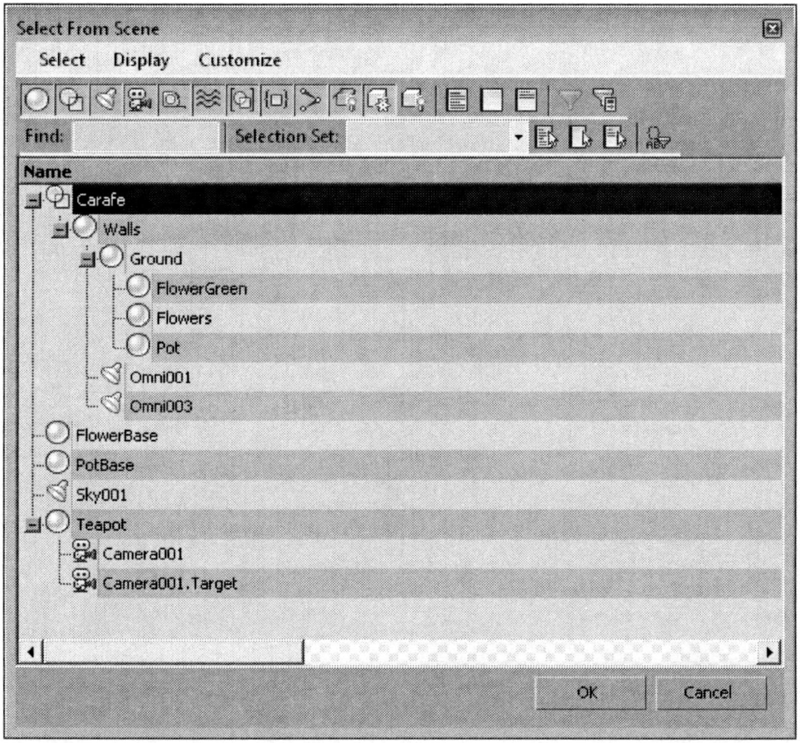


## G. Changer le repère de référence

Par défaut, 3ds Max affiche les valeurs de transformation dans le repère de la scène. C'est-à-dire que 3ds Max vous affiche par exemple la position des objets sans tenir compte de la hiérarchie du graphe de scène. Dans la plupart des cas, c'est le mode le plus utile.

Toutefois, de nombreuses raisons peuvent vous pousser à changer temporairement le système de coordonnées de référence.

Rappelons qu'un système de référence est la base dans laquelle les valeurs de transformation sont exprimées. Reprenons l'exemple du début du chapitre :

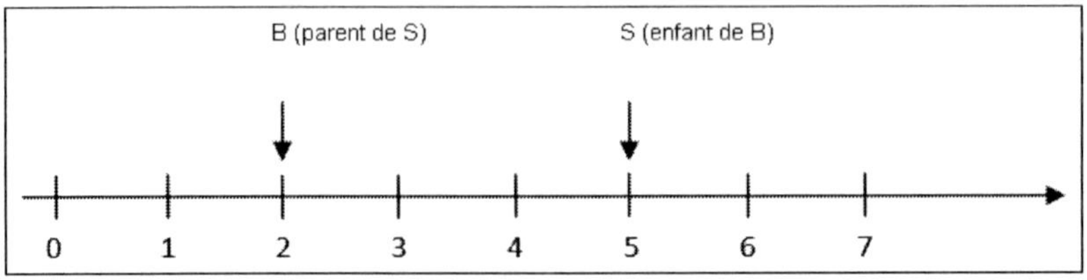


Si la boîte B est le parent de la sphère S, que B a la position 2 dans le monde et que S a la position 5 dans le monde, la vraie position de S est 3 (par rapport à B).

Dans cet exemple, la position de B dans le repère du monde (dans le repère de la transformation racine) est 2. La position de S dans le repère du monde est 5. La position de S dans le repère de B est 3. Sans aucune notion de hiérarchie, nous pouvons choisir arbitrairement d'exprimer B dans le repère de S. La position de B dans le repère de S est -3.

➲ Pour changer le repère de référence, ouvrez la liste déroulante 

(barre d'outils principale).

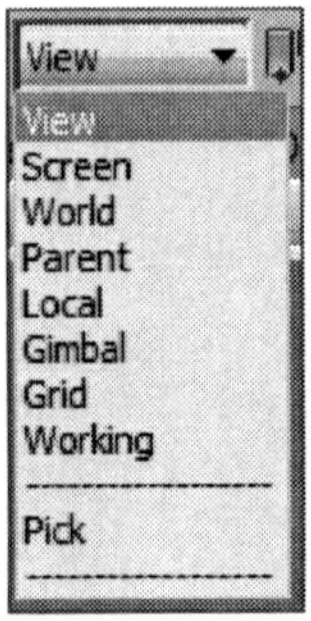


*3ds Max propose de nombreux repères de référence.*

➲ Sélectionnez le repère souhaité :

- Le repère **View** s'adapte automatiquement à la vue active. C'est le repère par défaut. Dans une vue perspective, X, Y et Z correspondent aux axes de la scène. Dans une vue orthographique telle que la vue dessus, l'axe des X est toujours horizontal vers la droite et l'axe des Y vertical vers le haut de l'écran.
- Le repère **Screen** est aligné avec l'écran. Dans toutes les vues, X est horizontal vers la droite, Y vertical vers le haut et Z vers l'utilisateur.
- Le repère **World** est le repère de la scène. Dans toutes les vues, les axes X, Y et Z sont alignés sur la transformation racine de la scène.
- Le repère **Parent** est le repère du parent de l'objet sélectionné dans le graphe de scène.

- Le repère **Local** est le repère propre de l'objet sélectionné.
- Le repère **Gimbal** concerne les rotations. Représenter les rotations avec trois degrés de liberté que sont la rotation autour de l'axe X, Y et Z peut poser des problèmes en 3D. Si vous n'êtes pas en repère **Gimbal** et que vous entrez 90 degrés pour X, 90 degrés pour Y et 90 degrés pour Z, lors de l'entrée de la troisième valeur 3ds Max affiche une rotation de 0 degré sur X, 90 degrés sur Y et 0 degrés sur Z car il utilise un autre outil mathématique, appelé le quaternion, pour calculer les rotations. La rotation est juste, cependant, en passant au repère **Gimbal**, vous retrouvez les trois rotations de 90 degrés, ce qui peut s'avérer utile à votre manipulation.
- Le repère **Grid** est le repère de la grille active. Par défaut, la grille de 3ds Max est alignée sur la transformation racine dans une vue perspective et sur l'écran dans une vue orthographique telle que la vue de dessus. Mais nous verrons plus loin dans cet ouvrage que vous pouvez créer de nouvelles grilles.
- Le repère **Working** correspond au repère d'un **gizmo** temporaire. Ce cas est étudié plus loin.
- Le repère **Pick** vous permet de vous placer arbitrairement dans le repère d'un objet de la scène.

Prenons un exemple pour illustrer l'utilité de changer de repère :

- Créez un plan dans la scène jouant le rôle de la surface d'une table.
- Créez une théière sur cette table.
- Définissez la théière comme enfant de la table.
- Dans une vue perspective, effectuez une rotation d'environ 45 degrés de la table autour de l'axe X et/ou Y.
- Sélectionnez le repère de référence **Local** dans la liste 

.
- Passez en mode translation et sélectionnez l'enfant.

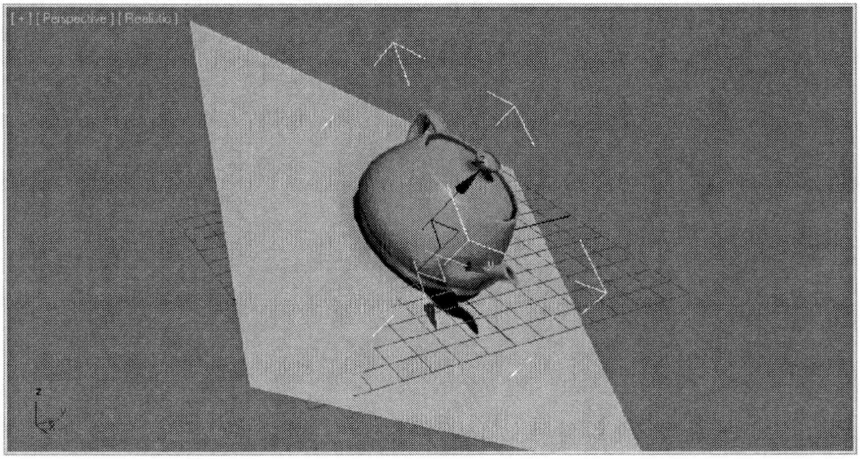

*Le **gizmo** de l'enfant est aligné sur sa propre transformation, qui à l'origine était alignée avec la table.*

*Ainsi, dans le repère local de la théière, il est facile de déplacer la théière sur la surface de la table malgré le fait que la table ait une orientation quelconque.*

## H. La théorie : le pivot d'un objet

Le pivot d'un objet est son point d'origine, sa transformation. Dans la scène, les différents **gizmos** de transformation vous permettent de visualiser ce pivot.

Lorsque vous sélectionnez un seul objet, 3ds Max vous propose d'utiliser le pivot ou deux autres valeurs pour le transformer : le centre de la sélection ou le centre du repère de référence.

- Assurez-vous qu'une boîte est sélectionnée dans la scène.
- Sélectionnez le mode transformation par pivot  (barre d'outils principale, dans le groupe des modes de pivot) : le pivot est utilisé pour la transformation. Le **gizmo** est positionné à la base de la boîte.
- Sélectionnez le mode transformation par le centre de la sélection  (barre d'outils principale, dans le groupe des modes de pivot) : la transformation n'utilisera pas le pivot mais le centre de la sélection. Le **gizmo** est maintenant au centre de la boîte, en réalité au centre de sa boîte englobante.
- Sélectionnez le mode transformation par l'origine du repère de référence  (barre d'outils principale, dans le groupe des modes de pivot) : la transformation n'utilisera pas le pivot mais l'origine du repère de référence. La position du **gizmo** dépend du repère de référence que vous avez sélectionné. Si le repère de référence est le repère **View**, le pivot est maintenant très probablement au centre de la grille, car la transformation racine de la scène est le parent de cette boîte si vous ne l'avez pas encore liée à un autre objet.

Lorsque vous sélectionnez plusieurs objets et que vous entrez dans un mode de transformation, le mode de pivot change automatiquement pour le mode transformation par le centre de la sélection. Vous pouvez le changer pour l'origine du repère de référence. En ce qui concerne le mode transformation par pivot, il faudrait afficher autant de pivot qu'il y a d'objets. Par défaut, 3ds Max n'autorise pas cela pour des raisons de performance. Vous pouvez changer ce comportement car il peut être très utile.

- Utilisez le menu **Customize** - **Preferences**.
- Cliquez sur l'onglet **Gizmos**.
- Cochez la case **Allow multiple gizmos** puis validez en cliquant sur le bouton **OK**.
- Sélectionnez plusieurs objets.
- Activez le mode de translation 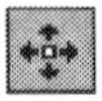.
- Sélectionnez le mode de transformation par pivot  (barre d'outils principale, dans le groupe des modes de pivot).

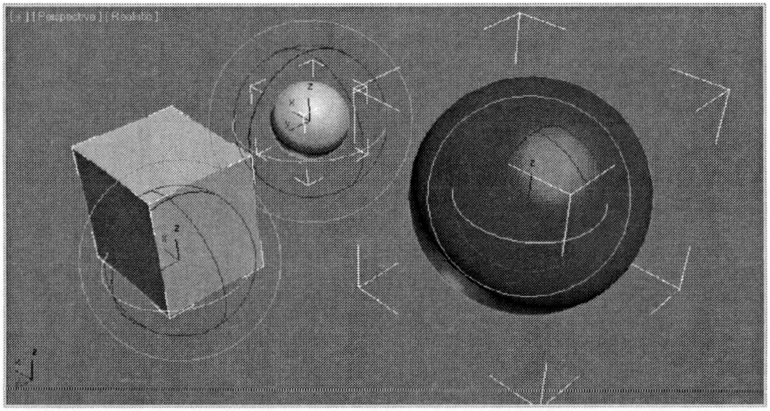

Cette technique est particulièrement utile pour effectuer une rotation de multiples objets sur eux-mêmes ou pour déplacer de multiples objets dans leurs repères locaux respectifs.

Lorsque vous manipulez une primitive dans 3ds Max, son pivot d'origine est très souvent bien placé et facilite vos manipulations. Par exemple, le pivot de la boîte est au centre de sa base. Dès la création, la boîte est « posée » sur la grille.

Mais lorsque vous modifiez les objets ou lorsque l'utilisation que vous faites de l'objet s'éloigne quelque peu de son rôle initial, il peut s'avérer crucial de modifier la position du pivot de l'objet. Pour bien comprendre le phénomène, nous allons l'illustrer par un cas pratique.

- Créez un plan de longueur 75 et de largeur 75 dans la scène. Ce plan aura le rôle d'un sol.
- Créez une sphère sur ce plan de rayon 15.

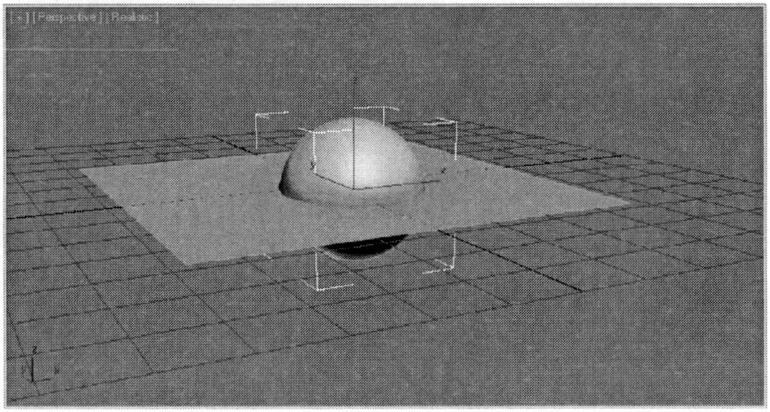

*Le pivot de la sphère est situé en son centre. Le centre de la sphère est donc positionné sur la grille et la sphère traverse le sol.*

Le problème posé est le suivant : nous souhaitons modifier l'échelle de la sphère selon Z tout en « posant » la sphère sur le sol, en sachant que la taille de l'échelle de la sphère n'est pas fixée est qu'on peut vouloir la modifier à tout moment.

La solution évidente est de déplacer la sphère verticalement de 15 (taille du diamètre) puis de faire varier l'échelle.

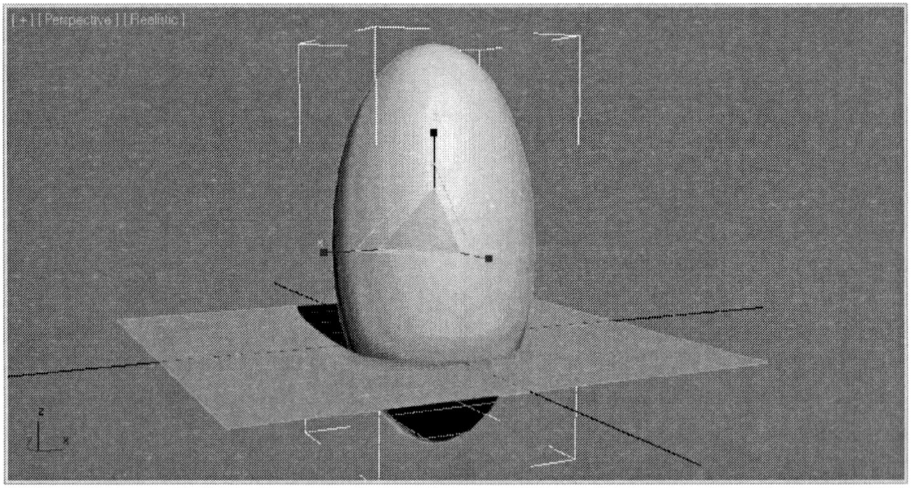


À chaque changement d'échelle, il faudra repositionner la sphère sur le sol, car son changement d'échelle s'applique à partir du pivot.

Essayons une autre approche.

- Réinitialisez la scène.
- Créez dans la scène un plan de longueur 75 et de largeur 75. Ce plan aura le rôle d'un sol.
- Créez une sphère de rayon 15 sur ce plan.
- Entrez dans le mode sélection et translation  puis, si besoin, cliquez sur la sphère.
- Entrez dans le mode hiérarchie du panneau de commandes en cliquant sur l'icône 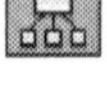.
- Si besoin, cliquez sur le panneau déroulant **Adjust Pivot** pour afficher son contenu.
- Pour entrer dans le mode de modification du pivot, cliquez sur le bouton **Affect Pivot Only**.

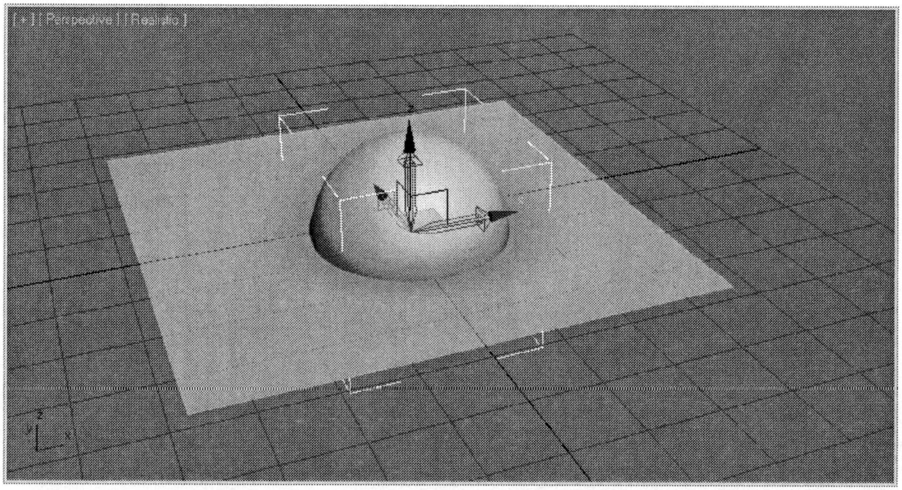

*Le **gizmo** de translation change pour signaler le mode de modification du pivot.*

- Vérifiez que le repère de référence soit le repère **View** 

.
- Entrez la valeur -15 (correspondant au diamètre de la sphère) pour l'axe Z dans l'accès rapide des valeurs de transformation de la barre de statuts.

*En pivotant légèrement la vue, vous pouvez observer que le pivot de la sphère est maintenant situé à la base de la sphère et la position Z de la sphère est maintenant -15.*

- Sortez du mode de modification du pivot en cliquant à nouveau sur le bouton **Affect Pivot Only**.
- Entrez la valeur 0 pour l'axe Z dans l'accès rapide des valeurs de transformation de la barre de statuts.

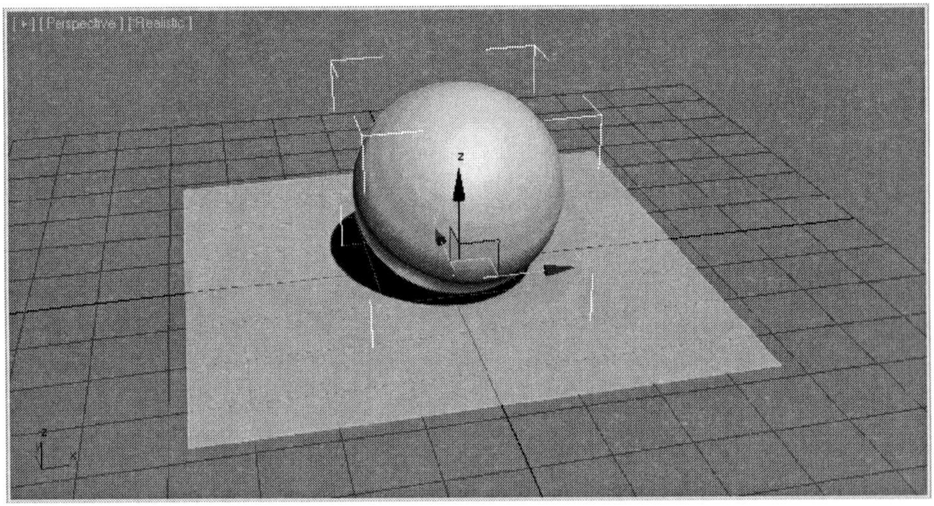


*La sphère est maintenant « posée » sur le sol et son pivot est également au sol.*

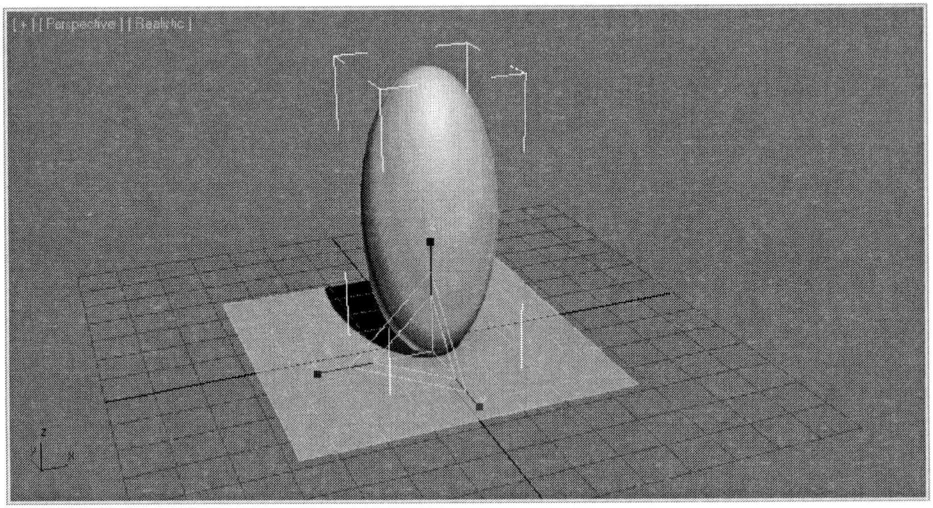


*Quels que soient les changements d'échelle, la sphère reste « posée » sur le sol.*

Un pivot positionné intelligemment vous fera gagner beaucoup de temps.

Pour réaliser ce changement de pivot, 3ds Max serait obligé de modifier la valeur de tous les points du maillage de l'objet 3D. Afin de simplifier cette gestion du pivot, 3ds Max utilise en fait une transformation intermédiaire masquée : la transformation **Offset**.

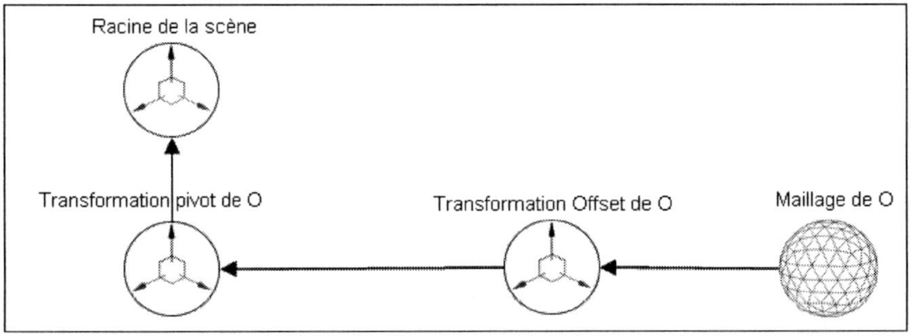


Pour rendre le pivot des objets indépendant, 3ds Max utilise deux transformations, le pivot que l'on voit à l'écran et une deuxième qui est masquée qui définit le décalage entre la position initiale du pivot et sa position actuelle : la transformation **offset**. La transformation **offset** est enfant du pivot. Ainsi, un objet O dans la scène se représente comme l'écran ci-dessus.

Ainsi, lorsque l'on modifie le pivot d'un objet, la transformation **offset** est modifiée en même temps de façon inversée afin que le maillage de l'objet O semble immobile pendant l'opération.

Cette double transformation possède également l'avantage de conserver en mémoire la position initiale du pivot. Ainsi, on peut réinitialiser le pivot d'un objet.

## I. Modifier le pivot

Vous pouvez modifier le pivot de l'objet pour vous aider à transformer l'objet. Vous pouvez faire cela de façon temporaire ou définitive.

- Assurez-vous d'avoir un objet sélectionné dans la scène.
- Entrez dans le mode hiérarchie du panneau de commandes en cliquant sur l'icône .
- Si besoin, cliquez sur le panneau déroulant **Adjust Pivot** pour afficher son contenu.
- Pour entrer dans le mode de modification du pivot, cliquez sur le bouton **Affect Pivot Only** : vous pouvez utiliser tous les outils de transformation sur le pivot.
- Pour entrer dans le mode de modification de la transformation offset, cliquez sur le bouton **Affect Object Only** : vous pouvez utiliser tous les outils de transformation. Le pivot restera immobile tandis que l'objet se transformera.
- Pour entrer dans le mode de modification de la hiérarchie, cliquez sur le bouton **Affect Hierarchy Only** : ce mode ne concerne que la rotation et l'échelle. Si vous effectuez une rotation ou une échelle sur l'objet parent, les objets enfants seront repositionnés sans changer leur échelle ni orientation.

➲ Pour réinitialiser le pivot, cliquez sur le bouton **Reset Pivot**.

Lorsque les modes modification du pivot ou modification de la transformation offset sont activés, plusieurs boutons deviennent disponibles vous permettant respectivement de déplacer le pivot au centre de l'objet, de l'aligner sur la transformation offset ou de l'aligner sur la transformation.

Pour effectuer une transformation pour laquelle vous devriez déplacer temporairement le pivot, vous pouvez positionner un pivot temporaire dans la scène appelé pivot de travail.

➲ Entrez dans le mode hiérarchie du panneau de commandes : 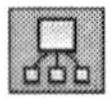.

➲ Si besoin, cliquez sur le panneau déroulant **Working Pivot** pour afficher son contenu.

➲ Pour entrer dans le mode de modification du pivot de travail, cliquez sur le bouton **Edit Working Pivot**.

Par défaut, le pivot de travail est aligné sur la transformation racine, c'est-à-dire au centre de la grille.

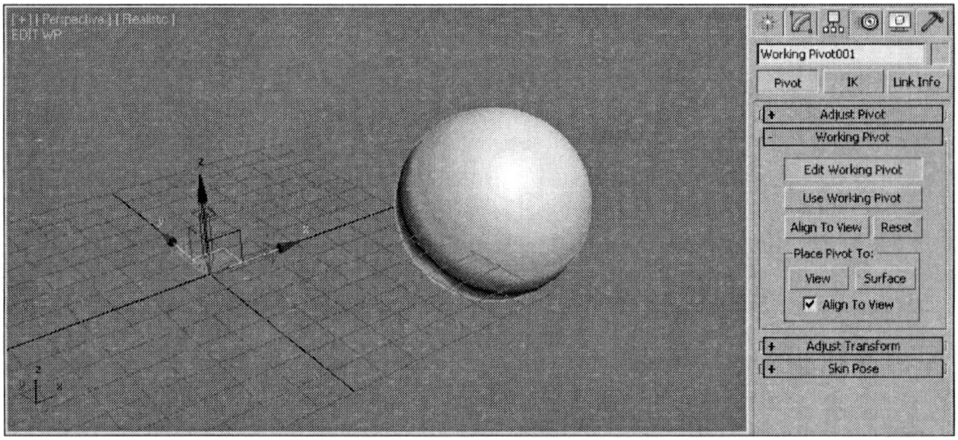


Vous pouvez utiliser tous les outils de transformation afin de positionner votre pivot de travail.

➲ Pour positionner le pivot en un clic, cliquez sur le bouton **View** et cliquez dans une fenêtre de vue. Si l'option **Align To View** est cochée, le pivot orientera son Z vers l'utilisateur.

➲ Pour positionner le pivot sur la surface d'un objet, cliquez sur le bouton **Surface** et cliquez sur la surface d'un objet dans une vue. Si l'option **Align To View** est cochée, le pivot orientera son Z vers l'utilisateur.

➲ Pour réorienter le pivot afin que son Z soit orienté vers l'utilisateur, cliquez sur le bouton **Align To View**.

➲ Terminez la transformation du pivot de travail en cliquant à nouveau sur le bouton **Edit Working Pivot**.

Lorsque vous rendez actif le pivot de travail, tous les autres pivots de la scène disparaissent au profit du pivot de travail.

- Pour entrer dans le mode d'utilisation du pivot de travail, cliquez sur le bouton **Use Working Pivot**.
- Pour aligner le pivot de travail avec la transformation de la sélection en cours, cliquez sur le bouton **Reset**. Si aucune sélection n'est faite, le pivot de travail s'alignera en position initiale sur la transformation racine.
- Pour sortir du mode d'utilisation du pivot de travail, cliquez à nouveau sur le bouton **Use Working Pivot**.

## J. La boîte à outils de transformation

- Pour ouvrir la boîte à outils de transformation, utilisez le menu **Edit** - **Transform Toolbox**.

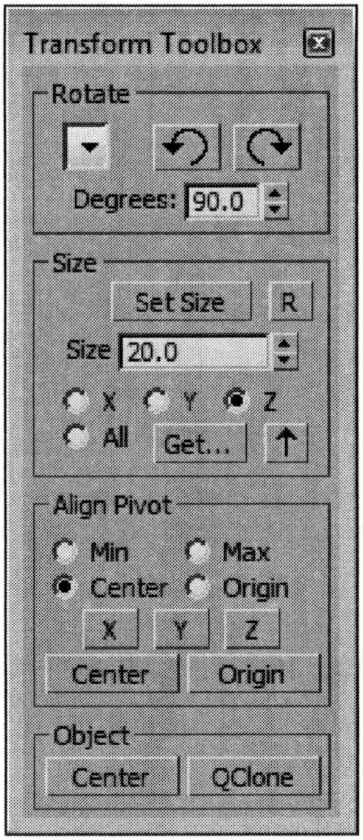


*La boîte à outils de transformation rassemble une série d'outils souvent utilisés à portée de clic pour application sur la sélection.*

### Les outils de rotation

Les outils de rotation ne vous demandent pas d'axes. Ils déduisent les axes en fonction de la façon dont vous visualisez la scène. La rotation s'effectue autour de l'axe le plus proche de la direction de la caméra : si vous regardez la scène par le dessus, la rotation se fera autour de Z.

- Sélectionnez éventuellement un angle différent en entrant la valeur dans la case d'angle ou en sélectionnant une valeur dans la liste déroulante.
- Cliquez sur l'une des deux flèches pour faire pivoter la sélection dans un sens ou dans l'autre.

### Les outils de taille

Les outils de taille modifient l'échelle de l'objet afin de correspondre à une taille de boîte englobante désirée.

- Pour changer la taille de la boîte englobante, entrez une valeur dans la zone **Size** ou cliquez sur la flèche  pour que la taille de la sélection selon l'axe sélectionné soit ajoutée à la zone **Size**.
- Sélectionnez l'axe **X**, **Y** ou **Z** ou tous les axes (**All**) sur lesquels appliquer la taille.
- Cliquez sur le bouton **Get** pour obtenir des informations sur la sélection.
- Cliquez sur **Set Size** pour appliquer les paramètres.

### Les outils d'alignement du pivot

Les outils d'alignement du pivot positionnent le pivot par rapport à la boîte englobante.

- L'option **Min** positionnera le pivot à la plus petite valeur de la boîte englobante sur l'axe que vous sélectionnerez.
- L'option **Max** positionnera le pivot à la plus grande valeur de la boîte englobante sur l'axe que vous sélectionnerez.
- L'option **Center** positionnera le pivot à la moyenne de la plus grande et la plus petite valeur de la boîte englobante sur l'axe que vous sélectionnerez.
- L'option **Origin** positionnera le pivot à la valeur 0 de la scène sur l'axe que vous sélectionnerez.
- Pour valider l'option sélectionnée sur un axe, cliquez sur le bouton **X**, **Y** ou **Z**.
- Pour centrer le pivot sur le centre de la sélection, cliquez sur le bouton **Center**.
- Pour remettre le pivot à l'origine de la scène, cliquez sur le bouton **Origin**.

### Les outils d'objets

Les deux outils d'objets permettent d'effectuer diverses manipulations.

- Pour repositionner la sélection à l'origine de la scène, cliquez sur le bouton **Center**.
- Pour copier la sélection et la positionner à droite de la sélection en cours en fonction de la façon dont vous observez la scène, cliquez sur le bouton **QClone**.

## K. Les contraintes d'accrochage

Vous pouvez restreindre l'utilisation des divers outils de transformation avec les contraintes d'accrochage. Ces contraintes sont complexes mais très puissantes. Avec ces contraintes par exemple, vous pouvez facilement déplacer une boîte de façon à ce que le milieu de l'un des côtés de sa base soit aligné avec le bord d'une sphère.

- Assurez-vous d'avoir une scène comportant deux objets simples tels qu'une boîte et une sphère.
- Sélectionnez le mode de translation :  (barre d'outils principale) ou **W**.
- Activez l'accrochage 3D en cliquant sur l'outil  (barre d'outils principale) ou en utilisant le menu **Tools** - **Grids and Snaps** - **Snaps Toggle** ou la touche **S**. Il est à noter que si vous cliquez de nouveau sur l'outil, il se désactive.
- Pour choisir les accrochages de la scène, faites un clic droit sur l'outil d'accrochage 3D  (barre d'outils principale) ou utilisez le menu **Tools** - **Grids and Snaps** - **Grid and Snap Settings** puis cliquez sur l'onglet **Snaps**.

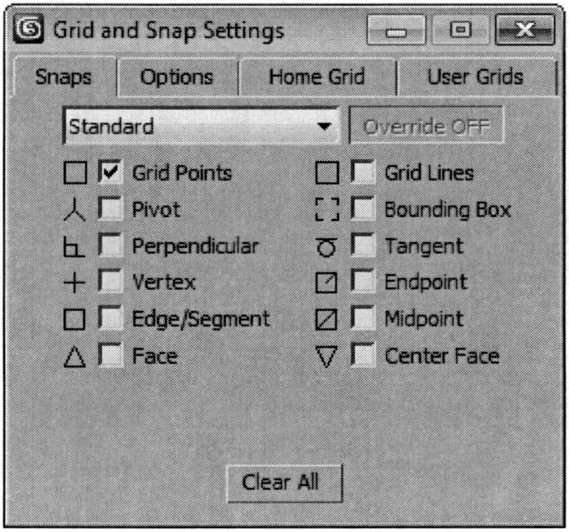


*Les différents choix d'accrochage dans la scène.*

- Tout en gardant ouverte la boîte de dialogue, cochez différentes options et passez la souris dans la vue afin de visualiser l'accrochage représenté par un marqueur jaune.

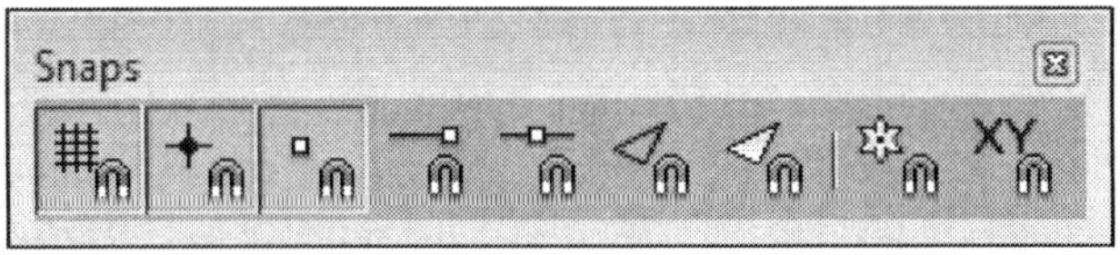


*La barre d'outils **Snaps** reflète les différentes options d'accrochage cochées.*

- Pour utiliser l'accrochage pendant la translation, deux conditions doivent être réunies : une accroche est marquée par un symbole jaune avant de cliquer et la souris est au-dessus d'un objet.
- Maintenez le bouton gauche de la souris enfoncé et déplacez l'objet.

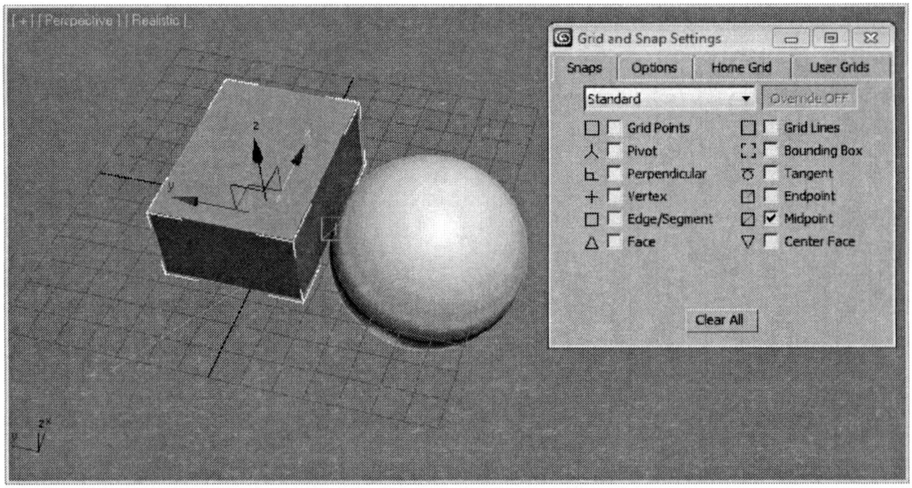


*Dans cet exemple, l'accroche a été définie sur les milieux d'arête des objets. Le marqueur d'accrochage devient vert lorsqu'une accroche d'arrivée est valide.*

- Si vous devez choisir un accrochage pour lequel la souris n'est pas au-dessus de l'objet, verrouillez la sélection au préalable en cliquant sur l'outil (barre de statuts) ou en appuyant sur la touche Espace.

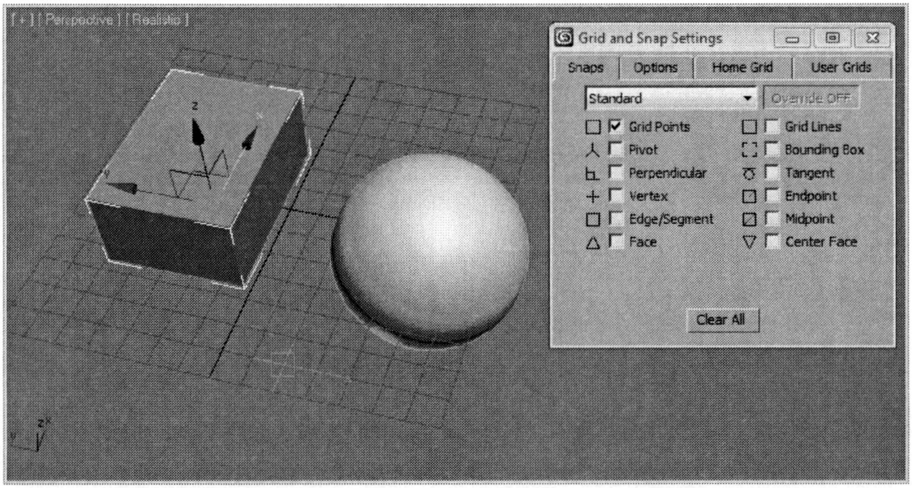


*Pour utiliser une accroche en dehors de la surface de l'objet, ici des points de la grille, vous devez au préalable verrouiller la sélection car les outils de transformation servent aussi à la sélection.*

- Si vous souhaitez que l'accrochage se fasse dans le plan de la grille mais que les accroches ne soient pas sur la grille (tel qu'un objet en l'air), utilisez l'outil d'accrochage 2.5D  (barre d'outils principale, dans le groupe des outils d'accrochage de transformation). Dans ce mode, les accroches sont toutes projetées dans la grille active.
- Si vous souhaitez n'utiliser que les accroches disponibles sur la grille, utilisez l'outil d'accrochage 2D  (barre d'outils principale, dans le groupe des outils d'accrochage de transformation). Dans ce mode, seules les accroches « posées » sur la grille sont prises en compte.

Les accrochages 3D, 2.5D et 2D permettent de choisir des accroches dans la scène. Il existe également des outils d'accroche de valeurs, permettant par exemple « d'accrocher » une rotation à tous les angles de type 45 degrés. Ces outils d'accroche de valeurs sont complémentaires des outils d'accroche de la scène, c'est-à-dire qu'ils peuvent tous être utilisés en même temps.

- Entrez en mode de rotation :  (barre d'outils principale) ou la touche **E**.
- Activez l'outil d'accrochage de valeurs de rotation  (barre d'outils principale) ou utilisez le menu **Tools - Grids and Snaps - Angle Snap Toggle** ou la touche **A**. Il est à noter que si vous cliquez de nouveau sur l'outil, il se désactive.

- Pour choisir la valeur d'accrochage de rotation, faites un clic droit sur l'outil d'accrochage de valeurs de rotation (barre d'outils principale) ou utilisez le menu **Tools** - **Grids and Snaps** - **Grid and Snap Settings** - onglet **Options**.

  Entrez une valeur d'accrochage de rotation dans le champ **Angle**.

  Avec l'accrochage de valeurs de rotation défini sur 45 degrés, seules des rotations multiples de 45 degrés peuvent être effectuées.

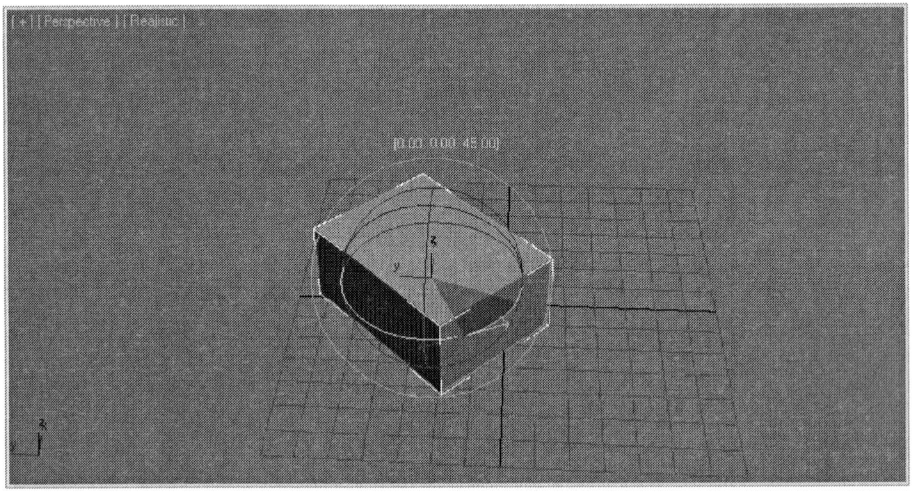


Il est possible d'utiliser une accroche de la scène comme centre de rotation sans avoir à changer le pivot de l'objet ou avoir à définir un pivot de travail. Un certain nombre d'outils doivent être actifs pour permettre ce genre d'opération.

- Sélectionnez l'objet concerné.
- Vérifiez qu'un accrochage de scène est actif tel que , ou .
- Vérifiez que des accroches ont été sélectionnées dans la fenêtre d'options d'accrochage.
- Vérifiez que le mode de pivot est sur le mode transformation par le centre de la sélection : .
- Si l'accroche souhaitée comme centre de rotation est en dehors de l'objet, verrouillez la sélection.
- Sélectionnez sur le gizmo de rotation l'axe autour duquel vous souhaitez effectuer la rotation.
- Déplacez la souris afin de visualiser le marqueur jaune sur le centre souhaité de rotation.
- Maintenez le bouton gauche de la souris enfoncé et faites glisser la souris pour effectuer la rotation.

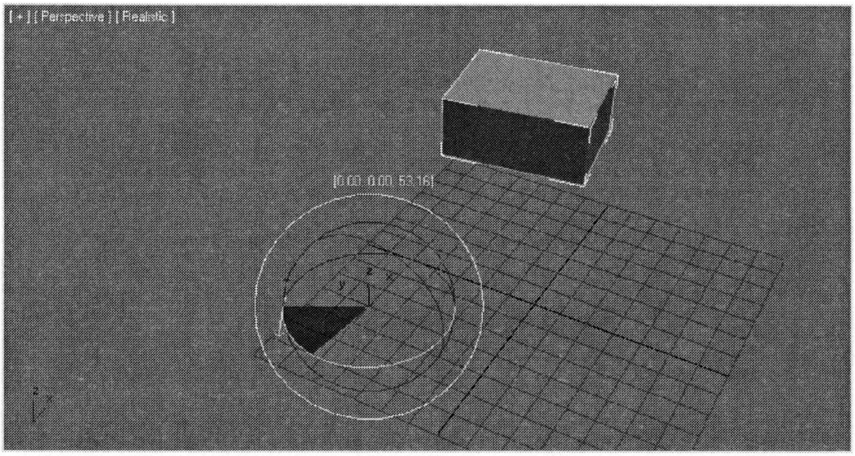


*Souvent, un certain nombre d'objets de la scène peuvent naturellement vous servir de support de transformation. N'hésitez pas à créer des objets avec uniquement comme rôle de vous servir de support de création. Ici, une accroche sur un point de la grille sert de centre de rotation autour de l'axe Z pour la boîte.*

Les accrochages de pourcentage, de la même façon que pour la rotation vous permettent par exemple de changer de pourcentage de 5 en 5.

- Entrez en mode d'échelle en activant l'outil (barre d'outils principale) ou en appuyant sur la touche **R**.
- Activez l'outil d'accrochage de pourcentage en cliquant sur l'outil (barre d'outils principale) ou en utilisant le menu **Tools** - **Grids and Snaps** - **Percent Snap Toggle** ou le raccourci Ctrl ⇧ **P**. Il est à noter que si vous cliquez de nouveau sur l'outil, il se désactive.
- Pour choisir la valeur d'accrochage de pourcentage, faites un clic droit sur l'outil d'accrochage de pourcentage (barre d'outils principale) ou utilisez le menu **Tools** - **Grids and Snaps** - **Grid and Snap Settings** - onglet **Options**.

  Entrez la valeur d'accrochage de pourcentage dans le champ **Percent**.
- Maintenez le bouton gauche de la souris enfoncé puis faites glisser la souris pour effectuer le changement d'échelle.

## Remarque

*Il est possible d'utiliser une accroche de la scène comme origine de l'échelle sans avoir à changer le pivot de l'objet ou avoir à définir un pivot de travail. Un certain nombre d'outils doivent être actifs pour permettre ce genre d'opération. Voir la procédure avec la rotation ci-dessus.*

Le dernier accrochage de valeur permet de définir un accrochage pour les **spinners** que l'on trouve très régulièrement dans l'interface de 3ds Max.

*La barre d'accès rapide aux valeurs de transformation est constituée de trois **spinners**.*

- Activez l'outil d'accrochage des valeurs de **spinner** en cliquant sur l'outil (barre d'outils principale) ; vous pouvez aussi utiliser le menu **Customize** - **Preferences** (ou clic droit sur l'outil d'accrochage des valeurs de spinner ) puis cocher l'option **Use Snap** du groupe **Spinners** de l'onglet **General**.
- Pour choisir la valeur d'accrochage des spinners, utilisez le menu **Customize** - **Preferences** ou faites un clic droit sur l'outil d'accrochage des valeurs de spinner . Entrez la valeur dans le champ **Snap** du groupe **Spinners** de l'onglet **General**.
- Validez en cliquant sur le bouton **OK**.

### Remarque

*Il existe un menu **Quad** personnalisé pour les opérations d'accrochage : maintenez la touche ⇧ pendant un clic droit dans la vue pour le faire apparaître.*

## L. Les contraintes d'axe ou de plan

Lorsque vous utilisez les différents outils de transformation à la souris, vous pouvez spécifier un axe de transformation ou deux axes de transformation en les sélectionnant. Ils deviennent alors jaunes. Cette fonctionnalité est également visible par la barre d'outils de contraintes d'axes, qui est cachée par défaut.

- Assurez-vous d'avoir un objet dans la scène.
- Entrez dans le mode translation : .
- Sélectionnez un objet.
- Pour afficher la barre d'outils de contraintes d'axes, faites un clic droit dans une zone vide de la barre d'outils principale et cliquez sur **Axis Constraints**.

  Par défaut, cette barre d'outils est flottante, vous pouvez l'arrimer à la barre d'outils principale en la faisant glisser dans la barre d'outils principale.

➲ Si vous cliquez sur un des axes du **gizmo** de transformation, le bouton de l'axe correspondant s'active dans la barre d'outils de contraintes. Si vous cliquez sur ces mêmes boutons, le **gizmo** change pour refléter votre choix. Le quatrième bouton de la barre d'outils permet de sélectionner deux axes à la fois, c'est-à-dire les plans **XY**, **YZ** ou **ZX**.

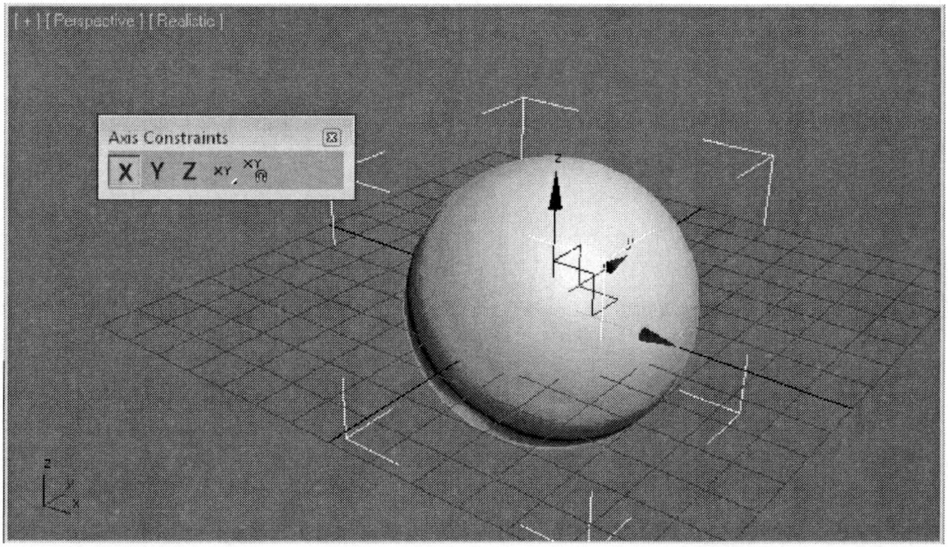


Lors de l'utilisation des accrochages, les contraintes d'axes peuvent servir à restreindre l'accrochage.

➲ Pour utiliser les contraintes d'axes dans les opérations d'accrochage, activez l'outil  (barre d'outils de contraintes d'axes) ; vous pouvez aussi utiliser le menu **Tools** - **Grids and Snaps** - **Snaps Use Axis Constraints** ou le raccourci Alt **D** ou Alt F3.

*Avec une contrainte d'axe Y, un accrochage aux points et l'utilisation des contraintes d'axes dans les opérations d'accrochage, la boîte du haut n'a pu se déplacer que sur l'axe Y. Cette technique sert principalement à aligner différents éléments selon les axes.*

## M. Aligner un objet

Afin de réaliser rapidement un grand nombre d'opérations d'alignement, certains outils sont préconçus pour l'alignement. Cet alignement consiste à positionner un objet par rapport à la transformation d'un objet cible.

### Utiliser l'outil Aligner

- Assurez-vous d'avoir deux objets dans la scène.
- Sélectionnez l'objet à aligner sur l'autre (objet source).
- Activez l'outil d'alignement  (barre d'outils principale) ou utilisez le menu **Tools** - **Align** - **Align** ou le raccourci Alt **A**.
- Cliquez sur le deuxième objet (objet cible).

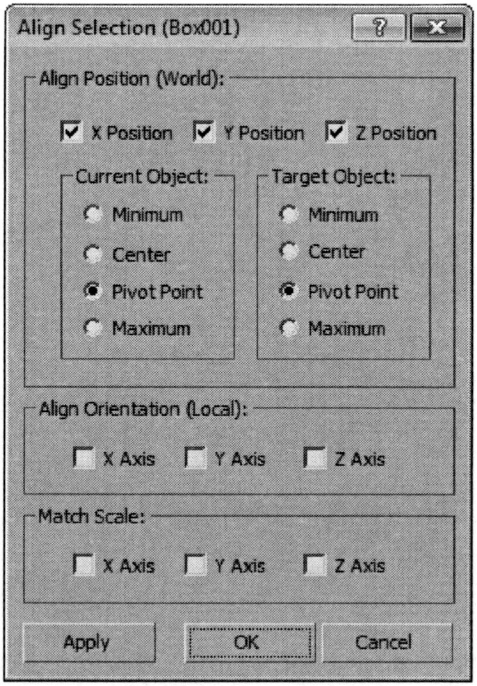


*La boîte de dialogue d'alignement propose les options.*

- Cochez les axes concernés par l'alignement, de la même façon qu'avec un accrochage.
- Choisissez l'accroche de l'objet à aligner (**Current Object**) et l'accroche de l'objet cible de l'alignement (**Target Object**).

| | |
|---|---|
| **Minimum** | Correspond au coin de la boîte englobante ayant les coordonnées les plus faibles. |
| **Maximum** | Correspond au coin de la boîte englobante ayant les coordonnées les plus élevées. |
| **Center** | Correspond au centre de la boîte englobante. |
| **Pivot Point** | Correspond aux valeurs du pivot de l'objet à aligner ou de celui de la cible. |

- Choisissez les axes de rotation à aligner dans la zone **Align Orientation (Local)**.
- Choisissez les axes d'échelle à aligner dans la zone **Match Scale**.
- Visualisez le paramétrage sans valider en cliquant sur le bouton **Apply**.
- Appuyez sur le bouton **OK** pour valider.

## Utiliser l'outil Aligner rapide

L'outil d'alignement rapide copie les valeurs du pivot de la cible pour les assigner au pivot de l'objet à aligner.

- Assurez-vous d'avoir deux objets dans la scène.
- Sélectionnez un objet à aligner sur l'autre (objet source).
- Activez l'outil d'alignement rapide  (barre d'outils principale, dans le groupe des outils d'alignement) ou utilisez le menu **Tools** - **Align** - **Quick Align** ou le raccourci [⇧] **A**.
- Cliquez sur le deuxième objet (objet cible).

## Utiliser l'outil Aligner normale

L'outil d'alignement par normale permet de repositionner et réorienter un objet pour qu'un endroit précis de sa surface soit en contact avec un endroit précis de la surface d'un autre objet.

- Assurez-vous d'avoir deux objets dans la scène.
- Sélectionnez un objet à aligner sur l'autre (objet source).
- Activez l'outil d'alignement par normale  (barre d'outils principale, dans le groupe des outils d'alignement) ou utilisez le menu **Tools** - **Align** - **Normal Align** ou le raccourci [Alt] **N**.
- Maintenez le bouton gauche de la souris enfoncé sur l'objet à aligner (objet source) et faites glisser la souris sur l'objet source pour choisir le point de contact.

*Une flèche bleue apparaît, elle représente la normale de la surface au point cliqué.*

- Relâchez le bouton de la souris lorsque vous avez choisi le point de contact de l'objet à aligner.
- Maintenez le bouton gauche de la souris enfoncé sur l'objet cible et faites glisser la souris pour choisir le point de contact.

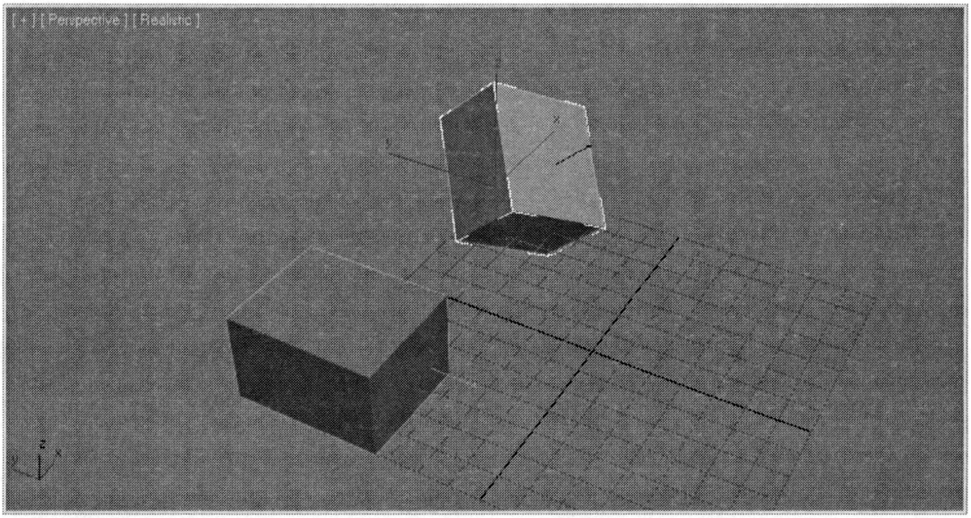


*Une flèche verte apparaît, elle représente la normale de la surface au point cliqué.*

- Relâchez le bouton de la souris lorsque vous avez choisi le point de contact de la cible.

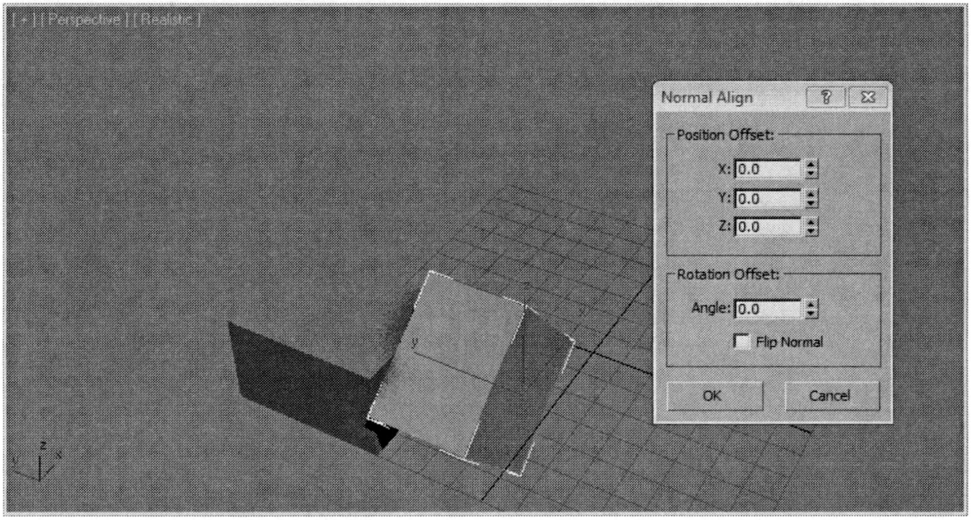

- Dans la fenêtre de réglage de l'outil qui s'affiche, vous pouvez affiner le résultat en décalant les points de contact avec les valeurs de transformation **Offset** et/ou en réorientant l'objet autour de sa normale à l'aide de la valeur **Angle**.
- Validez en cliquant sur le bouton **OK**.

### Utiliser l'outil Aligner sur vue

Enfin, un dernier outil vous permet d'aligner un objet avec la vue.

- Assurez-vous d'avoir un objet dans la scène.
- Activez l'outil d'alignement sur la vue (barre d'outils principale, dans le groupe des outils d'alignement) ou utilisez le menu **Tools** - **Align** - **Align To View**.
- Dans la fenêtre des paramètres de l'outil qui s'affiche, choisissez l'axe de l'objet orienté vers la caméra.
- Par défaut, l'axe Z du pivot s'oriente vers la vue, cochez l'option **Flip** pour que l'axe Z du pivot de l'objet s'aligne avec la direction de la vue.
- Cliquez sur le bouton **OK** pour valider.

**Remarque**

*Vous pouvez vous servir de tous les outils de transformation de 3ds Max pour modifier le pivot d'un objet. Ainsi, les outils d'alignement fonctionnent également en mode transformation du pivot.*

## N. Grouper des objets

Afin de gérer ensemble un certain nombre d'objets constituant une entité, vous pouvez les grouper. Le groupe possède sa propre transformation.

**ASTUCE**

*Si vous modifiez le pivot du groupe alors qu'il est fermé, cette information est perdue après certaines opérations. Le groupe de 3ds Max est peu compatible avec d'autres logiciels 3D.*

Pour des considérations de tris et d'organisation, utilisez les calques. Pour des considérations d'entités constituées de plusieurs objets à partager au sein d'une équipe, utilisez les conteneurs ou les références externes. Tous ces sujets sont traités dans le chapitre Organisation et productivité.

- Assurez-vous d'avoir plusieurs objets dans la scène.
- Sélectionnez les objets futurs du groupe.
- Groupez-les par le menu **Group** - **Group**.

- Donnez un nom au groupe et validez.

  Les objets du groupe ne sont plus sélectionnables indépendamment. Seul le groupe peut être sélectionné.

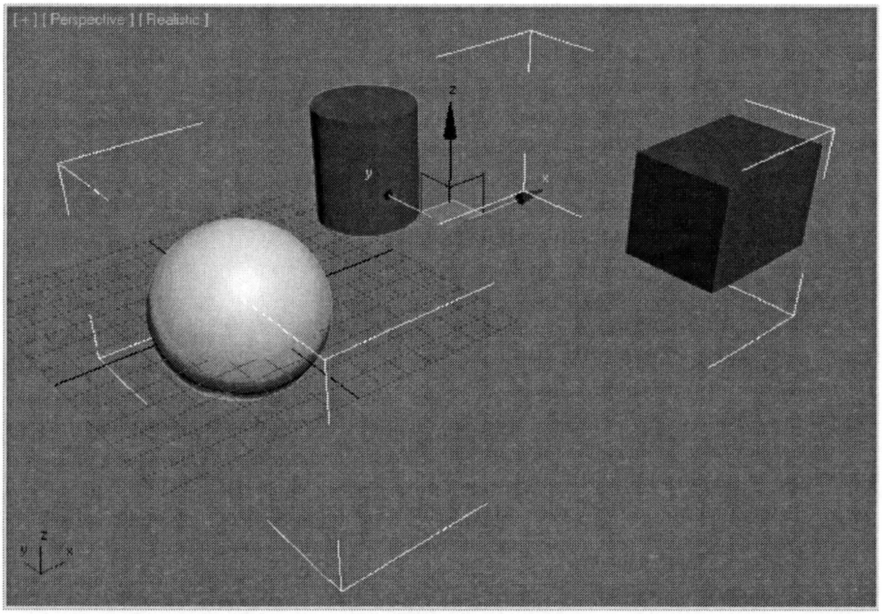

- Pour sélectionner et modifier les objets du groupe indépendamment les uns des autres, sélectionnez le groupe puis ouvrez-le par le menu **Group** - **Open**.

  Le groupe est symbolisé par un encadré magenta.

> **ASTUCE**
>
> *Lorsqu'un groupe est ouvert, vous pouvez sélectionner uniquement l'objet groupe en cliquant sur les bordures du groupe et vous pouvez alors supprimer le groupe sans supprimer les objets.*

- Pour fermer un groupe ouvert, cliquez sur un objet du groupe puis faites **Group** - **Close**.
- Pour enlever un objet d'un groupe, ouvrez le groupe, sélectionnez l'objet puis faites-lui quitter le groupe par le menu **Group** - **Detach**.

> **ASTUCE**
>
> *S'il ne reste plus qu'un objet dans le groupe, le groupe ne disparaît pas, il ne contient plus qu'un objet.*

- Pour attacher un objet à un groupe existant, sélectionnez l'objet concerné puis utilisez le menu **Group** - **Attach**.

  Choisissez ensuite le groupe auquel rattacher cet objet en cliquant dessus.

- Pour supprimer un groupe sans supprimer les objets qu'il contient, veillez à ce que le groupe soit fermé puis utilisez le menu **Group** - **Explode**.

# Chapitre 7
# Cloner des objets

## A. La théorie : clonage par copie, par instance

Dans le chapitre Transformation des objets, nous avons vu la notion de graphe de scène. Les objets sont donc présents dans la scène par le biais de la transformation qui leur est liée.

Dans 3ds Max, lorsque vous clonez par copie un objet, une nouvelle transformation est alors créée et associée à ce clone de l'objet.

Mais que se passe-t-il si l'on associe deux transformations différentes à un seul et même objet ?

L'objet est alors présent deux fois dans la scène, mais c'est toujours le même objet. Ces objets s'appellent des instances. Si vous sélectionnez l'un de ces objets et que vous le modifiez, toutes les instances de cet objet vont subir la même modification puisque c'est le même objet. Toutefois, les transformations étant séparées, vous pouvez transformer ou animer les transformations de ces instances de façon indépendante.

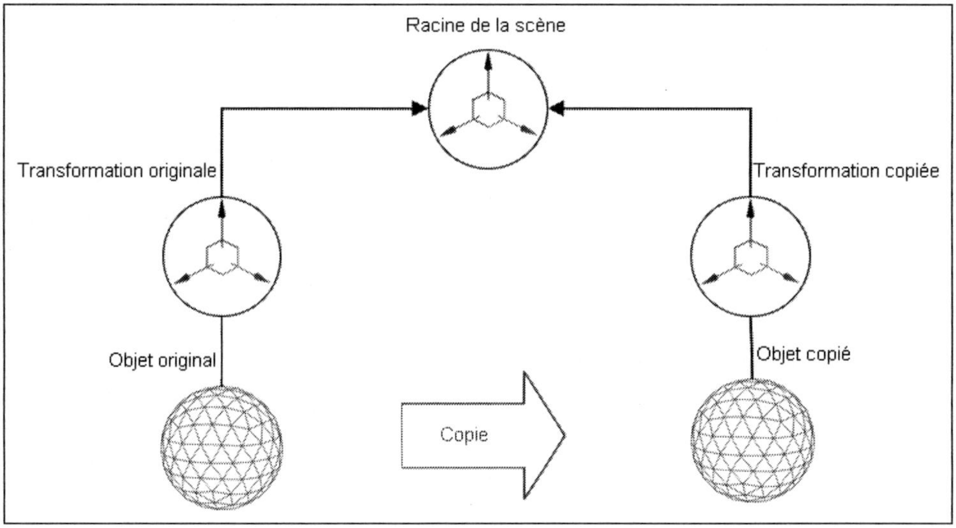


*La copie : les objets ne sont identiques que lors de la copie, chacun est indépendant par la suite.*

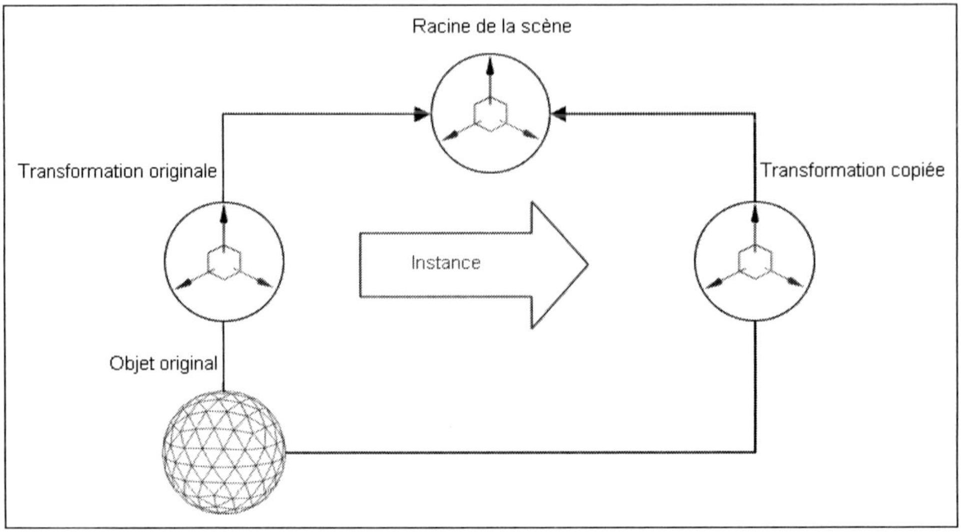


*L'instanciation : un seul objet présent plusieurs fois dans la scène ; ces instances sont toujours identiques.*

**Remarque**

*Les transformations étant indépendantes, l'échelle des instances peut être différente, ce qui donnera l'impression que les objets sont différents. Ils ne le sont pas.*

**Remarque**

*Il existe un troisième mode de clonage, appelé la référence, que nous verrons dans le chapitre suivant car il est intimement lié aux modificateurs.*

## B. Cloner un objet

Il existe deux méthodes simples de clonage d'un objet.

### Première méthode

- Assurez-vous d'avoir un objet dans la scène, tel qu'une primitive 3D.
- Sélectionnez un objet et clonez-le à l'aide du menu **Edit** - **Clone** ou du raccourci Ctrl **V**.

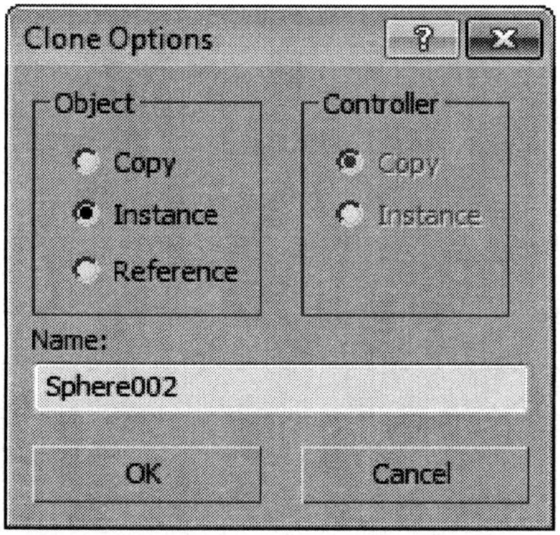


*La fenêtre d'options de clonage apparaît.*

- Sélectionnez le mode de clonage : **Copy** ou **Instance**.
- Entrez le nom du nouvel objet dans la zone **Name**.
- Cliquez sur le bouton **OK**.

Le clone est créé, vous pouvez vérifier en sélectionnant puis en changeant un paramètre de l'un des clones dans le panneau **Modify**  que les deux objets subissent la modification si vous avez fait une instance, que seul l'un des deux est modifié si vous avez fait une copie.

Quelle que soit la méthode de clonage, les transformations des objets sont indépendantes. Par exemple, le déplacement d'un des deux objets n'affectera pas l'autre.

## Deuxième méthode

- Sélectionnez un objet.
- Assurez-vous qu'un mode de transformation est actif tel que par exemple le déplacement 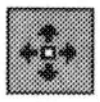.
- Transformez l'objet en maintenant la touche  appuyée puis relâchez le bouton de la souris.

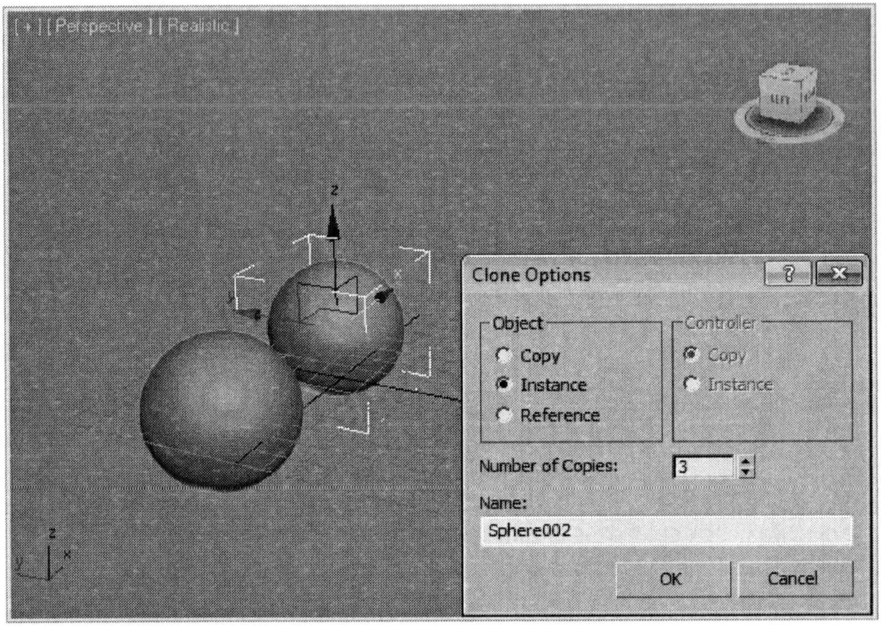


*La fenêtre d'options de clonage apparaît avec l'option supplémentaire* ***Number of Copies****.*

➲ Indiquez un nombre de clones à créer supérieur à 1 et validez par la touche **OK**.

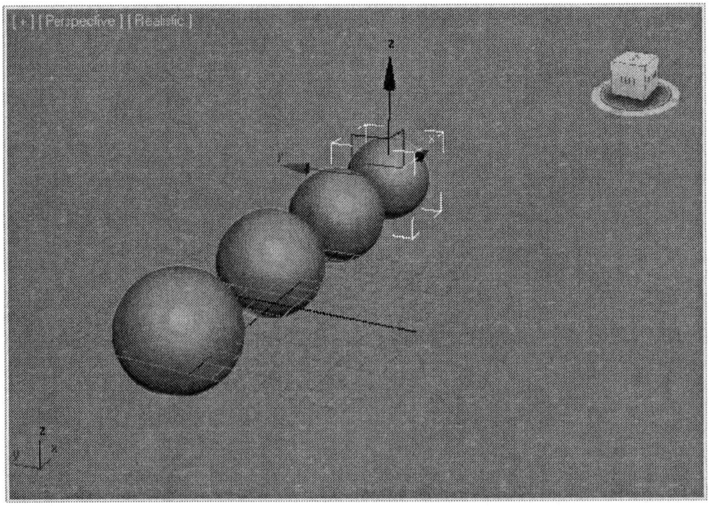

*Chaque clone a subi la transformation que vous aviez effectuée par rapport au clone précédent.*

## C. Cloner par symétrie

- Assurez-vous d'avoir un objet dans la scène, tel qu'une primitive 3D.
- Sélectionnez un objet et effectuez une symétrie à l'aide du menu **Tools** - **Mirror** ou de l'outil  (barre d'outils principale).

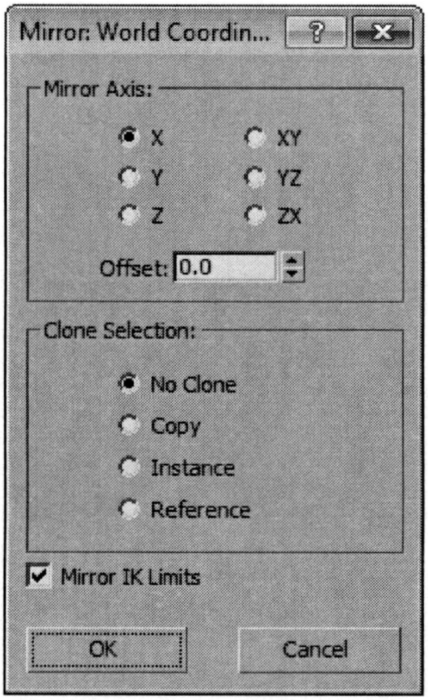


*La fenêtre d'options de symétrie apparaît.*

- Dans la zone **Mirror Axis**, sélectionnez un axe miroir (symétrie axiale) ou deux axes miroir (symétrie centrale). Spécifiez le décalage souhaité entre l'objet d'origine et l'objet miroir dans la zone **Offset**.
- Sélectionnez un mode de clonage dans la zone **Clone Selection**.

**ASTUCE**

*L'outil symétrie utilise une échelle négative sur le nouvel objet (plus de détails dans le titre Échelle du chapitre Transformation des objets). Cette opération peut être source de problème par la suite, notamment si vous exportez l'objet vers un autre logiciel.*

## D. Créer des tableaux de clones

L'outil tableau crée des clones suivant une, deux ou trois dimensions, ce qui rend cet outil particulièrement utile pour remplir des cases, d'où le nom tableau.

- Assurez-vous d'avoir un objet dans la scène.
- Sélectionnez un objet et clonez-le en tableau à l'aide du menu **Tools** - **Array** ou de l'outil (barre d'outils **Extras**).

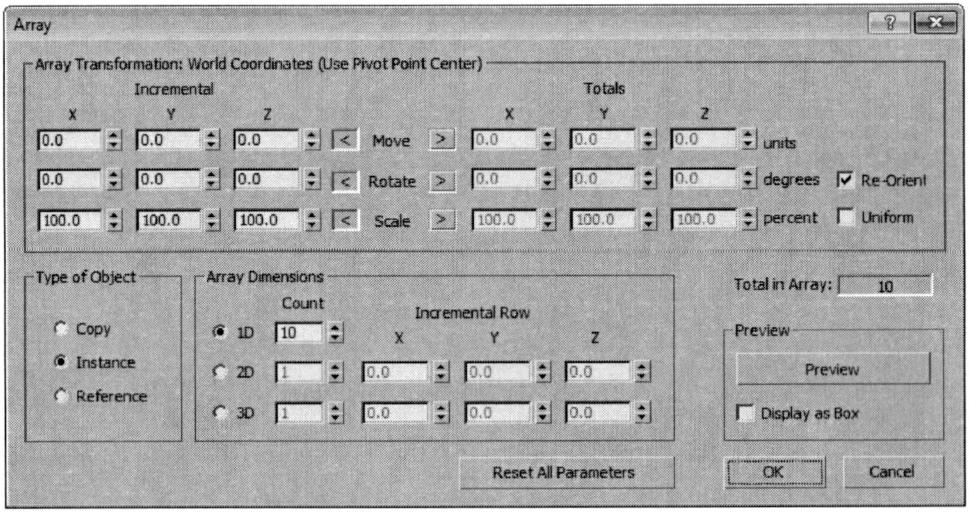


*La fenêtre des paramètres du tableau apparaît.*

- Dans la partie **Array Transformation: World Coordinates**, définissez la transformation qui sera appliquée à chaque clone par rapport au clone précédent. Utilisez les boutons < et > situés de part et d'autre des options **Move**, **Rotate** et **Scale** pour choisir de donner le décalage effectif entre chaque clone (**Incremental**, à gauche) ou le décalage total (**Totals**, à droite) qui sera effectif entre le premier et le dernier clone.
- Décochez l'option **Re-orient** pour que la rotation n'affecte que la position des objets et non pas leur orientation.
- Cochez l'option **Uniform** pour définir une échelle uniforme (un seul paramètre d'échelle pour les trois axes).
- Cliquez sur **Preview** pour visualiser le résultat dans la scène au fur et à mesure de vos choix ; cochez l'option **Display as Box** pour remplacer l'affichage des objets par des boîtes et ainsi améliorer les performances.
- Dans la partie **Type of Object**, activez l'option correspondant au mode de clonage souhaité.

- Dans la partie **Array Dimensions**, définissez le nombre de clones à créer pour chaque dimension. Vous pouvez multiplier le nombre de dimensions en activant l'option **2D** ou **3D**.
- Cliquez sur le bouton **OK** pour valider.

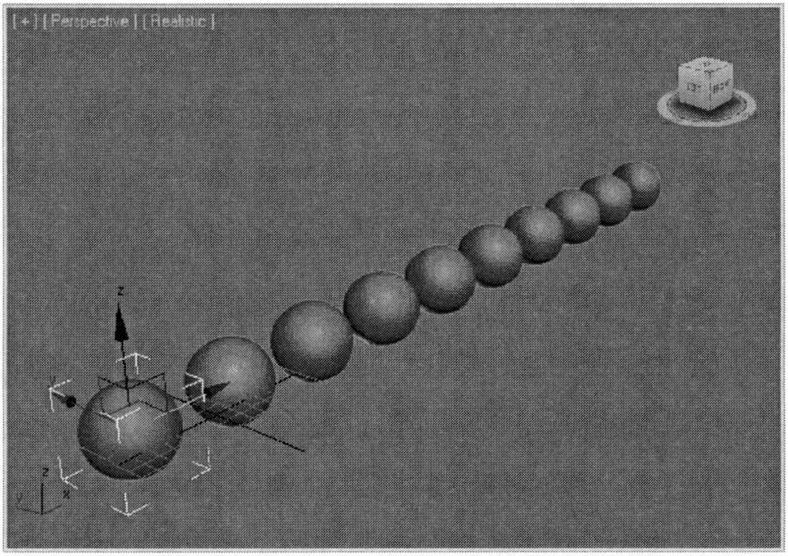


*Voici un exemple d'une sphère clonée en tableau, avec un décalage incrémental sur l'axe des X et 10 clones demandés.*

**ASTUCE**

*Cet outil peut générer rapidement un très grand nombre d'objets et le logiciel peut mettre du temps à répondre. En cas de très nombreux objets, utilisez l'option* ***Display as Box*** *qui améliore grandement les performances en remplaçant les objets par des boîtes.*

Ci-après un exemple avec un tableau de 20 sphères, en décalage de 100 sur X et 50 sur Z, une rotation totale de 360 degrés et une mise à échelle finale de 40 %. Une deuxième dimension de 4 rangées décalées de 500 sur Y a été ajoutée (au préalable, le système de coordonnées de référence a été placé sur **Local** : cf. Changer le repère de référence - chapitre Transformation des objets).

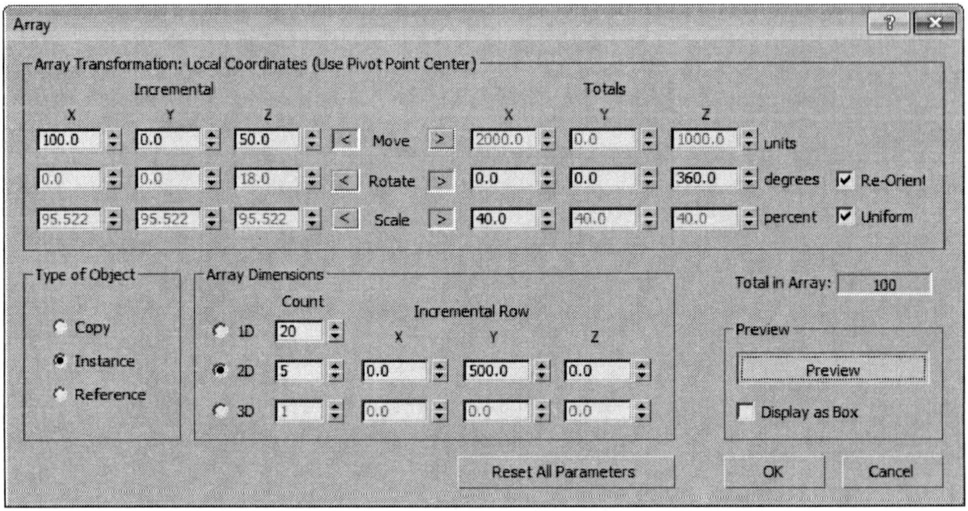
Array
Array Transformation: Local Coordinates (Use Pivot Point Center)
Incremental
Totals
X
Y
Z
100.0
0.0
50.0
Move
2000.0
0.0
1000.0
units
0.0
0.0
18.0
Rotate
0.0
0.0
360.0
degrees
Re-Orient
95.522
95.522
95.522
Scale
40.0
40.0
40.0
percent
Uniform
Type of Object
Copy
Instance
Reference
Array Dimensions
Count
Incremental Row
1D
20
2D
5
0.0
500.0
0.0
3D
1
0.0
0.0
0.0
Total in Array:
100
Preview
Preview
Display as Box
Reset All Parameters
OK
Cancel

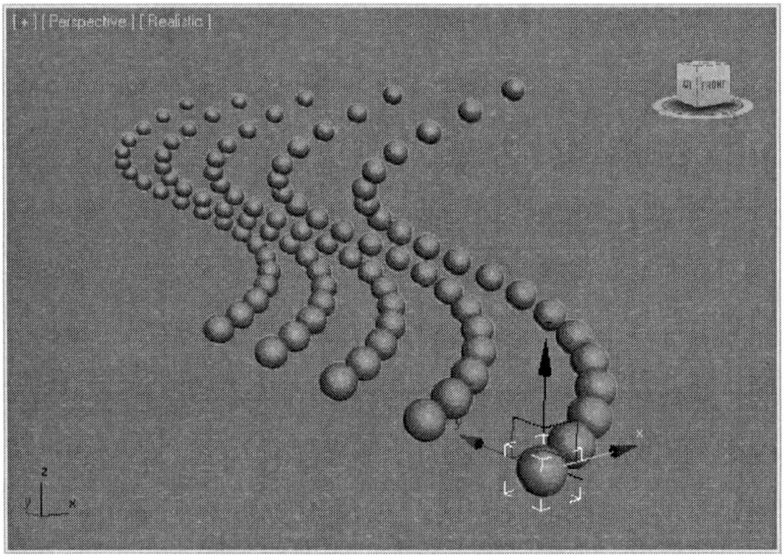
[ + ] [ Perspective ] [ Realistic ]

## E. Cloner des objets le long d'une ligne

- Assurez-vous d'avoir dans la scène un objet à dupliquer ainsi qu'une ligne.
- Sélectionnez l'objet à cloner et lancez l'outil **Spacing Tool** par le menu **Tools** - **Align** - **Spacing Tool** ou le raccourci ⇧ **I** ou l'outil (barre d'outils **Extras**).

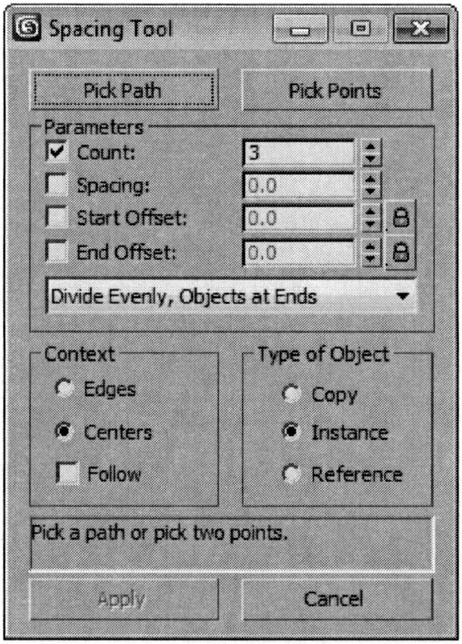


*La fenêtre des paramètres de l'outil* ***Spacing Tool*** *apparaît.*

- Cliquez sur le bouton **Pick Path** et cliquez sur la ligne dans la scène.

  Il ne vous reste plus qu'à régler les paramètres.
- Spécifiez le nombre de clones souhaité dans la zone associée à l'option **Count**.
- Pour spécifier un décalage entre les clones le long de la ligne, cochez l'option **Spacing** puis saisissez la valeur souhaitée dans la zone de saisie associée.
- Les options **Start Offset** et **End Offset** permettent de définir les distances en début ou en fin de ligne le long desquelles il n'y aura pas de clones.
- Choisissez de distribuer les clones à partir du bord de l'objet (**Edges**) ou de son centre (**Centers**).
- Cochez l'option **Follow** si vous souhaitez réorienter les clones le long de la trajectoire.

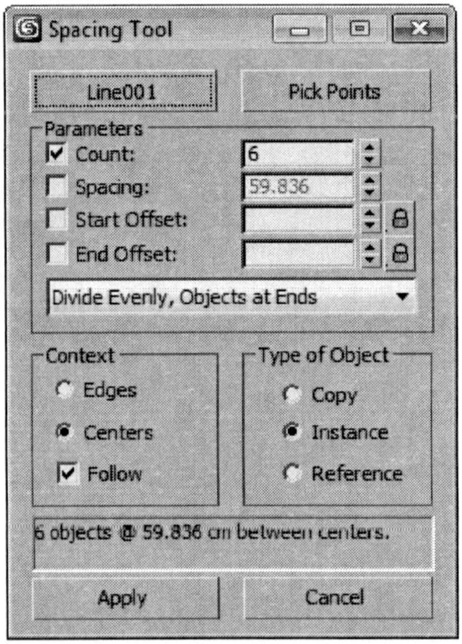


➲ Cliquez sur le bouton **Apply**.

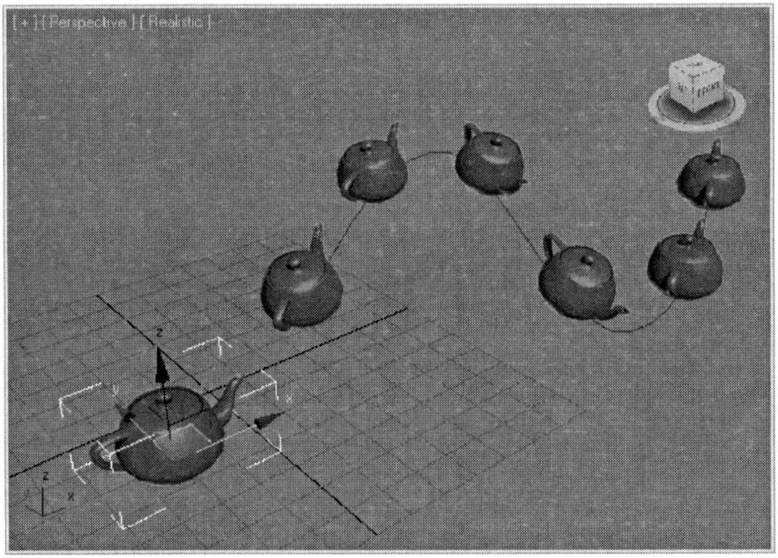

*Exemple d'une théière clonée 6 fois avec l'outil **Spacing Tool** le long d'une ligne, en orientant la théière le long de la trajectoire.*

## F. Utiliser l'outil Clone and Align

Cet outil vous permet de cloner un objet en fonction de cibles sur lesquelles aligner les clones.

➲ Assurez-vous d'avoir un objet à cloner dans la scène ainsi qu'un ou plusieurs objets cibles sur lesquels aligner le ou les futurs clones.

➲ Sélectionnez l'objet à cloner et lancez l'outil **Clone and Align** par le menu **Tools** - **Align** - **Clone and Align** ou  (barre d'outils **Extras**).

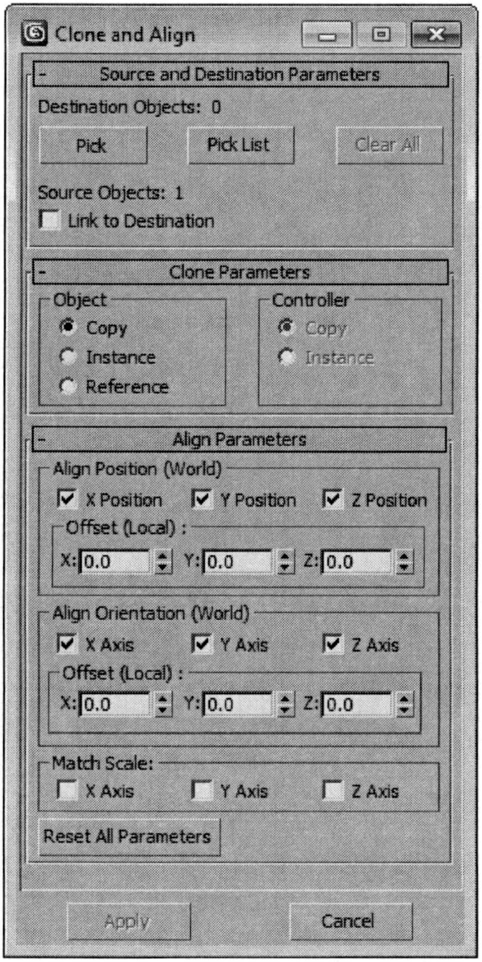


*La fenêtre de paramètres de l'outil **Clone and Align** apparaît.*

- Cliquez sur le bouton **Pick** puis successivement sur les objets cibles sur lesquels aligner un clone de l'objet à cloner ; utilisez le bouton **Pick List** pour utiliser la sélection par liste en cas de nombreux objets cibles.
- Sélectionnez le mode de clonage dans la partie **Object** du panneau déroulant **Clone Parameters**.
- Dans le panneau déroulant **Align Parameters**, paramétrez les options d'alignement qui définissent, pour chaque clone, le décalage souhaité avec l'objet cible de l'alignement.
- Cochez l'option **Link to Destination** pour définir l'objet cloné comme enfant de la cible d'alignement (cf. Lier/délier des objets - chapitre Transformation des objets).
- Validez en cliquant sur **Apply**.

Exemple d'une théière dupliquée par l'outil **Clone and Align** sur les sphères de l'exemple du titre Créer des tableaux de clones. Les sphères ont été sélectionnées avec l'option **Pick List**, un décalage (**Offset**) a été paramétré de 150 sur X et -40 sur Z, l'orientation a été désactivée et l'échelle activée.

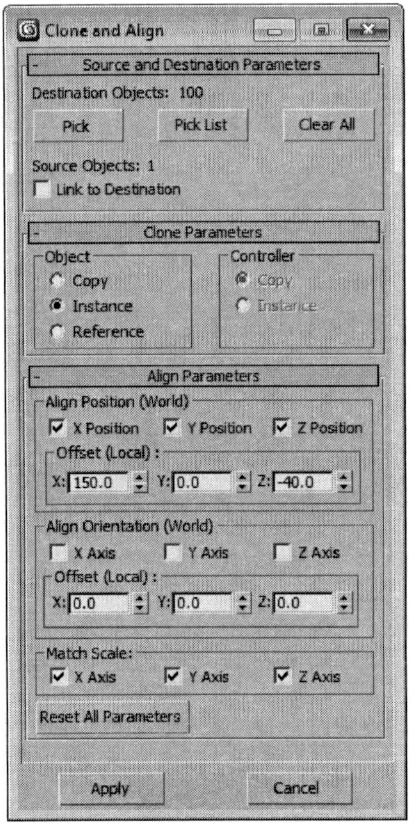

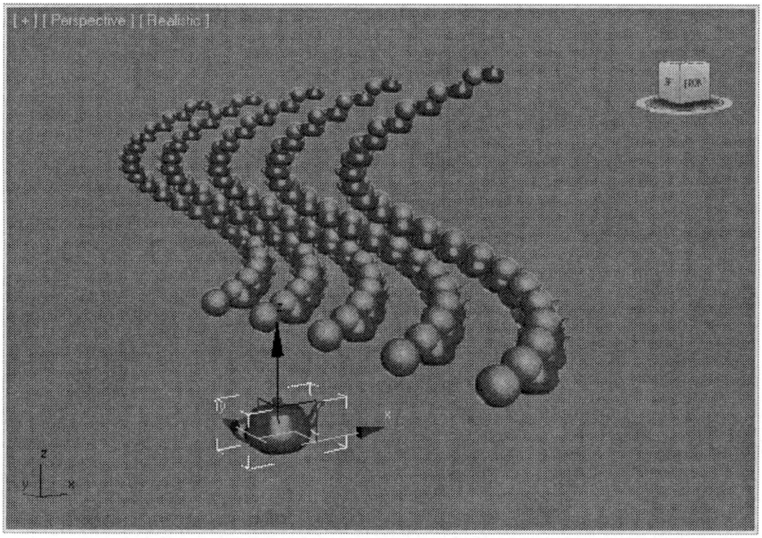
[ + ] [ Perspective ] [ Realistic ]

# Chapitre 8
# Concepts 3D et édition d'objets

## A. La théorie : définitions et rôles

Pour représenter un environnement ou un objet virtuel sur un écran, nous avons besoin de le définir mathématiquement. Il existe différentes méthodes pour parvenir à cela.

En mathématiques, la notion élémentaire 3D est le point. Le point dans l'espace virtuel se définit par ses trois coordonnées suivant X, Y et Z. Nous pourrions définir un volume par tous les points le constituant. Ces points représentant un volume sont appelés des voxels, souvent représentés sous la forme de cubes. Cette technique est peu utilisée à l'heure actuelle car très consommatrice de ressources.

Afin de créer un volume 3D, de très nombreux voxels sont nécessaires.

En mathématiques, deux points définissent une droite ou un segment. Au-delà de deux points, on peut définir une courbe mathématique. Une ou plusieurs courbes peuvent décrire une surface si elles se rejoignent dans l'espace virtuel en définissant une zone fermée. Si ces surfaces paramétriques sont parfaites du point de vue de la précision des courbures, leur manipulation est souvent délicate et le matériel graphique les prend rarement en charge.

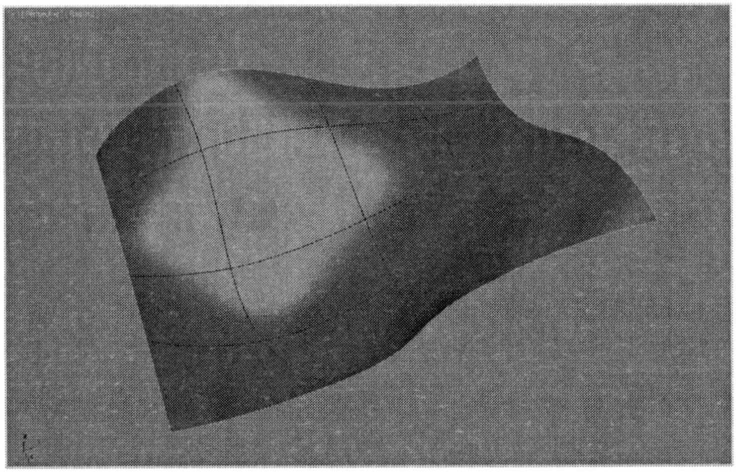

*Les surfaces issues de fonctions mathématiques ne sont en général pas directement exploitées par le matériel.*

La surface mathématiquement la plus simple à calculer est le plan. Un plan se définit avec trois points : des sommets. Ces trois sommets sont reliés entre eux par des arêtes et forment une surface fermée : un triangle, communément appelé face.

La représentation de surfaces par une succession de faces triangulaires présente de nombreux avantages mathématiques. La grande majorité des technologies 3D décrivent l'environnement virtuel à l'aide de faces. On parle souvent de polygones, mais il est à noter qu'en 3D, un polygone qui possède plus de trois arêtes est constitué de faces triangulaires séparées par des arêtes masquées.

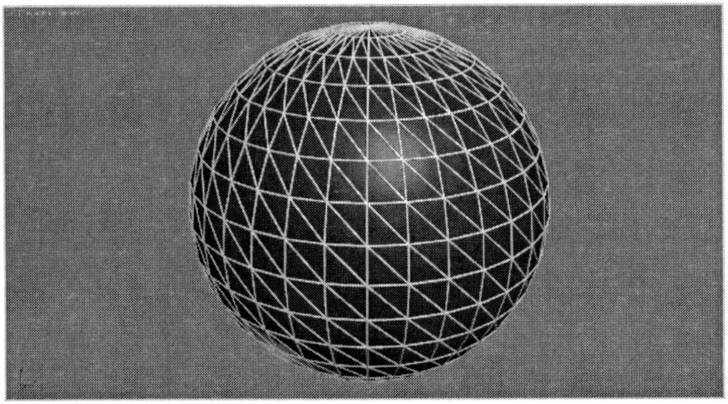

*La 3D est le plus souvent polygonale.*

Les sommets, les arêtes et les faces constituent le maillage de l'objet 3D.

## Les sommets

Un sommet est la combinaison de trois coordonnées selon les trois axes de l'espace 3D, X, Y et Z. En 3D, on ajoute généralement à un sommet de nombreuses autres propriétés comme les normales servant à l'éclairage ou encore une couleur, une valeur d'illumination, un poids de déformation, des coordonnées de texture et plus généralement tous types de valeurs pouvant être utiles en étant définies pour chaque sommet du maillage.

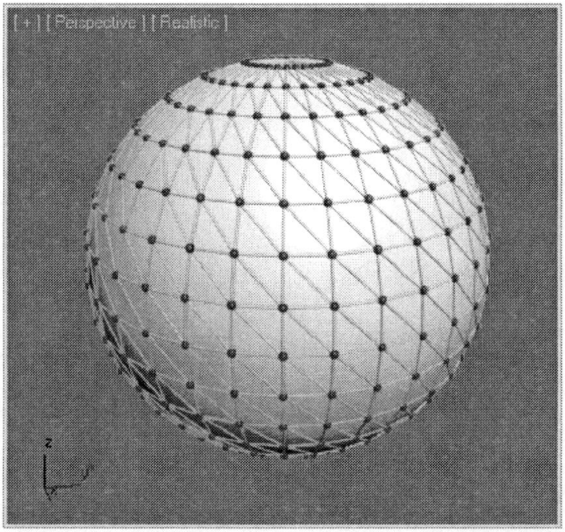


*Un sommet est tout d'abord une position dans l'espace virtuel 3D.*

## Les faces

Une face se définit par trois sommets. Généralement, les logiciels 3D ajoutent certaines notions aux faces, telles que les normales ou des identifiants de matériaux par exemple.

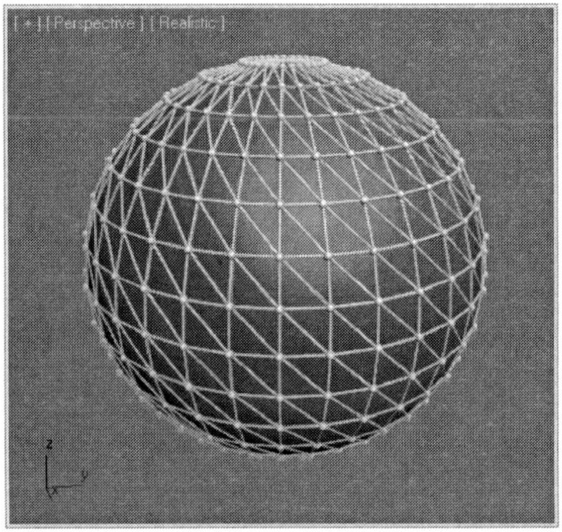


*Les faces représentent la surface définie par trois sommets.*

## Les arêtes

Les arêtes relient deux et seulement deux sommets. Leur rôle se limite généralement à manipuler les sommets et à séparer les faces. Dans certains cas, une arête peut border plus de deux faces. Ce genre de cas n'est pas considéré comme valide en 3D.

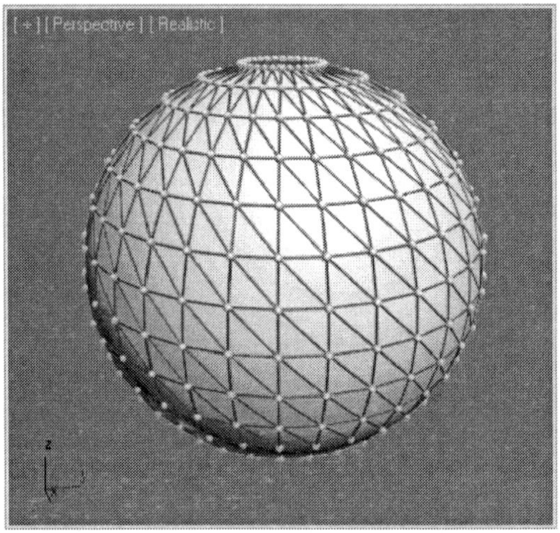


*Les arêtes bordent les faces et relient les sommets.*

## B. Les différents types d'objet 3D éditables

3ds Max est un spécialiste de l'édition des maillages polygonaux. Le logiciel propose trois types d'objets basés sur des maillages polygonaux : les maillages éditables, les polygones éditables et les patchs éditables.

En ce qui concerne les courbes et surfaces paramétriques, 3ds Max possède un outil puissant d'édition de splines servant uniquement à la création de courbes. Il est possible de combiner ces splines pour décrire des surfaces. 3ds Max propose également un outil de courbes et surfaces de type NURBS. Les NURBS sont au final très peu développées dans 3ds Max.

- Les splines éditables sont des objets contenant des courbes, les splines. Ces splines servent principalement de support pour les autres outils du logiciel. Cependant, elles peuvent être combinées et disposées de façon à constituer un maillage de courbes. Ce maillage peut ensuite être exploité par des patchs ou des polygones.
- Les patchs éditables simulent un maillage paramétrique défini à l'aide de courbes, en multipliant tout en adoucissant un maillage polygonal. L'intérêt des patchs est d'avoir un outil similaire aux surfaces paramétriques mais plus simple à utiliser. Cependant, sa principale limitation est qu'une surface patch ne peut être définie que par trois ou quatre arêtes courbes. Ainsi, leur intérêt se limitera souvent au contrôle précis des courbures d'un objet polygonal.
- Les maillages éditables sont la forme polygonale la plus ancienne et la plus proche de la structure mathématique de l'objet 3D. Les faces triangulaires en sont la base et ce type d'objet propose un nombre limité d'outils et d'opérations. Ce type d'objet est de moins en moins utilisé. Toutefois, notamment pour des besoins de compatibilité avec d'autres logiciels, vous serez amené à l'utiliser de temps en temps.
- Les polygones éditables sont la forme d'objet 3D la plus courante dans 3ds Max. Ce type d'objet réussit le tour de force de permettre à l'utilisateur d'oublier les triangles pour travailler uniquement avec des polygones (faces à plus de trois arêtes). Techniquement, ce sont toujours des faces et le fait de le savoir vous permettra de comprendre aisément certains résultats pouvant paraître étranges au premier regard. Les outils des polygones éditables sont en nombre croissant, de plus en plus puissants tout en devenant de plus en plus simples à utiliser.

## C. La conversion de type

Vous ne pouvez pas créer d'objets 3D éditables dans 3ds Max. Vous pouvez créer des formes et des primitives, puis les convertir en objets éditables.

Toutes les formes sont convertibles en splines éditables. La forme ligne est une exception, elle est déjà de type spline éditable. Les formes sont également convertibles en patchs, maillages et polygones éditables.

Une forme ouverte convertie en maillages, polygones ou patchs ne contiendra aucun polygone (une forme ouverte ne représente pas une surface). Toutefois, les sommets sont conservés.

Une forme fermée convertie en maillages et polygones conserve ses sommets et crée des faces remplissant la forme fermée. Si la forme comporte des segments courbes, de nombreux sommets sont créés pour conserver la courbure.

Une forme fermée convertie en patchs n'est remplie que si elle est constituée de trois ou quatre segments. Dans le cas contraire, seuls les sommets sont conservés.

Les patchs, maillages et polygones sont convertibles entre eux. Toutefois, dans le cas de la conversion de maillages ou polygones éditables vers des patchs éditables, toutes les faces deviennent des patchs (la surface ne sera constituée que de patchs à trois côtés).

- Créez une primitive de type sphère dans la scène.
- Passez dans le mode modification du panneau de commandes : .

*Le type de l'objet est indiqué sur fond gris, l'objet est de type* ***Sphere****.*

- Faites un clic droit sur le type de l'objet, **Sphere** dans cet exemple, et cliquez sur un nouveau type pour convertir l'objet.

  Vous pouvez également convertir un objet avec le menu **Quad** : choisissez le sous-menu **Convert To** et cliquez sur le nouveau type souhaité pour l'objet.

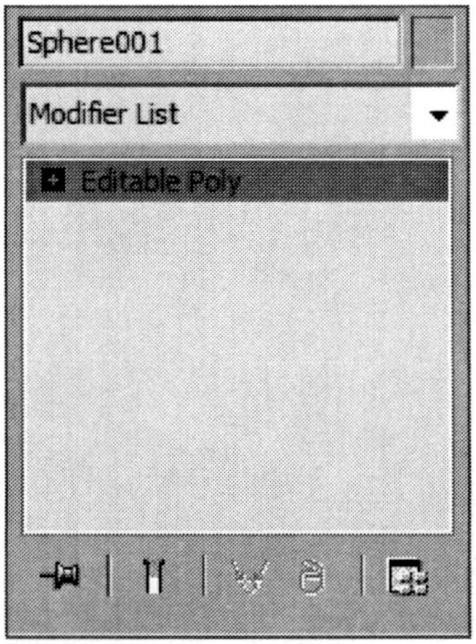


*L'objet a été converti en type **Editable Poly** (polygones éditables).*

## D. Le mode sous-objet

Le mode sous-objet est la possibilité offerte par un objet éditable d'accéder à une sous-partie de cet objet dans laquelle vous pouvez sélectionner et transformer différents éléments en vue de modifier la structure de l'objet.

- Assurez-vous d'avoir une primitive 3D sélectionnée dans la scène telle qu'une sphère.
- Passez dans le mode modification du panneau de commandes : .
- Convertissez cet objet en polygones éditables (**Editable Poly**).
- Cliquez sur le symbole ⊞ situé à gauche du type de l'objet pour ouvrir la liste des sous-objets ; un clic sur le bouton ⊟ referme la liste.

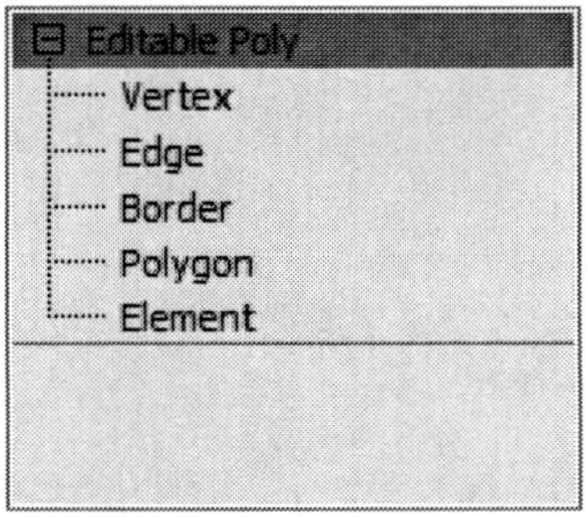


*Un objet polygones éditables contient cinq modes sous-objets.*

- Cliquez sur le nom d'un sous-objet pour entrer dans le mode sous-objet ; si vous avez utilisé le menu **Quad**, cliquez sur le nom du sous-objet en haut à gauche.

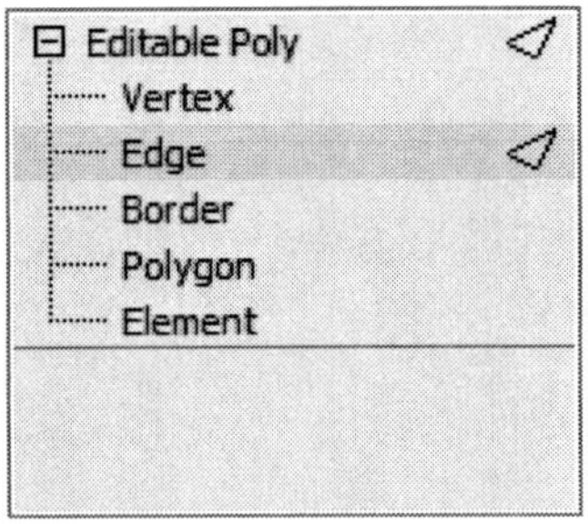


*Lorsque vous êtes entré en mode sous-objet, le sous-objet est surligné en jaune.*

En mode sous-objet, les outils de sélection et de transformation ne vous permettent plus de sélectionner ou transformer des objets de la scène, mais sont réservés à la sélection ou la transformation d'un élément sous-objet.

- Cliquez à nouveau sur le nom d'un sous-objet pour sortir du mode sous-objet ; si vous avez utilisé le menu **Quad**, cliquez sur l'option **Top Level** en haut à gauche.

### Remarque

*Les touches **1**, **2**, **3**, **4** et **5** du clavier alphanumérique vous permettent d'entrer dans le mode sous-objet correspondant à ce numéro pour la sélection active.*

## E. Notion : coplanarité

La coplanarité est le fait, pour des sommets par exemple, de se situer mathématiquement dans le même plan. Cette notion mathématique est récurrente en 3D.

Nous l'avons dit, un triangle définit un plan, ses sommets sont toujours coplanaires. Dans le cas des polygones, ceci n'est plus vrai : quatre sommets peuvent être coplanaires, sur la grille par exemple, mais si vous déplacez un sommet hors du plan, le polygone n'est plus coplanaire.

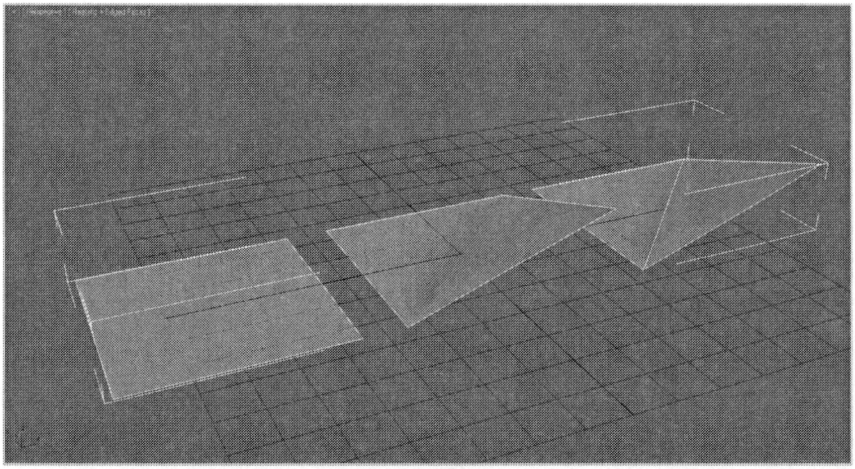

*Un polygone peut être coplanaire, à gauche dans le plan de la grille, mais si on déplace un de ses sommets hors du plan, au milieu, le polygone est déformé et sa surface n'est plus coplanaire. À droite, l'arête masquée affichée explique le résultat.*

Ce n'est pas un problème qu'un polygone ne soit pas coplanaire, c'est même tout à fait normal si c'est ce que vous voulez faire. Il est seulement important de bien comprendre le phénomène car dans l'exemple précédent, une zone d'ombre apparaît dans la diagonale du polygone du milieu : ceci est dû à l'angle entre les deux faces du polygone.

*Dans ce cube, à gauche, un sommet est supprimé tout en conservant les polygones. Le résultat, au milieu, peut paraître étrange mais normal si vous imaginez les arêtes masquées. À droite, les arêtes masquées ont été réorientées sans créer de nouveaux polygones.*

En règle générale, lorsque l'angle entre deux faces d'un polygone devient trop grand et provoque un éclairage étrange de la surface, il convient de séparer le polygone en ajoutant des arêtes ou en rendant visible les arêtes masquées : un polygone a vocation à être coplanaire ou proche de la coplanarité.

## F. Notion : concavité/convexité

Une forme est convexe si tous ses angles intérieurs sont inférieurs à 180 degrés. Une autre définition est qu'on peut relier chacun des points d'une forme convexe sans sortir de la forme.

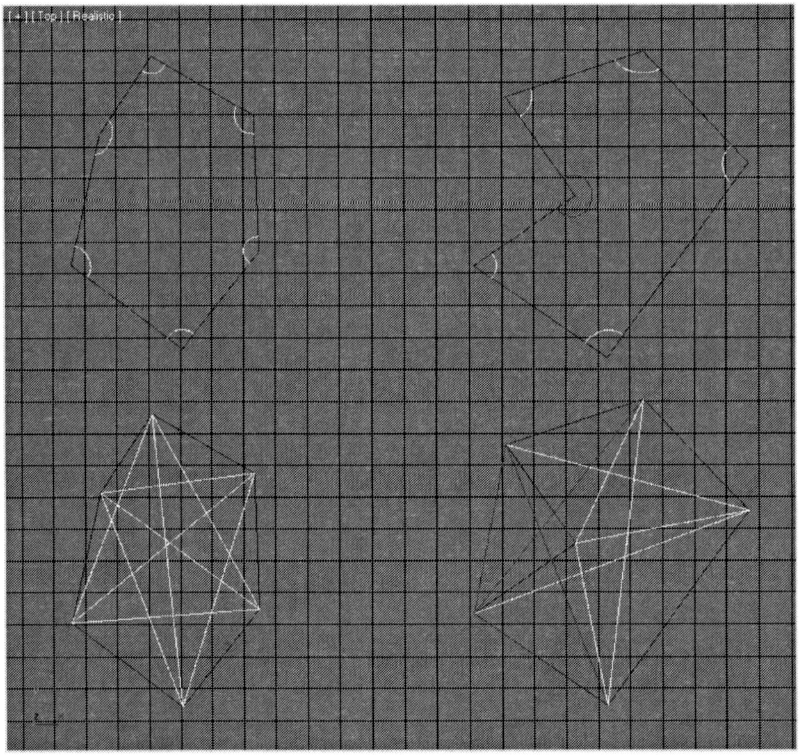

*À gauche, une forme convexe respecte la définition des angles et de l'intérieur. À droite, une forme non convexe ne respecte pas ces règles.*

Une forme est concave lorsqu'elle est non convexe.

Une face triangulaire ne peut être que convexe. Ce n'est pas le cas d'un polygone et cela peut provoquer des résultats qui pourraient sembler étranges.

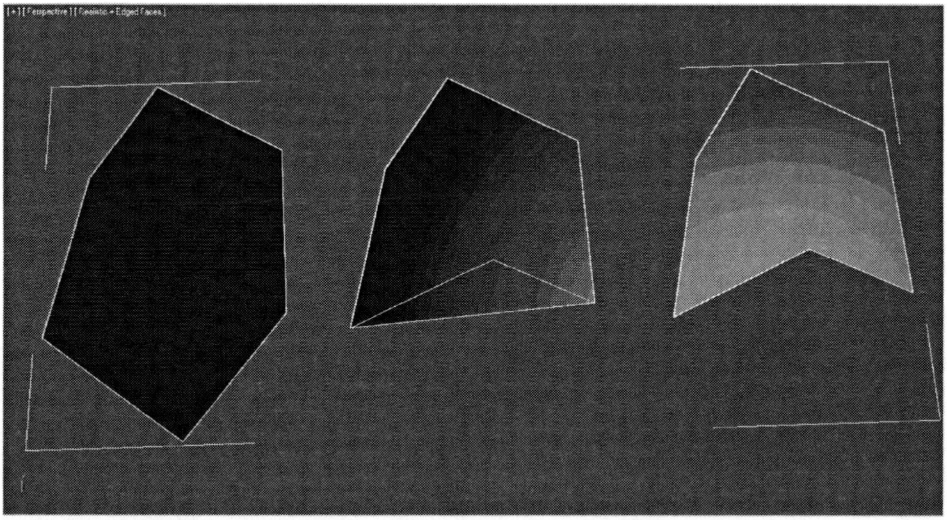

*Le polygone de gauche est convexe. En déplaçant l'un de ses sommets au centre, le polygone devient concave et l'une de ses faces se retrouve inversée. À droite, les arêtes intérieures du polygone sont réorganisées pour obtenir un résultat concave.*

Sans être une obligation absolue, un polygone concave devrait être divisé en deux polygones convexes. Comme pour la notion de coplanarité d'un polygone, l'important est de comprendre le phénomène pour ne pas être démuni devant des résultats qui pourraient vous paraître étranges.

## G. Notion : surfaces et volumes

Nous l'avons expliqué, la 3D polygonale décrit la surface des objets. Le volume des objets n'existe que parce qu'une surface l'englobe. La surface possède donc un côté « intérieur » et un côté « extérieur ». Toujours pour des considérations de performance, lors de l'affichage d'un objet 3D à l'écran, on exclue automatiquement les faces dont l'intérieur est orienté vers la vue car on suppose que l'objet possède des faces dont l'extérieur est orienté vers la vue devant les autres. Cette exclusion s'appelle en anglais le **Culling**.

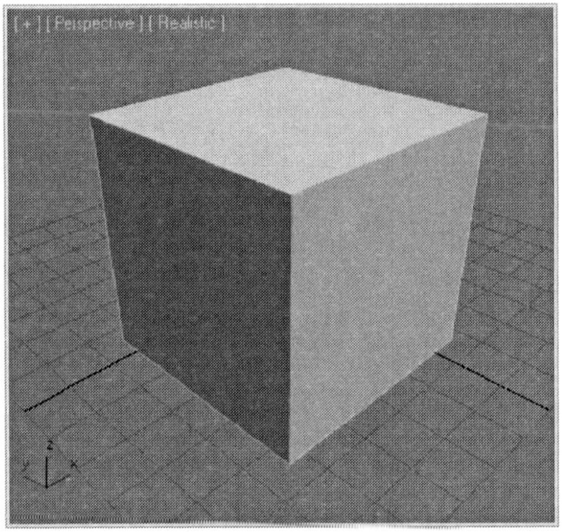


*Les trois polygones à l'opposé de ce cube sont automatiquement ignorés par le matériel graphique lors de l'affichage car on suppose que les trois polygones visibles du cube les masquent.*

Cependant, il est possible que la surface ne soit pas fermée. Ainsi, on peut voir l'intérieur de la surface. Par défaut, 3ds Max oblige le matériel graphique à afficher les faces intérieures en désactivant le **Culling** de chaque objet créé.

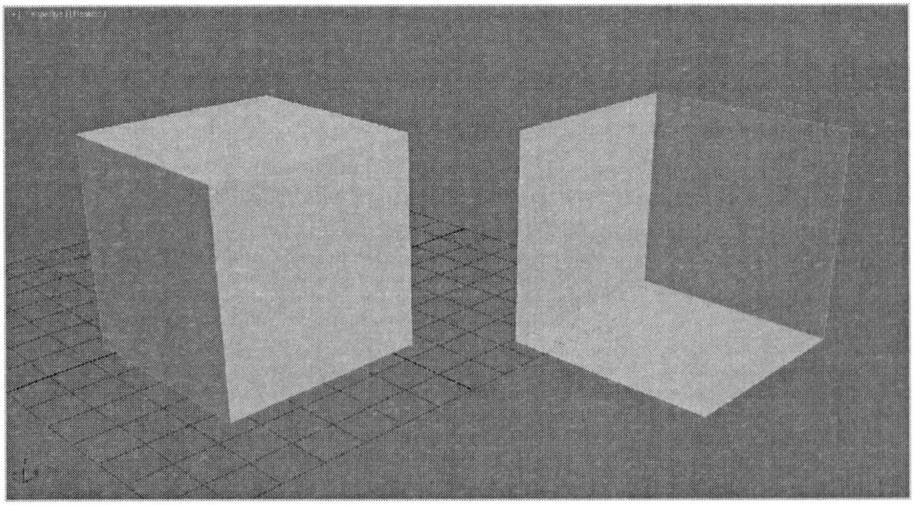

*Les trois polygones visibles du cube à gauche ont été supprimés à droite, laissant apparaître les côtés intérieurs des polygones opposés.*

**ASTUCE**

*Désactiver le **Culling**, c'est-à-dire voir le côté intérieur des faces d'un objet, n'est pas le comportement par défaut en 3D. Si vous effectuez le rendu de l'exemple précédent ou que vous exportez cet exemple dans un autre logiciel, les faces de droite seront invisibles.*

Si 3ds Max désactive le **Culling** par défaut en affichant les intérieurs, c'est pour vous faciliter le travail de modélisation. Vous pouvez activer le **Culling** d'un objet pour masquer automatiquement ses intérieurs ou changer le comportement par défaut en activant le **Culling** pour chaque nouvelle création d'objet.

- Pour changer le paramètre de **Culling** d'un objet sélectionné, utilisez le menu **Edit** - **Object Properties** ou **Quad** - **Object Properties** ou cliquez sur le bouton  du panneau de commandes.

  Cochez ou décochez l'option **Backface Cull** dans l'onglet **General**.
- Pour changer le paramètre de Culling automatiquement pour chaque nouvelle création d'objet, utilisez le menu **Customize** - **Preferences**.

  Cliquez sur l'onglet **Viewports**.

  Cochez ou décochez l'option **Backface Cull on Object Creation**.

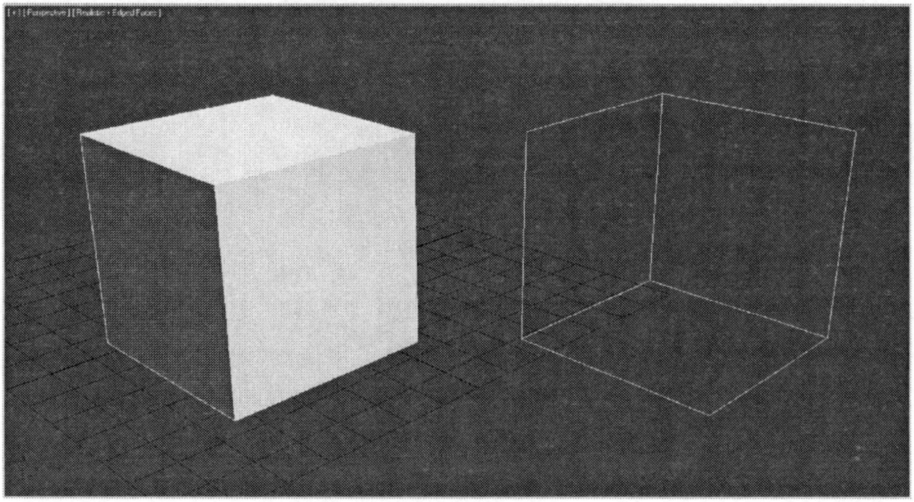

*Le **Culling** a été activé pour l'exemple précédent.*

Vous l'aurez compris, une surface polygonale 3D n'a pas vocation à être ouverte, sauf si on est sûr que nous ne verrons jamais l'objet par le côté intérieur.

Vous pouvez faire souvent l'expérience de ces surfaces ouvertes dans les jeux vidéo 3D. Afin de gagner de la place, les faces inutiles sont supprimées et parfois, par erreur de conception, le joueur peut observer l'intérieur d'un objet et « voir à travers ».

## H. Notion : normales de surface

En mathématiques, la normale est un vecteur perpendiculaire à un plan. Une face triangulaire définit un plan, ainsi une face a des normales naturelles. Ces normales peuvent être orientées des deux côtés du plan. En 3D, on considère qu'une normale de face est le vecteur orienté vers l'extérieur de cette face.

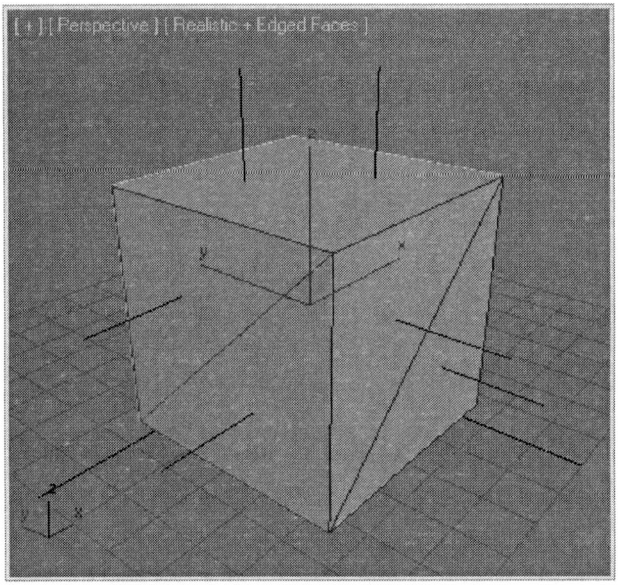


*En 3D, la normale d'une face est orientée vers l'extérieur de cette face.*

La normale des faces est utilisée pour la visibilité des faces mais également dans de nombreux outils pour orienter les opérations vers l'intérieur ou l'extérieur de l'objet.

Vous pouvez, dans les différents objets éditables, inverser arbitrairement la normale de faces, ceci conduisant à des surfaces absurdes ou faces intérieures et extérieures se côtoient.

Ce cas n'est pas à négliger. En effet, si le **Culling** est actif et que la normale d'une face est inversée par rapport à ses faces voisines, l'objet semblera avoir un trou que vous n'arriverez pas à combler (il n'y a pas de trous, la face est juste invisible). D'autre part, si le **Culling** est désactivé, l'objet semblera fermé mais de nombreux problèmes d'éclairage vont se produire (un trou apparaîtra au rendu ou lors de l'import dans un autre logiciel).

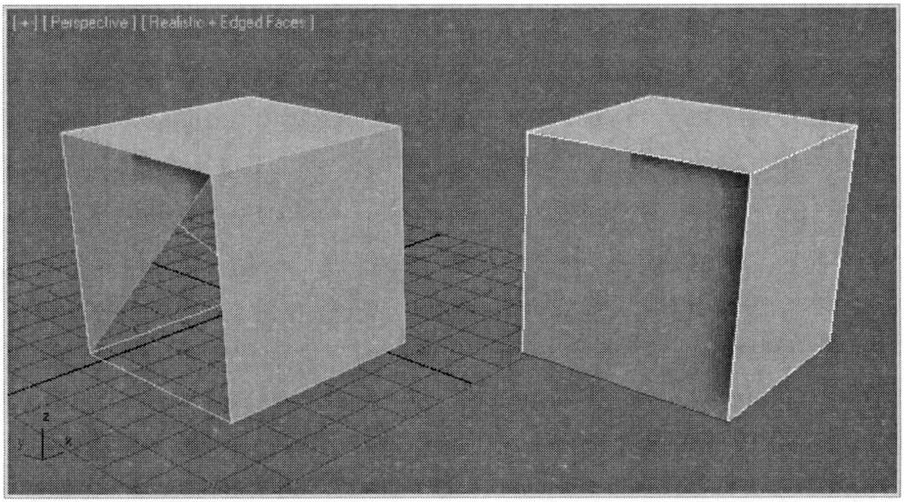


*À gauche, le **Culling** est activé et l'objet semble avoir un trou alors que la normale de la face est juste inversée. A droite, le **Culling** est désactivé et la face est visible mais des problèmes d'éclairage surviennent sur ses contours.*

Les problèmes de normales interviennent généralement lors de la création de nouvelles faces. En effet, 3ds Max déduit la normale de la face en fonction de l'ordre de ses sommets.

Pour comprendre cela, il faut aborder rapidement l'orientation d'un repère mathématique 3D. Un repère 3D est constitué de trois axes X, Y et Z. Par convention, on peut déterminer automatiquement un axe si on connaît les deux autres. 3ds Max utilise le repère le plus courant, le repère direct.

Souvent, on utilise l'image d'un tire-bouchon pour représenter un repère direct. Si vous tournez le tire-bouchon dans le sens des aiguilles d'une montre, il s'enfonce. Sa rotation de X vers Y indique le sens de Z. Les axes sont toujours dans l'ordre X, Y et Z. Ainsi, sa rotation de Y vers Z indique X et sa rotation de Z vers X indique Y.

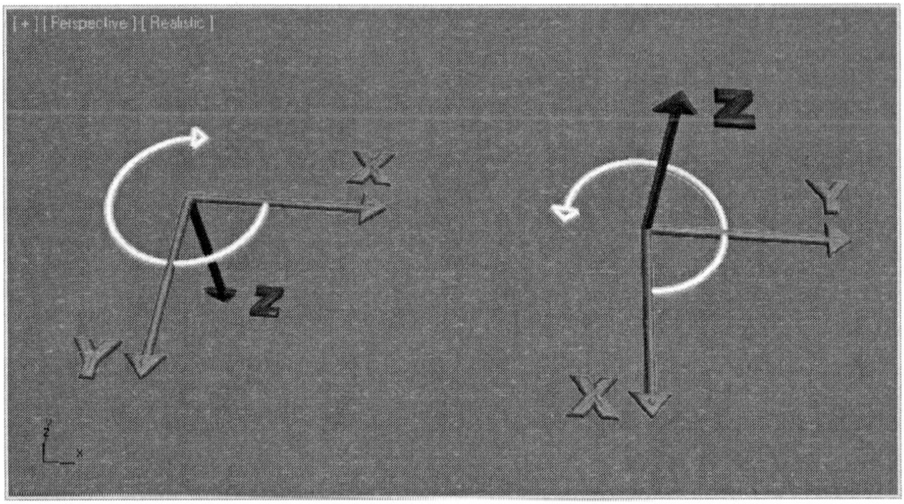


*Lorsque vous observez les deux axes X et Y, une rotation dans le sens des aiguilles d'une montre définit Z dans le même sens que la direction de la vue, une rotation dans le sens inverse des aiguilles d'une montre définit Z vers la vue.*

En réalité, 3ds Max n'enregistre pas l'information de la normale de la face. Il utilise l'ordre des sommets pour la déterminer. C'est pourquoi, lors de la création d'une face, si vous cliquez les sommets dans le sens des aiguilles d'une montre, sa normale sera dans le même sens que la direction de la vue, ainsi le côté intérieur de la face sera vers vous. Si vous cliquez les sommets dans le sens inverse des aiguilles d'une montre, la normale sera orientée vers la vue, ainsi le côté extérieur sera vers vous.

En règle générale, lorsque vous créez une face ou un polygone, la vue est positionnée à l'extérieur de l'objet. Vous cliquerez alors les sommets dans le sens inverse des aiguilles d'une montre.

### Remarque

*Il vous arrivera de trouver l'acronyme **CW** dans 3ds Max qui veut dire **clockwise** : dans le sens des aiguilles d'une montre. Vous trouverez son opposé **CCW** qui veut dire **counterclockwise** : dans le sens inverse des aiguilles d'une montre.*

## I. Notion : lissage et normales de sommet

L'éclairage d'un objet 3D utilise ses normales. Un calcul est effectué entre la position de la lumière, la normale de la surface et la direction de la vue pour déterminer l'éclairage en un point.

Si on utilise la normale des faces pour calculer l'éclairage, l'éclairage est identique sur toute la surface de chaque face.

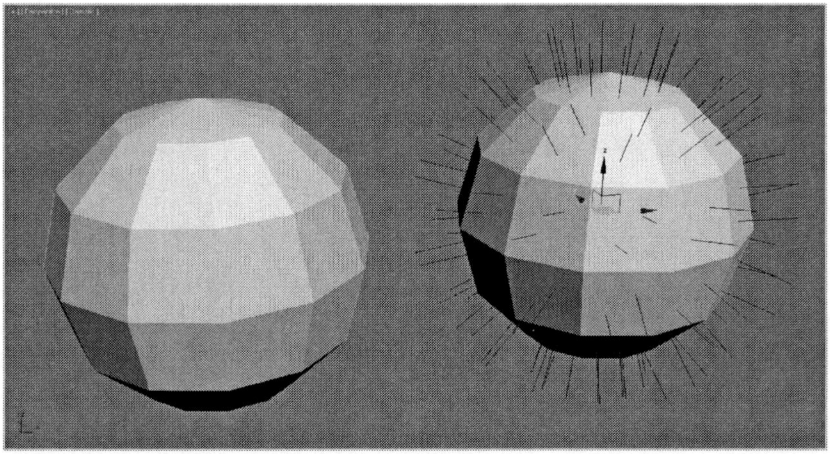

*En utilisant la normale des faces pour l'éclairage, chaque surface plane est éclairée uniformément. À droite, les normales sont affichées pour chaque face.*

Pour simuler une surface courbe, on souhaiterait que l'éclairage change le long d'une face pour passer progressivement d'une valeur d'éclairage d'un côté à une autre valeur de l'autre côté.

Pour obtenir ce résultat, au lieu d'utiliser les normales des faces, les objets 3D utilisent des normales pour chaque sommet. Pour chaque pixel de la face affichée à l'écran, on déduira la normale en interpolant les normales des sommets.

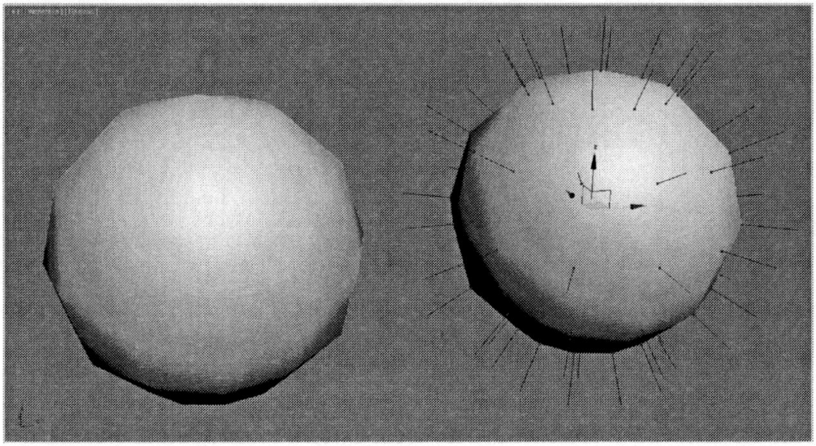

*En utilisant les normales des sommets, affichées à droite, la valeur d'éclairage en chaque point des faces change progressivement de la valeur de normale d'un sommet à la valeur de normale d'un autre sommet. Le résultat paraît courbe.*

Rien n'a changé dans l'objet. Seul le calcul de l'éclairage est différent, il utilise des données différentes.

Ce qui rend les normales de sommets bien plus intéressantes que les normales de faces est que les normales de sommets peuvent également reproduire le résultat des normales de faces. Il faut pour cela que le sommet possède une normale pour chaque face.

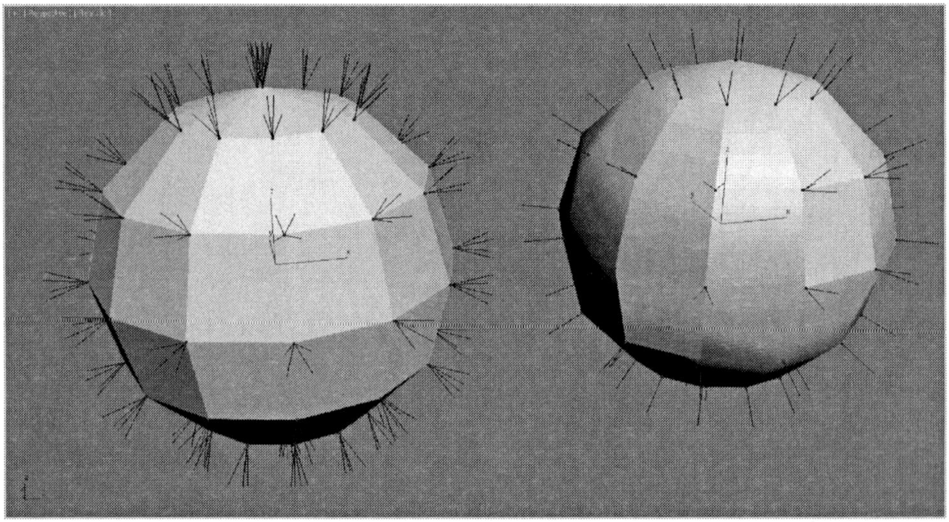

*En utilisant plusieurs normales de sommets, on peut reproduire l'éclairage par normales de faces, à gauche. En jouant avec les normales de sommets, on peut définir des zones « lissées » et d'autres non, à droite.*

Afin de simplifier énormément la gestion des normales de sommets, 3ds Max utilise un système de lissage de faces. Vous n'avez pas à dupliquer vous-même les normales ou à les orienter, tout est automatique. La seule chose que vous devez définir est : quelles sont les faces qui doivent se lisser entre elles ?

Pour cela, 3ds Max vous propose dans tous les objets éditables 3D des groupes de lissage numérotés.

Si les faces n'appartiennent à aucun groupe, toutes les normales de sommets seront dupliquées et l'objet aura un rendu similaire à l'éclairage par normales de faces.

Si toutes les faces appartiennent au même groupe, chaque sommet n'aura qu'une normale et l'objet sera entièrement lissé.

Si vous séparez les faces entre divers groupes, les normales seront gérées de manière à ce que les faces soient lissées lorsqu'elles sont dans le même groupe et non lissées si elles appartiennent à des groupes différents.

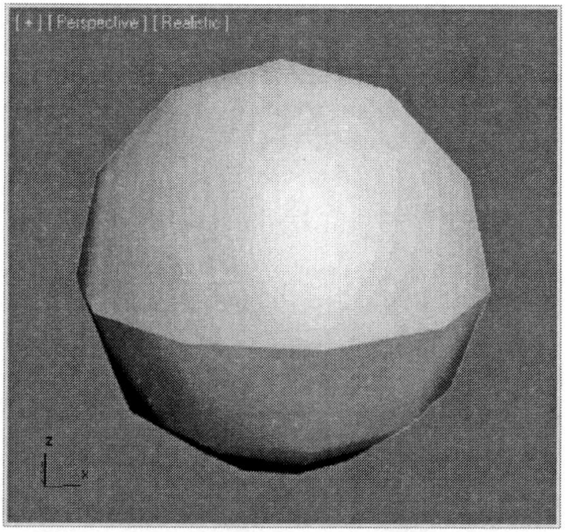

*Dans cet exemple, les faces de la partie haute de la sphère sont dans le groupe 1 et les faces de la partie basse de la sphère sont dans le groupe 2.*

## J. Notion : canaux de sommets

Associer des données aux sommets est une bonne façon de répartir une information sur la surface de l'objet. En effet, en tous points d'une face de l'objet, nous pouvons obtenir une valeur approximative en utilisant les valeurs des sommets de cette face.

Nous en avons vu un exemple avec les normales de sommets, mais il existe de nombreux autres exemples. Une technique classique des jeux vidéo, par exemple, consiste à calculer l'éclairage de la scène une seule fois et le résultat est enregistré pour chaque sommet. Ensuite, lors de l'exécution du jeu, aucun calcul n'est nécessaire pour l'éclairage dont on a la valeur quasi instantanément.

L'ensemble des valeurs d'un même type associé aux sommets est appelé un canal. Les sommets peuvent avoir un nombre de canaux illimité.

Les types de canaux de sommets que vous retrouverez régulièrement dans 3ds Max sont :

- Canal de couleur : définit la couleur des objets.
- Canal d'illumination : ce canal a pour but de contenir les informations d'éclairage de la scène. Cependant, cela signifie qu'une fois l'éclairage calculé, il ne peut plus changer.
- Canal alpha : en informatique, on représente souvent une couleur par quatre valeurs RGBA : Rouge, Vert, Bleu, Alpha. La valeur alpha représente la transparence.

**Remarque**

*Il est important de noter que 3ds Max n'utilise pas ces canaux pour calculer les images. La couleur et la transparence viennent des matériaux ou des propriétés des objets, l'illumination est recalculée à chaque image. Ces canaux peuvent être remplis à la demande d'un logiciel tiers ou d'un moteur de jeux pour transmettre une information non standard.*

Les canaux de sommets peuvent contenir n'importe quelle information qui serait nécessaire sur toute la surface de l'objet. On trouve dans certains outils de 3ds Max des canaux spécifiques tels que :

- Canal de poids : utilisé pour faire varier des algorithmes de subdivision.
- Canal de coordonnées de texture : ces coordonnées permettent de positionner une image sur la surface de l'objet.

Mais vous pourriez également transmettre à chaque sommet une information utilisée par la suite par un programmeur. Vous pourriez par exemple mettre la valeur 1 dans la valeur rouge du canal de couleur pour certains sommets et 0 pour d'autres et décider que par la suite un programmeur pourrait utiliser cette information pour savoir où un personnage peut se déplacer sur cette surface.

## K. Notion : aléatoire/bruit

La notion d'aléatoire est nommée « bruit » dans 3ds Max, « noise » en anglais. Cela vient des mathématiques. En audio et en vidéo, une courbe de fréquence aléatoire s'appelle un bruit blanc. Elle se traduit en audio par un souffle et en vidéo par de la « neige ».

Pour toujours plus de réalisme, on utilise en image de synthèse très régulièrement des valeurs aléatoires. Cependant, si ces valeurs étaient réellement aléatoires, à chaque lancement du logiciel ou à chaque rafraîchissement, le résultat de ces valeurs serait différent. C'est pour cette raison qu'on utilise plutôt des fonctions pseudo-aléatoires : le résultat semble aléatoire mais on peut enregistrer les paramètres et retrouver exactement le même résultat. L'aléatoire est calculé à partir d'une valeur, la graine qui, si elle est identique, produit le même genre de résultat. Si la graine est différente, le résultat est totalement différent et sans similitude.

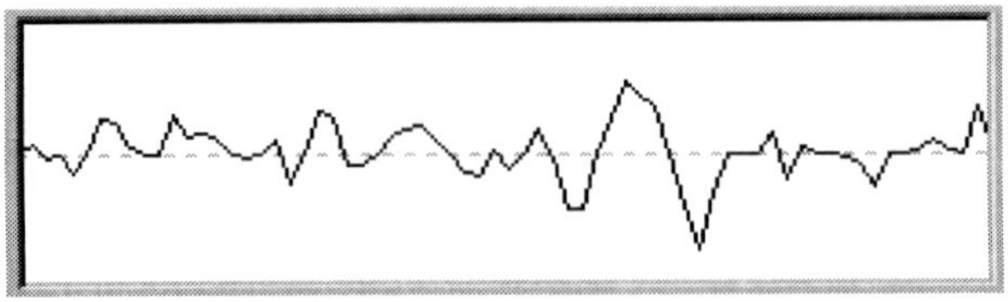

*Un bruit d'une dimension fait varier une valeur selon le temps. Voici une courbe utilisée pour faire varier aléatoirement un paramètre d'un objet.*

*Un bruit de deux dimensions fait varier deux valeurs selon le temps. Voici une image dont la couleur est issue d'un bruit.*

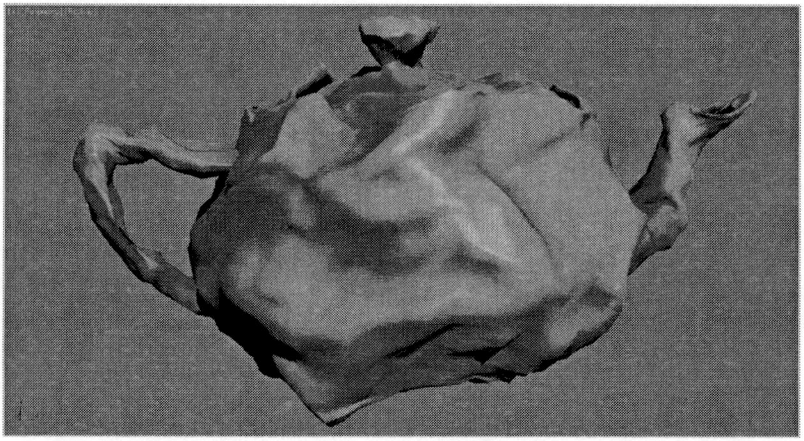

*Un bruit de trois dimensions fait varier trois valeurs selon le temps. Voici une théière déformée par un bruit.*

# Chapitre 9
# Les splines éditables

## A. La théorie : la courbe mathématique comme outil de support

Comme nous l'avons évoqué dans le chapitre Concepts 3D et édition d'objets, les courbes mathématiques ne sont pas l'orientation principale de 3ds Max pour la modélisation d'objets 3D.

Cependant, les courbes mathématiques sont indispensables en 3D dans de très nombreux cas. Elles servent de trajectoire pour une animation ou pour la disposition d'objets dans la scène. Elles servent de support pour créer des formes issues de courbes ou pour des outils se servant des courbes comme aide à la modélisation. Elles permettent aussi de créer des surfaces mathématiques qui seront en général converties par la suite en maillage éditable.

Il existe deux grands types de courbes mathématiques, mais les deux sont gérés par des points de contrôle : des points sont disposés dans l'espace virtuel 3D et la courbe est calculée en fonction de ces points et de leurs paramètres. Le premier type de courbe ne passe pas par les points de contrôle, le deuxième, comme les splines, fait passer la courbe par les points de contrôle.

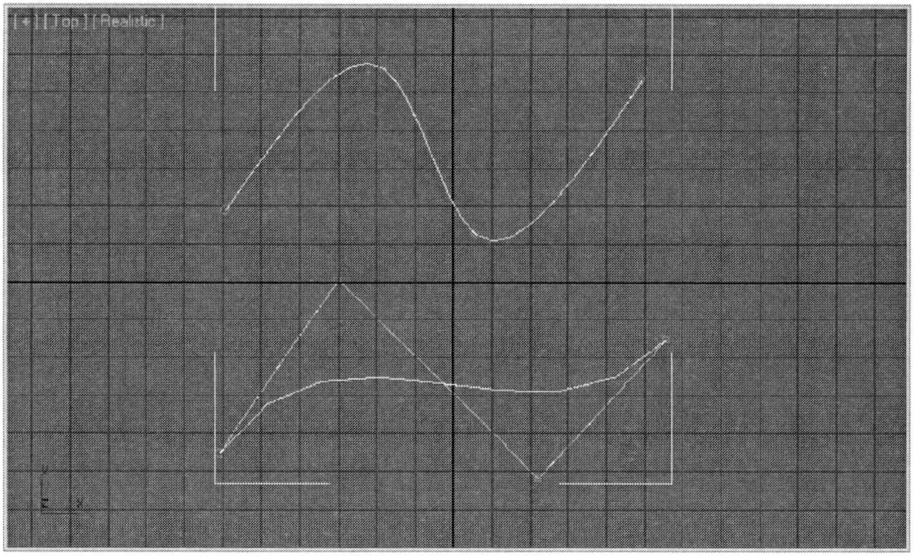


*Les splines, en haut, passent par les points de contrôle ; leur courbure doit être gérée, par ailleurs. L'autre type de courbe, en bas, ne passe pas par les points de contrôle, ceux-ci définissent déjà la courbure.*

Un objet spline éditable est constitué de trois sous-parties : les splines, les segments et les sommets. Un objet spline peut comporter plusieurs courbes splines. Ces splines sont contrôlées par les sommets : les points de contrôle. Une portion de spline entre deux sommets est un segment.

Ce sont les sommets qui définissent la courbure de la spline. Ils peuvent être de quatre types : coin, lissé, bézier ou coin bézier.

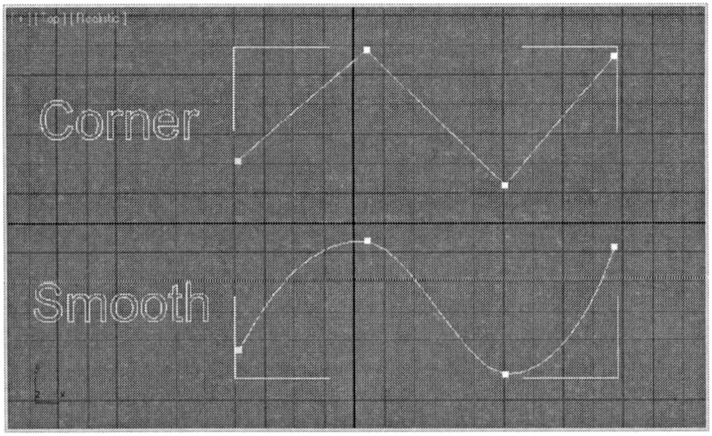


*Les points de contrôle de type coin (**Corner**) font de la spline une succession de segments rectilignes ; les points de contrôle lissés (**Smooth**) calculent une courbe automatique.*

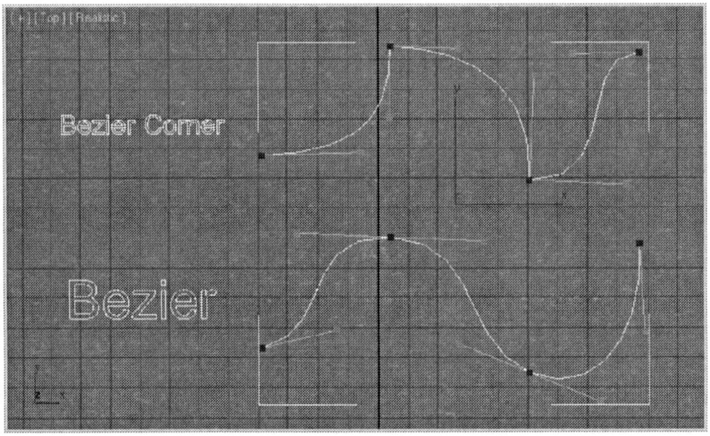


*Les points de contrôle de type bézier (**Bezier**) vous permettent de contrôler la courbure en un point ; les points de contrôle de type coin bézier (**Bezier Corner**) permettent de contrôler la courbure de la spline des deux côtés du point de façon indépendante.*

Une spline peut être fermée : le premier point est confondu avec le dernier. Elle peut également être ouverte : le premier et le dernier point sont indépendants.

Les splines peuvent être utilisées pour décrire un maillage avec des courbes. Chaque segment représente une future arête du maillage et chaque point de contrôle un sommet. L'objet 3D ainsi issu du maillage formé par les splines peut être converti en patch éditable, qui conservera ainsi les courbures des arêtes. Il peut également être converti en maillage éditable. Dans ce cas, la densité du maillage peut être contrôlée par le nombre d'interpolations des splines.

**ASTUCE**

*Un point de spline ne peut être associé au maximum qu'à deux segments et une seule spline. Si vous croisez deux splines en un même point de l'espace, notamment pour définir un maillage, les points de contrôle de ces deux splines ne peuvent pas être fusionnés.*

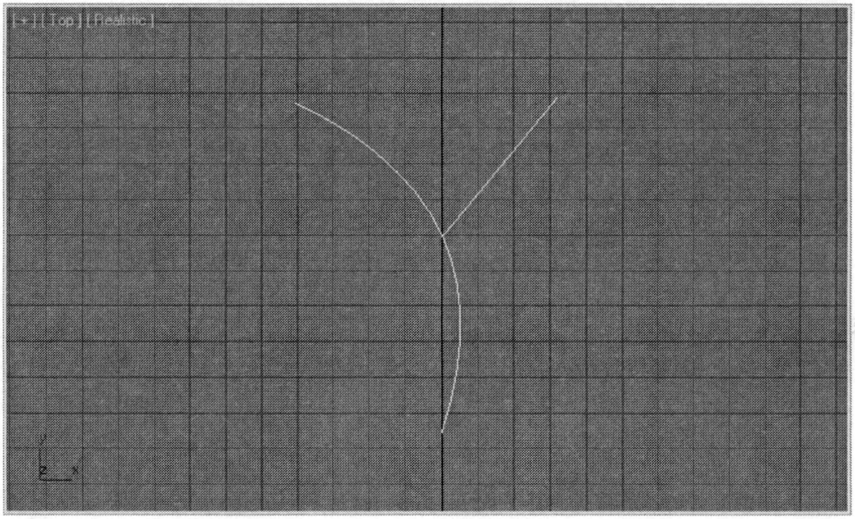

*Avec des splines, il n'est pas naturel d'essayer de faire un Y en mode non coin car un point de contrôle ne peut servir pour deux splines (plus de deux segments).*

Cette limitation naturelle des splines incite, lors de l'utilisation de splines pour définir un maillage, à créer des surfaces bordées par quatre segments et non trois.

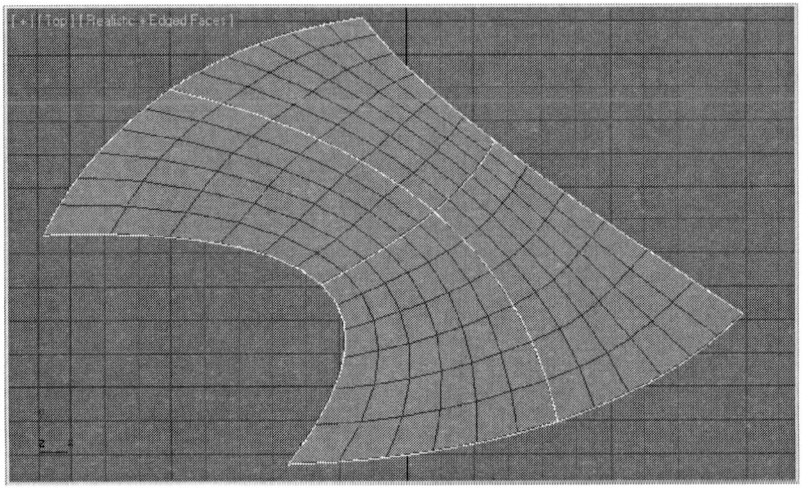

*Lors de la création d'un maillage à partir de splines, il est naturel et recommandé de border les surfaces par quatre segments de splines pour avoir une continuité naturelle de courbure. Ici, les splines originales ayant permis la création du maillage sont en blanc.*

## B. Créer un objet spline éditable

Par défaut, une forme ligne est déjà une spline éditable. Pour toutes les autres formes, si vous souhaitez les éditer en manipulant leurs sommets, segments ou splines, vous devez au préalable les convertir en splines éditables.

- Assurez-vous d'avoir une forme sélectionnée dans la scène.
- Convertissez la forme en spline éditable par le menu **Quad - Convert To - Convert To Editable Spline**.
- Passez dans le mode modification du panneau de commandes : .

### Remarque

*Les panneaux déroulants **Rendering** et **Interpolations** sont communs à toutes les formes de type spline et sont traités dans le chapitre Créer des formes.*

### Remarque

*Tous les outils, paramètres et options de manipulation des splines sont regroupés dans un panneau déroulant intitulé **Geometry**. Sur la plupart des écrans, ce panneau est trop long pour être affiché en entier.*

- Pour naviguer dans le panneau déroulant, cliquez dans une zone vide du panneau (autour des boutons ou options) et utilisez la molette de la souris.

  Vous pouvez également maintenir le bouton gauche de la souris enfoncé dans une zone vide du panneau et déplacer la souris de haut en bas et inversement.
- Cliquez sur le symbole ⊞ pour ouvrir la liste des modes sous-objets.
- Pour entrer en mode sous-objet sommet, cliquez sur **Vertex** ou utilisez le menu **Quad** - **Vertex** en haut à gauche ou cliquez sur le bouton du panneau de commandes ou utilisez la touche **1**.
- Pour entrer en mode sous-objet segment, cliquez sur **Segment** ou utilisez le menu **Quad** - **Segment** en haut à gauche ou cliquez sur le bouton du panneau de commandes ou utilisez la touche **2**.
- Pour entrer en mode sous-objet spline, cliquez sur **Spline** ou utilisez le menu **Quad** - **Spline** en haut à gauche ou cliquez sur le bouton du panneau de commandes ou utilisez la touche **3**.

## C. Sélection et affichage

Dans le mode sous-objet, la plupart des outils de sélection utilisables pour les objets de la scène sont accessibles, incluant les différentes manipulations à la souris, les options de région de sélection, les jeux de sélection, à l'exclusion des outils de sélection par nom, qui ne concernent que les objets nommés de la scène. Plus de détails dans le chapitre Sélectionner et paramétrer les objets.

**ASTUCE**

*Deux sommets confondus appartenant à deux splines différentes tout en étant au même endroit ne peuvent être fusionnés. Ils seront toujours indépendants. Cependant, pour faciliter la manipulation de splines qui se croisent, notamment pour définir un maillage avec des splines, un certain nombre d'outils ont pour but de gérer les sommets confondus.*

Afin de simplifier la sélection de plusieurs sommets confondus situés au même endroit dans l'espace 3D tout en appartenant à des splines différentes, vous pouvez définir une distance de sélection afin de sélectionner en une fois tous les sommets proches du sommet cliqué.

### Remarque

*En bas du panneau déroulant **Selection** est affiché le nombre de sommets, segments ou splines actuellement sélectionnés ou leur identifiant si seul un élément est sélectionné. Cette information est de première importance.*

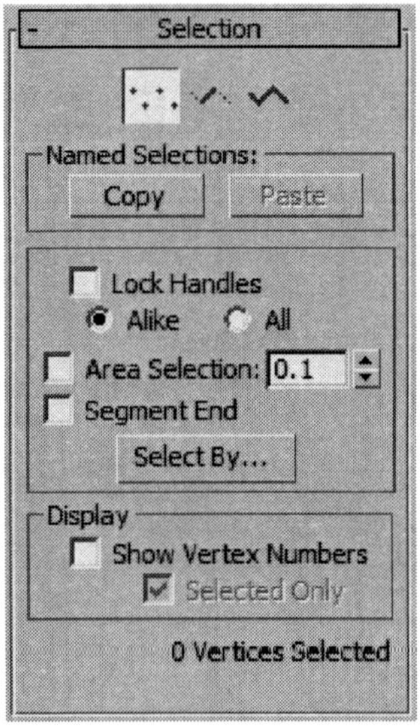


*En bas du menu **Selection**, des informations vous aident à identifier la sélection en cours.*

- Assurez-vous d'avoir un objet spline éditable sélectionné dans la scène et que deux sommets de deux splines différentes soient placés au même endroit (par exemple en sélectionnant deux sommets et en cliquant sur le bouton **Fuse**).
- Cochez l'option **Area Selection** puis définissez une distance de sélection dans la zone à droite de l'option. Normalement, la distance par défaut devrait largement suffire car les sommets à sélectionner en une fois sont normalement confondus dans l'espace, c'est-à-dire à une distance nulle les uns des autres.
- Cliquez sur un sommet pour le sélectionner ; si plusieurs sommets sont à une distance inférieure à la distance de prise en compte, ils sont également sélectionnés. Vous pouvez le vérifier en regardant le nombre de sommets sélectionnés en bas du panneau **Selection**.
- Au contraire, si vous souhaitez sélectionner un sommet en particulier qui est confondu avec au moins un autre sommet, décochez l'option **Area Selection** et cochez l'option **Segment End**.

  Cliquez sur le segment auquel est lié le sommet que vous désirez sélectionner, au plus proche de ce sommet mais pas sur le sommet : seul le sommet appartenant à ce segment est sélectionné, vous pouvez le vérifier en déplaçant la sélection.
- Pour sélectionner les sommets utilisés par les segments sélectionnés dans le mode Segment, cliquez sur le bouton **Select By** puis sur le bouton **Segment**.
- Pour sélectionner les sommets utilisés par les splines sélectionnées dans le mode Spline, cliquez sur le bouton **Select By** puis sur le bouton **Spline**.

- Pour sélectionner les segments utilisés par les splines sélectionnées en mode Spline, cliquez sur le bouton **Select By** puis sur le bouton **Spline**.
- Pour afficher dans la vue les numéros de chaque sommet dans leur spline, cochez l'option **Show Vertex Number**. Cochez éventuellement l'option **Selected Only** pour restreindre cette fonctionnalité à la sélection des sommets en cours.
- Pour masquer la sélection, cliquez sur le bouton **Hide** du panneau **Geometry**.
- Pour afficher ce qui est masqué, cliquez sur le bouton **Unhide All** du panneau **Geometry**.

## D. La sélection adoucie

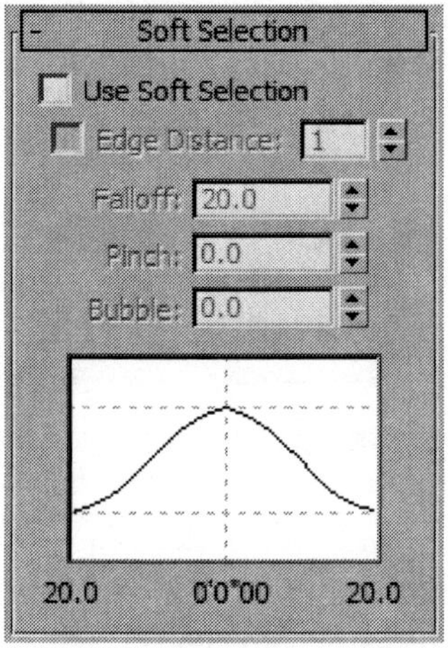


*Le panneau **Soft Selection** rassemble des outils de sélection adoucie.*

La sélection adoucie sélectionne avec une intensité déclinante les sous-objets proches de la sélection actuelle.

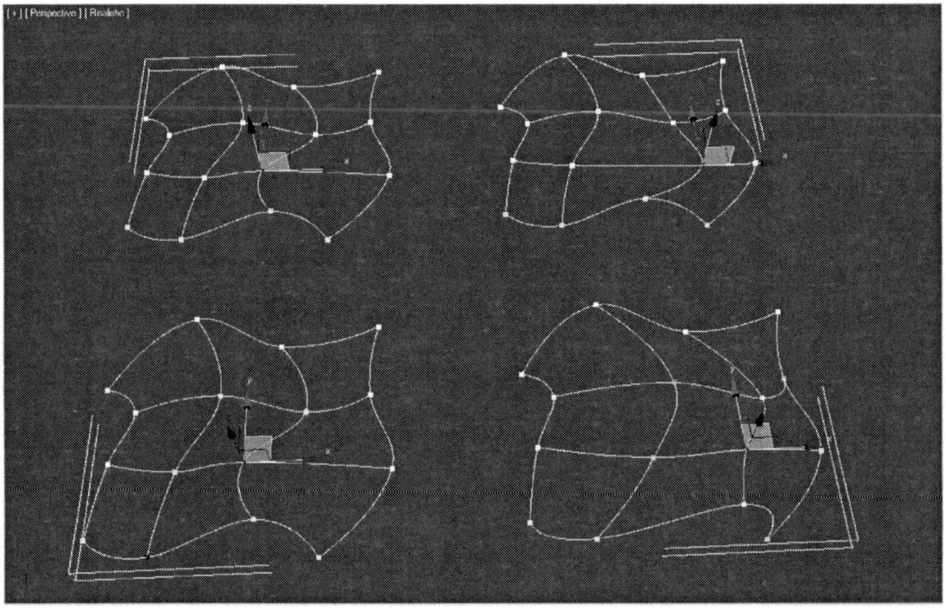

*La sélection adoucie permet d'effectuer une action, ici une translation, sur la sélection et son entourage immédiat. À gauche la sélection originale, à droite la sélection a été déplacée. En haut la sélection classique, en bas une sélection adoucie.*

- Pour activer la sélection adoucie, cochez l'option **Use Soft Selection**.
- Pour limiter la sélection adoucie à un nombre de segment de distance maximum, cochez l'option **Edge Distance** et changez la valeur dans la zone associée à l'option.
- Spécifiez la taille de la zone de sélection adoucie dans la zone **Falloff**.
- Modifiez la valeur **Pinch** pour changer la tangente de la courbe d'atténuation au sommet de celle-ci.
- Modifiez la valeur **Bubble** pour changer la tangente de la courbe d'atténuation aux extrémités de celle-ci.

## E. Les outils d'objets splines éditables

Dans le mode sous-objet, la plupart des outils de transformation utilisables pour les objets de la scène sont accessibles, incluant la translation, rotation, échelle, les changements de repère, les contraintes d'accrochage ou encore les modes de pivot. Plus de détails dans le chapitre Transformation des objets.

Les outils de niveau objet sont disponibles dans tous les modes sous-objets mais également en dehors pour certains.

- Pour supprimer la sélection, cliquez sur le bouton **Delete** du panneau **Geometry** ou appuyez sur la touche [Suppr].

### Remarque

*Si un sommet n'est pas une extrémité de spline et qu'il est supprimé, la spline ne se coupe pas en deux, un nouveau segment relie entre eux les deux sommets précédemment reliés au sommet supprimé.*

- Pour entrer en mode de création d'une nouvelle spline, cliquez sur le bouton **Create Line** du panneau **Geometry** ou utilisez le menu **Quad - Create Line**.
- Cliquez plusieurs fois dans la scène pour poser les sommets de la nouvelle spline.

  Si vous maintenez la touche [⇧] pendant le déplacement de la souris, la ligne sera alignée sur les axes **X**, **Y** ou **Z**.

  Si vous cliquez sur le point de départ de la ligne, 3ds Max vous proposera de fermer la ligne : si vous répondez oui, le dernier point sera fusionné avec le premier et la création de cette ligne s'arrête. Si vous répondez non, le nouveau point se superpose au premier et la création de la ligne continue.
- Si besoin, faites un clic droit pour arrêter la création de la ligne en cours.
- Le mode de création de la ligne reste actif, vous pouvez créer de nouvelles lignes en procédant comme ci-dessus.
- Pour désactiver le mode de création de la ligne, faites un clic droit dans la vue active ou cliquez sur le bouton **Create Line**.

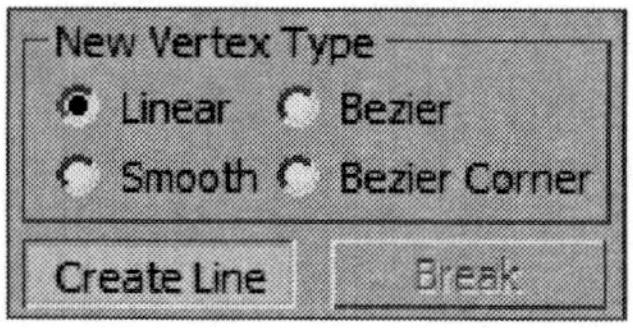


*Vous pouvez choisir par avance le type des sommets en sélectionnant l'option correspondante du groupe d'options **New Vertex Type**.*

### Remarque

*Dans ce panneau, les sommets coins sont appelés **Linear**. C'est une exception, la plupart du temps ils sont nommés **Corner**.*

## 1. Attacher des splines

Si vous avez créé plusieurs formes indépendantes dans la scène, vous pouvez les regrouper toutes dans le même objet spline éditable.

- Entrez dans le mode d'attachement de forme en cliquant sur le bouton **Attach** ou utilisez le menu **Quad** - **Attach**.
- Cliquez successivement sur les objets convertibles en splines éditables pour les ajouter en tant que nouvelle spline de l'objet spline éditable sélectionné.
- Cliquez avec le bouton droit de la souris pour désactiver l'outil.

### Remarque

*Les formes attachées à une spline éditable deviennent une partie intégrante de l'objet spline éditable, ce qui signifie qu'elles n'existent plus de façon indépendante dans la scène. Si vous souhaitez conserver une forme comme objet de la scène tout en l'ajoutant à un objet spline éditable, clonez-la avant de l'attacher.*

- Pour attacher des formes ou splines éditables en utilisant leurs noms, cliquez sur le bouton **Attach Mult**.

  Sélectionnez les noms des formes à ajouter et cliquez sur le bouton **Attach**.

## 2. Relier les splines

Lorsque votre objet spline éditable contient plusieurs splines, vous pouvez les relier entre elles par autant de splines qu'elles ont de sommets en utilisant l'outil **Cross Section**.

- Assurez-vous d'avoir un objet spline éditable sélectionné dans la scène comportant au moins deux splines qui possèdent de préférence chacune un nombre de sommets équivalent.
- Entrez dans le mode de liaison de splines en cliquant sur le bouton **Cross Section** du panneau déroulant **Geometry**.
- Cliquez sur une première spline.
- Cliquez successivement sur les autres splines pour créer de nouvelles splines reliant leurs sommets respectifs.
- Cliquez avec le bouton droit de la souris pour désactiver l'outil.

### Remarque

*L'outil **Cross Section** utilise l'ordre de création des sommets pour relier les splines : le premier sommet de la spline 1 avec le premier sommet de la spline 2, et ainsi de suite. Dans notre exemple, les splines ont été créées de haut en bas. Si l'une d'entre elles avait été créée de bas en haut, les splines issues de l'outil **Cross Section** se croiseraient.*

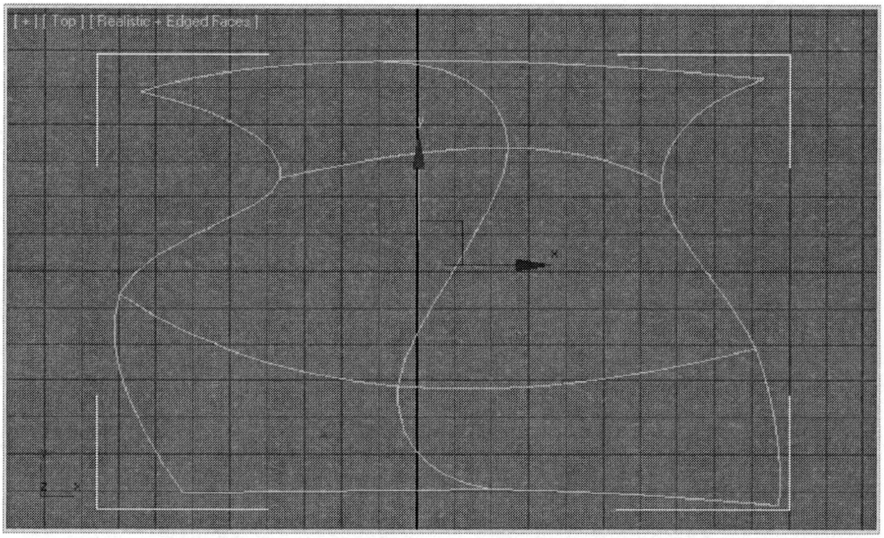


*Les trois splines verticales ont été reliées avec l'outil **Cross Section**.*

**ASTUCE**

*Dans cet exemple, il faut garder à l'esprit qu'un sommet de spline ne peut appartenir à plus de deux segments de spline ou à plus d'une spline. Le résultat de l'outil **Cross Section** dans cet exemple est qu'à chaque endroit où les splines se croisent ou à leurs extrémités, il y a deux sommets confondus : chacun appartenant à une spline différente.*

Supprimer un segment supprime également les sommets associés. Cependant, si vous avez croisé des splines avec des sommets confondus par l'utilisation, par exemple, de **Fuse**, **Refine** ou **Cross Section**, le fait de supprimer un segment et ses sommets d'une spline ne supprimera pas les sommets confondus d'autres splines.

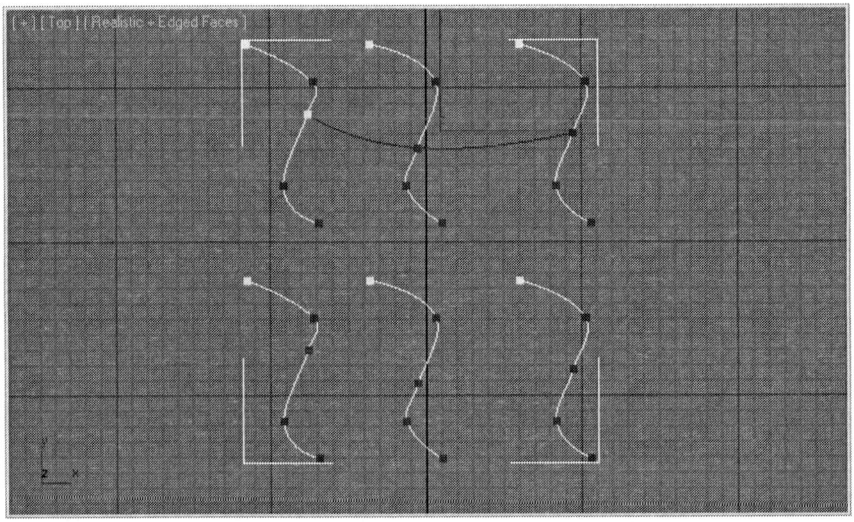


*Les trois splines du haut ont été reliées avec une spline d'affinage. La suppression des segments sélectionnés ne fait pas disparaître les sommets qui ont été ajoutés aux splines verticales.*

### 3. Insérer des sommets

Vous pouvez ajouter de nouveaux sommets à une spline.

- Entrez dans le mode d'insertion de sommets en cliquant sur le bouton **Insert**.
- Cliquez sur une spline.
- Déplacez la souris pour choisir l'emplacement du nouveau sommet puis cliquez pour placer le sommet.
- Si d'autres sommets doivent être ajoutés, cliquez autant de fois que de sommets à ajouter.
- Faites un clic droit pour arrêter l'insertion de sommets en cours.
- Faites un nouveau clic droit pour sortir du mode d'insertion de sommets.

## F. Les outils de sommets

Les outils de sommets sont disponibles en mode sommet (**Vertex**).

- Assurez-vous d'avoir un objet spline éditable sélectionné dans la scène.
- Assurez-vous d'avoir des sommets sélectionnés.
- Pour changer le type des sommets sélectionnés, ouvrez le menu **Quad** et cliquez sur le nouveau type de sommet en haut à gauche ou cliquez sur le type souhaité dans l'encadré **New Vertex Type** du panneau **Geometry**.

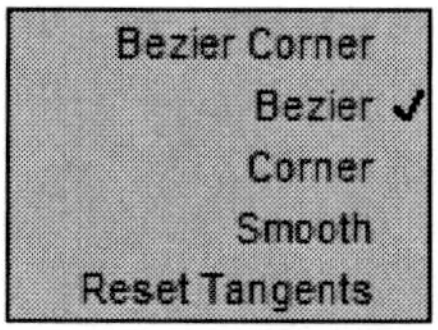


*Le menu **Quad** vous propose de changer le type des sommets sélectionnés.*

- Pour réinitialiser les tangentes des sommets en mode bézier et coin bézier, utilisez le menu **Quad** - **Reset Tangents** en haut à gauche.
- Pour casser une spline en deux et transformer le sommet sélectionné en deux sommets d'extrémité de spline confondus, cliquez sur le bouton **Break**.

## 1. Connecter des splines

Un certain nombre d'outils vous permettent de rattacher deux extrémités de splines pour les relier en une seule spline.

- Assurez-vous d'avoir un objet spline éditable sélectionné dans la scène comportant au moins deux splines ouvertes.
- Entrez en mode raccordement de spline en cliquant sur le bouton **Connect**.
- Maintenez le bouton gauche de la souris enfoncé sur le sommet d'extrémité de l'une des splines puis relâchez le bouton sur le sommet d'extrémité d'une autre spline.

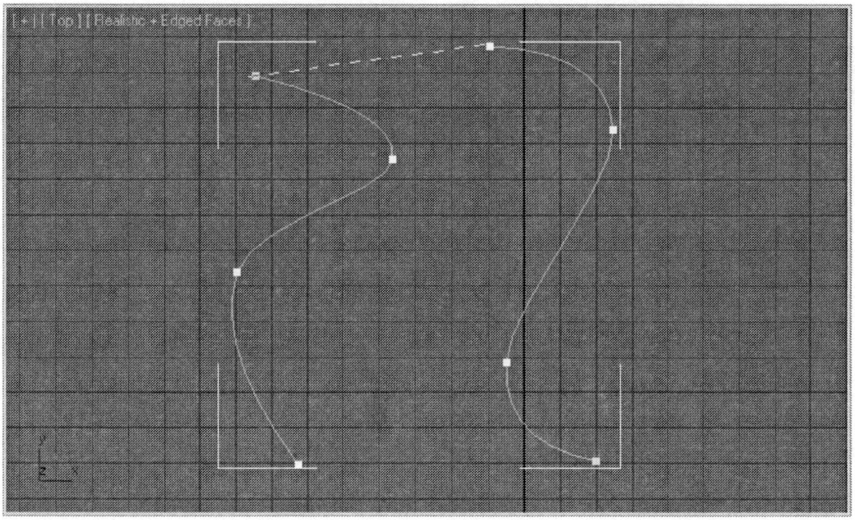

*L'outil **Connect** crée un nouveau segment entre deux splines et les rattache au sein d'une seule spline.*

- Faites un clic droit pour sortir du mode raccordement de spline.
- Pour notre exemple, annulez l'action.
- Sélectionnez les deux extrémités des splines.
- Pour confondre des sommets au même endroit de l'espace, cliquez sur le bouton **Fuse**.

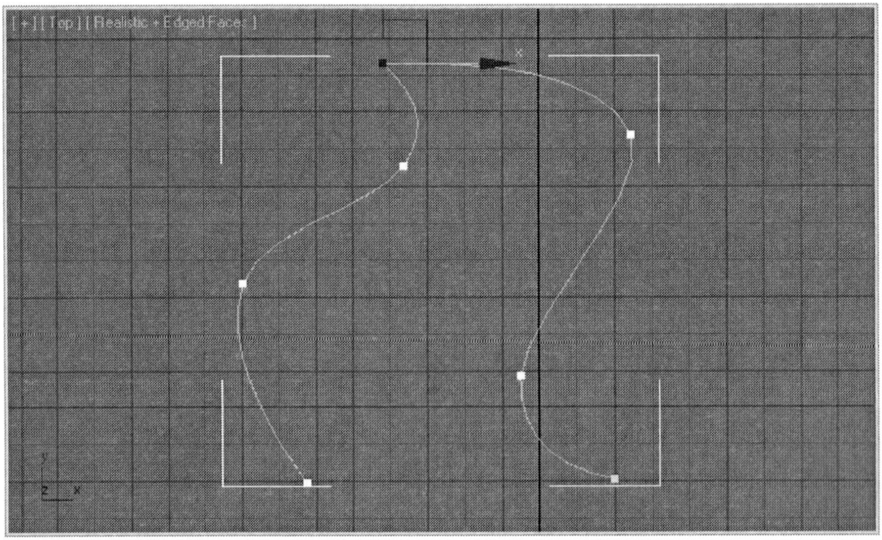

*Si vous utilisez l'option **Area Selection** ou si vous dessinez une région de sélection autour de la nouvelle position de vos sommets, vous vous apercevrez qu'ils n'ont pas été fusionnés. Ils sont juste placés au même endroit.*

- Pour fusionner ces deux extrémités et attacher ces deux splines en une seule, cliquez sur le bouton **Weld**. L'outil **Weld** fusionne les sommets de la sélection, qui sont des extrémités et qui sont à une distance inférieure à la valeur associée au bouton **Weld**.

## 2. Créer des sommets

Voyons à présent les outils de création de nouveaux sommets.

- Assurez-vous d'avoir dans la scène un objet spline éditable composé de deux splines qui se croisent sans avoir de sommet placé au même endroit.
- Pour créer en une fois un sommet sur chaque spline à l'endroit où elles se croisent, cliquez sur le bouton **CrossInsert**.
- Cliquez à l'endroit où les splines se croisent.
- Faites un clic droit pour désactiver l'outil.

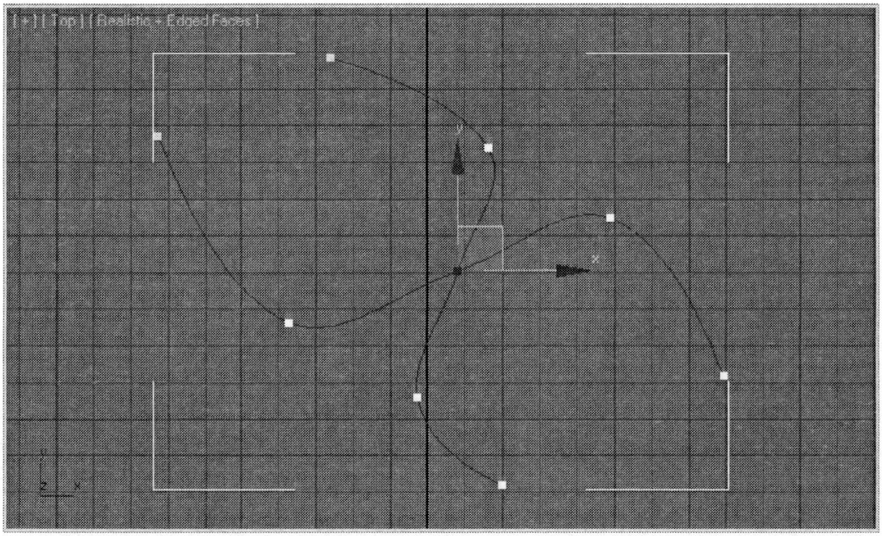


*L'outil **CrossInsert** ajoute des sommets confondus dans l'espace sur plusieurs splines qui se croisent si à l'endroit de cette jonction les splines sont distantes d'une valeur inférieure à la valeur associée au bouton **CrossInsert**.*

Vous pouvez diviser un sommet en deux tout en les reliant par un nouveau segment droit.

- Sélectionnez un sommet.
- Pour diviser le sommet sélectionné en deux sommets de type coin, cliquez sur le bouton **Chamfer**.
- Changez la valeur à droite du bouton **Chamfer** pour modifier l'écartement entre les deux nouveaux sommets.
- Faites un clic droit pour désactiver l'outil.

Vous pouvez également diviser un sommet en deux en le reliant par un segment courbe.

- Sélectionnez un sommet.
- Pour diviser le sommet sélectionné en deux sommets de type bézier, cliquez sur le bouton **Fillet**.
- Changez la valeur à droite du bouton **Fillet** pour modifier l'écartement entre les deux nouveaux sommets.
- Faites un clic droit pour désactiver l'outil.

## G. Les outils de segments

Les outils de segments sont disponibles en mode **Segment**.

➲ Assurez-vous d'avoir un objet spline éditable sélectionné dans la scène.

➲ Assurez-vous d'avoir des segments sélectionnés.

➲ Pour changer le type des sommets des segments sélectionnés, ouvrez le menu **Quad** et cliquez sur **Line** pour convertir en coin ou **Curve** pour convertir en bézier.

*Le menu **Quad** vous propose de changer le type des sommets des segments sélectionnés.*

➲ Pour ajouter automatiquement des sommets répartis uniformément le long d'un segment, cliquez sur le bouton **Divide** ou utilisez le menu **Quad** - **Divide**.

➲ Définissez le nombre de nouveaux sommets à créer et à répartir uniformément le long de l'ancien segment dans la zone associée au bouton **Divide**.

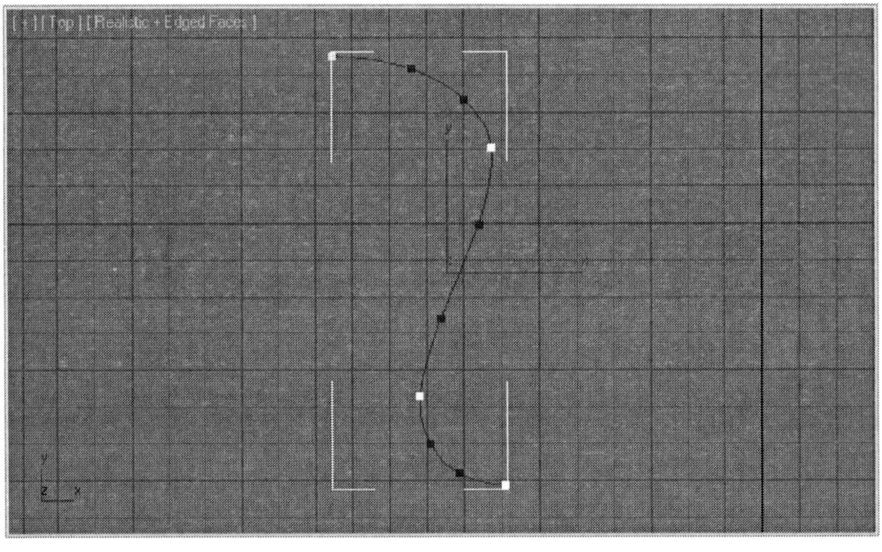

*Ici, les sommets sélectionnés ont été ajoutés avec le bouton **Divide** et le nombre de nouveaux sommets est de **2**.*

## H. Les outils de splines

Les outils de splines sont disponibles en mode **Spline**.

- Assurez-vous d'avoir un objet spline éditable sélectionné dans la scène.
- Pour changer le type des sommets des splines sélectionnées, ouvrez le menu **Quad** et cliquez sur **Line** pour convertir en coin ou **Curve** pour convertir en bézier.

*Le menu **Quad** vous propose de changer le type des sommets des splines sélectionnées.*

- Pour inverser la spline, c'est-à-dire définir le dernier sommet comme le premier et vice versa, cliquez sur le bouton **Reverse** ou utilisez le menu **Quad** - **Reverse Spline**. Cela est particulièrement utile pour une opération de **Cross Section** pour laquelle les splines ont un ordre inversé.
- Pour fermer la spline, c'est-à-dire lui ajouter un segment entre le dernier et le premier sommet, cliquez sur le bouton **Close**.
- Si la spline est fermée, vous pouvez choisir arbitrairement le premier sommet de la spline : sélectionnez un sommet en mode sommet (**Vertex**) et cliquez sur le bouton **Make First** ou utilisez le menu **Quad** - **Make First**. Seuls les sommets d'extrémités peuvent être le premier sommet de la spline.
- Pour que chaque segment de la spline sélectionnée devienne un spline indépendante, cliquez sur le bouton **Explode**. Si vous choisissez la valeur **Objects** située en dessous du bouton **Explode**, chaque spline sera dans un objet spline éditable différent.
- Pour supprimer une partie de spline dépassant une autre spline, cliquez sur le bouton **Trim** et cliquez sur la partie de segment à supprimer.
- Faites un clic droit pour désactiver l'outil.

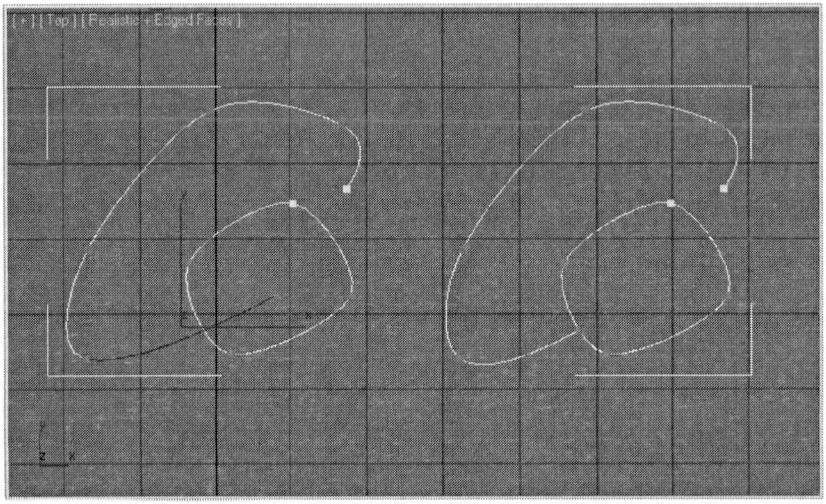

*Avec l'outil **Trim** et en cliquant sur la partie droite du segment sélectionné, la partie de spline dépassant la spline intersectée est supprimée. Les splines doivent être dans le même plan. Ici, le résultat à droite.*

- Pour allonger une spline à partir de son premier ou dernier sommet afin qu'elle rejoigne la spline la plus proche, cliquez sur le bouton **Extend** et cliquez sur le point à partir duquel allonger la spline.

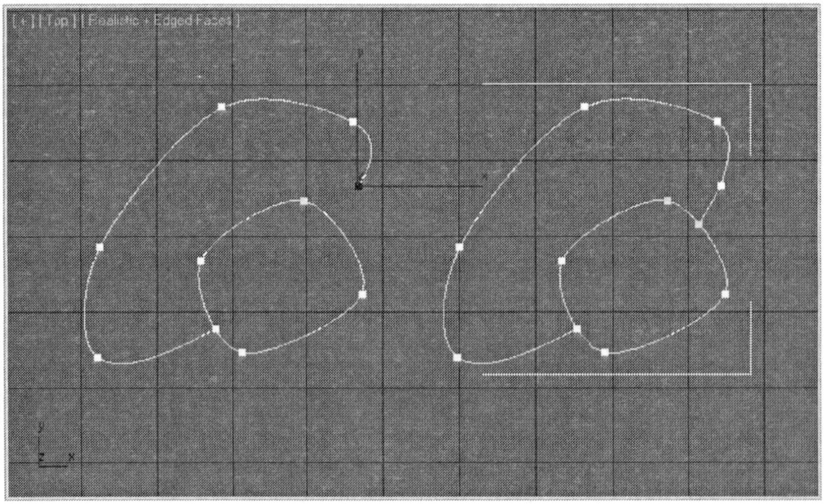

*Avec l'outil **Extend** et en cliquant sur le sommet sélectionné à gauche, la spline a été prolongée jusqu'à la spline la plus proche. Les splines doivent être dans le même plan. Ici, le résultat à droite.*

- Pour créer un contour à partir d'une spline, cliquez sur le bouton **Outline**.

  Maintenez le bouton gauche de la souris sur la spline choisie et déplacez la souris.

  Vous pouvez également créer le contour en sélectionnant une spline et en changeant la valeur à droite du bouton **Outline**.

  Faites un clic droit pour désactiver l'outil.

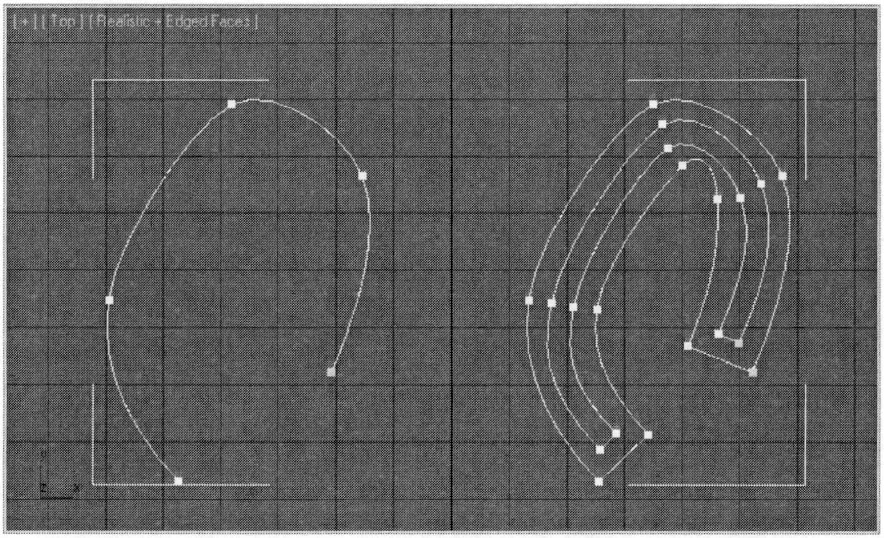


*La spline de droite a servi de base à la création de deux contours successifs. Par défaut, le contour se crée d'un côté de la spline ; l'option* ***Center*** *vous permet de créer le contour autour de la spline.*

Les splines peuvent être combinées entre elles avec des opérations booléennes.

- Assurez-vous d'avoir un objet spline éditable sélectionné dans la scène.
- Assurez-vous d'avoir deux splines fermées se chevauchant.
- Sélectionnez la première spline.
- Pour unir les splines, sélectionnez l'opération booléenne union , cliquez sur le bouton **Boolean** et cliquez sur la deuxième spline.
- Pour soustraire les splines, sélectionnez l'opération booléenne soustraction , cliquez sur le bouton **Boolean** et cliquez sur la deuxième spline.
- Pour intersecter les splines, sélectionnez l'opération booléenne intersection , cliquez sur le bouton **Boolean** et cliquez sur la deuxième spline.

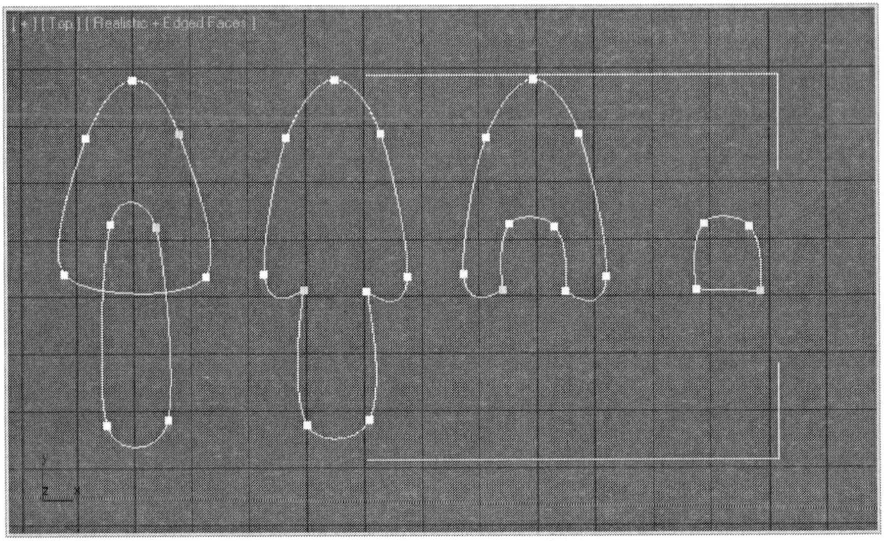


*Dans cet exemple, de gauche à droite : deux splines indépendantes qui se croisent, ces splines combinées par union, par soustraction, par intersection.*

Les splines peuvent être inversées par effet miroir, horizontalement, verticalement ou en diagonale.

- Assurez-vous d'avoir un objet spline éditable sélectionné dans la scène.
- Pour inverser la spline horizontalement, sélectionnez le mode miroir horizontal  et cliquez sur le bouton **Mirror**.
- Pour inverser la spline verticalement, sélectionnez le mode miroir vertical  et cliquez sur le bouton **Mirror**.
- Pour inverser la spline selon une diagonale, sélectionnez le mode miroir diagonale  et cliquez sur le bouton **Mirror**.
- Si vous cochez l'option **Copy** au préalable, la spline sera copiée puis inversée.

## I. Affinage de splines

L'outil affinage est disponible en modes **Sommet** et segment (**Vertex**). Il est très utile pour créer de nouvelles splines.

- Assurez-vous d'avoir un objet spline éditable sélectionné dans la scène.
- Vérifiez que l'option **Connect** située à côté du bouton **Refine** est décochée.
- Entrez en mode affinage en cliquant sur le bouton **Refine** ou en utilisant le menu **Quad** - **Refine**.

- Cliquez une ou plusieurs fois sur une spline pour ajouter des sommets.
- Faites un clic droit pour désactiver l'outil.

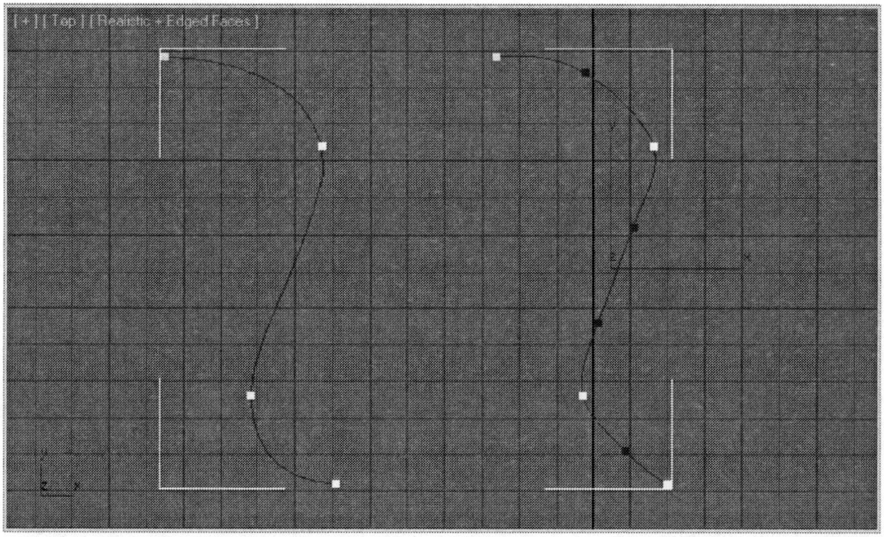

*En mode affinage, les sommets s'ajoutent à l'endroit du clic de souris. Ici, les points sélectionnés à droite ont été ajoutés en mode affinage à la spline de gauche.*

**ASTUCE**

*Si vous cliquez sur un sommet déjà existant, le mode affinage va créer par défaut un nouveau sommet très proche, résultant en un segment très court entre les deux points, ce qui peut donner des résultats étranges en termes de courbure.*

L'option la plus intéressante du mode affinage est sans aucun doute l'option **Connect** qui crée en fin d'opération une nouvelle spline reliant tous les nouveaux sommets.

- Cochez l'option **Connect** située à côté du bouton **Refine**.
- Entrez en mode affinage en cliquant sur le bouton **Refine** ou en utilisant le menu **Quad - Refine Connect**.
- Cliquez une ou plusieurs fois sur différentes splines pour ajouter des sommets.
- Faites un clic droit pour valider l'ajout de sommets.

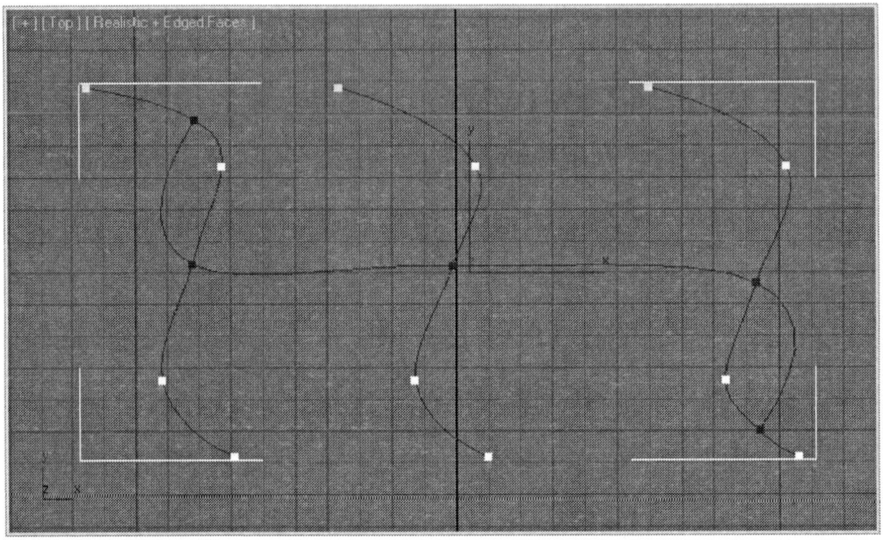


*Ici, tous les sommets sélectionnés ont été ajoutés par affinage. La spline les reliant s'est créée automatiquement par l'option **Connect**.*

L'affinage de spline possède un comportement particulier lorsque vous tentez d'affiner une spline à l'emplacement d'un sommet.

- Si besoin, cochez l'option **Connect** située à côté du bouton **Refine**.
- Entrez en mode affinage en cliquant sur le bouton **Refine** ou en utilisant le menu **Quad** - **Refine Connect**.
- Cliquez sur un sommet préexistant.

  Une fenêtre vous demande ce que vous voulez faire avec le sommet cliqué.

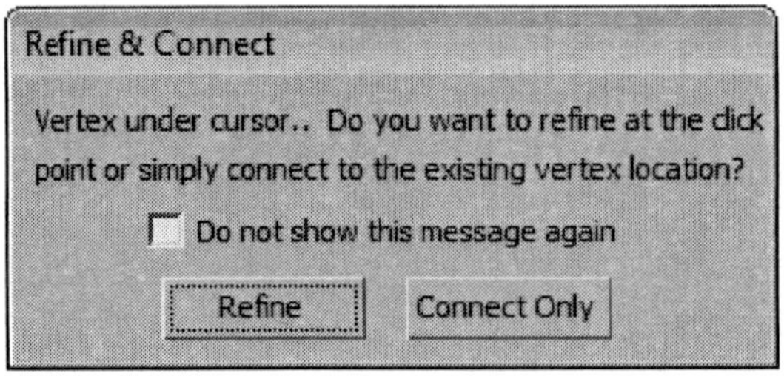


- Le bouton **Refine** permet d'ajouter un sommet à côté du préexistant tandis que le bouton **Connect Only** permet d'utiliser le sommet cliqué pour créer la spline d'affinage.

Le cas où vous voulez affiner à ce moment-là est plutôt rare. Cochez l'option **Do not show this message again** et cliquez sur le bouton **Connect Only**. Si vous souhaitez faire réapparaître cette boîte de dialogue, redémarrez le logiciel.

- Cliquez une ou plusieurs fois sur différents sommets préexistants.
- Faites un clic droit pour valider.

Le mode affinage avec l'option connecter vous permet de créer une nouvelle spline en utilisant les splines existantes comme support. Soit vous créez un nouveau sommet en cliquant sur un segment, soit vous utilisez un sommet préexistant pour faire passer la spline.

Par défaut, la nouvelle spline d'affinage voit ses sommets en mode lissé. L'option d'affinage **Linear** permet de créer une nouvelle spline avec des sommets en mode coin.

L'option d'affinage **Closed** ajoute en fin d'affinage un dernier segment pour relier le premier et le dernier point de la nouvelle spline afin qu'elle soit une spline fermée.

**ASTUCE**

*Connecter la spline d'affinage ne change pas les limitations des splines : un sommet n'appartient qu'à une spline. L'option **Connect** crée un nouveau sommet confondu avec le sommet préexistant, mais uniquement pour la nouvelle spline d'affinage. Sans l'option **Connect**, un nouveau sommet serait créé pour la spline d'affinage mais aussi à côté du sommet préexistant.*

## J. Dupliquer les splines

Vous pouvez copier une sélection de segments à destination du même objet spline éditable ou pour créer un nouvel objet spline éditable.

- Entrez en mode sous-objet segment ou spline et sélectionnez une partie de l'objet.
- Veillez à ce que les options **Copy** et **Same Shp** soient décochées et cliquez sur le bouton **Detach**.

Une fenêtre vous demande le nom du nouvel objet.

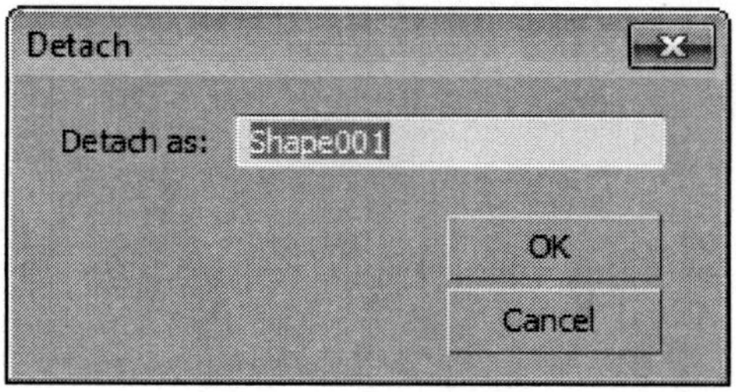


- Saisissez le nom du nouvel objet puis cliquez sur le bouton **OK**.

Après validation, la sélection fait partie d'un nouvel objet spline éditable ; cette sélection a disparu de l'objet spline éditable de départ.

- Cochez l'option **Same Shp** pour garder la copie dans le même objet spline éditable. La fenêtre de nom d'objet ne s'ouvrira donc pas.
- Cochez l'option **Copy** pour conserver la sélection originale tout en la copiant dans le même ou dans un nouvel objet spline éditable.

Il existe une autre méthode de copie très puissante. Il s'agit de dupliquer des segments sélectionnés avec la copie par transformation tout en créant dans le même temps des splines de connexion.

- Assurez-vous d'avoir dans la scène un objet spline éditable sélectionné.
- Entrez en mode sous-objet segment.
- Cochez l'option **Connect** dans le groupe **Connect Copy**.

*L'option **Connect** du groupe **Connect Copy**.*

- Sélectionnez un ou plusieurs segments.
- Passez en mode de transformation par translation (barre d'outils principale). Bien entendu, la procédure fonctionne également avec la rotation et l'échelle.
- Maintenez la touche ⇧ et le bouton gauche de la souris enfoncé sur le **gizmo** de transformation puis déplacez la souris.
- Relâchez le bouton de la souris pour valider la copie et recommencez autant de fois que nécessaire.

### Remarque

*La copie connectée poursuit les splines de connexion. Si vous copiez trois fois de suite la même sélection, les segments de connexion qui se suivent font partie d'une seule et même spline.*

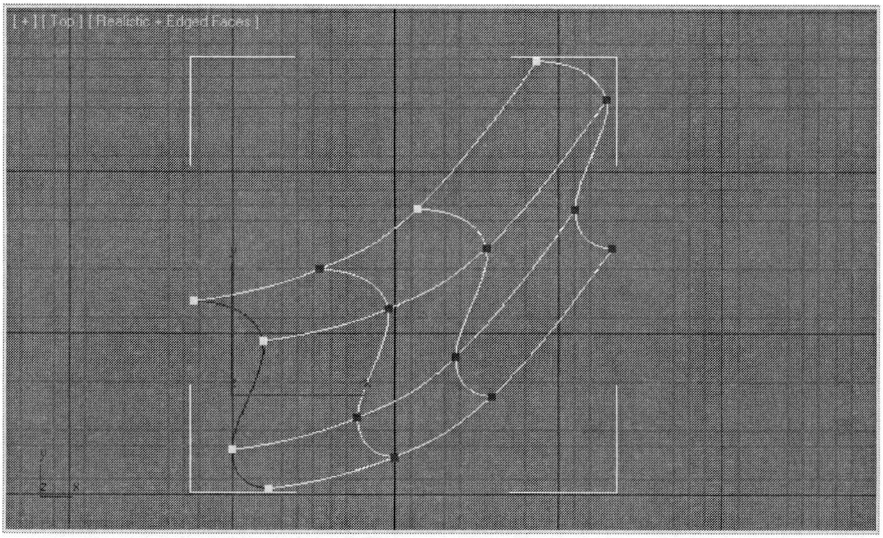


*Dans cet exemple, la spline verticale de gauche a été copiée et connectée trois fois vers la droite et vers le haut, puis tous les sommets ont été convertis en type lissé.*

# Chapitre 10
# Les patchs éditables

## A. La théorie : les arêtes paramétriques et les courbes

Pendant longtemps, l'une des principales critiques de 3ds Max fut de ne pas proposer d'outils de modélisation avec des courbes. Le patch éditable est venu combler cette lacune avec toutefois quelques limitations. En effet, afin de rester proche de l'édition polygonale, l'outil patch éditable possède une base polygonale et subdivise le maillage en association avec des tangentes de sommets permettant de définir la courbure finale.

La principale limitation du patch éditable vient du nombre de courbes définissant une surface : trois ou quatre, pas plus, pas moins.

On peut comparer le patch éditable à une modélisation par splines avec le modificateur surface (plus de détails dans le chapitre Les splines éditables).

Modéliser avec des splines est plus contraignant car il faut gérer le fait que ce n'est pas un maillage, notamment avec le problème des sommets confondus mais pas fusionnés, ou encore les erreurs de détection de la surface. Toutefois, la courbure d'une spline se contrôle tout au long de ses segments. Dans le cas du patch éditable, la courbure se contrôle par sommet.

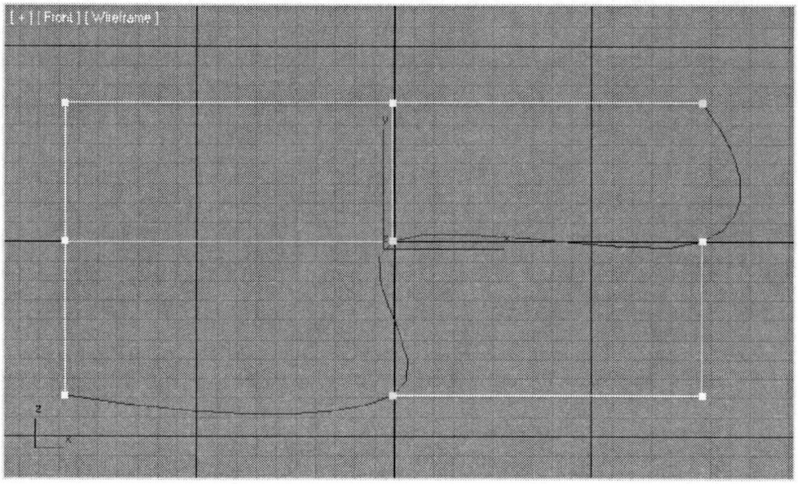


*Une spline définit naturellement une courbure tout au long de ses segments. Bien choisir ses splines simplifie beaucoup le travail en approximant facilement le résultat final.*

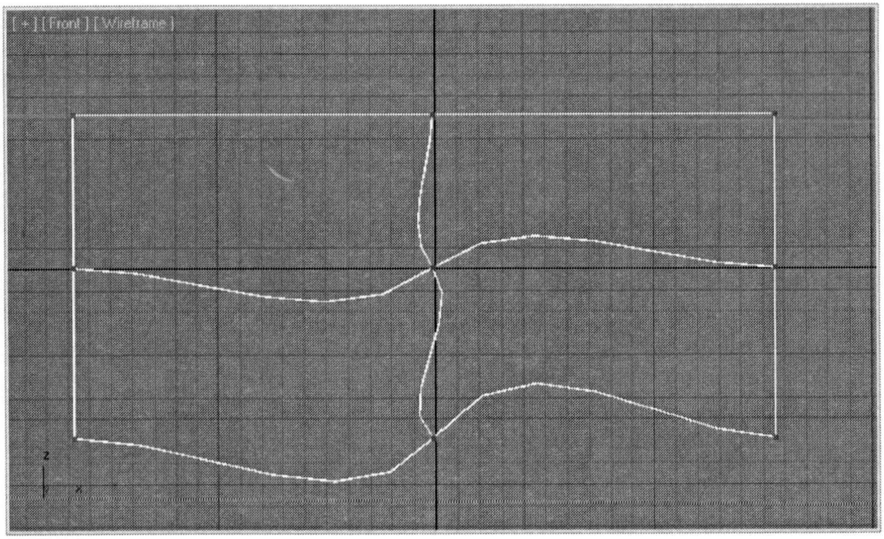

*La courbure des arêtes des patchs est contrôlée pour chaque sommet. Par défaut, modifier la courbure d'une arête implique la modification de la courbure des autres arêtes de ce sommet.*

Bien sûr, que ce soit pour les splines ou les patchs, on peut changer pour chaque point la courbure plus précisément, sans utiliser le comportement par défaut. Vous vous apercevrez vite que définir précisément la courbure est un travail de finition. Il n'est pas raisonnable de travailler la courbure des surfaces pendant la modélisation, car une fois que la courbure a été modifiée, si vous modifiez la position des sommets, les courbures que vous aviez définies sont à refaire.

La question que vous devez vous poser est la suivante : l'outil que j'utilise est-il celui qui va s'approcher, avec les comportements par défaut, le plus près du résultat final que je souhaite ?

Les éléments des patchs éditables sont les sommets, les arêtes et les patchs. 3ds Max propose également un niveau d'édition des éléments et des tangentes.

- Les sommets sont les points de référence des arêtes et des patchs. Le sommet possède des tangentes qui définissent une courbure pour chaque arête reliée au sommet.
- Les arêtes sont des courbes entre deux sommets bordant la surface patch. Leur courbure est définie par les tangentes des deux sommets.
- Les patchs sont les surfaces définies par les sommets, les arêtes et les tangentes. Il est également possible d'affiner l'organisation des polygones finaux de la surface avec des contrôleurs d'intérieur.

– Les éléments sont le regroupement de tous les patchs partageant entre eux au moins une arête. Autrement dit deux patchs séparés au sein d'un même objet patch éditable représentent deux éléments. Les manipulations d'éléments reviennent à la manipulation de l'ensemble des patchs les composant.

## B. Créer un objet patch éditable

Vous ne pouvez pas créer un objet patch éditable directement. Créez d'abord une primitive 3D et convertissez-la en patch éditable. Ensuite, vous pourrez accéder aux modes sous-objet des patchs éditables.

- Assurez-vous d'avoir une primitive 3D sélectionnée dans la scène.
- Convertissez la primitive 3D en patch éditable par le menu **Quad** - **Convert To** - **Convert To Editable Patch**.

**ASTUCE**

*Attention, le but des patchs est de vous donner le contrôle d'une forme avec beaucoup de polygones tout en manipulant un nombre de points très faible. Il est contre-productif de créer un patch éditable avec un objet possédant déjà de nombreux polygones.*

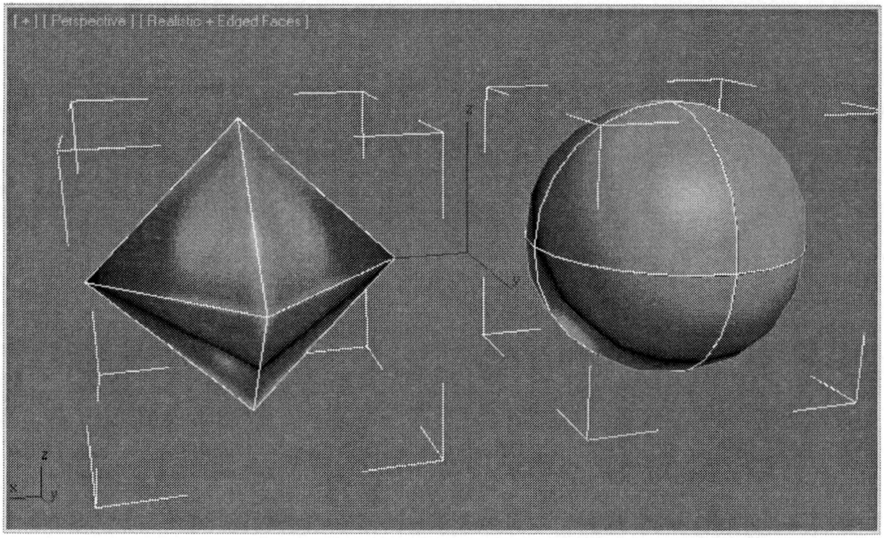


*Une sphère avec le paramètre Segments à 4 à gauche, convertie en patchs éditables à droite.*

- Passez dans le mode modification du panneau de commandes : .
- Cliquez sur le symbole pour ouvrir la liste des modes sous-objets.
- Pour entrer en mode sous-objet sommet, cliquez sur **Vertex** dans la liste des modes sous-objet ou utilisez le menu **Quad** - **Vertex** en haut à gauche ou cliquez sur le bouton du panneau de commandes ou utilisez la touche **1**.
- Pour entrer en mode sous-objet arête, cliquez sur **Edge** dans la liste des modes sous-objet ou utilisez le menu **Quad** - **Edge** en haut à gauche ou cliquez sur le bouton du panneau de commandes ou cliquez sur la touche **2**.
- Pour entrer en mode sous-objet patch, cliquez sur **Patch** dans la liste des modes sous-objet ou utilisez le menu **Quad** - **Patch** en haut à gauche ou cliquez sur le bouton du panneau de commandes ou cliquez sur la touche **3**.
- Pour entrer en mode sous-objet élément, cliquez sur **Element** dans la liste des modes sous-objet ou utilisez le menu **Quad** - **Element** en haut à gauche ou cliquez sur le bouton du panneau de commandes ou utilisez la touche **4**.
- Pour entrer en mode sous-objet tangentes et contrôleurs d'intérieur, cliquez sur **Handle** dans la liste des modes sous-objet ou utilisez le menu **Quad** - **Handle** en haut à gauche ou cliquez sur le bouton du panneau de commandes ou utilisez la touche **5**.

Comme nous l'avons vu précédemment, les tangentes de sommets peuvent être contrôlées toutes ensembles ou séparément. Rappelez-vous que gérer la courbure des arêtes est plutôt une étape de finition car lorsque vous déplacez les sommets, il y a de grandes chances que la courbure que vous aviez modifiée soit à refaire.

- Pour gérer les tangentes des sommets sélectionnés en mode coplanaire (toutes ensembles), en mode sous-objet sommet, utilisez le menu **Quad** - **Coplanar**.
- Pour gérer les tangentes des sommets sélectionnés en mode coin (séparément), en mode sous-objet sommet, utilisez le menu **Quad** - **Corner**.
- Lorsque vous avez modifié la position des sommets, les tangentes ne correspondent généralement plus à l'objet. Pour réinitialiser les tangentes en fonction de la nouvelle configuration de l'objet, en mode sous-objet sommet, utilisez le menu **Quad** - **Reset Tangents**.
- Pour automatiser la disposition intérieure du maillage des patchs sélectionnés (désactiver les contrôleurs d'intérieur), en mode sous-objet patch, utilisez le menu **Quad** - **Auto Interior**.

- Pour contrôler manuellement la disposition intérieure du maillage des patchs sélectionnés (activer les contrôleurs d'intérieur), en mode sous-objet patch, utilisez le menu **Quad** - **Manual Interior**.

### Remarque

*Lors de l'étape de modélisation, il est judicieux d'automatiser la disposition intérieure du maillage des patchs et de réinitialiser les tangentes des sommets régulièrement. Une fois que la forme finale de l'objet est atteinte, finalisez la modélisation en personnalisant les courbures et les maillages intérieurs.*

## C. Sélection et affichage

Dans le mode sous-objet, la plupart des outils de sélection utilisables pour les objets de la scène sont accessibles, incluant les différentes manipulations à la souris, les options de région de sélection, les jeux de sélection, à l'exclusion des outils de sélection par nom qui ne concernent que les objets nommés de la scène. Plus de détails dans le chapitre Sélectionner et paramétrer les objets.

Vous pouvez affiner la courbure des patchs en ajoutant des polygones.

- Pour voir les polygones générés par les patchs, cochez l'option **Show Interior Edges** dans le groupe **Surface** du panneau déroulant **Geometry**.
- Pour changer le nombre de fois que la surface patch est divisée dans la vue pour générer les polygones correspondants, changez la valeur **View Steps** du groupe **Surface**.
- Pour changer le nombre de fois que la surface patch est divisée au rendu pour générer les polygones correspondants, changez la valeur **Render Steps** du groupe **Surface**.

Vous remarquerez que les tangentes et les contrôleurs d'intérieur sont disponibles dans leur mode sous-objet mais également dans le mode sous-objet sommet (lorsque ceux-ci sont sélectionnés).

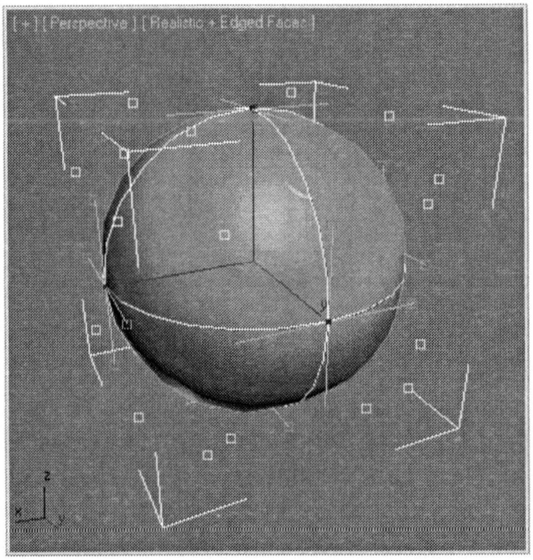

*La manipulation des sommets peut s'avérer délicate à cause de la présence de tous ces manipulateurs à l'écran. En rouge (bleu si désélectionné) les sommets, en vert les contrôleurs de tangentes et en jaune les contrôleurs d'intérieur.*

- En mode sommet (**Vertex**), vous pouvez désactiver la sélection des tangentes et des contrôles d'intérieur pour manipuler exclusivement les sommets en décochant l'option **Vectors** du panneau déroulant **Selection**.
- En mode sommet, vous pouvez désactiver la sélection des sommets pour manipuler exclusivement les tangentes et contrôles d'intérieur en décochant l'option **Vertices**. Il est à noter qu'au moins un sommet doit être sélectionné avant de décocher l'option afin de pouvoir manipuler les tangentes du sommet sélectionné et les contrôles d'intérieur.
- En mode sommet ou tangentes et contrôleurs d'intérieur (**Handle**), vous pouvez temporairement retrouver le fonctionnement du mode coplanaire pour tous les sommets en cochant l'option **Lock Handles**.
- En cochant l'option **Ignore Backfacing** (ou menu **Quad** - **Ignore Backfacing**), les patchs dos à la vue (dont la normale est dirigée à l'opposé de la vue) ainsi que leurs sommets et arêtes ne sont plus sélectionnables.
- En mode sommet, arête ou patch/élément, vous pouvez réduire la sélection (réduire les parties sélectionnées d'un composant sur toute la bordure de la sélection) en cliquant sur le bouton **Shrink**.
- En mode sommet, arête ou patch/élément, vous pouvez grossir la sélection (augmenter les parties sélectionnées d'un composant sur toute la bordure de la sélection) en cliquant sur le bouton **Grow**.

- En mode arête, vous pouvez sélectionner les arêtes proches d'être parallèles à l'arête sélectionnée en cliquant sur le bouton **Ring**.

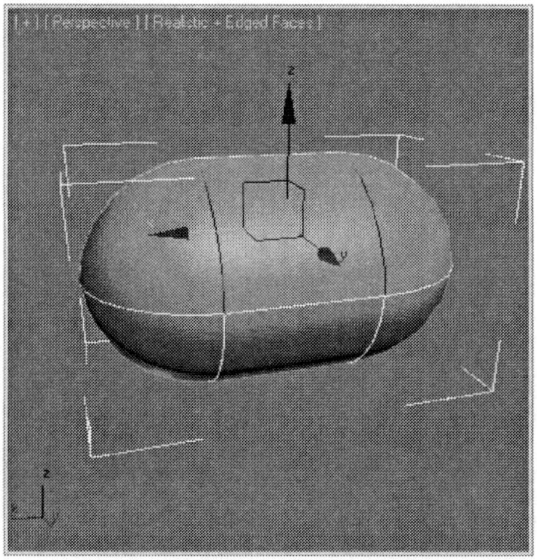

*La sélection **Ring** sélectionne les arêtes parallèles. Ici, ces deux arêtes seront sélectionnées si vous sélectionnez l'une des deux et cliquez sur le bouton **Ring**.*

- En mode arête, vous pouvez sélectionner les arêtes dans la continuité de l'arête sélectionnée en cliquant sur le bouton **Loop**.

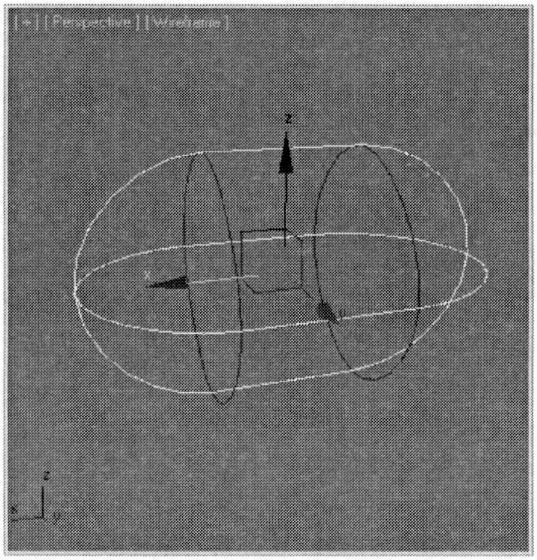

*La sélection **Loop** est particulièrement adaptée à la sélection de « boucles ». Ci-dessus l'exemple précédent après appui sur le bouton **Loop**.*

- En mode arête, vous pouvez sélectionner toutes les arêtes ouvertes (ne bordant qu'un patch, autrement dit au bord d'un trou) en cliquant sur le bouton **Select Open Edges**.
- Pour masquer la sélection, cliquez sur le bouton **Hide**.
- Pour afficher tout ce qui est masqué, cliquez sur le bouton **Unhide All**.

## D. La sélection adoucie

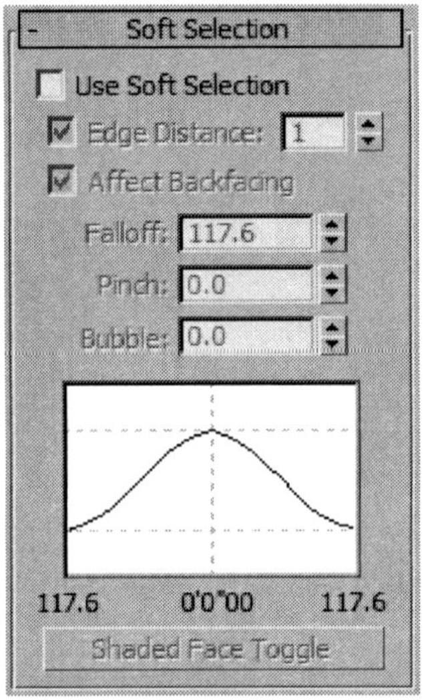


*Le panneau **Soft Selection** rassemble des outils de sélection adoucie.*

La sélection adoucie sélectionne avec une intensité déclinante les sous-objets proches de la sélection actuelle.

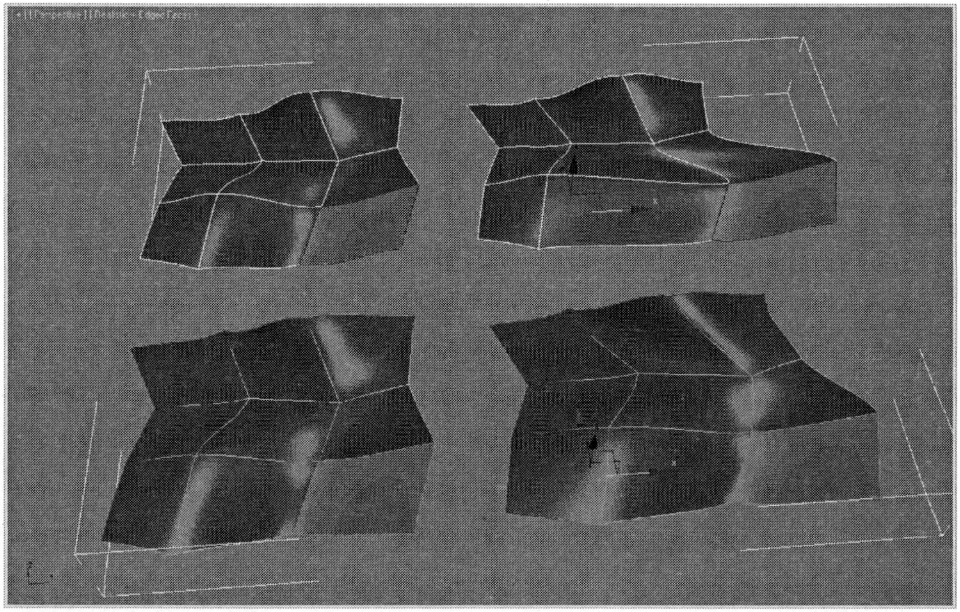

*La sélection adoucie permet d'effectuer une action, ici une translation, sur la sélection et son entourage immédiat. À gauche la sélection originale, à droite la sélection a été déplacée : en haut la sélection classique, en bas une sélection adoucie.*

- Pour activer la sélection adoucie, cochez l'option **Use Soft Selection** du panneau déroulant **Soft Selection**.
- Pour limiter la sélection adoucie en nombre d'arêtes à partir de la sélection, cochez l'option **Edge Distance** et changez la valeur associée à l'option.
- Pour autoriser la sélection adoucie à sélectionner des faces dos à la sélection, cochez l'option **Affect Backfacing**.
- Spécifiez la taille de la zone de sélection adoucie dans la zone **Falloff**.
- Pour changer la tangente de la courbe d'atténuation au sommet de celle-ci, spécifiez une valeur dans la zone **Pinch**.
- Pour changer la tangente de la courbe d'atténuation aux extrémités de celle-ci, spécifiez une valeur dans la zone **Bubble**.
- Pour visualiser la sélection adoucie sur la surface et non les arêtes, cliquez sur le bouton **Shaded Face Toggle**. Cliquez à nouveau dessus pour revenir à la visualisation par défaut.

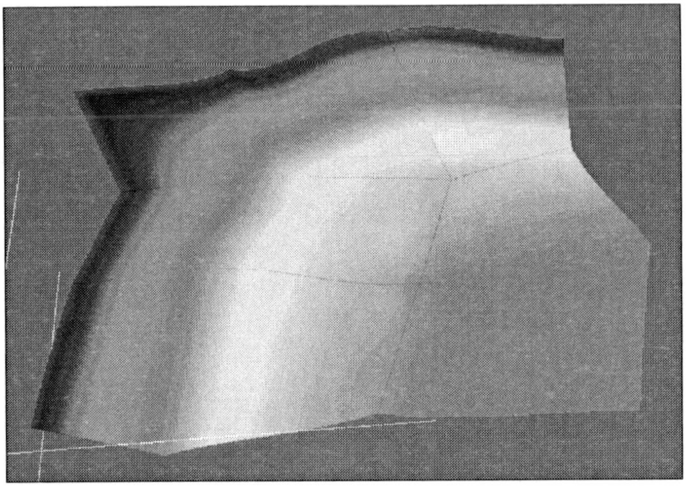

*La visualisation **Shaded** de la sélection adoucie.*

## E. Subdivision

Vous pouvez automatiquement diviser les patchs par création de nouvelles arêtes. Restez prudent, l'objectif des patchs est de vous aider à modéliser une forme polygonale fine sans avoir à gérer tous les polygones générés. La logique est donc de conserver le nombre de patchs le plus faible possible.

➲ Pour subdiviser les patchs sélectionnés en quatre fois plus de patchs, en mode **Patch**, cliquez sur le bouton **Subdivide**. En mode arête, tous les patchs associés à l'arête seront subdivisés.

**ASTUCE**

*Par défaut (option **Propagate** désélectionnée), la subdivision crée des trous. En effet, un patch ne peut avoir plus de quatre arêtes. Subdiviser un patch voisin impliquerait d'avoir une nouvelle arête, ce qui n'est pas possible. Le patch voisin est subdivisé mais l'arête qui séparait les deux patchs se désolidarise et forme un trou.*

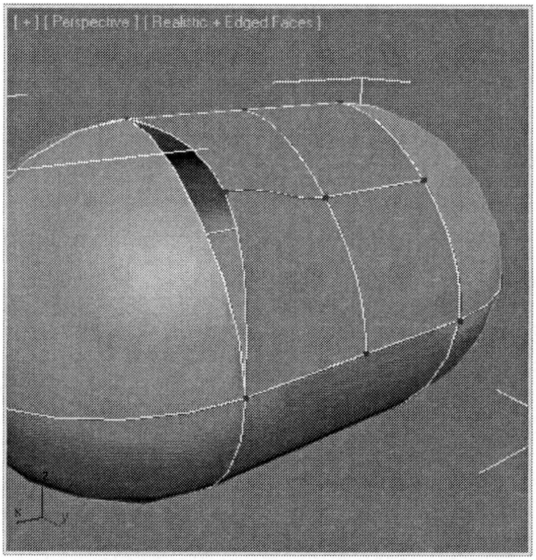


*Par défaut, la subdivision crée un trou car un patch à plus de quatre arêtes n'est pas possible.*

- Pour subdiviser les patchs sélectionnés en quatre fois plus de patchs tout en gardant la surface fermée, cochez l'option **Propagate** et cliquez sur le bouton **Subdivide**. Les patchs environnants sont subdivisés en cascade afin de garder la surface fermée.

  Si toutefois vous ne désirez pas subdiviser de nombreux patchs, vous pouvez attacher les sommets à l'origine du trou.

- En mode sommet, cliquez sur le bouton **Bind**, maintenez le clic gauche de la souris enfoncé sur le sommet concerné, déplacez la souris sur l'arête à laquelle attacher le sommet et relâchez le bouton de la souris.

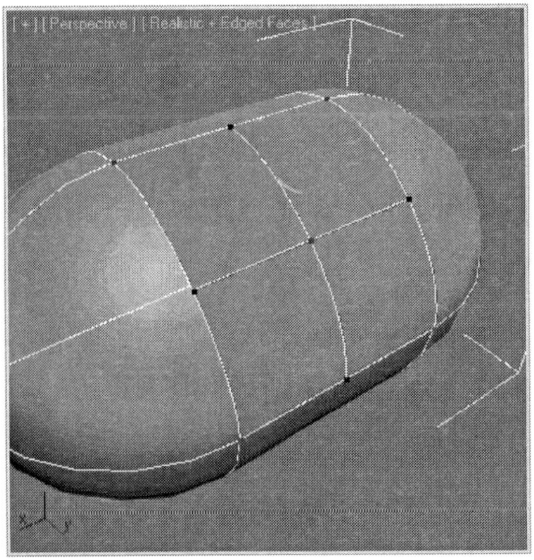


*Un sommet attaché à une arête est affiché en noir. Il n'est plus modifiable car il suit les mouvements et la courbure de l'arête à laquelle il est attaché. Le trou existe encore mais n'est pas visible.*

- Pour détacher un sommet d'une arête, sélectionnez le sommet concerné et cliquez sur le bouton **Unbind**.

## F. Gérer la topologie

Dans le mode sous-objet, la plupart des outils de transformation utilisables pour les objets de la scène sont accessibles, incluant la translation, rotation, échelle, les changements de repère, les contraintes d'accrochage ou encore les modes de pivot. Plus de détails dans le chapitre Transformation des objets.

- Pour ajouter un patch le long d'une arête ouverte (bordant un trou), sélectionnez l'arête et cliquez sur le bouton **Add Tri** pour ajouter un patch bordé de trois arêtes ou sur le bouton **Add Quad** pour ajouter un patch bordé par quatre arêtes.
- Pour créer de nouveaux sommets, cliquez sur le bouton **Create** en mode sommet et cliquez dans la vue pour ajouter des sommets. Un clic droit désactive l'outil. Il est à noter que tant que les sommets ne sont pas reliés entre eux par des arêtes, ils ne possèdent pas de tangentes.

**Remarque**

*Même si vous utilisez les contraintes d'accrochage, les nouveaux sommets ne s'intègrent pas au maillage existant. Un nouveau sommet est totalement indépendant, vous pouvez créer de nouvelles faces les utilisant.*

- Pour créer de nouveaux patchs, cliquez sur le bouton **Create** en mode patch/éléments ou utilisez le menu **Quad** - **Create Patch**, puis cliquez sur des sommets préexistants ou dans un espace vide pour créer de nouveaux sommets. Un clic droit désactive l'outil.

**ASTUCE**

*L'ordre dans lequel vous cliquez les sommets définit la normale du patch. Un ordre inverse des aiguilles d'une montre dirige la normale vers la vue, un ordre dans le sens des aiguilles d'une montre dirige la normale à l'opposé de la vue.*

- Pour supprimer la sélection, cliquez sur le bouton **Delete** ou utilisez la touche Suppr.
- Pour ajouter le maillage d'un autre objet convertible en patch éditable dans l'objet patch éditable actuellement sélectionné, cliquez sur le bouton **Attach** ou utilisez le menu **Quad** - **Attach** puis cliquez sur les objets à attacher. Les objets attachés disparaissent de la scène.
- Pour détacher la partie de maillage sélectionnée, cliquez sur le bouton **Detach** ou utilisez le menu **Quad** - **Detach**.

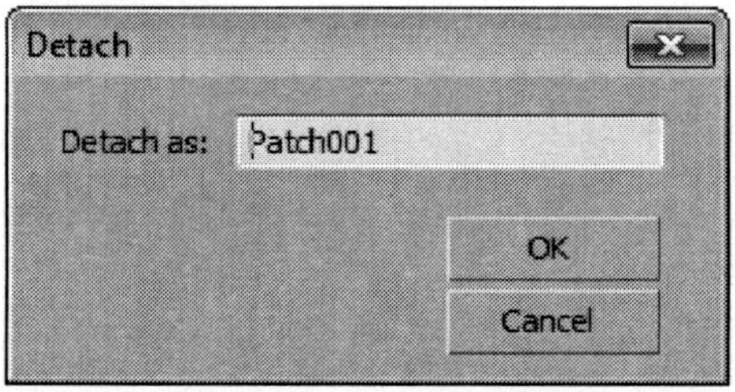


Spécifiez le nom du nouvel objet puis cliquez sur le bouton **OK**.

L'option **Copy** copie au préalable la sélection avant de détacher.

- Pour dupliquer des patchs, sélectionnez-les, maintenez la touche ⇧ enfoncée tout en transformant la sélection, par une translation par exemple.
- En mode sommet ou arête, vous pouvez dissocier un sommet ou une arête sélectionnée (et créer un trou) en cliquant sur le bouton **Break** ou en utilisant le menu **Quad** - **Break Vertex**. Le sommet est dupliqué pour chaque face l'utilisant et deux nouvelles arêtes sont créées pour chacun de ces sommets.

## G. Fusionner

Lorsque vous créez un trou ou ajoutez des patchs, il est nécessaire de souder des sommets séparés.

- Assurez-vous d'avoir un objet patch éditable sélectionné dans la scène.
- Entrez en mode sommet (**Vertex**).

- Si les sommets à fusionner sont proches les uns des autres, sélectionnez les sommets à fusionner.

  Cliquez sur le bouton **Selected** du groupe **Weld** puis modifiez éventuellement la distance maximale entre deux points à fusionner dans la zone associée. Cette méthode vous permet de fusionner de très nombreux points proches les uns des autres sans fusionner des points distants entre eux.
- Si les sommets à fusionner sont loin les uns des autres, entrez en mode fusion de sommets sur cible en cliquant sur le bouton **Target** ou par le menu **Quad** - **Target Weld**.

  Maintenez le bouton gauche de la souris enfoncé sur le sommet à fusionner puis faites glisser la souris sur le sommet cible et relâchez pour valider.

**ASTUCE**

*Certaines opérations de fusion de sommets sont interdites car elles créeraient des objets 3D non conformes. Si rien ne se passe, c'est peut-être parce que les sommets sont éloignés de plus de 1 arête ou 1 face ou qu'ils ne bordent pas une surface ouverte. Plus de détails dans le chapitre Concepts 3D et édition d'objets.*

## H. Extrusion/biseau

### 1. Extrusion

L'extrusion est l'action de créer un nouveau volume à partir d'une surface de départ.

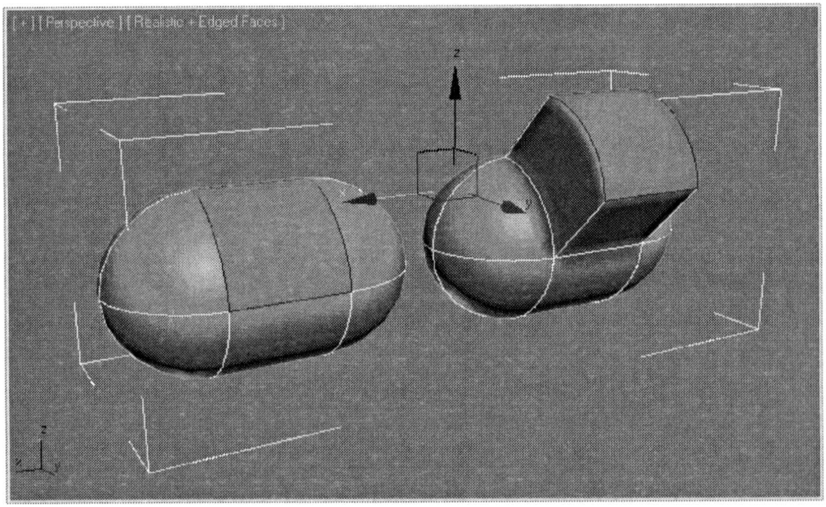


*De gauche à droite, l'objet d'origine et l'objet dont le polygone sélectionné a été extrudé.*

- Assurez-vous d'avoir un objet patch éditable sélectionné dans la scène et sélectionnez une part du maillage en mode Patch.
- Entrez en mode biseau en cliquant sur le bouton **Extrude** ou par le menu **Quad** - **Extrude Patch**.
- Maintenez le bouton gauche de la souris enfoncé sur la sélection ou sur un patch désélectionné qui deviendra la sélection puis faites glisser la souris pour modifier la hauteur d'extrusion. Relâchez pour valider puis faites un clic droit pour désactiver l'outil.

**Autre méthode :**

- En mode Patch/Element, sélectionnez une part du maillage.
- Maintenez le bouton gauche de la souris enfoncé sur les flèches à droite de la valeur **Extrusion** et faites glisser la souris vers le haut ou le bas pour modifier l'extrusion. Relâchez le bouton gauche de la souris pour valider.

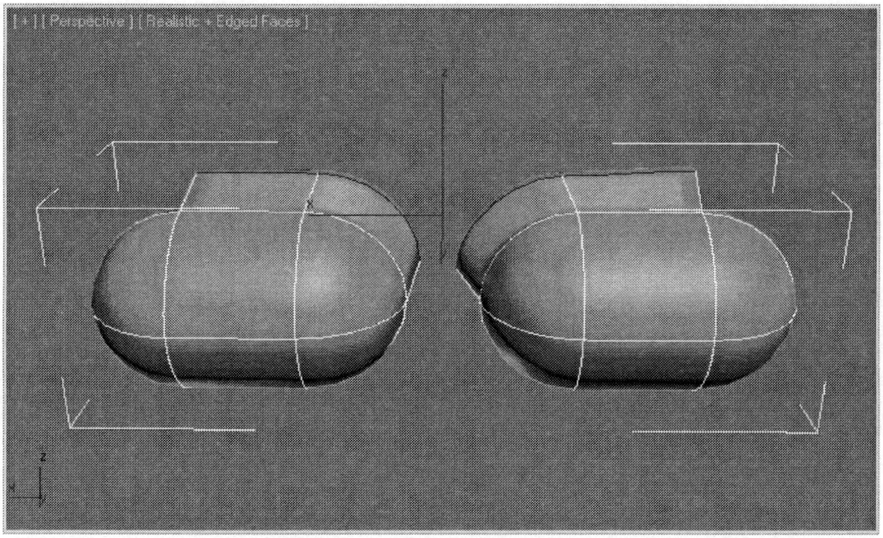


*Par défaut, avec l'option **Group** active, la direction de l'extrusion est la moyenne des normales des sommets ; vous pouvez choisir l'option **Local**, c'est-à-dire une direction d'extrusion suivant les normales de chaque sommet.*

**Autre méthode :**

- Entrez la hauteur d'extrusion pour la sélection à droite de la valeur **Extrusion** et validez par la touche [Entrée].

**ASTUCE**

*L'extrusion d'arête est possible mais attention, une extrusion appliquée sur une arête qui n'est pas une bordure crée un maillage non conforme qui peut vous poser de nombreux problèmes par la suite.*

- Pour extruder une arête de bordure et créer de nouvelles faces en bordure du maillage, sélectionnez les arêtes, maintenez la touche ⇧ enfoncée et transformez les arêtes, par une translation par exemple.

## 2. Biseau

Le biseau est l'action d'extruder puis grossir ou rétrécir une surface.

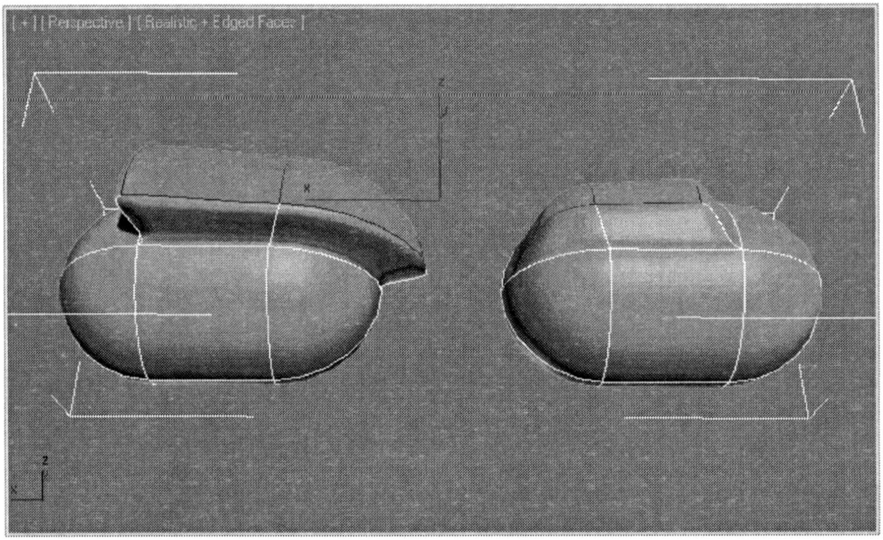


*Les objets de l'exemple précédent ont subi sur leur sélection un biseautage positif à gauche et négatif à droite.*

- Assurez-vous d'avoir un objet patch éditable sélectionné dans la scène et sélectionnez une part du maillage en mode Patch.
- Entrez en mode biseau en cliquant sur le bouton **Bevel** ou par le menu **Quad** - **Bevel Patch**.
- Maintenez le bouton gauche de la souris enfoncé sur la sélection ou un patch désélectionné qui deviendra la sélection et faites glisser la souris pour modifier la hauteur d'extrusion. Relâchez puis faites glisser la souris pour définir la valeur de biseau. Faites un clic gauche pour valider puis un clic droit pour désactiver l'outil.

**Autre méthode :**

- En mode patch, sélectionnez une part du maillage.
- Réalisez une extrusion puis maintenez le bouton gauche de la souris enfoncé sur les flèches à droite de la valeur **Outlining** et faites glisser la souris vers le haut ou vers le bas pour modifier la valeur de biseau. Relâchez le bouton gauche de la souris pour valider.

**Autre méthode :**

- Après avoir réalisé une extrusion, entrez la valeur de biseau pour la sélection à droite de la valeur **Outlining** et validez par la touche ↵.

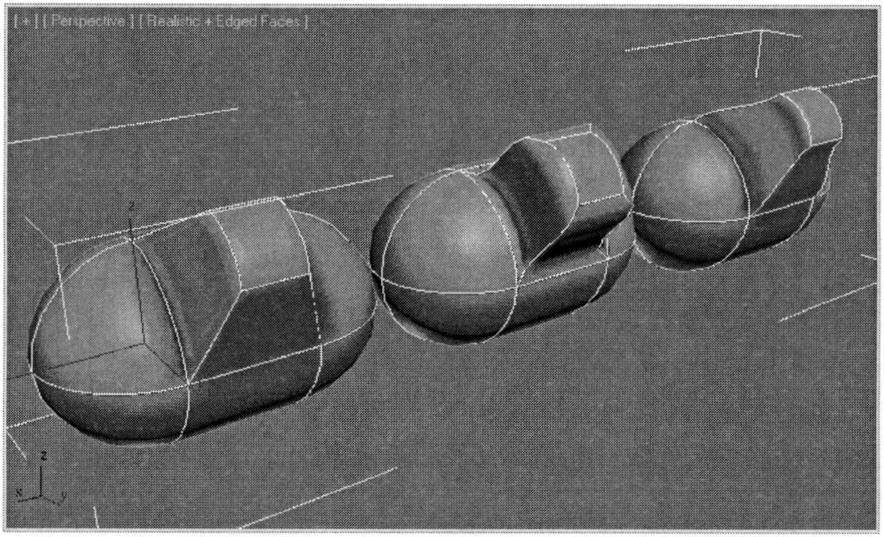


Vous pouvez choisir la méthode de positionnement des tangentes du biseau pour la base de l'extrusion (**Start**) ou le haut de l'extrusion (**End**) : l'option **Linear** ne donne pas de courbure aux arêtes, l'option **Smooth** tente d'adoucir la transition entre l'objet et l'extrusion et l'option **None** utilise la normale des sommets comme tangente.

## I. Les tangentes

Vous pouvez aligner des tangentes entre elles en copiant l'orientation de l'une d'entre elles et en la collant sur une autre.

- Assurez-vous d'avoir un objet patch éditable sélectionné dans la scène.
- Entrez en mode tangente et contrôles d'intérieur (**Handle**) ou en mode sommet (en sélectionnant les sommets concernés pour faire apparaître les tangentes.

- Pour copier une tangente, cliquez sur le bouton **Copy** du groupe **Tangent** puis cliquez sur le contrôle vert de la tangente à copier.
- Pour coller la tangente, cliquez sur le bouton **Paste** du groupe **Tangent**.
- Éventuellement, cochez l'option **Paste Length** pour coller la longueur de la tangente en plus de son orientation.
- Cliquez successivement sur les différentes tangentes sur lesquelles vous souhaitez coller l'orientation et éventuellement la longueur de la tangente copiée.
- Faites un clic droit pour désactiver l'outil.

## J. Les options de sommets

Dans 3ds Max, les sommets d'un maillage éditable ont trois canaux de valeurs associés par défaut : une couleur, une couleur d'illumination et une valeur d'alpha.

Pour plus d'informations sur les canaux de sommets, consultez le chapitre Concepts 3D et édition d'objets.

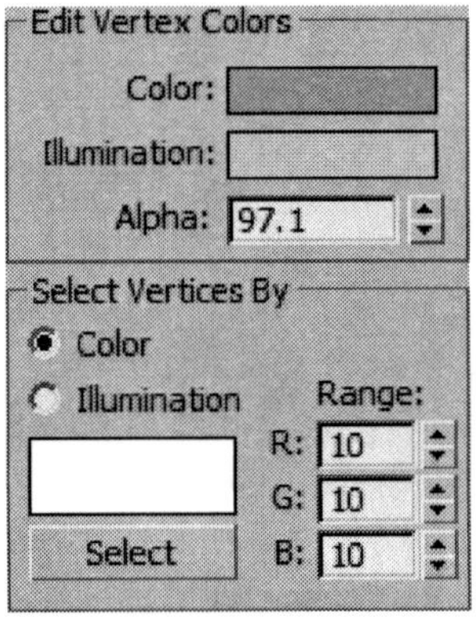


*Les informations des canaux des sommets sélectionnés sont dans le panneau déroulant **Surface Properties**, uniquement visible en mode sommet.*

- Entrez en mode sommet d'un objet patch éditable puis sélectionnez les sommets concernés.
- Pour changer la valeur du canal couleur des sommets sélectionnés, cliquez sur le sélecteur de couleur associé à l'option **Color**, choisissez une couleur et cliquez sur **OK**.
- Pour changer la valeur du canal illumination des sommets sélectionnés, cliquez sur le sélecteur de couleur associé à l'option **Illumination**, choisissez une couleur et cliquez sur le bouton **OK**.
- Pour changer la valeur du canal alpha des sommets sélectionnés, changez la valeur **Alpha** et validez par la touche ↵.

### Remarque

> *Les valeurs des canaux de sommets appliquées sur les sommets d'un patch sont automatiquement interpolées sur les sommets du maillage généré par les patchs. Si vous définissez un alpha de 100 et de 0 pour deux sommets d'une arête, les sommets du maillage généré entre les deux auront une valeur changeant progressivement entre 100 et 0.*

Si vous avez défini des couleurs pour certains sommets, vous pouvez sélectionner les sommets par leur couleur.

- En mode sommet, choisissez la couleur en cliquant sur le sélecteur de couleur dans le groupe **Select Vertices By**.
- Choisissez le canal concerné : la couleur (**Color**) ou l'illumination (**Illumination**).
- Choisissez l'écart de valeur de couleur autorisé pour chaque canal de couleur rouge (**R**), vert (**G**) et bleu (**B**).
- Cliquez sur le bouton **Select**.

## K. Les options de surfaces

Les options de surfaces incluent la gestion des normales des patchs, la gestion des normales des sommets et un raccourci vers les canaux de sommets. Vous trouverez plus de détails sur toutes ces notions dans le chapitre Concepts 3D et édition d'objets.

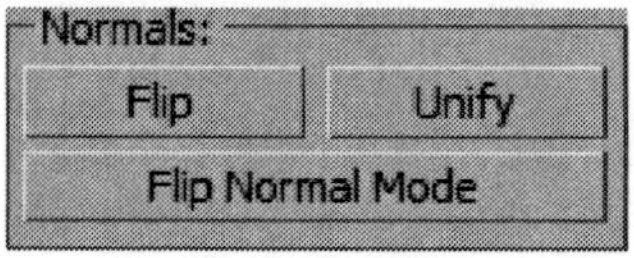


*Les paramètres liés à la gestion des normales des patchs sont visibles dans le panneau déroulant **Surface Properties**, seulement en mode **Patch** ou **Element**.*

- Entrez en mode Patch ou Element d'un objet Patch éditable.
- Pour inverser la normale des patchs sélectionnés, cliquez sur le bouton **Flip**.
- Pour uniformiser les normales des patchs sélectionnés, cliquez sur le bouton **Unify** : tous les patchs adjacents auront une normale orientée du même côté.
- Pour inverser des normales en cliquant sur des patchs, cliquez sur le bouton **Flip Normal Mode** ou utilisez le menu **Quad - Flip Normals Mode**.

  Cliquez sur les patchs pour lesquels inverser la normale.
- Faites un clic droit pour désactiver l'outil ou cliquez sur le bouton **Filp Normal Mode**.

*Les paramètres liés à la gestion des groupes de lissage sont visibles dans le panneau déroulant **Surface Properties**, uniquement en mode **Patch** ou **Element**.*

- Entrez en mode Patch ou Element d'un objet Patch éditable.
- Si une partie de la sélection ou toute la sélection n'appartient pas à un groupe de lissage, cliquez sur le bouton numéroté de ce groupe de lissage pour inclure la sélection dans ce groupe.

  Si toute la sélection est incluse dans un groupe de lissage, cliquez sur le bouton numéroté de ce groupe de lissage pour exclure la sélection de ce groupe.
- Cliquez sur le bouton **Clear All** pour exclure la sélection de tous groupes de lissage.
- Cliquez sur le bouton **Auto Smooth** pour inclure les patchs de la sélection automatiquement dans des groupes de lissage en fonction des angles entre les patchs. Si l'angle entre deux patchs est supérieur à la valeur située à droite du bouton **Auto Smooth**, ces deux patchs seront inclus dans des groupes de lissage séparés.
- Cliquez sur le bouton **Select By SG** pour ouvrir une boîte de dialogue dans laquelle vous pouvez choisir des groupes de lissage : toutes les faces incluses dans ces groupes seront sélectionnées.

  Les derniers paramètres de surface sont des raccourcis permettant d'assigner des valeurs vers les canaux de sommets de la sélection.

## L. Les outils divers

- Vous pouvez, en mode arête (**Edge**), créer une forme de type spline éditable à partir de la sélection d'arête en cliquant sur le bouton **Create Shape**.
- Vous pouvez, dans tous les modes, réinitialiser les tangentes en lien avec la sélection en cliquant sur le bouton **Patch Smooth**. Si vous n'êtes pas dans un mode sous-objet, cela sera appliqué sur l'ensemble de l'objet.

# Chapitre 11
# Les maillages éditables

## A. La théorie : l'édition 3D de bas niveau

Historiquement, l'un des premiers outils de 3ds Max fut un outil de gestion des données 3D très proche de la structure mathématique de l'objet. Cet outil est resté. Il est cependant de moins en moins utilisé car la plupart des modeleurs lui préfèrent les polygones éditables.

Néanmoins, connaître les maillages éditables vous donnera une plus grande maîtrise et compréhension de la 3D, des outils et de leurs résultats.

Les fondamentaux d'un objet polygonal sont les sommets, les arêtes et les faces. Le maillage de 3ds Max propose également un niveau d'édition de polygones et d'éléments.

- Les sommets sont les points de référence du maillage servant de support aux faces et aux arêtes. Un sommet peut être partagé entre plusieurs faces.
- Les arêtes bordent les faces et relient deux sommets. Une arête peut être partagée par deux faces.
- Les faces sont des surfaces délimitées par trois sommets.
- Les polygones sont le regroupement de plusieurs faces séparées par des arêtes invisibles. Cette astuce donne l'impression de travailler avec des faces à plus de trois côtés. Les manipulations de polygones reviennent à la manipulation de l'ensemble des faces le composant.
- Les éléments sont le regroupement de toutes les faces partageant entre elles au moins une arête. Autrement dit, deux surfaces séparées au sein d'un même objet maillage éditable représentent deux éléments. Les manipulations d'éléments reviennent à la manipulation de l'ensemble des faces les composant.

## B. Créer un objet maillage éditable

Vous ne pouvez pas créer un objet maillage éditable directement. Créez d'abord une primitive 3D et convertissez-la en maillage éditable. Ensuite, vous pourrez accéder aux modes sous-objet du maillage éditable.

➲ Assurez-vous d'avoir une primitive 3D sélectionnée dans la scène.

➲ Convertissez la primitive 3D en maillage éditable par le menu **Quad - Convert To - Convert to Editable Mesh**.

➲ Passez dans le mode modification du panneau de commandes : .

- Cliquez sur le symbole pour ouvrir la liste des modes sous-objet.
- Pour entrer en mode sous-objet sommet, cliquez sur **Vertex** dans la liste des modes sous-objet ou utilisez le menu **Quad** - **Vertex** en haut à gauche ou cliquez sur le bouton du panneau de commandes ou appuyez sur la touche **1**.
- Pour entrer en mode sous-objet arête, cliquez sur **Edge** dans la liste des modes sous-objet ou utilisez le menu **Quad** - **Edge** en haut à gauche ou cliquez sur le bouton du panneau de commandes ou appuyez sur la touche **2**.
- Pour entrer en mode sous-objet face, cliquez sur **Face** dans la liste des modes sous-objet ou utilisez le menu **Quad** - **Face** en haut à gauche ou cliquez sur le bouton du panneau de commandes ou appuyez sur la touche **3**.
- Pour entrer en mode sous-objet polygone, cliquez sur **Polygon** dans la liste des modes sous-objet ou utilisez le menu **Quad** - **Polygon** en haut à gauche ou cliquez sur le bouton du panneau de commandes ou appuyez sur la touche **4**.
- Pour entrer en mode sous-objet élément, cliquez sur **Element** dans la liste des modes sous-objet ou utilisez le menu **Quad** - **Element** en haut à gauche ou cliquez sur le bouton du panneau de commandes ou appuyez sur la touche **5**.

## C. Sélection et affichage

Dans le mode sous-objet, la plupart des outils de sélection utilisables pour les objets de la scène sont accessibles, incluant les différentes manipulations à la souris, les options de région de sélection, les jeux de sélection, à l'exclusion des outils de sélection par nom qui ne concernent que les objets nommés de la scène. Plus de détails dans le chapitre Sélectionner et paramétrer les objets.

- Vous pouvez sélectionner des arêtes ou faces/polygones par leurs sommets en cochant l'option **By Vertex** du panneau déroulant **Selection**.
- En cochant l'option **Ignore Backfacing** (menu **Quad** - **Ignore Backfacing**), les faces/polygones dos à la vue (dont la normale est dirigée à l'opposé de la vue), ainsi que leurs sommets et arêtes, ne sont plus sélectionnables.
- En mode polygone, l'option **Ignore Visible Edges** vous permet de sélectionner en une fois toutes les faces/polygones adjacents à conditions que l'angle entre eux soit inférieur à la valeur **Planar Thresh**.

- Vous pouvez afficher les normales des sommets ou des faces/polygones sélectionnés en cochant l'option **Show Normals**. La valeur **Scale** définit la longueur de ces normales.
- L'option **Delete Isolated Vertices** vous assure la suppression des sommets n'appartenant plus à aucune face lors de la suppression d'arêtes ou de faces/polygones.
- Pour masquer la sélection, cliquez sur le bouton **Hide**.
- Pour afficher tout ce qui est masqué, cliquez sur le bouton **Unhide All**.

## D. La sélection adoucie

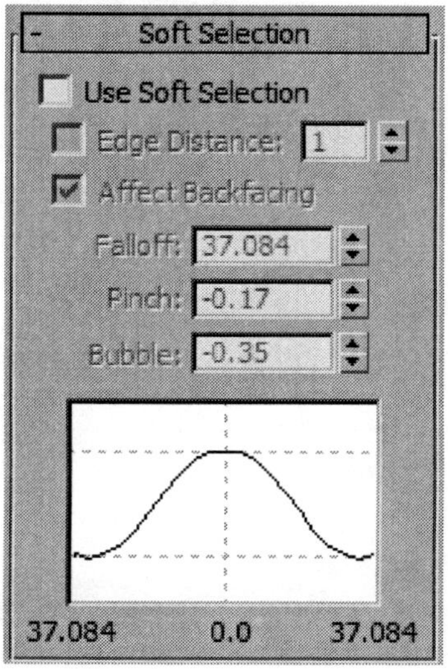


*Le panneau **Soft Selection** rassemble des outils de sélection adoucie.*

La sélection adoucie sélectionne avec une intensité déclinante les sous-objets proches de la sélection actuelle.

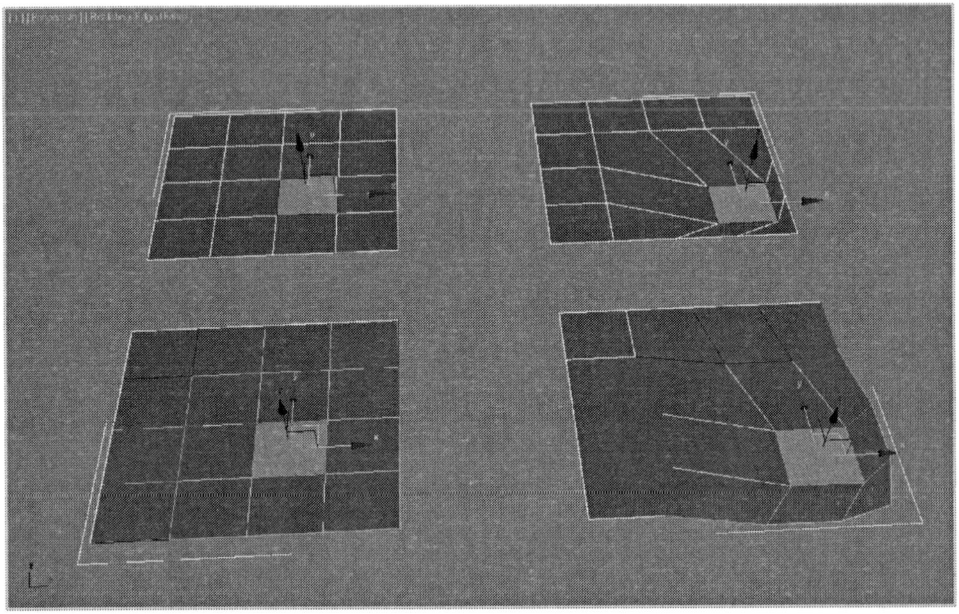

*La sélection adoucie permet d'effectuer une action, ici une translation, sur la sélection et son entourage immédiat. À gauche la sélection originale, à droite la sélection a été déplacée : en haut la sélection classique, en bas une sélection adoucie.*

- Pour activer la sélection adoucie, cochez l'option **Use Soft Selection**.
- Pour limiter la sélection adoucie en nombre d'arêtes à partir de la sélection, cochez l'option **Edge Distance** et changez la valeur associée à l'option.
- Pour autoriser la sélection adoucie à sélectionner des faces dos à la sélection, cochez l'option **Affect Backfacing**.
- Spécifiez la taille de la zone de sélection adoucie dans la zone **Falloff**.
- Pour changer la tangente de la courbe d'atténuation au sommet de celle-ci, spécifiez une valeur dans la zone **Pinch**.
- Pour changer la tangente de la courbe d'atténuation aux extrémités de celle-ci, spécifiez une valeur dans la zone **Bubble**.

## E. L'édition de la géométrie

Dans le mode sous-objet, la plupart des outils de transformation utilisables pour les objets de la scène sont accessibles, incluant la translation, rotation, échelle, les changements de repère, les contraintes d'accrochage ou encore les modes de pivot. Plus de détails dans le chapitre Transformation des objets.

- Pour créer de nouveaux sommets, cliquez sur le bouton **Create** (panneau déroulant **Edit Geometry**) en mode sommet et cliquez dans la vue pour ajouter des sommets. Faites un clic droit pour désactiver l'outil.

### Remarque

*Même si vous utilisez les contraintes d'accrochage, les nouveaux sommets ne s'intègrent pas au maillage existant. Un nouveau sommet est totalement indépendant, vous pouvez créer de nouvelles faces les utilisant.*

- Pour créer de nouvelles faces/polygones, cliquez sur le bouton **Create** en mode face/polygone/élément ou utilisez le menu **Quad - Create Polygons**.

  Cliquez ensuite sur des sommets préexistants ou dans un espace vide pour créer de nouveaux sommets.

  Faites un clic droit pour désactiver l'outil.

**ASTUCE**

*L'ordre dans lequel vous cliquez les sommets définit la normale de la face/polygone. Un ordre inverse des aiguilles d'une montre dirige la normale vers la vue, un ordre dans le sens des aiguilles d'une montre dirige la normale à l'opposé de la vue. Plus de détails dans le chapitre Concepts 3D et édition d'objets.*

- Pour supprimer la sélection, cliquez sur le bouton **Delete** ou appuyez sur la touche [Suppr].
- Pour ajouter le maillage d'un autre objet convertible en maillage éditable dans l'objet maillage éditable actuellement sélectionné, cliquez sur le bouton **Attach** ou utilisez le menu **Quad - Attach** puis cliquez sur les objets à attacher. Les objets attachés disparaissent de la scène.
- Pour détacher la partie de maillage sélectionnée, cliquez sur le bouton **Detach** ou utilisez le menu **Quad - Detach**.

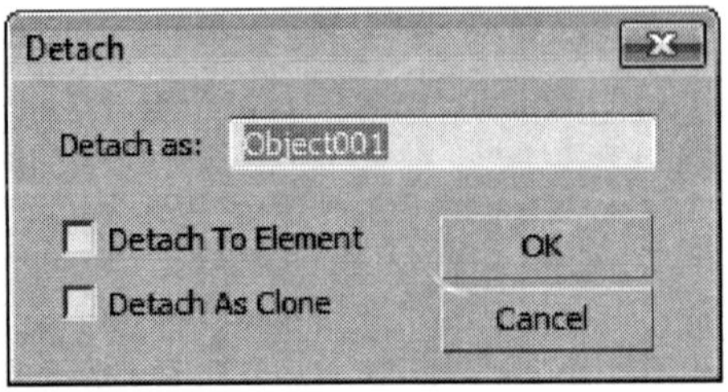


Spécifiez le nom du nouvel objet. Cochez l'option **Detach To Element** pour seulement délier la sélection du reste du maillage. Cochez l'option **Detach as Clone** pour copier au préalable la sélection avant de détacher.

- Pour dupliquer des sommets ou faces/polygones/éléments, sélectionnez-les, maintenez la touche ⇧ enfoncée tout en transformant la sélection, par une translation par exemple.

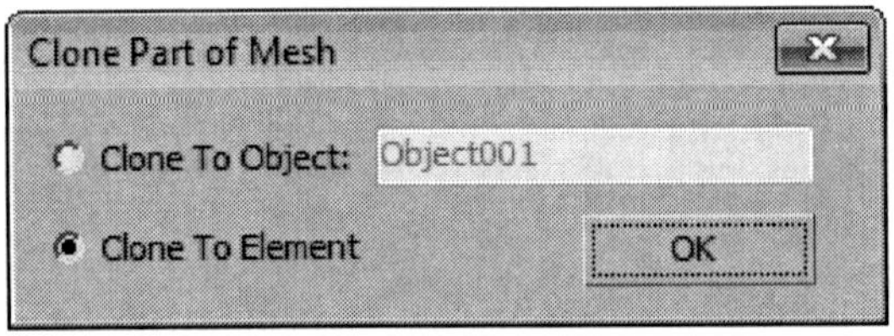


La copie par transformation vous permet, à la façon de l'outil détachement, de conserver la copie dans l'objet maillage éditable sélectionné (option **Clone To Element**) ou de créer un nouvel objet maillage éditable avec cette copie (option **Clone To Object**).

- En mode sommet, vous pouvez dissocier un sommet sélectionné (et créer un trou) en cliquant sur le bouton **Break** (ou menu **Quad** - **Break Vertices**). Le sommet est dupliqué pour chaque face l'utilisant et deux nouvelles arêtes sont créées pour chacun de ces sommets.
- En mode arête et face/polygone, utilisez le bouton **Divide** (ou le menu **Quad** - **Divide Edges** ou **Quad** - **Divide Polygons**) puis cliquez sur le maillage pour ajouter des sommets sur une arête ou une face/polygone. De nouvelles arêtes et faces/polygones sont créées pour conserver la surface visible. Un clic droit désactive l'outil.
- En mode arête, vous pouvez changer l'orientation d'une arête visible en cliquant sur le bouton **Turn** (ou menu **Quad** - **Turn Edges Mode**) puis en cliquant sur une arête du maillage. Faites un clic droit pour désactiver l'outil.

# F. Chanfrein/extrusion/biseau

## 1. Chanfrein

Un chanfrein est la coupe d'un angle. Il peut s'agir de l'angle entre deux faces représenté par une arête ou le coin de plusieurs faces représenté par un sommet.

*Un chanfrein est la coupe d'un angle. De gauche à droite, l'objet d'origine, un chanfrein de l'arête sélectionnée, un chanfrein des deux nouvelles arêtes.*

- Assurez-vous d'avoir un objet maillage éditable sélectionné dans la scène et sélectionnez une part du maillage (arêtes ou sommets).
- Entrez en mode chanfrein en cliquant sur le bouton **Chamfer** (menu **Quad** - **Chamfer Vertex** ou **Quad** - **Chamfer Edge**).
- Maintenez le bouton gauche de la souris enfoncé sur la sélection ou cliquez sur une arête ou un sommet désélectionné qui deviendra la sélection puis faites glisser la souris pour modifier le chanfrein. Relâchez le bouton gauche de la souris pour valider puis faites un clic droit pour désactiver l'outil.

**Autre méthode :**

- En mode sommet ou arête, sélectionnez une part du maillage.
- Maintenez le bouton gauche de la souris enfoncé sur les flèches à droite du bouton **Chamfer** et faites glisser la souris vers le haut ou vers le bas pour modifier le chanfrein. Relâchez le bouton gauche de la souris pour valider.

**Autre méthode** :

- Entrez la valeur de chanfrein pour la sélection à droite du bouton **Chamfer** et validez par la touche ↵.

## 2. Extrusion

L'extrusion est l'action de créer un nouveau volume à partir d'une surface de départ.

*De gauche à droite, l'objet d'origine et l'objet dont le polygone sélectionné a été extrudé.*

- Assurez-vous d'avoir un objet maillage éditable sélectionné dans la scène et sélectionnez une part du maillage.
- Entrez en mode extrusion en cliquant sur le bouton **Extrude** ou par le menu **Quad** - **Extrude Polygons**.
- Maintenez le bouton gauche de la souris enfoncé sur la sélection ou cliquez sur une face ou un polygone désélectionné qui deviendra la sélection puis faites glisser la souris pour modifier la hauteur d'extrusion. Relâchez le bouton gauche pour valider puis faites un clic droit pour désactiver l'outil.

**Autre méthode :**

- En mode face/polygone/élément, sélectionnez une part du maillage.
- Maintenez le bouton gauche de la souris enfoncé sur les flèches à droite du bouton **Extrude** et faites glisser la souris vers le haut ou vers le bas pour modifier l'extrusion. Relâchez le bouton de la souris pour valider.

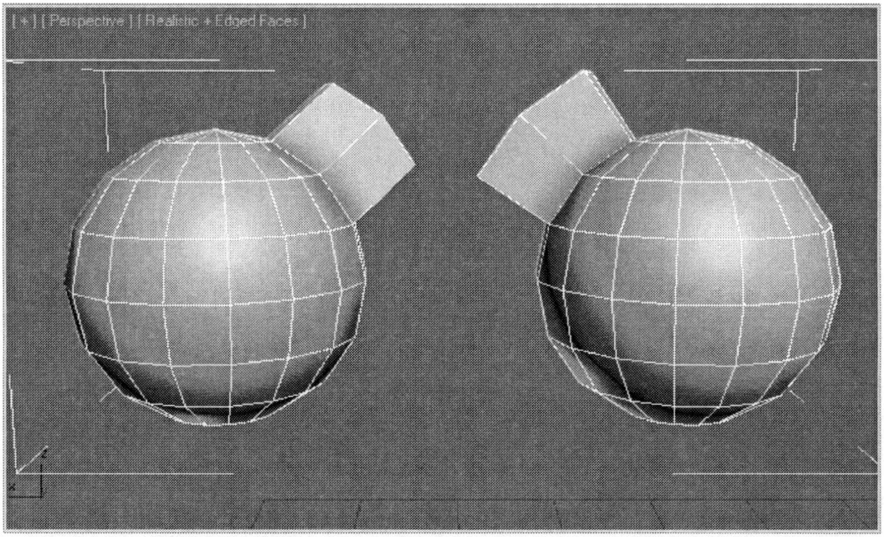


Par défaut, avec l'option **Group** active, la direction de l'extrusion est la moyenne des normales des sommets ; vous pouvez choisir l'option **Local**, c'est-à-dire une direction d'extrusion suivant les normales de chaque sommet.

**Autre méthode :**

- Entrez la hauteur d'extrusion pour la sélection à droite du bouton **Extrude** et validez par la touche ↵.

> **ASTUCE**
>
> *L'extrusion d'arête est possible mais attention, une extrusion appliquée sur une arête qui n'est pas une bordure crée un maillage non conforme qui peut vous poser de nombreux problèmes par la suite.*

- Pour extruder une arête de bordure et créer de nouvelles faces en bordure du maillage, sélectionnez les arêtes, maintenez la touche ⇧ enfoncée et transformez les arêtes, par une translation par exemple.

### 3. Biseau

Le biseau est l'action d'extruder puis grossir ou rétrécir une surface.

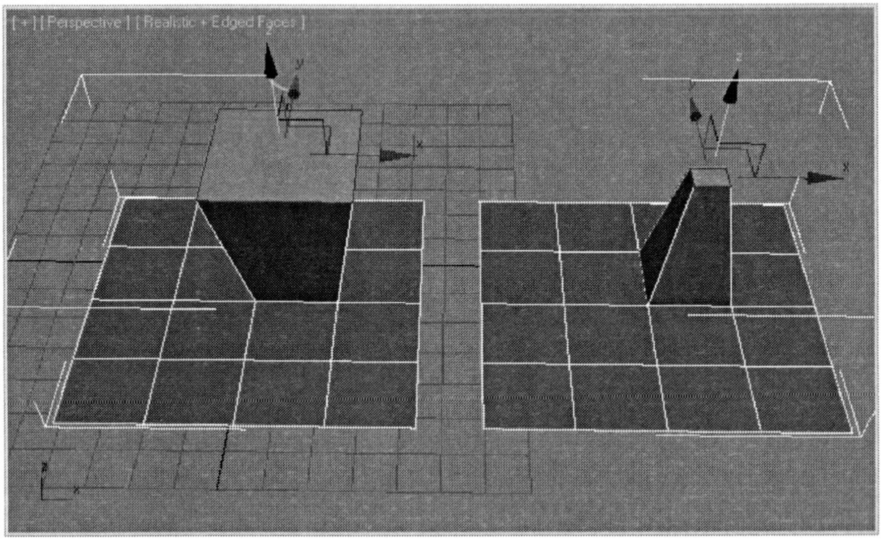

*Les objets de l'exemple précédent ont subi sur leur sélection un biseautage positif à gauche et négatif à droite.*

- Assurez-vous d'avoir un objet maillage éditable sélectionné dans la scène et sélectionnez une part du maillage.
- Entrez en mode biseau en cliquant sur le bouton **Bevel** ou par le menu **Quad** - **Bevel Polygon**.
- Maintenez le bouton gauche de la souris enfoncé sur la sélection ou sur une arête ou une face, un polygone ou un élément désélectionné qui deviendra la sélection puis déplacez la souris pour modifier la hauteur d'extrusion. Relâchez et faites glisser la souris pour définir la valeur de biseau. Faites un clic gauche pour valider puis un clic droit pour désactiver l'outil.

**Autre méthode :**

- En mode face/polygone/élément, sélectionnez une part du maillage.
- Après avoir réalisé une extrusion, maintenez le bouton gauche de la souris enfoncé sur les flèches à droite du bouton **Bevel** et faites glisser la souris vers le haut ou vers le bas pour modifier la valeur de biseau. Relâchez le bouton gauche de la souris pour valider.

**Autre méthode :**

- Après avoir réalisé une extrusion, entrez la valeur de biseau pour la sélection à droite du bouton **Bevel** et validez par la touche [Entrée].

## G. Découper

Vous pouvez positionner un plan virtuel de découpe afin de découper l'objet en deux.

- Assurez-vous d'avoir un objet maillage éditable sélectionné dans la scène.
- Entrez dans n'importe quel mode sous-objet.
- Entrez en mode découpe en cliquant sur le bouton **Slice Plane**.
- Transformez le plan de découpe affiché en jaune à l'aide des outils de transformation (translation, rotation, échelle).
- Cochez l'option **Split** si vous souhaitez que les deux parties soient réellement séparées et forment deux éléments distincts.
- Découpez le maillage en cliquant sur le bouton **Slice**.

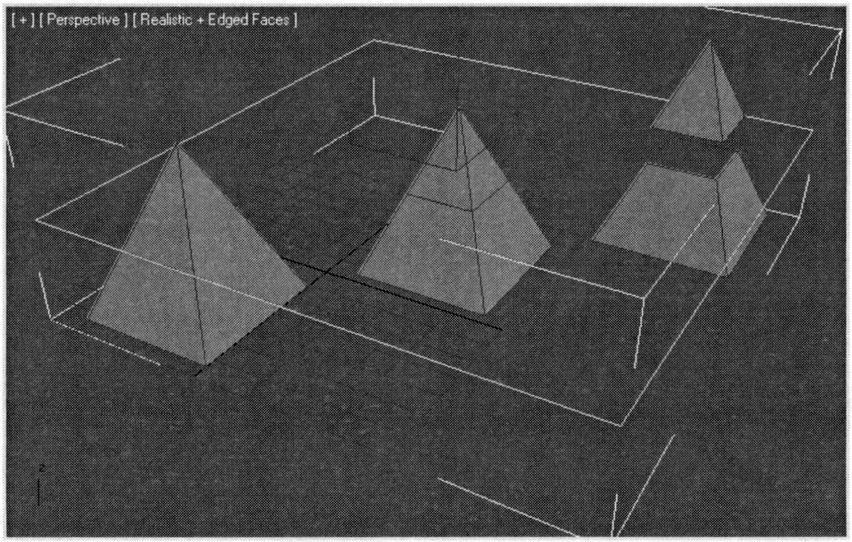


*Au centre, l'outil **Slice Plane** a découpé la pyramide, c'est-à-dire ajouté des arêtes aux endroits où le maillage intersecte le plan. À droite, avec l'option **Split**, les deux parties sont devenues indépendantes.*

- Désactivez le mode découpe avec un clic droit ou en cliquant sur le bouton **Slice Plane**.

Vous pouvez également découper le maillage, c'est-à-dire ajouter manuellement de nouvelles arêtes et sommets sur la surface de l'objet.

- Assurez-vous d'avoir un objet maillage éditable sélectionné dans la scène.
- Entrez en mode arête ou face/polygone/élément.
- Entrez en mode découpe en cliquant sur le bouton **Cut** ou en utilisant le menu **Quad** - **Cut Polygons**.

- Cochez l'option **Split** si vous souhaitez que les deux parties soient réellement séparées et forment deux éléments distincts.
- Cochez l'option **Refine Ends** pour que le dernier sommet inséré soit relié par une arête au sommet le plus proche.
- Cliquez plusieurs fois sur le maillage de l'objet : si vous cliquez sur une arête, un nouveau sommet est ajouté, si vous cliquez sur une face, un nouveau sommet et de nouvelles arêtes sont créés.
- Validez en faisant un clic droit.
- Désactivez le mode découpe avec un clic droit ou en cliquant sur le bouton **Cut**.

## H. Souder/fusionner

Après avoir dupliqué des sommets ou pour attacher deux éléments séparés, vous pouvez fusionner deux sommets en un seul.

- Assurez-vous d'avoir un objet maillage éditable sélectionné dans la scène.
- Entrez en mode sommet (**Vertex**).
- Si les sommets à fusionner sont proches les uns des autres, sélectionnez-les.
- Spécifiez la distance maximale entre deux points à fusionner dans la zone à droite du bouton **Selected** du groupe **Weld**. Ce fonctionnement vous permet de fusionner de très nombreux points proches les uns des autres sans fusionner des points distants entre eux.
- Cliquez sur le bouton **Selected**.
- Si les sommets à fusionner sont loin les uns des autres, entrez en mode fusion de sommets sur cible en cliquant sur le bouton **Target** ou par le menu **Quad** - **Target Weld**.

  Maintenez le bouton gauche de la souris enfoncé sur le sommet à fusionner puis faites glisser la souris sur le sommet cible et relâchez pour valider.

**ASTUCE**

*Certaines opérations de fusion de sommets sont interdites car elles créeraient des objets 3D non conformes. Si rien ne se passe, c'est peut-être parce que les sommets sont éloignés de plus de 1 arête ou 1 face ou qu'ils ne bordent pas une surface ouverte. Plus de détails dans le chapitre Concepts 3D et édition d'objets.*

- Pour fusionner plusieurs sommets ou les deux sommets d'une arête (suppression de l'arête) ou pour fusionner les sommets d'une surface (suppression des faces/polygones) et positionner le sommet final au barycentre des positions des sommets initiaux, sélectionnez les sommets, les arêtes ou les faces/polygones/éléments concernés et cliquez sur le bouton **Collapse**.

## I. Les outils divers

- Pour supprimer automatiquement tous les sommets n'appartenant plus à aucune face, cliquez sur le bouton **Remove Isolated Vertices**.
- Pour sélectionner toutes les arêtes ouvertes (ne bordant qu'une face, autrement dit au bord d'un trou), en mode arête (**Edge**), cliquez sur le bouton **Select Open Edges**.
- Pour créer une forme de type spline éditable à partir de la sélection d'arêtes, cliquez sur le bouton **Create Shape From Edges**.
- Pour aligner une sélection sur la vue, cliquez sur le bouton **View Align** ou utilisez le menu **Quad - View Align** : cette opération déplace tous les sommets de la sélection en les projetant dans le plan parallèle à la vue et passant par le barycentre de la sélection.
- Pour aligner une sélection avec la grille, cliquez sur le bouton **Grid Align** : cette opération projette tous les sommets de la sélection sur la grille.
- Pour rendre planaire une sélection, cliquez sur le bouton **Make Planar** ou utilisez le menu **Quad - Make Planar**.

> **ASTUCE**
> *Rendre planaire une surface implique que ses sommets vont être déplacés. Cela peut rendre non planaire une autre surface utilisant les mêmes sommets.*

## J. Les options de sommets

Dans 3ds Max, les sommets d'un maillage éditable ont trois canaux de valeurs associés par défaut : une couleur, une couleur d'illumination et une valeur d'alpha.

Pour plus d'informations sur les canaux de sommets, consultez le chapitre Concepts 3D et édition d'objets.

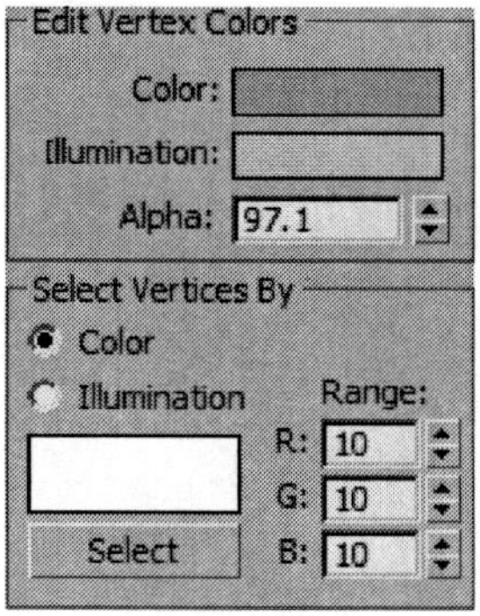


*Les informations des canaux des sommets sélectionnés sont dans le panneau déroulant **Surface Properties**, uniquement visible en mode sommet.*

- Pour changer la valeur du canal couleur des sommets sélectionnés, cliquez sur le sélecteur de couleur associé à l'option **Color**, choisissez une couleur et cliquez sur **OK**.
- Pour changer la valeur du canal illumination des sommets sélectionnés, cliquez sur le sélecteur de couleur associé à l'option **Illumination**, choisissez une couleur et cliquez sur **OK**.
- Pour changer la valeur du canal alpha des sommets sélectionnés, changez la valeur **Alpha** et validez par la touche ⏎.

  Si vous avez défini des couleurs pour certains sommets, vous pouvez sélectionner les sommets par leur couleur.

- En mode sommet, choisissez la couleur en cliquant sur le sélecteur de couleur dans le groupe **Select Vertices By**.
- Choisissez le canal concerné : la couleur (**Color**) ou l'illumination (**Illumination**).
- Choisissez l'écart de valeur de couleur autorisé pour chaque canal de couleur rouge (**R**), vert (**G**) et bleu (**B**).
- Cliquez sur le bouton **Select**.

## K. Les options d'arêtes

Afin de donner l'impression de travailler avec des polygones, certaines arêtes sont invisibles.

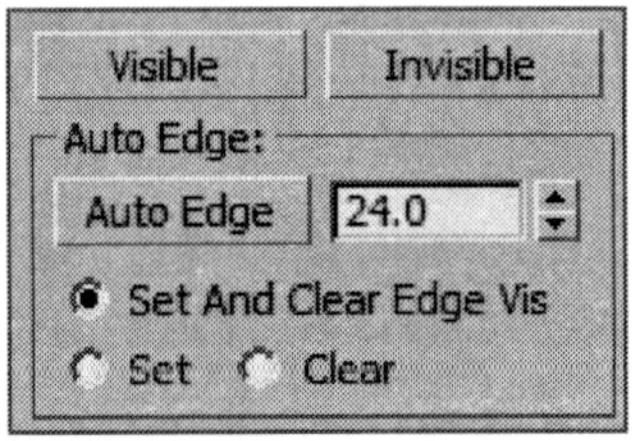


*Les paramètres liés à la gestion de visibilité des arêtes sont visibles dans le panneau déroulant **Surface Properties**, uniquement en mode arête (**Edge**).*

- Entrez en mode arête (**Edge**) d'un objet maillage éditable.
- Cliquez sur le bouton **Visible** pour afficher les arêtes sélectionnées. Elles deviennent des bordures de polygone.
- Cliquez sur le bouton **Invisible** pour masquer les arêtes sélectionnées. Elles ne sont plus des bordures de polygone.
- Activez l'option **Set** puis cliquez sur le bouton **Auto Edge** pour rendre automatiquement visibles les arêtes bordant deux faces formant un angle supérieur à la valeur visible à droite du bouton **Auto Edge**.

- Activez l'option **Clear** puis cliquez sur le bouton **Auto Edge** pour rendre automatiquement invisibles les arêtes bordant deux faces formant un angle inférieur à la valeur visible à droite du bouton **Auto Edge**.
- Si l'option **Set And Clear Edge Vis** est activée, les deux cas ci-dessus sont appliqués si vous cliquez sur le bouton **Auto Edge**.

## L. Les options de surfaces

Les options de surfaces incluent la gestion des normales des faces, la gestion des normales des sommets, la gestion des groupes de lissage et un raccourci vers les canaux de sommets.

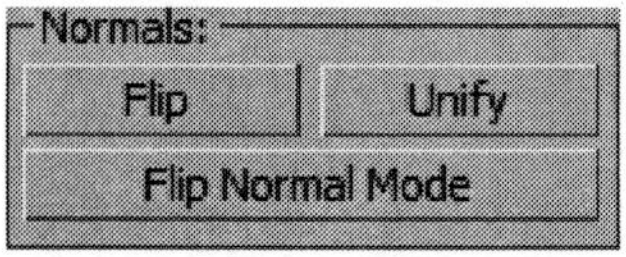


*Les paramètres liés à la gestion des normales de face sont visibles dans le panneau déroulant **Surface Properties**, uniquement en mode **Face, Polygon** ou **Element**.*

- Entrez en mode **Face**, **Polygon** ou **Element** d'un objet maillage éditable.
- Pour inverser la normale des faces sélectionnées, cliquez sur le bouton **Flip**.
- Pour uniformiser les normales des faces sélectionnées, cliquez sur le bouton **Unify** : toutes les faces adjacentes auront une normale orientée du même côté.
- Pour inverser des normales en cliquant sur des faces, cliquez sur le bouton **Flip Normal Mode** ou utilisez le menu **Quad - Flip Normals Mode**.

  Cliquez sur les faces du maillage pour lesquelles inverser la normale.
- Faites un clic droit pour désactiver l'outil ou cliquez sur le bouton **Filp Normal Mode**.

*Les paramètres liés à la gestion des groupes de lissage sont visibles dans le panneau déroulant **Surface Properties**, uniquement en mode **Face, Polygon** ou **Element**.*

- Entrez en mode **Face**, **Polygon** ou **Element** d'un objet maillage éditable.
- Si une partie de la sélection ou toute la sélection n'appartient pas à un groupe de lissage, cliquez sur le bouton numéroté de ce groupe de lissage pour inclure la sélection dans ce groupe.

  Si toute la sélection est incluse dans un groupe de lissage, cliquez sur le bouton numéroté de ce groupe de lissage pour exclure la sélection de ce groupe.
- Cliquez sur le bouton **Clear All** pour exclure la sélection de tous groupes de lissage.
- Cliquez sur le bouton **Auto Smooth** pour inclure les faces de la sélection automatiquement dans des groupes de lissage en fonction des angles entre les faces. Si l'angle entre deux faces est supérieur à la valeur située à droite du bouton **Auto Smooth**, ces deux faces seront incluses dans des groupes de lissage séparés.
- Cliquez sur le bouton **Select By SG** pour ouvrir une boîte de dialogue dans laquelle vous pouvez choisir des groupes de lissage : toutes les faces incluses dans ces groupes seront sélectionnées.

  Les derniers paramètres de surface sont des raccourcis permettant d'assigner des valeurs vers les canaux de sommets de la sélection.

# Chapitre 12
# Les polygones éditables : outils principaux

## A. La théorie : l'édition polygonale de haut niveau

L'édition polygonale est l'outil de prédilection pour la modélisation sur 3ds Max. C'est cet outil qui concentre les principaux efforts en matière d'amélioration et d'ergonomie.

Toujours sur une base polygonale classique (sommets, arêtes et triangles), l'édition polygonale fait oublier au modeleur les contraintes des faces triangulaires pour travailler sur des polygones au nombre d'arêtes illimité.

L'édition polygonale a également bénéficié, tout au long des versions de 3ds Max, de nombreux outils de gestion du maillage très avancés. Dernièrement, les efforts ont été concentrés dans l'ergonomie avec une refonte totale de l'interface des polygones éditables et de nombreux outils, particulièrement conçus pour leur simplicité d'utilisation, ont vu le jour afin d'effacer au maximum les aspects techniques et permettre une plus grande créativité.

Toutefois, un objet polygonal reste un objet polygonal et vous serez régulièrement rappelé à l'ordre par des résultats inattendus : les trous, les normales, les polygones à base de triangles, les formes concaves, les sommets confondus, la coplanarité, la convexité, autant de concepts techniques qui, s'ils sont compris, ne vous poserons pas vraiment de problèmes. Pour plus de détails, consultez le chapitre Concepts 3D et édition d'objets.

Les fondamentaux d'un objet polygone éditable sont les sommets, les arêtes, les polygones. 3ds Max propose également un niveau d'édition des bordures et des éléments.

- Les sommets sont les points de référence du maillage servant de support aux polygones et aux arêtes. Un sommet peut être partagé entre plusieurs polygones.
- Les arêtes bordent les polygones et relient deux sommets. Une arête peut être partagée par deux polygones.
- Les polygones sont des surfaces délimitées par un nombre illimité d'arêtes. Ils sont constitués de faces triangulaires dont les arêtes sont invisibles.
- Les bordures sont l'ensemble des arêtes adjacentes qui n'appartiennent qu'à un polygone. Autrement dit, les bordures sont la suite d'arêtes bordant un trou du maillage ou le contour du maillage s'il n'est pas fermé.

– Les éléments sont le regroupement de tous les polygones partageant entre eux au moins une arête. Autrement dit, deux surfaces séparées au sein d'un même objet polygone éditable représentent deux éléments. Les manipulations d'éléments reviennent à la manipulation de l'ensemble des polygones les composant.

## B. Le ruban

Un certain nombre d'outils des polygones éditables sont situés dans le panneau de commandes, à la manière des maillages éditables. Cependant, une barre d'outils réservée à la manipulation des polygones éditables a vu le jour : le ruban. Le ruban inclut les barres d'outils **Graphite Modeling Tools**, **Freeform**, **Selection** et **Object Paint**.

Le ruban reprend les outils du panneau de commandes et en ajoute de nombreux autres. Cet ouvrage ne s'intéressera donc qu'au ruban pour l'édition de polygones éditables.

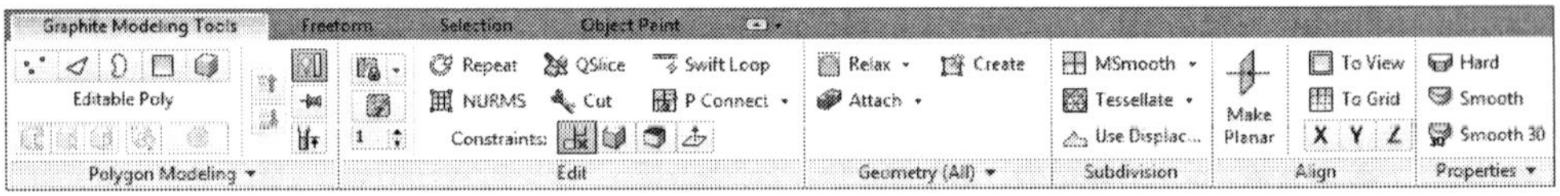


*Le ruban concentre tous les outils de modélisation nécessaires aux polygones éditables.*

➲ Pour masquer ou afficher le ruban, utilisez le menu **Customize** - **Show UI** - **Show Ribbon** ou cliquez sur le bouton 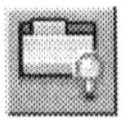 situé dans la barre d'outils principale.

➲ Pour agrandir le ruban, cliquez sur le bouton  situé à droite des onglets ; pour le réduire, cliquez sur le bouton .

Un double clic sur un onglet du ruban permet également de l'agrandir ou de le réduire.

➲ Pour choisir la façon dont le ruban doit apparaître lorsqu'il est réduit, cliquez sur la flèche .

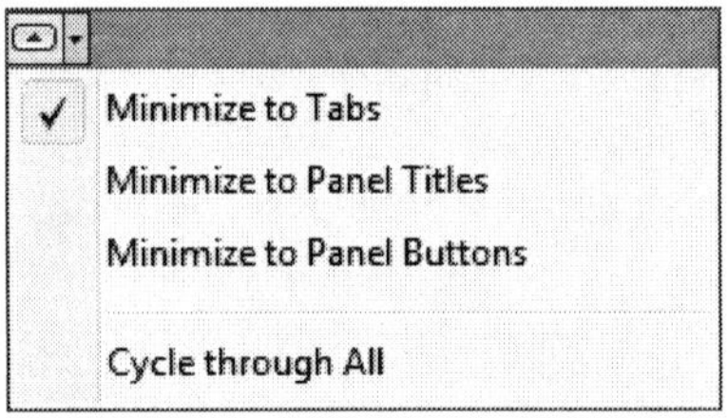


Cliquez sur une des options suivantes en fonction de l'état souhaité lorsque le ruban est réduit :

| | |
|---|---|
| **Minimize to Tabs** | Seuls les onglets sont visibles. |
| **Minimize to Panel Titles** | Les titres des panneaux s'affichent sous les onglets ; c'est l'option active par défaut. |

| | |
|---|---|
| **Minimize to Panel Buttons** | Sous les onglets, les panneaux sont visibles sous forme de boutons. |

L'option **Cycle through All** permet de passer par tous les modes disponibles à chaque clic sur le bouton .

Le ruban est hautement dynamique et configurable. Pour tester sa personnalisation, nous allons utiliser l'onglet **Object Paint**.

- Pour changer l'ordre des onglets, maintenez le bouton gauche de la souris sur le titre de l'onglet et faites glisser la souris à un autre endroit du ruban.
- Pour afficher ou masquer un onglet du ruban, faites un clic droit sur une zone vide du ruban et cliquez sur le nom de l'onglet dans le menu **Show Tabs**.
- Pour placer le ruban verticalement dans l'interface, faites un clic droit dans une zone vide du ruban et utilisez le menu **Ribbon Configuration - Switch to Vertical Ribbon** ; pour afficher de nouveau le ruban horizontalement, faites un clic droit sur une zone vide du ruban puis utilisez le menu **Ribbon Configuration - Switch to Horizontal Ribbon**.
- Pour enregistrer votre configuration de ruban, faites un clic droit dans une zone vide du ruban et utilisez le menu **Ribbon Configuration - Save Ribbon**.
- Pour charger une configuration de ruban préenregistrée, faites un clic droit dans une zone vide du ruban et utilisez le menu **Ribbon Configuration - Load Ribbon**.
- Pour remettre le ruban dans sa configuration initiale, faites un clic droit dans une zone vide du ruban et utilisez le menu **Ribbon Configuration - Reset Ribbon to default**.
- Pour afficher le contenu d'un onglet, veillez à ce que le ruban soit agrandi puis cliquez sur l'onglet en question.

  Le contenu d'un onglet est divisé en plusieurs panneaux.

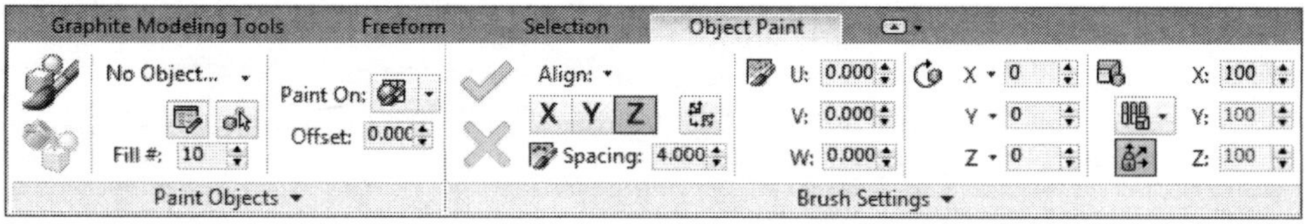


*Ici, l'onglet **Object Paint** est divisé en deux panneaux : **Paint Objects** et **Brush Settings**.*

- Pour faire apparaître les outils cachés d'un panneau, cliquez sur le nom du panneau, par exemple le panneau **Paint Objects**.

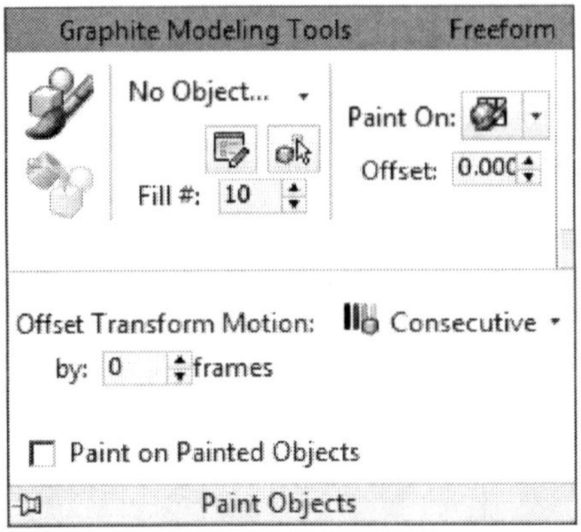


Lorsqu'un panneau présente une flèche noire orientée vers le bas à droite de son nom, c'est qu'elle renferme un certain nombre d'outils supplémentaires masqués.

- Pour constamment garder ouvert un panneau afin que les outils masqués soient visibles en permanence, cliquez sur l'épingle située à gauche du titre du panneau lorsqu'il est ouvert.
- Pour masquer automatiquement la partie masquée d'un panneau, cliquez sur l'épingle .
- Pour changer l'ordre des panneaux, maintenez le bouton gauche de la souris enfoncé sur le nom d'un panneau (par exemple **Paint Objects**) et faites glisser la souris à un autre endroit du ruban.
- Pour détacher un panneau du ruban, maintenez le bouton gauche de la souris enfoncé sur le nom du panneau (par exemple **Paint Objects**) puis faites glisser la souris en dehors du ruban.

  Pour ancrer de nouveau le panneau à sa position initiale dans le ruban, pointez le panneau puis cliquez sur le bouton situé dans le coin inférieur droit du panneau ; la poignée située en haut à gauche du panneau permet de faire glisser le panneau à l'endroit souhaité dans le ruban mais aussi de le déplacer dans la fenêtre.

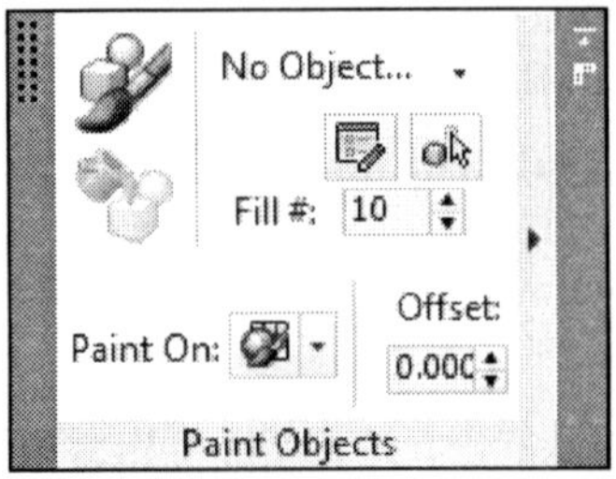

- Pour masquer ou afficher un panneau, faites un clic droit dans une zone vide du ruban et cliquez sur le nom du panneau concerné dans le menu **Show Panels**.

  Tous les outils du ruban possèdent une note explicative détaillée qui s'affiche si vous laissez la souris immobile au-dessus d'un contrôle. Certaines notes affichent en plus une image et d'autres une vidéo.
- Pour activer ou désactiver les aides automatiques, faites un clic droit dans une zone vide du ruban et utilisez le menu **Ribbon Configuration - Enable Tooltips**.
- Veillez à ce que les aides automatiques soient activées puis laissez votre souris immobile au-dessus du bouton  situé dans le panneau **Paint Objects** de l'onglet **Object Paint**.

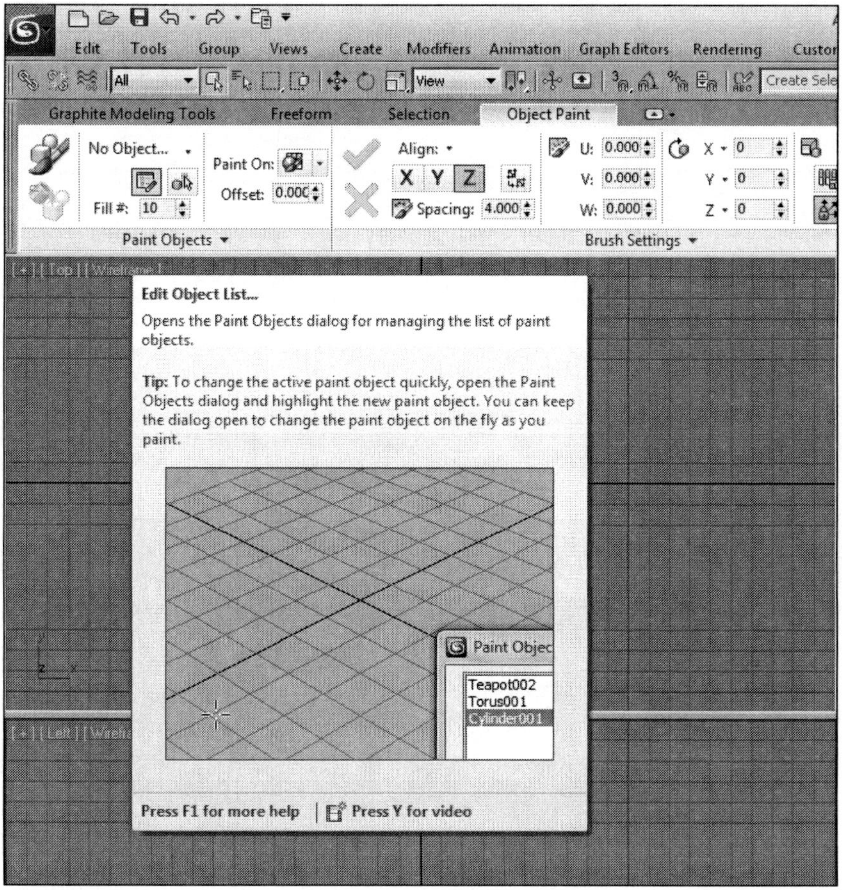

➲ Une fois les informations affichées, appuyez sur la touche **Y** pour lancer la vidéo d'exemple.
Souvent les outils proposent des paramètres à modifier directement dans la vue.

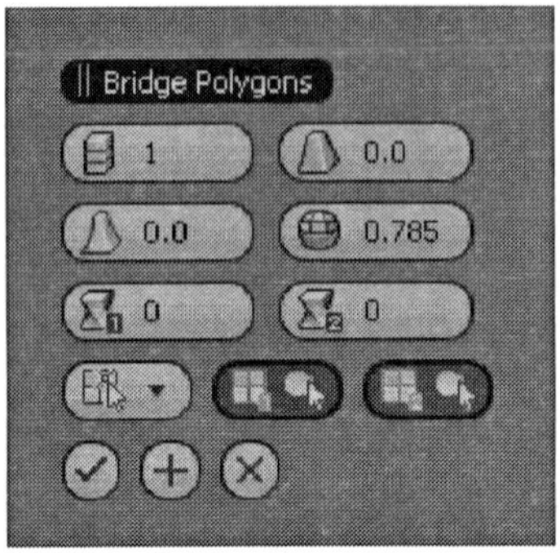


*Paramètres interactifs de l'outil* ***Bridge****.*

La modification des paramètres a un effet direct sur l'objet dans la vue : un clic sur le bouton en bas à gauche valide les modifications, un clic sur le bouton valide, applique et garde actif l'outil pour appliquer une deuxième fois l'effet, un clic sur le bouton annule et ferme l'outil.

## C. L'onglet Graphite Modeling Tools

L'onglet **Graphite Modeling Tools** concentre la plupart des outils de gestion et de modification des objets polygones éditables.

**ASTUCE**

*N'oubliez pas qu'un certain nombre d'outils des panneaux sont masqués. Si c'est le cas, une flèche noire est affichée à droite du titre du panneau. Pour les afficher, cliquez sur la flèche noire et éventuellement l'épingle pour garder le panneau ouvert en permanence.*

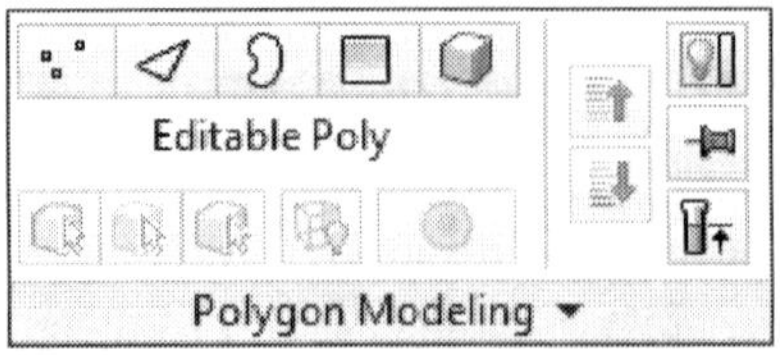


*Le panneau* ***Polygon Modeling*** *est affiché dans tous les modes sous-objet, dans le mode objet, même si la sélection n'est pas de type polygone éditable.*

# 1. Créer un objet polygone éditable

Vous ne pouvez pas créer un objet polygone éditable directement. Créez d'abord une primitive 3D et convertissez-la en polygone éditable. Ensuite, vous pourrez accéder aux modes sous-objet de l'objet polygone éditable.

- Assurez-vous d'avoir une primitive 3D sélectionnée dans la scène.
- Convertissez la primitive 3D en polygone éditable : affichez toutes les commandes du panneau **Polygon Modeling** puis cliquez sur **Convert to Poly**. Vous pouvez aussi utiliser le menu **Quad - Convert To - Convert To Editable Poly**.
- Pour entrer en mode sous-objet sommet, cliquez sur le bouton **Vertex** 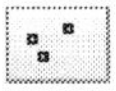 du panneau **Polygon Modeling** ou utilisez le menu **Quad - Vertex** (en haut à gauche) ou le raccourci **1**.
- Pour entrer en mode sous-objet arête, cliquez sur le bouton **Edge**  du panneau **Polygon Modeling** ou utilisez le menu **Quad - Edge** (en haut à gauche) ou le raccourci **2**.
- Pour entrer en mode sous-objet bordure, cliquez sur le bouton **Border**  du panneau **Polygon Modeling** ou utilisez le menu **Quad - Border** (en haut à gauche) ou le raccourci **3**.
- Pour entrer en mode sous-objet polygone, cliquez sur le bouton **Polygon**  du panneau **Polygon Modeling** ou utilisez le menu **Quad - Polygon** (en haut à gauche) ou le raccourci **4**.
- Pour entrer en mode sous-objet élément, cliquez sur le bouton **Element**  du panneau **Polygon Modeling** ou utilisez le menu **Quad - Element** (en haut à gauche) ou le raccourci **5**.

**ASTUCE**

*De par certaines contraintes techniques, le contenu du ruban n'est disponible que si le panneau de commandes est en mode modification. Vous pouvez passer en mode modification du panneau de commandes en cliquant sur le bouton **Modify Mode** situé sous les boutons des modes sous-objet dans le panneau **Polygon Modeling**.*

## 2. Aperçu et sélection

Dans le mode sous-objet, la plupart des outils de sélection utilisables pour les objets de la scène sont accessibles, incluant les différentes manipulations à la souris, les options de région de sélection, les jeux de sélection, à l'exception des outils de sélection par nom qui ne concernent que les objets nommés de la scène.

Dans le mode sous-objet, la plupart des outils de transformation utilisables pour les objets de la scène sont accessibles, incluant la translation, rotation, échelle, les changements de repère, les contraintes d'accrochage ou encore les modes de pivot.

- Pour visualiser les parties pointées par la souris avant de cliquer, passez en mode prévisualisation du sous-objet en activant le bouton **Preview SubObject** du panneau **Polygon Modeling**.
- Pour visualiser, avant de cliquer, les parties pointées par la souris dans les modes sous-objet sommet, arête et polygone, passez en mode prévisualisation multiple des sous-objets en cliquant sur le bouton **Preview Multi** du panneau **Polygon Modeling**. Dans ce mode, quel que soit le mode sous-objet actif, si vous cliquez sur une partie appartenant à un autre mode sous-objet, le mode sous-objet changera pour celui correspondant à votre sélection.

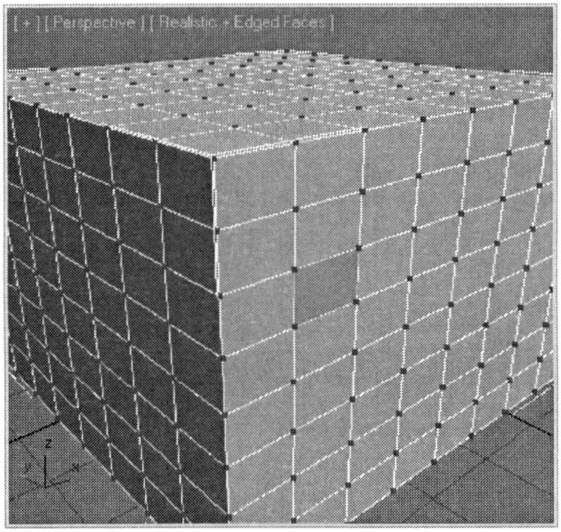


En mode de prévisualisation multiple des sous-objets, vous pouvez sélectionner une face même si vous êtes en mode sommet.

- Pour annuler les deux modes précédents, désactivez la prévisualisation en cliquant sur le bouton **Preview Off** du panneau **Polygon Modeling**.

➲ Pour la sélection, vous pouvez ignorer les polygones dos à la vue (dont la normale est dirigée à l'opposé de la vue) ainsi que leurs sommets et arêtes en activant le bouton  du panneau **Polygon Modeling** ou par le menu **Quad - Ignore Backfacing**.

## 3. La sélection adoucie

➲ Pour utiliser la sélection adoucie, cliquez sur le bouton  du panneau **Polygon Modeling** ; cliquer à nouveau sur ce bouton désactive la sélection adoucie.

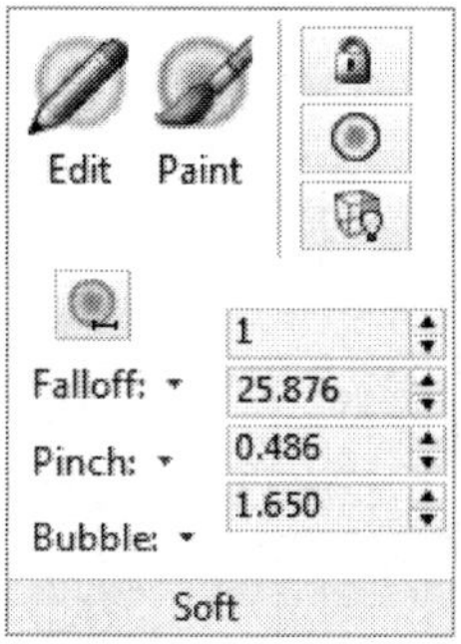


*Le panneau de sélection adoucie intitulée **Soft** apparaît. Ce panneau est flottant par défaut mais peut être intégré au ruban.*

La sélection adoucie sélectionne avec une intensité déclinante les sous-objets proches de la sélection actuelle.

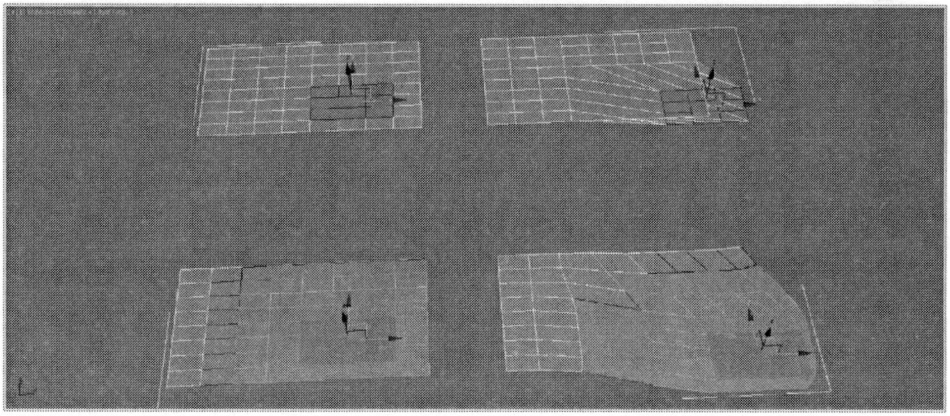

*La sélection adoucie permet d'effectuer une action, ici une translation, sur la sélection et son entourage immédiat. À gauche la sélection originale, à droite la sélection a été déplacée : en haut la sélection classique, en bas une sélection adoucie.*

- Pour peindre la sélection, cliquez sur le bouton Paint du panneau **Soft**.
- Pour verrouiller la sélection adoucie, cliquez sur le bouton du panneau **Soft**.
- Pour visualiser la sélection adoucie sur la surface et non les arêtes, cliquez sur le bouton du panneau **Soft**. Cliquez à nouveau dessus pour revenir à la visualisation par défaut.

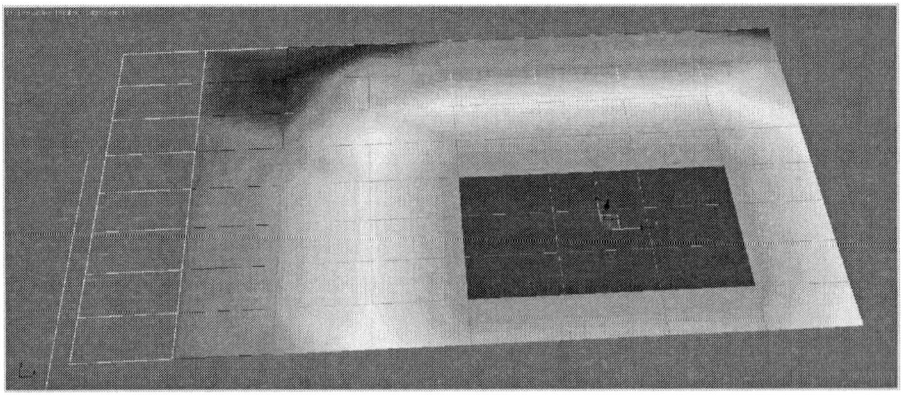

*La visualisation **Shaded** de la sélection adoucie.*

- Pour autoriser la sélection adoucie à sélectionner des faces dos à la sélection, cliquez sur le bouton du panneau **Soft**.
- Pour limiter la sélection adoucie en nombre d'arête maximum à partir de la sélection, cliquez sur le bouton du panneau **Soft** et spécifiez la distance d'arête maximum dans la zone située à droite du bouton.
- Spécifiez la taille de la zone de sélection adoucie dans la zone **Falloff**.
- Pour changer la tangente de la courbe d'atténuation au sommet de celle-ci, spécifiez une valeur dans la zone **Pinch**.
- Pour changer la tangente de la courbe d'atténuation aux extrémités de celle-ci, spécifiez une valeur dans la zone **Bubble**.

  Vous pouvez paramétrer directement dans la vue les valeurs **Falloff**, **Pinch** et **Bubble**.
- Assurez-vous d'avoir un objet dans la scène, avec une partie de son maillage sélectionné et une sélection adoucie visible.

- Cliquez sur le bouton  du panneau de sélection adoucie puis assurez-vous que la sélection adoucie n'est pas verrouillée (bouton  désactivé).
- Maintenez le bouton gauche de la souris enfoncé dans la vue et déplacez la souris de haut en bas pour régler le premier paramètre.
- Cliquez sans bouger la souris pour valider et passer au paramètre suivant.
- Faites un clic droit pour désactiver l'outil.

## 4. Génération de motif

Afin de vous aider à obtenir un maillage s'approchant d'une forme complexe rapidement, un outil de génération de topologie existe.

- Pour ouvrir l'outil de génération de topologie, cliquez sur le bouton **Generate Topology** du panneau **Polygon Modeling**.

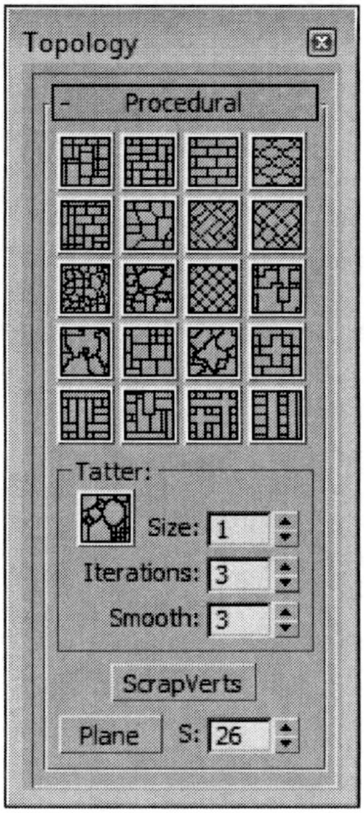


*La boîte de dialogue **Topology** vous permet de disposer, idéalement sur un plan, le maillage par application d'un motif mathématique.*

- Pour créer une nouvelle primitive de type plan et la sélectionner, spécifiez le nombre de segments dont chaque dimension du plan sera composée dans la zone **S** puis cliquez sur le bouton **Plane**.

  Pour une utilisation correcte de cet outil, gardez un nombre de segments élevé.
- Pour changer le maillage de l'objet sélectionné, cliquez sur l'un des motifs. Si le motif ne convient pas, annulez la manipulation () avant d'en choisir un autre.

## 5. Symétrie locale

Les polygones éditables proposent un outil de symétrie dont le but est de vous permettre de recopier une modification faite d'un côté d'un objet déjà symétrique à l'origine sur son autre côté.

- Cliquez sur le bouton **Symmetry Tools** du panneau **Polygon Modeling**.

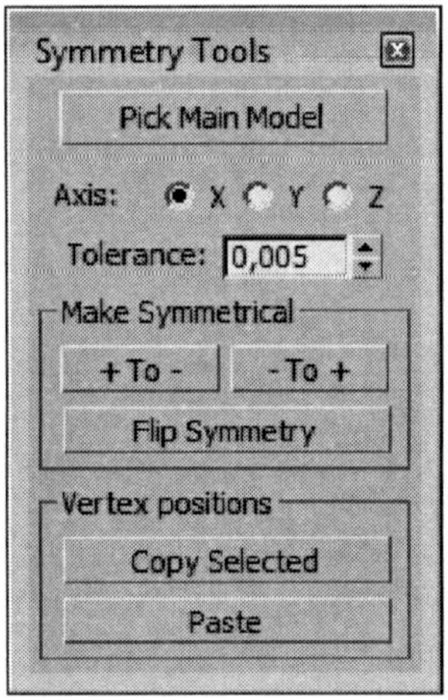


### Remarque

*Les fonctions **Collapse Stack**, **Apply Edit Poly Mod** et les boutons ci-dessous sont dédiés aux modificateurs que nous aborderons dans le chapitre Les modificateurs.*

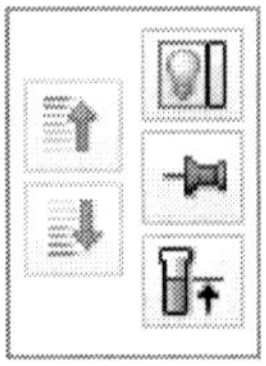

## D. Édition de la sélection

Vous devez être dans un mode sous-objet pour voir apparaître le panneau **Modify Selection** dans l'onglet **Graphite Modeling Tools** du ruban.

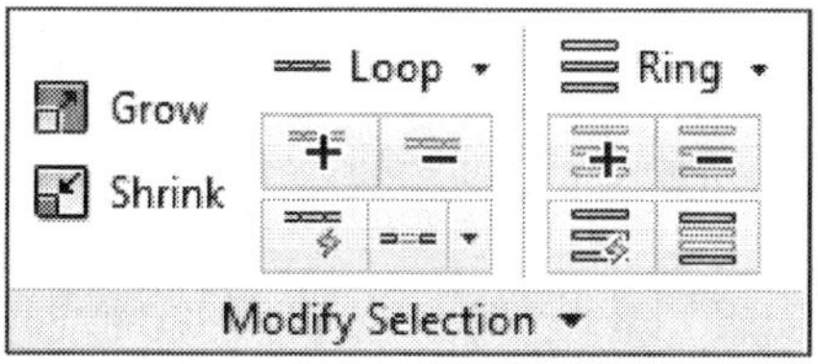


- Pour convertir une sélection d'arêtes/bordures ou de polygones/éléments en sélection de sommets, utilisez le menu **Quad** - **Convert to Vertex**.
- Pour convertir une sélection de sommets ou de polygones/éléments en sélection d'arêtes, utilisez le menu **Quad** - **Convert to Edges**.
- Pour convertir une sélection de sommets ou d'arêtes/bordures en sélection de polygones, utilisez le menu **Quad** - **Convert to Faces**.
- Pour étendre la sélection, cliquez sur le bouton **Grow** autant de fois que nécessaire.

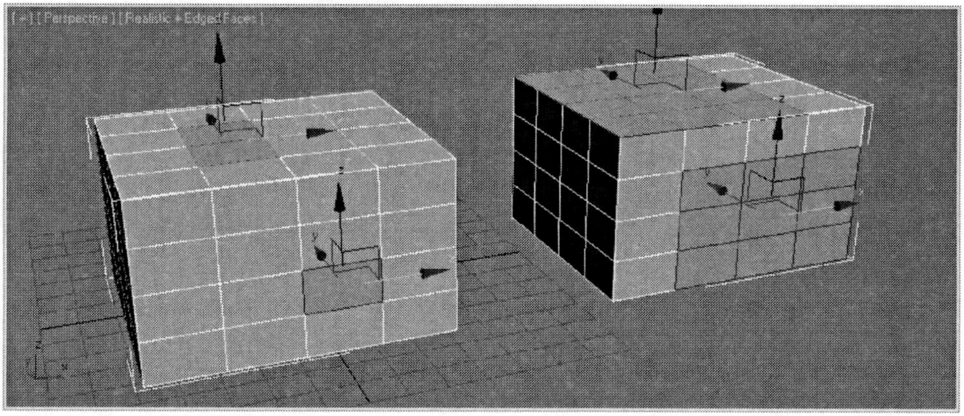

*Grossir la sélection rajoute à la sélection initiale (à gauche) les sous-objets immédiatement autour de la sélection (le résultat, à droite).*

- Pour réduire la sélection (qui est l'opération inverse de **Grow**), cliquez sur le bouton **Shrink** autant de fois que nécessaire.
- Pour sélectionner la ou les boucles dont fait partie la sélection, cliquez sur le bouton **Loop**.

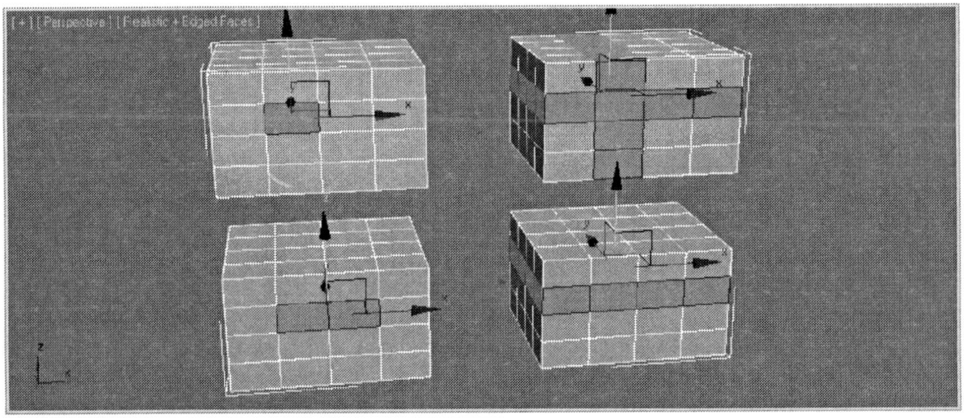

*Une boucle est une série de sous-objets adjacents. Si vous sélectionnez un seul sous-objet, il y a en général deux boucles passant par lui, sauf pour les arêtes. À gauche la sélection initiale, à droite le résultat après utilisation du bouton **Loop**.*

- Vous pouvez ajouter à la sélection les sous-objets adjacents des boucles au fur et à mesure en cliquant successivement sur le bouton . On retrouve le même effet que le bouton **Grow** mais pour les boucles.
- Vous pouvez enlever de la sélection les sous-objets adjacents des boucles au fur et à mesure en cliquant successivement sur le bouton . On retrouve le même effet que le bouton **Shrink** mais pour les boucles.
- Pour entrer en mode **Loop**, cliquez sur le bouton  : dans ce mode, si vous sélectionnez au moins deux sous-objets d'une boucle, alors la boucle est sélectionnée automatiquement.

**ASTUCE**

*Pour sélectionner une boucle rapidement sans le mode **Loop**, vous pouvez sélectionner deux sous-objets adjacents tout en maintenant la touche ⇧ enfoncée : la boucle sera alors sélectionnée.*

- Pour sélectionner des boucles tout en gardant un espace entre chaque sous-objet sélectionné, cliquez sur le bouton . Vous pouvez choisir quel est le sous-objet qui commence cette sélection en choisissant entre les deux modes **Dot Loop** et **Dot Loop Opposite** disponibles en ouvrant la liste associée au bouton . Le nombre de sous-objets formant les espaces est réglable dans la zone **Dot Gap**.

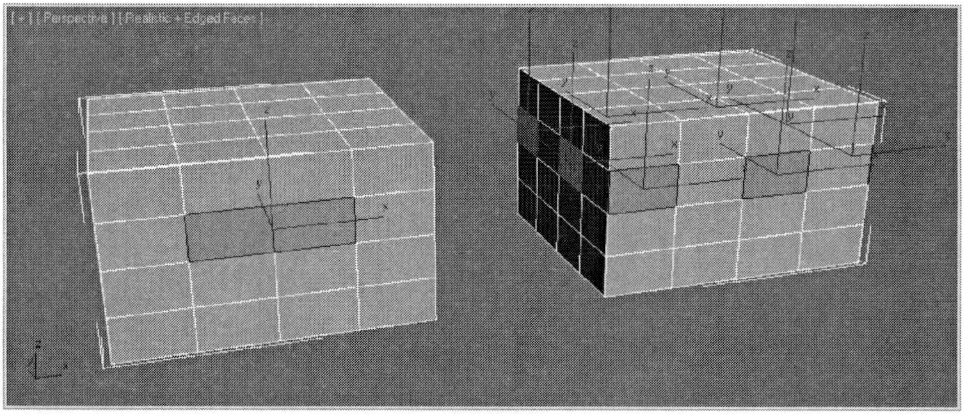

*L'outil **Dot Loop** utilise au moins deux sous-objets définissant une boucle et sélectionne cette boucle tout en gardant un espace entre chaque sous-objet sélectionné.*

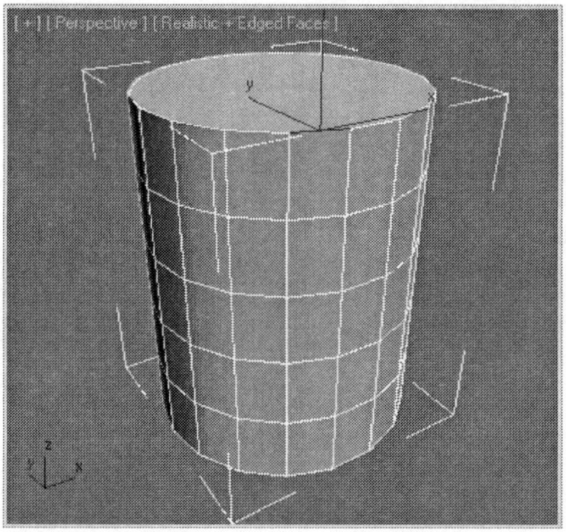

*Vous remarquerez que la fonction **Loop** ne marche pas avec les arêtes de fin de cylindre.*

- Pour sélectionner en boucle les arêtes de fin de cylindre, cliquez sur l'option **Loop Cylinder Ends** disponible en mode sommet et arête/bordure dans la liste du bouton **Loop** ou cliquez sur le bouton **Loop** en maintenant la touche ⇧ enfoncée.
- Pour sélectionner les sous-objets parallèles, cliquez sur le bouton **Ring**.

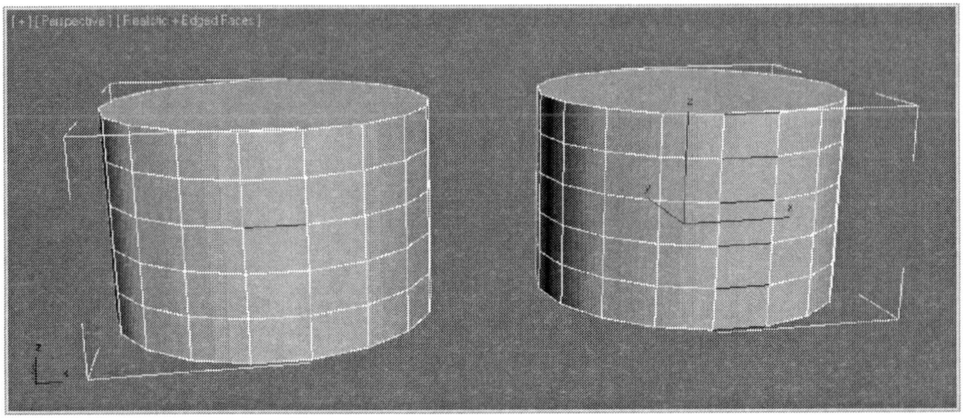


*À gauche la sélection originale et à droite le résultat.*

- Vous pouvez ajouter à la sélection les sous-objets adjacents parallèles au fur et à mesure en cliquant successivement sur le bouton . On retrouve le même effet que le bouton **Grow** mais pour les sous-objets parallèles.
- Vous pouvez enlever de la sélection les sous-objets adjacents parallèles au fur et à mesure en cliquant successivement sur le bouton . On retrouve le même effet que le bouton **Shrink** mais pour les sous-objets parallèles.

- Pour entrer en mode **Ring**, cliquez sur le bouton  : dans ce mode, si vous sélectionnez au moins deux sous-objets parallèles, alors tous les sous-objets parallèles sont sélectionnés automatiquement.

**ASTUCE**

*Pour sélectionner des sous-objets parallèles rapidement sans le mode **Ring**, vous pouvez sélectionner deux sous-objets parallèles tout en maintenant la touche ⇧ enfoncée. L'ensemble sera alors sélectionné.*

- Pour sélectionner des sous-objets parallèles tout en gardant un espace entre chaque sous-objet sélectionné, cliquez sur le bouton 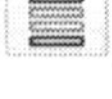. Le nombre de sous-objets formant les espaces est réglable dans la zone **Dot Gap**.

- Pour sélectionner tous les sous-objets entourant la sélection en cours, cliquez sur le bouton **Outline**. En mode polygone, pour sélectionner les arêtes entourant les polygones sélectionnés, cliquez sur le bouton **Outline** en maintenant la touche ⇧ enfoncée.
- Pour sélectionner les sous-objets similaires à la sélection, cliquez sur le bouton **Similar**.

  La similarité peut être limitée par la longueur des arêtes, la taille des polygones, la topologie de la sélection ou encore la normale. Ces limitations sont sélectionnables dans la liste associée au bouton **Similar**.
- Pour sélectionner tous les sous-objets définis par deux sous-objets sélectionnés représentant les coins opposés d'une sélection, cliquez sur le bouton **Fill** .

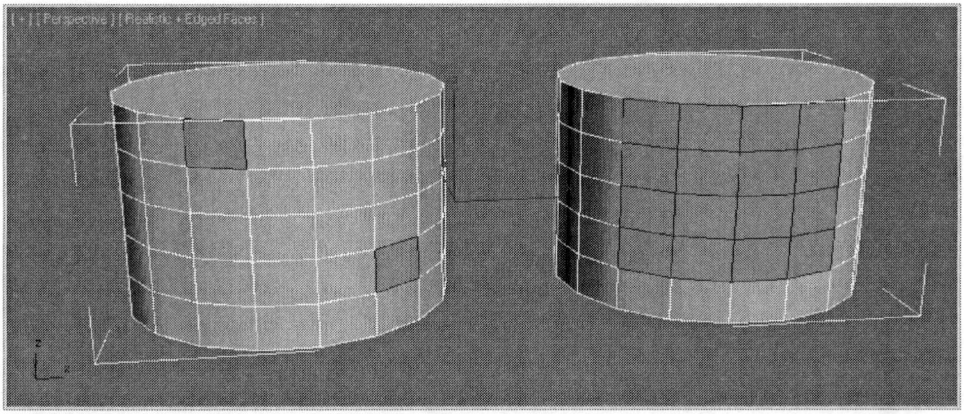

*Le bouton **Fill** « remplit » la sélection à partir de deux « coins » de cette sélection : à gauche la sélection initiale, à droite le résultat après utilisation du bouton **Fill**.*

- Pour sélectionner l'intérieur d'une zone dont uniquement la bordure est sélectionnée, ajoutez un sous-objet à la sélection à l'intérieur ou à l'extérieur de la zone (en ne touchant pas la zone) pour choisir de sélectionner l'intérieur ou l'extérieur puis cliquez sur le bouton .

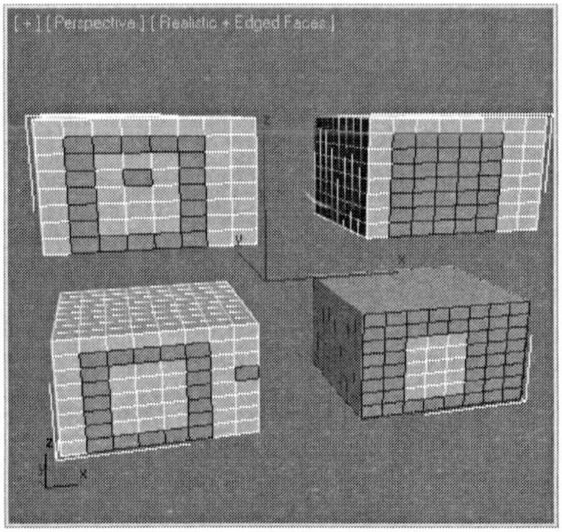

*Vous devez choisir, par la sélection d'un sous-objet supplémentaire, quel côté de la zone de sélection vous souhaitez sélectionner. À gauche la sélection initiale, à droite le résultat.*

- Pour sélectionner la partie de boucle la plus courte entre deux sous-objets sélectionnés appartenant à la même boucle, cliquez sur le bouton **StepLoop**. Pour sélectionner la partie la plus longue, cliquez sur le bouton **StepLoop** en maintenant la touche Alt enfoncée ou choisissez l'option **StepLoop Longest Distance** dans la liste associée au bouton **StepLoop**.

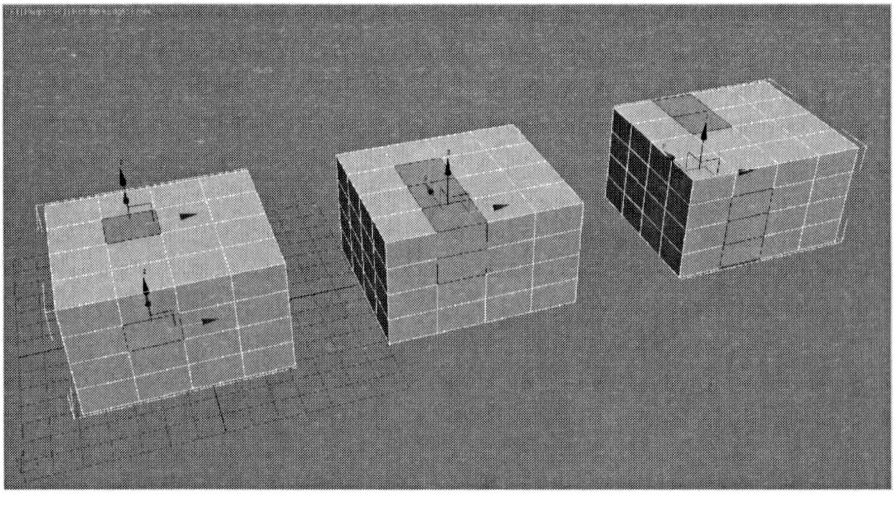

*Le bouton **StepLoop** permet de sélectionner la plus courte ou plus longue partie de boucle appartenant à la sélection.*

- Pour sélectionner la partie de boucle la plus courte automatiquement en sélectionnant deux sous-objets appartenant à la même boucle, entrez en mode **Step** en cliquant sur le bouton **Step Mode**.

## E. Édition des polygones

Le panneau **Edit** est disponible dans tous les modes sous-objets et en mode objet également. Les trois outils situés à gauche du panneau sont des outils de coordonnées de texture, ils seront abordés dans le chapitre Coordonnées de texture.

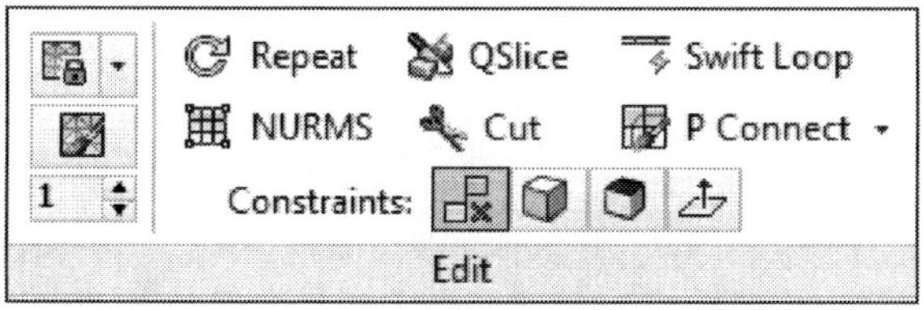


### 1. Répéter la dernière action

- Pour appliquer à nouveau la dernière action effectuée sur la même sélection ou une nouvelle sélection, cliquez sur le bouton **Repeat** ou utilisez le menu **Quad** - **Repeat**.

Toutes les manipulations réalisées sur les polygones éditables ne peuvent pas être répétées.

### 2. Subdivision de polygones

- Pour visualiser l'objet affiné en multipliant ses polygones, cliquez sur le bouton **NURMS** ou utilisez le menu **Quad** - **NURMS Toggle**.

Le bouton **NURMS** ouvre un nouveau panneau flottant par défaut que vous pouvez ancrer au ruban.

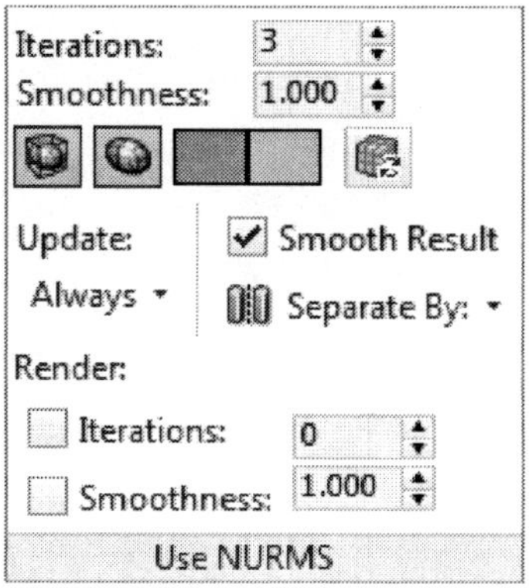

- Dans la zone **Iterations**, spécifiez le nombre de fois que le maillage sera subdivisé pour définir la finesse des courbures.
- Pour afficher ou masquer la cage, cliquez sur le bouton  du panneau **Use NURMS** : la cage permet d'éditer les sous-objets à leur position d'origine.
- Pour afficher ou masquer les isolignes, cliquez sur le bouton **Isoline Display**  du panneau **Use NURMS** : le mode **Isoline** n'affiche que les arêtes d'origine, maintenant courbes, et améliore ainsi les performances du logiciel.

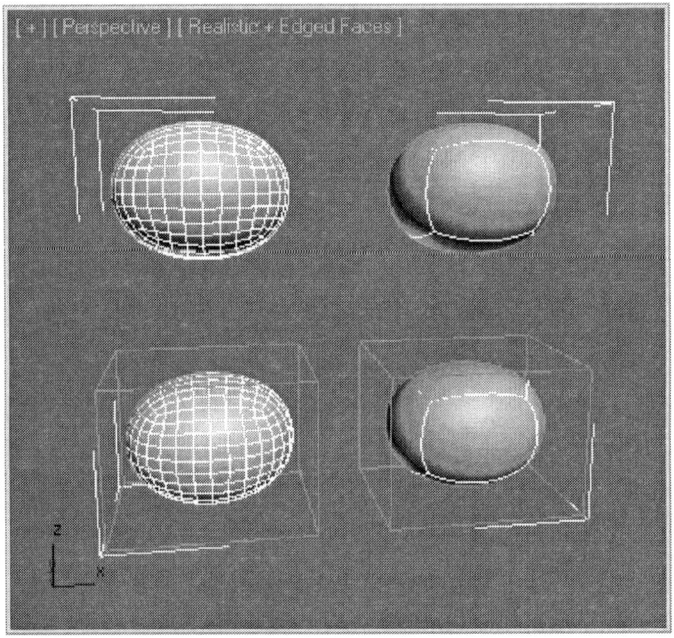


*À gauche, pas d'**Isoline**, à droite **Isoline**. En haut, pas de cage, en bas, il y a une cage.*

- Pour ne pas adoucir les arêtes entre les différents groupes de lissage, cliquez sur le bouton **Seperate By** du panneau **Use NURMS** puis cochez l'option **Smoothing Groups**.
- Pour arrêter l'utilisation des **NURMS**, cliquez à nouveau sur le bouton **NURMS**.

## 3. Ajouter des arêtes

- Pour découper l'objet avec de nouvelles arêtes, en mode arête, cliquez sur le bouton **QSlice** ou utilisez le menu **Quad** - **Quickslice**.

  Cliquez dans la vue pour définir un point de départ.

  Cliquez à nouveau pour définir un point de fin.

Faites un clic droit pour désactiver l'outil ou cliquez à nouveau sur le bouton **QSlice**.

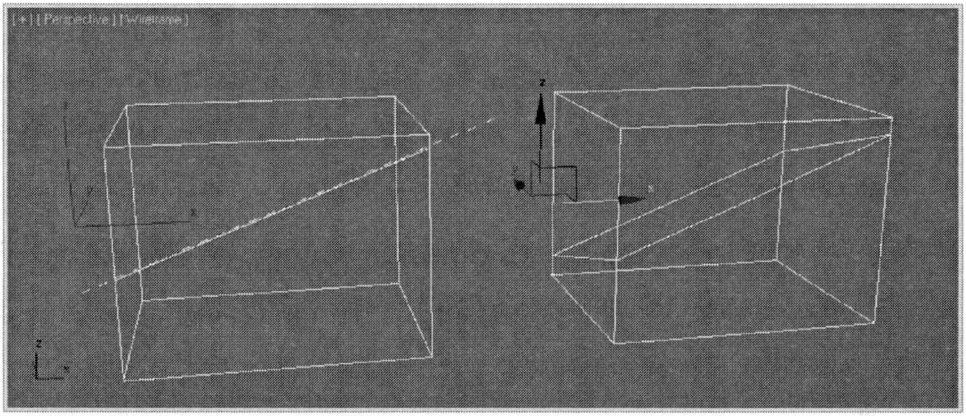

*En définissant une ligne, le bouton **QSlice** vous permet de découper l'ensemble de l'objet en fonction de la vue. À gauche, l'outil **QSlice** en cours d'utilisation, à droite le résultat.*

### Remarque

*En mode polygone/élément, la découpe ne s'effectue que sur la sélection.*

- Pour ajouter de nouvelles arêtes par clic successifs de souris dans la vue, cliquez sur le bouton **Cut** ou utilisez le menu **Quad** - **Cut**.
- Cliquez plusieurs fois dans la vue afin de définir de nouvelles arêtes sur le maillage.
- Faites un clic droit pour valider.
- Faites de nouveau un clic droit pour désactiver l'outil ou cliquez sur le bouton **Cut**.

## 4. Gérer les boucles d'arêtes

L'outil **Swift Loop** est conçu pour vous permettre de faire de nombreuses manipulations sur les boucles d'arêtes.

- Pour entrer en mode gestion des boucles d'arêtes, cliquez sur le bouton **Swift Loop**.
- Pour ajouter une nouvelle boucle d'arête, cliquez sur l'objet à l'endroit où vous souhaitez l'ajouter.
- Pour ajouter une nouvelle boucle d'arête influencée par la forme de l'objet, maintenez la touche ⇧ enfoncée, déplacez la souris sur l'objet et cliquez pour valider.
- Pour sélectionner une boucle d'arête, maintenez la touche Ctrl enfoncée et cliquez sur l'arête concernée.

- Pour déplacer la boucle d'arête sélectionnée, maintenez la touche Alt enfoncée puis faites glisser la boucle d'arête vers sa nouvelle position.

  Une boucle d'arête ne peut pas être déplacée au-delà de ses boucles voisines.
- Pour supprimer une boucle d'arête, maintenez les touches Ctrl et ⇧ enfoncées et cliquez sur l'arête à supprimer.
- Faites un clic droit pour désactiver l'outil ou cliquez sur le bouton **Swift Loop**.

## 5. Connexion de sommets

L'outil **Paint Connect** a pour but de vous permettre par déplacement de la souris de créer de nouvelles arêtes sur le maillage. Contrairement à l'outil **Cut**, la connexion ne peut se faire qu'à partir d'arêtes préexistantes.

- Pour entrer en mode connexion d'arêtes, cliquez sur le bouton **P Connect**.
- Pour créer de nouvelles arêtes, maintenez le bouton gauche de la souris enfoncé et survolez les arêtes souhaitées :
  - Maintenez la touche ⇧ enfoncée pendant la manipulation pour connecter les arêtes à partir de leur milieu.
  - Maintenez Ctrl pendant la manipulation pour connecter les arêtes à des sommets.
  - Maintenez les touches ⇧ et Alt enfoncées pendant la manipulation pour connecter deux arêtes à la fois.
- Pour supprimer un sommet, cliquez sur ce sommet en maintenant Alt.
- Pour supprimer une arête, cliquez sur cette arête en maintenant Ctrl Alt.
- Pour supprimer la boucle d'arête d'une arête, cliquez sur cette arête en maintenant ⇧ Alt.
- Cochez l'option **Set Flow** dans la liste du bouton **P Connect** pour que les nouvelles arêtes tentent de s'adapter à la surface de l'objet.
- Faites un clic droit pour désactiver l'outil ou cliquez sur le bouton **P Connect**.

## 6. Contraindre la transformation d'un sous-objet

De nouvelles contraintes sont disponibles dans un objet polygone éditable.

- Pour contraindre la transformation d'un sous-objet aux arêtes les plus proches (comme déplacer un sommet le long d'une arête), cliquez sur le bouton .
- Pour contraindre la transformation d'un sous-objet aux polygones les plus proches (comme déplacer un sommet sur la surface d'un polygone), cliquez sur le bouton .

- Pour contraindre la transformation d'un sous-objet à la normale des sommets les composant, cliquez sur le bouton .
- Pour désactiver les contraintes, cliquez sur le bouton .

## F. Édition de la géométrie

Le panneau **Geometry** est accessible dans tous les modes sous-objets ainsi qu'en mode objet. Cependant, certains de ses outils ne sont accessibles que dans les modes sous-objet dans lesquels ils peuvent opérer.

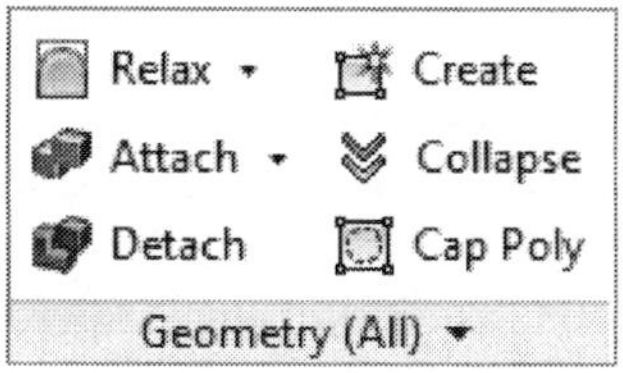


- Pour relaxer le maillage sélectionné, cliquez sur le bouton **Relax** : cette fonction simule une élasticité le long des arêtes du maillage. L'effet harmonise la densité du maillage et « adoucit » l'objet.
- Choisissez l'option **Relax Settings** dans la liste du bouton **Relax** ou maintenez la touche ⇧ enfoncée en cliquant sur le bouton **Relax** pour paramétrer son effet dans la vue.

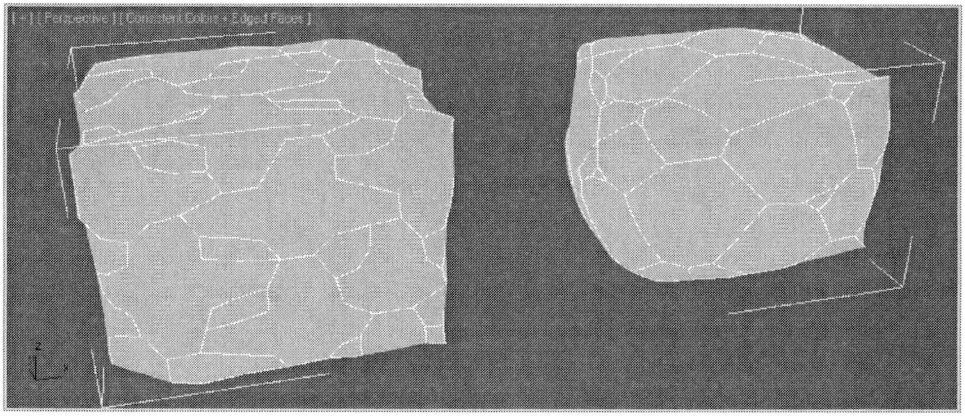

*L'algorithme **Relax** adoucit les angles entre les arêtes en les « élastifiant ». À gauche, le maillage d'origine. À droite, le résultat avec une vingtaine d'itérations de l'outil **Relax**.*

- Pour créer de nouveau sommets, cliquez sur le bouton **Create** ou utilisez le menu **Quad - Create** en mode sommet et cliquez dans la vue pour ajouter des sommets. Faites un clic droit pour désactiver l'outil.

### Remarque

*Même si vous utilisez les contraintes d'accrochage, les nouveaux sommets ne s'intègrent pas au maillage existant. Un nouveau sommet est totalement indépendant, vous pouvez créer les nouveaux polygones les utilisant.*

- Pour créer de nouveaux polygones, cliquez sur le bouton **Create** en mode polygone/élément ou utilisez le menu **Quad** - **Create** puis cliquez sur des sommets préexistants ou dans un espace vide pour créer les nouveaux sommets constituant le futur polygone. Faites un clic droit pour désactiver l'outil.

**ASTUCE**

*L'ordre dans lequel vous cliquez les sommets définit la normale du polygone. Un ordre inverse des aiguilles d'une montre dirige la normale vers la vue, un ordre dans le sens des aiguilles d'une montre dirige la normale à l'opposé de la vue. Plus de détails dans le chapitre Concepts 3D et édition d'objets.*

Il est également possible de créer des arêtes. Cependant, les sommets de ces futures arêtes doivent déjà exister et ces nouvelles arêtes ne peuvent pas être créées au-dessus d'un trou.

En mode élément, vous pouvez créer des polygones en suivant la procédure de création des polygones.

- Pour ajouter le maillage d'un autre objet convertible en polygone éditable dans l'objet polygone éditable actuellement sélectionné, cliquez sur le bouton **Attach** ou utilisez le menu **Quad** - **Attach** puis cliquez sur le ou les objets à attacher : les objets attachés disparaissent de la scène.
- Pour attacher le maillage d'autres objets convertibles en polygones éditables dans l'objet polygone éditable actuellement sélectionné en utilisant leurs noms, cliquez sur l'option **Attach From List** dans la liste du bouton **Attach** ou faites un ⇧ clic sur le bouton **Attach**. Sélectionnez les noms des objets à ajouter et cliquez sur le bouton **Attach**.
- Pour détacher la partie de maillage sélectionnée, cliquez sur le bouton **Detach**.

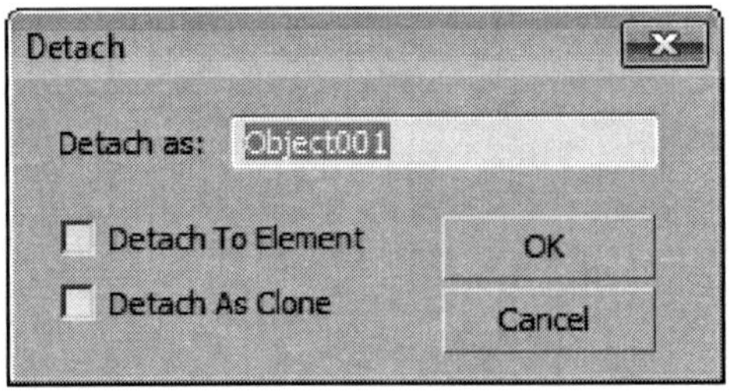


Modifiez éventuellement le nom du nouvel objet.

Cochez l'option **Detach To Element** pour seulement délier la sélection du reste du maillage.

Cochez l'option **Detach As Clone** pour copier au préalable la sélection avant de la détacher.

Cliquez sur le bouton **OK**.

- Pour dupliquer des sommets ou polygones/éléments, sélectionnez-les, maintenez la touche ⇧ enfoncée tout en transformant la sélection, par une translation par exemple.

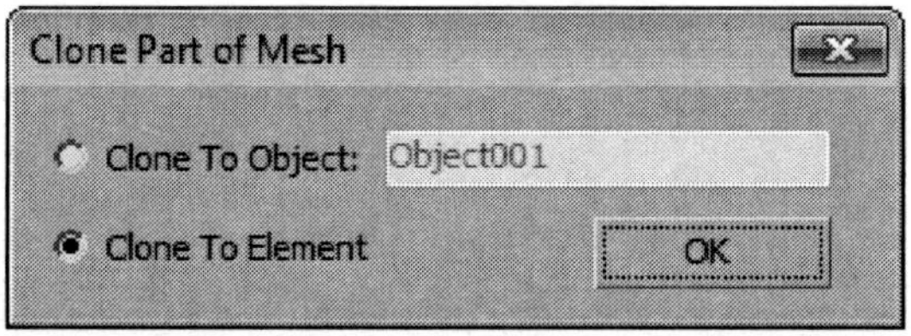


Pour conserver la copie dans l'objet polygone éditable sélectionné, activez l'option **Clone To Element** ; pour créer un nouvel objet polygone éditable avec cette copie, activez l'option **Clone To Object** puis modifiez éventuellement le nom du nouvel objet.

Cliquez sur le bouton **OK**.

- Pour fusionner plusieurs sommets ou pour fusionner les deux sommets d'une arête (suppression de l'arête) ou pour fusionner les sommets d'une surface (suppression des polygones) et positionner le sommet final au barycentre des positions des sommets initiaux, sélectionnez les sommets ou arêtes ou polygones/éléments concernés et cliquez sur le bouton **Collapse** ou utilisez le menu **Quad** - **Collapse**.
- En mode bordure, vous pouvez créer un polygone en utilisant la sélection puis en cliquant sur le bouton **Cap Poly** ou en utilisant le menu **Quad** - **Cap**. Au moins trois sommets ou arêtes sont nécessaires pour créer un polygone. En général, cet outil est utilisé pour boucher un trou.
- Pour tenter de retrouver des polygones à quatre côtés lorsque certaines opérations ont formé des triangles ou parce que votre objet vient d'un autre logiciel, ouvrez la liste du bouton **Quadrify** puis cliquez sur une des options suivantes :

| | |
|---|---|
| **Quadrify All** | Pour supprimer les arêtes repérées comme superflues sur tout l'objet. |
| **Quadrify Selection** | Pour supprimer les arêtes repérées comme superflues sur la sélection. |
| **Select Edges from All** | Pour sélectionner les arêtes repérées comme superflues sur tout l'objet. |
| **Select Edges from Selection** | Pour sélectionner les arêtes repérées comme superflues sur la sélection. |

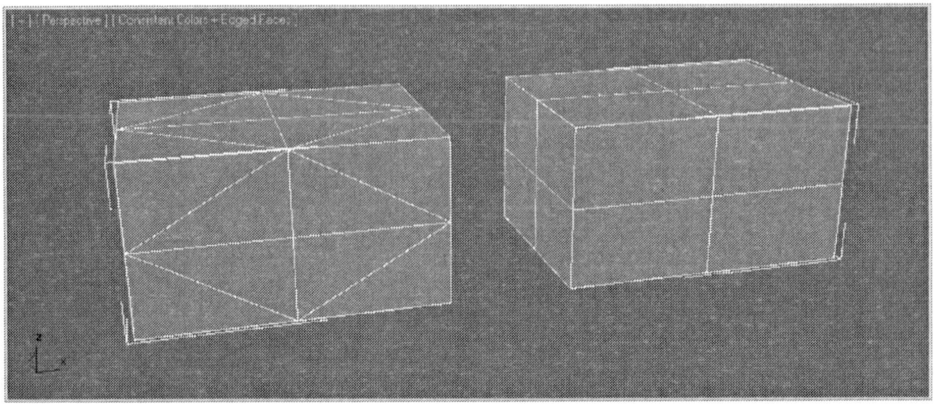

*L'outil **Quadrify** tente de reconstituer les polygones à quatre côtés. À gauche, l'objet original, à droite, le résultat obtenu.*

Vous pouvez positionner un plan virtuel de découpe afin de découper l'objet en deux.

- Entrez en mode découpe en cliquant sur le bouton **Slice Plane**.

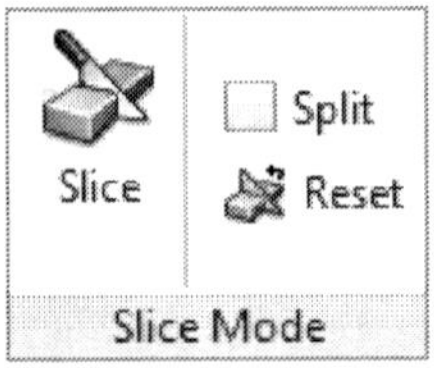


*Le panneau **Slice Mode** apparaît.*

- Transformez le plan de découpe affiché en jaune à l'aide des outils de transformation (translation, rotation, échelle).
- Cochez l'option **Split** si les deux parties doivent réellement être séparées et former deux éléments distincts.
- Découpez le maillage en cliquant sur le bouton **Slice**.
- Cliquez sur le bouton **Reset** pour repositionner le plan de découpe à sa position d'origine.
- Désactivez le mode découpe en cliquant sur le bouton **Slice Plane**.

## G. Les outils de sommets

Le panneau **Vertices** n'apparaît qu'en mode sommet.

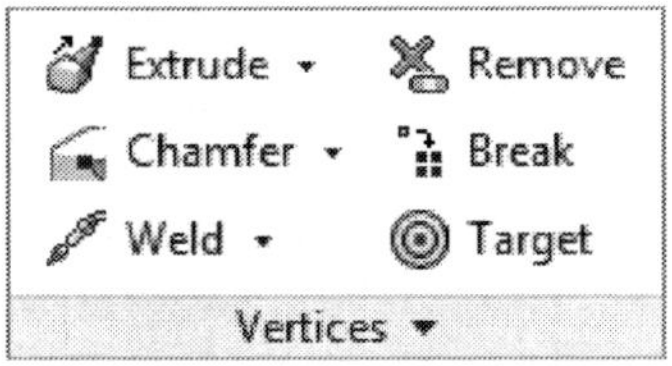


### 1. Extruder des sommets

L'extrusion est l'action de créer un nouveau volume à partir d'une surface de départ.

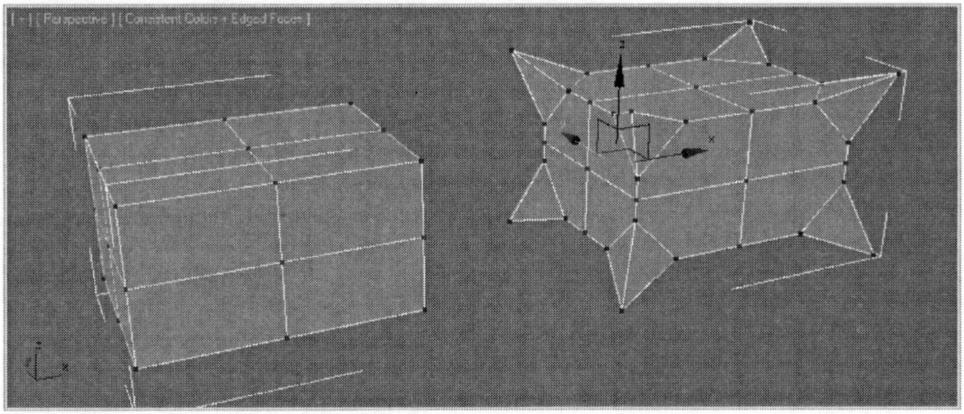

*À gauche, les sommets sélectionnés ; à droite, le résultat.*

- En mode sommet, sélectionnez le ou les sommets concernés.
- Entrez en mode extrusion en cliquant sur le bouton **Extrude** ou par le menu **Quad** - **Extrude**.
- Maintenez le bouton gauche de la souris enfoncé sur la sélection ou cliquez sur un sommet désélectionné qui deviendra la sélection puis faites glisser la souris verticalement pour définir la hauteur d'extrusion et horizontalement pour définir la largeur de la base d'extrusion.
- Relâchez le bouton gauche pour valider puis faites un clic droit pour désactiver l'outil.
- Choisissez l'option **Extrude Settings** dans la liste du bouton **Extrude** ou faites un ⇧ clic sur le bouton **Extrude** pour paramétrer l'effet dans la vue.

## 2. Chanfreiner des sommets

Un chanfrein est la coupe d'un angle.

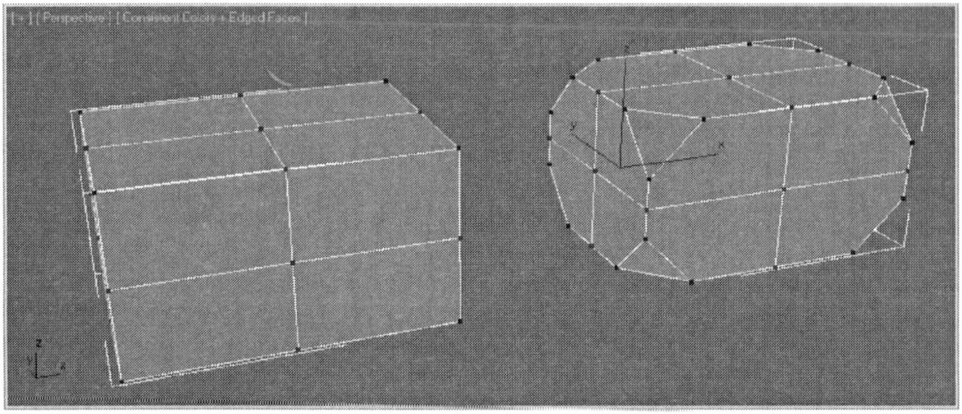

*À gauche, les sommets sélectionnés ; à droite, le résultat.*

- En mode sommet, sélectionnez le ou les sommets concernés.
- Entrez en mode chanfrein en cliquant sur le bouton **Chamfer** ou par le menu **Quad** - **Chamfer**.
- Maintenez le bouton gauche de la souris enfoncé sur la sélection ou cliquez sur un sommet désélectionné qui deviendra la sélection puis faites glisser la souris pour modifier la valeur de chanfrein. Relâchez le bouton gauche pour valider puis faites un clic droit pour désactiver l'outil.
- Choisissez l'option **Chamfer Settings** dans la liste du bouton **Chamfer** ou faites un [⇧] clic sur le bouton **Chamfer** pour paramétrer l'effet dans la vue.

## 3. Supprimer des sommets

Il existe deux méthodes de suppression des sommets.

- Pour supprimer les sommets sélectionnés ainsi que les arêtes et les polygones qui les utilisent, appuyez sur la touche [Suppr].
- Pour supprimer les sommets sélectionnés sans supprimer les polygones qui les utilisent, cliquez sur le bouton **Remove** ou utilisez le menu **Quad** - **Remove** ou appuyez sur la touche [←].
- Vous pouvez dissocier un sommet sélectionné (et créer un trou) en cliquant sur le bouton **Break** ou en utilisant menu **Quad** - **Break** : le sommet est dupliqué pour chaque polygone l'utilisant et deux nouvelles arêtes sont créées pour chacun de ces sommets.

## 4. Fusionner des sommets

Après avoir dupliqué des sommets ou pour attacher deux éléments séparés, vous pouvez fusionner les sommets en un seul. Les sommets seront fusionnés par distance, c'est-à-dire que tous les sommets présents à moins d'une certaine valeur les uns des autres ne formeront plus qu'un sommet.

- Si les sommets à fusionner sont près les uns des autres, sélectionnez-les puis cliquez sur le bouton **Weld** ou utilisez le menu **Quad** - **Weld**.

  Si vous souhaitez modifier la distance maximale entre deux sommets à fusionner, ouvrez la liste du bouton **Weld** puis cliquez sur l'option **Weld Settings** ou faites un ⇧ clic sur le bouton **Weld** : vous visualisez le nombre de sommets avant et après la fusion. Spécifiez la valeur souhaitée dans la zone de saisie puis cliquez sur le bouton ✓ pour valider.

- Si les sommets à fusionner sont loin les uns des autres, entrez en mode fusion de sommets sur cible en cliquant sur le bouton **Target** ou utilisez le menu **Quad** - **Target Weld**.

  Maintenez le bouton gauche de la souris enfoncé sur le sommet à fusionner puis faites glisser la souris sur le sommet cible et relâchez pour valider. Les sommets doivent être contigus.

> **ASTUCE**
> *Certaines opérations de fusion de sommets sont interdites car elles créeraient des objets 3D non conformes. Si rien ne se passe, c'est peut-être parce que les sommets sont éloignés de plus de 1 arête ou 1 polygone ou qu'ils ne bordent pas une surface ouverte. Plus de détails dans le chapitre Concepts 3D et édition d'objets.*

- Pour supprimer les sommets isolés, c'est-à-dire qui ne correspondent à aucune arête ou polygone, cliquez sur le bouton **Remove Isolated Verts**.
- Le paramètre **Weight** des sommets sélectionnés influence l'effet **NURMS**. Plus le poids d'un sommet est élevé, plus l'effet **NURMS** tentera de conserver la position exacte du sommet.

## H. Les outils d'arêtes

Le panneau **Edges** n'apparaît qu'en mode arête.

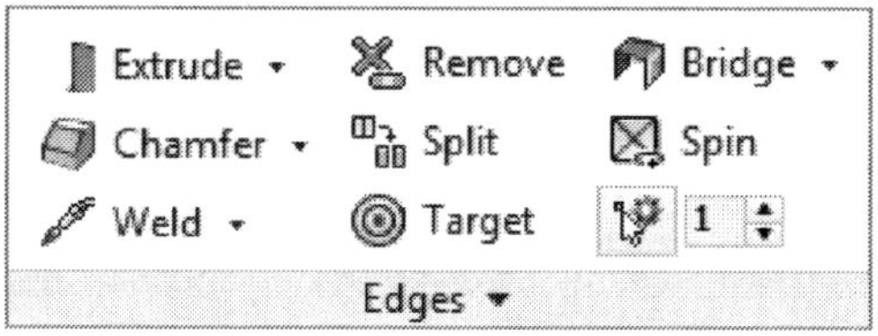

## 1. Extruder des arêtes

L'extrusion est l'action de créer un nouveau volume à partir d'une surface de départ.

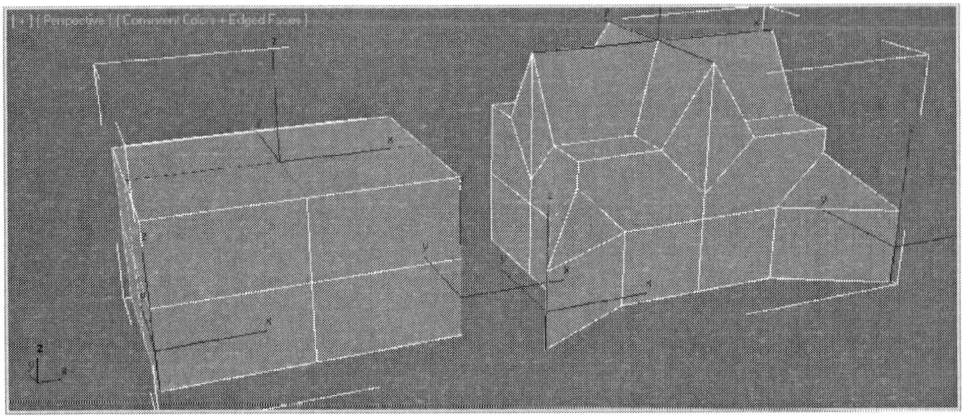

*À gauche, les arêtes sélectionnées ; à droite, le résultat.*

- En mode arête, sélectionnez les arêtes concernées.
- Entrez en mode extrusion en cliquant sur le bouton **Extrude** ou par le menu **Quad** - **Extrude**.
- Maintenez le bouton gauche de la souris enfoncé sur la sélection ou cliquez sur une arête désélectionnée qui deviendra la sélection puis faites glisser la souris verticalement pour définir la hauteur d'extrusion et horizontalement pour définir la largeur de la base d'extrusion.
- Relâchez le bouton gauche pour valider puis faites un clic droit pour désactiver l'outil.
- Choisissez l'option **Extrude Settings** dans la liste du bouton **Extrude** ou faites un ⇧ clic sur le bouton **Extrude** pour paramétrer l'effet dans la vue.

### Remarque

*Dans le cas où la sélection d'arêtes borde un trou, référez-vous à l'extrusion de bordures, plus loin dans ce chapitre.*

- Pour extruder une arête de bordure et créer de nouvelles faces en bordure du maillage, sélectionnez les arêtes, maintenez la touche ⇧ enfoncée et transformez les arêtes, par une translation par exemple.

## 2. Chanfreiner des arêtes

Un chanfrein est la coupe d'un angle.

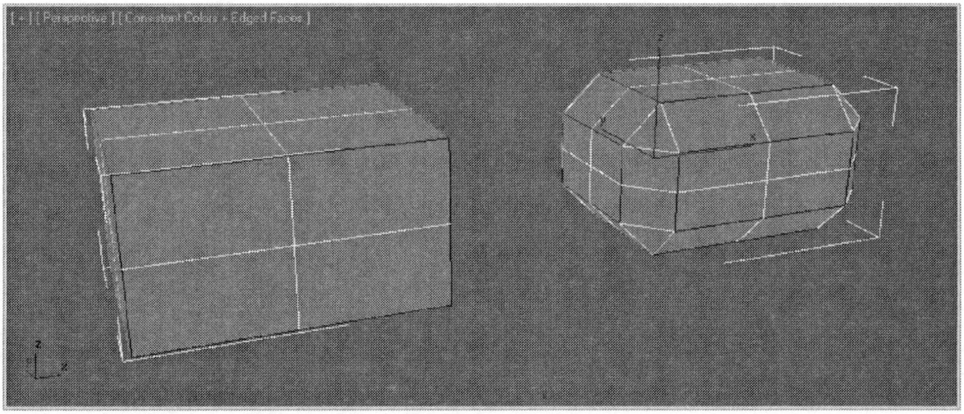

*À gauche, les arêtes sélectionnées ; à droite, le résultat.*

- En mode arête, sélectionnez les arêtes concernées.
- Entrez en mode chanfrein en cliquant sur le bouton **Chamfer** ou par le menu **Quad** - **Chamfer**.
- Maintenez le bouton gauche de la souris enfoncé sur la sélection ou cliquez sur une arête désélectionnée qui deviendra la sélection puis faites glisser la souris pour modifier la valeur de chanfrein.
- Relâchez le bouton gauche pour valider puis faites un clic droit pour désactiver l'outil.
- Choisissez l'option **Chamfer Settings** dans la liste du bouton **Chamfer** ou faites un [Maj] clic sur le bouton **Chamfer** pour paramétrer l'effet dans la vue.

### Remarque

> *Dans le cas où la sélection d'arêtes borde un trou, référez-vous au chanfrein de bordures, plus loin dans le chapitre.*

## 3. Supprimer des arêtes

Il existe deux méthodes de suppression d'une arête.

- Pour supprimer les arêtes sélectionnées ainsi que les polygones qui les utilisent, appuyez sur la touche [Suppr].
- Pour supprimer les arêtes sélectionnées sans supprimer les polygones ni les sommets qui les utilisent, cliquez sur le bouton **Remove** ou utilisez le menu **Quad** - **Remove** ou appuyez sur la touche [←].

- Pour supprimer les arêtes sélectionnées et les sommets qui les utilisent sans supprimer les polygones qui les utilisent, faites Ctrl ←.
- Vous pouvez dissocier des arêtes sélectionnées (et créer un trou) en cliquant sur le bouton **Split** ou en utilisant le menu **Quad** - **Split**. En réalité ce sont les sommets partagés par les arêtes sélectionnées qui vont se dissocier, c'est pourquoi il faut au minimum deux arêtes adjacentes sélectionnées. Les sommets partagés entre plusieurs arêtes de la sélection sont dupliqués de façon à ce qu'un trou soit formé le long de la sélection.

## 4. Fusionner des arêtes

Après avoir dupliqué des arêtes ou pour attacher deux éléments séparés, vous pouvez fusionner les arêtes en une seule. Les arêtes seront fusionnées par distance, c'est-à-dire que toutes les arêtes présentes à moins d'une certaine valeur les unes des autres ne formeront plus qu'une arête.

- Si les arêtes à fusionner sont près les unes des autres, sélectionnez-les puis cliquez sur le bouton **Weld** ou utilisez le menu **Quad** - **Weld**.

  Si vous souhaitez modifier la distance maximale entre deux arêtes à fusionner, ouvrez la liste du bouton **Weld** puis cliquez sur l'option **Weld Settings** ou faites un ⇧ clic sur le bouton **Weld** : vous visualisez le nombre de sommets avant et après la fusion. Spécifiez la valeur souhaitée dans la zone de saisie puis cliquez sur le bouton ✓ pour valider.
- Si les arêtes à fusionner sont loin les unes des autres, entrez en mode fusion d'arête sur cible en cliquant sur le bouton **Target** ou par le menu **Quad** - **Target Weld**.

  Maintenez le bouton gauche de la souris enfoncé sur l'arête à fusionner puis faites glisser la souris sur l'arête cible et relâchez pour valider.

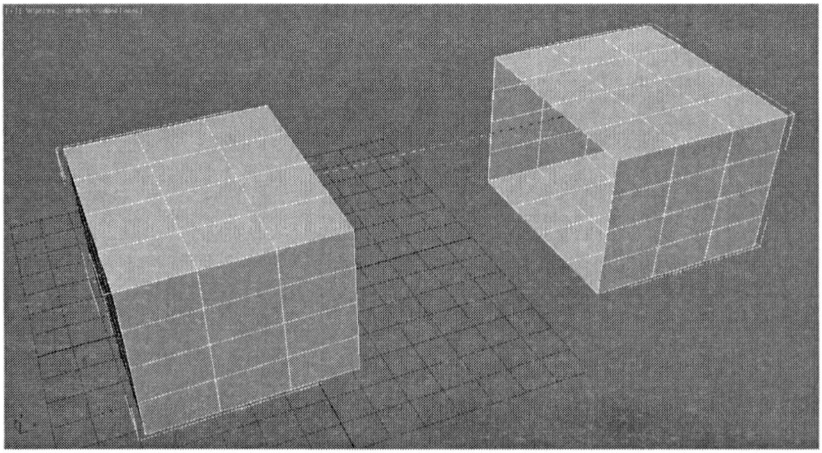

**ASTUCE**

*Certaines opérations de fusion d'arêtes sont interdites ou donnent des résultats étranges car elles créent des objets 3D non conformes. Si rien ne se passe, c'est peut-être parce que les sommets sont éloignés de plus de 1 arête ou 1 polygone ou qu'ils ne bordent pas une surface ouverte.*

## 5. Relier des arêtes

Vous pouvez relier deux arêtes de bordure par un ou plusieurs polygones nommés ponts.

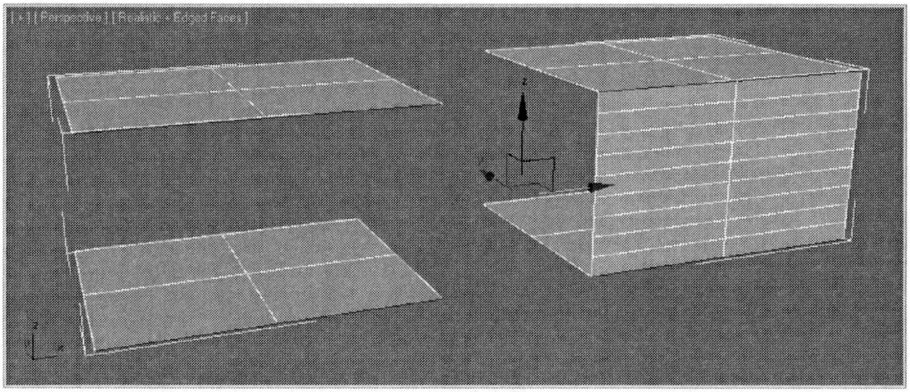

*À gauche, les arêtes sélectionnées ; à droite, le résultat.*

- Créez un pont entre deux arêtes de bordure sélectionnées en cliquant sur le bouton **Bridge**. Cliquez sur l'option **Bridge Settings** dans la liste du bouton **Bridge** ou faites un ⇧ clic sur le bouton **Bridge** pour paramétrer l'effet dans la vue.
- Pour tourner des arêtes sélectionnées dans le sens des aiguilles d'une montre, cliquez sur le bouton **Spin**.

  Pour tourner des arêtes dans le sens inverse des aiguilles d'une montre, maintenez la touche ⇧ enfoncée et cliquez sur le bouton **Spin**.

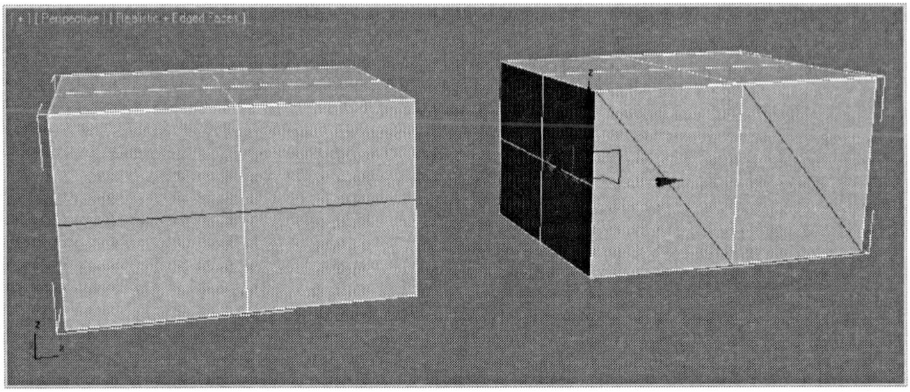

*À gauche, les arêtes sélectionnées ; à droite, le résultat.*

## 6. Diviser des arêtes

- Pour insérer des sommets uniformément répartis sur chaque arête sélectionnée, spécifiez le nombre de sommets à insérer dans la zone associée à l'outil  puis cliquez sur le bouton .
- Pour créer un nouvel objet spline éditable à partir de la sélection d'arêtes, cliquez sur le bouton **Create Shape From Selection** ou utilisez le menu **Quad - Create Shape**, spécifiez le nom du nouvel objet et son type (**Smooth** ou **Linear**) puis cliquez sur **OK**.
- La valeur **Weight** d'une arête définit la force de cette arête dans l'effet **NURMS**. Plus la valeur **Weight** est grande, plus l'arête sera longue.
- La valeur **Cease** d'une arête définit la solidité de cette arête dans l'effet **NURMS**. Plus la valeur **Cease** est grande, moins l'arête aura tendance à se courber.

# I. Les outils de bordures

Le panneau **Border** n'apparaît que dans le mode bordure.

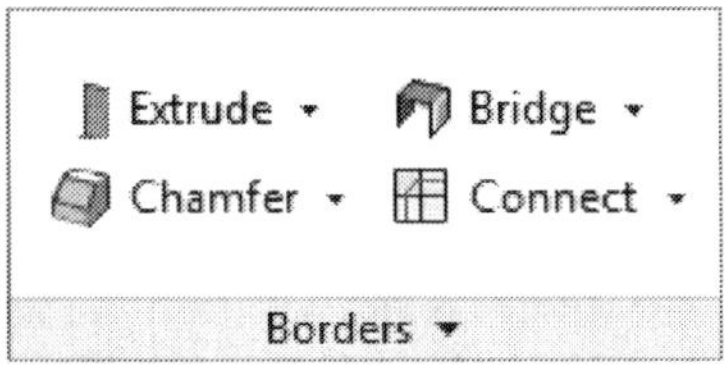


## 1. Extruder des bordures

L'extrusion est l'action de créer un nouveau volume à partir d'une surface de départ. Dans le cas de bordures, cela revient à prolonger la surface.

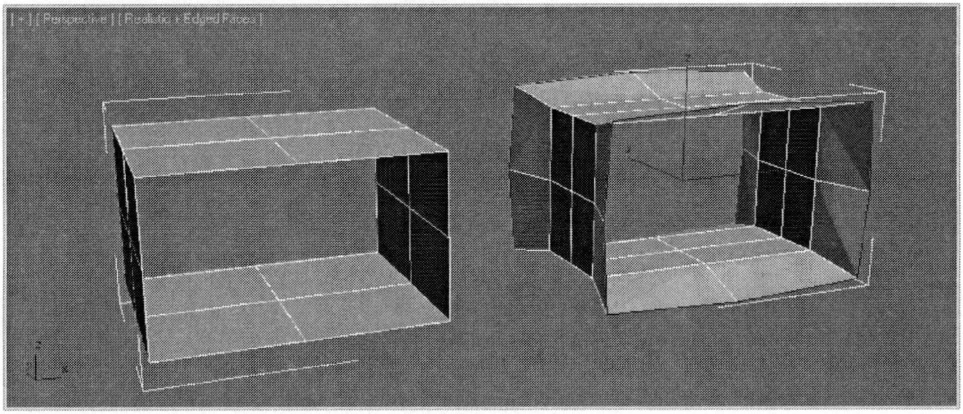

*À gauche, les bordures sélectionnées ; à droite, le résultat.*

- En mode bordure, sélectionnez la ou les bordures concernées.
- Entrez en mode extrusion en cliquant sur le bouton **Extrude** ou par le menu **Quad** - **Extrude**.
- Maintenez le bouton gauche de la souris enfoncé sur la sélection ou cliquez sur une bordure désélectionnée qui deviendra la sélection puis faites glisser la souris verticalement pour définir la hauteur d'extrusion et horizontalement pour définir la largeur de la base d'extrusion.
- Relâchez le bouton gauche pour valider puis faites un clic droit pour désactiver l'outil.
- Choisissez l'option **Extrude Settings** dans la liste du bouton **Extrude** ou faites un ⇧ clic sur le bouton **Extrude** pour paramétrer l'effet dans la vue.

- Pour extruder une bordure et créer de nouvelles faces en bordure du maillage, sélectionnez la bordure, maintenez la touche [Shift] enfoncée et transformez la bordure, par une translation par exemple.

## 2. Chanfreiner des bordures

Un chanfrein est la coupe d'un angle. Dans le cas d'une bordure, l'outil ajoute un nouveau jeu d'arêtes autour de la bordure.

*À gauche, les bordures sélectionnées ; à droite, le résultat.*

- En mode bordure, sélectionnez la ou les bordures concernées.
- Entrez en mode chanfrein en cliquant sur le bouton **Chamfer** ou par le menu **Quad** - **Chamfer**.
- Maintenez le bouton gauche de la souris enfoncé sur la sélection ou cliquez sur une bordure désélectionnée qui deviendra la sélection puis faites glisser la souris pour modifier la valeur de chanfrein.
- Relâchez le bouton gauche pour valider puis faites un clic droit pour désactiver l'outil.
- Choisissez l'option **Chamfer Settings** dans la liste du bouton **Chamfer** ou faites un [Shift] clic sur le bouton **Chamfer** pour paramétrer l'effet dans la vue.

## 3. Relier deux bordures par un pont

Vous pouvez relier deux bordures par un ou plusieurs polygones nommés ponts. En mode bordure, plusieurs effets sont disponibles pour personnaliser le pont.

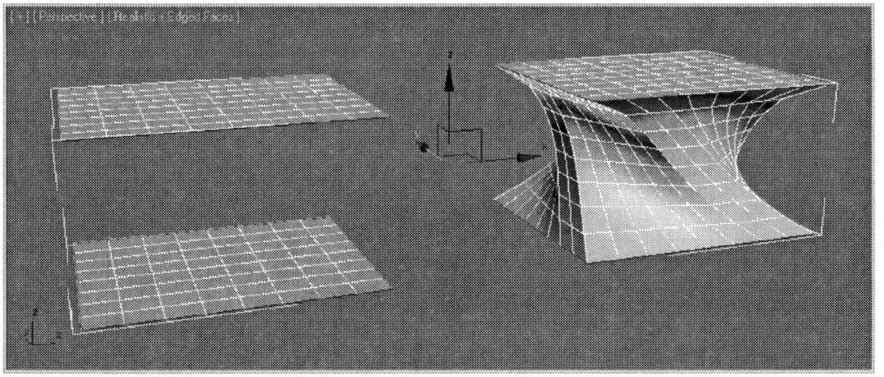

*À gauche, les bordures sélectionnées ; à droite, le résultat.*

- En mode bordure, sélectionnez les bordures concernées.
- Créez un pont entre deux bordures sélectionnées en cliquant sur le bouton **Bridge**. Choisissez l'option **Bridge Settings** dans la liste du bouton **Bridge** ou faites un ⇧ clic sur le bouton **Bridge** pour paramétrer l'effet dans la vue.

## 4. Connecter des arêtes

Il est possible de connecter les angles des arêtes d'une bordure à condition que ces angles soient inférieurs à 180 degrés.

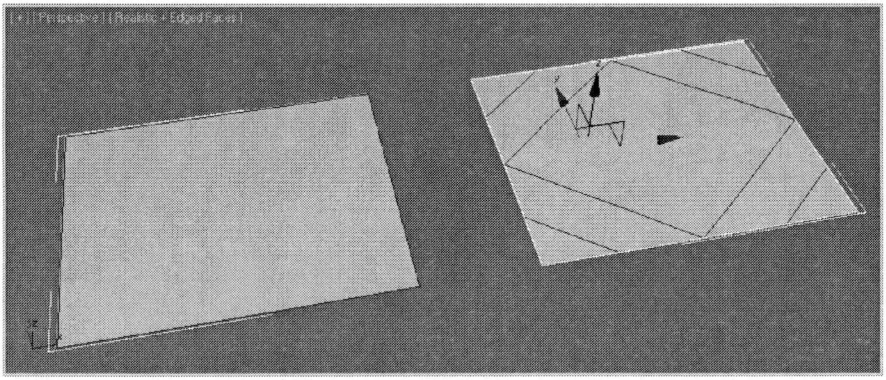

*À gauche, la bordure sélectionnée ; à droite, le résultat.*

- En mode bordure, sélectionnez la ou les bordures concernées.
- Connectez les angles formés par les bordures sélectionnées en cliquant sur le bouton **Connect**. Choisissez l'option **Connect Settings** dans la liste du bouton **Connect** ou faites un ⇧ clic sur le bouton **Connect** pour paramétrer l'effet dans la vue.

### 5. Créer une spline à partir d'arêtes

- Pour créer un nouvel objet spline éditable à partir de la sélection de bordures, cliquez sur le bouton **Create Shape From Selection** ou utilisez le menu **Quad** - **Create Shape**.
- La valeur **Weight** d'une bordure définit la force de ses arêtes dans l'effet **NURMS**. Plus la valeur **Weight** est grande, plus les arêtes de la bordure seront longues.
- La valeur **Cease** d'une bordure définit la solidité de ses arêtes dans l'effet **NURMS**. Plus la valeur **Cease** est grande, moins les arêtes de la bordure auront tendance à se courber.

## J. Les outils de polygones

Le panneau **Polygons** n'apparaît qu'en mode polygone.

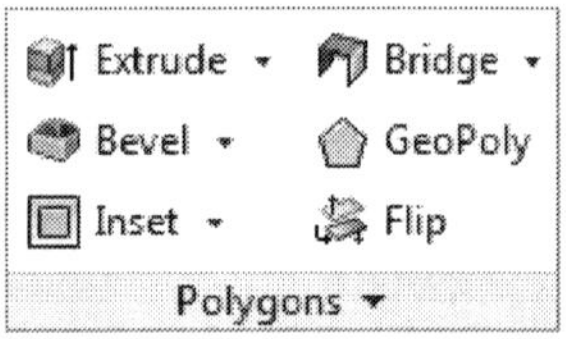


### 1. Extruder des polygones

L'extrusion est l'action de créer un nouveau volume à partir d'une surface de départ.

*De gauche à droite, la sélection initiale, une extrusion groupée, une extrusion suivant les normales des sommets, une extrusion par polygone.*

- En mode polygone, sélectionnez le ou les polygones concernés.
- Entrez en mode extrusion en cliquant sur le bouton **Extrude** ou par le menu **Quad** - **Extrude**.
- Maintenez le bouton gauche de la souris enfoncé sur la sélection ou cliquez sur un polygone désélectionné qui deviendra la sélection puis faites glisser la souris pour définir la hauteur d'extrusion.
- Relâchez le bouton gauche pour valider puis faites un clic droit pour désactiver l'outil.
- Choisissez l'option **Extrude Settings** dans la liste du bouton **Extrude** ou faites un ⇧ clic sur le bouton **Extrude** pour paramétrer l'effet dans la vue et choisir entre les trois options d'extrusion.

## 2. Biseauter des polygones

Le biseau est l'action d'extruder puis grossir ou rétrécir une surface.

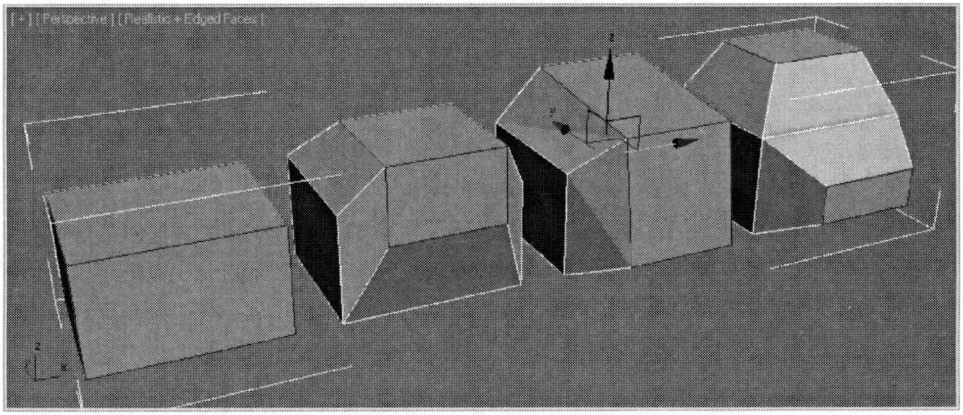


*De gauche à droite, la sélection initiale, un biseau groupé, un biseau suivant les normales des sommets, un biseau par polygone.*

- En mode polygone, sélectionnez le ou les polygones concernés.
- Entrez en mode biseau en cliquant sur le bouton **Bevel** ou par le menu **Quad** - **Bevel**.
- Maintenez le bouton gauche de la souris enfoncé sur la sélection ou cliquez sur un polygone désélectionné qui deviendra la sélection, faites glisser la souris pour définir la hauteur d'extrusion puis relâchez le bouton de la souris.
- Faites glisser à nouveau la souris pour changer la valeur du biseau puis cliquez pour valider et faites un clic droit pour désactiver l'outil.
- Choisissez l'option **Bevel Settings** dans la liste du bouton **Bevel** ou faites un ⇧ clic sur le bouton **Bevel** pour paramétrer l'effet dans la vue et choisir entre les trois options d'extrusion.

## 3. Relier des polygones

Vous pouvez relier deux polygones par un ou plusieurs polygones nommés ponts. En mode polygone, plusieurs effets sont disponibles pour personnaliser le pont.

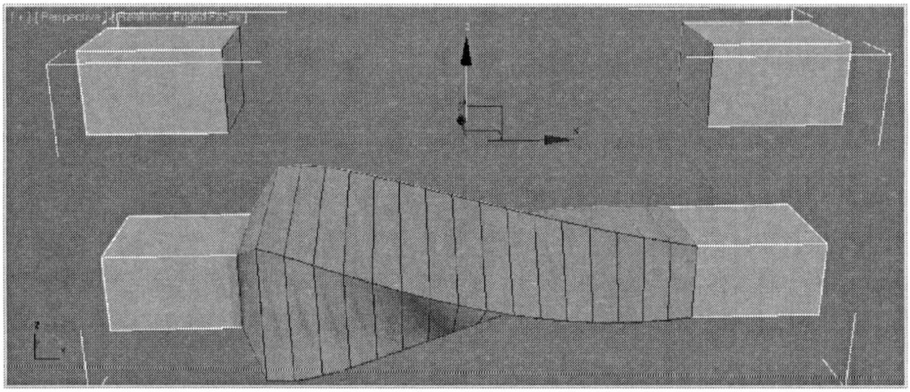

*En haut, les polygones sélectionnés ; en bas, le résultat.*

- En mode polygone, sélectionnez les deux polygones concernés.
- Créez un pont entre les deux polygones sélectionnés en cliquant sur le bouton **Bridge**. Choisissez l'option **Bridge Settings** dans la liste du bouton **Bridge** ou faites un ⇧ clic sur le bouton **Bridge** pour paramétrer l'effet dans la vue.

## 4. Uniformiser un polygone

3ds Max vous permet d'uniformiser un polygone en fonction du nombre d'arêtes qu'il possède.

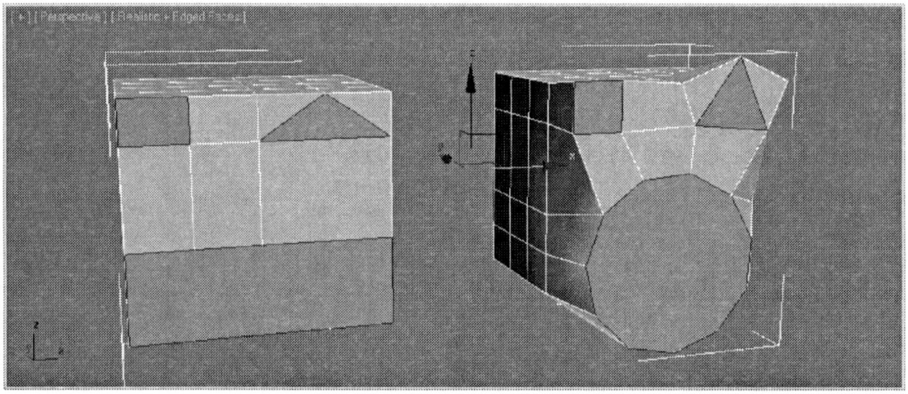

*L'outil **GeoPoly** tente d'uniformiser les polygones en fonction du nombre d'arêtes qu'ils possèdent.*

- En mode polygone, sélectionnez le ou les polygones concernés.
- Pour uniformiser les polygones de la sélection, cliquez sur le bouton **GeoPoly**.
- Pour inverser la direction de la normale du polygone, cliquez sur le bouton **Flip**.

## 5. Insérer des polygones

Vous pouvez réduire la surface des polygones tout en créant de nouveaux polygones.

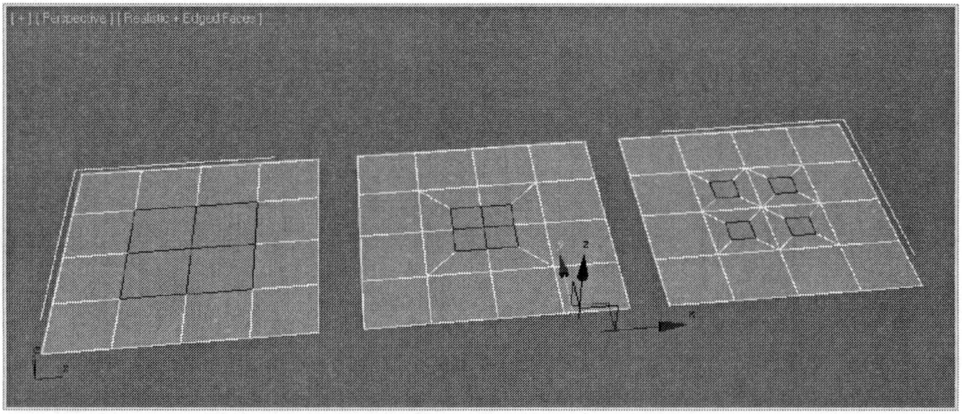

*De gauche à droite, la sélection originale, une insertion groupée, une insertion par polygone.*

- En mode polygone, sélectionnez le ou les polygones concernés.
- Pour créer de nouveaux polygones à l'intérieur de la zone sélectionnée, cliquez sur le bouton **Inset** ou utilisez le menu **Quad** - **Inset**.
- Maintenez le bouton gauche de la souris enfoncé sur la sélection ou cliquez sur un polygone désélectionné qui deviendra la sélection puis faites glisser la souris verticalement.

  Relâchez le bouton gauche pour valider et faites un clic droit pour désactiver l'outil.
- Choisissez l'option **Inset Settings** dans la liste du bouton **Inset** ou faites un ⇧ clic droit sur le bouton **Inset** pour paramétrer l'effet dans la vue et choisir la méthode d'insertion ainsi que la quantité insérée.

## 6. Dilater des polygones

Vous pouvez changer la taille d'une sélection de polygones.

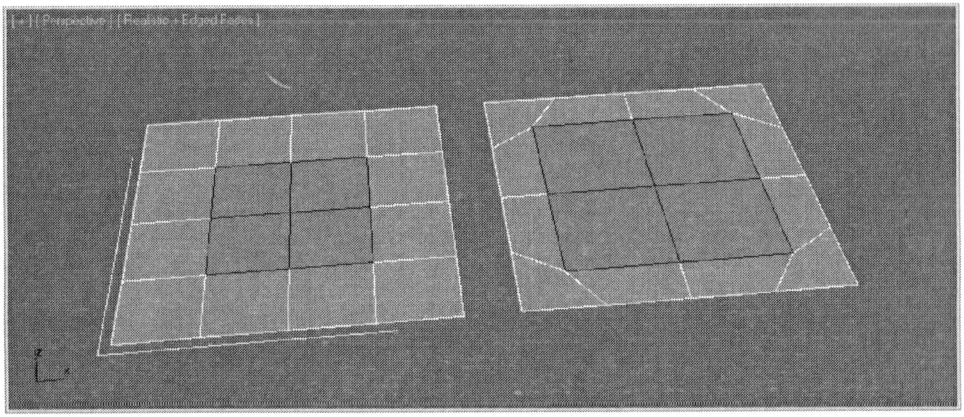

*À gauche, la sélection originale ; à droite, une dilation de la sélection.*

- En mode polygone, sélectionnez le ou les polygones concernés.
- Pour modifier la taille des polygones sélectionnés, cliquez sur le bouton **Outline**.
- Maintenez le bouton gauche de la souris enfoncé sur la sélection ou cliquez sur un polygone désélectionné qui deviendra la sélection puis faites glisser la souris vers l'intérieur ou vers l'extérieur de la sélection selon la taille souhaitée pour les polygones.

  Relâchez le bouton gauche pour valider et faites un clic droit pour désactiver l'outil.
- Choisissez l'option **Outline Settings** dans la liste du bouton **Outline** ou faites un ⇧ clic droit sur le bouton **Outline** pour paramétrer l'effet dans la vue.

## 7. Extrusion par rotation autour d'une arête

Vous pouvez extruder une sélection de polygones tout en utilisant une arête comme centre de rotation.

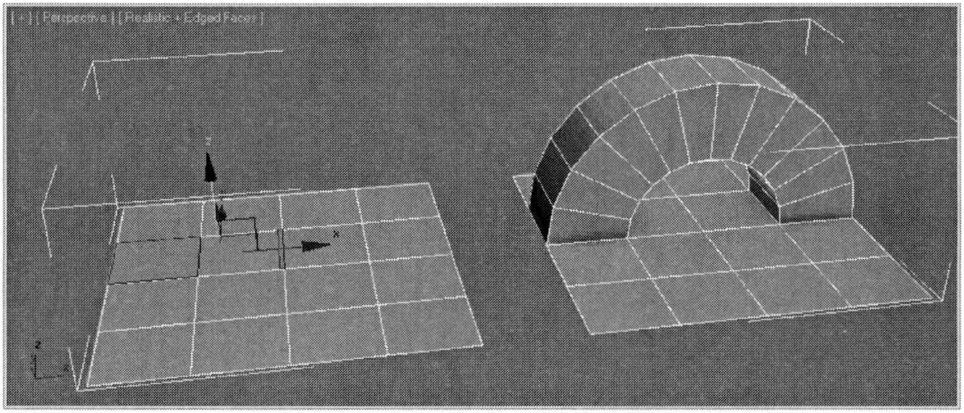

*À gauche, la sélection de polygones originale et l'arête utilisée comme centre de rotation ; à droite le résultat.*

- Pour créer une extrusion tout en utilisant une arête comme centre de rotation, sélectionnez le ou les polygones à extruder puis cliquez sur le bouton **Hinge** ou utilisez le menu **Quad** - **Hinge from Edge**.
- Maintenez le bouton gauche de la souris enfoncé sur une arête et faites glisser la souris pour définir l'angle de rotation.
- Choisissez l'option **Hinge Settings** dans la liste du bouton **Hinge** ou faites un [Maj] clic droit sur le bouton **Hinge** pour paramétrer l'effet dans la vue et avoir accès aux paramètres supplémentaires comme le nombre de segments de l'extrusion (définissant la courbure).

## 8. Extrusion le long d'une spline

Il est également possible d'extruder une sélection de polygones le long d'une spline. Cette spline ne fait pas partie de l'objet polygone éditable.

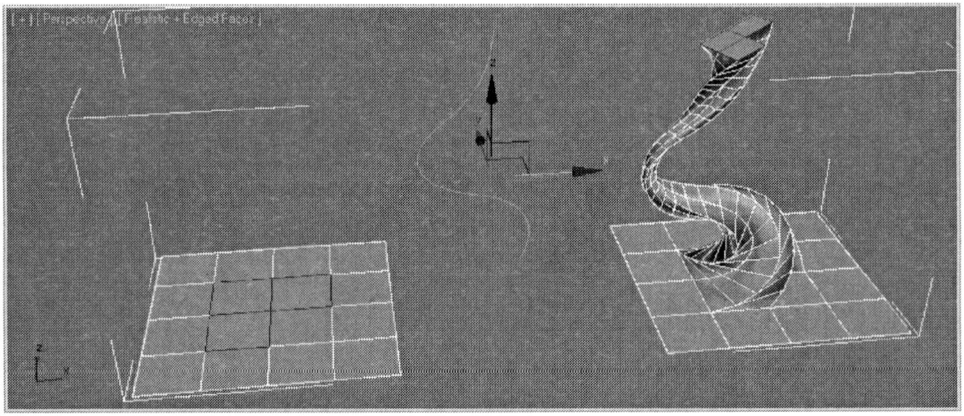

*De gauche à droite, la sélection initiale, la spline d'extrusion, le résultat.*

- Créez la spline puis allez dans l'objet polygone éditable pour créer l'extrusion.
- Sélectionnez les polygones concernés, cliquez sur le bouton **Extrude on Spline** ou utilisez le menu **Quad** - **Extrude along Spline** et cliquez sur la spline.
- Choisissez l'option **Extrude on Spline Settings** dans la liste du bouton **Extrude on Spline** ou faites un ⇧ clic sur le bouton **Extrude on Spline** pour paramétrer l'effet dans la vue et accéder aux nombreuses options.

## 9. Insérer des sommets sur des polygones

Le dernier outil des polygones vous permet d'insérer un nouveau sommet sur n'importe quel polygone.

- Pour insérer des sommets sur la surface, cliquez sur le bouton **Insert Vert** ou utilisez le menu **Quad** - **Insert Vertex**.
- Cliquez sur la surface de l'objet pour ajouter des sommets au maillage et au besoin créer de nouvelles arêtes.
- Faites un clic droit pour désactiver l'outil.

## K. Les outils d'éléments

Le panneau **Elements** n'apparaît qu'en mode élément.

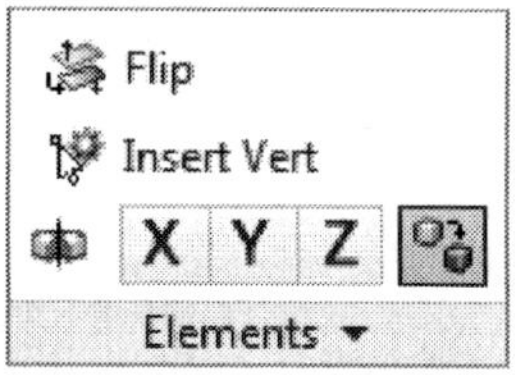


- Pour inverser la normale de tous les polygones de l'élément sélectionné, cliquez sur le bouton **Flip**.
- Pour insérer des sommets sur la surface, cliquez sur le bouton **Insert Vert** et cliquez sur la surface de l'objet pour ajouter des sommets au maillage et au besoin créer de nouvelles arêtes.
- Pour appliquer un effet miroir sur l'élément sélectionné, cliquez sur le bouton **X**, **Y** ou **Z** selon l'axe miroir que vous souhaitez utiliser.
- Pour copier l'élément lors d'une opération miroir, activez le bouton  .

## L. Les boucles

Le panneau **Loops** n'est disponible que dans les modes sommet, arête et polygone.

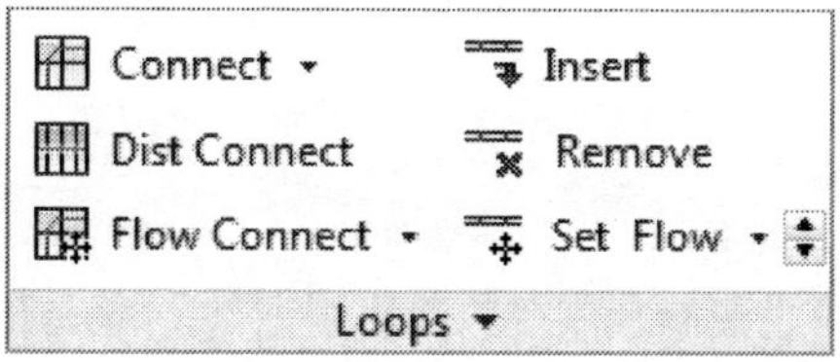


L'outil **Connect** permet de rajouter des arêtes perpendiculairement à d'autres arêtes. Il n'est disponible que pour les modes sommets et arêtes.

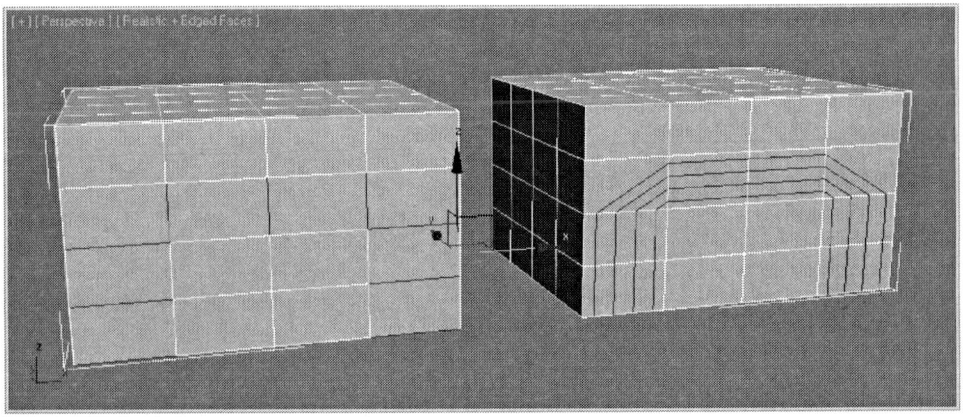

*À gauche, la sélection initiale ; à droite, le résultat.*

- Pour connecter les arêtes sélectionnées, cliquez sur le bouton **Connect** ou utilisez le menu **Quad** - **Connect**. Choisissez l'option **Connect Settings** de la liste du bouton **Connect** ou faites un [⇧] clic sur le bouton **Connect** pour paramétrer l'effet dans la vue.
- Pour connecter les sommets sélectionnés, cliquez sur le bouton **Connect** ou utilisez le menu **Quad** - **Connect**. Il n'est possible de connecter que deux sommets d'un même polygone.
- En mode sommet et arête, pour connecter des arêtes parallèles sélectionnées séparées par plusieurs arêtes, cliquez sur le bouton **Dist Connect**.

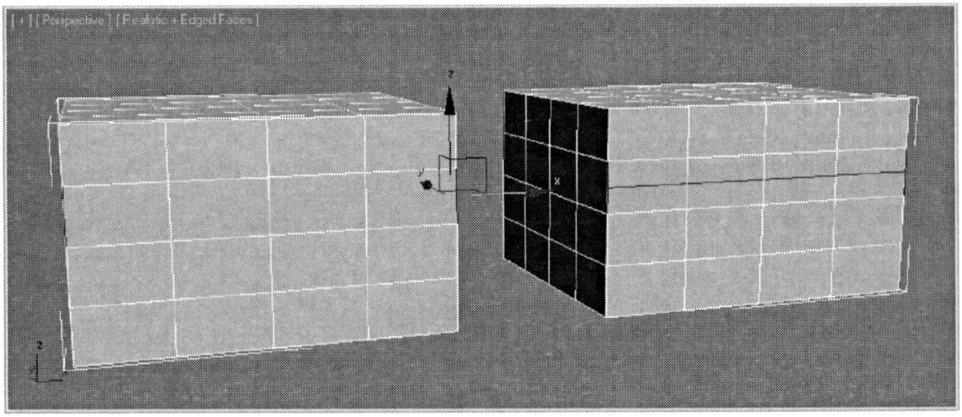

*À gauche, les arêtes sélectionnées ; à droite, le résultat obtenu.*

- En mode arête seulement, pour connecter des arêtes sélectionnées en adoucissant la forme de l'objet, cliquez sur le bouton **Flow Connect**.

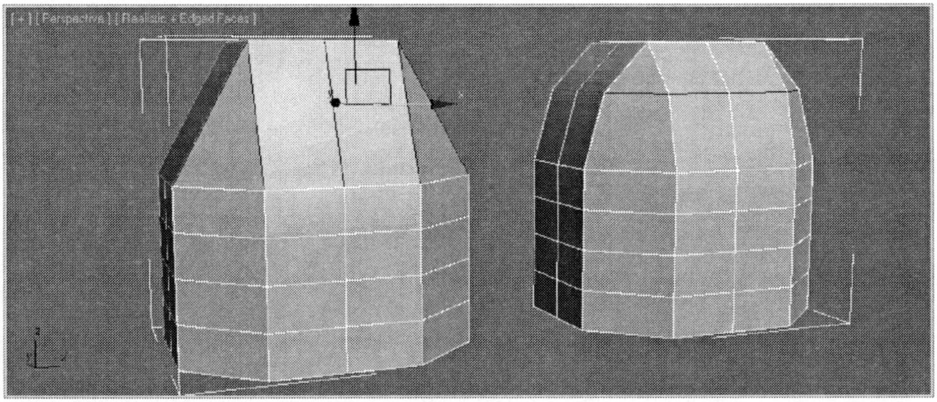

*À gauche, la section initiale ; à droite, le résultat obtenu.*

- Pour ajuster le résultat obtenu à l'aide du bouton **Flow Connect** ou modifier la position d'une boucle pour adoucir une forme, maintenez le bouton gauche de la souris enfoncé sur les flèches situées à droite du bouton **Set Flow** et faites glisser la souris de haut en bas et vice versa.
- Un clic sur le bouton **Set Flow** adoucira la sélection avec la dernière valeur de **Flow** utilisée.
- Pour ajuster la vitesse de changement des flèches situées à droite du bouton **Set Flow**, modifiez la valeur **Set Flow Speed**.
- Pour modifier le maillage de fin d'une double connexion, sélectionnez l'arête de fin ou ses deux sommets et cliquez sur le bouton **Build End**.

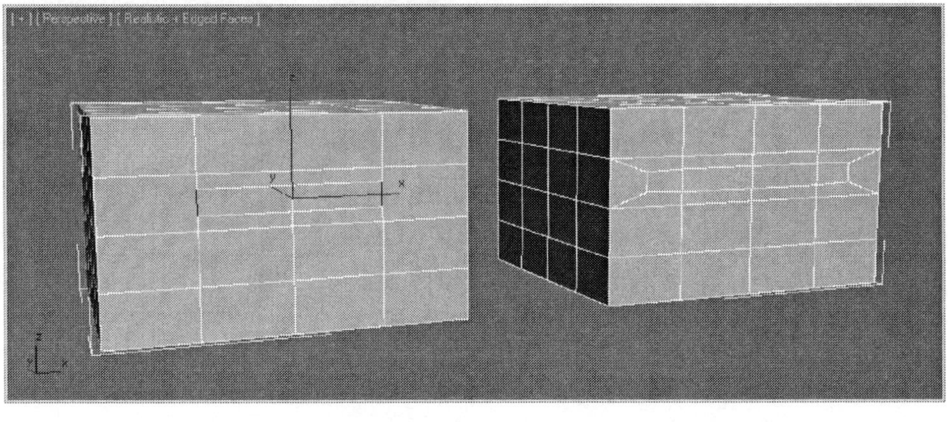

*À gauche, la sélection de la fin de la double connexion ; à droite, le résultat obtenu.*

- Pour modifier le maillage d'un coin de connexion, sélectionnez l'arête de coin ou ses deux sommets et cliquez sur le bouton **Build Corner**.

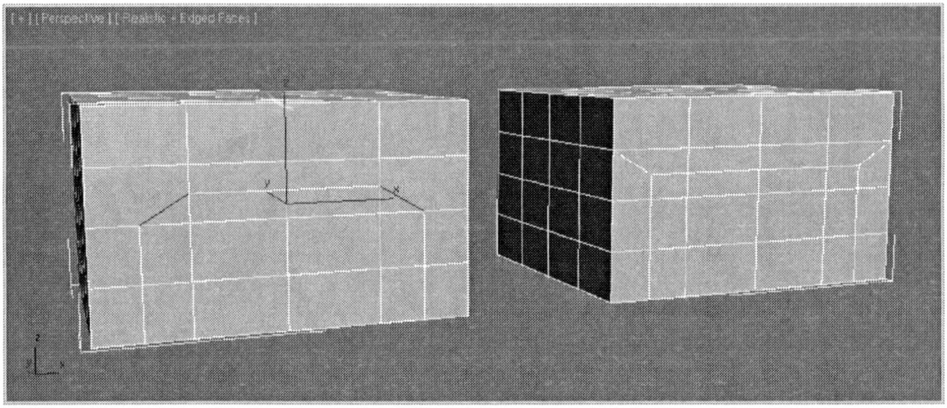

*À gauche, la sélection du coin de connexion ; à droite, le résultat obtenu.*

- Uniquement en mode arête, vous pouvez connecter plusieurs arêtes sélectionnées à des positions aléatoires sur chaque arête en cliquant sur le bouton **Random Connect**. Il est possible de créer une boucle complète de connexion même si vous n'avez pas sélectionné toutes les arêtes de cette boucle, soit en cochant l'option **Auto Loop** (liste **Random Connect**) avant de cliquer sur **Random Connect**, soit en faisant ⇧ clic sur le bouton **Random Connect**. La valeur à droite du bouton **Random Connect** indique l'amplitude de l'aléatoire.

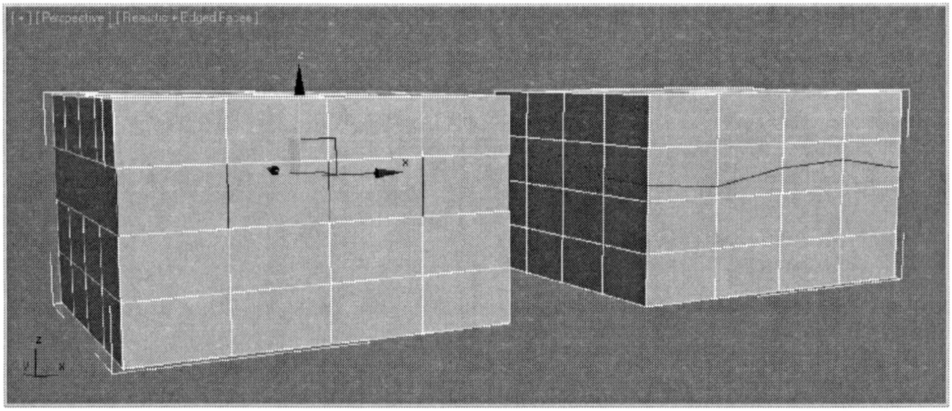

*Une connexion aléatoire à droite sur les arêtes sélectionnées à gauche.*

- Pour insérer de nouvelles boucles d'arêtes perpendiculairement aux arêtes sélectionnées ou à leurs sommets sélectionnés, cliquez sur **Insert**.

- Pour insérer de nouvelles boucles d'arêtes au centre des polygones sélectionnés, cliquez sur **Insert**. Au moins deux polygones décrivant le sens de la boucle doivent être sélectionnés.
- Pour supprimer une boucle dont font partie les arêtes sélectionnées ou leurs sommets sélectionnés, cliquez sur le bouton **Remove**.
- Pour supprimer les boucles des arêtes des polygones sélectionnés, cliquez sur le bouton **Remove**.

  L'outil **Loop Tools** est accessible uniquement en mode arête.

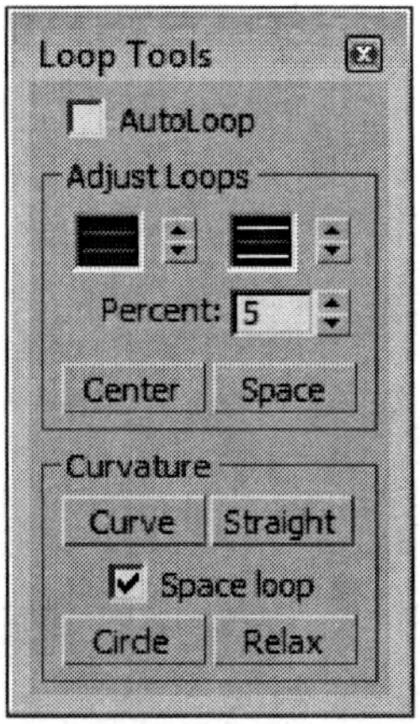


*La boîte de dialogue **Loop Tools** présente des fonctionnalités avancées de gestion des boucles d'arêtes.*

- Pour ajuster l'espacement entre deux boucles sélectionnées, utilisez le spinner 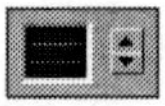. La valeur **Percent** définit la vitesse de variation de ce spinner.
- Pour ajuster la distance entre une boucle sélectionnée et les boucles l'entourant, utilisez le spinner 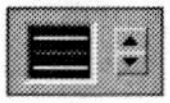. La valeur **Percent** définit la vitesse de variation de ce spinner.
- Pour replacer la boucle sélectionnée au milieu des boucles l'entourant, cliquez sur le bouton **Center**.
- Pour répartir uniformément les sommets tout au long de la boucle, cliquez sur le bouton **Space**.
- Pour adoucir une boucle et lui donner la forme d'une courbe, cliquez sur le bouton **Curve**.
- Pour aplatir une boucle, cliquez sur le bouton **Straight**.
- Pour donner à une boucle la forme d'un cercle, cliquez sur **Circle**.
- Pour relaxer une boucle, cliquez sur le bouton **Relax**.

## M. La triangulation

Le panneau **Tris** est disponible dans les modes arête, bordure, polygone et élément.

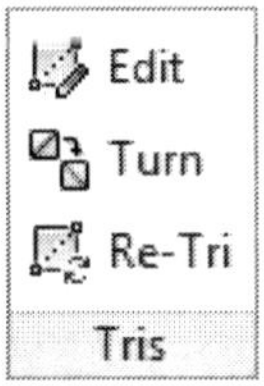


Nous ne le répéterons jamais assez, car c'est une mécompréhension récurrente de la 3D polygonale, les polygones sont constitués de triangles.

Vous pouvez visualiser et changer la disposition des arêtes invisibles des polygones.

- Pour entrer en mode de modification des arêtes invisibles, cliquez sur le bouton **Edit** ou utilisez le menu **Quad** - **Edit Triangulation**.

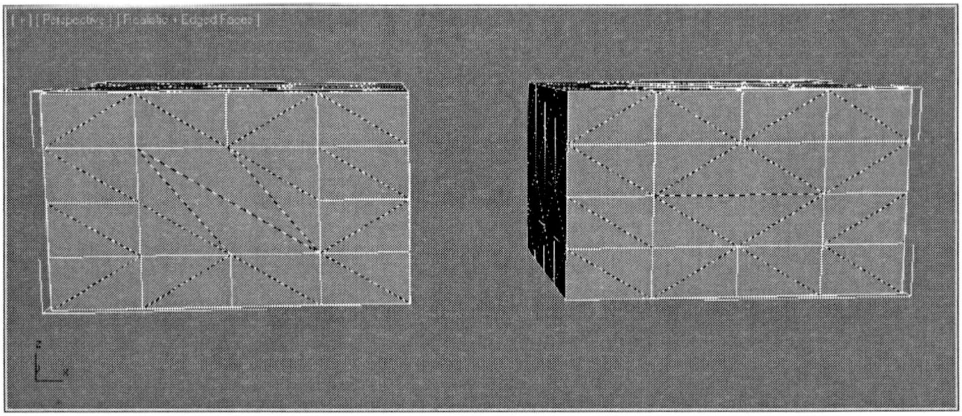

*Les arêtes invisibles apparaissent sous la forme de traits en pointillés. À gauche, la triangulation de départ ; à droite, la triangulation modifiée.*

- Pour définir une arête invisible, cliquez sur le premier sommet de la future arête.
- Cliquez sur le deuxième sommet, la triangulation est recalculée avec cette nouvelle donnée.
- Faites un clic droit pour quitter l'outil ou cliquez à nouveau sur le bouton **Edit**.
- Pour tourner une arête invisible, cliquez sur le bouton **Turn** et cliquez sur une arête invisible. Un clic droit désactive l'outil.
- En mode polygone/élément, vous pouvez demander à 3ds Max de recalculer la triangulation la plus évidente pour la sélection en cliquant sur le bouton **Re-Tri**.

## N. La subdivision

Le panneau **Subdivision** apparaît dans tous les modes sous-objet et dans le mode objet également.

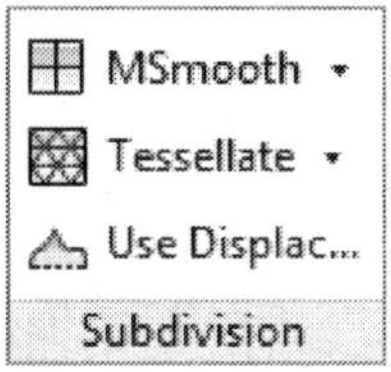


**ASTUCE**

*À la différence de l'outil **NURMS**, les outils de subdivision augmentent définitivement le maillage. Si vous les utilisez, c'est bien pour ajouter des polygones avec lesquels travailler et non pas adoucir le rendu de votre modélisation.*

L'outil **MSmooth** multiplie les polygones en adoucissant l'objet.

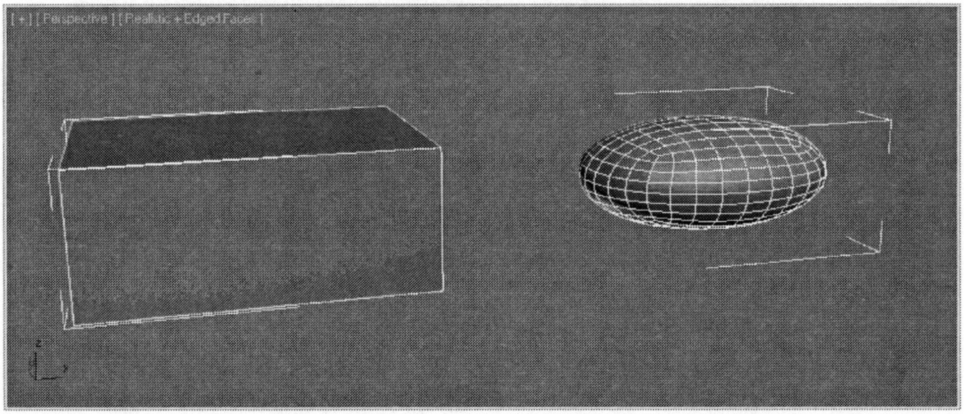

*À gauche, l'objet original ; à droite, trois applications successives de l'outil **MSmooth**.*

➲ Pour appliquer la subdivision **MSmooth** à la sélection, cliquez une ou plusieurs fois sur le bouton **MSmooth**. Choisissez l'option **MeshSmooth Settings** dans la liste du bouton **MSmooth** ou faites un ⇧ clic droit sur le bouton **MSmooth** pour paramétrer l'effet dans la vue.

La tesselation est une technique de subdivision différente. L'objet n'est pas adouci mais les subdivisions peuvent subir une tension. Les subdivisions peuvent diviser les polygones ou les arêtes pour obtenir deux maillages différents.

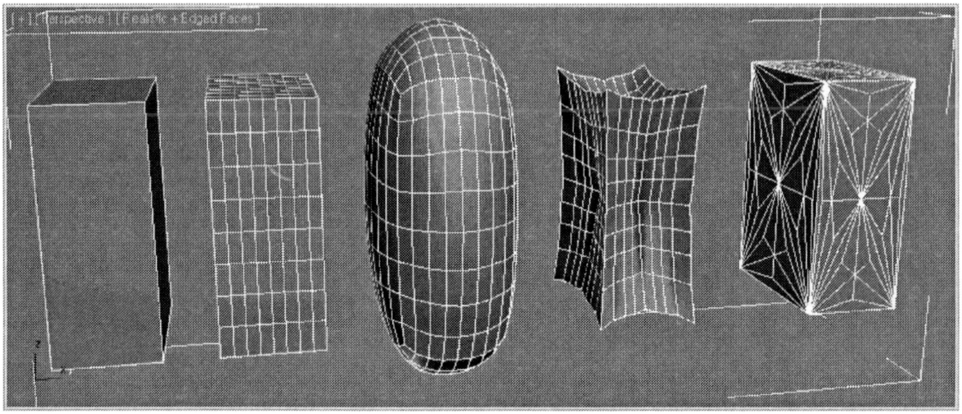

*De gauche à droite, l'objet original, trois tesselations par arête sans tension, trois tesselations par arête avec tension de 25, trois tesselations par arête avec tension de -25, trois tesselations par face.*

- Pour appliquer la tesselation à la sélection, cliquez une ou plusieurs fois sur le bouton **Tessellate**. Choisissez l'option **Tessellate Settings** dans la liste du bouton **Tesselate** ou faites un ⇧ clic droit sur le bouton **Tesselate** pour modifier les paramètres de tesselation : vous pourrez choisir d'appliquer la tesselation sur les arêtes ou sur les faces et, si vous avez choisi une tesselation sur les arêtes, vous pourrez modifier la valeur de tension d'arête.

## O. La visibilité

Le panneau de visibilité n'est visible que dans les modes sommet, polygone et élément.

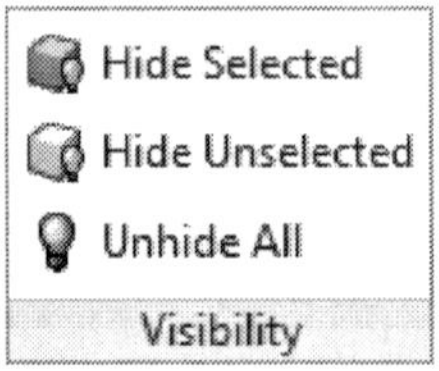


- Pour masquer la sélection, cliquez sur le bouton **Hide Selected**.
- Pour masquer ce qui n'est pas sélectionné, cliquez sur le bouton **Hide Unselected** ou utilisez le menu **Quad** - **Hide Unselected**.
- Pour afficher tout ce qui a été masqué, cliquez sur le bouton **Unhide All**.

## P. L'alignement

Le panneau alignement est visible dans tous les modes sous-objet et également en mode objet.

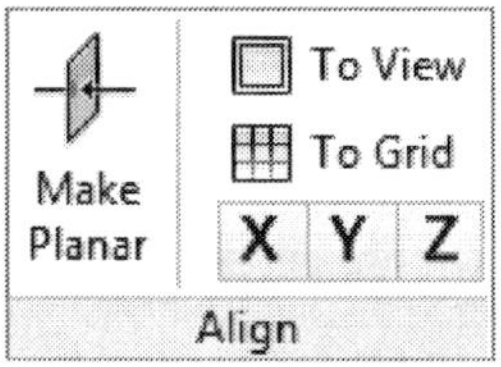


➲ Pour rendre planaire la sélection, cliquez sur le bouton **Make Planar**.

**ASTUCE**

*Rendre planaire une surface implique que ses sommets vont être déplacés. Cela peut rendre non planaire une autre surface utilisant les mêmes sommets.*

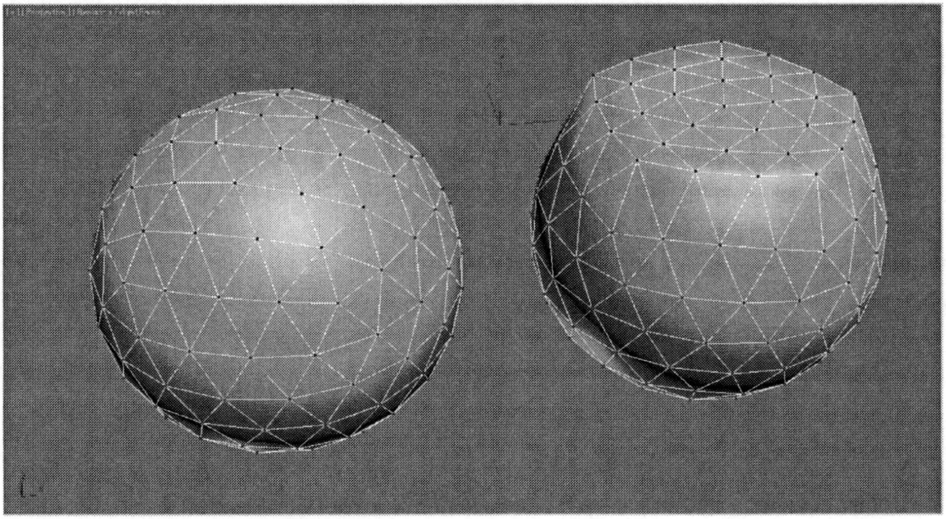

*La sélection à gauche est devenue planaire, à droite.*

➲ Pour aligner une sélection sur la vue, cliquez sur le bouton **To View** : cette opération déplace tous les sommets de la sélection en les projetant dans le plan parallèle à la vue et en passant par le barycentre de la sélection.

➲ Pour aligner une sélection avec la grille, cliquez sur le bouton **To Grid** : cette opération projette tous les sommets de la sélection sur la grille.

- Pour aligner la sélection sur le plan **X**, **Y** ou **Z**, cliquez sur le bouton correspondant : cette opération déplace tous les sommets de la sélection en les projetant dans le plan **X**, **Y** ou **Z** passant par le barycentre de la sélection.

## Q. Les propriétés

Le panneau **Properties** apparaît dans tous les modes sous-objet et également dans le mode objet.

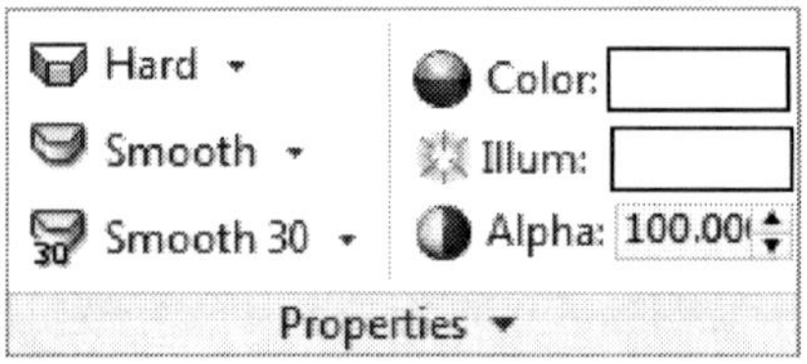


Le panneau propriétés inclut la gestion des groupes de lissage et les canaux de sommets.

- Pour exclure l'ensemble des polygones de l'objet des groupes de lissage, cliquez sur le bouton **Hard**.

  En mode polygone et élément, choisissez l'option **Hard Selected** dans la liste du bouton **Hard** pour n'opérer que sur la sélection.

- Pour inclure l'ensemble des polygones de l'objet dans le même groupe de lissage, cliquez sur le bouton **Smooth**.

  En mode polygone et élément, choisissez l'option **Smooth Selected** dans la liste du bouton **Smooth** pour n'opérer que sur la sélection.

- Pour classer automatiquement l'ensemble des polygones de l'objet dans des groupes de lissage en fonction des angles formés entre les polygones (inférieur à 30 degrés implique le même groupe de lissage), cliquez sur le bouton **Smooth 30**. En mode polygone/élément, choisissez l'option **Smooth 30 Selected** dans la liste du bouton **Smooth 30** pour n'opérer que sur la sélection.

- En mode polygone/élément, vous pouvez ouvrir l'outil de gestion des groupes de lissage en cliquant sur le bouton **SmGroups**.

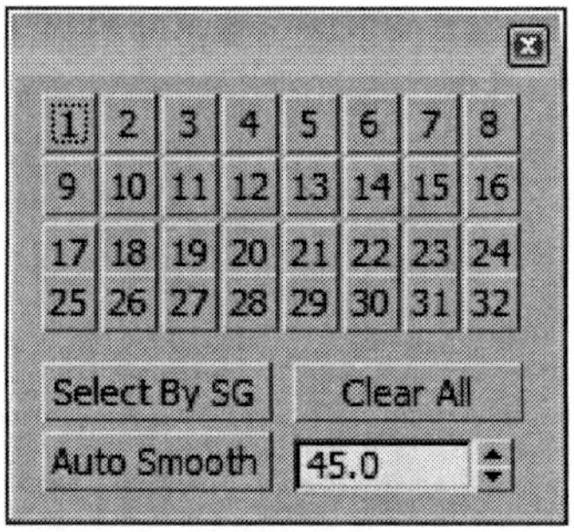


*La gestion des groupes de lissage.*

- Si une partie de la sélection ou toute la sélection n'appartient pas à un groupe de lissage, cliquez sur le bouton numéroté de ce groupe de lissage pour inclure la sélection dans ce groupe.
- Si toute la sélection est incluse dans un groupe de lissage, cliquez sur le bouton numéroté de ce groupe de lissage pour exclure la sélection de ce groupe.
- Cliquez sur le bouton **Clear All** pour exclure la sélection de tous les groupes de lissage.
- Cliquez sur le bouton **Auto Smooth** pour inclure les faces de la sélection automatiquement dans des groupes de lissage en fonction des angles entre les faces. Si l'angle entre deux faces est supérieur à la valeur à droite du bouton **Auto Smooth**, ces deux faces seront incluses dans des groupes de lissage séparés.
- Le bouton **Select By SG** ouvre une boîte de dialogue dans laquelle vous pouvez choisir des groupes de lissage. Toutes les faces incluses dans ces groupes seront sélectionnées.

En mode sommet, polygone et élément, vous pouvez modifier les valeurs contenues dans les canaux de sommets.

- Pour changer la valeur du canal couleur de l'élément, des sommets ou des polygones sélectionnés, cliquez sur le sélecteur de couleur associé au bouton **Color**, choisissez une couleur et cliquez sur le bouton **OK**.
- Pour changer la valeur du canal illumination de l'élément, des sommets ou des polygones sélectionnés, cliquez sur le sélecteur de couleur associé au bouton **Illum**, choisissez une couleur et cliquez sur **OK**.
- Pour changer la valeur du canal alpha de l'élément, des sommets ou des polygones sélectionnés, changez la valeur **Alpha** et validez par ↵.

# Chapitre 13
# Les polygones éditables : outils de forme libre

## A. La théorie : retopologisation

L'onglet **Freeform** du ruban rassemble des outils de création polygonale par dessin à la main. Lorsque l'on souhaite dessiner une surface 3D à la main, on a besoin d'un support. Vous pouvez utiliser la grille pour créer une surface à plat mais cela est limité.

Vous pouvez utiliser un modèle préexistant pour dessiner sur sa surface : la retopologisation. Mais, direz-vous, cela revient à recréer le modèle sur lequel on dessine la surface, alors pourquoi ne pas utiliser le modèle qu'on a déjà ? C'est vrai, mais cela répond à une problématique de plus en plus récurrente dans le domaine de la 3D.

Pour bien comprendre l'enjeu de cet outil qui a été réclamé d'une voix forte par les utilisateurs de 3ds Max, observons rapidement un process de production 3D.

Nous l'avons dit, le point fort de 3ds Max est l'édition de modèles polygonaux. Mais cette édition, pour rester performante et intuitive, nécessite un nombre de polygones le plus faible possible. Aujourd'hui, les créations 3D demandent de plus en plus de finesse, de détails. Les artistes ont tendance à utiliser des outils de sculpture 3D tels que MudBox ou ZBrush. Ces outils de sculpture utilisent des modèles 3D avec plusieurs millions de polygones.

En termes de finesse et de détails, les modèles issus de la sculpture sont parfaits, mais leur complexité les rend difficilement animables, difficilement texturables. Ils ne peuvent être utilisés directement dans les produits tels que les jeux vidéo qui demandent des modèles de faible complexité pour être exploités en temps réel.

L'une des solutions serait de demander aux artistes de créer directement dans 3ds Max avec des contraintes techniques telles qu'un budget de polygones. Ce n'est généralement pas une bonne solution : pour exprimer leur talent, les artistes doivent utiliser les outils qui leur correspondent le mieux.

Ainsi, pour exploiter ces modèles issus de la sculpture, il suffit de les retopologiser, c'est-à-dire de créer un nouveau maillage polygonal sur leur surface. Ce nouveau maillage prendra en compte les contraintes techniques du produit final.

Il est possible, sur le modèle de faible résolution, de récupérer la finesse et le détail de la sculpture dans une texture appliquée sur le modèle de faible résolution. Plus de détails dans le chapitre Édition avancée des coordonnées de texture.

**ASTUCE**

*N'oubliez pas qu'un certain nombre d'outils des panneaux sont masqués. Si c'est le cas, une flèche noire est affichée à droite du titre du panneau. Pour les afficher, cliquez sur la flèche noire et éventuellement l'épingle pour constamment garder le panneau ouvert.*

## B. Création polygonale

- Cliquez sur le bouton **Freeform** du ruban.

  Le panneau **PolyDraw** de l'onglet **Freeform** est accessible lorsque vous avez un objet polygone éditable sélectionné.

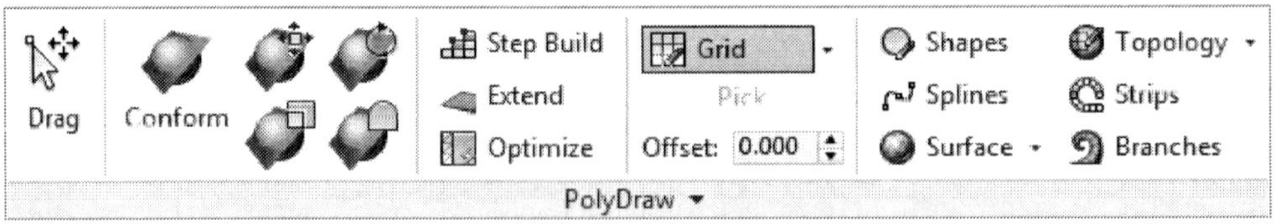


Afin de présenter les outils en conditions réelles dans le cadre d'une retopologie, nous allons utiliser une sculpture venant d'un logiciel tiers.

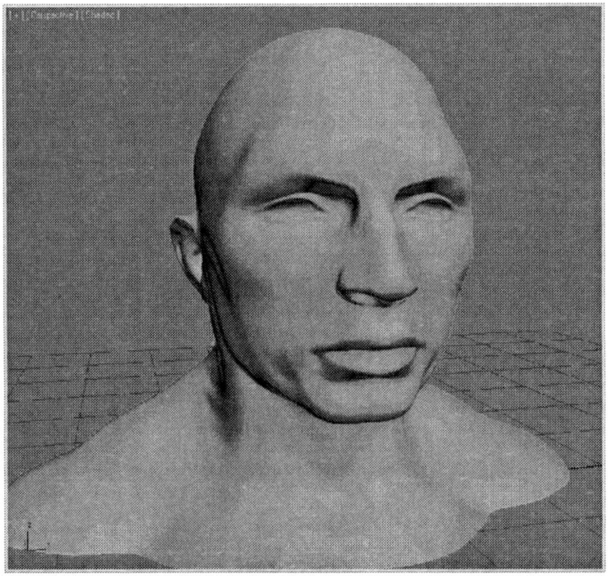

*Nous utiliserons cette sculpture d'environ 2 millions de polygones pour une retopologie.*

## 1. Respect de surface

Voyons tout d'abord les outils de respect de surface. Ces outils déforment un maillage afin de l'amener à épouser la forme d'un autre maillage.

➲ Créez un plan et positionnez-le devant votre modèle.

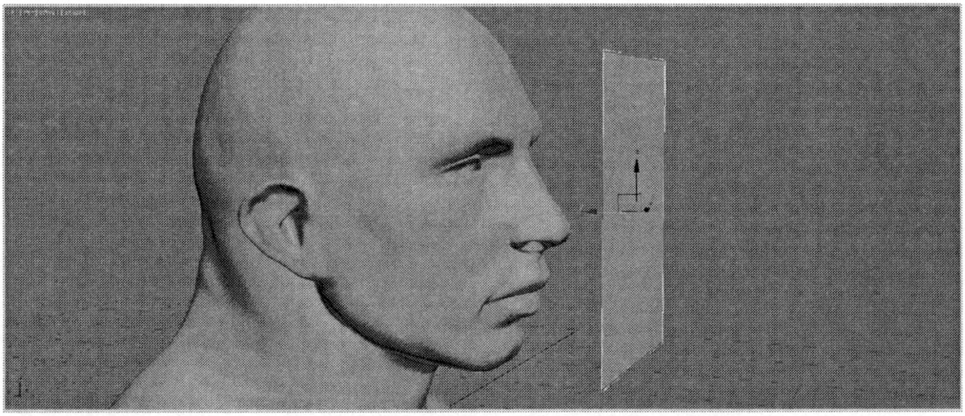

Nous allons appliquer, tel un tissu, le plan contre la surface à respecter.

➲ Afin d'obtenir une déformation assez douce, donnez à votre plan un nombre de segments horizontal et vertical suffisant, par exemple 20.

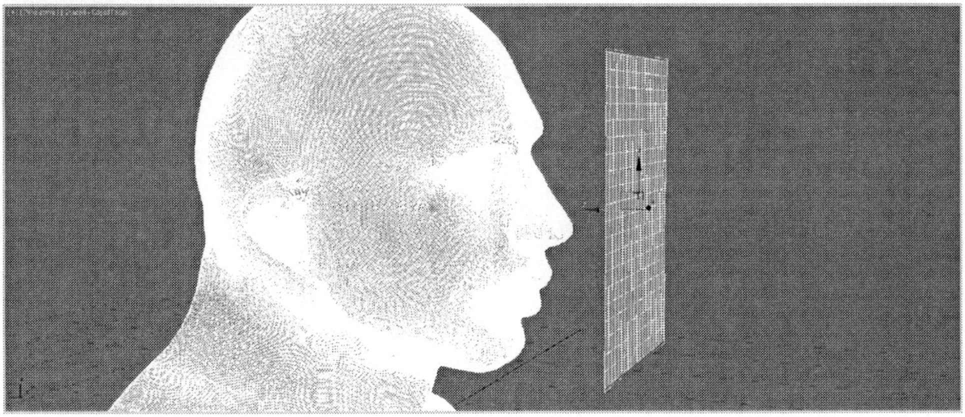

*Si nous activons l'affichage des arêtes, le modèle de référence est tellement dense que nous ne discernons plus sa surface.*

- Pour afficher uniquement le maillage du plan, allez dans la configuration des vues : cliquez sur le premier menu de la vue et sur l'option **Configure Viewports** ou utilisez le menu **Views** - **Viewport Configuration**.

  Rendez-vous dans l'onglet **Visual Style & Appearance**.

  Décochez l'option **Edged Faces** pour désactiver l'affichage des arêtes dans la vue et cochez l'option **Display Selected with Edged Faces** pour afficher uniquement les arêtes des objets sélectionnés. Validez en cliquant sur le bouton **OK**.
- Sélectionnez le plan et verrouillez la sélection pour vous garantir de ne pas changer de sélection pendant vos manipulations en cliquant sur le bouton  de la barre de statuts ou appuyez sur la touche Espace.

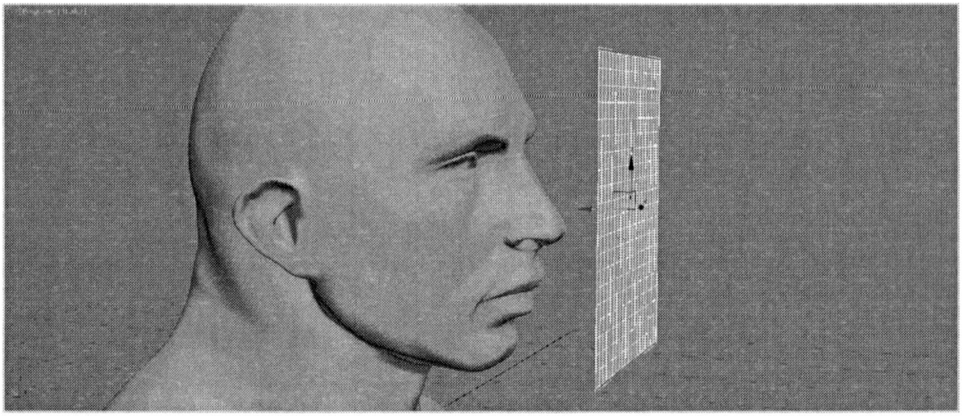

*Nous sommes prêts à travailler sur le plan.*

- Convertissez le plan en polygones éditables en cliquant sur le bouton **Convert to Poly** du panneau **Polygon Modeling** de l'onglet **Graphite Modeling Tools** du ruban.
- Cliquez sur l'onglet **Freeform**.

## 2. Préparation

Avant de commencer, nous devons indiquer à 3ds Max quelle est la surface de référence à respecter. Par défaut, la surface de référence est la grille.

- Ouvrez la liste du bouton de surface de référence  et choisissez **Draw On: Surface**.

- Cliquez sur le bouton **Pick** juste en dessous puis sur le modèle de référence dans la vue, ici le visage.

  Le nom du modèle de référence s'affiche à la place du texte **Pick**. Vous pouvez à tout moment changer de surface de référence.

### Remarque

*Utilisez la grille comme surface de référence est synonyme de création libre d'une forme « à plat ». Vous pouvez aussi utiliser la sélection comme surface de référence (l'objet est modifié par rapport à lui-même).*

- Réorientez la vue afin d'avoir le plan entre vous et le modèle.

  Nous allons pousser le plan sur le modèle de référence.

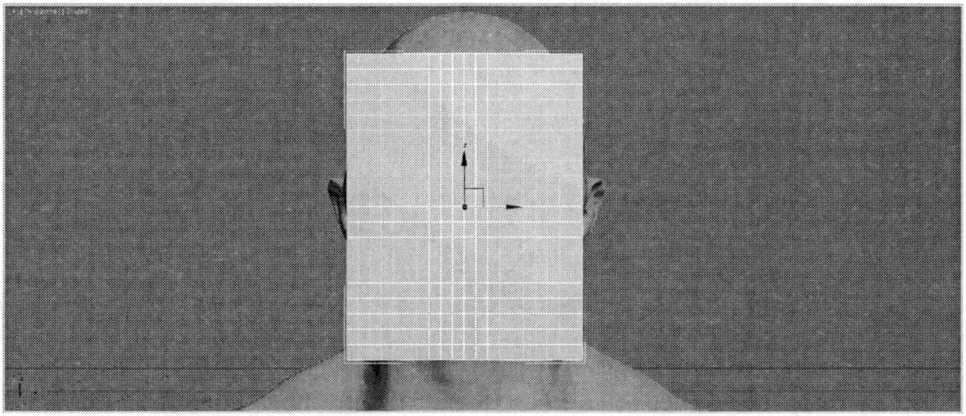

- Cliquez sur le bouton **Conform** pour entrer en mode respect de surface.

  Le panneau flottant **Conform Options** apparaît.

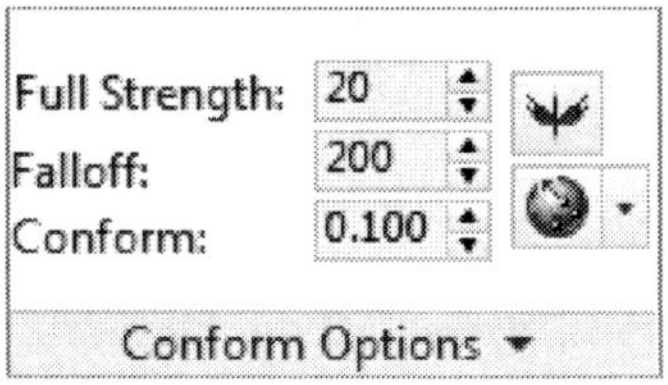


*Vous pouvez insérer ce panneau dans le ruban.*

Trois paramètres définissent l'impact de l'outil **Conform** : la valeur **Full Strength** définit la taille de la zone d'action à l'intensité maximale. La valeur **Falloff** définit la taille de la zone d'action à l'extérieur de laquelle l'outil **Conform** n'a plus d'effet ; son effet est progressif entre le bord de la zone **Full Strength** et le bord de la zone **Falloff**. La valeur **Conform** est la force de déformation.

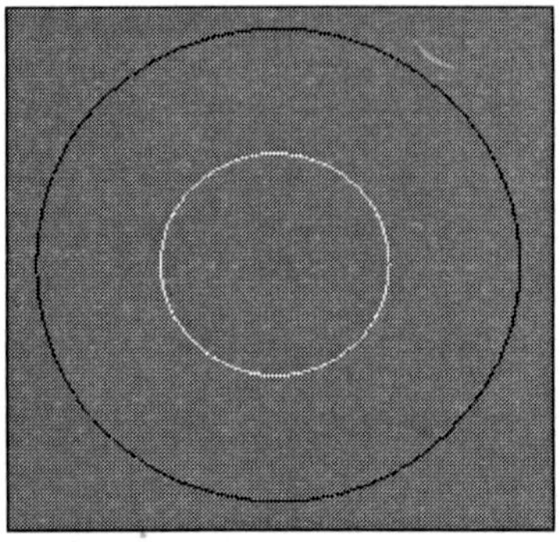

*Le curseur de la souris change pour des cercles. Le cercle blanc représente la zone **Full Strength** et le cercle noir la zone **Falloff**.*

- Maintenez la touche [⇧] enfoncée puis faites glisser la souris dans la vue pour modifier la valeur **Full Strength**. Relâchez le bouton de la souris pour valider. Vous pouvez également changer cette valeur dans le panneau **Conform Options**.
- Maintenez la touche [Ctrl] enfoncée puis faites glisser la souris dans la vue pour modifier la valeur **Falloff**. Relâchez le bouton de la souris pour valider. Vous pouvez également changer cette valeur dans le panneau **Conform Options**.
- Maintenez la touche [Alt] enfoncée puis faites glisser la souris dans la vue pour modifier la valeur **Conform**. Relâchez le bouton de la souris pour valider. Vous pouvez également changer cette valeur dans le panneau **Conform Options**.
- Pour changer la force globale de l'effet, modifiez la valeur **Strength** dans le panneau **Conform Options**.
- Maintenez le bouton gauche de la souris au-dessus du plan et faites glisser la souris pour appliquer le respect de surface sur le plan.
- Faites un clic droit pour désactiver l'outil.

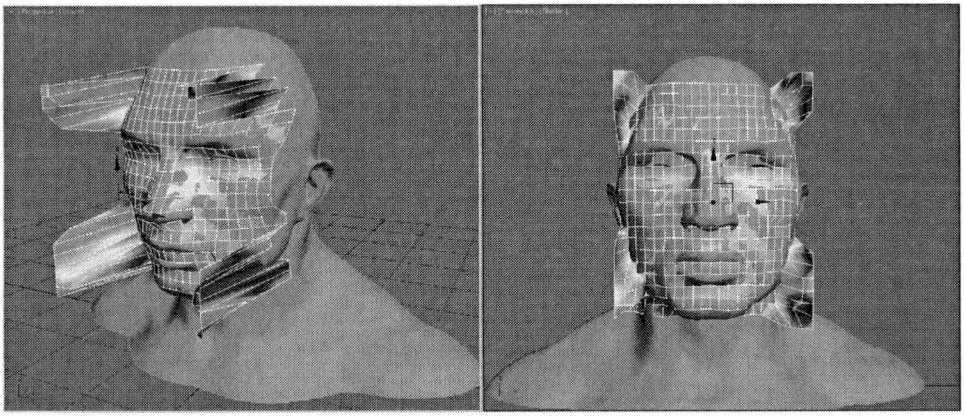

*Le plan s'est déformé pour épouser la surface de l'objet. Certains sommets ne se sont pas déplacés car il n'y avait pas de surface à respecter derrière eux lors de l'utilisation de l'outil* ***Conform****.*

## 3. Respect de surface en symétrie

Vous pouvez appliquer la déformation avec respect d'une surface en symétrie par rapport à un axe. La même déformation sera appliquée de part et d'autre de cet axe.

- Pour entrer en mode symétrie, cliquez sur le bouton  du panneau **Conform Options**.
- Choisissez l'axe miroir en cliquant sur le bouton intitulé **Mirror Axis** : **X**, **Y** ou **Z**.
- Cliquez à nouveau sur le bouton du mode symétrie  pour quitter ce mode.

  Vous pouvez choisir si la forme est déplacée suivant les normales des sommets ou suivant la direction de la vue.
- Pour déformer avec respect d'une surface selon les normales des sommets, sélectionnez l'option **Vertex Normals** dans la liste du bouton situé sous le bouton  ; c'est l'option active par défaut.
- Pour déformer avec respect d'une surface selon la direction de la vue, ouvrez la liste du bouton 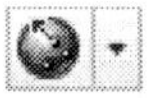 puis cliquez sur l'option **View** : désormais le bouton a l'apparence suivante : 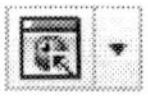.

  La première remarque que l'on peut faire dans l'exemple est que le maillage du plan se mêle à la surface à respecter. Ce comportement est modifiable.
- Pour définir un espace entre l'objet à déformer et la surface à respecter, entrez une valeur dans le champ **Offset** situé sous le bouton de surface de référence dans le panneau **PolyDraw**. La valeur est la distance dans la scène à conserver entre les deux objets.

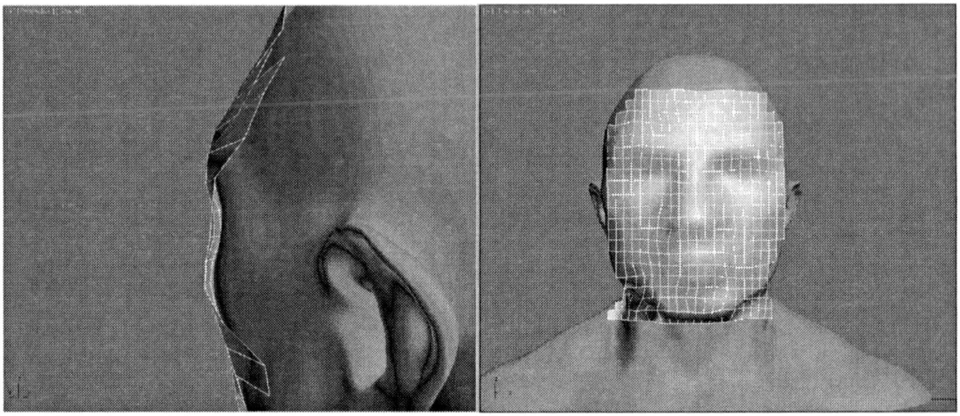

*Avec une distance minimale entre l'objet déformé et la surface de référence, les maillages ne se « mélangent » pas.*

## 4. Affiner la déformation par respect de surface

La deuxième remarque est que du fait de la disposition très uniforme du maillage du plan, les polygones ne sont pas vraiment disposés de la meilleure façon pour coller aux différents détails. Nous avons peu de polygones sur les yeux, la bouche ou le nez, tout en ayant de nombreux polygones sur les joues ou le front.

Tout en respectant la surface, vous pouvez déplacer, faire tourner, changer d'échelle et relaxer le maillage.

- Utilisez l'outil de transformation avec respect de surface  pour déplacer une zone de sommets. Les raccourcis et contrôles sont les mêmes que l'outil **Conform**. Un clic droit désactive l'outil.
- Utilisez l'outil de rotation avec respect de surface  pour effectuer une rotation d'une zone de sommets. Les raccourcis et contrôles sont les mêmes que l'outil **Conform**. Un clic droit désactive l'outil.
- Utilisez l'outil d'échelle avec respect de surface  pour changer l'échelle d'une zone de sommets. Les raccourcis et contrôles sont les mêmes que l'outil **Conform**. Un clic droit désactive l'outil.

- Utilisez l'outil de relaxation de maillage avec respect de surface  pour relaxer une zone de sommets. Les raccourcis et contrôles sont les mêmes que l'outil **Conform**. Un clic droit désactive l'outil.

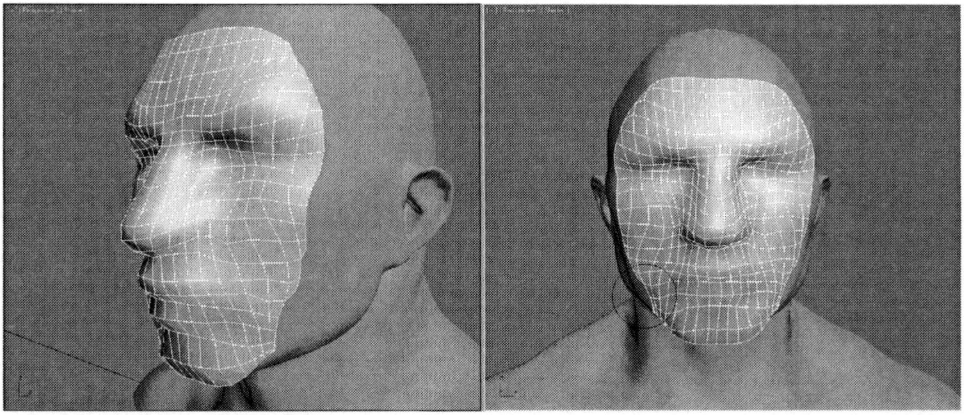

*Avec une succession de réglages en translation, rotation, échelle et relaxation tout en respectant la surface, le plan d'origine épouse bien mieux la forme.*

## 5. Autres outils de déformation par respect de surface

Pour déplacer un par un des sommets, arêtes ou polygones sur la surface du maillage de référence, utilisez l'outil **Drag**, tout à gauche du panneau **PolyDraw**.

- Entrez en mode déplacement de sous-objet en cliquant sur le bouton **Drag** du panneau **PolyDraw**.
- Maintenez le bouton gauche de la souris enfoncé sur un sommet et faites glisser la souris pour le déplacer. Maintenez la touche [Alt] enfoncée pendant la manipulation pour ne plus suivre la surface mais réaliser un déplacement perpendiculairement à la direction de la vue.
- Maintenez le bouton gauche de la souris sur une arête en maintenant la touche [⇧] enfoncée puis faites glisser la souris pour la déplacer. Ajoutez la touche [Alt] à la manipulation pour ne plus suivre la surface mais déplacer perpendiculairement à la direction de la vue.
- Maintenez le bouton gauche de la souris sur un polygone en maintenant la touche [Ctrl] enfoncée puis faites glisser la souris pour le déplacer. Ajoutez la touche [Alt] à la manipulation pour ne plus suivre la surface mais déplacer perpendiculairement à la direction de la vue.
- Maintenez le bouton gauche de la souris sur une arête en maintenant les touches [Ctrl] et [⇧] enfoncées puis faites glisser la souris pour déplacer la boucle d'arête dont elle fait partie. Ajoutez la touche [Alt] à la manipulation pour ne plus suivre la surface mais déplacer perpendiculairement à la direction de la vue.

- Maintenez le bouton gauche de la souris sur un polygone en maintenant les touches Ctrl Alt ⇧ enfoncées puis faites glisser la souris pour déplacer l'élément dont il fait partie.
- Faites un clic droit pour désactiver l'outil.

**ASTUCE**

*Si appliquer un maillage tel qu'un plan sur un modèle de référence est facile et rapide, c'est très loin d'être une solution optimale pour une retopologisation. Dans une retopologisation parfaitement maîtrisée, vous devez positionner l'ensemble du maillage à la main avec les outils décrits ci-après.*

## 6. Retopologie

Maintenant que nous avons vu les techniques de respect d'une surface, afin de démarrer une retopologie dans de bonnes conditions, nous allons recommencer.

- Supprimez ou cachez le plan que nous avons déformé.
- Sélectionnez le modèle de référence et cliquez sur le bouton **New Object** du panneau **PolyDraw** de l'onglet **Freeform** : cet outil crée un nouvel objet polygone éditable vide et entre en mode sous-objet sommet.
- Cliquez sur le bouton **Step Build**.
- Cliquez quatre fois sur la surface de référence pour créer quatre sommets.
- Pointez l'intérieur des sommets, maintenez la touche ⇧ enfoncée puis faites glisser légèrement la souris pour créer un polygone avec les sommets les plus proches.

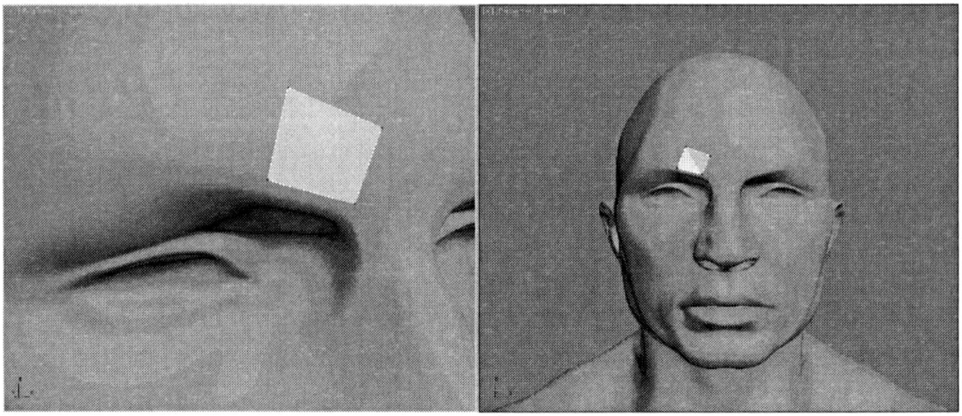

*Positionnez des sommets puis créez simplement leur polygone.*

- Maintenez la touche Ctrl et cliquez sur un polygone pour le supprimer.

- Maintenez la touche Alt et cliquez sur un sommet pour le supprimer.
- Maintenez les touches Ctrl Alt et cliquez sur une arête entre deux polygones pour la supprimer et ainsi fusionner les deux polygones.
- Maintenez les touches Ctrl ⇧ et cliquez quatre fois sur la surface de référence pour ajouter quatre sommets : le polygone qu'ils définissent se crée automatiquement au quatrième clic.
- Maintenez les touches Ctrl ⇧ et cliquez sur deux sommets déjà existants appartenant à la même arête puis, toujours en maintenant Ctrl ⇧, ajoutez deux sommets en cliquant deux fois : un polygone s'ajoute au deuxième clic. Cliquez deux nouvelles fois pour chaque nouveau polygone à ajouter. Relâchez les touches Ctrl ⇧ pour recommencer.

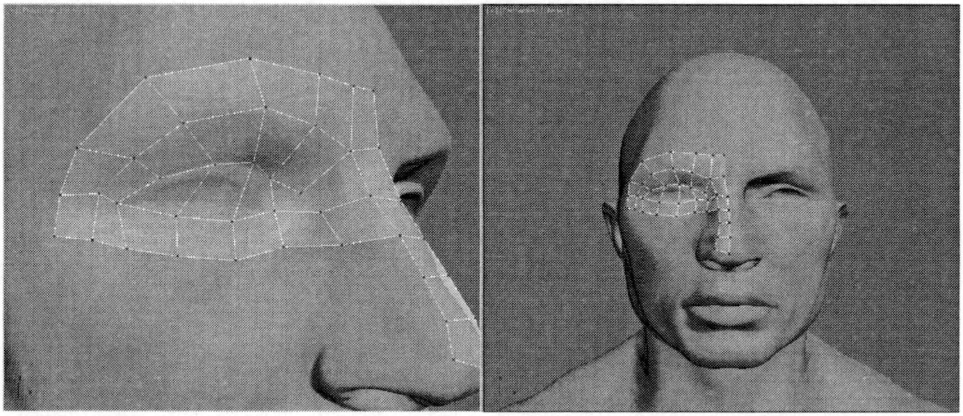

*Le maintien des touches Ctrl ⇧ vous permet de créer des lignes de polygones très rapidement.*

**Remarque**

*Lorsque votre nouvelle surface couvre les détails de votre modèle de référence, vous pouvez rendre votre surface transparente en cochant l'option **See-Through** dans les options de l'objet (menu **Quad** - **Object Properties**).*

- Maintenez les touches Ctrl ⇧ puis faites glisser la souris au-dessus de trois ou quatre sommets pour les sélectionner. Cliquez pour créer un polygone.
- Maintenez les touches Ctrl Alt ⇧, pointez un sommet puis faites-le glisser pour le déplacer.

## 7. Étendre la surface

Une fois que nous avons une zone de départ, nous pouvons étendre rapidement ses bordures avec l'outil **Extend**.

- Cliquez sur le bouton **Extend**.

- Maintenez le bouton gauche de la souris sur un sommet et faites-le glisser pour créer un nouveau polygone.

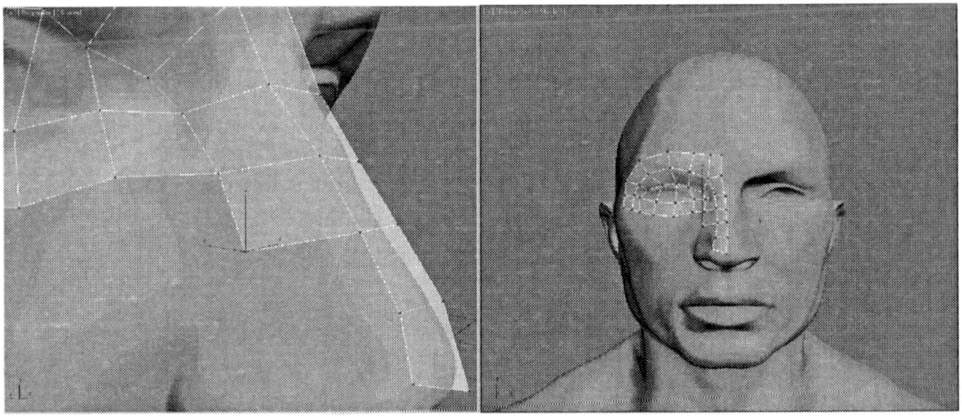

*La manipulation standard permet de créer un polygone simplement lorsque vous avez déjà deux de ses côtés. Ici, le sommet à l'opposé du sommet sélectionné a été déplacé.*

- Maintenez la touche ⇧ et le bouton gauche de la souris sur une arête puis faites glisser la souris pour créer un nouveau polygone.

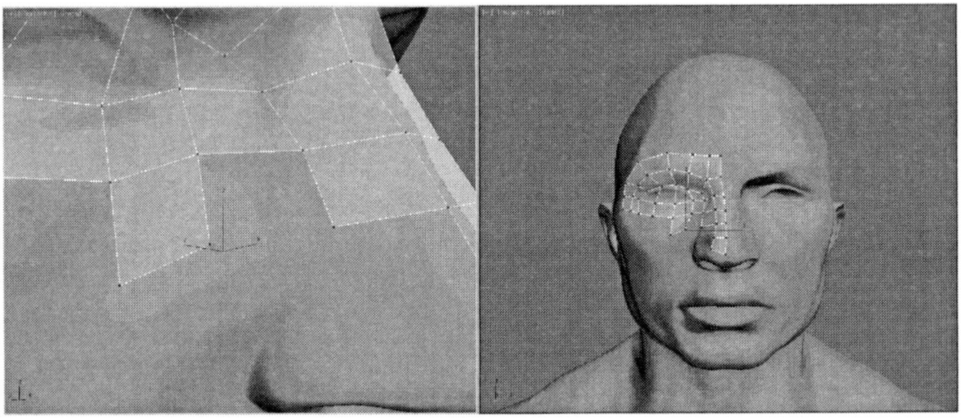

*Créez un nouveau polygone lorsque vous n'avez qu'un seul de ses côtés.*

- Maintenez les touches Ctrl Alt et le bouton gauche de la souris sur une arête de bordure et faites glisser la souris sur une autre arête de bordure pour les relier par un polygone.

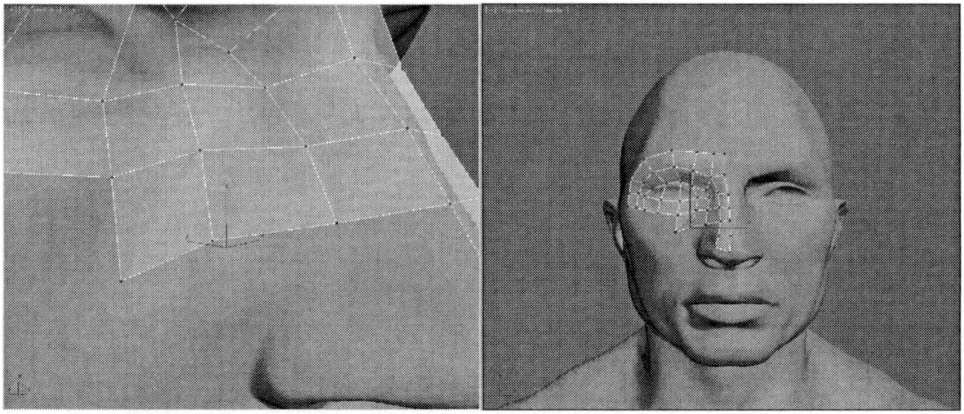

*Créez un nouveau polygone lorsque vous n'avez que ses deux côtés opposés.*

- Maintenez les touches Ctrl ⇧ et le bouton gauche de la souris sur une arête et faites glisser la souris pour créer de nouveaux polygones tout au long de la boucle dont fait partie l'arête.

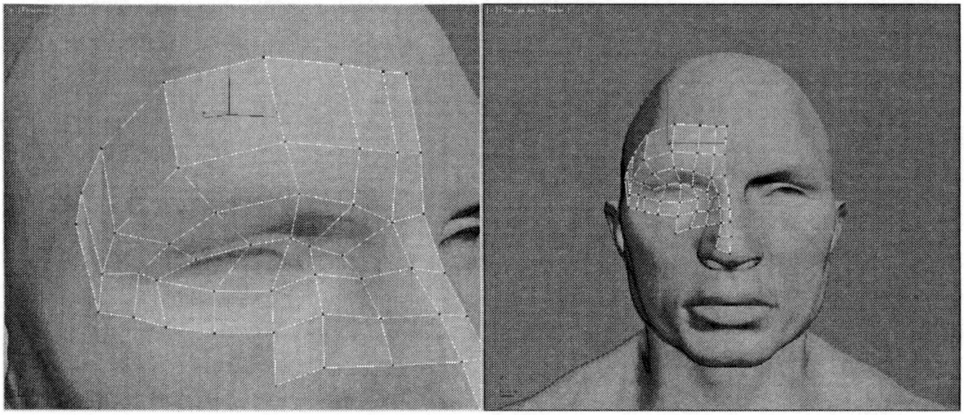

*Ajoutez une série de polygones à une boucle.*

- Maintenez les touches Ctrl Alt ⇧ et le bouton gauche de la souris sur un sommet puis faites glisser la souris pour le déplacer.

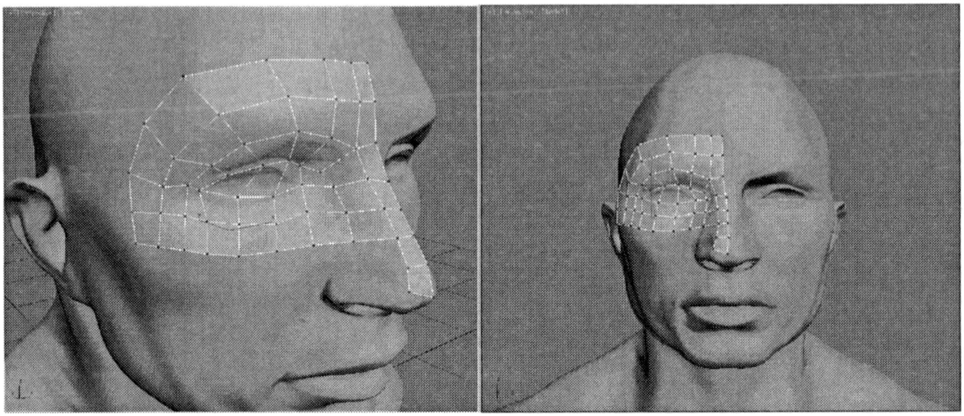

*Les outils d'extension de bordures permettent d'élargir rapidement la zone créée.*

## 8. Optimiser le maillage

Pour modifier le maillage existant, utilisez l'outil **Optimize**.

- Pour entrer en mode réduction du maillage, cliquez sur le bouton **Optimize**.
- Cliquez sur une arête pour la supprimer et fusionner les deux sommets qu'elle reliait.
- Maintenez la touche ⇧ et le bouton gauche de la souris sur un sommet puis faites glisser la souris sur un autre sommet pour les fusionner.
- Maintenez la touche Ctrl et le bouton gauche de la souris sur un sommet puis faites glisser la souris sur un autre sommet pour les relier par une nouvelle arête (les deux sommets doivent appartenir au même polygone).
- Maintenez la touche Alt et cliquez sur un sommet pour le supprimer.
- Maintenez les touches Ctrl ⇧ et cliquez sur une arête pour supprimer la boucle d'arêtes dont elle fait partie.
- Maintenez les touches Alt ⇧ et cliquez sur une arête pour supprimer toutes les arêtes parallèles.
- Maintenez les touches Ctrl Alt et cliquez sur une arête pour la supprimer.
- Maintenez les touches Ctrl Alt ⇧ et le bouton gauche de la souris sur un sommet puis faites glisser la souris pour déplacer le sommet.

## 9. Créer une spline à partir du maillage

Il est possible de créer un nouvel objet spline éditable par dessin sur la surface de référence.

- Entrez en mode création de splines en cliquant sur le bouton **Splines**.

- Cliquez dans la surface de référence puis faites glisser la souris pour commencer à dessiner la spline. Pour augmenter ou réduire l'espace entre les sommets des splines, modifiez la valeur **Min Distance**.
- Recommencez pour ajouter des splines à l'objet.
- Faites un clic droit pour désactiver l'outil. Les prochaines utilisations de l'outil créeront de nouveaux objets splines éditables.

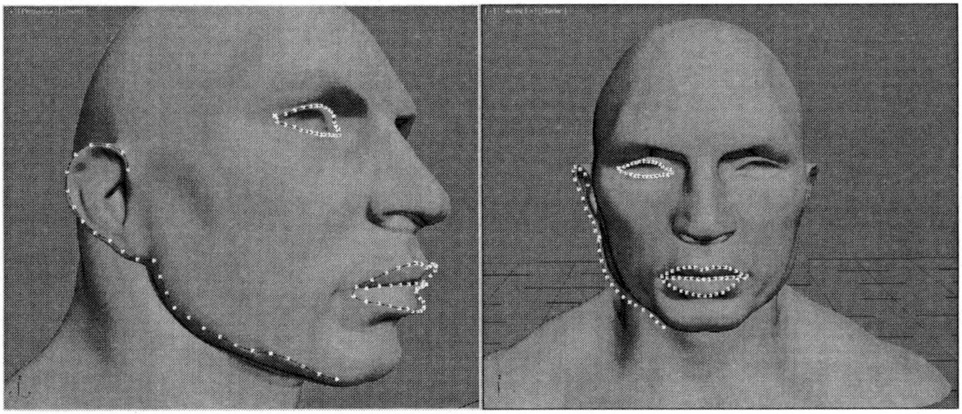

*Les sommets de splines sont disposés uniformément sous le passage de la souris.*

## 10.Générer un maillage automatique

Vous pouvez disposer un maillage relativement uniforme sur une surface avec l'outil **Surface**. Recommençons avec une surface vierge.

- Supprimez ou cachez la surface que nous avons créée.
- Sélectionnez le modèle de référence et cliquez sur le bouton **New Object** du panneau **PolyDraw** de l'onglet **Freeform** : cet outil crée un nouvel objet polygone éditable vide et entre en mode sous-objet sommet.
- Entrez en mode création de surface en cliquant sur le bouton **Surface**.
- Maintenez le bouton gauche de la souris enfoncé sur la surface de référence et déplacez la souris pour construire le maillage. Pour augmenter ou réduire la taille des polygones, modifiez la valeur **Min Distance**.

**ASTUCE**

*Si rien n'apparaît lorsque vous déplacez la souris, c'est peut-être que la valeur **Min Distance** est trop grande, réduisez-la.*

- Si vous avez relâché le bouton de la souris, maintenez la touche ⇧ et le bouton gauche de la souris pour prolonger la surface précédente.
- Maintenez Ctrl et cliquez sur un polygone pour le supprimer.
- Faites un clic droit pour désactiver l'outil.

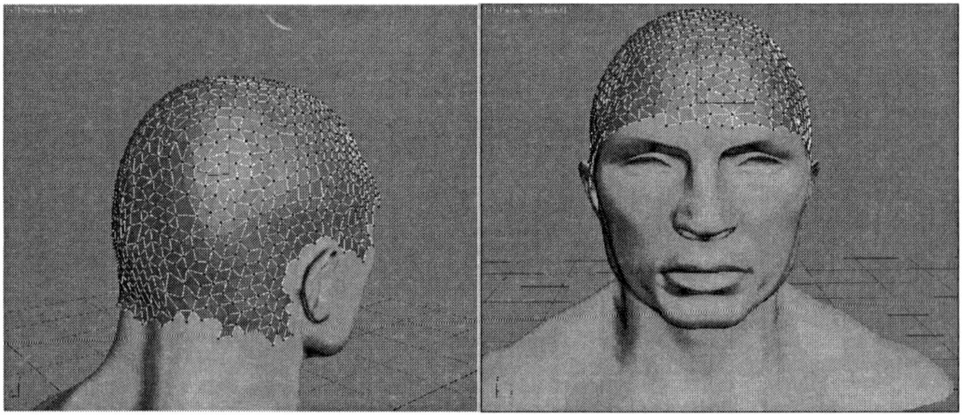

*L'outil surface vous permet de disposer un maillage relativement uniforme sur la surface.*

## 11.Dessiner un maillage de polygones à quatre côtés

Il est également possible de dessiner à main levée un maillage de polygones à quatre côtés dans son ensemble, les polygones seront construits à la fin du dessin. Recommençons à partir d'une surface vierge.

- Supprimez ou cachez la surface que nous avons créée.
- Sélectionnez le modèle de référence et cliquez sur le bouton **New Object** du panneau **PolyDraw** de l'onglet **Freeform** : cet outil crée un nouvel objet polygone éditable vide et entre en mode sous-objet sommet.
- Entrez en mode dessin de topologie en cliquant sur le bouton **Topology**.
- Maintenez le bouton gauche de la souris sur la surface de référence et faites glisser la souris pour dessiner une première ligne.
- Dessinez de nouvelles lignes qui, en se croisant, définiront des polygones à quatre côtés. Une même ligne ne peut pas définir deux côtés d'un polygone.
- Pour prolonger une ligne, maintenez la touche ⇧ et le bouton gauche de la souris à la fin de la ligne puis faites glisser la souris pour prolonger cette ligne.
- Pour supprimer une ligne, maintenez la touche Ctrl et cliquez sur la ligne.
- Faites un clic droit pour désactiver l'outil et afficher le maillage final.

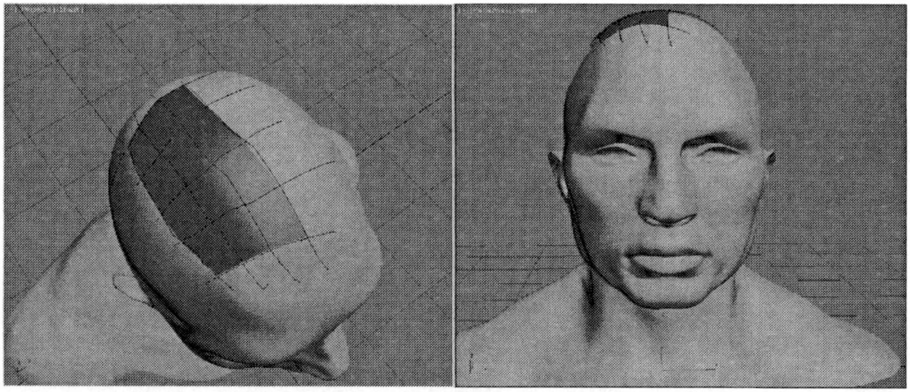

*De temps en temps, certains polygones ne sont pas créés car la surface dessinée est un peu trop déformée. Il suffit de les rajouter après.*

## 12. Dessiner une ligne de polygones

L'outil **Strip** vous permet de dessiner en un mouvement de souris une ligne entière de polygones. Recommençons à partir d'une surface vierge.

- Supprimez ou cachez la surface que nous avons créée.
- Sélectionnez le modèle de référence et cliquez sur le bouton **New Object** du panneau **PolyDraw** de l'onglet **Freeform** : cet outil crée un nouvel objet polygone éditable vide et entre en mode sous-objet sommet.
- Entrez en mode bande de polygones en cliquant sur le bouton **Strips**.
- Maintenez le bouton gauche de la souris enfoncé et faites glisser la souris pour dessiner la bande.

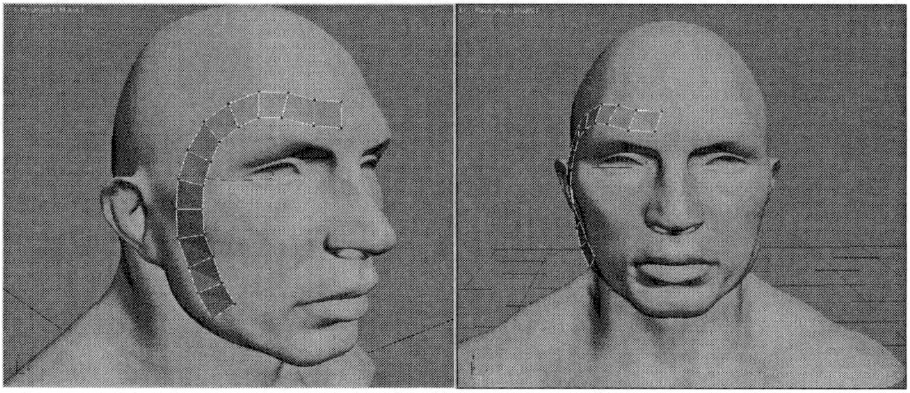

*Une bande de polygones.*

## C. La déformation polygonale

Le panneau **Paint Deform** est accessible lorsqu'un objet polygone éditable est sélectionné.

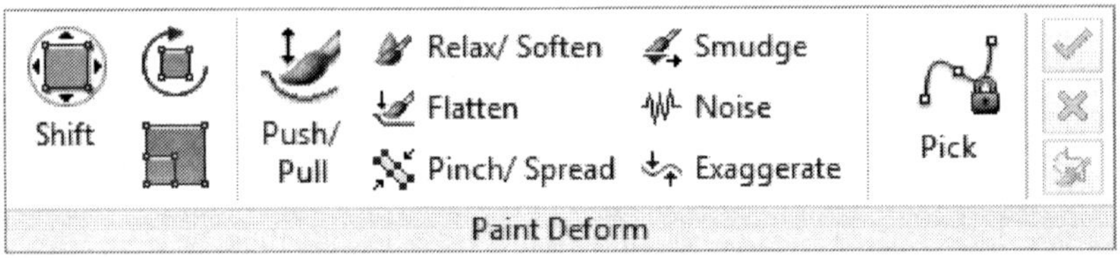


La barre d'outils de déformation par pinceau n'est plus vraiment liée à la notion de retopologie. Il s'agit de déformer l'objet suivant le plan de la vue ou suivant la normale des sommets.

- Assurez-vous d'avoir un objet de type polygone éditable sélectionné dans la scène et comportant au moins une centaine de sommets.
- Cliquez sur l'onglet **Freeform** du ruban.

Le premier outil **Shift** du panneau **Paint Deform** permet, à l'aide d'un pinceau, de déplacer, faire tourner et mettre à l'échelle les sommets du maillage.

- Pour entrer en mode déplacement par pinceau, cliquez sur le bouton **Shift** 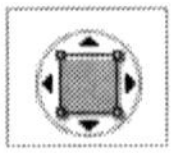 .

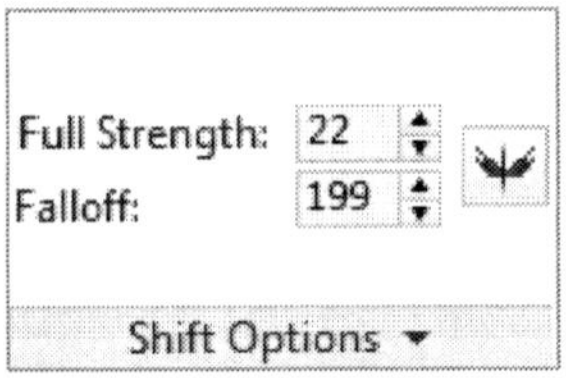


*Le panneau **Shift Options** apparaît. Vous pouvez l'intégrer au ruban.*

Deux paramètres définissent l'impact de l'outil **Shift** : la valeur **Full Strength** définit la taille de la zone d'action à l'intensité maximale. La valeur **Falloff** définit la taille de la zone d'action à l'extérieur de laquelle l'outil **Shift** n'a plus d'effet ; son effet est progressif entre le bord de la zone **Full Strength** et le bord de la zone **Falloff**.

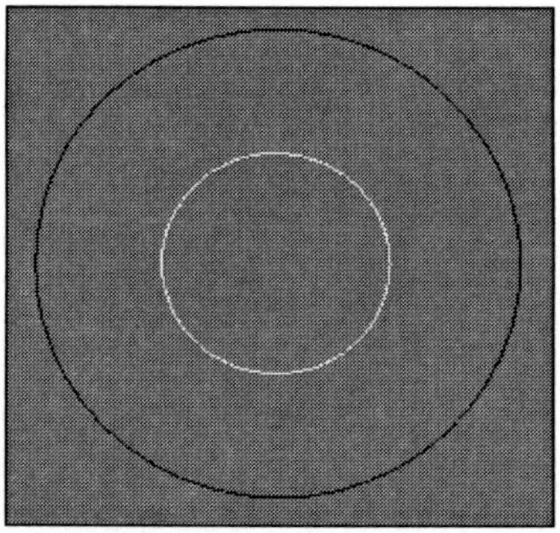

*Le curseur de la souris change pour des cercles. Le cercle blanc représente la zone **Full Strentgh** et le cercle noir la zone **Falloff**.*

- Maintenez la touche ⇧ enfoncée puis faites glisser la souris dans la vue pour modifier la valeur **Full Strength**. Relâchez le bouton de la souris pour valider. Vous pouvez également changer cette valeur dans le panneau **Shift Options**.
- Maintenez la touche Ctrl enfoncée puis faites glisser la souris dans la vue pour modifier la valeur **Falloff**. Relâchez le bouton de la souris pour valider. Vous pouvez également changer cette valeur dans le panneau **Shift Options**.
- Pour changer la force globale de l'effet, modifiez la valeur **Strength** dans le panneau **Shift Options**.
- Maintenez le bouton gauche de la souris enfoncé sur le maillage et déplacez la souris pour déplacer les sommets dans le plan de la vue.
- Faites un clic droit pour désactiver l'outil.

Vous pouvez appliquer le déplacement par pinceau en symétrie par rapport à un axe. La même déformation sera appliquée de part et d'autre de cet axe.

- Pour entrer en mode symétrie, cliquez sur le bouton  du panneau **Shift Options**.
- Choisissez l'axe miroir en cliquant sur un des boutons intitulés **Mirror Axis** : **X**, **Y** ou **Z**.
- Cliquez à nouveau sur le bouton du mode symétrie  pour quitter ce mode.
- Utilisez l'outil de rotation par pinceau  pour effectuer une rotation des sommets sous le pinceau. Les raccourcis et contrôles sont les mêmes que l'outil **Shift**. Un clic droit désactive l'outil.

- Utilisez l'outil d'échelle par pinceau  pour changer l'échelle des sommets sous le pinceau. Les raccourcis et contrôles sont les mêmes que l'outil **Shift**. Un clic droit désactive l'outil.

  Les outils **Push/Pull**, **Relax/Soften**, **Flatten**, **Pinch/Spread**, **Smudge**, **Noise** et **Exaggerate** utilisent les boutons à droite du panneau **Paint Deform** pour, de haut en bas, valider les changements apportés à l'objet, annuler tous les changements depuis la dernière validation ou retourner à une validation précédente.

Ces sept outils ont exactement le même fonctionnement :

- Cliquez sur le nom de l'outil pour activer son utilisation.

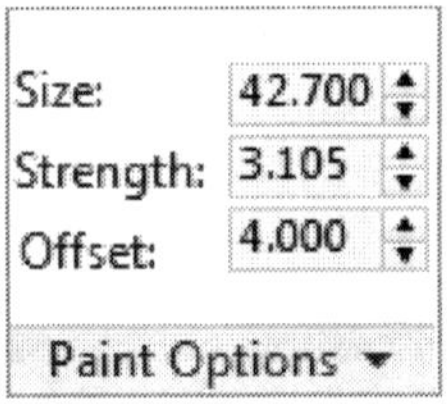


*Le panneau **Paint Options** apparaît, vous pouvez l'intégrer au ruban.*

- Maintenez le bouton gauche de la souris sur la surface de l'objet puis faites glisser la souris pour utiliser la première fonction.
- Maintenez la touche Alt enfoncée puis faites glisser la souris sur la surface de l'objet pour utiliser la deuxième fonction.
- Maintenez les touches Ctrl ⇧ enfoncées puis faites glisser la souris pour changer la taille du pinceau : la valeur **Size** du panneau **Paint Options** change.
- Maintenez les touches Alt ⇧ enfoncées puis faites glisser la souris pour changer l'intensité du pinceau : la valeur **Strength** du panneau **Paint Options** change.
- Maintenez la touche ⇧ enfoncée puis faites glisser la souris pour relaxer le maillage.
- Maintenez la touche Ctrl enfoncée puis faites glisser la souris pour gommer.
- Si l'option **Cap Offset** est présente et si vous la cochez, le nombre de fois que l'effet sera appliqué au même endroit tant que vous ne relâchez pas le bouton de la souris sera au maximum de la valeur **Offset**.
- Faites un clic droit pour désactiver l'outil.

L'outil **Push/Pull** :

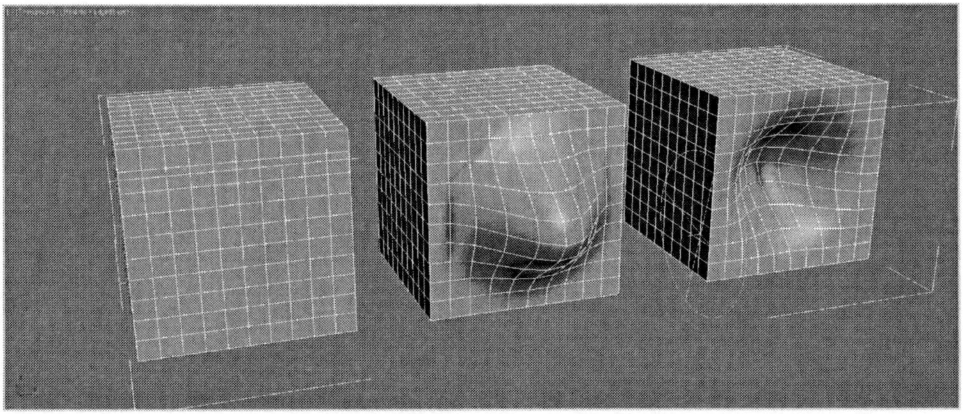

*De gauche à droite, l'objet original, sa première fonction crée des bosses, sa deuxième fonction crée des trous.*

L'outil **Relax/Soften** :

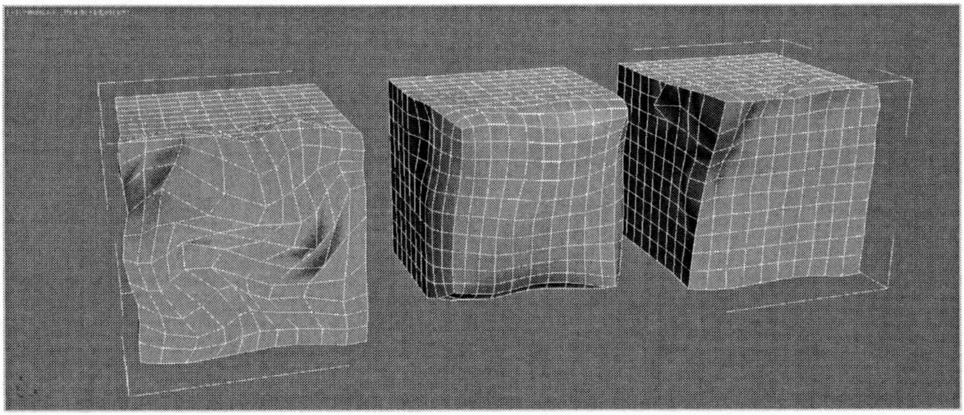

*De gauche à droite, l'objet original, sa première fonction relaxe le maillage qui souvent réduit considérablement le volume des objets, sa deuxième fonction garantit un volume intact en adoucissant.*

L'outil **Flatten** :

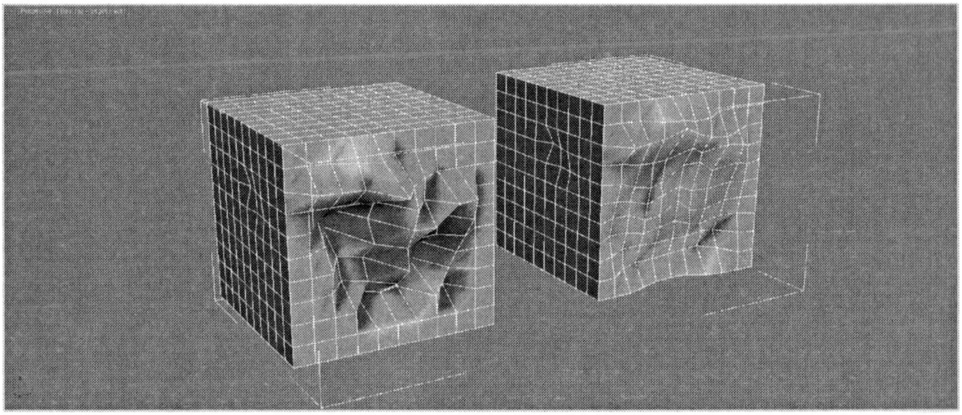

*De gauche à droite, l'objet original, sa seule fonction aplatit la surface en comblant les trous et en réduisant les bosses.*

L'outil **Pinch/Spread** :

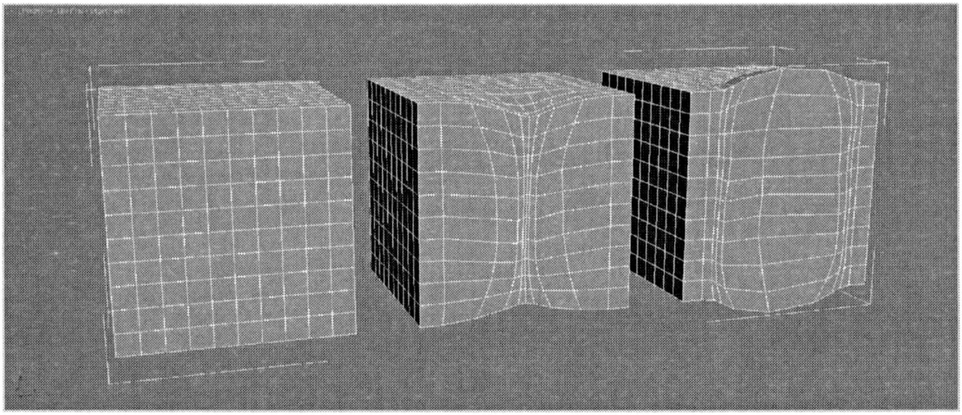

*De gauche à droite, l'objet original, sa première fonction pince en rapprochant les sommets du maillage, sa deuxième fonction dilate le maillage.*

L'outil **Smudge** :

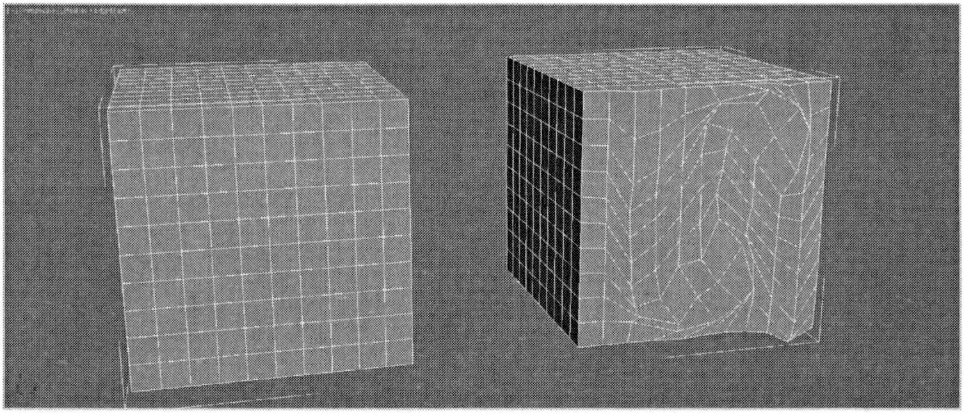

*À gauche, l'objet original ; à droite sa première fonction étale le maillage au passage du pinceau. Sa deuxième fonction garantit que les normales de sommets restent intactes.*

L'outil **Noise** :

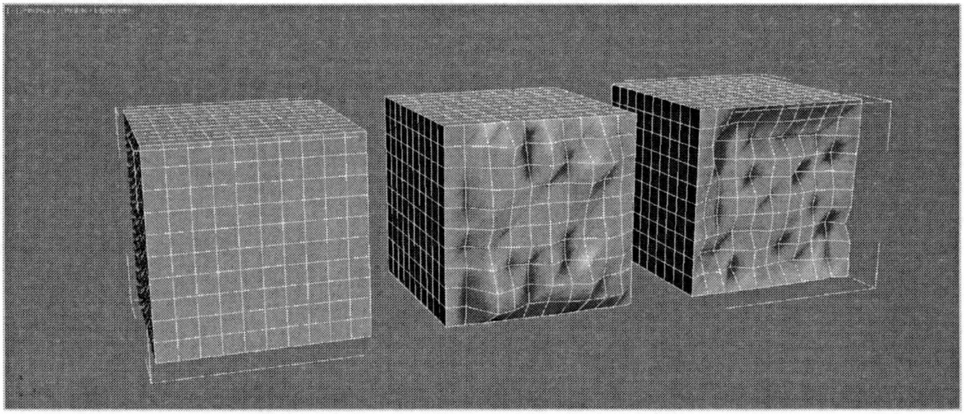

*De gauche à droite, l'objet original, sa première fonction ajoute des bosses aléatoirement, sa deuxième fonction creuse des trous aléatoirement.*

L'outil bruit possède trois valeurs de plus dans le panneau **Paint Options** : **Seed** est la graine de l'aléatoire, **Scale** la taille du bruit et **Turbulence** son amplitude. Plus de détails sur les bruits dans le chapitre Concepts 3D et édition d'objets.

L'outil **Exaggerate** :

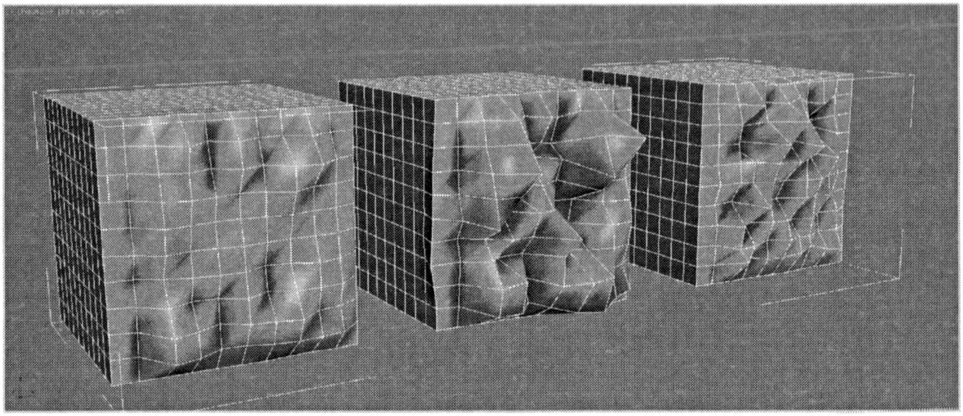

*De gauche à droite, l'objet original, sa première fonction est d'amplifier les différences de hauteur sur une surface, sa deuxième fonction atténue puis inverse les différences de hauteur sur une surface.*

Certains des outils présentés précédemment ont une option supplémentaire appelée **Normal Direction**. Cette option définit quelle normale l'outil doit utiliser pour appliquer l'effet. Plus de détails sur les normales dans le chapitre Concepts 3D et édition d'objets.

- Choisissez la valeur **Original** pour utiliser les normales des sommets telles qu'elles étaient avant la déformation.
- Choisissez la valeur **Deformed** pour utiliser les normales des sommets recalculées à chaque relâchement du clic de souris.
- Choisissez la valeur **Brush** pour utiliser la direction du pinceau au lieu des normales de sommets.
- Choisissez la valeur **View** pour utiliser la direction de la vue au lieu des normales de sommets.
- Choisissez la valeur **Transform X**, **Y** ou **Z** pour utiliser l'axe choisi à la place des normales de sommets.

Certains des outils présentés précédemment peuvent personnaliser de façon plus poussée leur pinceau en cliquant sur le bouton **Brush Options** dans le panneau **Paint Options**.

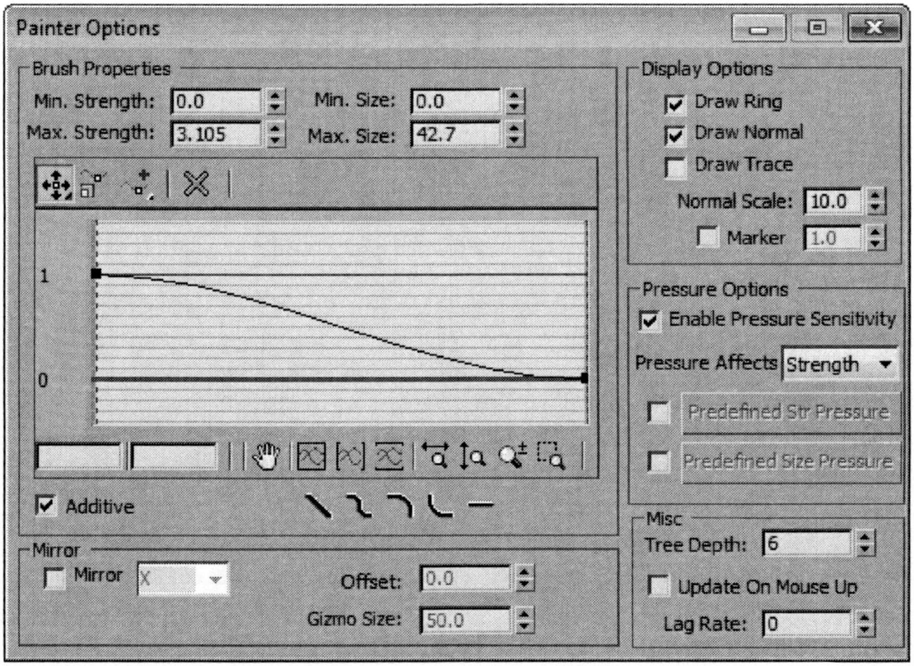


*La fenêtre de personnalisation du pinceau contient de très nombreuses options.*

La courbe représente l'intensité (verticalement) en fonction de la distance au centre du pinceau (horizontalement). Au centre du pinceau (x=0), l'intensité est maximale (y=1).

- Pour changer les valeurs de seuil, changez les valeurs **Min** et **Max** situées en haut de la fenêtre.
- Pour choisir une courbe pré-paramétrée, cliquez sur l'une des courbes bleues.
- Pour déplacer un point sélectionné de la courbe, cliquez sur le bouton 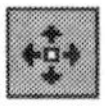 et déplacez le point. Optionnellement, vous pouvez choisir un déplacement restreint à l'horizontale ou un déplacement restreint à la verticale.
- Pour multiplier les valeurs de points sélectionnés de la courbe, cliquez sur le bouton  et déplacez la sélection.
- Pour ajouter un point à la courbe, cliquez sur le bouton 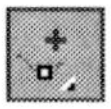 et cliquez sur la courbe.
- Pour supprimer un point sélectionné de la courbe, cliquez sur le bouton 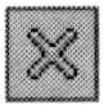.
- Si vous utilisez un stylet pour déformer l'objet, vous pouvez désactiver la gestion de la pression en décochant l'option **Enable Pressure Sensitivity**.

- La pression du stylet affecte par défaut l'intensité de l'effet mais vous pouvez changer cette valeur dans la liste **Pressure Affects** en choisissant la taille du pinceau (**Size**) ou une combinaison des deux paramètres (**Size/Str.**).

## D. Gérer les paramètres de pinceaux

Le bouton des paramètres de pinceaux est toujours visible dans la barre d'outils **Freeform**.

- Pour enregistrer les modifications de pinceaux durant l'utilisation de 3ds Max, cliquez sur le bouton **Save All Brush Settings**, spécifiez le nom d'un fichier et validez en cliquant sur le bouton **Enregistrer**.
- Pour charger des modifications de pinceaux depuis un fichier préalablement sauvegardé, cliquez sur le bouton **Load all Brush Settings**, sélectionnez le fichier et cliquez sur le bouton **Ouvrir**.
- Pour définir les paramètres de pinceaux actuels comme les paramètres de pinceaux par défaut (chargés lors du lancement de 3ds Max), cliquez sur le bouton **Set Current Settings as Default**.

# Chapitre 14
# Les polygones éditables : outils de sélection

## A. Les outils de sélection principaux

Le panneau **Select** apparaît lorsqu'un objet polygone éditable est sélectionné et qu'un mode sous-objet est actif.

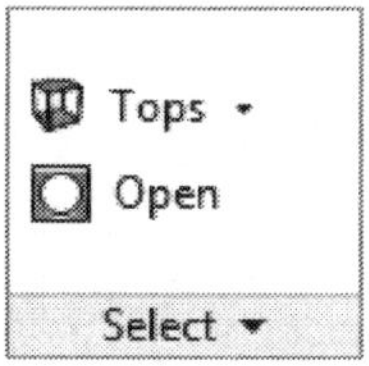


- Pour sélectionner les sommets, arêtes ou polygones positionnés seuls à l'extrémité d'une extrusion, cliquez sur le bouton **Tops**. L'option **Tops of Current Selection** ne considère que la sélection courante pour sa recherche.
- Pour sélectionner les sommets ou les arêtes de bordure, cliquez sur le bouton **Open**.
- Pour sélectionner les arêtes séparant des groupes de lissage différents, cliquez sur le bouton **Hard**.
- Pour sélectionner les polygones n'ayant pas quatre arêtes, cliquez sur le bouton **Non-Quads**.
- Pour sélectionner les arêtes ou les polygones en cliquant sur des sommets qu'ils utilisent, cochez l'option **By Vertex**.
- Pour sélectionner en un clic tous les polygones dont l'angle qu'ils forment entre eux est inférieur à une valeur, cochez l'option **By Angle** puis définissez la valeur seuil dans la zone à droite de l'option.

## B. Les mémoires de sélection

Le panneau **Stored Selections** apparaît lorsqu'un objet polygone éditable est sélectionné et qu'un mode sous-objet est actif.

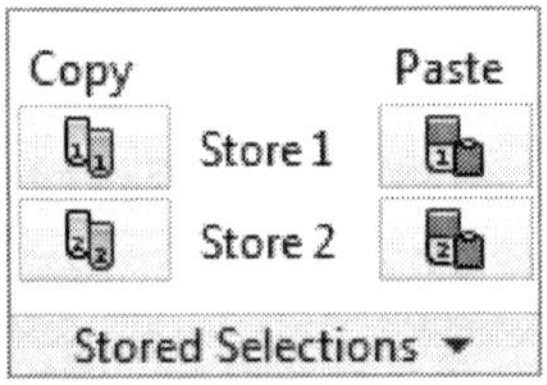


Par ce panneau, vous pouvez enregistrer jusqu'à deux sélections et les combiner.

- Pour enregistrer une sélection, cliquez sur l'un des boutons **Stores** :  ou .
- Pour sélectionner une sélection enregistrée, cliquez sur l'un des boutons **Stores** :  ou .
- Pour ajouter une sélection enregistrée à la sélection en cours, maintenez la touche  enfoncée puis cliquez sur l'un des boutons **Stores**  ou .
- Pour ajouter les deux sélections enregistrées, cliquez sur le bouton **Add 1+2**. Notez que le résultat sera sélectionné et que les **Stores** seront vidés.
- Pour soustraire les deux sélections enregistrées, cliquez sur le bouton **Subtract 1-2**. Notez que le résultat sera sélectionné et que les **Stores** seront vidés.
- Pour intersecter les deux sélections enregistrées, cliquez sur le bouton **Intersect**. Notez que le résultat sera sélectionné et que les **Stores** seront vidés.
- Pour vider les **Stores**, cliquez sur le bouton **Clear**.

## C. Les jeux de sélections

Le panneau **Sets** apparaît lorsqu'un objet polygone éditable est sélectionné et qu'un mode sous-objet est actif.

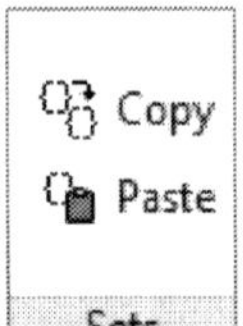

- Pour copier un jeu de sélections que vous avez créé au préalable, cliquez sur le bouton **Copy**.
- Pour coller un jeu de sélections sur l'objet polygone éditable sélectionné, cliquez sur le bouton **Paste**.

## D. La sélection par surfaces

Le panneau **By Surface** apparaît lorsqu'un objet polygone éditable est sélectionné et qu'un mode sous-objet est actif.

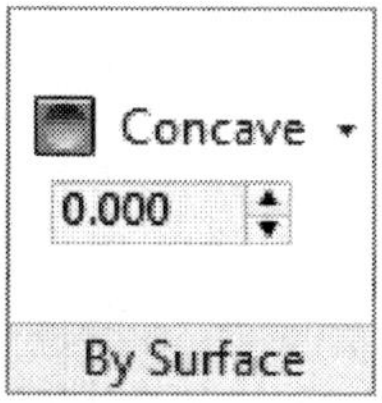


- Pour sélectionner les sommets, arêtes ou polygones faisant partie d'une surface concave, utilisez l'option **Concave**.
- Pour sélectionner les sommets, arêtes ou polygones faisant partie d'une surface convexe, utilisez l'option **Convex**.
- Modifiez la valeur de concavité/convexité dans la zone de saisie pour procéder à la sélection. Notez que les valeurs peuvent être négatives.

  Plus de détails sur ces concepts dans le chapitre Concepts 3D et édition d'objets.

## E. La sélection par normales

Le panneau **By Normal** apparaît lorsqu'un objet polygone éditable est sélectionné et qu'un mode sous-objet est actif.

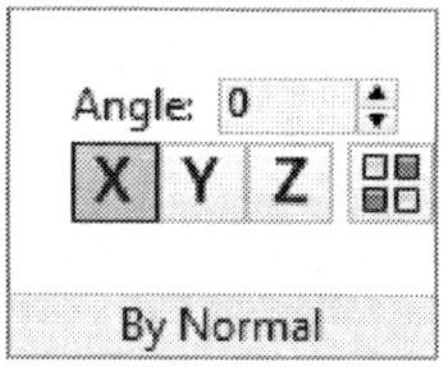


- Choisissez l'axe de référence pour la comparaison des normales en cliquant sur le bouton **X**, **Y** ou **Z**.
- Augmentez la valeur d'angle pour sélectionner tous les sommets, arêtes de polygones ou les polygones dont l'angle entre la normale et l'axe ne dépasse pas la valeur définie.

- Vous pouvez inverser la direction de l'axe en cliquant sur le bouton .

## F. La sélection par perspective

Le panneau **By Perspective** apparaît lorsqu'un objet polygone éditable est sélectionné et qu'un mode sous-objet est actif.

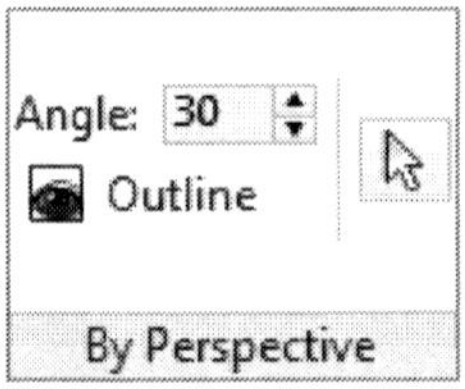


- Cliquez sur le bouton  pour sélectionner tous les sommets et arêtes de polygones ou les polygones dont l'angle entre la normale et la direction de la vue ne dépasse pas la valeur définie dans la zone **Angle**.
- Activez le panneau **Outline** pour sélectionner uniquement le contour de la zone valide.

## G. La sélection aléatoire

Le panneau **By Random** apparaît lorsqu'un objet polygone éditable est sélectionné et qu'un mode sous-objet est actif.

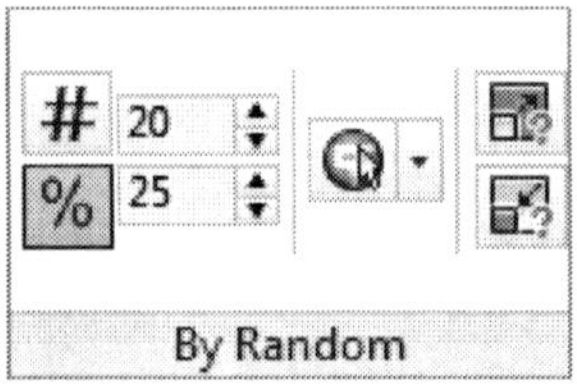


- Cliquez sur le bouton  et réglez la valeur située à sa droite pour définir le nombre de sommets, arêtes ou polygones à sélectionner.
- Cliquez sur le bouton  et réglez la valeur située à sa droite pour définir le pourcentage de sommets, arêtes ou polygones à sélectionner.
- Cliquez sur le bouton **Select** 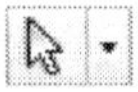 pour sélectionner aléatoirement des sommets, arêtes ou polygones soit pour un total défini, soit pour un pourcentage de sous-objet défini.

- Ouvrez la liste du bouton  puis choisissez l'option **Select Within Current Selection** pour sélectionner des sous-objets parmi ceux actuellement sélectionnés.

- Cliquez sur le bouton  pour grossir aléatoirement la sélection.

- Cliquez sur le bouton  pour réduire aléatoirement la sélection.

## H. La sélection de moitiés

Le panneau **By Half** apparaît lorsqu'un objet polygone éditable est sélectionné et qu'un mode sous-objet est actif.

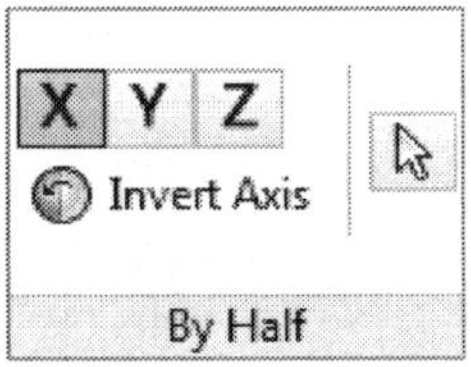


- Choisissez l'axe de direction pour choisir la moitié à sélectionner en cliquant sur le bouton **X**, **Y** ou **Z**.
- Cliquez sur le bouton  pour sélectionner la moitié des sommets, arêtes ou polygones.
- Cliquez sur le bouton **Invert Axis** pour choisir l'une ou l'autre de ces moitiés.

## I. La sélection par distance au pivot

Le panneau **By Pivot Dist** apparaît lorsqu'un objet polygone éditable est sélectionné et qu'un mode sous-objet est actif.

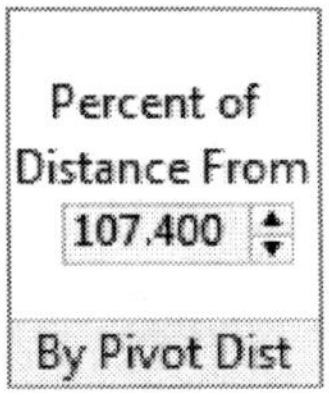


- Pour sélectionner les sommets, arêtes ou polygones au-delà d'une certaine distance du pivot, changez la distance **Percent of Distance From** dans la zone correspondante. Cette valeur est le pourcentage de la taille de l'objet.

## J. La sélection par distance à la vue

Le panneau **By View** apparaît lorsqu'un objet polygone éditable est sélectionné et qu'un mode sous-objet est actif.

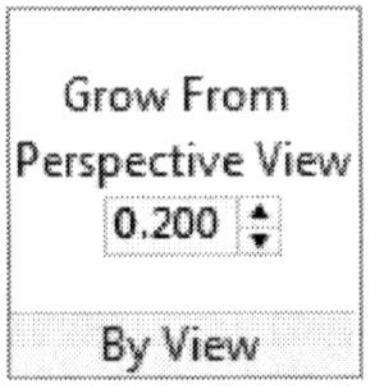


- Pour sélectionner les sommets, arêtes ou polygones les plus proches de la vue, changez la distance **Grow From Perspective View** ; augmenter la valeur sélectionne des polygones de plus en plus éloignés de la vue.

## K. La sélection par symétrie

Le panneau **By Symmetry** apparaît lorsqu'un objet polygone éditable est sélectionné et qu'un mode sous-objet est actif.

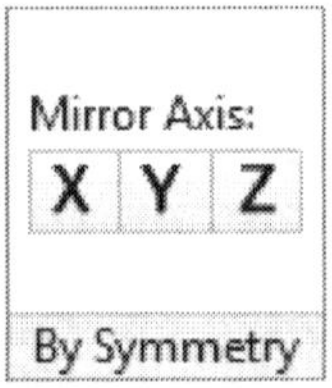


- Sélectionnez des sommets, arêtes ou polygones.
- Cliquez sur le bouton d'un axe **X**, **Y** ou **Z** pour ajouter à la sélection la partie sous-objet symétrique à la première, si le maillage est symétrique.

## L. La sélection par valeur

Le panneau **By Numeric** apparaît lorsqu'un objet polygone éditable est sélectionné et que les modes sommet ou polygone sont actifs.

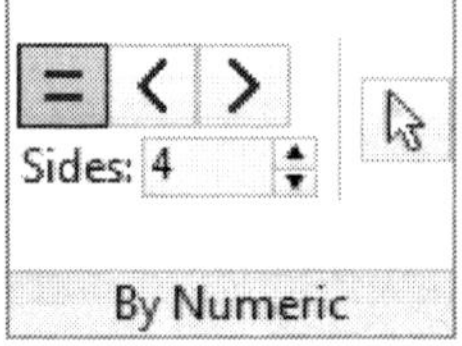

- En mode sommet, indiquez dans la valeur **Edges** un nombre d'arêtes.
  En mode polygone, indiquez dans la valeur **Sides** un nombre de côtés.
- Cliquez sur le bouton  pour rechercher la valeur exacte, sur le bouton  pour rechercher la valeur inférieure et sur le bouton  pour rechercher la valeur supérieure.
- Cliquez sur le bouton  pour sélectionner les sous-objets remplissant les conditions.

# Chapitre 15
# Les modificateurs

## A. La théorie : pile de modificateurs et conservation des états

Les modificateurs sont la spécialité de 3ds Max. L'architecture entière du logiciel tourne autour de cette logique.

Une bonne allégorie du modificateur est de le voir comme une usine. Un produit entre dans l'usine, tel qu'une primitive 3D par exemple, et en sortie de l'usine, l'objet a été transformé avec une valeur ajoutée. Vous pouvez à nouveau faire entrer ce produit transformé dans une nouvelle usine pour lui ajouter de nouvelles propriétés ou le transformer à nouveau.

Contrairement à l'allégorie de l'usine, vous pouvez à tout moment modifier le produit d'entrée et l'usine lui appliquera à nouveau sa valeur ajoutée.

Prenons l'exemple d'une théière. Nous la faisons entrer dans une usine dont le rôle est de la couper en deux verticalement. Nous envoyons ensuite cette demi-théière dans une nouvelle usine dont le rôle est de l'écraser verticalement. Enfin, nous envoyons cette demi-théière écrasée dans une usine dont le rôle est de la tordre.

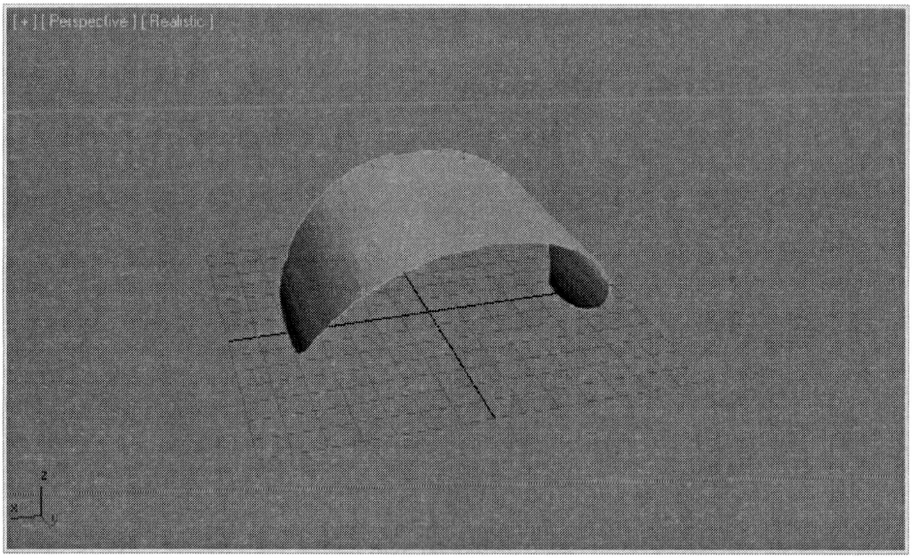


À tout moment, nous pouvons modifier l'objet entrant initial (ici en enlevant l'anse et le bec de la théière) et modifier les paramètres de chaque usine (ici en changeant la façon de tordre la demi-théière écrasée).

Dans 3ds Max, les modificateurs d'un objet sont listés dans la première partie du panneau de commandes en mode modification. Cette liste est appelée une pile (**Stack**).

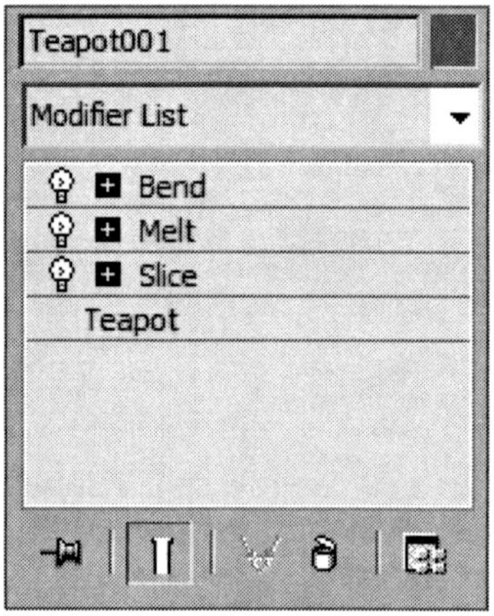


*La liste des modificateurs de la théière de l'exemple précédent dans le panneau de commandes.*

Dans la suite de cet ouvrage, nous adopterons la signalétique suivante pour les modificateurs :

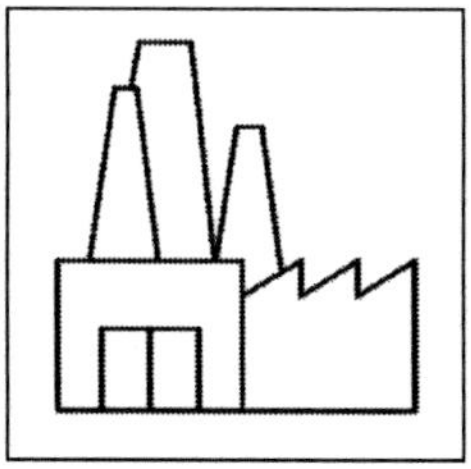

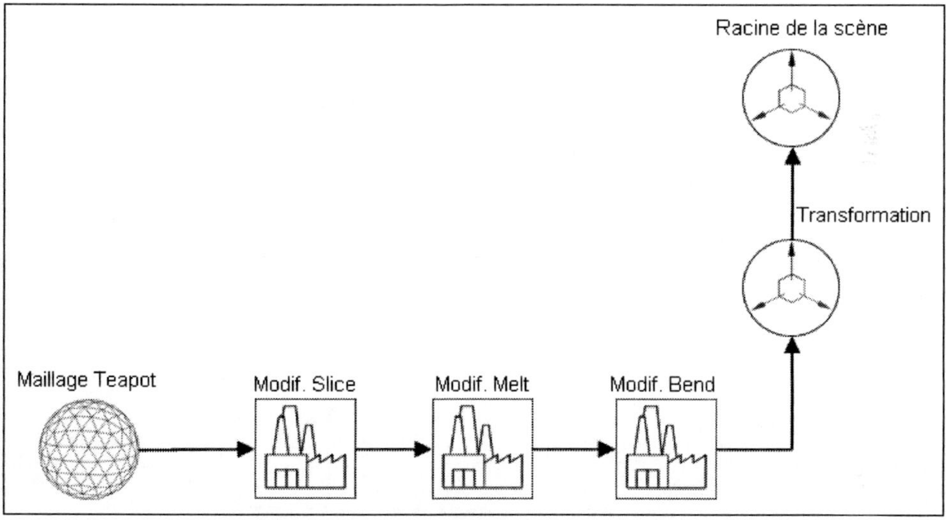


*Nous pouvons représenter cette théière et ses modificateurs de cette façon.*

Dans le cas d'une instance, seule la transformation est dupliquée, l'objet et les modificateurs sont strictement les mêmes. Si un modificateur est ajouté à une instance, toutes les autres instances l'ont également, ce sont les mêmes objets, modificateurs compris.

Toutefois il est possible de limiter l'instanciation et exclure des modificateurs de l'instanciation. Deux objets ne partageant pas entièrement la même pile de modificateurs ne sont pas des instances, mais des références.

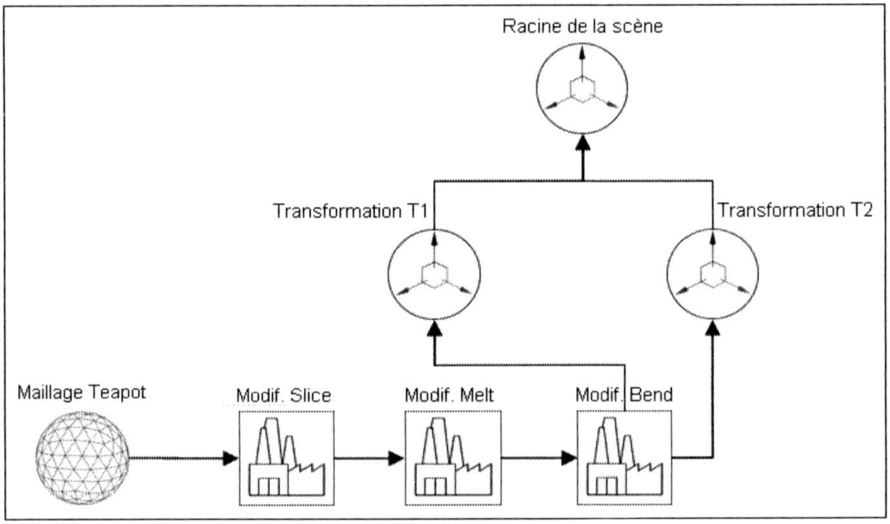


*Les objets T1 et T2 sont des instances de la théière de l'exemple précédent. Nous pouvons les représenter de cette façon.*

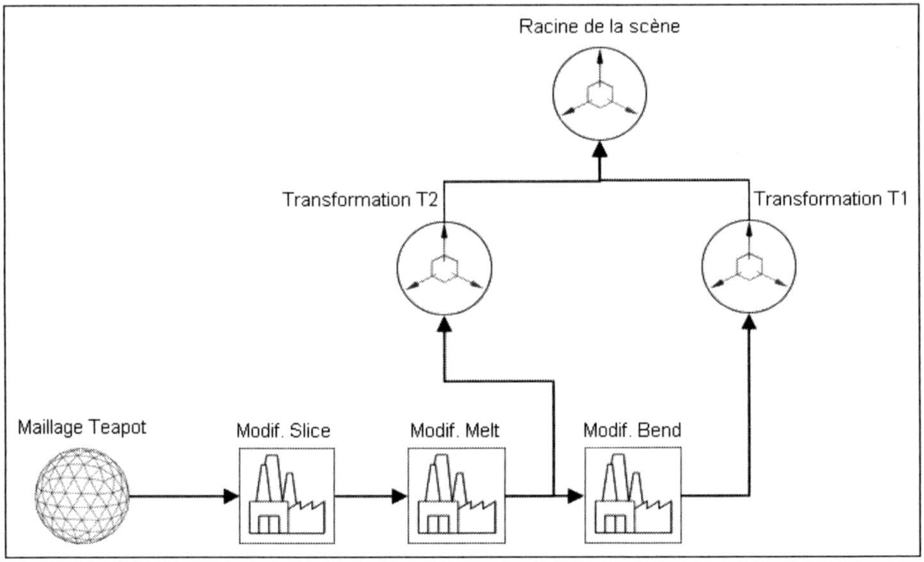


*Imaginons que T1 et T2 soient des références. Leur pile de modificateurs n'est plus partagée à partir du modificateur **Melt**. L'objet T1 possède le modificateur **Bend** mais pas l'objet T2. Nous pouvons les représenter de cette façon.*

Les modificateurs ont une certaine forme d'indépendance. Plusieurs objets peuvent utiliser le même modificateur sans être des instances : ce sont les modificateurs qui sont instanciés. En partageant le même modificateur sur plusieurs objets, l'intention est de ne paramétrer le modificateur qu'une seule fois, et de n'avoir à modifier qu'une fois les valeurs pour que tous les objets utilisant le modificateur partagé soient concernés.

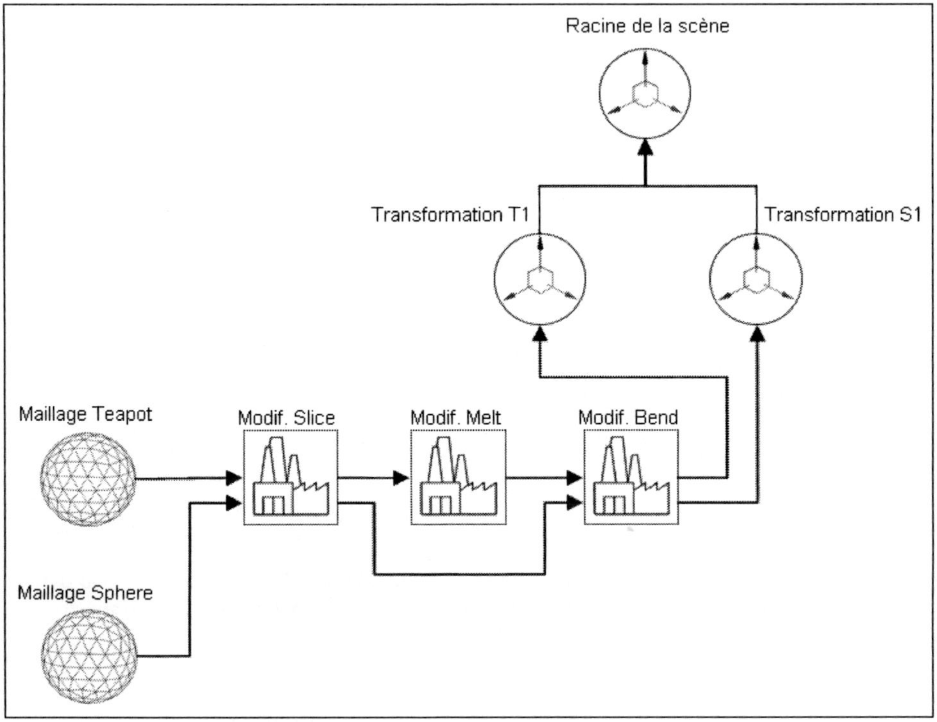


*Prenons l'exemple de la théière T1 précédente. Nous souhaitons utiliser le même modificateur **Slice** et **Bend** pour un autre objet, la sphère S1. Nous pouvons représenter ces objets de cette façon.*

Cette indépendance des modificateurs vous permet même, si l'on pousse la logique à l'extrême, d'instancier un modificateur dans la pile de modificateurs d'un seul et même objet : l'objet passe deux fois dans le même modificateur.

Pour résumer, un objet 3ds Max possède un format d'origine qui subit les modifications successives au travers des modificateurs de sa pile de modificateurs, avant d'être positionné dans le graphe de scène par sa transformation. Ces modificateurs peuvent être partagés, instanciés, dans plusieurs piles d'objets différents.

Des objets instanciés partagent le même objet d'origine et la même pile de modificateurs. Les références partagent le même objet d'origine et une partie de leur pile de modificateurs.

## B. Gérer les modificateurs

- Assurez-vous d'avoir un objet 3D simple sélectionné dans la scène, tel qu'une primitive 3D.
- Passez dans le mode modification du panneau de commandes : .
- Ouvrez la liste déroulante des modificateurs intitulée **Modifier List**.
- Cliquez sur un des modificateurs de la liste pour l'appliquer à l'objet. Vous pouvez ajouter autant de modificateurs que vous voulez.

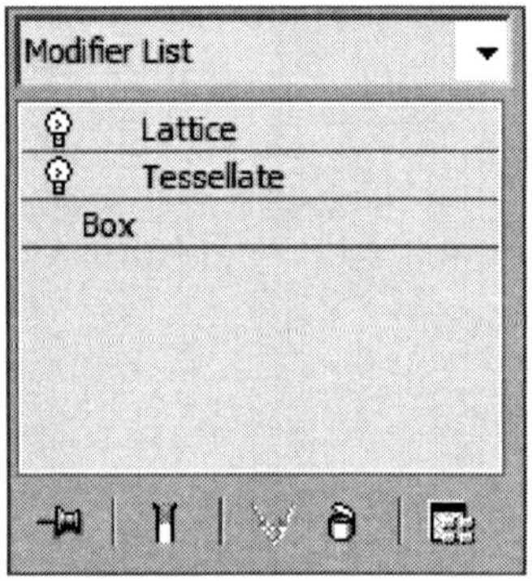


*Dans cet exemple, une boîte s'est vue appliquer un modificateur **Tessellate** et un modificateur **Lattice**. La pile des modificateurs montre l'objet d'origine en bas et la pile des modificateurs au-dessus.*

Le panneau de commandes en modification affiche la pile des modificateurs dans la partie supérieure et les paramètres de la sélection en cours dans le panneau déroulant **Parameters**.

- Si vous souhaitez changer la sélection mais garder à l'écran les paramètres de l'objet, cliquez sur le bouton . Tant que l'épingle est activée, la pile et les paramètres visibles sont ceux de cet objet.

  Cliquez à nouveau sur l'épingle pour la désactiver.
- Cliquez sur l'objet de base ou le modificateur pour les sélectionner et voir leurs paramètres s'afficher en dessous dans le panneau **Parameters**.
- Le bouton d'affichage du résultat final  permet de contrôler l'état visible de l'objet dans la scène : si ce mode est désactivé, lorsque vous sélectionnez un modificateur ou l'objet de base, le résultat visible dans la scène est le résultat jusqu'à la sélection. Si ce mode est activé, le résultat visible dans la scène est toujours le résultat final, après avoir appliqué tous les modificateurs.

- Pour changer l'ordre des modificateurs, maintenez le bouton gauche de la souris sur un modificateur et faites-le glisser vers une nouvelle position dans la liste.
- Pour renommer à tout instant un modificateur, faites un clic droit sur son nom, cliquez sur **Rename**, saisissez son nouveau nom puis validez par la touche .
- Pour désactiver un modificateur sans le supprimer, cliquez sur l'ampoule à gauche de son nom ; de nouveau un clic sur l'ampoule permet de l'activer.
- Pour supprimer un modificateur, faites un clic droit sur son nom et cliquez sur **Delete** ou sélectionnez-le puis cliquez sur le bouton corbeille .

  Vous pouvez sélectionner plusieurs modificateurs à la fois pour les supprimer : maintenez la touche Ctrl enfoncée et cliquez successivement sur les différents modificateurs concernés.

  **Remarque**

  *La touche Suppr supprime les objets et non pas les modificateurs.*

## C. Copie et modificateurs

Comme nous l'avons évoqué dans l'introduction de ce chapitre, les modificateurs peuvent être copiés ou partagés (instanciés) sur différents objets.

- Assurez-vous d'avoir un objet sélectionné dans la scène sur lequel sont présents un ou plusieurs modificateurs.
- Passez dans le mode modification du panneau de commandes : .
- Pour copier un modificateur, faites un clic droit sur son nom et cliquez sur **Copy**.

  Pour coller le modificateur, sélectionnez l'objet concerné puis, dans le panneau de commandes, faites un clic droit sur le modificateur ou l'objet de base au-dessus duquel sera appliqué le modificateur copié et cliquez sur **Paste**. Les modificateurs copiés sont identiques lors de la copie mais indépendants par la suite.
- Pour coller par instance un modificateur, copiez-le et sélectionnez l'objet concerné puis, dans le panneau de commandes, faites un clic droit sur le modificateur ou l'objet de base au-dessus duquel sera appliqué le modificateur copié et cliquez sur **Paste Instanced**. Les modificateurs instanciés sont toujours identiques.

*Les modificateurs instanciés voient leur nom en italique.*

➲ Pour détruire l'instanciation et rendre un modificateur instancié indépendant, sélectionnez-le et cliquez sur le bouton **Make Unique** .

Lorsque deux objets sont instanciés, ils partagent la même pile de modificateurs.

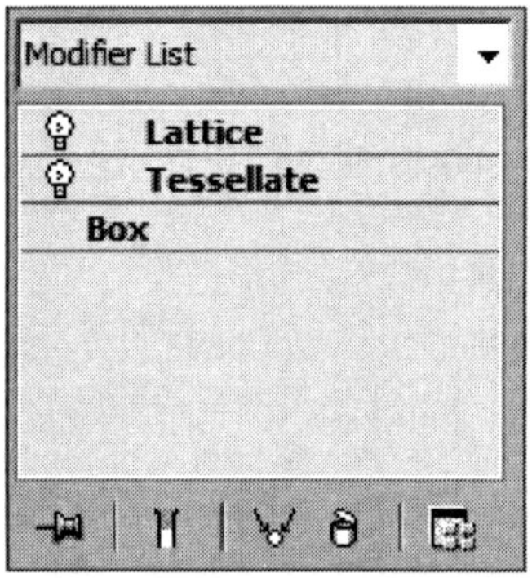


*Les objets instanciés voient le contenu de leur pile en gras.*

➲ Assurez-vous d'avoir un objet dans la scène et instanciez-le.

➲ Pour détruire l'instanciation entre deux objets, sélectionnez l'un des modificateurs de la pile ou l'objet de base et cliquez sur le bouton **Make Unique** .

Lorsque deux objets sont instanciés, il est possible d'ajouter au-dessus de la pile instanciée des modificateurs non partagés par les instances. Ces objets ne sont plus des instances mais des références.

- Pour ajouter la notion de référence à un objet instancié, faites un clic droit dans la pile de modificateurs de l'une des instances et sélectionnez **Make Reference**.

*Lorsque la notion de référence est ajoutée à une instance, une barre grise apparaît en haut de la pile. Tous les modificateurs ajoutés après cette barre ne seront pas partagés entre les instances.*

### Remarque

> *Lorsque vous ajoutez la notion de référence à une instance, les autres instances ne deviennent pas à leur tour des références : aucune barre de référence n'apparaît dans leur pile de modificateurs. Leur comportement reste identique. Seul l'objet référence possède de nouveaux modificateurs.*

Une référence peut être définie dès le clonage. Tous les outils de clonage vous proposent de créer une pure copie, une instance ou une référence.

## D. Accéder aux sous-objets

Le mode sous-objet est la possibilité offerte par un objet de base ou un modificateur d'accéder à une sous-partie de l'objet ou du modificateur dans laquelle vous pouvez transformer et sélectionner différents éléments en vue de modifier le comportement ou la structure du modificateur ou de l'objet.

Dans le cas des objets éditables vus dans les chapitres précédents, les sous-objets sont des sous-parties de l'objet. Dans le cas des modificateurs, la définition est plus large et les sous-objets peuvent être des assistants à la déformation ou des composants d'opération.

- Assurez-vous d'avoir un objet 3D sélectionné dans la scène tel qu'une sphère.
- Passez dans le mode modification du panneau de commandes : .

- Ajoutez un modificateur **Slice** à l'objet.

*Le modificateur **Slice** possède un sous-objet **Slice Plane**.*

- Cliquez sur le symbole pour ouvrir la liste des sous-objets ou sur le symbole pour la refermer.
- Cliquez sur le sous-objet pour entrer dans le mode sous-objet ou utilisez le menu **Quad** et cliquez sur le nom du sous-objet situé en haut à gauche.

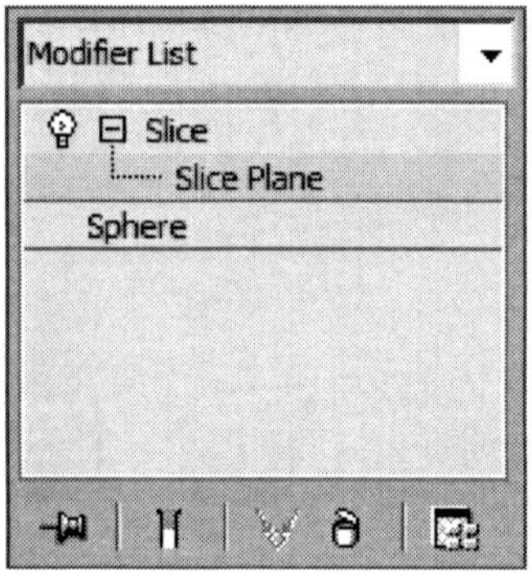


*Lorsque vous êtes entré en mode sous-objet, le sous-objet est surligné en jaune.*

En mode sous-objet, les outils de sélection et de transformation ne vous permettent plus de sélectionner ou transformer des objets de la scène, mais sont réservés à la sélection ou la transformation d'un élément sous-objet. Ces éléments peuvent être un **gizmo** de manipulation, une partie du maillage de l'objet ou encore un objet utilisé dans une opération d'objets composés.

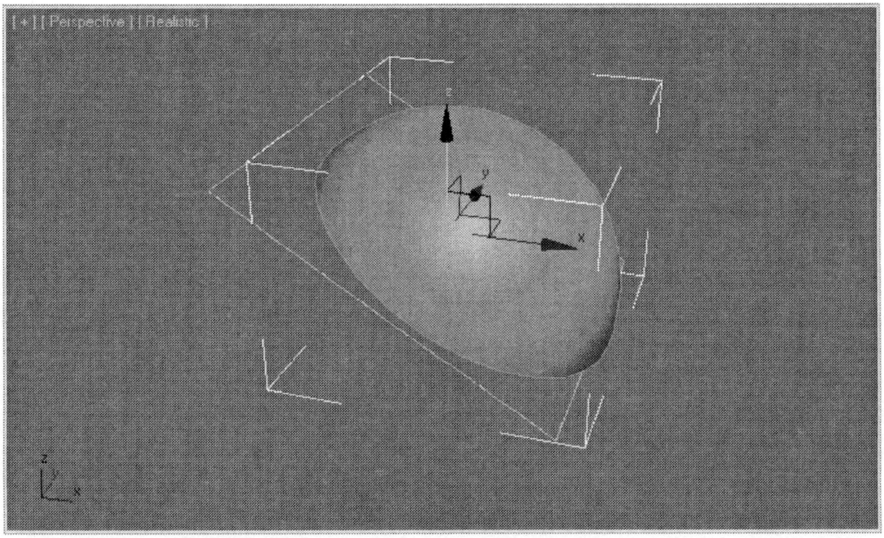


Le mode sous-objet du modificateur **Slice** vous permet de manipuler le plan de coupe. Tous les outils de transformation sont disponibles : translation, rotation et échelle.

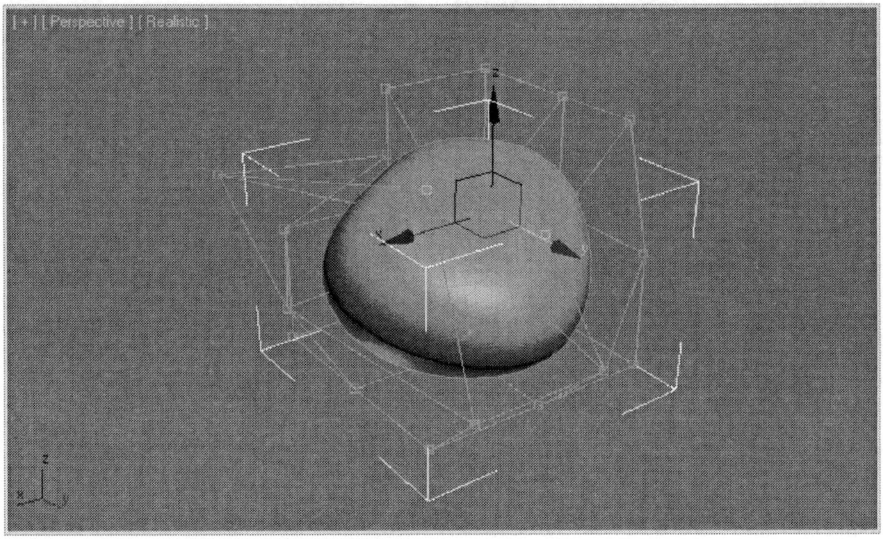


Le mode sous-objet du modificateur **FFD** permet notamment de sélectionner et transformer des points vous permettant ainsi de déformer un objet.

- Cliquez à nouveau sur le sous-objet pour sortir du mode sous-objet ou utilisez le menu **Quad** et cliquez sur **Top-Level** en haut à gauche.

### Remarque

*Les touches **1**, **2**, **3**, **4** et **5** permettent d'entrer respectivement dans les modes sous-objets disposés en position 1, 2, 3, 4 ou 5 de la pile.*

## E. Écraser la pile de modificateurs

La pile de modificateurs vous permet à tout moment de revenir à un état précédent de l'objet pour le modifier. Toutefois, cela a un coût : chaque état de l'objet est conservé dans la scène et cela peut avoir des conséquences néfastes pour la taille du fichier de scène ou pour les performances de 3ds Max.

Il est possible de transformer définitivement l'objet en écrasant la pile. En faisant cela, tous les modificateurs vont disparaître et il ne restera que l'objet issu du dernier modificateur.

Un objet dont la pile a été écrasée peut être de type spline éditable, maillage éditable, polygone éditable ou patch éditable, en fonction du dernier modificateur de la pile.

- Assurez-vous d'avoir un objet sélectionné dans la scène possédant un ou plusieurs modificateurs.
- Pour écraser la pile des modificateurs, faites un clic droit dans la pile de modificateurs et cliquez sur **Collapse All**.

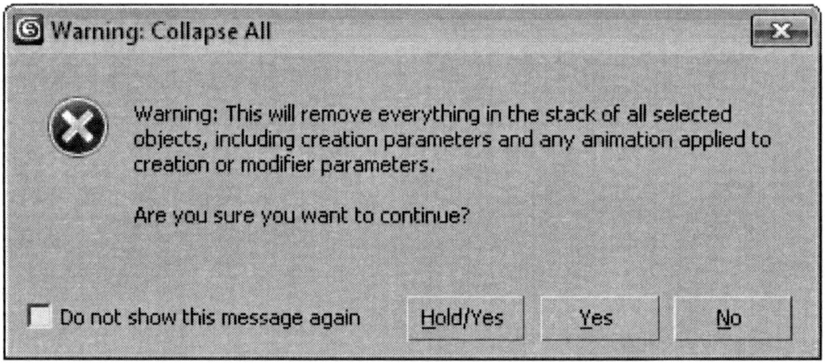


*Une fenêtre vous avertit que l'opération est irréversible.*

Validez l'écrasement en cliquant sur le bouton **Yes** ; pour enregistrer un état de la scène, cliquez sur le bouton **Hold/Yes**.

**ASTUCE**

*Il arrive souvent qu'un écrasement de la pile ne s'avère dommageable que longtemps après. N'hésitez pas à conserver votre objet avec sa pile de modificateurs dans un fichier de scène séparé. Ainsi, vous pourrez le réintroduire dans votre scène en cas de problème.*

Il est possible d'écraser seulement une partie de la pile. Cette opération n'est possible que sur le bas de la pile, c'est-à-dire sur l'objet de base et un ou plusieurs modificateurs directement appliqués sur lui. Vous ne pouvez pas, par exemple, fusionner deux modificateurs au milieu de la pile.

- Pour écraser la pile à partir d'un modificateur sélectionné jusqu'à l'objet de base sans modifier les modificateurs appliqués après le modificateur sélectionné, faites un clic droit sur le modificateur et choisissez **Collapse To**.

Enfin, si vous convertissez l'objet, sa pile sera écrasée.

- Pour convertir un objet, utilisez le menu **Quad** - **Convert To** ou écrasez la pile, faites un clic droit dans la pile de modificateurs et choisissez un nouveau type.

## F. Les modificateurs de changement de type

Chaque modificateur a un type d'objet d'entrée et un type d'objet de sortie. Par exemple, le modificateur **Bevel** transforme une spline en objet 3D : son type d'entrée est de type spline, ce qui signifie que vous ne pourrez appliquer cet objet qu'aux objets convertibles en splines ; son type de sortie est un maillage 3D, convertible en maillage éditable, polygone éditable ou patch éditable.

Ainsi, certains modificateurs sont des convertisseurs, ils permettent par exemple de convertir un objet maillage éditable en objet polygone éditable.

- Pour changer le type d'un objet en maillages éditables, ajoutez le modificateur **Turn to Mesh**.
- Pour changer le type d'un objet en polygones éditables, ajoutez le modificateur **Turn to Poly**.
- Pour changer le type d'un objet en patchs éditables, ajoutez le modificateur **Turn to Patch**.

### Remarque

*Le modificateur **Turn to Spline** n'existe pas. Toutes les formes 2D sont des objets splines excepté les formes de type NURBS.*

Certains modificateurs changent le type mais vous permettent également d'éditer les objets dans le nouveau type. Par exemple, imaginez qu'une étape finale de votre objet soit une opération simple de polygones éditables et que vous ne souhaitiez pas écraser la pile pour quelque chose d'aussi simple. Vous pouvez donc ajouter un modificateur polygones éditables et faire l'opération tout en gardant la pile intacte.

- Pour convertir et éditer un objet en splines éditables, ajoutez-lui un modificateur **Edit Spline**.
- Pour convertir et éditer un objet en maillages éditables, ajoutez-lui un modificateur **Edit Mesh**.
- Pour convertir et éditer un objet en polygones éditables, ajoutez-lui un modificateur **Edit Poly**.
- Pour convertir et éditer un objet en patchs éditables, ajoutez-lui un modificateur **Edit Patch**.

**ASTUCE**

*Certains modificateurs, comme les modificateurs d'édition d'objets, ne peuvent pas garantir de conserver leur effet correctement si vous changez les données en amont dans la pile.*

Lorsque vous appliquez un modificateur d'édition de type, il utilise les données du modificateur précédent dans la pile, à savoir le maillage. Si les données en amont changent, le résultat de leur effet est imprédictible. En effet, si par exemple vous supprimez la face numéro 1 dans un modificateur d'édition de  maillage et que vous remontez dans la pile pour supprimer la face numéro 1 dans un autre modificateur d'édition de maillage, qu'arrive-t-il lorsque vous réappliquez l'effet du deuxième modificateur ? Cela dépend des algorithmes de chaque objet, de chaque modificateur...

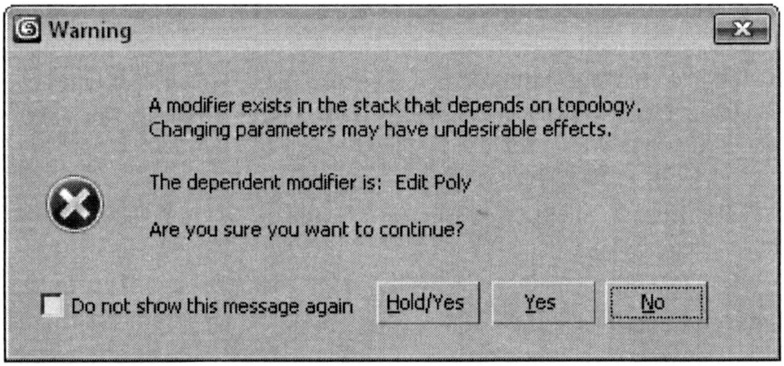


*Lorsque vous sélectionnez un modificateur en amont d'un modificateur dépendant du maillage, une fenêtre vous avertit que l'opération est risquée.*

## G. Appliquer un modificateur à une sous-partie d'objet

Il est possible d'appliquer un modificateur à seulement une partie de l'objet.

- Assurez-vous d'avoir un objet sélectionné dans la scène et que vous puissiez éditer son maillage, soit parce que vous l'avez converti, soit parce que vous lui avez ajouté un modificateur d'édition du maillage.
- Entrez dans un mode sous-objet.

- Sélectionnez une partie du maillage.
- Pour appliquer un modificateur à la sous-partie sélectionnée, ajoutez un modificateur sans sortir du mode sous-objet.

**ASTUCE**

*Si vous revenez sur le modificateur précédent et que vous sortez du mode sous-objet, le modificateur en aval s'appliquera sur l'ensemble de l'objet. Si vous changez la sélection, le modificateur en aval s'appliquera sur la nouvelle sélection.*

Si vous n'avez aucun édition à faire sur le maillage, vous n'êtes pas obligé d'ajouter un modificateur d'édition au maillage pour appliquer ensuite un modificateur sur une partie du maillage : il existe des modificateur de sélection.

- Pour ajouter un modificateur de sélection de splines éditables, ajoutez un modificateur **Spline Select**.
- Pour ajouter un modificateur de sélection de maillages éditables, ajoutez un modificateur **Mesh Select**.
- Pour ajouter un modificateur de sélection de polygones éditables, ajoutez un modificateur **Poly Select**.
- Pour ajouter un modificateur de sélection de patchs éditables, ajoutez un modificateur **Patch Select**.

**ASTUCE**

*De la même façon que les modificateurs d'édition d'objet, les modificateurs de sélection de sous-objets ne peuvent pas garantir de conserver leur sélection correctement si vous changez les données en amont dans la pile, pour les même raisons.*

Il existe un modificateur de sélection de sous-objet qui vous propose de faire la sélection à l'aide d'un volume de sélection positionné dans la scène. Son avantage est qu'il garantit son effet même en cas de changement de données en amont de la pile, car il n'utilise pas le maillage comme donnée mais un objet factice de sélection.

- Pour ajouter un modificateur de sélection de maillage par volume, ajoutez le modificateur **Vol. Select**.

## H. Les modificateurs de déformation

Cette section a pour objectif de vous donner un aperçu global des différents modificateurs de déformation du maillage ainsi que leurs particularités remarquables. Les modificateurs dont le but est de proposer une alternative à un outil préexistant sont traités tout au long de l'ouvrage en même temps que les outils dont ils sont issus.

Lors d'une déformation, seuls les points des objets sont déplacés (jonctions des lignes du maillage). Ainsi, pour illustrer l'effet de ces modificateurs, nous utiliserons une boîte comportant une valeur de 10 segments sur les trois axes afin de lui permettre de se déformer.

La plupart de ces modificateurs incluent les sous-objets centre de l'effet et position du **gizmo** d'effet, à l'exception du modificateur **FFD** qui inclut des points de contrôle, la position du **gizmo** d'effet et la forme originale du **gizmo** d'effet.

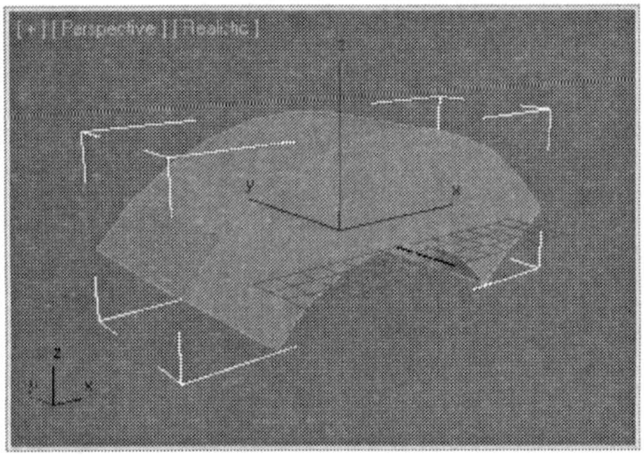

*Le modificateur **Bend** courbe l'objet.*

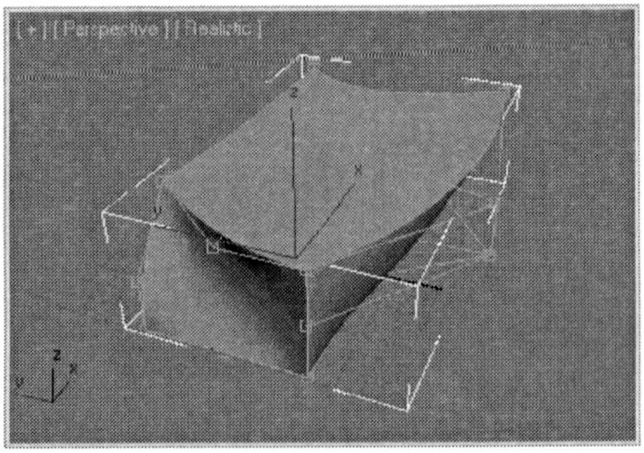

*Les modificateurs **FFD** permettent avec quelques points de déformer l'ensemble de l'objet.*

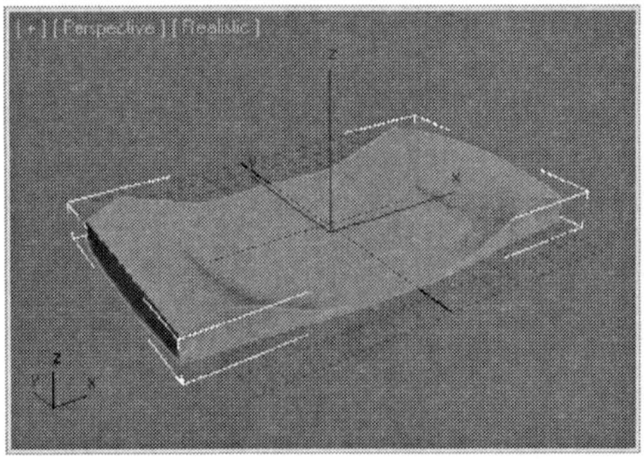

*Le modificateur **Melt** simule la fonte de la matière à la manière de la glace par exemple.*

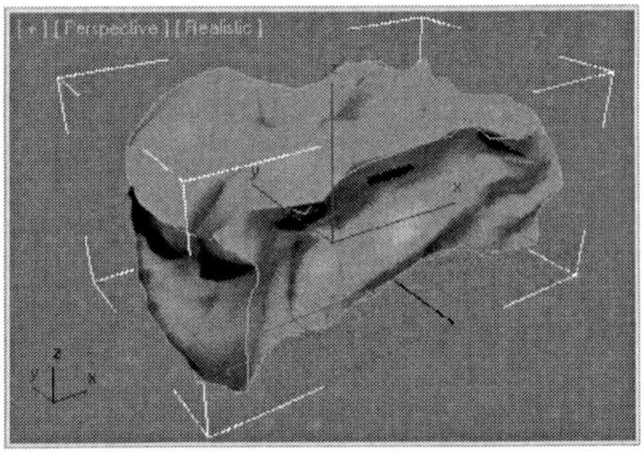

*Le modificateur **Noise** déforme de manière aléatoire l'objet suivants les axes.*

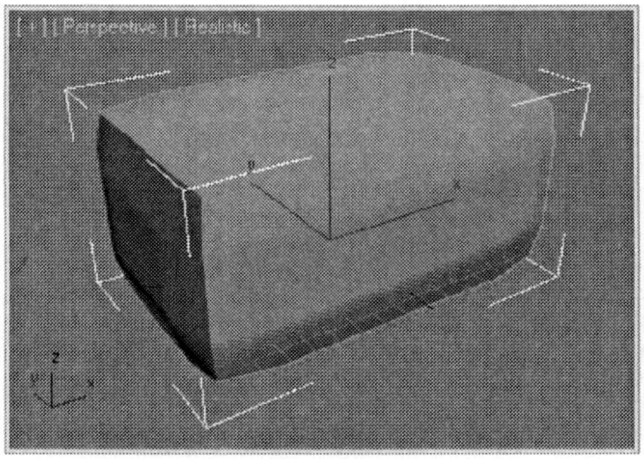

*Le modificateur **Push** fait enfler l'objet.*

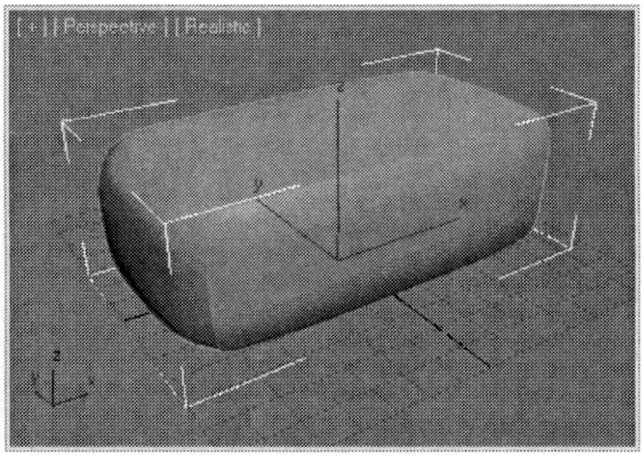

*Le modificateur **Relax** simule une élasticité le long des lignes du maillage. L'effet harmonise la densité du maillage et « adoucit » l'objet.*

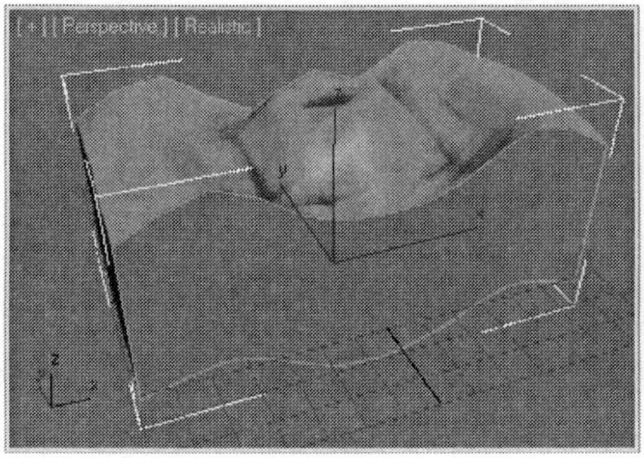

*Le modificateur **Ripple** simule une onde à la surface d'un liquide.*

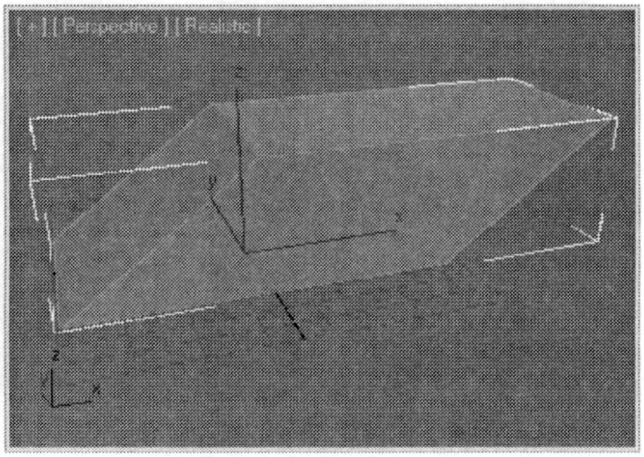

*Le modificateur **Skew** fait pencher l'objet.*

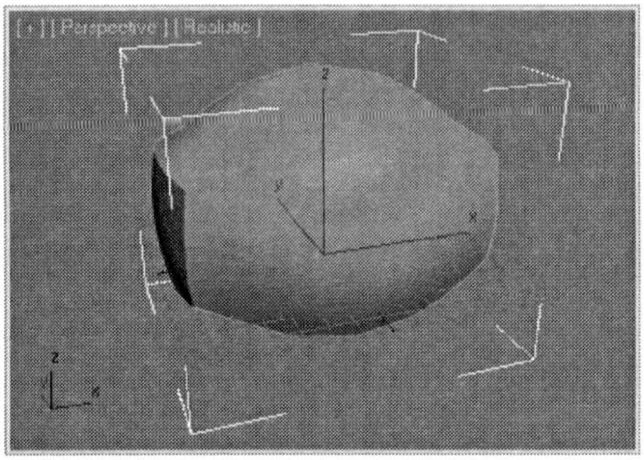

*Le modificateur **Spherify** fait tendre l'objet vers une sphère.*

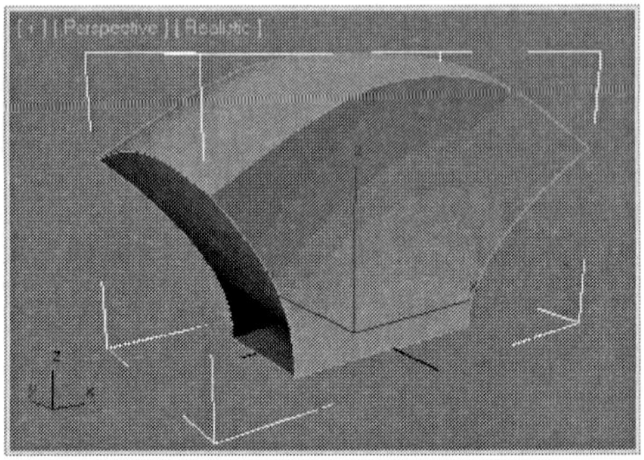

*Le modificateur **Squeeze** déforme l'objet selon deux courbes.*

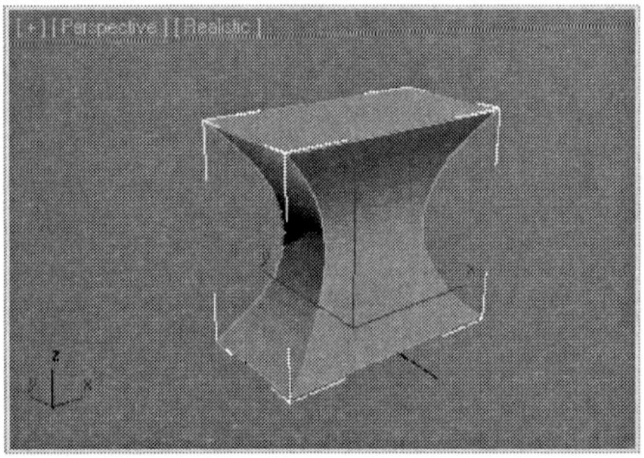

*Le modificateur **Stretch** étire l'objet.*

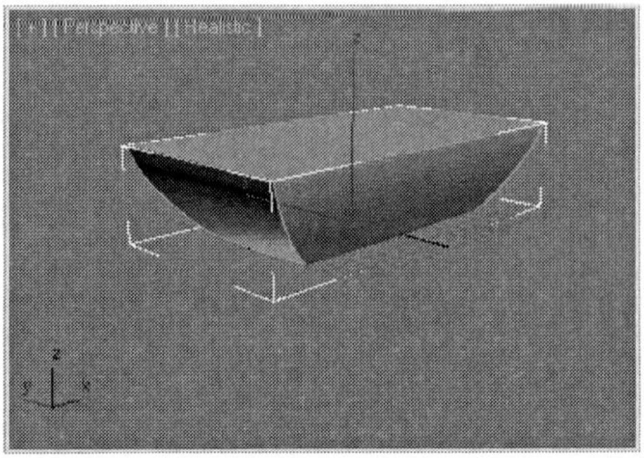

*Le modificateur **Taper** fusèle l'objet.*

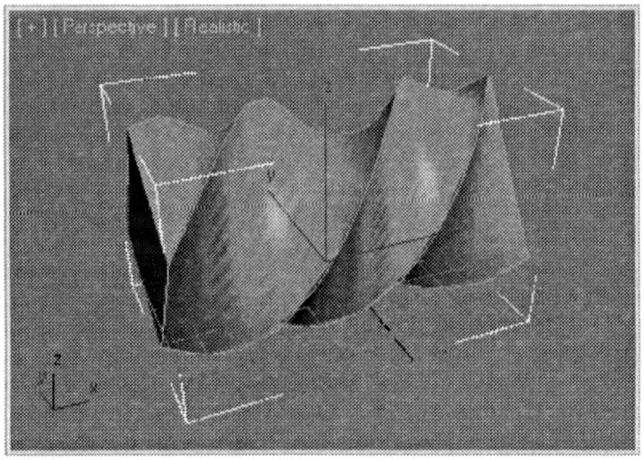

*Le modificateur **Twist** effectue une torsion sur l'objet.*

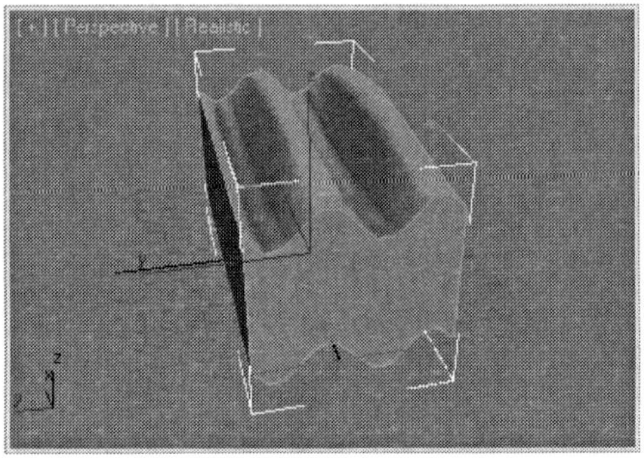

*Le modificateur **Wave** simule des vagues à la surface d'un liquide.*

# I. Les modificateurs de densité du maillage

Cette section a pour objectif de vous donner un aperçu global des différents modificateurs de densité du maillage. Les modificateurs dont le but est de proposer une alternative à un outil préexistant sont traités tout au long de l'ouvrage en même temps que les outils dont ils sont issus.

Il existe deux types d'opération du maillage : densifier l'objet pour affiner ses contours par exemple, ou simplifier l'objet afin d'améliorer les performances du logiciel par exemple.

Voyons d'abord les modificateurs de densification. La densification du maillage, suivant les outils utilisés, peut modifier ou non la silhouette des objets en adoucissant les contours.

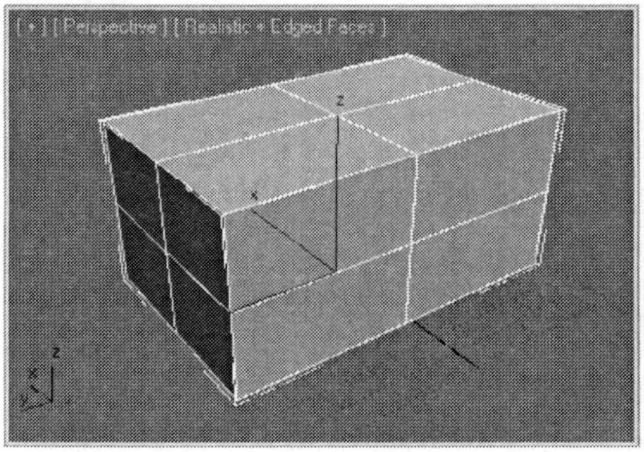

*L'objet original est une boîte simple avec une valeur de 2 segments pour chaque dimension.*

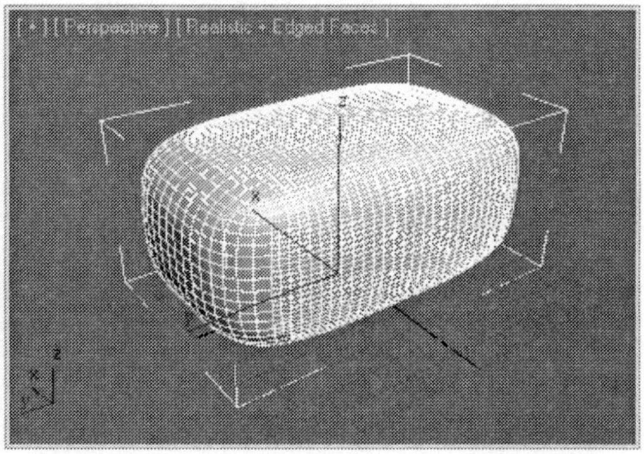

*Le modificateur **HSDS** permet de densifier le maillage et de naviguer entre les différents niveaux de densification. Ce modificateur adoucit les contours.*

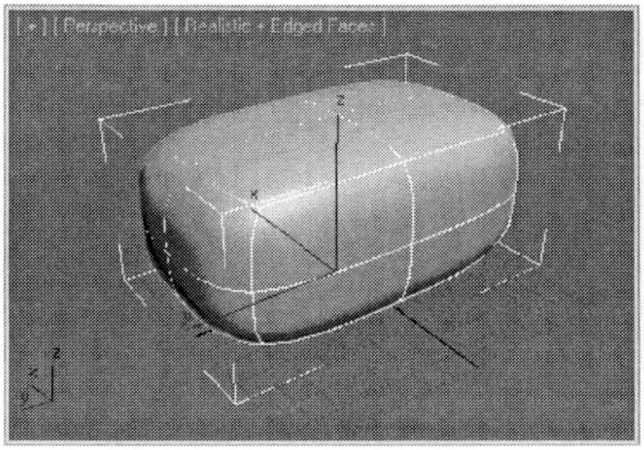

*Le modificateur **MeshSmooth** densifie le maillage à l'aide de courbes mathématiques.*
*Ce modificateur adoucit les contours.*

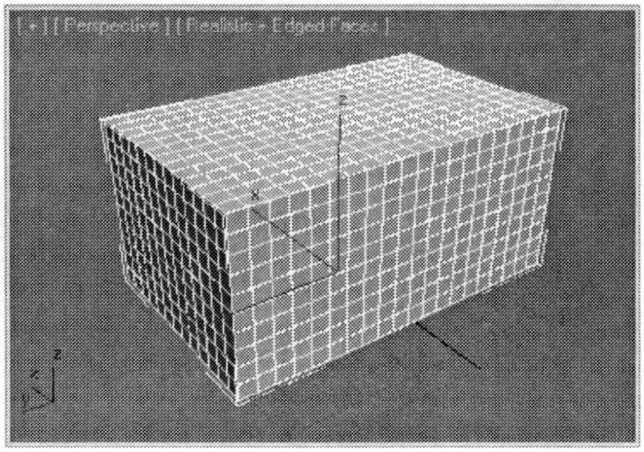

*Le modificateur **Quadify Mesh** ajoute des mailles régulières au maillage de l'objet. Il ne change pas les contours.*

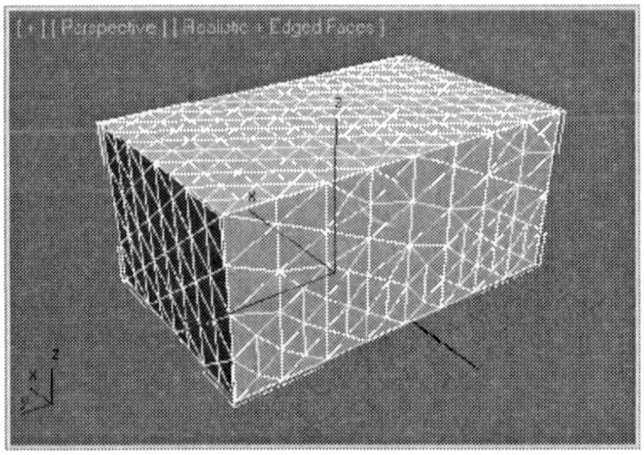

*La modificateur **Subdivide** crée un maillage en fonction d'une longueur de ligne de maillage maximum. Plus la longueur de ligne de maillage maximum est faible, plus le maillage est dense.*

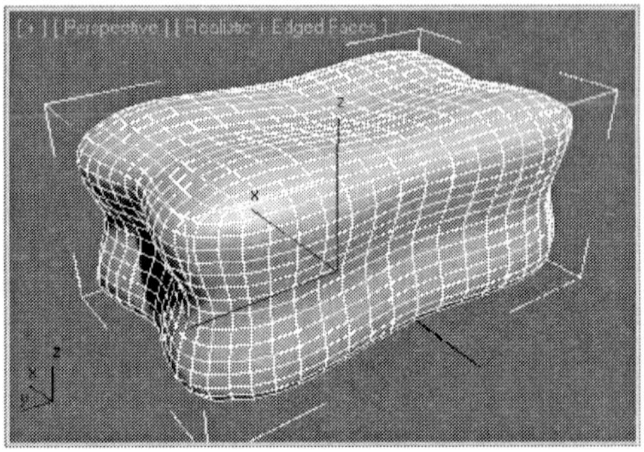

*Le modificateur **Tessellate** divise chaque surface du maillage. Le nouveau maillage peut être soumis à une tension induisant une courbure entre les mailles d'origine.*

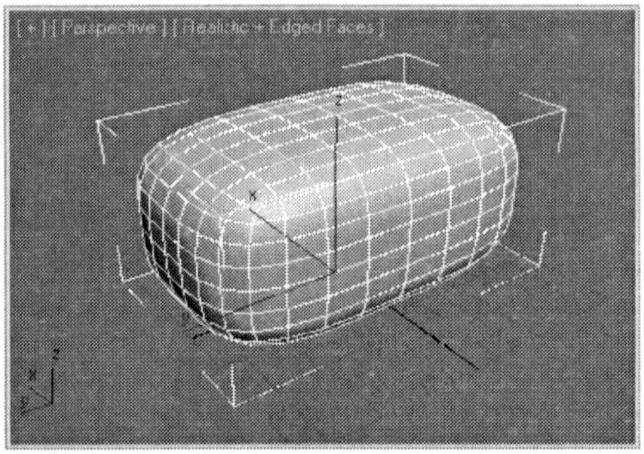

*Le modificateur **TurboSmooth** affine l'ensemble du maillage de l'objet tout en adoucissant les contours.*

Voyons maintenant les modificateurs de simplification du maillage. Ces modificateurs simplifient le maillage tout en mettant en œuvre des efforts considérables pour conserver la forme des objets.

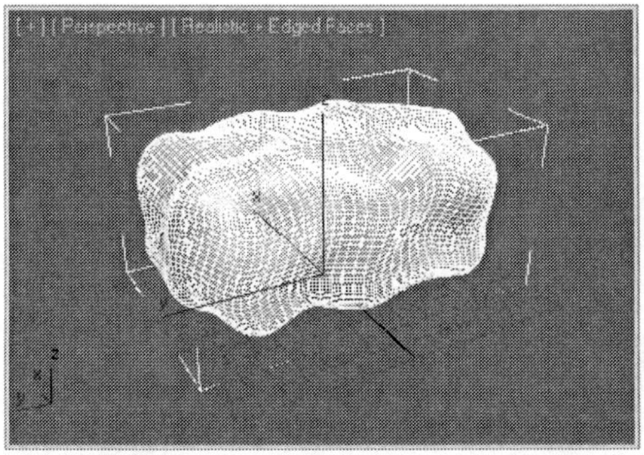


*L'objet original est une boîte avec un modificateur **TurboSmooth** et un modificateur **Noise**.*

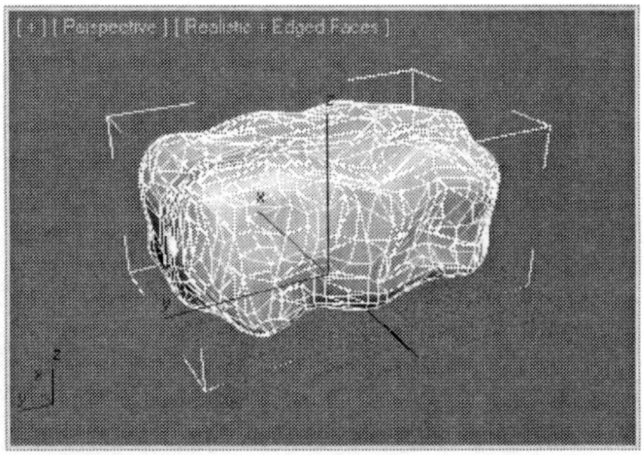


*Le modificateur **MultiRes**, après un précalcul, permet de définir le pourcentage du nombre de points du maillage à conserver (ici 20 %).*

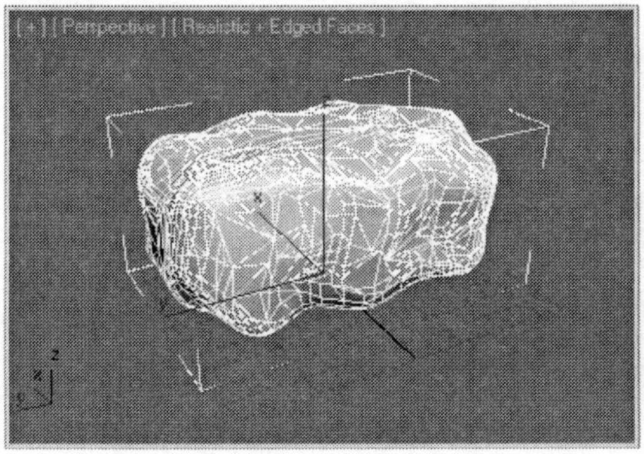


*Le modificateur **Optimize** réduit le maillage en fonction des angles entre les mailles.*

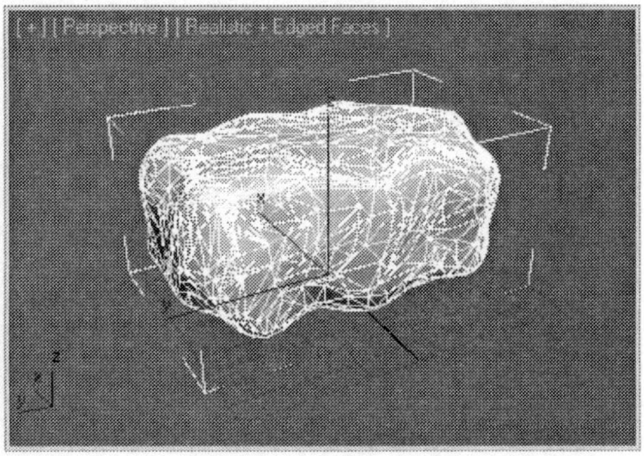


*Le modificateur **ProOptimizer**, après un précalcul, permet de définir le pourcentage du nombre de points du maillage à conserver (ici 20%). Ce modificateur propose de très nombreuses options.*

## J. Les modificateurs de géométrie

Cette section a pour objectif de vous donner un aperçu global des différents modificateurs de géométrie. Les modificateurs dont le but est de proposer une alternative à un outil préexistant sont traités tout au long de l'ouvrage en même temps que les outils dont ils sont issus.

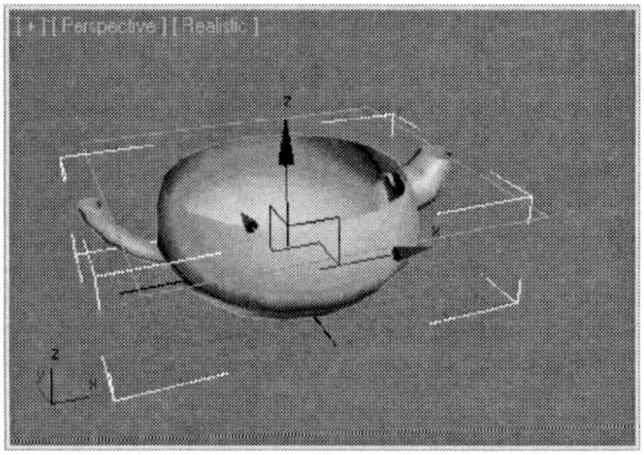

*Le modificateur **Slice**, ici appliqué sur une théière, coupe l'objet en deux et permet éventuellement de retirer l'une des deux parties.*

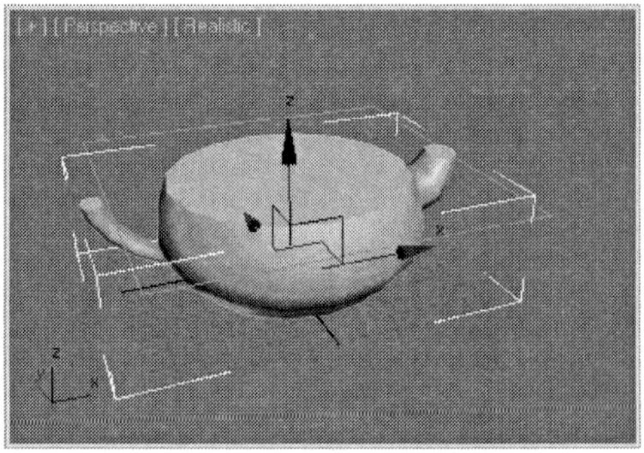

*Le modificateur **Cap Holes**, appliqué ici sur une théière modifiée par un modificateur **Slice**, bouche les trous des objets.*

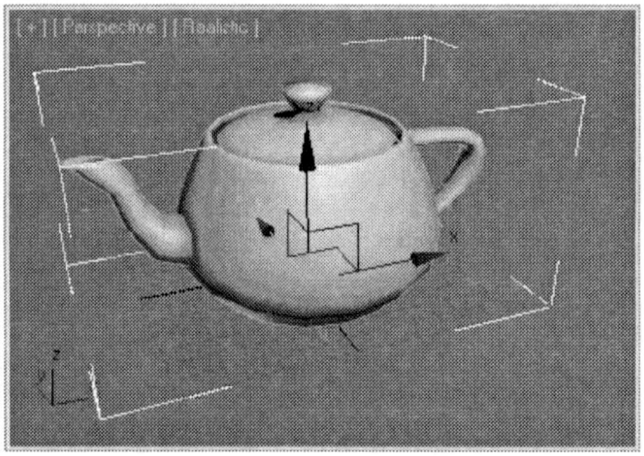

*Le modificateur **Mirror** inverse la géométrie de l'objet selon un ou deux axes.*

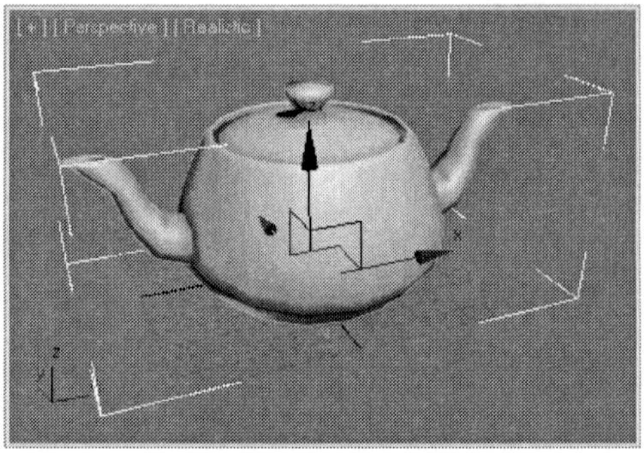

*Le modificateur **Symmetry** coupe l'objet et recopie par symétrie la partie restante de l'autre côté du plan de coupe.*

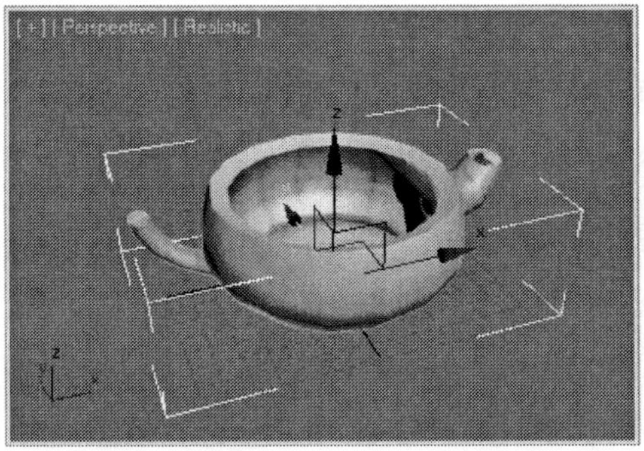

*Le modificateur **Shell**, ici appliqué sur une théière préalablement modifiée avec un modificateur **Slice**, crée un volume à partir de la surface de l'objet.*

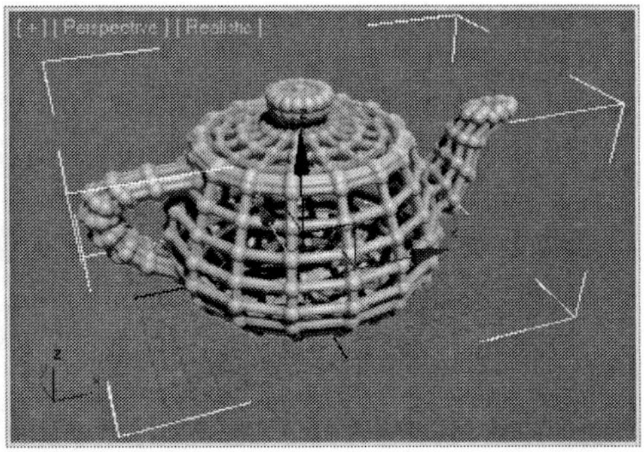

*Le modificateur **Lattice** crée des sphères autour de chaque point du maillage et des cylindres autour de chaque ligne du maillage.*

## K. Les modificateurs de forme créant un objet 3D

Cette section a pour objectif de vous donner un aperçu global des différents modificateurs de forme créant un objet 3D. Les modificateurs dont le but est de proposer une alternative à un outil préexistant sont traités tout au long de l'ouvrage en même temps que les outils dont ils sont issus.

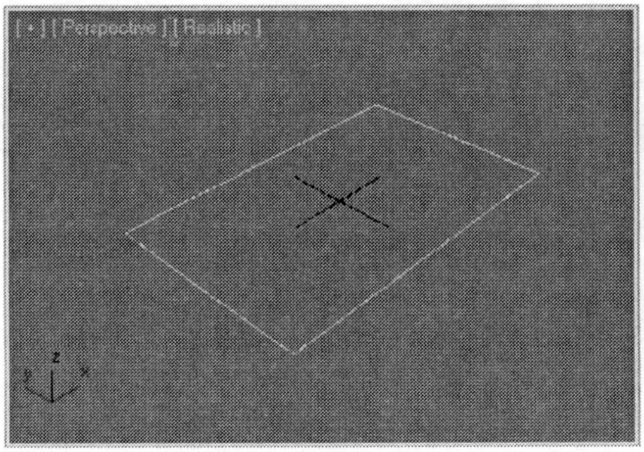

*Cette forme rectangle servira de base à l'illustration des modificateurs de forme créant un objet 3D.*

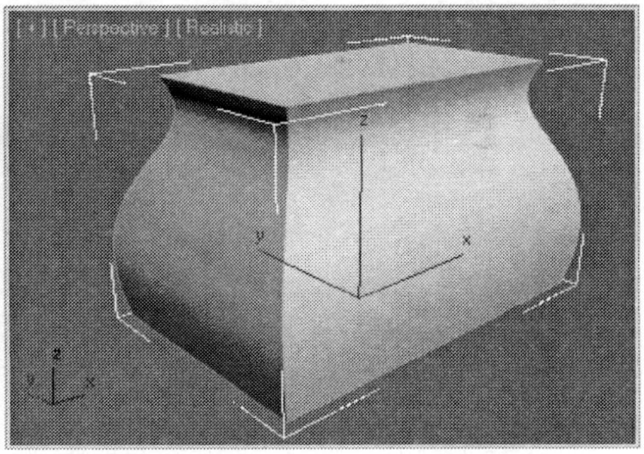

*Le modificateur **Bevel** crée un objet 3D en se servant d'élévations successives de la forme dans l'axe Z avec des variations de taille et de courbure.*

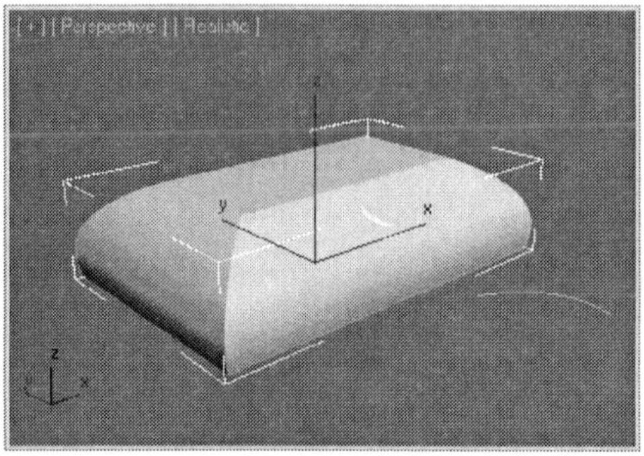


*Le modificateur **Bevel Profile** utilise la même technique que le modificateur **Bevel** à la différence que le profil de l'objet 3D est tiré d'une forme, ici la forme en arc à côté de l'objet.*

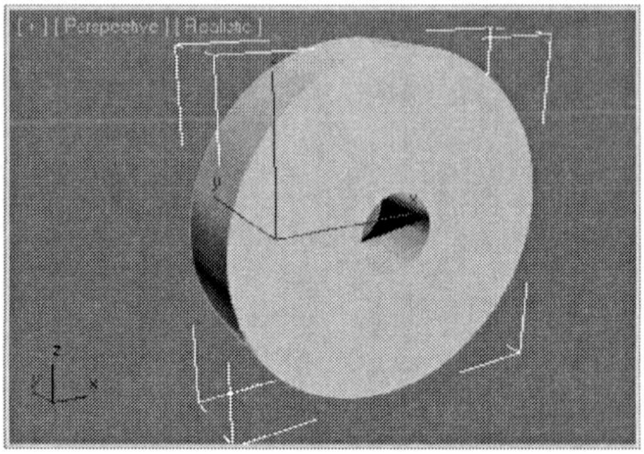


*Le modificateur **Lathe** crée un objet 3D par révolution en faisant tourner la forme autour d'un axe.*

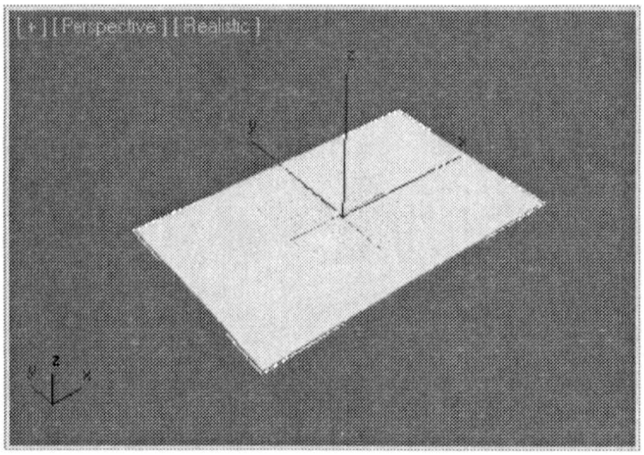


*Le modificateur **Surface** ne crée pas directement un volume mais une surface à partir des contours de la forme : ici le rectangle nous donne l'équivalent d'un plan.*

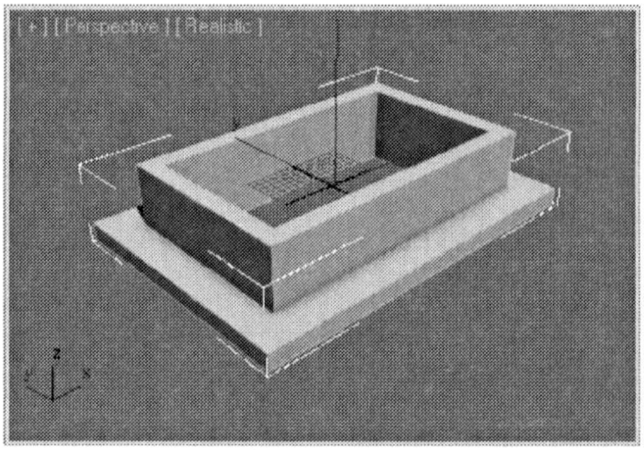


*Le modificateur **Sweep** crée un objet 3D en combinant les effets d'un modificateur **Bevel Profile** et d'un modificateur **Shell**.*

# Chapitre 16
# Les matériaux et textures standard

## A. La théorie : le Shader

Un shader est un programme indépendant calculant l'affichage de la surface des objets 3D à l'écran en fonction des paramétrages de la scène. Les différents modes de rendu de la vue que vous avez découverts dans le chapitre Fenêtres de vue sont tout autant de shaders utilisant la scène en entrée et calculant le résultat affiché à l'écran.

Les shaders des modes de vue, de la même façon que les shaders utilisés dans les jeux vidéo, doivent être assez rapides pour afficher la scène à l'écran en quelques millisecondes. En effet, lorsque vous déplacez la vue ou modifiez la scène, l'affichage doit sembler instantané. En fait, il n'est pas instantané mais il est calculé plusieurs dizaines de fois par seconde afin de vous présenter le résultat en temps réel. Ces shaders sont peu paramétrables à cause du besoin d'extrême performance.

Pour des besoins plus complexes, et donc des shaders plus complexes, qui mettront plus de temps à être calculés, le résultat ne sera pas visible dans les fenêtres de vue en temps réel. Vous devrez effectuer un rendu, c'est-à-dire lancer le calcul d'une image finale. Ce calcul peut être court, quelques secondes, ou très long, des heures voire des jours pour des rendus très complexes. Dans ce cas, la puissance de votre ordinateur est cruciale et peut faire varier de façon très importante le temps de calcul d'une image. Dans l'industrie du cinéma, par exemple, on utilise très souvent des fermes de rendu, un parc informatique dédié au calcul d'images, pour calculer des séquences de films.

Un shader simple utilise souvent les paramètres suivants : couleur ambiante, couleur diffuse, couleur et intensité spéculaires, brillance, auto-illumination, opacité, relief, réflexion, réfraction. La plupart du temps, ce genre de shader suffira pour satisfaire vos besoins. De temps en temps, et avec l'expérience, vous utiliserez des shaders spécifiques pour un rendu plus poussé et personnalisé. Ces notions seront expliquées plus loin.

Dans 3ds Max, un shader associé à un objet s'appelle un matériau, « material » en anglais. Si ce matériau est standard, un résultat assez fidèle sera affiché en temps réel dans la vue mais le résultat final ne sera visible qu'au rendu. Si vous utilisez un matériau non standard ou personnalisez finement votre matériau, le rendu dans la vue ne sera plus vraiment fidèle au résultat, les shaders de vue simplifiant le matériau pour des raisons de performance.

Lorsque vous créez un objet, il ne possède pas de matériau associé. Le shader de vue utilise la couleur de base de l'objet et un paramétrage standard pour les autres paramètres. Dès lors que vous associez un matériau à l'objet, la couleur de base de l'objet n'est plus utilisée, c'est le paramétrage du matériau qui prévaut.

Souvent, les matériaux utilisent des données extérieures comme paramètre. Par exemple, la couleur d'un objet peut être une image du disque dur. Ces données sont appelées textures ou « maps » en anglais. Les textures peuvent être issues d'une image mais également d'un calcul mathématique, de la combinaison de plusieurs textures ou encore de données venant de canaux de sommets.

Enfin, le matériau peut utiliser, à la place d'un paramètre, une valeur issue d'un contrôleur. Un contrôleur est souvent une valeur changeant dans le temps, issue d'un calcul particulier. Les contrôleurs seront abordés dans le chapitre Animation.

## B. La théorie : lumière ambiante et diffuse

La couleur ambiante est la couleur de l'objet lorsqu'il n'est pas éclairé. L'objet apparaîtra de cette couleur dans le noir total.

Pour coller à la réalité, la couleur ambiante devrait toujours être le noir total. Toutefois, on utilise souvent une couleur ambiante non noire pour simuler une pénombre.

Dans la réalité, un endroit sans lumière n'est pas naturel, il existe toujours une lumière résiduelle plus ou moins intense. Nous pourrions faire un calcul physique exact de la pénombre en simulant le rebondissement de la lumière sur les objets. C'est un calcul couteux mais réaliste. Ou bien, vous laissez de la couleur ambiante sur les objets et cela convient dans de nombreux cas, notamment dans les jeux vidéo, où la performance est plus importante que le réalisme physique.

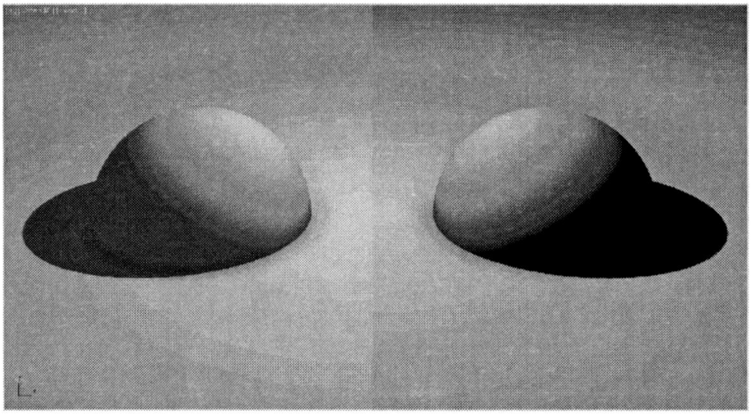

*À gauche, la lumière ambiante non noire laisse supposer une lumière résiduelle naturelle ; à droite, les parties non éclairées sont exactement noires.*

La lumière diffuse est la couleur de l'objet lorsqu'il est parfaitement bien éclairé. Dans l'exemple précédent, lorsque l'on passe de la partie éclairée à la partie non éclairée de la sphère, la lumière diffuse laisse progressivement place à la lumière ambiante.

Très souvent, la couleur ambiante est une version plus sombre du diffus. C'est pourquoi, par défaut dans 3ds Max, l'ambiant est lié au diffus. Toute modification du diffus est répercutée sur l'ambiant.

Le résultat devrait donc être un objet de couleur homogène (la zone ombrée devrait être de la même couleur que la zone éclairée). Ce n'est pas le cas car 3ds Max possède également un réglage de couleur ambiante global à la scène et mélange l'ambiant de l'objet et l'ambiant de la scène. Dans l'exemple précédent, la couleur ambiante de la sphère de gauche est blanche. L'objet est tout de même sombre dans sa partie ombrée à cause de la couleur ambiante de la scène.

## C. La théorie : lumière spéculaire

Pour augmenter le réalisme, on ajoute à l'ambiant et au diffus une lumière spéculaire. La lumière spéculaire est le reflet de la source lumineuse sur la surface de l'objet.

Ce reflet écrase la couleur diffuse de l'objet pour la couleur de la lumière. Cette lumière spéculaire s'ajoute donc à la lumière diffuse et ambiante de l'objet en fonction des positions des lumières et de la position de la vue.

Physiquement, tous les objets font rebondir la lumière d'une source lumineuse. Cependant, la taille ou l'adoucissement de la lumière spéculaire ne sont pas les mêmes pour tous les matériaux. Un matériau lisse comme le plastique aura tendance à refléter la source lumineuse finement tandis qu'un matériau plus souple dispersera la lumière plus largement.

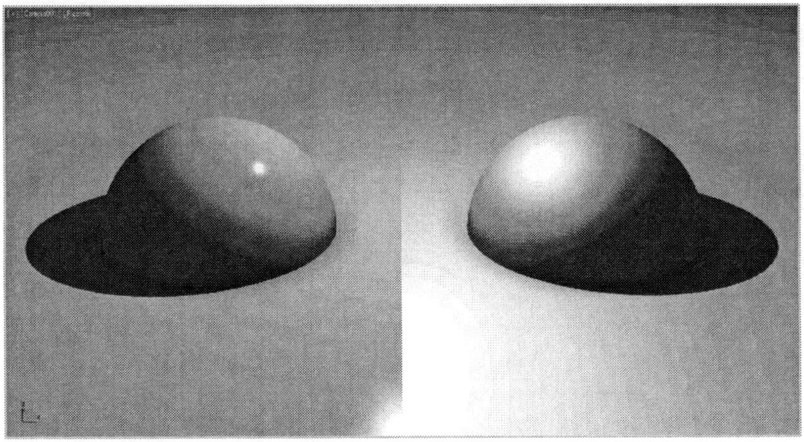

*À gauche, une lumière spéculaire fine simule un matériau plutôt lisse, tandis qu'à droite, la matière disperse plus la lumière.*

La lumière spéculaire est influencée par la couleur de la source lumineuse. Souvent, la couleur spéculaire de l'objet est neutre, un niveau de gris, mais parfois vous serez amené à changer la couleur spéculaire. Les métaux par exemple ont tendance à demander une couleur spéculaire non blanche.

## D. La théorie : auto-illumination

Les composantes ambiantes, diffuses et spéculaires sont influencées par les sources lumineuses de la scène. Il arrive régulièrement que l'on souhaite avoir une couleur non influencée par la lumière. Par exemple, un écran d'ordinateur est parfaitement clair, les ombres ne doivent pas avoir d'impact sur son rendu à l'écran.

Pour ce résultat, on utilisera la couleur d'auto-illumination. Cette couleur est indépendante des éclairages et est ajoutée à la couleur diffuse. Cela veut dire que l'objet ne pourra jamais être plus sombre que sa couleur d'auto-illumination.

Pour avoir la couleur exacte d'auto-illumination à l'écran sans mélange avec le diffus, il suffit de mettre une couleur diffuse parfaitement noire et ainsi seule la couleur d'auto-illumination sera visible, quelle que soit la configuration d'éclairage de la scène.

## E. La théorie : effets de relief

En jouant avec la lumière et les ombres, on peut facilement simuler un relief sur la surface.

On utilise une image composée de niveaux de gris et cela simule une « hauteur » sur la surface de l'objet. Ainsi, si un pixel de la surface est peu élevé et est situé à côté d'un pixel très élevé, il va être ombré (en fonction des positions des sources lumineuses et de la vue).

*La sphère de gauche possède une image de relief qui influence la lumière. Les deux objets sont strictement identiques, seul le paramètre de relief du matériau a changé.*

## F. La théorie : opacité

Les shaders gèrent également la transparence.

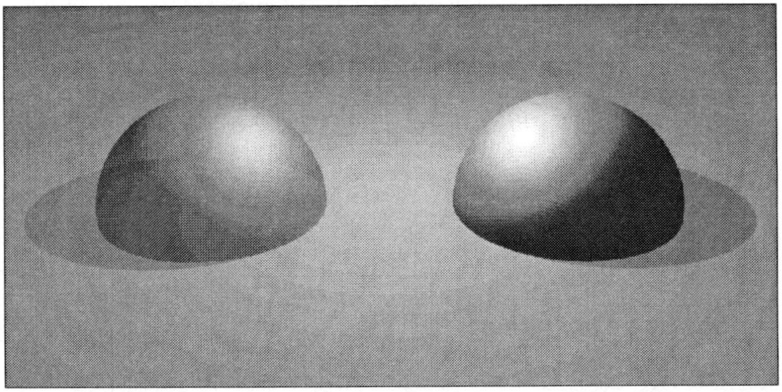

*La sphère de gauche est transparente à 50 %.*

La méthode de calcul de la transparence est de mélanger la couleur de la surface transparente à hauteur de sa valeur de transparence avec les autres surfaces transparentes ou non visibles derrière en multipliant celles-ci avec une couleur de mélange.

Cette méthode permet de contrôler très précisément le mélange de la transparence. Habituellement, on trouve trois couleurs de mélange classiques : noir, blanc et gris. Le mélange avec du noir soustrait les couleurs, le mélange avec du blanc les ajoute et le gris effectue une moyenne. Avec une addition, plus il y a de surfaces transparentes les unes derrière les autres, plus le résultat est lumineux. Avec une soustraction, plus il y a de surfaces transparentes les unes derrière les autres et plus le résultat est sombre.

La transparence additive est souvent utilisée avec des systèmes de particules pour simuler des flammes et la transparence soustractive avec des systèmes de particules pour simuler de la fumée. Plus de détails dans le chapitre Les systèmes de particules.

Une couleur de mélange peut également vous servir à modifier la couleur d'une source lumineuse, par exemple une lumière passant à travers un vitrail.

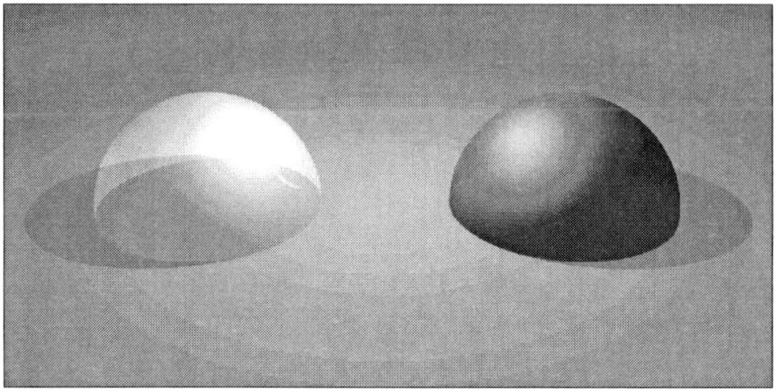

*À gauche, une addition ; à droite, une soustraction.*

## G. La théorie : réflexion et réfraction

La réflexion est le reflet de la scène sur la surface d'un objet : un effet miroir. La réfraction est la déviation de la lumière à travers un objet transparent : déformation de la scène à travers un liquide.

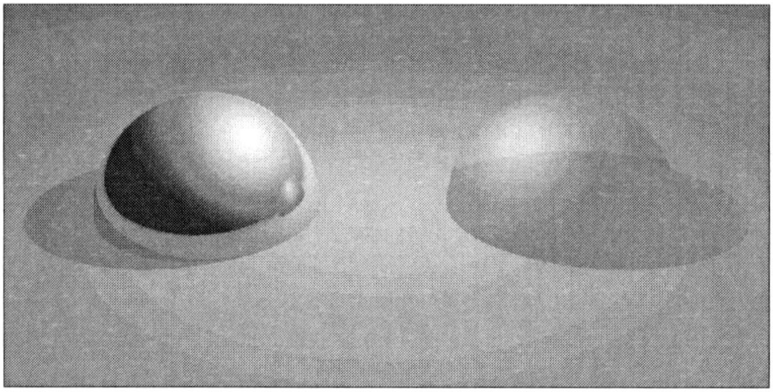

*La sphère de gauche reflète la scène, tandis que la sphère de droite déforme la lumière à la façon d'une boule de cristal.*

## H. L'interface du Slate Material Editor

L'éditeur de matériaux, appelé **Slate Material Editor**, est une fenêtre à part de l'interface principale de 3ds Max. La conception des matériaux est une part cruciale de la création 3D. Suivant les projets, vous pouvez être amené à passer beaucoup de temps à paramétrer vos matériaux.

L'éditeur de matériaux utilise une vue nodale pour combiner les matériaux, textures et contrôleurs : chaque type d'objet est une boîte, un nœud, avec des bornes d'entrée et des bornes de sortie ; ces nœuds sont reliés entre eux par un lien entre leurs bornes.

➲ Pour afficher l'éditeur de matériaux, utilisez le menu **Rendering** - **Material Editor** - **Slate Material Editor** ou cliquez sur le bouton  (barre d'outils principale) ou appuyez sur la touche **M**.

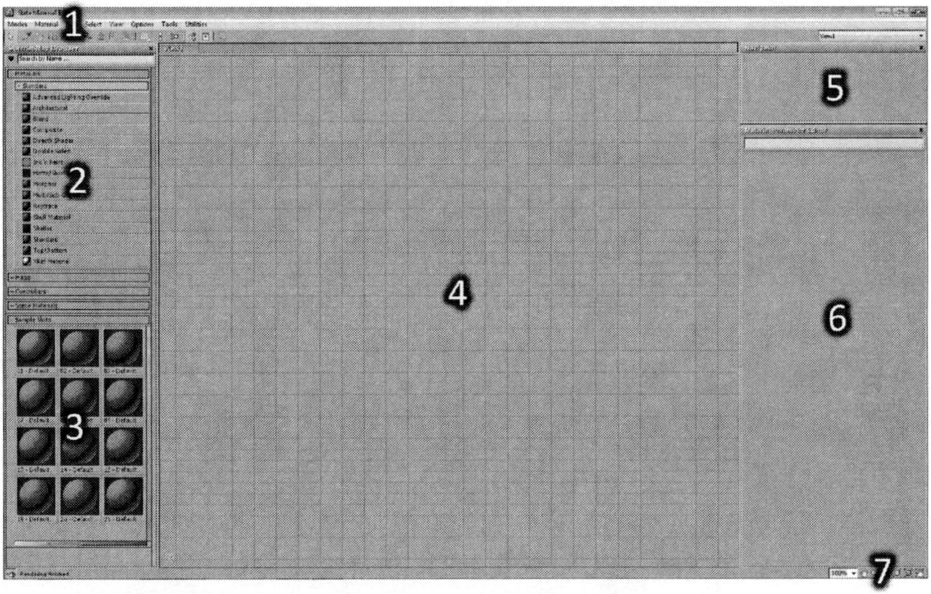


*L'éditeur de matériaux est un outil complexe utilisant sa propre fenêtre.*

1. Menu principal et barre d'outils principale de l'éditeur de matériaux.
2. Librairie des types de matériaux, types de textures et types de contrôleurs
3. Librairie de matériaux.
4. Éditeur nodal.
5. Navigateur de la vue nodale.
6. Édition des paramètres d'un nœud.
7. Barre d'outils de la vue nodale.

- Pour créer un matériau, maintenez le bouton gauche de la souris enfoncé sur un type de matériau dans la librairie de matériaux (panneaux déroulants **Materials** puis **Standard** de la librairie) et déplacez la souris sur la vue nodale. Relâchez le bouton de la souris pour valider.
- Pour créer une texture, maintenez le bouton gauche de la souris enfoncé sur un type de texture dans la librairie de textures (panneaux déroulants **Maps** puis **Standard** de la librairie) et faites glisser la souris sur la vue nodale. Relâchez le bouton pour valider.
- Pour créer un contrôleur, maintenez le bouton gauche de la souris enfoncé sur un type de contrôleur dans la librairie de contrôleurs (panneaux déroulants **Controllers** - **Float** - **Point3** - **Point4** de la librairie) et faites glisser la souris sur la vue nodale. Relâchez le bouton pour valider.
- Pour relier un nœud à un autre nœud, maintenez le bouton gauche de la souris sur une borne de sortie d'un nœud (à droite du nœud) et faites glisser la souris sur une borne d'entrée d'un autre nœud (à gauche du nœud). Toutes les bornes ne prennent pas tous les types de nœuds.
- Pour vous voir proposer un menu de création de nœuds compatibles avec une borne d'un nœud, maintenez le bouton gauche de la souris sur cette borne puis faites glisser la souris dans une zone vide de la vue nodale.

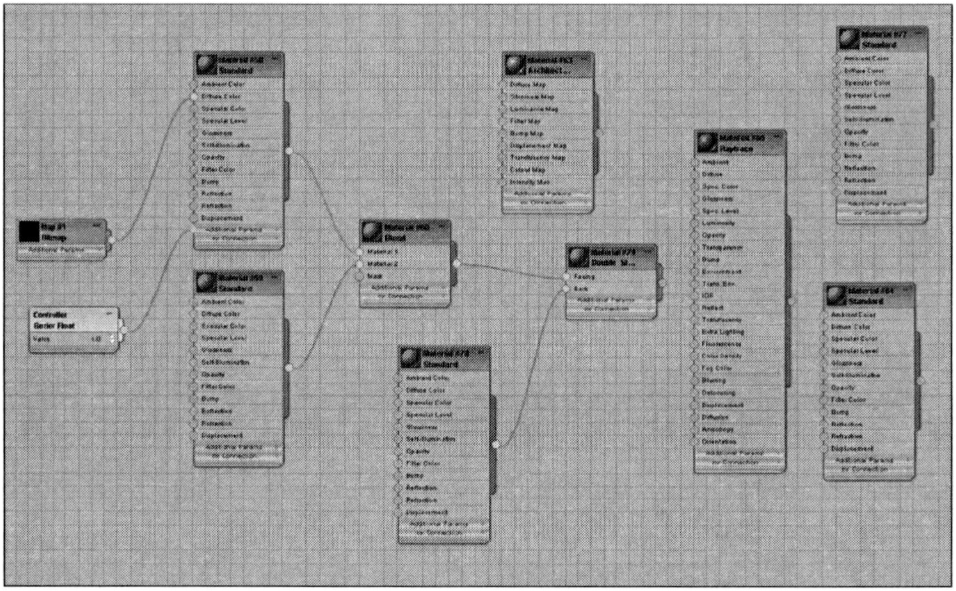

*Les matériaux sont représentés par des nœuds bleus, les textures par des nœuds verts et les contrôleurs par des nœuds jaunes. Les lignes rouges sont les liens entre les bornes d'entrée situées à gauche des nœuds et les bornes de sortie situées à droite des nœuds.*

- Pour sélectionner un nœud, cliquez sur son nom.

- Pour sélectionner plusieurs nœuds, cliquez successivement sur leurs noms en maintenant la touche Ctrl enfoncée ; pour enlever un nœud de la sélection, cliquez sur son nom en maintenant la touche Ctrl enfoncée.

  Pour sélectionner plusieurs nœuds, vous pouvez aussi dessiner un rectangle autour des nœuds à inclure dans la sélection : la sélection contient les nœuds entièrement et partiellement inclus dans le rectangle de sélection.
- Pour inverser la sélection, utilisez le menu **Select** - **Select Invert** ou le raccourci Ctrl **I**.
- Pour tout sélectionner, utilisez le menu **Select** - **Select All** ou le raccourci Ctrl **A**
- Pour désélectionner tout, cliquez dans un espace vide de la vue nodale ou utilisez le menu **Select** - **Select None** ou le raccourci Ctrl **D**.
- Pour sélectionner tous les enfants des nœuds sélectionnés, utilisez le menu **Select** - **Select Children** ou le raccourci Ctrl **C**. Les enfants des nœuds sont ceux qui sont reliés à une borne d'entrée d'un nœud, à leur gauche.
- Pour ne sélectionner que les parents de la sélection, utilisez le menu **Select** - **Deselect Children**.
- Pour sélectionner tous les enfants et parents de la sélection, utilisez le menu **Select** - **Select Tree** ou le raccourci Ctrl **T**.
- Pour supprimer la sélection, utilisez le menu **Edit** - **Delete Selected** ou cliquez sur le bouton ou appuyez sur la touche Suppr.
- Pour déplacer la vue nodale, maintenez le bouton du milieu de la souris sur la vue nodale et faites glisser la souris. Vous pouvez aussi utiliser le menu **View** - **Pan Tool** ou Ctrl **P** ou le bouton (barre d'outils de la vue nodale) puis réaliser un cliqué-glissé avec le bouton gauche de la souris pour déplacer la vue.
- Pour changer la valeur de zoom de la vue nodale, utilisez la liste de zoom 56% (barre d'outils de la vue nodale).
- Pour zoomer ou dézoomer la vue nodale, faites rouler la molette de la souris. Vous pouvez aussi utiliser le menu **View** - **Zoom Tool** ou Alt **Z** ou le bouton (barre d'outils de la vue nodale) puis réaliser un cliqué-glissé avec le bouton gauche de la souris pour zoomer ou dézoomer.
- Pour zoomer sur une zone précise, utilisez le menu **View** - **Zoom Region Tool** ou Ctrl **W** ou le bouton (barre d'outils de la vue nodale) puis réalisez un cliqué-glissé autour de la zone à zoomer.
- Pour zoomer sur l'ensemble des nœuds de la vue, utilisez le menu **View** - **Zoom Extents** ou Ctrl Alt **Z** ou le bouton (barre d'outils de la vue nodale).

- Pour zoomer sur les nœuds sélectionnés, utilisez le menu **View** - **Zoom Extents Selected** ou la touche **Z** ou le bouton (barre d'outils de la vue nodale)
- Pour déplacer la vue nodale sur les nœuds sélectionnés, utilisez le menu **View** - **Pan to Selected** ou Alt **P** ou le bouton (barre d'outils de la vue nodale).
- Pour déplacer rapidement la vue nodale, faites glisser le rectangle rouge situé dans le navigateur de la vue nodale (**Navigator**).
- Pour faire apparaître les paramètres d'un nœud dans la zone d'édition des paramètres, faites un double clic sur le titre du nœud correspondant.

## I. Le matériau standard

Dans ce chapitre, nous allons nous intéresser plus particulièrement au matériau standard qui rassemble les paramètres les plus courants des matériaux de 3ds Max.

- Assurez-vous d'avoir un objet 3D sélectionné dans la scène.
- Affichez l'éditeur de matériaux par le menu **Rendering** - **Material Editor** - **Slate Material Editor** ou le bouton (barre d'outils principale) ou le raccourci **M**.
- Créez un matériau standard : maintenez le bouton gauche de la souris enfoncé sur le type de matériau **Standard** dans la librairie de matériaux (panneaux déroulants **Materials** puis **Standard** de la librairie) et faites glisser la souris sur la vue nodale. Vous pouvez aussi faire un clic droit dans la vue nodale et sélectionner **Materials** puis **Standard**.
- Pour associer ce matériau avec le ou les objets sélectionnés dans la scène, faites un clic droit sur le titre du nœud du matériau et cliquez sur l'option **Assign Material to Selection** ou cliquez sur le bouton (barre d'outils principale de l'éditeur de matériaux) ou utilisez le menu **Material** - **Assign Material to Selection** ou le raccourci **A**.

**ASTUCE**

*L'éditeur de matériaux ne représente pas les matériaux en cours d'utilisation mais seulement les matériaux en cours d'édition. Vous pouvez éditer un matériau non utilisé dans la scène ou associer un matériau à un objet, puis le supprimer de l'éditeur : ce matériau existera toujours et sera toujours associé à l'objet.*

- Pour éditer un matériau associé à un objet de la scène mais plus présent dans l'éditeur, cliquez sur le bouton pipette  (barre d'outils de l'éditeur de matériaux) puis sur l'objet de la scène : le matériau de cet objet s'affiche dans l'éditeur.
- Une fois un matériau associé à la sélection, la couleur des objets sélectionnés change pour une teinte grise. Le shader de la vue utilise les paramètres du matériau. Par défaut, les couleurs du matériau standard sont de teinte grise. Pour être sûr du résultat final, nous allons lancer un rendu, c'est-à-dire le calcul d'une image finale. Plus de détails dans le chapitre Calculer un rendu de la scène.
- Assurez-vous que la fenêtre de l'interface principale de 3ds Max est la fenêtre active.
- Pour lancer un rendu, utilisez le menu **Rendering** - **Render** ou le bouton 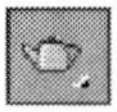 (barre d'outils principale) ou le raccourci ⇧ **Q** ou la touche F9 : une nouvelle fenêtre apparaît avec le calcul final de votre scène. Dans ce rendu, la grille est invisible et l'arrière-plan est noir.

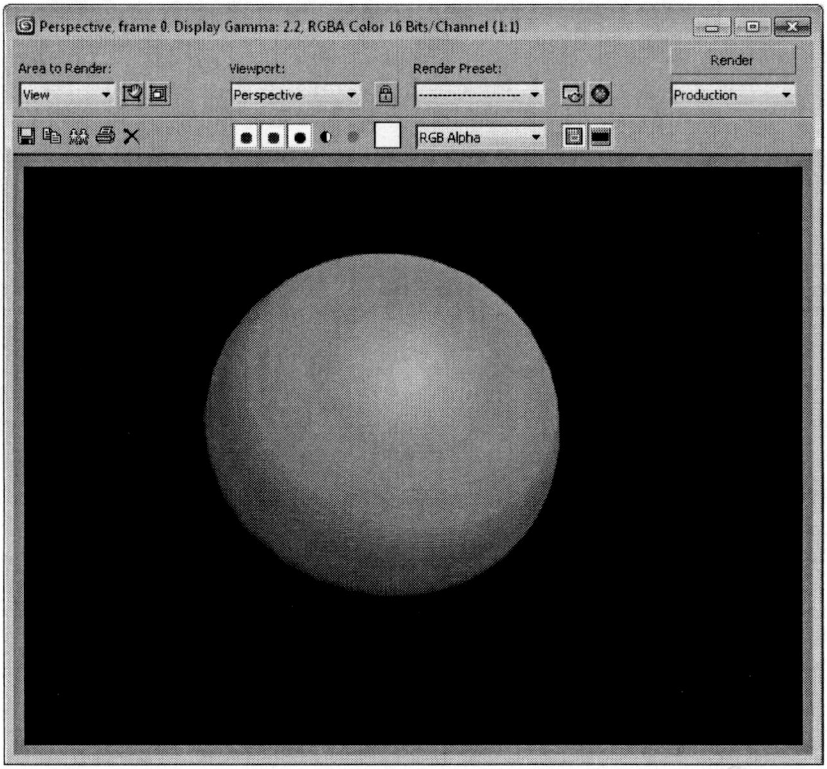

- Pour faire apparaître les paramètres d'un nœud, faites un double clic sur le titre du nœud du matériau dans l'éditeur de matériaux : les paramètres s'affichent dans l'éditeur de paramètres à droite de la fenêtre.

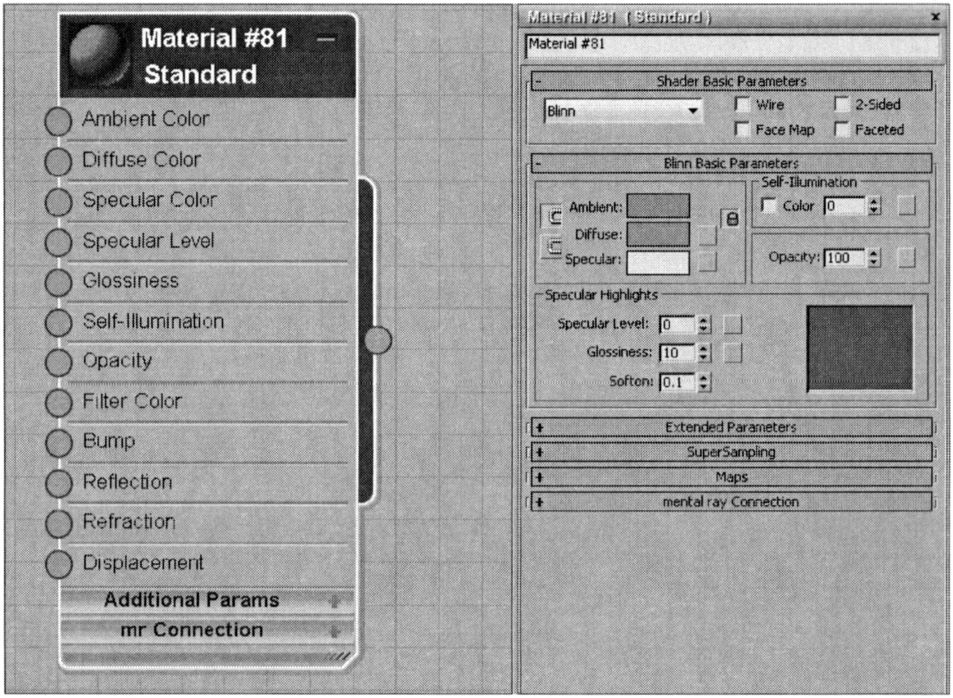


*Le matériau Standard et ses paramètres.*

Le panneau **Shader Basic Parameters** vous permet de choisir le type de shader Standard à appliquer sur l'objet. Chaque shader standard a des particularités ; par défaut, le shader **Blinn** est sélectionné.

Le panneau **Blinn Basic Parameters** contient les options du type de shader sélectionné dans le panneau **Shader Basic Parameters**.

Le panneau **Extended Parameters** propose des options additionnelles moins courantes.

Le panneau **SuperSampling** permet de personnaliser les options d'anti-aliasing par matériau. Plus de détails dans le chapitre Calculer un rendu de la scène.

Le panneau **Maps** regroupe la liste des textures que va utiliser le matériau pour le calcul final.

Le panneau **mental ray Connection** présente des paramètres spécifiques au moteur de rendu **Mental Ray**.

Par défaut, le nœud du matériau Standard présente des bornes d'entrée pour les textures du panneau **Maps**. Les autres bornes d'entrée correspondant aux paramètres du shader sont masquées.

➲ Pour faire apparaître les bornes d'entrée des paramètres du shader, cliquez sur le titre **Additional Params** du nœud du matériau. Cliquez ensuite sur le titre du panneau concerné pour faire apparaître les bornes de ses paramètres.

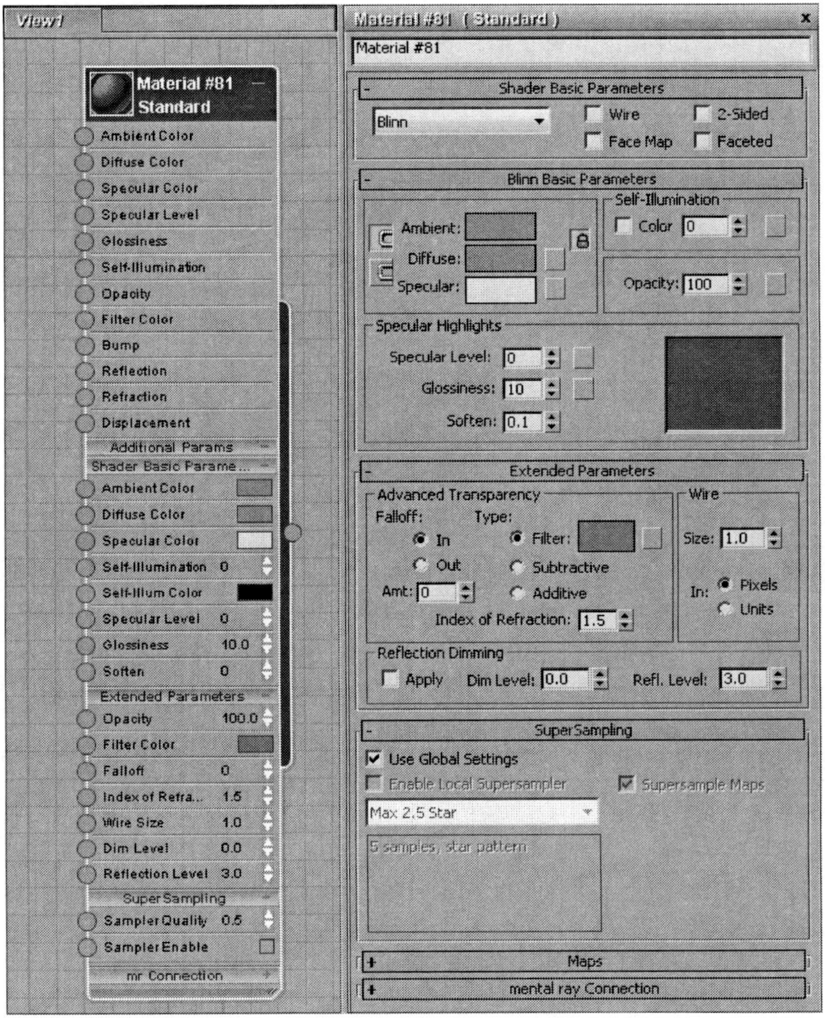


*Le matériau Standard avec l'ensemble de ses bornes visibles.*

- Pour forcer le rendu à n'afficher que les arêtes des objets et non pas les faces, cochez l'option **Wire** du panneau **Shader Basic Parameters**.
- Pour forcer l'affichage des faces invisibles (dont la normale est dirigée dans le sens de la vue), cochez l'option **2-Sided**.
- Pour forcer les textures a être affichées en entier sur chaque polygone, cochez l'option **Face Map**.
- Pour désactiver tous les groupes de lissage, cochez l'option **Faceted**.

## J. Les paramètres du shader Blinn

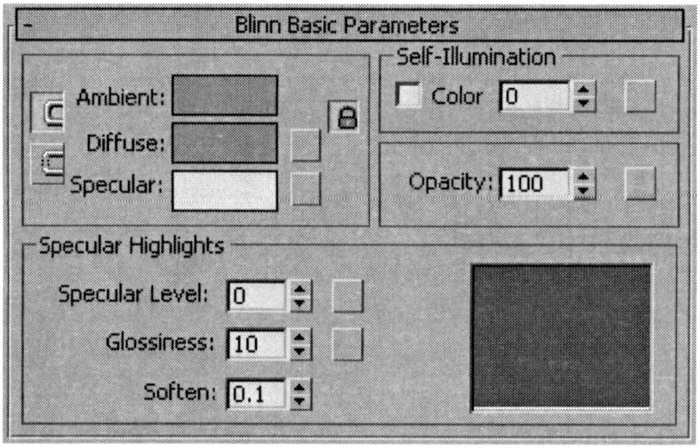


Les paramètres du shader permettent de configurer les effets indispensables de couleur ambiante, diffuse et spéculaire principalement.

Par défaut, les couleurs ambiante et diffuse sont liées. La couleur diffuse peut également être liée à la couleur spéculaire.

- Pour lier deux couleurs, cliquez sur le bouton de lien  situé entre elles. Cliquez à nouveau sur le bouton pour les délier.
- Pour changer les couleurs ambiante, diffuse et spéculaire, cliquez sur le rectangle à droite des options **Ambient**, **Diffuse** ou **Specular**, sélectionnez la couleur souhaitée puis cliquez sur le bouton **OK**.
- Pour définir une auto-illumination à partir de la couleur diffuse, augmentez la valeur dans le groupe de paramètres **Self-Illumination**. Cette valeur est un pourcentage.
- Pour définir une couleur d'auto-illumination indépendante de la couleur diffuse, cochez l'option **Color** du groupe de paramètres **Self-Illumination** et changez la couleur en cliquant sur le sélecteur de couleur.
- Pour modifier l'opacité de l'objet, changez la valeur **Opacity**. Cette valeur est un pourcentage : à 0 %, le matériau est totalement transparent ; à 100 %, il est opaque.

Les tâches spéculaires de l'objet se définissent par trois valeurs : le niveau spéculaire, la brillance et l'adoucissement, représentant respectivement l'intensité du reflet, la taille des tâches spéculaires et la vitesse de déclinaison d'intensité de la tâche.

- Pour modifier les tâches spéculaires du matériau, changez les valeurs des paramètres du groupe de paramètres **Specular Highlights**. Une courbe à droite des paramètres vous indique la forme de la tâche de spéculaire.

## K. Les paramètres Blinn étendus

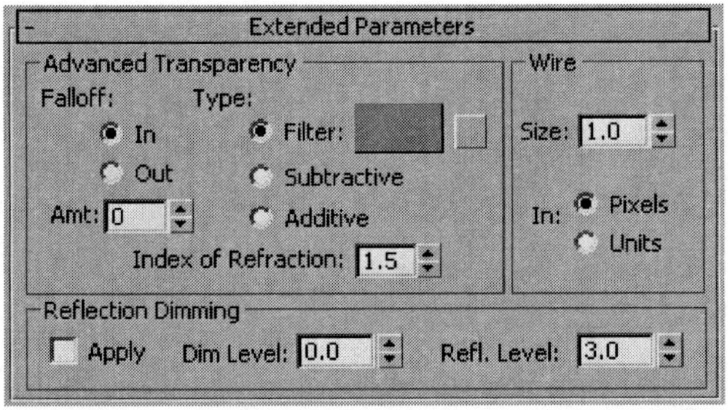


Les paramètres avancés affinent les calculs du shader pour la transparence, l'effet **Wire** ou la réflexion.

- Activez l'option **In** pour augmenter la transparence à l'intérieur de l'objet ou l'option **Out** pour augmenter la transparence sur les bords de l'objet.
- Spécifiez un pourcentage de l'effet de modification de la transparence en fonction de l'intérieur ou extérieur de l'objet dans la zone **Amt** (**Amount**).
- La couleur de filtre (**Filter**) est appliquée à la lumière traversant l'objet transparent. Un filtre soustractif (**Subtractive**) correspondant à une couleur de filtre noire ; un filtre additif (**Additive**) correspond à un filtre de couleur blanche.
- Changez l'indice de réfraction dans la zone **Index of Refraction** lorsque vous utilisez de la réfraction pour modifier la déviation de la lumière dans l'objet transparent : le verre ne déforme pas la lumière comme l'eau par exemple.
- Changez la valeur **Size** du groupe de paramètres **Wire** pour modifier l'épaisseur des arêtes en mode de rendu **Wire**. Activez l'option **Pixels** pour utiliser la taille en pixels ou l'option **Units** pour utiliser la taille en unités de la scène.
- Cochez l'option **Apply** du groupe de paramètres **Reflection Dimming** pour impacter la réflexion par la lumière. Décochez l'option pour que la réflexion ne subisse pas les différences d'éclairage.

- Changez la valeur **Dim Level** pour modifier la présence de réflexion dans les zones ombrées.
- Changez la valeur **Refl Level** pour modifier la présence de réflexion dans les zones éclairées.

## L. Les autres shaders

Les autres shaders présents dans le matériau Standard changent principalement la technique de calcul de la lumière spéculaire.

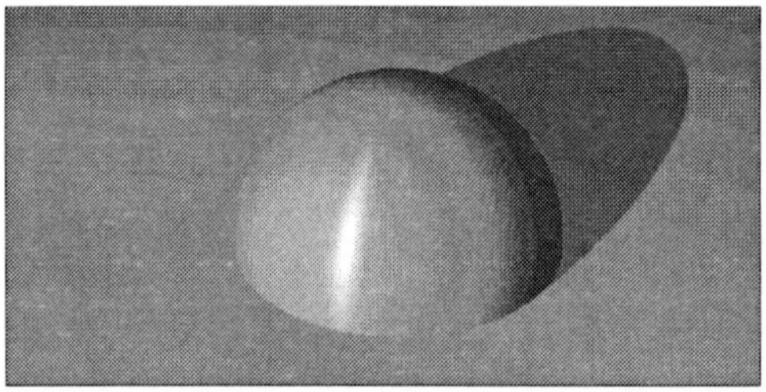

*Le shader **Anisotropic** calcule des tâches spéculaires elliptiques intéressantes pour du verre par exemple.*

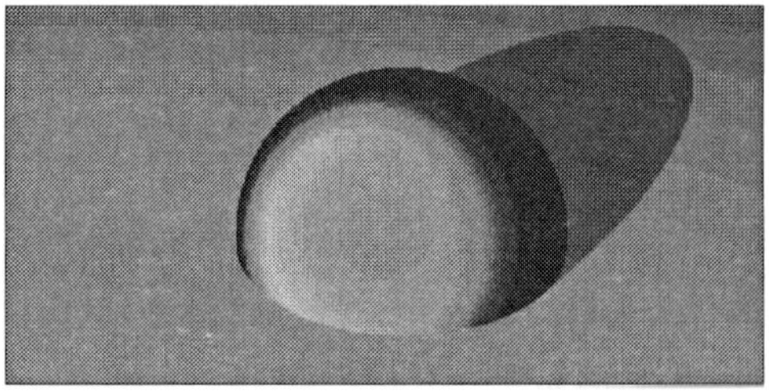

*Le shader **Metal** est particulièrement adapté au rendu de métaux.*

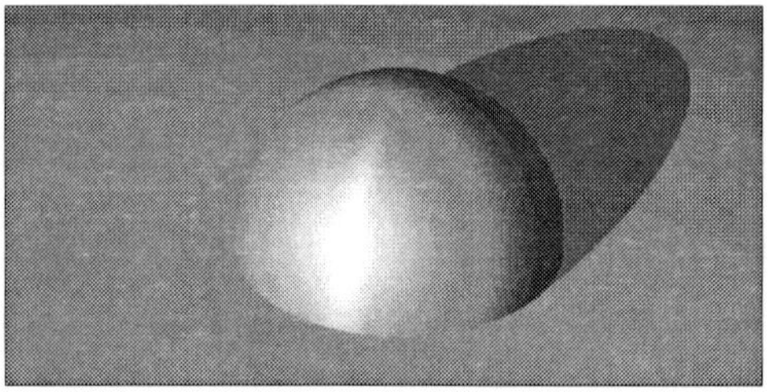

*Le shader **Multi-Layer** permet de définir deux calculs distincts de spéculaire sur un même matériau.*

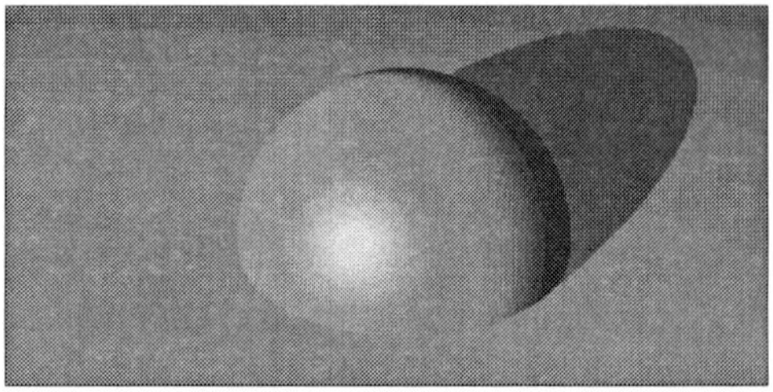

*Le shader **Oren-Nayar-Blinn** est une variante du shader **Blinn** avec des paramètres avancés.*

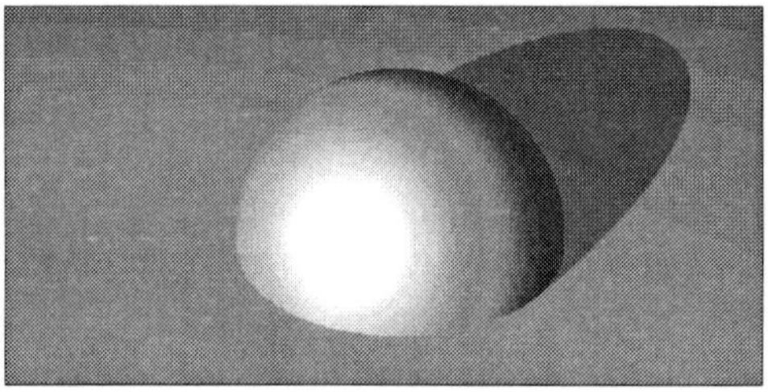

*Le shader **Phong** est particulièrement influencé par le maillage.*

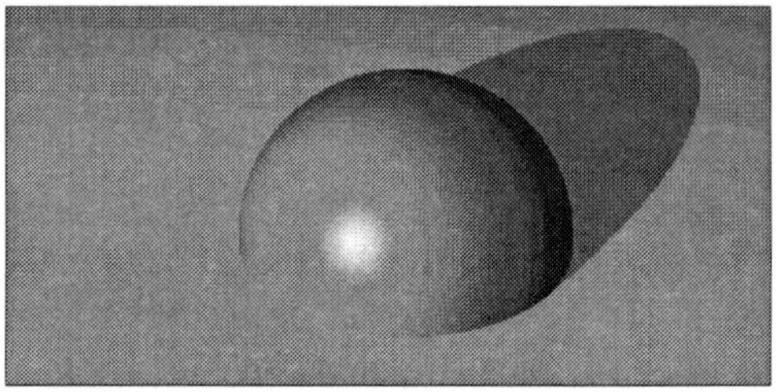

*Le shader **Strauss** est une version simplifiée du shader de métaux.*

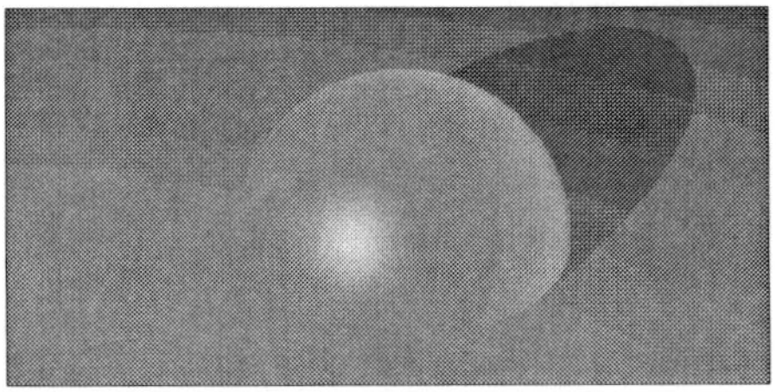

*Le shader **Translucent Shader** simule une lumière émanant de la matière de l'objet.*

## M. La texture bitmap

La façon la plus courante et la plus puissante de créer un matériau réaliste est de lui assigner des textures issues d'images 2D comme paramètre du shader.

Dans 3ds Max, les textures issues d'images s'appellent des textures bitmap, quel que soit le format d'image que vous utiliserez. Les textures bitmap peuvent utiliser les images aux extensions classiques comme les bmp, jpg ou png, mais aussi des formats plus particuliers comme les fichiers Photoshop (psd) ou encore même des vidéos comme les extensions avi ou mpg.

*L'utilisation d'une image comme couleur diffuse du matériau de cette sphère lui donne vie.*

### 1. Appliquer une texture bitmap à un matériau

- Assurez-vous d'avoir un objet sélectionné dans la scène.
- Créez un nouveau matériau Standard et appliquez-le à votre objet (cf. titre précédent).

➲ Pour créer une texture bitmap, maintenez le bouton gauche de la souris enfoncé sur le type de texture **Bitmap** dans la librairie des textures (panneaux déroulants **Maps** puis **Standard** de la librairie) et faites glisser la souris sur la vue nodale.

Vous pouvez aussi faire un clic droit dans la vue nodale et choisir **Maps** - **Bitmap**, ou encore maintenir le bouton gauche de la souris sur une borne d'entrée du nœud matériau Standard créé précédemment et relâcher le bouton au-dessus d'une zone vide de la vue nodale puis choisir **Maps** - **Bitmap**.

Une fenêtre d'exploration du disque dur s'ouvre pour vous permettre de choisir un fichier image sur votre disque dur.

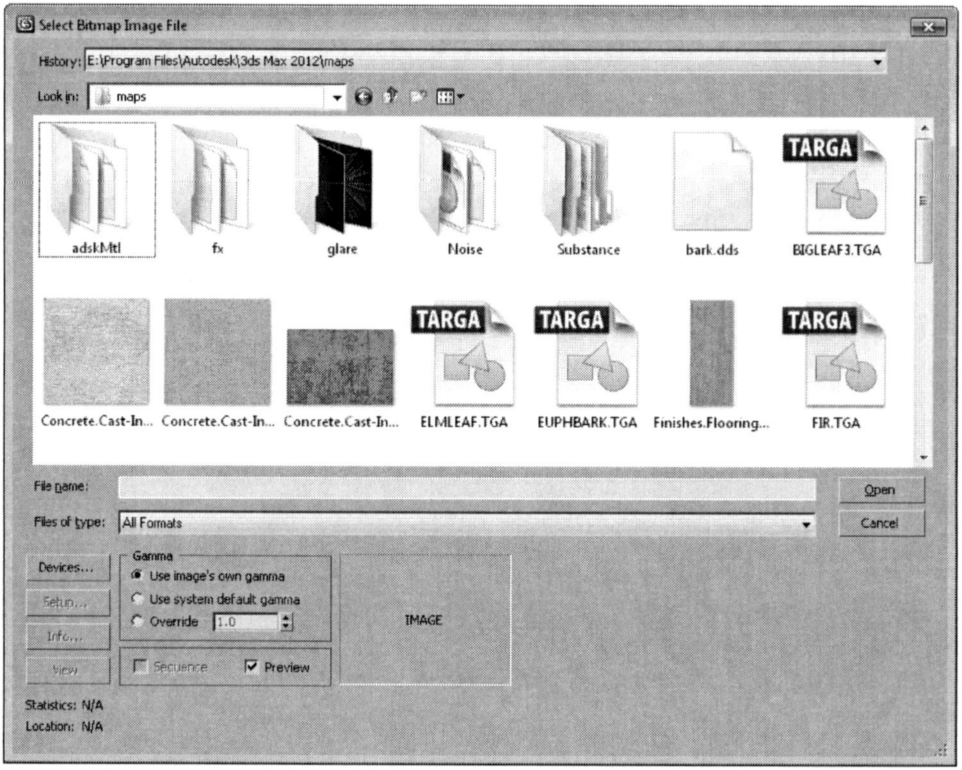


## Remarque

*3ds Max a copié dans le répertoire **maps** de son dossier d'installation un certain nombre d'images que vous pouvez utiliser pour vos manipulations d'essai.*

- Parcourez votre disque dur afin de sélectionner une image et validez par le bouton **Open** ou la touche [Entrée] ; vous pouvez aussi faire un double clic sur l'image.
- Liez la texture bitmap à la borne **Diffuse Color** de votre matériau : maintenez le bouton de la souris enfoncé sur la borne de sortie de la texture **Bitmap** puis faites-la glisser sur la borne d'entrée du matériau **Diffuse Color**.

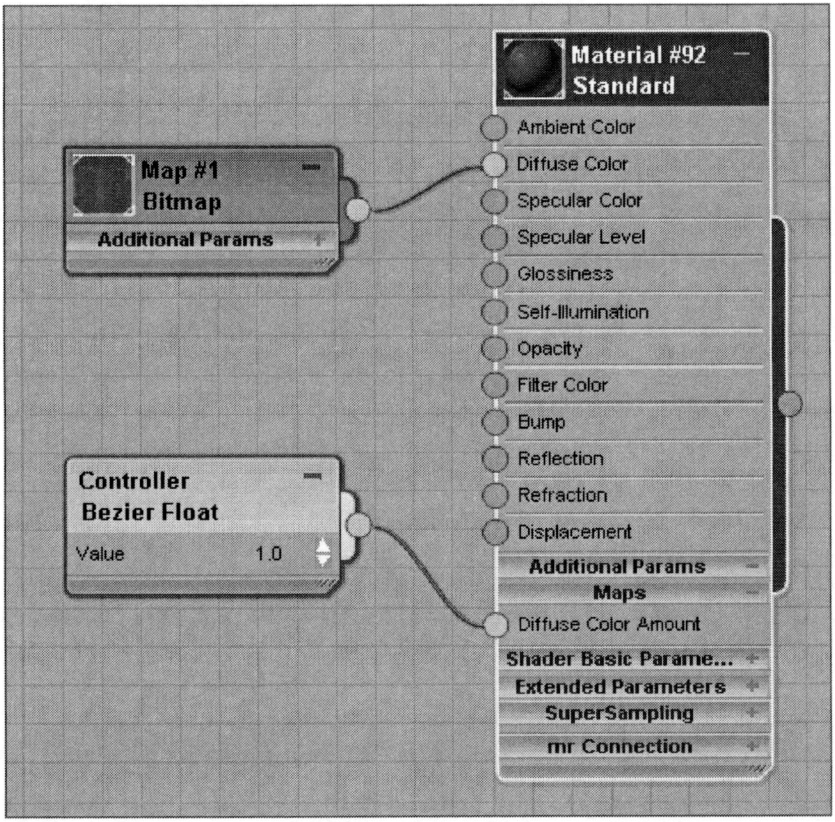


*La texture, en vert, est liée à la borne **Diffuse Color** du matériau Standard, en bleu. Un contrôleur est automatiquement apparu, en jaune, connecté au paramètre **Diffuse Color Amount**. Il contrôle l'intensité d'utilisation de cette texture.*

Par défaut, la texture n'est pas utilisée par le shader de vue : l'objet ne présente pas la texture dans la fenêtre de vue, et ceci pour des raisons de performance d'affichage. Toutefois, vous pouvez demander la prise en compte des textures par le shader de vue pour visualiser la texture dans la vue 3D.

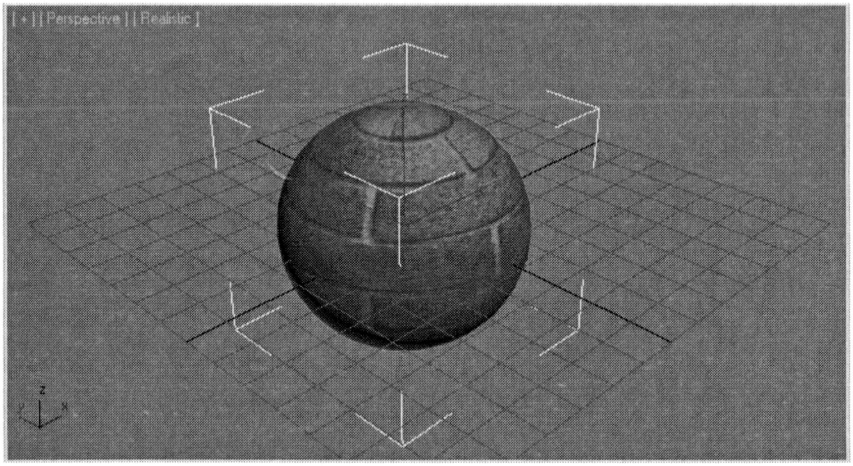


- Pour visualiser la texture dans la vue 3D, sélectionnez le matériau dans l'éditeur de matériaux et cliquez sur le bouton (barre d'outils de l'éditeur de matériaux) ou faites un clic droit sur le matériau et cliquez sur **Show Shaded Material in Viewport**.
- De nombreux paramètres du matériau ne peuvent être visualisés dans la scène, cela dépendant de la configuration de vos drivers et des préférences graphiques de 3ds Max. Pour visualiser un résultat plus complet du matériau dépendant des capacités de votre carte graphique dans la scène, ouvrez la liste du bouton , cliquez sur le bouton (barre d'outils de l'éditeur de matériaux) ou faites un clic droit sur le matériau et choisissez l'option **Show Realistic Material in Viewport**.

### Remarque

*Vous pouvez afficher ou masquer les textures de tous les matériaux en une fois en utilisant le menu **Views - Show Materials in Viewport As** de la barre de menus principale ou par le troisième menu de la vue et **Materials**.*

- Double cliquez sur le titre du matériau pour faire apparaître ses paramètres.

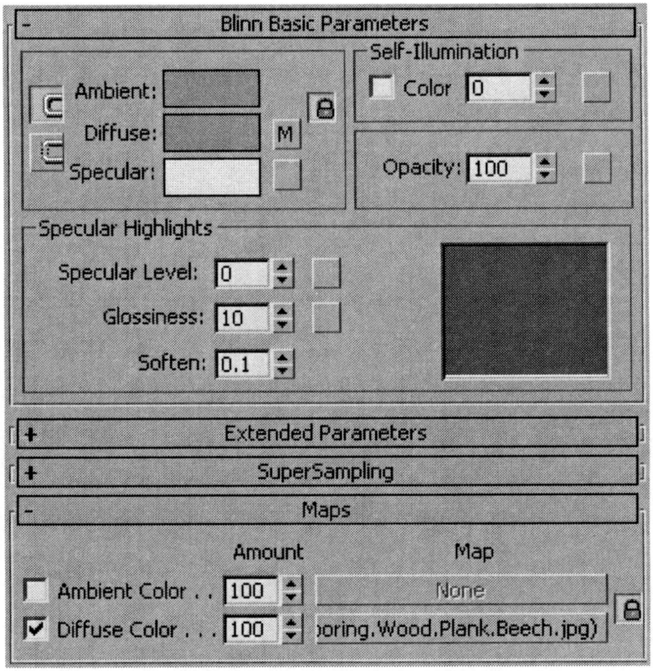


*L'option **Diffuse Color** du panneau **Maps** est cochée signifiant la présence de la texture ; le bouton*  *du panneau **Blinn Basic Parameters** signale également la présence de la texture.*

➲ Pour associer la texture à deux paramètres différents en même temps, maintenez le bouton gauche de la souris sur la borne de sortie de la texture et relâchez le bouton sur une autre borne d'entrée du matériau. Vous pouvez aussi faire glisser le bouton  du panneau **Blinn Basic Parameters** ou le bouton de texture de la colonne **Map** du panneau **Maps** sur une autre borne d'entrée du matériau puis choisir l'option **Instance**.

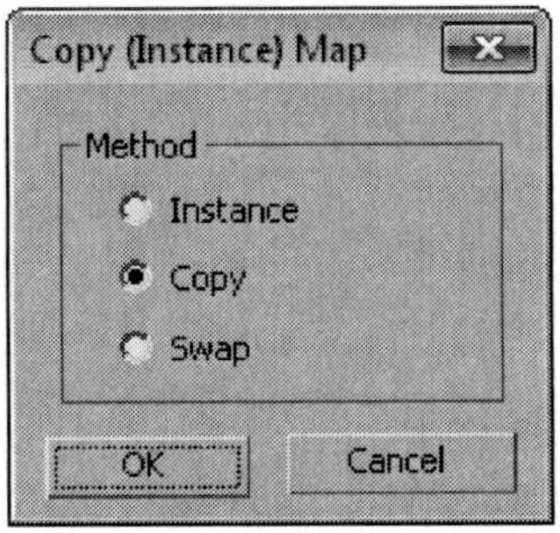

*Lorsque vous faites glisser une texture d'un endroit à un autre dans le panneau des paramètres de l'éditeur de matériaux, 3ds Max vous propose d'instancier, de copier ou d'échanger les deux textures.*

- Pour dupliquer une texture et la connecter à une autre borne de matériau, maintenez la touche puis faites glisser le titre de la texture dans la vue nodale. Reliez ensuite la borne de sortie de la texture à la nouvelle borne d'entrée du matériau. Vous pouvez aussi faire glisser le bouton du panneau **Blinn Basic Parameters** ou le bouton de texture de la colonne **Map** du panneau **Maps** sur une autre borne d'entrée du matériau puis choisir l'option **Copy**.
- Pour déconnecter la texture de la borne actuelle et la connecter à une autre borne du matériau, faites glisser la borne d'entrée du matériau à laquelle la texture est actuellement connectée vers une autre borne d'entrée.

  Vous pouvez aussi faire glisser le bouton de texture concerné de la colonne **Map** du panneau **Maps** sur un autre bouton de texture du panneau **Maps** puis choisir l'option **Swap**.
- Pour déconnecter la texture de la borne sur laquelle elle est connectée, faites glisser la borne d'entrée du matériau sur laquelle la texture est connectée vers une zone vide de la vue nodale.

  Vous pouvez aussi faire glisser un bouton de texture non utilisé par une texture (l'indicateur non présent ou la mention **None**) des panneaux **Blinn Basic Parameters** ou **Maps** sur le bouton de texture concerné du panneau **Maps**.

### Remarque

*Vous pouvez également créer une nouvelle texture bitmap en cliquant sur un bouton de texture non utilisé dans les paramètres de matériau et en choisissant **Bitmap**.*

- Pour afficher les paramètres de la texture, double cliquez sur le titre de la texture dans la vue nodale ou cliquez sur le bouton de texture dans les paramètres du matériau (colonne **Map** du panneau **Maps**).

## N. Les paramètres de coordonnées

- Assurez-vous d'avoir un objet dans la scène, d'avoir un matériau standard associé, d'avoir une texture bitmap connectée à la borne de couleur diffuse (**Diffuse Color**) et d'avoir activé l'affichage des textures dans la scène (bouton ).
- Double cliquez sur le titre de la texture dans la vue nodale de l'éditeur de matériaux pour afficher ses paramètres.
- Si besoin, affichez le panneau déroulant **Coordinates**.

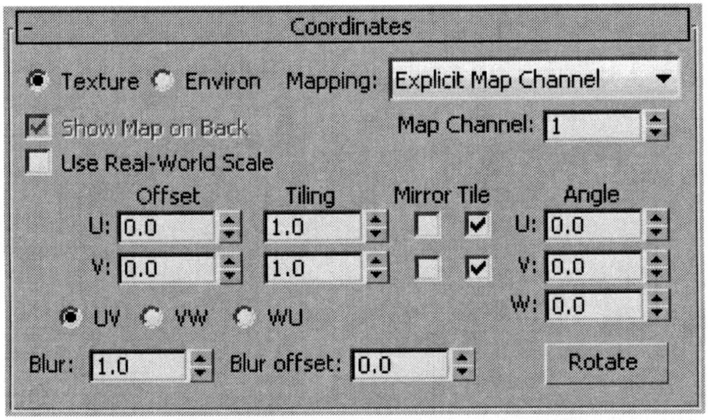


*Le panneau **Coordinates** rassemble les paramètres liés à l'application de la texture sur la surface de l'objet.*

- Activez l'option **Texture** pour utiliser les paramètres de l'objet pour l'application de la texture. Dans ce mode, la texture utilise des coordonnées de texture définies pour chaque sommet du maillage pour appliquer l'image sur la surface de l'objet. Dans la liste **Mapping**, choisissez l'option **Explicit Map Channel** pour utiliser les coordonnées de texture classiques, l'option **Vertex Color Channel** pour utiliser le canal de texture numéro 0 et l'option **Planar from Object XYZ** ou **Planar from World XYZ** pour utiliser la position des sommets respectivement dans le repère local ou de scène pour faire correspondre la texture.
- Activez l'option **Environ** pour projeter la texture sur l'objet en fonction des paramètres d'environnement. Dans la liste **Mapping**, choisissez l'option **Screen** pour appliquer la texture à plat sur l'objet en utilisant la vue, l'option **Spherical**, **Cylindrical** ou **Shrink Warp Environment** pour projeter la texture sur l'objet à partir, respectivement, d'une sphère, d'un cylindre et à nouveau d'une sphère.
- Changez la valeur **Offset U** pour décaler la texture selon sa largeur.
- Changez la valeur **Offset V** pour décaler la texture selon sa hauteur.
- Changez la valeur **Tiling U** pour multiplier le nombre de fois que la texture sera présente sur sa largeur sur la surface de l'objet.
- Changez la valeur **Tiling V** pour multiplier le nombre de fois que la texture sera présente sur sa hauteur sur la surface de l'objet.
- Cochez l'option **Tile** pour **U** et/ou **V** afin que la texture se répète normalement. Si les bords droit et gauche et/ou haut et bas ne coïncident pas, la bordure de la texture sera particulièrement visible.
- Cochez l'option **Mirror** pour **U** et/ou **V** pour que la texture soit répétée une fois à l'endroit et une fois inversée et ainsi de suite sur sa largeur et/ou sa hauteur. Cela permet de faire se répéter une texture même si ses bords gauche et droit ou haut et bas ne collent pas entre eux.

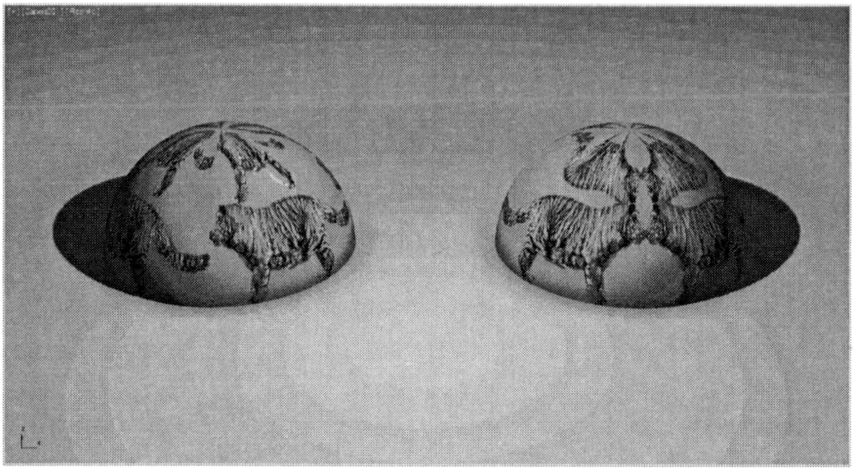

*À gauche, la texture de tigre est répétée normalement ; à droite, elle est répétée en mode mirroir.*

- Changez les valeurs **Angle** pour **U**, **V** et/ou **W** pour appliquer une rotation en degrés sur la texture.
- Cliquez sur le bouton **Rotate** pour afficher une fenêtre vous permettant de définir manuellement une rotation de la texture.

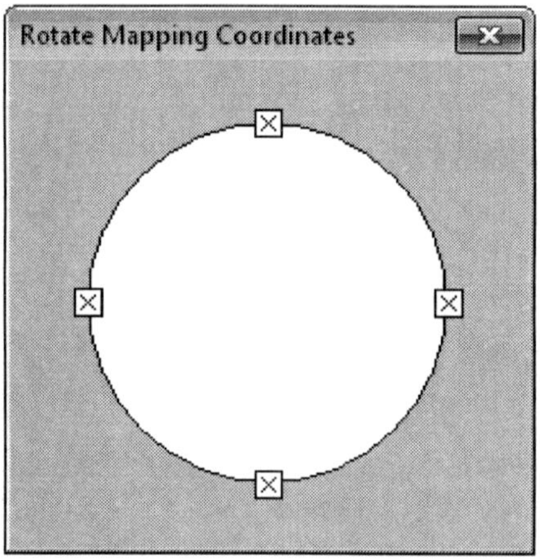


Maintenez le bouton gauche de la souris enfoncé et faites glisser une poignée pour appliquer une rotation sur un axe ou faites glisser le cercle pour appliquer une rotation sur trois axes.

3ds Max floute les images en fonction de la distance de la caméra pour éviter les effets de scintillement des pixels au loin.

- Augmentez la valeur **Blur** en unités de la scène pour accélérer le flou appliqué à la texture en fonction de la distance de la vue.
- Modifiez la valeur **Blur Offset** pour flouter la texture.

## D. Les paramètres de bitmap

- Assurez-vous d'avoir un objet dans la scène, d'avoir un matériau standard associé, d'avoir une texture bitmap connectée dans la borne de couleur diffuse (**Diffuse Color**) et d'avoir activé l'affichage des textures dans la scène ().
- Double cliquez sur le titre de la texture dans la vue nodale de l'éditeur de matériaux pour afficher ses paramètres.
- Si besoin, affichez le panneau déroulant **Bitmap Parameters**.

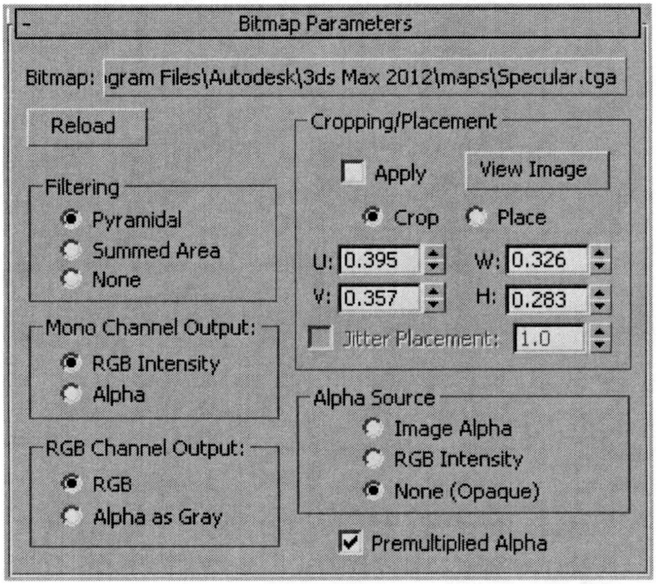


*Le panneau **Bitmap Parameters** permet de personnaliser le fichier image issu du disque dur.*

- Pour changer d'image, cliquez sur le bouton associé à l'option **Bitmap**.
- Pour recharger l'image à partir du disque dur, si par exemple l'image a été modifiée dans un autre logiciel, cliquez sur le bouton **Reload**.

- Le groupe d'option **Filtering** définit la méthode de calcul sous-pixel : lorsqu'un pixel de texture est trop près de la vue, il prend plusieurs pixels de l'écran. Dans ce cas, par défaut, la méthode **Pyramidal** lisse les bords des pixels pour adoucir le tout. La méthode **Summed Area** demande plus de mémoire mais fournit un résultat de plus grande qualité. L'option **None** ne filtre pas les pixels qui sont visibles nettement au rendu.
- Si l'image possède un canal alpha (fichiers TIFF ou TGA), vous pouvez l'utiliser à la place de la couleur lorsque la texture est connectée sur une borne utilisant une information noir et blanc (un seul canal) en cochant l'option **Alpha** du groupe **Mono Channel Output**.
- Si l'image possède un canal alpha (fichiers TIFF ou TGA), vous pouvez l'utiliser à la place de la couleur comme sortie de la texture en cochant l'option **Alpha as Gray** du groupe **RGB Channel Output**.
- Si l'image possède un canal alpha, vous pouvez l'utiliser comme source de la transparence en cochant l'option **Image Alpha** dans le groupe **Alpha Source**. Cochez l'option **RGB Intensity** pour utiliser la couleur de l'image comme source de transparence ou l'option **None** pour désactiver la transparence.

Le groupe de paramètres **Cropping/Placement** permet de choisir une partie de l'image comme source ou de décaler l'image sans avoir à la modifier.

- Cochez l'option **Apply** pour utiliser les paramètres de découpe et de position.
- Activez l'option **Crop** et cliquez sur le bouton **View Image** pour modifier les valeurs de découpe de l'image à la main.

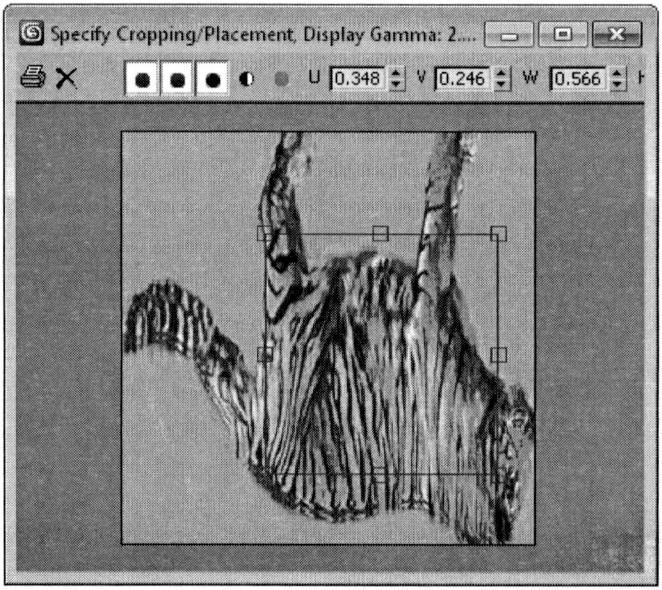

Modifiez la position et la taille du cadre rouge pour délimiter une nouvelle image comme source de la texture, comme si vous l'aviez découpée dans un logiciel de retouche d'image.

- Activez l'option **Place** et cliquez sur le bouton **View Image** pour modifier les valeurs de placement de l'image à la main.

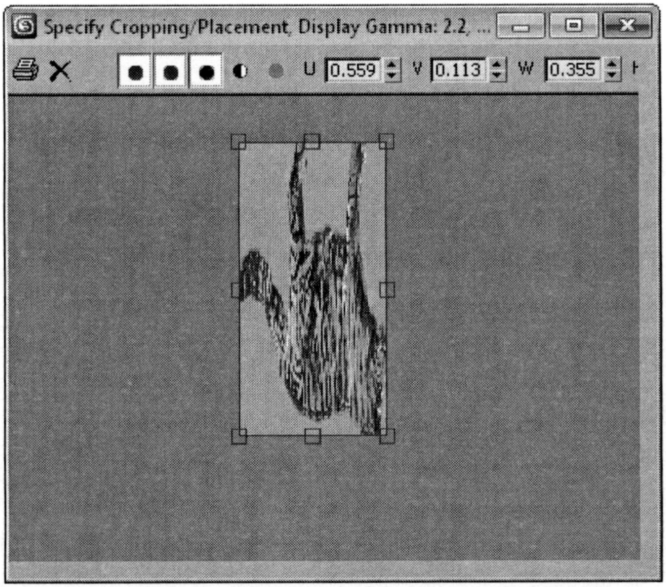


Modifiez la position et la taille du cadre rouge pour positionner l'image source à l'intérieur de la texture, comme si vous l'aviez insérée dans un logiciel de retouche d'image.

- Modifiez la position de la découpe ou du placement en modifiant les valeurs **U** et **V**.
- Modifiez la taille de la découpe ou du placement en modifiant les valeurs **W** et **H**.

## P. Les paramètres de temps

- Assurez-vous d'avoir un objet dans la scène, d'avoir un matériau standard associé, d'avoir une texture bitmap connectée dans la borne de couleur diffuse et d'avoir activé l'affichage des textures dans la scène (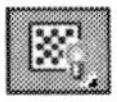).
- Double cliquez sur le titre de la texture dans la vue nodale de l'éditeur de matériaux pour afficher ses paramètres.
- Cliquez sur le nom du fichier dans le panneau **Bitmap Parameters** pour choisir un nouveau fichier image et choisissez une vidéo ou une séquence d'images.

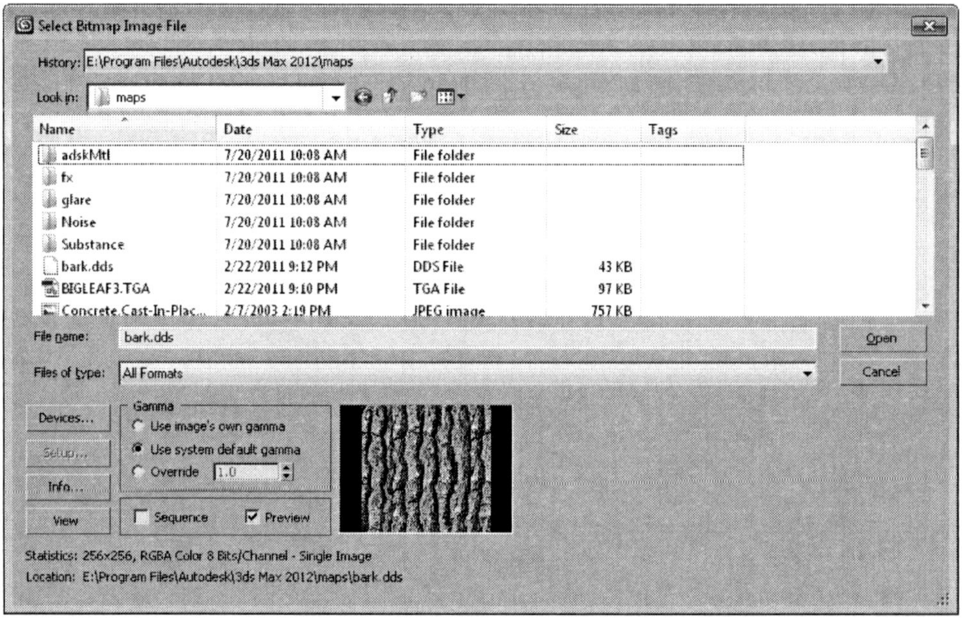


Pour ouvrir une séquence d'images (images numérotées avec un suffixe commun, par exemple : image01.jpg, image02.jpg...), sélectionnez la première image de la série et cochez l'option **Sequence** : la séquence se comporte comme une vidéo dont chaque image est une frame.

Vous pouvez contrôler la façon dont la vidéo ou la séquence sera jouée sur la surface de l'objet dans le panneau **Time**. Plus de détails dans le chapitre Animation.

➲ Si besoin, affichez le panneau déroulant **Time**.

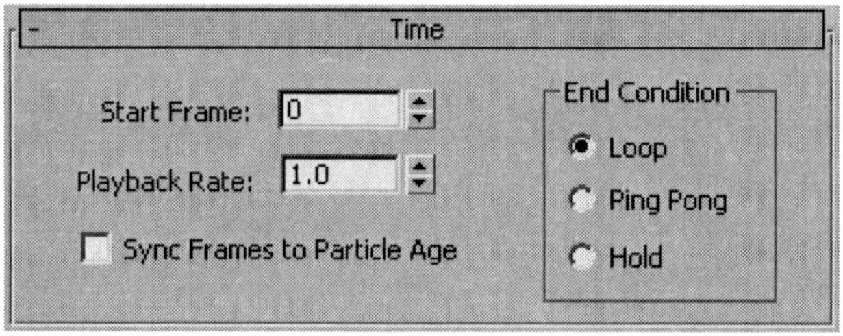


*Le panneau **Time** regroupe les options de textures animées telles que des vidéos ou les séquences d'images.*

➲ Changez la valeur **Start Frame** pour définir quelle image de la vidéo ou de la séquence est la première image de la texture animée.

- Changez la valeur **Playback Rate** pour accélérer ou ralentir le déroulement de la vidéo ou de la séquence dans le temps de 3ds Max.
- Changez l'option **End Condition** pour modifier le comportement de la texture animée lorsque l'animation atteint la dernière image de la vidéo ou de la séquence : choisissez **Loop** pour recommencer à la première image, l'option **Ping Pong** pour lire la séquence en marche arrière puis relire en marche avant lorsque l'animation atteint la première image, ou l'option **Hold** pour maintenir la dernière image de la vidéo ou de la séquence fixe lorsque l'animation est terminée.

## Q. Les paramètres de sortie

Vous pouvez faire une correction colorimétrique de l'image directement dans 3ds Max sans avoir à modifier l'image dans un logiciel de retouche d'image.

- Si besoin, affichez le panneau **Output**.

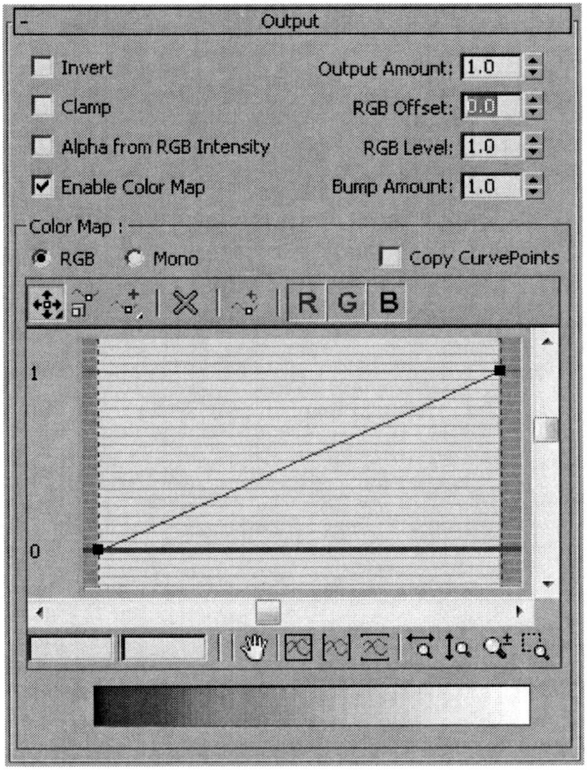


*Le panneau **Output** vous permet de faire des corrections colorimétriques poussées de l'image sans sortir de 3ds Max.*

- Pour inverser les couleurs de l'image, cochez l'option **Invert**.
- Pour générer une information de transparence à partir de la couleur, cochez l'option **Alpha from RGB Intensity**.
- Pour réduire la présence de la texture en sortie, en la rendant globalement transparent, réduisez la valeur **Output Amount**.
- Pour augmenter ou réduire toutes les valeurs de couleurs, définissez une valeur pour **RGB Offset** ; une valeur de 1 rendra l'image blanche et une valeur de -1 rendre l'image noire.
- Pour multiplier toutes les valeurs de couleurs, changez la valeur **RGB Level**.
- Pour modifier l'impact de la texture lorsqu'elle est utilisée en tant que source de relief, modifiez la valeur **Bump Amount**.
- Si la texture est utilisée en tant que couleur diffuse et que vos réglages rendent la texture lumineuse (les couleurs dépassent les valeurs maximum), cochez l'option **Clamp** pour limiter leur valeur.
- Pour utiliser des courbes d'intensité des couleurs, cochez l'option **Enable Color Map**.

  Le groupe d'option **Color Map** fournit un nombre d'outils très puissants pour contrôler très précisément les niveaux de couleurs de chaque canal de la texture. Les courbes sont définies sur les abscisses par l'intensité du canal en entrée et sur les ordonnées par l'intensité du canal en sortie. Ces courbes sont similaires aux courbes de niveaux des canaux de couleurs que l'on trouve dans les logiciels de retouche d'image.
- Les boutons situés au-dessus des courbes vous permettent, de gauche à droite, de déplacer des points, de changer d'échelle de valeurs des points, d'ajouter des points, de supprimer des points, de réinitialiser les courbes, de désactiver/activer le canal rouge, de désactiver/activer le canal vert, de désactiver/activer le canal bleu.
- En dessous de la courbe, dans les deux premières zones vous pouvez définir précisément l'abscisse et l'ordonnée d'un point sélectionné.

  Les boutons à leur droite vous permettent de déplacer la vue, de zoomer sur la totalité, de zoomer sur la totalité en largeur, de zoomer sur la totalité en hauteur, de changer le zoom horizontal, de changer le zoom vertical, de changer le zoom, de dessiner un cadre de zoom dans la vue des courbes.

# Chapitre 17
# Les matériaux et textures avancés

## A. Les multimatériaux

Il est possible d'appliquer plusieurs matériaux sur un seul et même maillage. Toutefois, une face ne peut posséder qu'un seul matériau. C'est le rôle des multimatériaux. Un multimatériau est un matériau-librairie comportant une liste de matériaux. Le multimatériau est appliqué à l'objet. Les faces de l'objet ont un identifiant de matériau associé qui désigne le matériau qui leur est appliqué dans la liste du multimatériau.

➲ Assurez-vous d'avoir une primitive boîte dans la scène. Par défaut, chaque polygone d'une boîte possède un identifiant de matériau différent, de 1 à 6.

➲ Affichez l'éditeur de matériaux par le menu **Rendering** - **Material Editor** - **Slate Material Editor** ou le bouton  (barre d'outils principale) ou la touche **M**.

➲ Créez un multimatériau en faisant glisser le type de matériau **Multi/Sub-Object** de la librairie de matériaux (panneau déroulant **Materials** puis **Standard** de la librairie) vers la vue nodale.

Vous pouvez aussi faire un clic droit dans la vue nodale et sélectionner **Materials** - **Multi/Sub-Object**.

➲ Double cliquez sur le titre du multimatériau pour afficher ses paramètres.

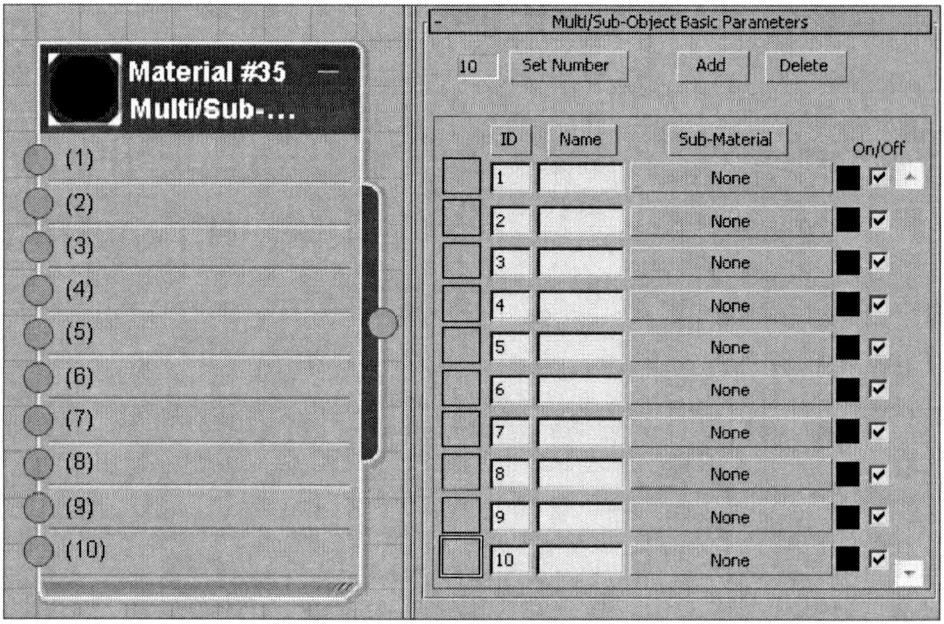


*Par défaut, un multimatériau inclut une liste de 10 matériaux.*

- Pour changer le nombre de matériaux de la liste, cliquez sur le bouton **Set Number**, changez la valeur et validez par **OK**.
- Pour ajouter un matériau à la fin de la liste, cliquez sur le bouton **Add** : cette opération crée également le matériau associé.
- Pour supprimer un matériau de la liste, cliquez dans la case **Name** du matériau concerné et cliquez sur le bouton **Delete**.
- Pour trier la liste suivant les identifiants, les noms ou les matériaux, cliquez respectivement sur les boutons **ID**, **Name** ou **Sub-Material**.
- Pour changer l'identifiant d'un matériau, changez la valeur de la colonne **ID**.
- Pour nommer un sous-matériau, entrez un nom dans la colonne **Name**.
- Chaque sous-matériau est une donnée d'entrée du nœud multimatériau. Consultez le chapitre Les matériaux et textures standard concernant la gestion des textures bitmap afin de créer, lier, copier ou supprimer les sous-matériaux.
- Assurez-vous d'avoir un multimatériau auquel sont connectés six sous-matériaux standard.

### Remarque

*Un sous-matériau est un nœud indépendant dans la vue nodale. Rien ne vous empêche d'associer directement l'un des sous-matériaux du multimatériau à des objets de la scène.*

- Changez les couleurs diffuses des différents sous-matériaux.

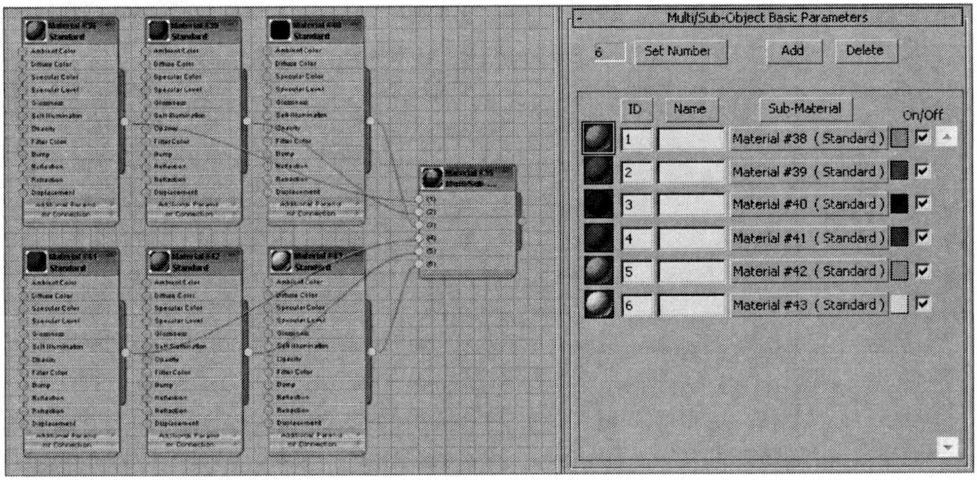


*Un multimatériau utilisant six matériaux standard dont les couleurs diffuses ont été personnalisées.*

- Pour associer le multimatériau avec la boîte de la scène, sélectionnez la boîte, faites un clic droit sur le titre du nœud du multimatériau et cliquez sur **Assign Material to Selection**, ou utilisez le bouton  (barre d'outils principale de l'éditeur de matériaux) ou le menu **Material** - **Assign Material to Selection** ou la touche **A**.

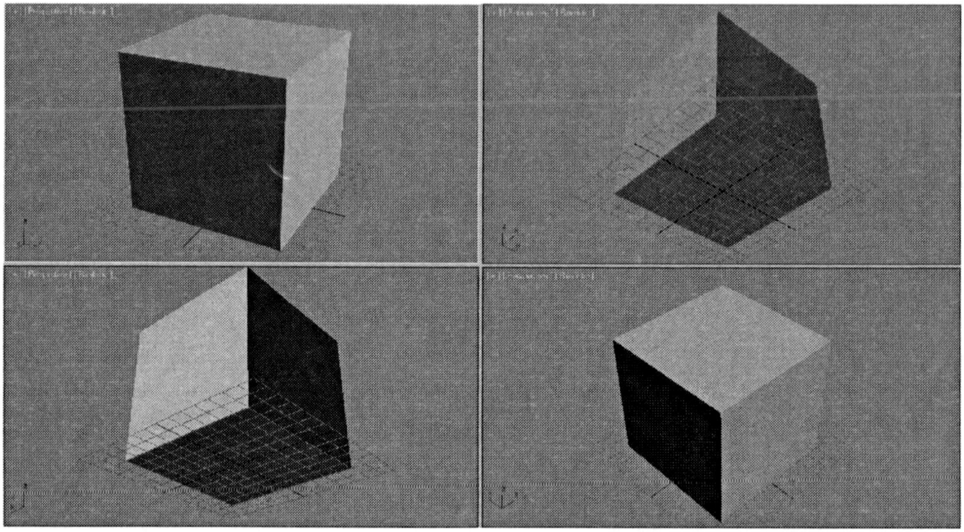

*Les couleurs diffuses de chaque polygone de la boîte correspondent aux différents multimatériaux associés.*

Vous pouvez personnaliser dans chaque type d'objet éditable, en mode sous-objet face, polygone ou élément, les identifiants de matériau des faces sélectionnées.

- Appliquez un modificateur de maillage éditable à la boîte.
- Passez en mode sous-objet face, polygone ou élément et sélectionnez une partie du maillage.
- Changez l'identifiant de matériau des faces sélectionnées en entrant un identifiant dans la case **Set ID** du groupe de paramètres **Material**.
- Pour sélectionner les faces utilisant un identifiant précis, entrez l'identifiant dans la case **Select ID** et cliquez sur le bouton **Select ID**. Vous pouvez aussi choisir un sous-matériau dans la liste située dessous.

La manipulation est identique pour les objets patchs éditables et polygones éditables. Cependant, dans le cas des polygones éditables, la manipulation se fait par l'onglet **Graphite Modeling Tools** du ruban.

- Appliquez un modificateur polygones éditables à la boîte.
- Passez en mode polygone ou élément.
- Dans l'onglet **Graphite Modeling Tools**, cliquez sur le bouton **MatIDs** du panneau **Properties** pour afficher une fenêtre proposant les outils similaires aux maillages éditables.

Le modificateur **Material** permet d'appliquer un identifiant de matériau à la sélection sous-objet de la pile de modificateurs.

- Sélectionnez une partie du maillage de la boîte à l'aide d'un modificateur de sélection sous-objet.
- Sélectionnez une partie du maillage en mode face, polygone ou élément.
- Appliquez le modificateur **Material** et entrez un identifiant pour l'appliquer à la sélection sous-objet.

> **ASTUCE**
>
> *La sélection sous-objet est transférée au modificateur suivant seulement si vous avez gardé le mode sous-objet actif dans le modificateur de sélection. Plus de détails dans le chapitre Concepts 3D et édition d'objets.*

## B. Les matériaux composés

Certains matériaux vous permettent de combiner plusieurs matériaux afin de réaliser une opération mathématique entre eux ou les utiliser dans un rôle spécifique.

Le matériau **Blend** mélange deux matériaux à l'aide d'une texture de mélange. Cette texture de mélange est utilisée en noir et blanc. Un pixel noir définit le premier matériau, un pixel blanc le deuxième.

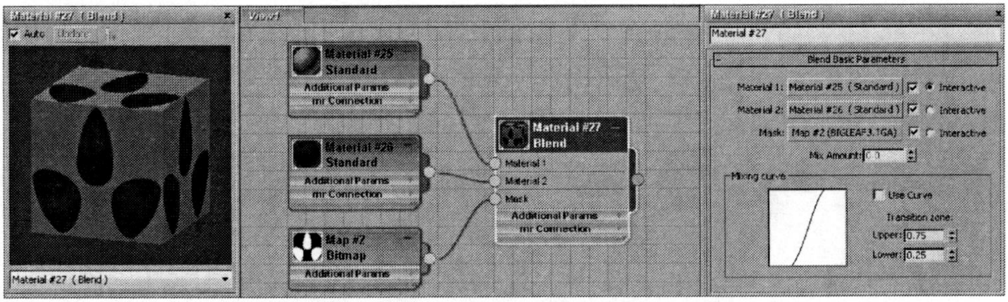


- Vous pouvez modifier la courbe de mélange en cochant l'option **Use Curve** et en changeant les paramètres de transition (**Transition zone**).

Le matériau **Composite** permet de mélanger 10 sous-matériaux en utilisant leur opacité.

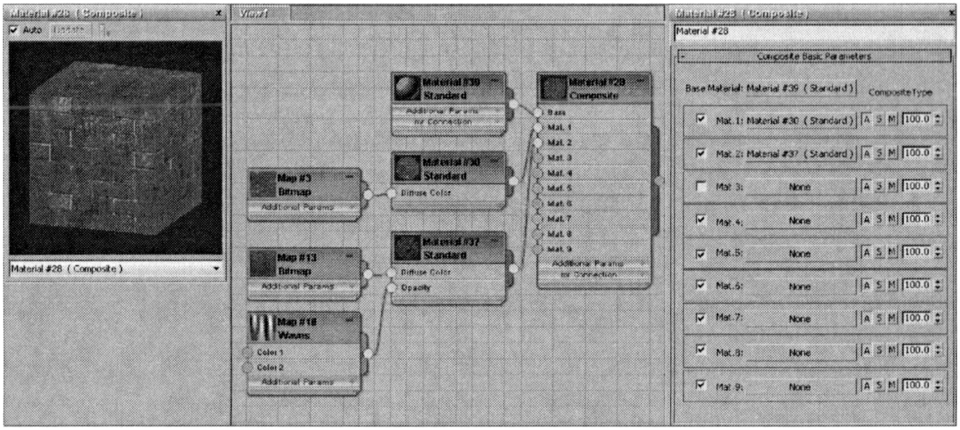

➲ Pour chaque sous-matériau, activez le bouton A pour ajouter les pixels, activez le bouton S pour soustraire les pixels ou le bouton M pour mixer les pixels en fonction du pourcentage de droite.

Le matériau **Double Sided** vous permet d'utiliser un matériau pour les faces extérieures et un autre matériau pour les faces intérieures.

Le matériau **Shell Material** vous permet d'utiliser un matériau dans la scène et un autre matériau au rendu. Le matériau **Shellac** multiplie un matériau par un autre en fonction d'un pourcentage.

Enfin, le matériau **Top/Bottom** utilise un matériau pour les faces orientées vers le haut et un autre matériau pour les faces orientées vers le bas.

## C. Les matériaux spécialisés

Certains matériaux remplissent un rôle très spécialisé.

*Les matériaux architecturaux proposent par défaut un certain nombre de matériaux physiquement réalistes préconfigurés.*

Le matériau shader **DirectX** vous permet de visualiser un shader écrit dans le langage de shader de **DirectX** (fichier avec l'extension fx) dans la scène.

Le matériau **Ink'n Paint** simule un dessin au crayon ou à l'encre.

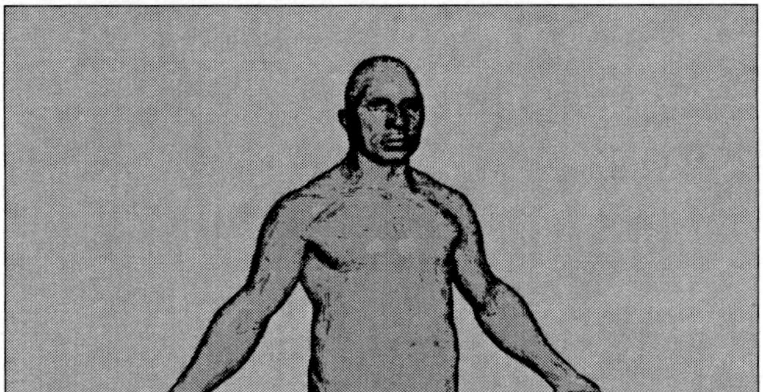

Le materiau **Raytrace** est un matériau supportant un nombre important de possibilités supplémentaires par rapport aux matériaux standard. Utilisez-le en particulier lorsque de nombreux effets de transparence et reflections/réfractions sont nécessaires.

## D. Les textures procédurales simples

Une texture procédurale est une texture dont le résultat est calculé mathématiquement. Souvent elles utilisent une ou deux couleurs et de nombreux paramètres pour personnaliser le résultat.

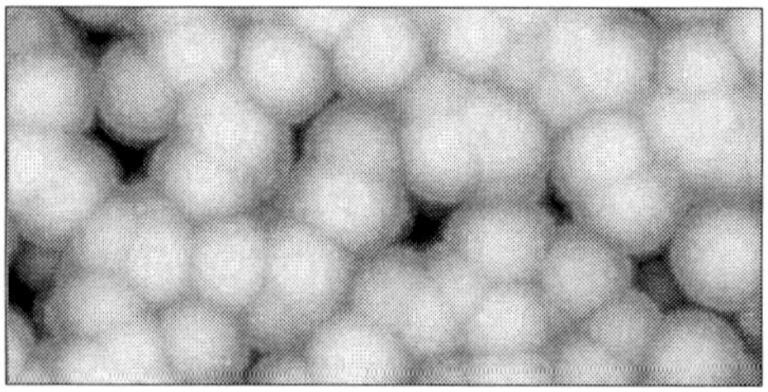

*La texture **Cellular** simule un organisme cellulaire.*

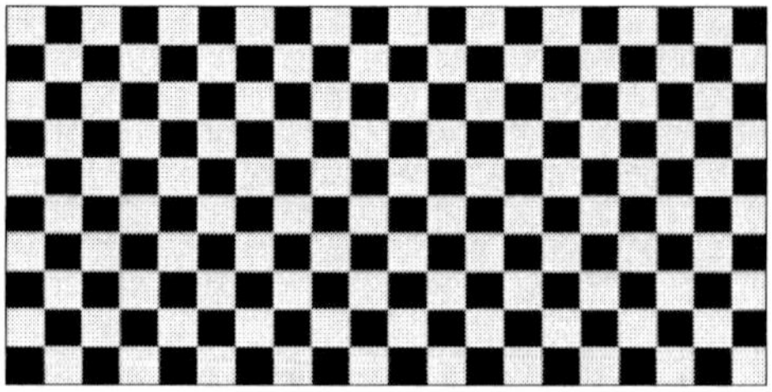

*La texture **Checker** alterne des carrés de deux couleurs.*

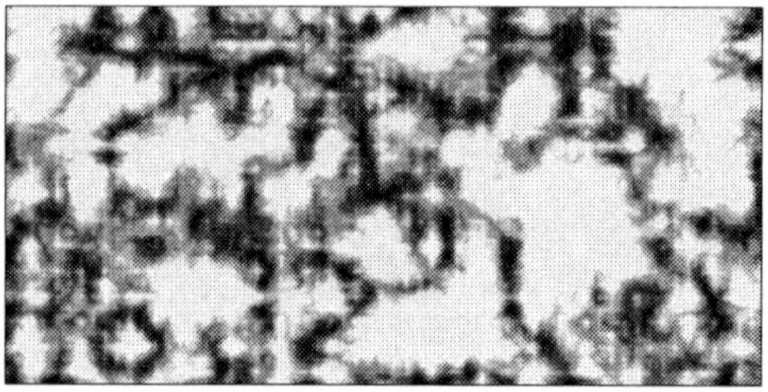

*La texture **Dent**.*

*La texture **Falloff** change de couleur en fonction d'une distance.*

*La texture **Gradient** est un dégradé simple.*

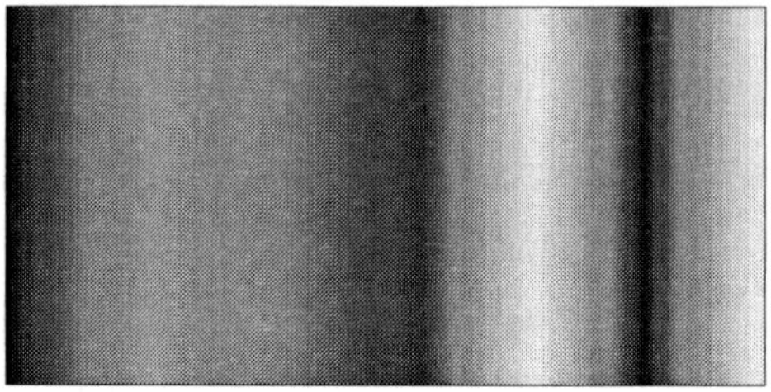

*La texture **Gradient Ramp** est un dégradé complexe.*

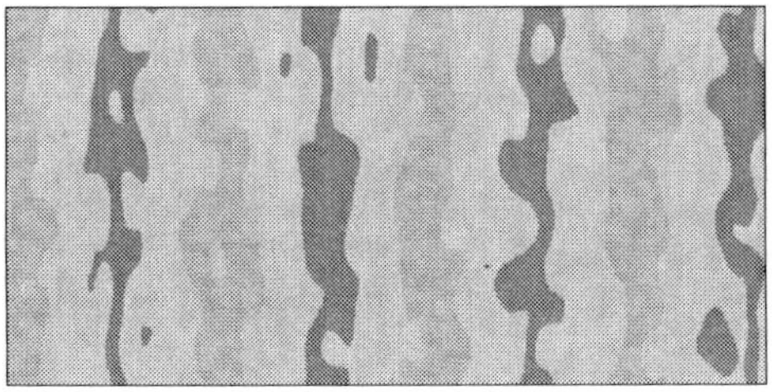

*La texture **Marble** simule du marbre.*

*La texture **Noise** est un mélange aléatoire de deux couleurs.*

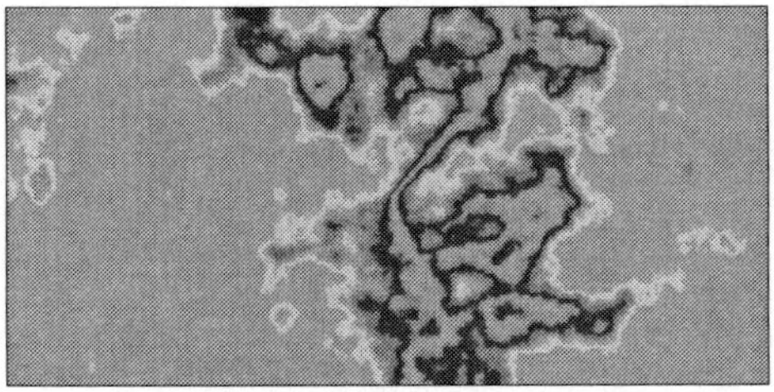

*La texture **Perlin Marble** simule du marbre.*

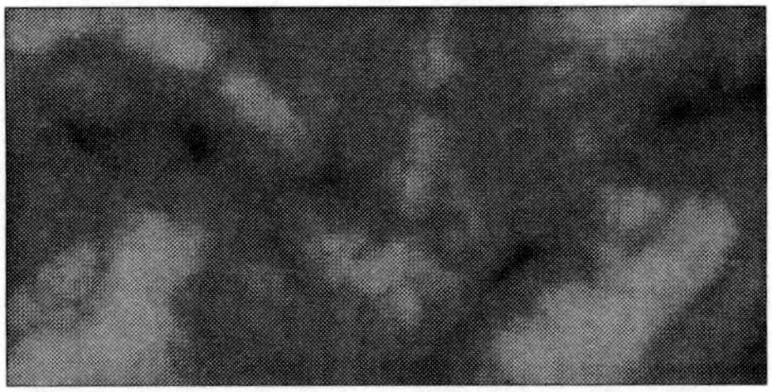

*La texture **Smoke** est un mélange aléatoire de deux couleurs.*

*La texture **Speckle**.*

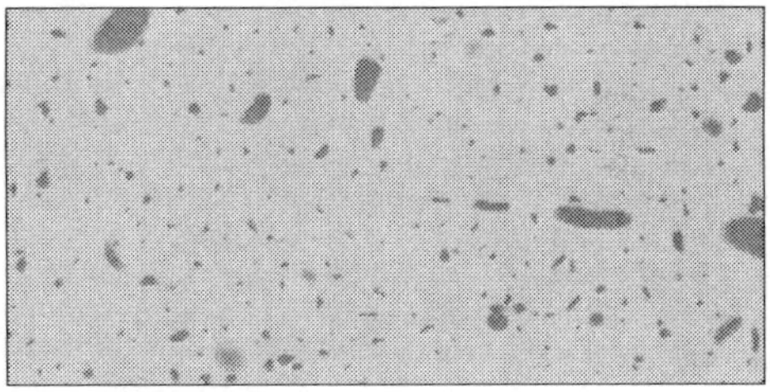

*La texture **Splat**.*

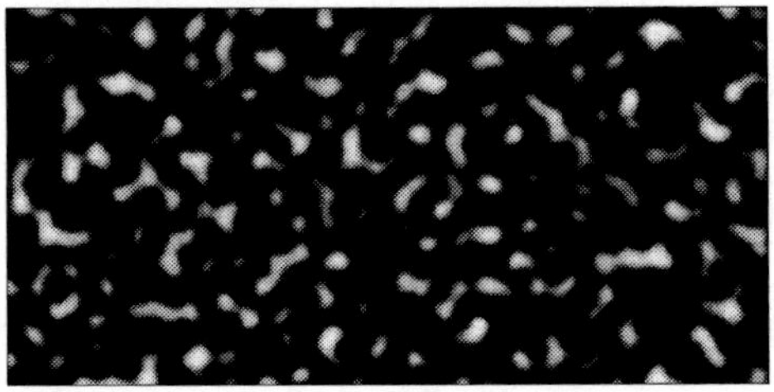

*La texture **Stucco**.*

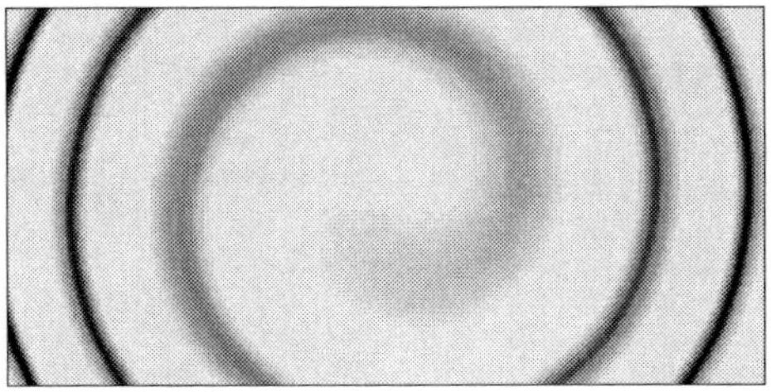

*La texture **Swirl**.*

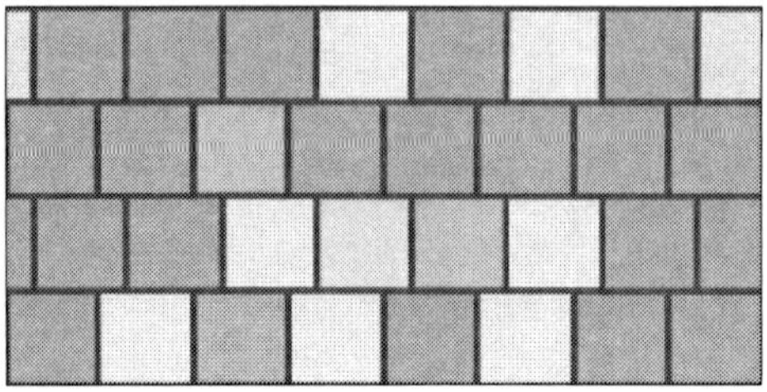

*La texture **Tiles** possède un grand nombre de configuration de briques.*

*La texture **Vertex Color** affiche les informations d'un canal de sommet.*

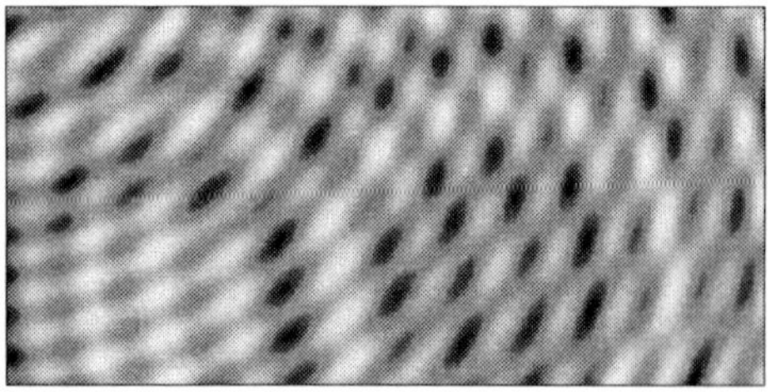

*La texture **Waves** simule des ondes.*

*La texture **Wood** simule du bois.*

*La texture **RGB Tint** produit une couleur unie.*

## E. Les textures composées

Les textures composées combinent plusieurs textures par un calcul mathématique.

La texture **Composite** vous permet de construire un résultat de couches de textures combinées à la façon des calques dans un logiciel de retouche d'image. Chaque calque possède un masque de transparence en noir et blanc.

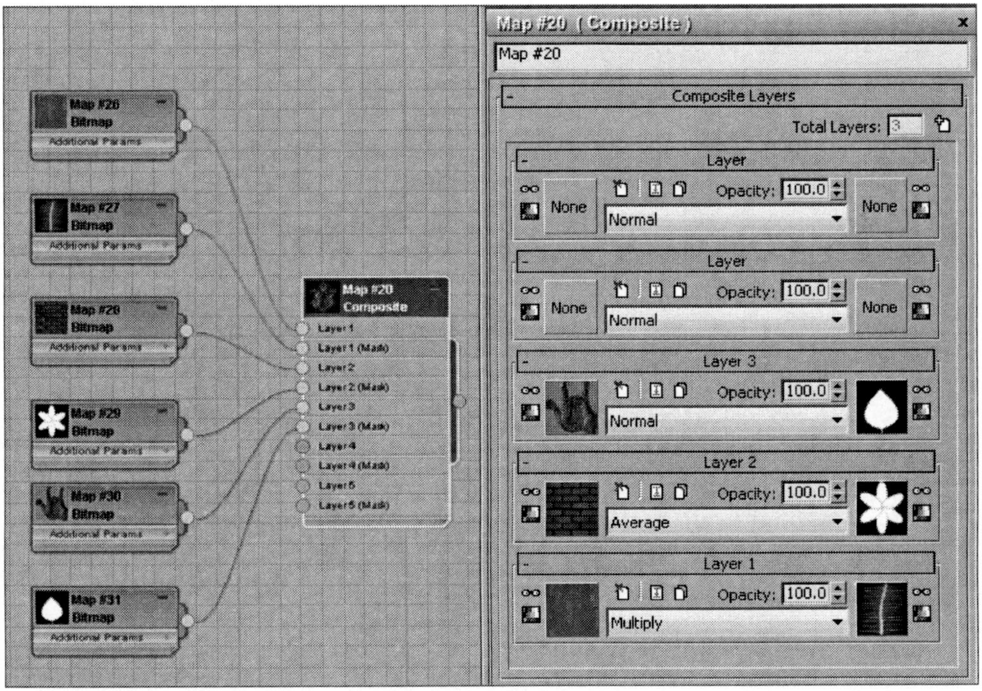


La texture **Mask** rend transparente une texture par une texture de masque en noir et blanc.

La texture **Mix** mélange deux textures par une texture masque de mélange en noir et blanc.

La texture **RGB Multiply** multiplie deux textures.

## F. Les textures spécialisées

La texture **Color Correction** vous permet de corriger la teinte, la luminosité et le contraste d'une texture.

La texture **Flat Mirror** calcule le reflet d'un miroir.

La texture **Normal Bump** vous permet d'utiliser une texture de type **Normal Map**, utilisée souvent dans le domaine des jeux vidéo pour remplacer les textures de relief en noir et blanc par une texture comportant des normales de relief.

La texture **Output** vous permet de modifier la texture en entrée avec les mêmes paramètres que ceux que possède la texture Bitmap dans son panneau **Output** : courbes de couleurs principalement.

La texture **Raytrace** lance des rayons dans la scène. Elle sert principalement pour les réflexions et réfractions. Connectez-la sur une borne réflexion ou réfraction d'un matériau standard pour voir son effet.

La texture **Reflect/Refract** calcule une réflexion ou une réfraction moins lourde en calcul que la texture **Raytrace.**

La texture **Thin Wall Refraction** simule une réfraction d'une surface transparente mince.

La texture **Vector Displacement** vous permet d'utiliser une texture contenant des informations de déformation à la façon des textures de normales décrites plus haut.

# Chapitre 18
# Coordonnées de texture

## A. La théorie : faire correspondre une image 2D à un objet 3D

Pour appliquer une image 2D sur un objet 3D, il faut établir une correspondance entre l'image et la surface 3D. On va utiliser un repère de texture en définissant les coordonnées [0, 0] pour le coin inférieur gauche de la texture et les coordonnées [1, 1] pour le coin supérieur droit de la texture. La première valeur est la coordonnée U et la deuxième la coordonnée V.

Ainsi, la coordonnée [U, V] = [0.5, 0.5] désigne le centre de l'image.

Une coordonnée supérieure à 1 est possible, on considère en général que l'image se répète. Il en est de même pour les coordonnées négatives. Il existe un troisième axe W dans le cas de textures 3D. Vous serez rarement amené à utiliser l'axe W.

À l'aide de différents outils, on va enregistrer pour chaque sommet de la surface 3D la coordonnée de texture correspondante.

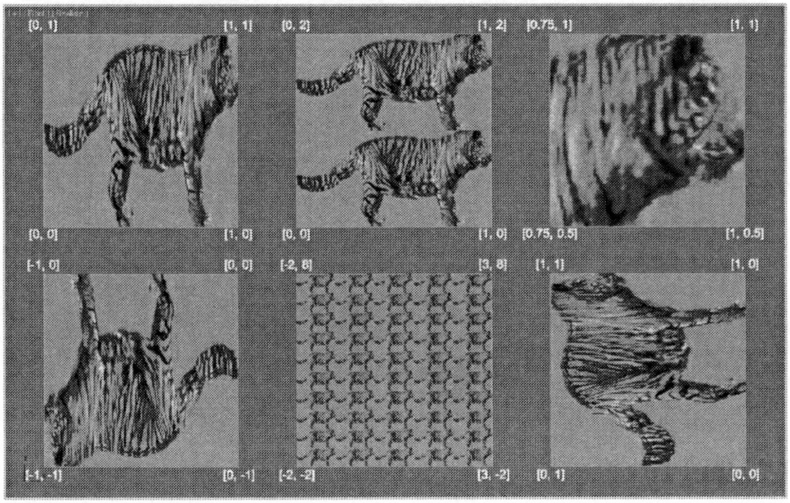


*L'image est appliquée sur un plan possédant quatre sommets. Quand les coordonnées vont de 0 à 1, comme en haut à gauche, l'image est entièrement affichée sur la surface. En haut au milieu, une coordonnée supérieure à 1 répète l'image. En haut à droite, seule une partie de l'image est utilisée avec des coordonnées décimales. En bas à gauche, l'image a été inversée avec des coordonnées négatives. En bas à droite, on a fait tourner les coordonnées ce qui revient à faire tourner l'image.*

Un sommet peut posséder plusieurs coordonnées de texture. Cela s'avère nécessaire si deux faces adjacentes n'assurent pas la continuité de la texture.

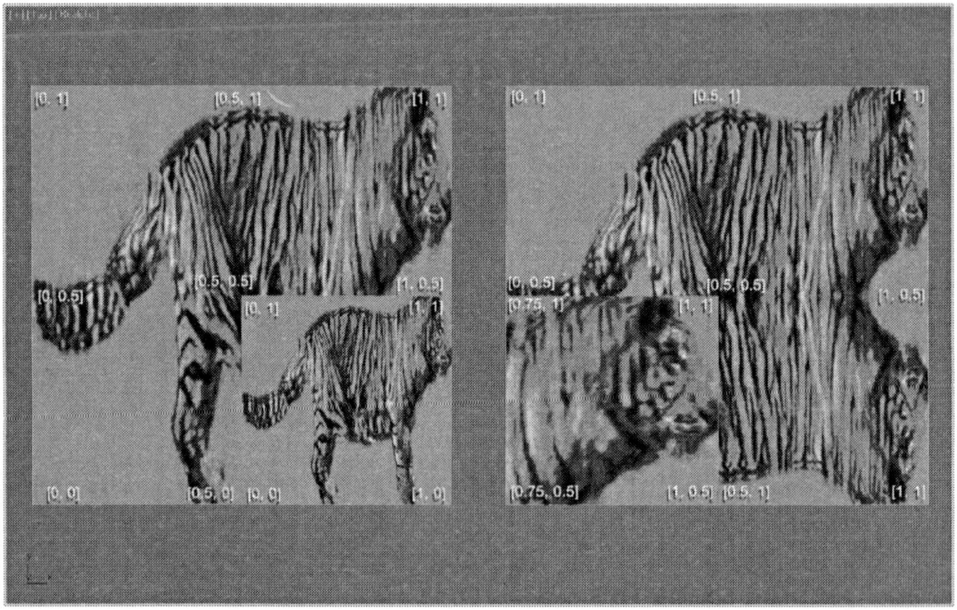

*À gauche, bien que le maillage ne contiennent que 9 sommets, il y a 12 coordonnées de texture car les sommets milieu, milieu-droit et milieu-bas sont dédoublés. À droite, on observe le même phénomène avec une inversion de l'image car les coordonnées passent de haut-droite à bas-droite de 1 à 0 puis de nouveau à 1. Les arêtes dont les deux sommets sont dédoublés sont appelées « coutures ».*

La méthode la plus évidente pour appliquer des coordonnées de texture sur une surface 3D est d'entrer la valeur à la main pour chaque sommet de la surface.

La deuxième méthode, très répandue, consiste à projeter sur la surface 3D des coordonnées de texture à partir d'un objet simple.

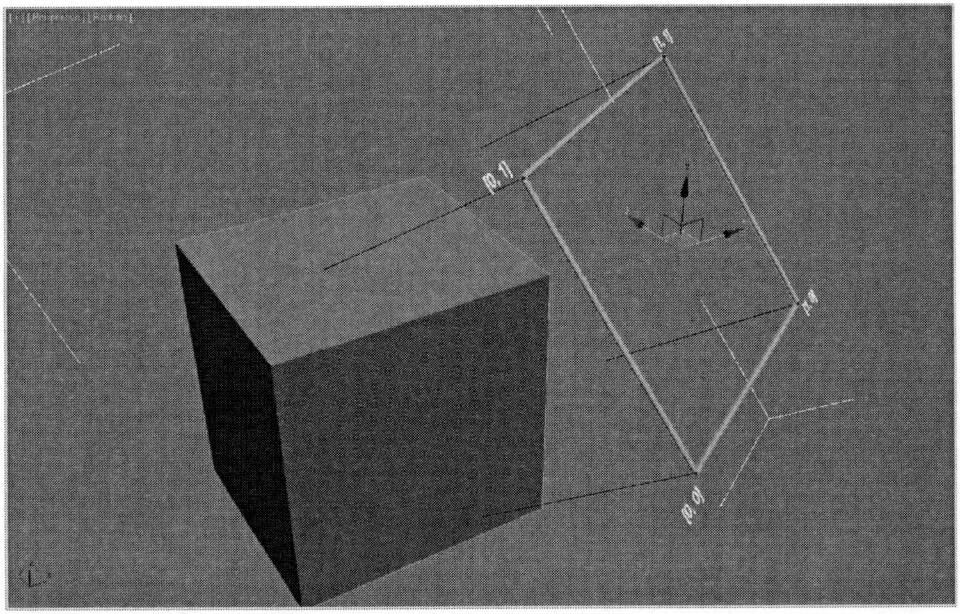

*La projection de coordonnées de texture utilise une forme simple telle qu'un plan, une boîte, un cylindre ou une sphère pour projeter ses propres coordonnées sur une surface 3D quelconque.*

Enfin, un certain nombre d'outils plus poussés permettent d'appliquer des coordonnées de texture sur les objets les plus complexes. L'un des plus connus et particulièrement adapté est le dépliage de maillage, qui consiste à mettre à plat le maillage de la surface 3D pour obtenir un patron à partir duquel créer une texture.

La plupart des primitives 3D possèdent déjà des coordonnées de texture à leur création. C'est pourquoi lorsque vous appliquez une image à un plan, une boîte ou une sphère, vous pouvez visionner le résultat. Les coordonnées de texture sont enregistrées dans des canaux de sommet. Plus de détails dans le chapitre Concepts 3D et édition d'objets.

Par défaut, en 3D on considère que les coordonnées de texture utilisent le canal de sommet numéro 1. Toutefois, pour des besoins particuliers, vous pouvez ajouter et enregistrer des coordonnées de texture dans autant de canaux de sommet que vous le désirez. Par exemple, si vous voulez mélanger deux textures mais que leur application sur la surface doit être différente, vous pouvez créer des coordonnées de texture dans le canal 1, d'autres dans le canal 2 puis associer chacune des textures à un canal différent.

Vous pouvez gérer les canaux de texture associés avec un objet grâce à l'utilitaire **Channel Info**.

- Assurez-vous d'avoir un objet sélectionné dans la scène.
- Lancez l'utilitaire **Channel Info** par le menu **Tools** - **Channel Info**.

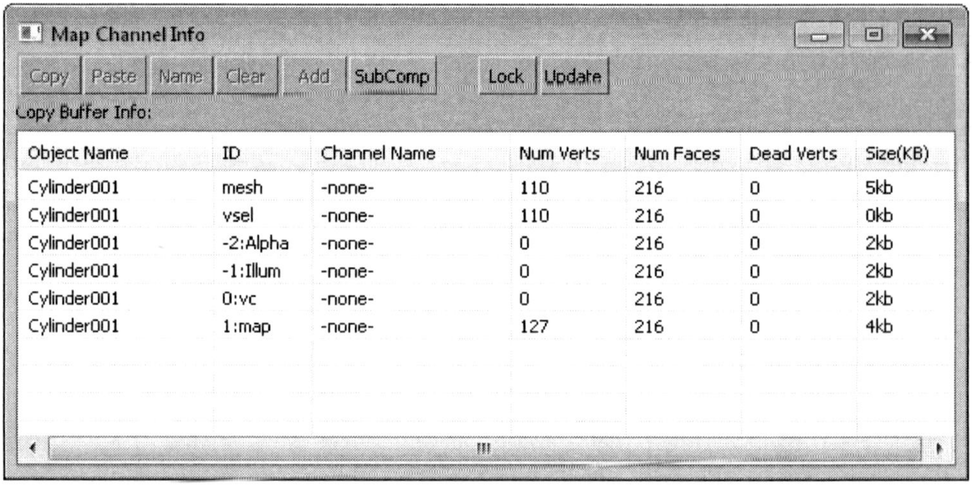


| Object Name | ID | Channel Name | Num Verts | Num Faces | Dead Verts | Size(KB) |
|---|---|---|---|---|---|---|
| Cylinder001 | mesh | -none- | 110 | 216 | 0 | 5kb |
| Cylinder001 | vsel | -none- | 110 | 216 | 0 | 0kb |
| Cylinder001 | -2:Alpha | -none- | 0 | 216 | 0 | 2kb |
| Cylinder001 | -1:Illum | -none- | 0 | 216 | 0 | 2kb |
| Cylinder001 | 0:vc | -none- | 0 | 216 | 0 | 2kb |
| Cylinder001 | 1:map | -none- | 127 | 216 | 0 | 4kb |

*L'utilitaire **Channel Info** liste tous les canaux de sommet présents dans un objet.*

La colonne **ID** est l'indice du canal de sommet : la colonne **Num Verts** indique le nombre de sommets enregistrés dans le canal. Cette valeur n'est pas forcément égale au nombre de sommets de l'objet si un sommet est dédoublé pour avoir une discontinuité de texture. La colonne **Num Faces** représente le nombre de faces. La colonne **Dead Verts** indique le nombre de sommets inutilisés dans le canal et la colonne **Size** vous donne une approximation de la taille mémoire utilisée par le canal.

Dans 3ds Max, tous les objets ont un canal **mesh** contenant la dernière sélection de maillage, un canal **vsel** contenant la dernière sélection de sommets, un canal **Alpha** d'identifiant -2 contenant les valeurs alpha des sommets paramétrables dans les objets 3D éditables, un canal **Illum** d'identifiant -1 contenant la couleur d'illumination des sommets paramétrables dans les objets éditables 3D, un canal **vc** d'identifiant 0 contenant les couleurs de sommets paramétrables dans les objets éditables 3D.

Par défaut, les primitives 3D contiennent déjà un canal de texture **map** d'identifiant 1. Ce canal peut être supprimé et il peut y en avoir beaucoup plus.

- Pour copier le canal sélectionné, cliquez sur le bouton **Copy**.
- Pour coller le canal copié dans le canal sélectionné, cliquez sur le bouton **Paste**.
- Pour changer le nom du canal sélectionné, cliquez sur le bouton **Name**.
- Pour supprimer tout le contenu d'un canal sélectionné, cliquez sur le bouton **Clear**. Si le canal est le dernier de la liste, il sera supprimé si son identifiant est supérieur à 0.
- Pour ajouter un canal à la fin de la liste, sélectionnez un canal et cliquez sur le bouton **Add**.
- Pour voir les sous-canaux (chacune des valeurs des canaux), cliquez sur le bouton **SubComp**.

- Pour éviter que l'interface se mette à jour, cliquez sur le bouton **Lock**.
- Pour rafraîchir le contenu du tableau, cliquez sur le bouton **Update**.

### Remarque

> *Les opérations **Clear** et **Add** ajoutent des modificateurs correspondant à ces actions dans la pile des modificateurs. Si vous supprimez ces modificateurs, l'action qu'ils effectuaient disparaîtra.*

## B. Projection simple de coordonnées de texture

Pour projeter des coordonnées de texture, vous allez devoir ajouter un modificateur de projection de coordonnées de texture. Ce modificateur vous demandera d'indiquer le canal de texture devant enregistrer ces coordonnées.

Si le canal contenait déjà des informations, elles seront écrasées. Toutefois, cela ne concerne que le modificateur : si vous le supprimez ou remontez dans la pile des modificateurs, vous retrouverez les anciennes coordonnées de texture.

Si le canal n'existe pas dans l'objet, il sera créé.

- Assurez-vous d'avoir un objet sélectionné dans la scène auquel est associé un matériau standard comportant une texture diffuse et pour lequel vous avez demandé le résultat dans la scène.

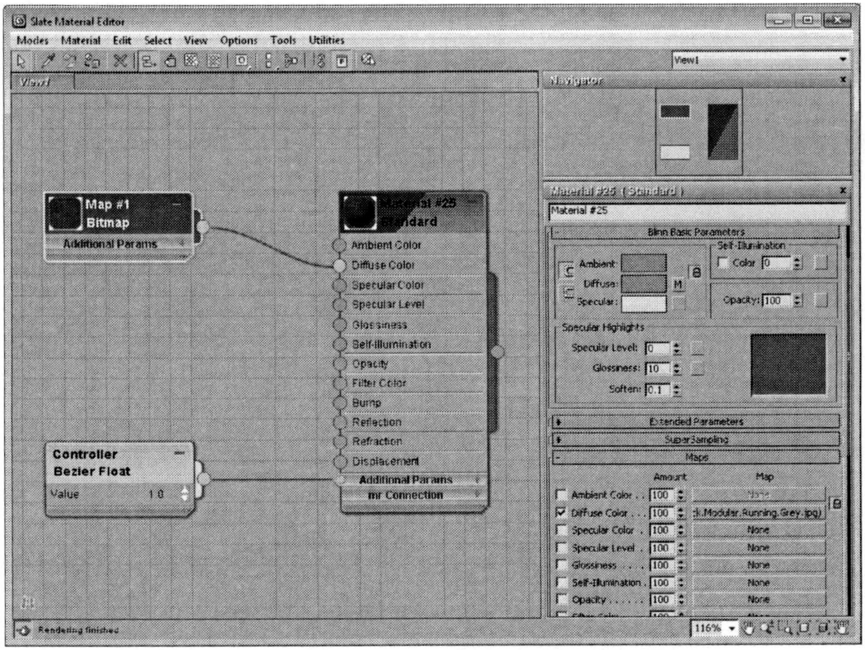

➲ Ajoutez le modificateur **UVW Map**.

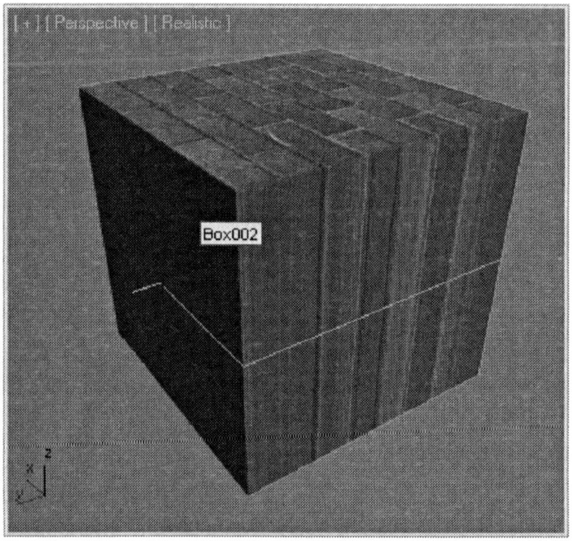


*Par défaut, le modificateur **UVW Map** projette les coordonnées avec un plan.*

Le plan, en orange dans la scène, délimite la projection des coordonnées de [0, 0] jusqu'à [1, 1]. Au-delà du plan, les coordonnées sont supérieures à 1 ou négatives.

➲ Vous pouvez modifier la position, l'orientation ou l'échelle du plan en passant en mode sous-objet et en utilisant les outils de transformation classiques.

➲ Dans le panneau déroulant **Parameters**, activez une des options suivantes :

| | |
|---|---|
| **Cylindrical** | Pour utiliser un cylindre de projection. Le périmètre du cylindre projette les coordonnées de 0 à 1 sur U. La hauteur du cylindre projete les V de 0 à 1. |
| **Spherical** | Pour utiliser une sphère de projection. Les coordonnées passent à l'équateur de 0 à 1 sur U et de 0 à 1 sur V du pôle sud au pôle nord. |
| **Shrink Wrap** | Pour utiliser la deuxième sorte de sphère de projection. Cette sphère est un plan qui s'enroule autour d'une sphère. |
| **Box** | Pour projeter 6 plans d'une boîte sur l'objet. Chaque face de la boîte projette des coordonnées comme un plan. Les faces de l'objet s'associent au plan de la boîte de projection le plus proche de son orientation. |
| **Face** | Pour distribuer des coordonnées de texture avec un plan pour chaque polygone de l'objet. |

| | |
|---|---|
| **XYZ to UVW** | Pour utiliser la position des sommets comme coordonnées de texture. Ce cas est très particulier et rare. |

- Modifiez la taille de l'objet de projection avec les paramètres longueur, largeur et hauteur : **Length**, **Width** et **Height**.
- Chaque objet de projection distribue des coordonnées entre 0 et 1. Utilisez les paramètres **Tile** pour modifier la valeur maximale de coordonnée projetée.
- Cochez les options **Flip** pour inverser les coordonnées : les objets de projection distribueront les coordonnées de 1 à 0 au lieu de 0 à 1.
- Par défaut, le canal de texture utilisé pour enregistrer les coordonnées est le canal 1. Modifiez le canal utilisé en changeant la valeur **Map Channel**.
- Choisissez l'option **Vertex Color Channel** pour enregistrer les coordonnées de texture dans le canal de couleur des sommets numéro 0.

Le modificateur **UVW Map** propose quelques outils de manipulation de l'objet de projection dans le groupe **Alignment.**

- Activez l'option **X**, **Y** ou **Z** pour définir l'alignement de départ de l'objet de projection.
- Pour changer la taille de l'objet de projection afin qu'il englobe l'objet, cliquez sur le bouton **Fit**.
- Pour repositionner l'objet de projection au centre de l'objet, cliquez sur le bouton **Center**.
- Pour déformer l'objet de projection en fonction du ratio de l'image, cliquez sur le bouton **Bitmap Fit**.
- Pour aligner l'objet de projection sur un polygone de l'objet, cliquez sur le bouton **Normal Align** puis maintenez le bouton gauche de la souris enfoncé sur la surface de l'objet 3D et faites glisser la souris. Relâchez pour valider et faites un clic droit pour désactiver l'outil.
- Pour aligner l'objet de projection avec la vue, cliquez sur le bouton **View Align**.
- Pour choisir la taille de l'objet de projection avec la souris, cliquez sur le bouton **Region Fit** puis dessinez avec le bouton gauche de la souris une région dans la vue.
- Pour réinitialiser l'objet de projection, cliquez sur le bouton **Reset**.
- Pour obtenir le même paramétrage d'objet de projection qu'un autre objet de la scène, cliquez sur le bouton **Acquire** puis sur l'objet concerné dans la scène.
- Activez l'option **Show no Seams** pour masquer les coutures, l'option **Thin Seam Display** pour les afficher avec un trait fin ou l'option **Thick Seam Display** pour les afficher avec un trait fort.

### Remarque

*Si vous ajoutez le modificateur **UVW Map** sur un objet éditable ou un modificateur d'objet éditable ou un modificateur de sélection de maillage, en mode sous-objet face, polygone ou élément, le modificateur **UVW Map** ne projettera les coordonnées que sur les sous-objets sélectionnés.*

## C. Transformation mathématique des coordonnées de texture

Vous pouvez facilement modifier la taille des coordonnées de texture de l'objet avec le modificateur **UVW Xform**.

- Assurez-vous d'avoir un objet sélectionné dans la scène auquel est associé un matériau standard comportant une texture diffuse et pour lequel vous avez demandé le résultat dans la scène.
- Ajoutez le modificateur **UVW Xform**.

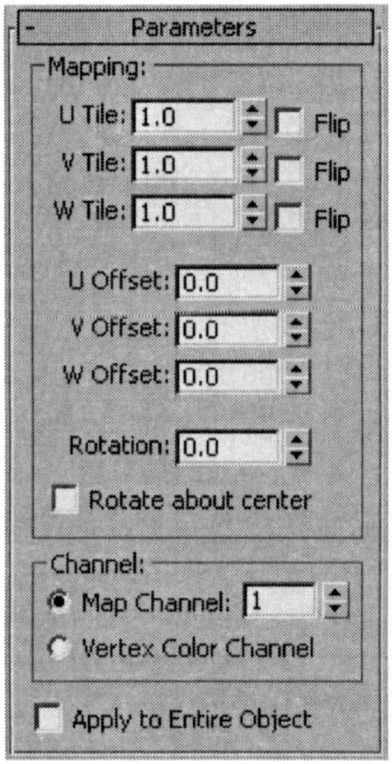


*Ce modificateur permet de multiplier ou de décaler les coordonnées de texture.*

- Choisissez le canal de coordonnées de texture à modifier en entrant une valeur pour l'option **Map Channel**.
- Choisissez l'option **Vertex Color Channel** pour appliquer les coordonnées de texture dans le canal de couleur de sommet numéro 0.
- Cochez l'option **Apply to Entire Object** pour appliquer l'effet à tout l'objet au cas où le modificateur précédent dans la pile aurait une sélection sous-objet active.
- Pour multiplier les coordonnées de texture sur U, V ou W, changez les valeurs **U Tile**, **V Tile** ou **W Tile**. Cela aura pour effet de réduire la taille de la texture sur la surface de l'objet.
- Pour inverser les coordonnées de texture sur U, V et/ou W, cochez les options **Flip** de ces axes.
- Pour décaler les coordonnées de texture sur U, V et/ou W, changez les valeurs **Offset U**, **Offset V** et/ou **Offset W**.

➲ Pour appliquer une rotation aux coordonnées de texture, entrez un angle dans la valeur **Rotation**.

## D. Éditeur de coordonnées de texture

L'outil le plus puissant d'édition de coordonnées de texture est l'éditeur de coordonnées de texture. Cet éditeur est à la fois puissant et complexe. Dans ce chapitre, nous aborderons ses fonctionnalités de base. Le prochain chapitre est dédié à ses fonctionnalités avancées.

L'éditeur de coordonnées de texture possède son propre modificateur qu'il vous faudra ajouter à votre objet pour accéder à l'interface.

➲ Assurez-vous d'avoir un objet sélectionné dans la scène auquel est associé un matériau standard comportant une texture diffuse et pour lequel vous avez demandé le résultat dans la scène.

➲ Ajoutez le modificateur **Unwrap UVW**.

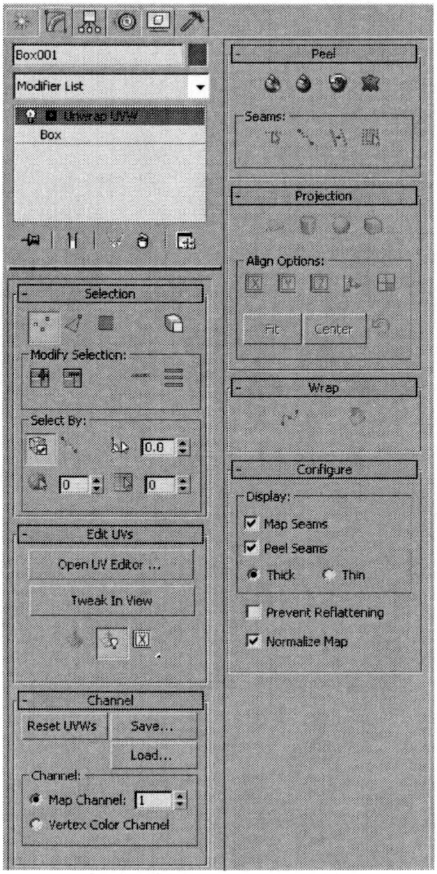

Le principe de l'éditeur de coordonnées de texture est de définir sommet par sommet les coordonnées de texture. Bien entendu, un nombre impressionnant d'outils viennent faciliter ce travail et au final, il devient rare de préciser à la main les valeurs de coordonnées de texture.

Le modificateur **Unwrap UVW** propose trois modes sous-objet. En mode sous-objet, vous pouvez sélectionner des sommets, des arêtes ou des polygones.

- Cliquez sur le symbole ⊞ pour ouvrir la liste des modes sous-objets.
- Pour entrer en mode sous-objet sommet, cliquez sur **Vertex** dans la liste des modes sous-objet ou utilisez le menu **Quad** - **Vertex** en haut à gauche ou cliquez sur le bouton du panneau de commandes ou utilisez le raccourci **1**.

  Pour entrer en mode sous-objet arête, cliquez sur **Edge** dans la liste des modes sous-objet ou utilisez le menu **Quad** - **Edge** en haut à gauche ou cliquez sur le bouton du panneau de commandes ou utilisez le raccourci **2**.

  Pour entrer en mode sous-objet face, cliquez sur **Face** dans la liste des modes sous-objet ou utilisez le menu **Quad** - **Face** en haut à gauche ou cliquez sur le bouton du panneau de commandes ou utilisez le raccourci **3**.
- Pour sélectionner automatiquement des éléments, cliquez sur le bouton .
- Pour étendre la sélection, cliquez sur le bouton .
- Pour réduire la sélection, cliquez sur le bouton .
- Pour sélectionner les boucles des arêtes sélectionnées, cliquez sur le bouton .
- Pour sélectionner les arêtes parallèles des arêtes sélectionnées, cliquez sur le bouton .
- Pour ignorer les sous-objets dont les faces sont dos à la vue, cliquez sur le bouton .
- Pour sélectionner une série d'arêtes entre deux sommets, en mode **Edge**, cliquez sur le bouton puis cliquez sur deux sommets.
- Pour sélectionner tous les sous-objets ayant un angle inférieur à la valeur définie avec les sous-objets sélectionnés, cliquez sur le bouton et modifiez la valeur d'angle dans la zone associée.

- Pour sélectionner tous les polygones utilisant le même identifiant de matériau, spécifiez l'identifiant concerné dans la zone associée au bouton puis cliquez sur le bouton .
- Pour sélectionner tous les polygones partageant un groupe de lissage, spécifiez l'identifiant du groupe de lissage concerné à droite du bouton puis cliquez sur le bouton .
- Pour réinitialiser les coordonnées de texture (recommencer à partir des coordonnées de texture présentes précédemment dans la pile de modificateurs), cliquez sur le bouton **Reset UVWs** du panneau déroulant **Channel**.
- Pour enregistrer les coordonnées de texture dans un fichier, cliquez sur le bouton **Save**.
- Pour charger les coordonnées de texture à partir d'un fichier, cliquez sur le bouton **Load**.

**ASTUCE**

*Sauvegarder et charger des coordonnées de texture suppose que le maillage soit strictement identique. En effet, si le maillage a changé, 3ds Max est incapable de faire le lien entre les sommets précédents et les nouveaux sommets.*

- Choisissez le canal de sommets dans lequel enregistrer les coordonnées de texture en changeant la valeur **Map Channel**.
- Choisissez le canal de couleurs de sommets pour enregistrer les coordonnées de texture en activan l'option **Vertex Color Channel**.
- Cochez l'option **Map Seams** pour afficher les coutures.
- Cochez l'option **Peel Seams** pour afficher les coutures de dépliage.
- Activez l'option **Thin** pour que les coutures soient affichées avec un trait fin.
- Activez l'option **Thick** pour que les coutures soient affichées avec un trait épais.

Il est possible de décaler la texture directement sur l'objet dans la vue 3D.

- Cliquez sur le bouton **Tweak In View**.
- En mode **Vertex**, maintenez le bouton gauche de la souris enfoncé sur un sommet de l'objet puis faites glisser la souris pour modifier les coordonnées de texture et voir ainsi la texture se déplacer sur la surface de l'objet.
- Faites un clic droit pour désactiver l'outil.

## E. Projeter des coordonnées simples

L'éditeur de coordonnées de texture possède les mêmes outils que le modificateur **UVW Map** et certains autres.

- Pour appliquer des coordonnées de texture de [0, 0] à [1, 1] à l'aide d'un plan sur les polygones sélectionnés, cliquez sur le bouton .
- Pour afficher le plan de projection rapide, cliquez sur le bouton .
- Pour aligner le plan de projection rapide sur X, Y, Z ou sur la moyenne des normales de la sélection, choisissez le bouton X, Y, Z ou  situé dans la liste du bouton à droite du bouton d'affichage du plan de projection rapide .

**ASTUCE**

*Utiliser une projection sur une sélection de polygones crée des coutures tout autour de la sélection. Cela est normal, afin de ne pas modifier les coordonnées des sous-objets adjacents à la sélection, l'éditeur va dupliquer les coordonnées de texture des sommets bordant la sélection.*

Vous pouvez, à la façon du modificateur **UVW Map**, projeter des coordonnées de texture à l'aide d'un objet de projection. Ces outils se trouvent dans le panneau **Projection**. Ils projettent les coordonnées de texture sur la sélection.

- Pour entrer en mode projection avec un plan de projection, cliquez sur le bouton .
- Pour entrer en mode projection avec un cylindre de projection, cliquez sur le bouton .
- Pour entrer en mode projection avec une sphère de projection, cliquez sur le bouton .
- Pour entrer en mode projection avec une boîte de projection, cliquez sur le bouton
- Pour aligner l'objet de projection sur X, Y ou Z, utilisez le bouton X, Y ou Z.
- Pour aligner l'objet de projection suivant la moyenne des normales de la sélection, utilisez le bouton .
- Pour aligner l'objet de projection avec la vue, cliquez sur le bouton .

**Remarque**

> *En mode projection avec un objet de projection, vous pouvez utiliser tous les outils de transformation classiques pour manipuler l'objet de projection.*

- Pour déformer l'objet de projection afin qu'il englobe la sélection, cliquez sur le bouton **Fit**.
- Pour repositionner l'objet de projection au centre de la sélection, cliquez sur le bouton **Center**.
- Pour réinitialiser l'objet de projection, cliquez sur le bouton .

## F. Projeter des coordonnées le long d'une spline

Lorsque vous avez un objet qui s'apparente facilement à un cylindre ou un cube suivant une courbe, vous pouvez utiliser une spline pour guider la projection des coordonnées de texture le long de cet objet.

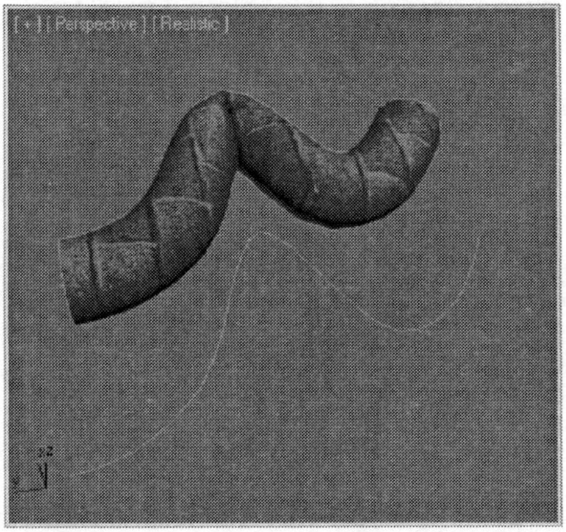


*Ce tuyau déformé peut utiliser la spline pour guider la projection de ses coordonnées de texture.*

- Assurez-vous d'avoir un objet sélectionné dans la scène auquel est associé un matériau possédant une texture diffuse et pour lequel vous avez demandé à voir la texture dans la scène.
- Assurez-vous d'avoir dans la scène une spline reprenant la forme de votre objet 3D. Faites passer la spline au centre de votre objet 3D pour plus de simplicité.
- Appliquez un modificateur **Unwrap UVW** à l'objet 3D.
- Cliquez sur le bouton  dans le panneau **Wrap** pour entrer en mode projection de coordonnées de texture par une spline.

➲ Cliquez sur le bouton **Pick Spline** de la fenêtre qui s'affiche puis cliquez sur la spline dans la scène.

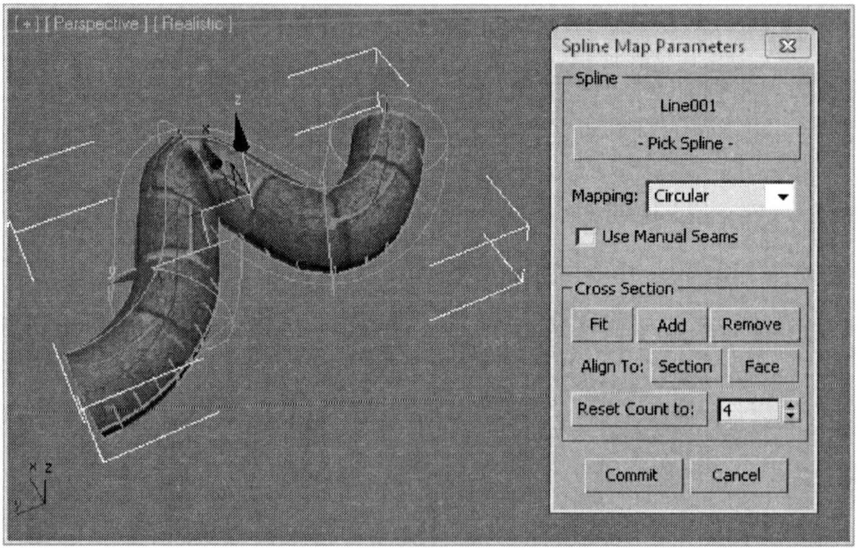


*Si l'objet 3D est très simple comme dans cet exemple, aucun réglage n'est nécessaire.*

L'outil de projection par spline a positionné 4 cercles oranges appelés **Cross Section** autour de l'objet, distribués selon les sommets de la spline. Ces cercles sont sélectionnables et transformables par les outils de transformation classiques.

➲ Pour changer le nombre de **Cross Section** et les redistribuer uniformément le long de la spline, indiquez un nombre de **Cross Section** dans la zone de saisie du groupe **Cross Section** puis cliquez sur le bouton **Reset Count to**.

➲ Pour ajouter une **Cross Section**, cliquez sur le bouton **Add** et cliquez sur la spline à l'endroit désiré.

➲ Pour supprimer une **Cross Section** sélectionnée, cliquez sur le bouton **Remove**.

➲ Pour déformer une **Cross Section** sélectionnée en fonction de la forme de l'objet, cliquez sur le bouton **Fit**.

➲ Pour changer la forme d'une **Cross Section** sélectionnée de circulaire à planaire, sélectionnez **Planar** dans la liste **Mapping**.

➲ Pour aligner une **Cross Section** sélectionnée avec un polygone, cliquez sur le bouton **Face** puis sur la surface de l'objet 3D.

➲ Pour déformer une **Cross Section** sélectionnée en fonction d'une autre **Cross Section**, cliquez sur le bouton **Section** puis sur la **Cross Section** désirée.

- Une fois tous les réglages finis, cliquez sur le bouton **Commit** pour valider définitivement.

Vous pouvez également utiliser une série d'arêtes comme guide de projection de coordonnées de texture.

- Sélectionnez une boucle d'arêtes.
- Cliquez sur le bouton  du panneau **Wrap** pour obtenir une projection des coordonnées le long de ces arêtes.

> **ASTUCE**
> *Parfois, cette méthode multiplie tellement les valeurs de coordonnées de texture que la texture se retrouve un grand nombre de fois et ce résultat semble incorrect. Zoomez pour vous apercevoir que le résultat est correct mais que c'est juste le rapport de taille qui est disproportionné. Utilisez le modificateur* ***UVW XForm*** *ou l'éditeur avancé pour arranger le résultat.*

## G. Préservation des coordonnées de texture des objets éditables

Les objets éditables possèdent des outils liés aux coordonnées de texture. Notamment, au cas où vous auriez appliqué des coordonnées de texture sur un objet mais que vous seriez obligé de modifier son maillage, ces outils permettent de conserver l'application de la texture pendant la modification du maillage.

- Assurez-vous d'avoir un objet éditable polygone sélectionné dans la scène, possédant un matériau associé, qui lui-même a une texture diffuse appliquée. Activez l'affichage de la texture dans la vue.
- Pour entrer en mode préservation des coordonnées de texture, cliquez sur le bouton  du panneau **Edit** de l'onglet **Graphite Modeling Tools** du ruban.
- Entrez dans un mode sous-objet et déformez une partie du maillage : la texture ne se déforme pas ou peu tandis que vous modifiez le maillage.

Cliquez à nouveau sur le bouton  pour désactiver le mode.

- Entrez en mode modification des coordonnées de texture en cliquant sur le bouton . Maintenez le bouton gauche de la souris enfoncé sur la surface de l'objet pour modifier les coordonnées de texture en déplaçant la souris.
- Faites un clic droit pour désactiver l'outil.
- Pour modifier le canal de sommet sur lequel interviennent ces deux outils, modifiez la valeur située sous ces deux boutons dans le panneau **Edit**.

# Chapitre 19
# Édition avancée des coordonnées de texture

## A. L'interface

- Assurez-vous d'avoir un objet sélectionné dans la scène auquel est associé un matériau qui possède une texture diffuse.
- Appliquez un modificateur **Unwrap UVW** sur l'objet.
- Cliquez sur le bouton **Open UV Editor** pour ouvrir l'éditeur de coordonnées de texture.

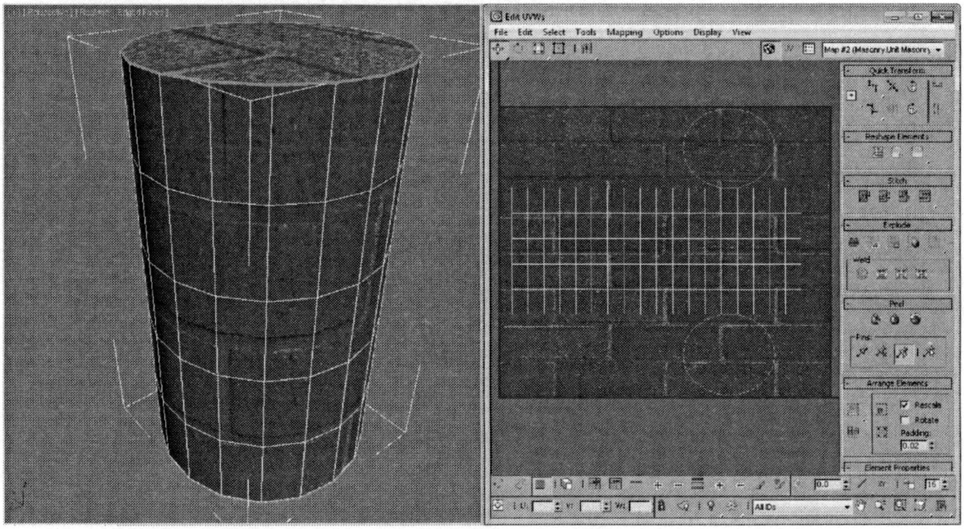


*L'éditeur de coordonnées de texture, à droite, est une vue dans le repère de la texture, une façon différente de voir le maillage de l'objet 3D*

L'éditeur de coordonnées de texture accessible dans le modificateur **Unwrap UVW** vous propose une vue dans le repère de la texture : le maillage de l'objet 3D est représenté suivant ses coordonnées de texture au-dessus de la texture. On peut assimiler ce dépliage de maillage à un patron de l'objet 3D.

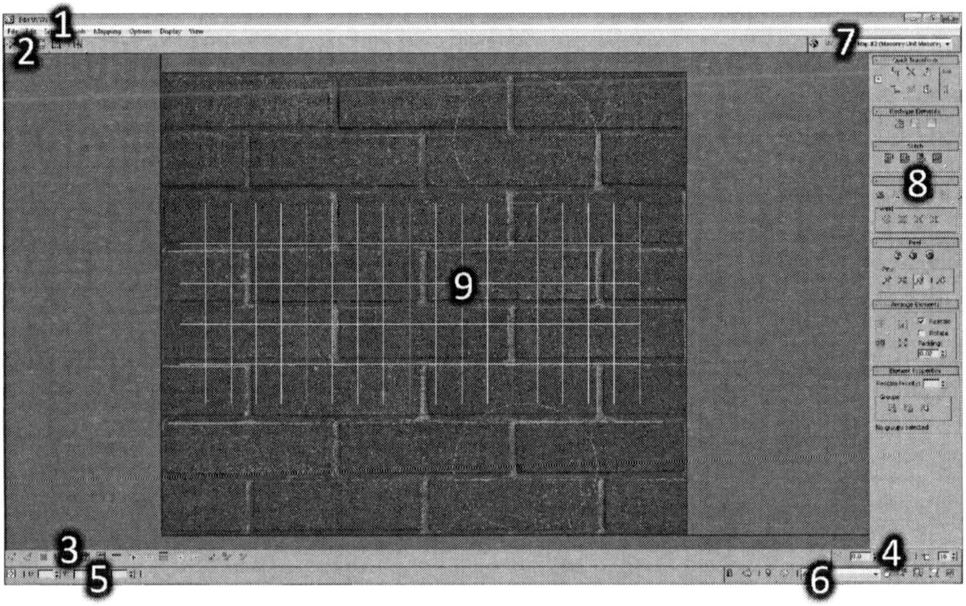


1. Barre de menus.
2. Barre d'outils de transformation.
3. Barre d'outils de sélection.
4. Barre d'outils de sélection adoucie.
5. Barre d'outils de valeurs des coordonnées de texture.
6. Barre d'outils de la vue.
7. Barre d'outils de texture.
8. Panneau d'outils.
9. Vue dans le repère des coordonnées de texture.

➲ Pour déplacer la vue, maintenez le bouton du milieu de la souris enfoncé sur la vue et faites glisser la souris.

Vous pouvez aussi utiliser le menu **View** - **Pan** ou (barre d'outils de la vue) ou Ctrl **P** et le bouton gauche de la souris.

➲ Pour zoomer, faites rouler la molette de la souris vers le haut ou vers le bas.

Vous pouvez aussi utiliser le menu **View** - **Zoom** ou (barre d'outils de la vue) ou Alt **Z** et le bouton gauche de la souris.

- Pour zoomer en dessinant une zone dans la vue, utilisez le menu **View** - **Zoom Region** ou le bouton (barre d'outils de la vue) ou Ctrl **X** puis dessinez une zone dans la vue.
- Pour cadrer la vue sur l'ensemble du maillage, utilisez le menu **View** - **Zoom Extents** ou le bouton (barre d'outils de la vue) ou Ctrl Alt **Z**.
- Pour cadrer la vue sur la sélection, utilisez le menu **View** - **Zoom Extents Selected** ou (barre d'outils de la vue, liste du bouton ) ou **Z**.
- Pour activer l'accrochage sous-objet, activez le bouton (barre d'outils de la vue).
- Pour activer l'accrochage au pixel, utilisez le bouton (barre d'outils de la vue, liste du bouton ).

## B. Sélection et affichage

- Pour entrer en mode sous-objet sommet, cliquez sur **Vertex** dans la liste des modes sous-objet ou utilisez le menu **Quad** - **Vertex** en haut à gauche ou cliquez sur le bouton (barre d'outils de sélection) ou utilisez le raccourci **1**.
  Pour entrer en mode sous-objet arête, cliquez sur **Edge** dans la liste des modes sous-objet ou utilisez le menu **Quad** - **Edge** en haut à gauche ou cliquez sur le bouton (barre d'outils de sélection) ou utilisez le raccourci **2**.
  Pour entrer en mode sous-objet face, cliquez sur **Face** dans la liste des modes sous-objet ou utilisez le menu **Quad** - **Face** en haut à gauche ou cliquez sur le bouton (barre d'outils de sélection) ou utilisez le raccourci **3**.
- Pour sélectionner automatiquement des éléments en cliquant sur un de ses sous-objets, cliquez sur le bouton (barre d'outils de sélection).
- Pour étendre la sélection, cliquez sur le bouton (barre d'outils de sélection).

- Pour réduire la sélection, cliquez sur le bouton 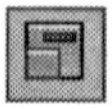 (barre d'outils de sélection).
- Pour sélectionner les boucles des arêtes sélectionnées, cliquez sur le bouton  (barre d'outils de sélection).
- Pour sélectionner les prochaines arêtes de boucle des arêtes sélectionnées, cliquez sur le bouton  (barre d'outils de sélection).
- Pour désélectionner les arêtes d'extrémité de boucle des arêtes sélectionnées, cliquez sur le bouton 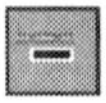 (barre d'outils de sélection).
- Pour sélectionner les arêtes parallèles des arêtes sélectionnées, cliquez sur le bouton  (barre d'outils de sélection).
- Pour sélectionner les prochaines arêtes parallèles des arêtes sélectionnées, cliquez sur le bouton  (barre d'outils de sélection).
- Pour déslectionner les arêtes d'extrémité parallèles des arêtes sélectionnées, cliquez sur le bouton  (barre d'outils de sélection).
- Pour sélectionner des sous-objets par peinture, cliquez sur le bouton  (barre d'outils de sélection), maintenez le bouton gauche de la souris enfoncé dans la vue et faites glisser la souris.
  Pour grossir la taille du pinceau de sélection, cliquez sur le bouton  (barre d'outils de sélection). Pour réduire la taille du pinceau de sélection, cliquez sur le bouton  (barre d'outils de sélection). Faites un clic droit pour désactiver l'outil.
- Pour activer la sélection adoucie, cliquez sur le bouton  (barre d'outils de sélection adoucie) puis spécifiez la distance de sélection adoucie dans la zone associée au bouton.
- Pour changer le mode de décroissance de la sélection adoucie, sélectionnez un type de courbe à l'aide du bouton situé à droite de la distance de sélection adoucie.
- Pour utiliser la distance de sélection adoucie en unités de la scène, cliquez sur le bouton 

(barre d'outils de sélection adoucie).
- Pour utiliser la distance de sélection adoucie en unités de coordonnées de texture, choisissez le bouton 

(barre d'outils de sélection adoucie, liste du bouton 

).

- Pour limiter la sélection adoucie à un nombre d'arêtes de distance de la sélection, cliquez sur le bouton (barre d'outils de sélection adoucie) pour l'activer et définissez le nombre d'arêtes maximum dans la zone à sa droite.
- Pour verrouiller la sélection, cliquez sur le bouton (barre d'outils de la vue).
- Pour masquer les polygones non sélectionnés, utilisez le menu **Display** - **Filter Selected Faces** ou le bouton (barre d'outils de la vue) ou Alt **F**.
- Pour masquer la sélection, utilisez le menu **Display** - **Hide Selected** ou le bouton (barre d'outils de la vue) ou le menu **Quad** - **Hide Selected** ou Ctrl **H**.
- Pour afficher les polygones masqués, utilisez le menu **Display** - **Unhide All** ou le bouton (barre d'outils de la vue) ou le menu **Quad** - **Unhide All**.
- Pour geler la sélection, cliquez sur le bouton (barre d'outils de la vue) ou utilisez le menu **Quad** - **Free Selected**.
- Pour dégeler la sélection, utilisez le menu **Display** - **Unfreeze All** ou le bouton (barre d'outils de la vue, liste du bouton ) ou le menu **Quad** - **Unfreeze All**.
- Pour afficher uniquement les polygones associés à un identifiant de matériau, sélectionnez cet identifiant dans la liste All IDs.
- Pour afficher les arêtes masquées du maillage, utilisez le menu **Display** - **Show Hidden Edges**.
- Pour afficher les déformations d'arêtes, utilisez le menu **Display** - **Show Edge Distortion**. Dans ce mode, les arêtes sont colorées par rapport à leur taille relative dans le mode de coordonnées de texture en fonction de leur taille relative dans la scène : si une arête est deux fois plus petite que les autres dans la scène, elle sera rouge si elle n'est pas deux fois plus petite que les autres dans la vue de coordonnées de texture et verte si elle est deux fois plus petite que les autres dans la vue de coordonnées de texture. Cela permet de contrôler des déformations anormales du maillage dans les coordonnées de texture.
- Pour visualiser les sommets dont les coordonnées de texture ont été dédoublées (sommets appartenant à une couture), utilisez le menu **Display** - **Show Vertex Connections**.
- Pour afficher la texture en fond de la vue, cliquez sur le bouton (barre d'outils de texture) et choisissez dans le menu à droite la texture du matériau désirée ou utilisez l'option **Pick Texture** de la liste pour choisir une image à partir de la liste (Librairie) des textures.

## C. Transformation des coordonnées de texture

Les outils de transformation de l'éditeur de coordonnées de texture sont sensiblement différents des outils de transformation classiques.

### 1. Effectuer un déplacement, une notation, une mise à l'échelle

- Sélectionnez les sommets, les bords ou les polygones auxquels vous souhaitez appliquer la transformation.
- Pour passer en mode déplacement, utilisez le menu **Edit** - **Move Mode** ou le bouton ou le menu **Quad** - **Move** ou la touche **W**. Pour n'autoriser que les déplacements selon l'axe U, choisissez le bouton (dans la liste du bouton ). Pour n'autoriser que les déplacements selon V, choisissez le bouton (dans la liste du bouton ).

  Pour passer en mode rotation, utilisez le menu **Edit** - **Rotation Mode** ou le bouton ou le menu **Quad** - **Rotate** ou la touche **E**.

  Pour passer en mode échelle, utilisez le menu **Edit** - **Scale Mode** ou le bouton ou le menu **Quad** - **Scale** ou la touche **R**. Pour n'autoriser que les échelles selon U, choisissez le bouton (dans la liste du bouton ). Pour n'autoriser que les échelles selon V, choisissez le bouton (dans la liste du bouton ).
- Maintenez le bouton gauche de la souris enfoncé sur la sélection puis faites-la glisser pour réaliser la transformation souhaitée.

### 2. Effectuer une transformation libre

- Sélectionnez les sommets, les bords ou les polygones auxquels vous souhaitez appliquer la transformation.
- Pour passer en mode transformation libre, utilisez le menu **Edit** - **Freeform Gizmo** ou le bouton ou le menu **Quad** - **Freeform Gizmo**.

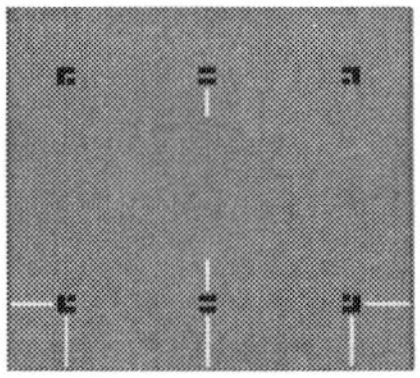

*La transformation libre fait apparaître un manipulateur orange dans la vue.*

- Maintenez le bouton gauche de la souris enfoncé dans le manipulateur (pas sur la croix centrale ni sur la bordure) et faites glisser la souris pour déplacer la sélection ; maintenez la touche [⇧] enfoncée pour restreindre le mouvement selon U ou V.

### Remarque

*Si le mode de déplacement est en mode restriction sur U ou V, la transformation libre subira la même restriction.*

- Maintenez le bouton gauche de la souris enfoncé sur la croix centrale puis faites-la glisser pour la repositionner. Cette croix représente le centre de la transformation utilisé pour les rotations.
- Maintenez le bouton gauche de la souris enfoncé sur une poignée située au centre d'un des bords du manipulateur puis faites-la glisser pour appliquer une rotation à la sélection ; maintenez la touche [Ctrl] enfoncée pour activer l'accrochage d'angle.
- Maintenez le bouton gauche de la souris enfoncé sur une poignée de coin du manipulateur puis faites-la glisser pour changer l'échelle de la sélection ; maintenez la touche [Ctrl] enfoncée pour conserver les proportions. Maintenez la touche [⇧] pour restreindre l'échelle à l'axe U ou V. Maintenez la touche [Alt] pour utiliser la croix du manipulateur comme centre de transformation.

## 3. Effectuer une symétrie

- Sélectionnez les sommets, les bords ou les polygones auxquels vous souhaitez appliquer la transformation.
- Pour effectuer une symétrie selon U, utilisez le menu **Tools** - **Flip Horizontal** ou le bouton 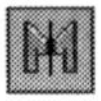 ou le menu **Quad** - **Flip Horizontal**.
- Pour effectuer une symétrie selon V, utilisez le menu **Tools** - **Flip Vertical** ou le bouton  (dans la liste du bouton ) ou le menu **Quad** - **Flip Horizontal**.

Pour effectuer une symétrie selon U tout en créant une couture autour de la sélection (dupliquer les coordonnées de texture des sommets de contour de la sélection), utilisez le menu **Tools** - **Mirror Horizontal** ou le bouton (dans la liste du bouton ) ou le menu **Quad** - **Mirror Horizontal** ou le raccourci Ctrl Alt ⇧ **N**.

- Pour effectuer une symétrie selon V tout en créant une couture autour de la sélection (dupliquer les coordonnées de texture des sommets de contour de la sélection), utilisez le menu **Tools** - **Mirror Vertical** ou le bouton (dans la liste du bouton ) ou le menu **Quad** - **Mirror Vertical** ou le raccourci Ctrl Alt ⇧ **M**.

## 4. Effectuer des transformations avancées

- Si besoin, affichez le panneau déroulant **Quick Transform**.

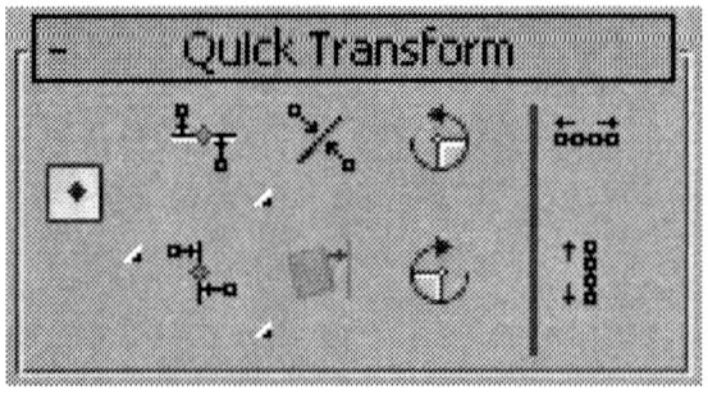


*Le panneau **Quick Transform** permet d'effectuer certaines manipulations avancées de transformation.*

- Pour replacer le centre de transformation au centre de la sélection, cliquez sur le bouton .
- Pour placer le centre de la transformation dans l'un des angles de la sélection, ouvrez la liste du bouton puis cliquez sur le bouton correspondant à la position souhaitée.
- Pour aligner la sélection sur l'axe V à la hauteur du centre de transformation, cliquez sur le bouton . Pour aligner à la hauteur moyenne de la sélection, choisissez le bouton (dans la liste du bouton ).
- Pour aligner la sélection sur l'axe U à la position du centre de transformation, cliquez sur le bouton . Pour aligner à la position moyenne de la sélection, choisissez le bouton (dans la liste du bouton ).

- Pour aligner la sélection sur la ligne médiane de cette sélection, cliquez sur le bouton .
- Pour effectuer une rotation de 90 degrés sur la sélection, cliquez sur le bouton  ou le bouton .
- Pour distribuer les sous-objets sélectionnés uniformément selon U, cliquez sur le bouton .
- Pour distribuer les sous-objets sélectionnés uniformément selon V, cliquez sur le bouton .

## D. Créer et supprimer des coutures

Les arêtes appartenant à une couture (dont les sommets ont vu leurs coordonnées de texture dédoublées) peuvent être réassemblées en fusionnant les coordonnées de texture de sommet dédoublées. Cependant, vous allez vite vous apercevoir qu'il n'est pas possible de supprimer toutes les coutures.

Si vous utilisez une très grande définition de texture et que vous créez la texture après avoir défini les coordonnées de texture (peinture sur le maillage 3D ou peinture sur le maillage à plat dans un logiciel de retouche d'image), les coutures ne vont pas vous déranger car elles seront quasi invisibles.

Si vous appliquez un matériau déjà existant, les coutures seront inévitables. Vous pouvez tenter de les masquer en créant un matériau complexe, par exemple en utilisant un matériau différent dans les zones de couture avec des coordonnées de texture différentes.

*Ce cylindre comporte deux jeux de coordonnées et les couleurs de sommets sont utilisées pour afficher le deuxième matériau sur les coutures du premier.*

Dans le domaine des jeux vidéo, on utilise des textures de la taille la plus petite possible. Dans ce cas, les coutures apparaissent très vite. Une bonne pratique est d'essayer de placer les coutures dans des endroits peu visibles du maillage ou entre deux zones très différentes du matériau.

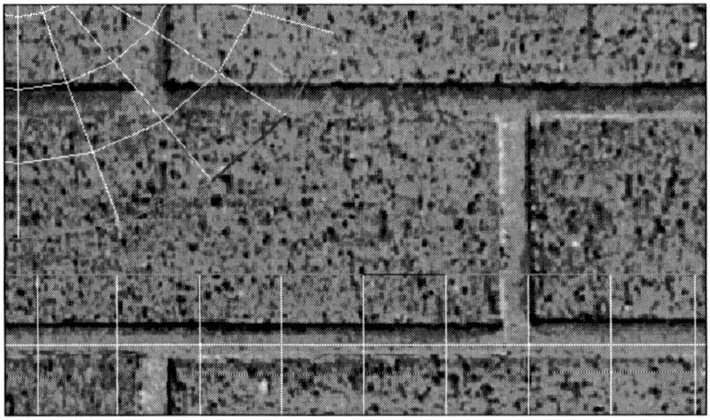

*Lorsque vous sélectionnez une partie de couture, les arêtes correspondant à la couture apparaissent en bleu.*

- Pour rattacher les arêtes de couture sélectionnées aux arêtes correspondantes en les déplaçant sur les arêtes cibles, cliquez sur le bouton  du panneau **Stitch** ou utilisez le menu **Quad - Stitch Selected**. Cliquez sur le bouton  pour déplacer les arêtes à la position moyenne entre les deux ou sur le bouton  pour déplacer l'arête correspondante sur l'arête sélectionnée.
- Pour personnaliser le rattachement des arêtes de couture sélectionnées, cliquez sur le bouton  (dans la liste du bouton .

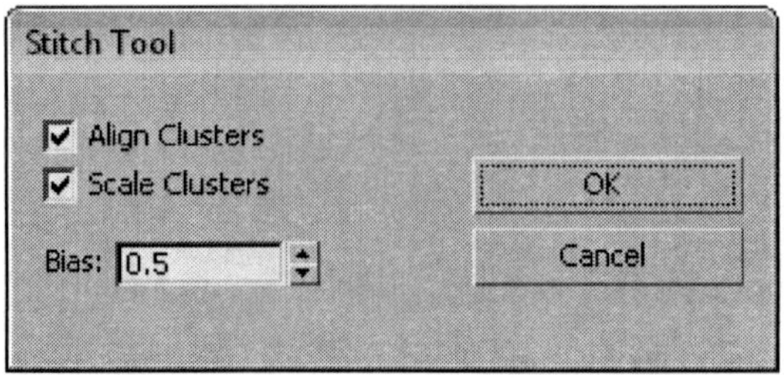

Cochez l'option **Align Clusters** pour déplacer l'élément dont fait partie l'arête de couture correspondante pour aligner les arêtes de couture.

Cochez l'option **Scale Clusters** pour changer l'échelle de l'élément dont fait partie l'arête de couture correspondante afin de faire correspondre les deux longueurs d'arête.

Cliquez sur le bouton **OK**.

- Pour appliquer le rattachement des arêtes de couture avec les derniers paramètres personnalisés définis dans la boîte de dialogue **Stitch Tool**, cliquez sur le bouton .
- Pour souder deux sommets proches sélectionnés dans la vue des coordonnées de texture, utilisez le menu **Tools** - **Weld Selected** ou cliquez sur le bouton du panneau **Explore** ou utilisez le menu **Quad** - **Weld Selected** ou le raccourci Ctrl **W**. Utilisez le bouton pour souder les coutures lorsque les deux parties sont sélectionnées. Utilisez le bouton pour souder automatiquement tout ce qui peut être soudé dans la sélection.
- Pour souder deux sommets dans la vue des coordonnées de texture, utilisez le menu **Tools** - **Target Weld** ou le bouton ou le menu **Quad** - **Target Weld** ou le raccourci Ctrl **T**.

  Maintenez le bouton gauche de la souris enfoncé sur un sommet du maillage et faites glisser la souris sur un autre sommet du maillage. Relâchez le bouton pour valider.
- Pour dédoubler les coordonnées de texture des sous-objets sélectionnés et créer ainsi des coutures, utilisez le menu **Tools** - **Break** ou le bouton ou le menu **Quad** - **Break** ou le raccourci Ctrl **B**.

## E. Organisation automatique des coordonnées de texture

Dans certains cas, pour préparer le dépliage du maillage ou lorsque la disposition du maillage dans le canal de texture importe peu, vous pouvez déplier automatiquement le maillage.

### 1. Organiser le dépliage du maillage

Ces outils sont conçus pour organiser le dépliage du maillage dans l'intervalle des coordonnées de texture de 0 à 1. Cela est naturel car au-delà de ces limites, la texture est répétée.

- En mode sous-objet **Face**, sélectionnez le maillage concerné.

- Pour déplier automatiquement la sélection en créant les coutures en fonction de l'angle entre les faces, cliquez sur le bouton .
- Pour déplier automatiquement le maillage en créant les coutures en fonction des groupes de lissage, cliquez sur le bouton 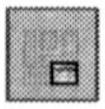.
- Pour déplier automatiquement le maillage en créant les coutures en fonction des identifiants de matériaux, cliquez sur le bouton 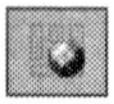.
- Pour personnaliser le dépliage automatique du maillage, utilisez le menu **Mapping** - **Flatten Mapping** ou cliquez sur le bouton 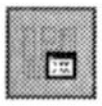 (dans la liste du bouton ).

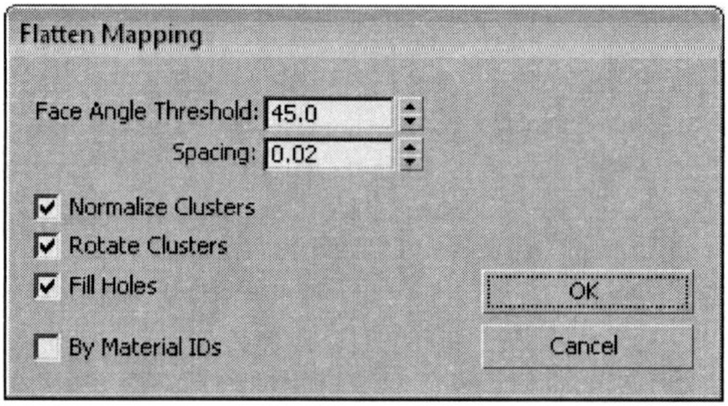


*Le dépliage automatique utilise l'angle formé entre les faces pour créer les coutures.*

Augmentez la valeur **Face Angle Threshold** pour diminuer le nombre de coutures, au risque d'avoir beaucoup de polygones enchevêtrés. Une valeur de 0 créerait des coutures autour de tous les ensembles de polygones plans, voire autour de tous les polygones dans le cas d'une sphère par exemple.

Modifiez la valeur **Spacing** en unités de coordonnées de texture pour modifier l'espace entre chaque groupe de polygones dépliés. Plus l'espace est grand entre les groupes de polygones, plus les polygones seront petits dans l'espace des coordonnées de texture.

Cochez l'option **Normalize Clusters** pour uniformiser la taille des différents groupes de polygones en fonction de leur taille relative dans la scène.

Cochez l'option **Rotate Clusters** pour autoriser la rotation de groupes de polygones pour les organiser dans l'espace des coordonnées de texture.

Cochez l'option **Fill Holes** pour placer éventuellement des groupes de polygones dépliés dans une zone de coordonnées de texture non utilisée au milieu d'un autre groupe de polygones dépliés.

Cochez l'option **By Materials IDs** pour forcer la création de coutures entre les polygones n'utilisant pas les mêmes identifiants de matériau.

Cliquez sur le bouton **OK** pour valider.

- Pour appliquer le dépliage automatique avec les derniers paramètres personnalisés définis dans la boîte de dialogue **Flatten Mapping**, cliquez sur le bouton .

## 2. Réarranger des groupes de polygones dépliés

Un certain nombre d'outils sont conçus pour réarranger des groupes de polygones dépliés, qu'ils aient été dépliés automatiquement ou à la main.

- En mode sous-objet **Face**, sélectionnez les groupes de polygones concernés.
- Pour changer l'échelle des groupes de polygones tout en les repositionnant dans l'espace des coordonnées de texture entre 0 et 1, utilisez le menu **Tools** - **Pack UVs** ou cliquez sur le bouton  (dans la liste du bouton 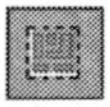) ou utilisez le menu **Quad** - **Pack UVs**.

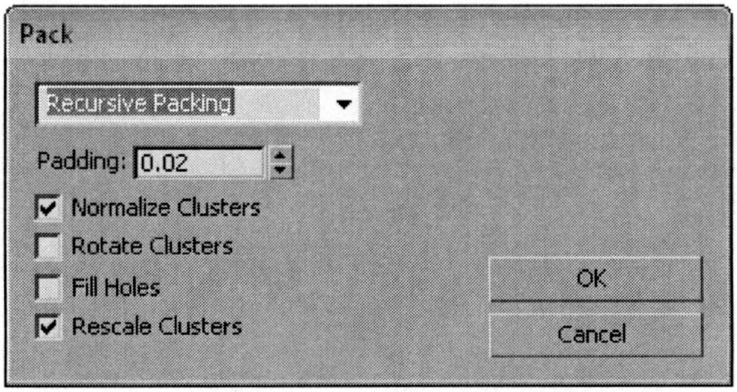


*L'outil **Pack** réorganise les groupes de polygones dépliés.*

Choisissez l'algorithme désiré dans la liste déroulante.

Spécifiez la distance en valeur de coordonnées de texture entre les groupes de polygones dans la zone **Padding**.

Cochez l'option **Normalize Clusters** pour insérer l'ensemble des groupes dans l'intervalle de valeurs 0 à 1 en coordonnées de texture.

Cochez l'option **Rotate Clusters** pour autoriser la rotation de groupes de polygones pour les organiser dans l'espace des coordonnées de texture.

Cochez l'option **Fill Holes** pour placer éventuellement des groupes de polygones dépliés dans une zone de coordonnées de texture non utilisée au milieu d'un autre groupe de polygones dépliés.

Cochez l'option **Rescale Clusters** pour autoriser les changements d'échelles des groupes de polygones relativement les uns aux autres.

- Pour réarranger les groupes de polygones en utilisant les derniers paramètres définis dans la boîte de dialogue **Pack**, cliquez sur le bouton 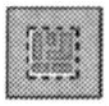.
- Pour réorganiser automatiquement les groupes de polygones relativement entre eux, cliquez sur le bouton 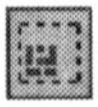.
- Pour insérer les groupes de polygones dans l'intervalle de coordonnées de texture 0 à 1, cliquez sur le bouton 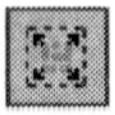.

## 3. Disposer des coordonnées de texture par survol

Un dernier outil d'organisation est à noter, il permet de disposer des coordonnées de texture par survol avec la souris.

- En mode sous-objet **Vertex**, lancez l'outil de dessin de sommets par le menu **Tools** - **Sketch Vertices** ou par le menu **Quad** - **Sketch Vertices**.

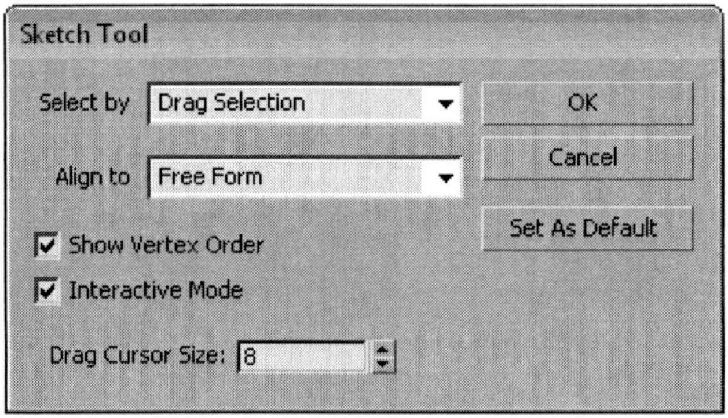


*L'outil **Sketch Tool** présente ses options.*

Validez en cliquant sur le bouton **OK**.

- Maintenez le bouton gauche de la souris sur l'éditeur de coordonnées de texture, faites glisser la souris pour sélectionner des sommets puis relâchez le bouton de la souris.

- Maintenez le bouton gauche de la souris enfoncé dans la vue de l'éditeur de coordonnées de texture et faites glisser la souris pour commencer à déposer les sommets uniformément le long du passage de la souris. Relâchez le bouton de la souris pour valider puis faites un clic droit pour désactiver l'outil.

## F. L'outil pelage

L'outil pelage utilise un algorithme particulier permettant de déplier le maillage. La première étape consiste à choisir les arêtes de couture tandis que la deuxième étape consiste à figer des sommets qui doivent rester immobiles. 3ds Max calcule le résultat en fonction de ces données.

- Assurez-vous d'avoir un objet dans la scène auquel vous avez appliqué un modificateur **Unwrap UVW**.
- Ouvrez l'éditeur de coordonnées de texture en cliquant sur le bouton **Open UV Editor**.

**ASTUCE**

*Les coutures actuelles ont un impact sur le résultat de l'outil. Pour commencer avec des données vierges, sélectionnez toute les faces et appliquez une projection de plan rapide : toutes les coutures disparaissent.*

- Masquez l'affichage des coutures actuelles en décochant l'option **Map Seams** du panneau **Configure** dans le panneau de commandes.
- Affichez les coutures de l'outil **Peel** en cochant l'option **Peel Seems** dans le panneau **Configure** du panneau de commandes.
- Entrez en mode édition des coutures en cliquant sur le bouton  du panneau **Peel** dans le panneau de commandes. Cliquez sur des arêtes dans la scène ou dans l'éditeur de coordonnées de texture pour les sélectionner comme futures coutures de l'objet ; maintenez la touche Alt et cliquez sur des arêtes pour les déselectionner.

  Cliquez de nouveau sur le bouton  pour désactiver l'outil.
- Entrez en mode sélection d'arêtes comme futures coutures de point à point en cliquant sur le bouton 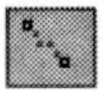. Cliquez sur un sommet puis sur un deuxième : les arêtes formant le chemin d'arêtes le plus court entre les deux points sont sélectionnées comme futures arêtes de couture. Faites un clic droit pour désactiver l'outil.
- Pour utiliser toutes les arêtes sélectionnées comme future couture, cliquez sur le bouton .
- À partir de la sélection actuelle, cliquez sur le bouton  pour sélectionner tous les polygones entourés par des futures coutures.

- Pour lancer un dépliage automatique par le mode pelage rapide, cliquez sur le bouton .

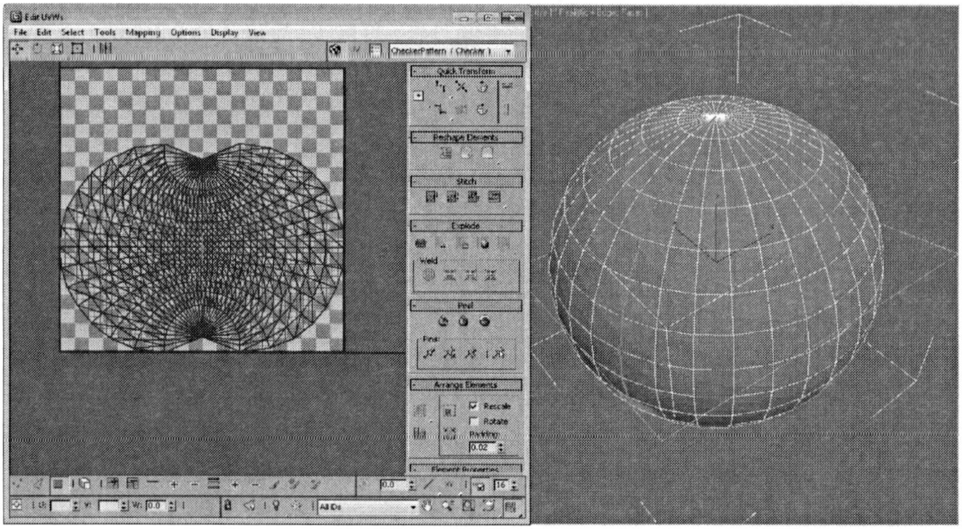


*Dépliage du maillage d'une sphère par l'outil* ***Peel****.*

**ASTUCE**

*Le fait d'appliquer un dépliage a converti les futures coutures en coutures actuelles. Vous pouvez le vérifier en réaffichant les coutures actuelles en cochant l'option* ***Map Seams*** *du panneau* ***Configure****. Cela signifie que si vous changez les coutures futures et réappliquez l'outil* ***Peel****, l'outil utilisera les coutures futures et aussi les coutures existantes. Pour supprimer toutes les coutures et recommencer avec des coordonnées de texture vierges, sélectionnez tout et appliquez un plan de projection rapide.*

- Appliquez un plan de projection rapide sur l'ensemble de l'objet pour recommencer avec un objet vierge de couture (cf. Coordonnées de texture - Projeter des coordonnées simples).
- Activez la fenêtre de l'éditeur de coordonnées de texture puis sélectionnez des coutures futures.
- En mode sommet, sélectionnez un point et cliquez sur le bouton  pour le fixer.
- Recommencez avec un autre point.
- Entrez en mode pelage interactif en cliquant sur le bouton .
- Maintenez le bouton gauche de la souris enfoncé sur un point fixé et faites glisser la souris pour modifier la forme du dépliage.
- Sélectionnez un point fixé et cliquez sur le bouton  pour le défixer.

- Pour fixer automatiquement les sommets que vous déplacez, cliquez sur le bouton  pour l'activer.
- Pour ne sélectionner que les sommets fixés, cliquez sur le bouton 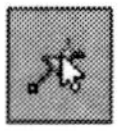 pour l'activer.

## G. L'outil peau

L'algorithme de l'outil **Pelt** (outil peau) consiste à rendre élastiques les arêtes du maillage. L'outil peau positionne des points de contrôle autour du maillage et les relie aux sommets des coutures. Les points de contrôle de l'outil peau tirent les sommets à eux et l'élasticité globale du maillage tend à déplier le maillage de l'objet.

- Assurez-vous d'avoir un objet dans la scène sur lequel vous avez appliqué un modificateur **Unwrap UVM**.
- Ouvrez l'éditeur de coordonnées de texture en cliquant sur le bouton **Open UV Editor**.
- Appliquez un plan de projection rapide sur l'ensemble de l'objet pour recommencer avec un objet vierge de couture (cf. Coordonnées de texture - Projeter des coordonnées simples).
- Sélectionnez des coutures futures.
- Sélectionnez un groupe de polygones ou tout le maillage si les coutures ne délimitent pas plusieurs groupes de polygones.

**ASTUCE**

*Les contours de la sélection seront convertis en coutures futures automatiquement. Faites attention de bien sélectionner tous les polygones concernés par le dépliage.*

- Ouvrez l'outil peau en cliquant sur le bouton  dans le panneau **Peel** du panneau de commandes.

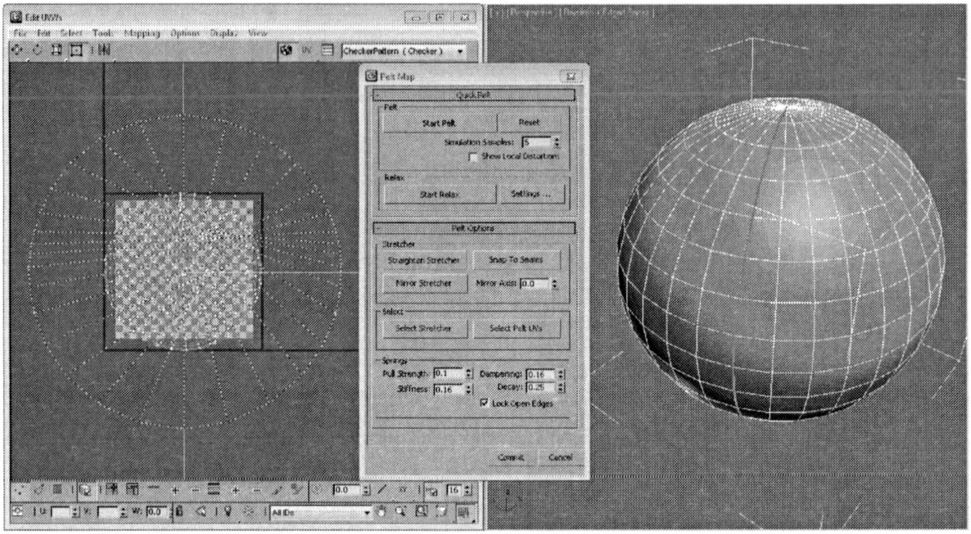


*L'outil peau ouvre une fenêtre de configuration intitulée* ***Pelt Map****. Dans l'éditeur de coordonnées de texture, des points de contrôle apparaissent autour du maillage en forme de cercles avec des liens représentés par des lignes rouges et blanches reliant les points de contrôle aux sommets des coutures futures.*

**ASTUCE**

*L'outil peau ne peut traiter qu'un seul groupe de polygones à la fois. Si vos coutures futures délimitent plusieurs groupes de polygones, un seul groupe de polygones sera pris en compte dans le dépliage.*

- Cliquez sur le bouton **Start Pelt** pour démarrer le dépliage. Le dépliage est interactif : l'algorithme continue son effet tant que vous ne cliquez pas sur le bouton **Stop Pelt**.
- Pour réinitialiser le maillage et recommencer le dépliage, cliquez sur le bouton **Reset**.

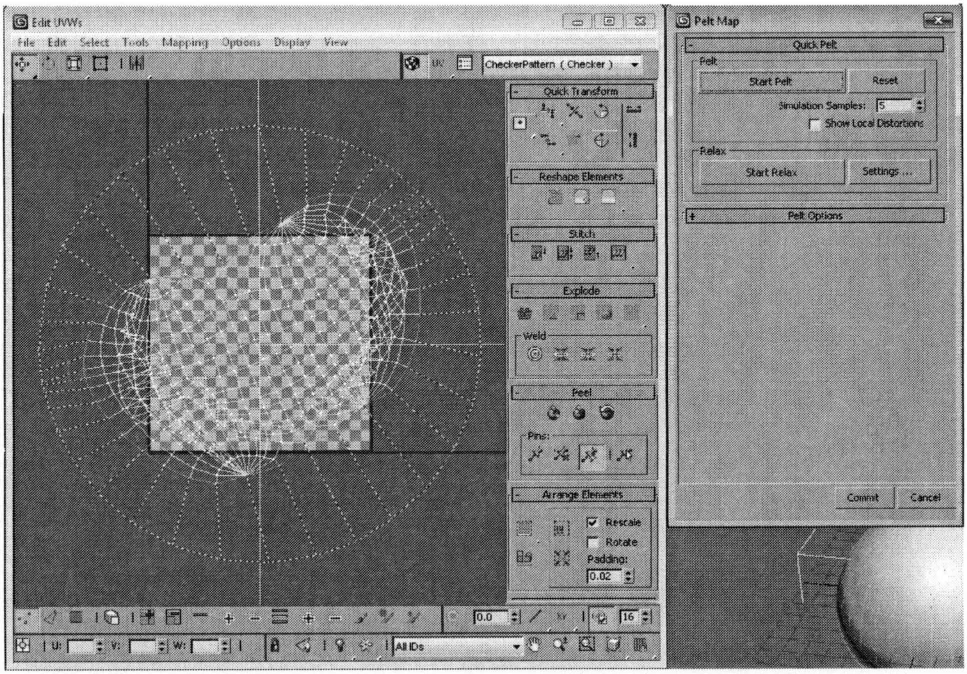


- L'algorithme peau est itératif, ce qui signifie qu'il a un effet qu'il faut renouveler de nombreuses fois pour améliorer le résultat. La valeur **Simulation Samples** indique le nombre de fois qu'il faut appliquer l'effet avant de rafraîchir l'affichage. Pour accélérer l'effet, augmentez la valeur.
- Cochez l'option **Show Local Distortions** pour visualiser la cohérence des tailles relatives des arêtes en fonction des tailles relatives dans la scène.

  Les points de contrôle de l'outil peau sont modifiables. Vous pouvez les sélectionner et les déplacer. Un certain nombre d'outils vous permettent de personnaliser leur position.
- Pour sélectionner les sommets concernés par l'outil peau, cliquez sur le bouton **Select Pelt Uvs** du panneau **Pelt Options**.
- Pour sélectionner tous les points de contrôle, cliquez sur le bouton **Select Stretcher**.

### Remarque

*Vous pouvez facilement changer l'échelle de l'ensemble des points de contrôle avec l'outil d'échelle ou de transformation libre. Augmenter fortement l'échelle des points de contrôle (les éloignant ainsi du maillage) augmente fortement la force d'attirance des points de contrôle. Cela change le « rapport de force » de l'algorithme entre l'attirance des points de contrôle et l'élasticité des arêtes.*

➲ Pour placer rapidement l'ensemble des points de contrôle, cliquez sur le bouton **Straighten Stretcher**, maintenez le bouton gauche de la souris enfoncé sur un point de contrôle et relâchez le bouton à l'endroit de votre choix. Maintenez le bouton de la souris enfoncé sur un autre point de contrôle pour voir tous les points de contrôle s'aligner entre eux.

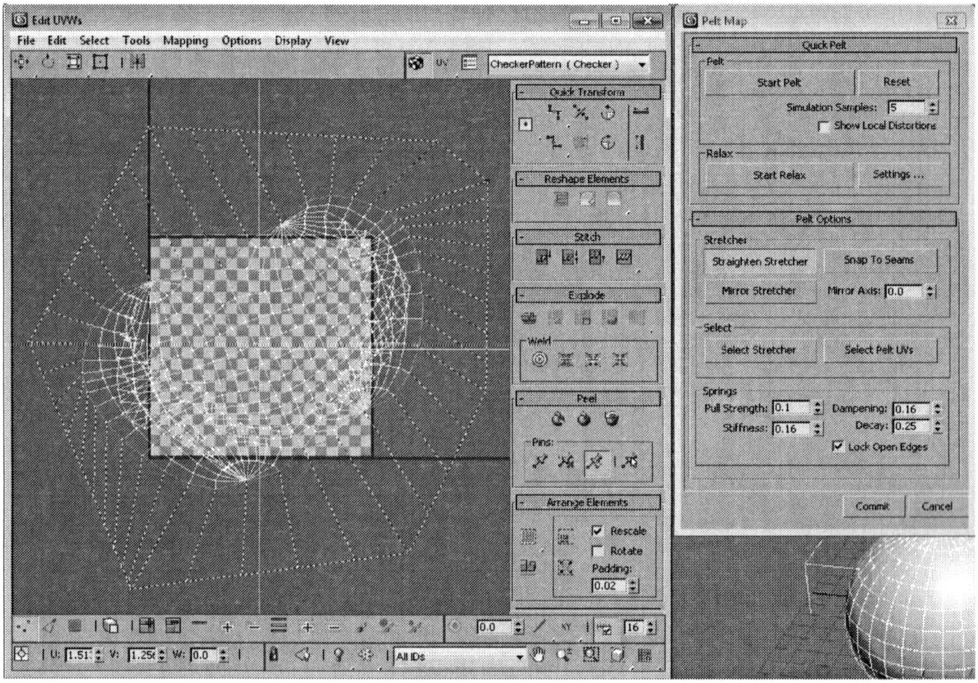


➲ Pour positionner les points de contrôle sur les sommets de couture auxquels ils sont liés, cliquez sur le bouton **Snap to Seams**.

➲ Pour appliquer un effet miroir sur les points de contrôle, cliquez sur le bouton **Mirror Stretcher**. La valeur **Mirror Axis** permet d'orienter l'effet miroir. Avec la valeur 0, l'effet miroir s'applique de droite à gauche.

➲ Cliquez sur le bouton **Commit**.

## H. L'outil de relaxation

Un deuxième algorithme est mis à votre disposition et complète le travail effectué par l'outil **Pelt**, il s'agit de l'algorithme **Relax**. Nous avons déjà croisé cet algorithme pour l'uniformisation des maillages 3D. Cet algorithme agit sur les angles formés entre les arêtes ou les faces et tente de les réduire tout en conservant le rapport de taille relative des arêtes en fonction des tailles relatives d'arêtes dans la scène.

L'outil **Relax** complète bien le travail de l'outil **Pelt** qui a tendance à créer des chevauchements de polygones avec des angles importants entre les arêtes.

Cet outil peut également être utilisé ponctuellement pour équilibrer ou uniformiser une partie du maillage.

- Assurez-vous d'avoir un objet dans la scène sur lequel vous avez appliqué un modificateur **UVW Map**.
- Ouvrez l'éditeur de coordonnées de texture en cliquant sur le bouton **Open UV Editor**.
- Sélectionnez une partie du maillage.
- Ouvrez l'outil de relaxation en utilisant le menu **Tools** - **Relax** ou le bouton  (liste de l'outil ) ou le menu **Quad** - **Relax**.

### Remarque

*L'outil de relaxation est également présent dans la boîte de dialogue de l'outil **Pelt** et agit dans ce cas sur l'ensemble des polygones sélectionnés pour le dépliage par l'outil peau.*

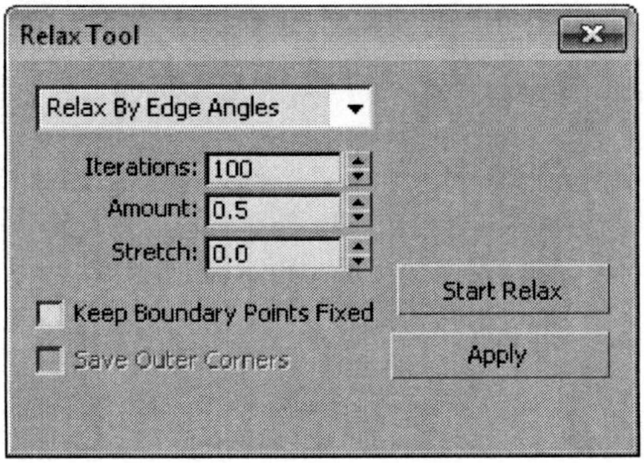


*L'outil de relaxation réduit les angles et uniformise le maillage sélectionné.*

- Pour appliquer la relaxation sur les angles des arêtes, sélectionnez l'option **Relax By Edge Angles**. Pour appliquer la relaxation sur les angles des faces, sélectionnez l'option **Relax By Face Angles**. Pour appliquer la relaxation à partir du centre des faces, utilisez l'option **Relax By Centers**.
- L'algorithme de relaxation est itératif, ce qui signifie qu'il a un effet qu'il faut renouveler de nombreuses fois pour améliorer le résultat. La valeur **Iterations** indique le nombre de fois qu'il faut appliquer l'effet avant de rafraîchir l'affichage. Pour accélérer l'effet, augmentez la valeur.
- Pour modifier la force de l'effet à chaque itération, modifiez la valeur **Amount**.
- Pour modifier l'élasticité des arêtes, modifiez la valeur **Stretch**.
- Cochez l'option **Keep Boundary Points Fixed** pour empêcher la relaxation de bouger les sommets de couture. Cela permet de relaxer uniquement l'intérieur d'un groupe de polygones.
- Cliquez sur le bouton **Start Relax** pour appliquer en continu la relaxation. Cliquez sur le bouton **Stop Relax** pour arrêter le traitement.
- Cliquez sur le bouton **Apply** pour appliquer une série d'itérations de l'algorithme.
- Fermez la boîte de dialogue pour quitter l'outil.

- Cliquez sur le bouton  pour appliquer une relaxation avec les derniers paramètres définis dans la boîte de dialogue **Relax Tool**.

## I. Calculer un rendu comme support de texture

Il peut devenir essentiel de créer les textures après les coordonnées de texture. Dans le domaine des jeux vidéo par exemple, la place mémoire utilisée par les textures est souvent limitée. On va donc privilégier un dépliage qui utilise au mieux la surface de la texture. De plus, les coutures vont devoir être pensées au mieux. Ces considérations dépendent du maillage. Il faut donc appliquer les coordonnées de texture avant de créer la texture.

Pour se repérer, il est possible d'enregistrer une image correspondant au dépliage du maillage comme support de peinture dans un logiciel de retouche d'image.

- Pour ouvrir l'outil de rendu des coordonnées de texture, utilisez le menu **Tools** - **Render UVW Template** ou le menu **Quad** - **Render UVW Templates**.

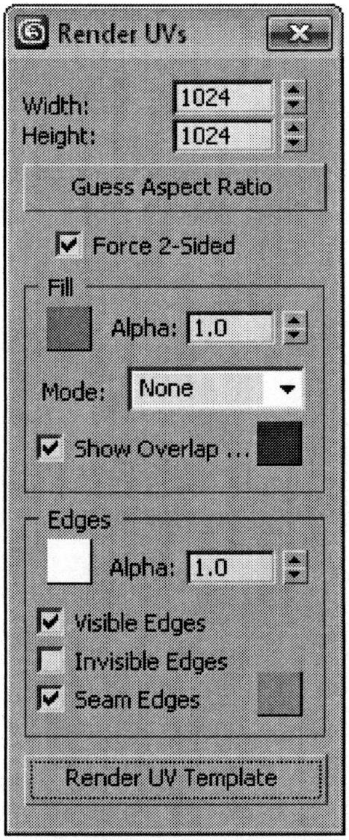


*L'outil de rendu des coordonnées de texture est hautement personnalisable.*

- Spécifiez la taille de l'image dans les zones **Width** et **Height**.
- Cliquez sur le bouton **Guess Aspect Ratio** pour déterminer automatiquement la hauteur en fonction de la largeur et de la disposition des coordonnées de texture.
- Cochez l'option **Force 2-Sided** pour avoir le maillage des faces dos à la vue lors du rendu.
- Pour changer la couleur des faces en mode **Solid**, cliquez sur le sélecteur de couleur situé à gauche de l'option **Alpha** dans le groupe d'options **Fill**.
- Modifiez éventuellement la valeur **Alpha** ; cette valeur correspond à la valeur alpha des faces.
- Sélectionnez la méthode de remplissage utilisée :

| | |
|---|---|
| **None** | Pour rendre les arêtes. |
| **Solid** | Pour rendre les arêtes et les faces d'une couleur unie. |
| **Normal** | Pour rendre les arêtes et les faces avec les coordonnées de texture comme couleur. |
| **Shaded** | Pour rendre les arêtes et les faces éclairées. |

- Pour modifier la couleur des faces qui se chevauchent dans le mode de vue des coordonnées de texture, cochez l'option **Show Overlap** puis cliquez sur le sélecteur de couleur situé à droite.
- Pour changer la couleur des arêtes, cliquez sur le sélecteur de couleur situé à gauche de l'option **Alpha** dans le groupe d'options **Edges**.
- Modifiez éventuellement la valeur **Alpha** ; cette valeur correspond à la valeur alpha pour les arêtes.
- Cochez l'option **Visible Edges** pour rendre les arêtes normales.
- Cochez l'option **Invisible Edges** pour rendre les arêtes invisibles.
- Pour modifier la couleur des arêtes de coutures, cochez l'option **Seams Edges** puis cliquez sur le sélecteur de couleur situé à droite.
- Cliquez sur le bouton **Render UV Template** pour calculer l'image.

# Chapitre 20
# Calculer un rendu de la scène

## A. La théorie : contenu de la scène et moteurs de rendu

Le rendu est l'action de calculer, à un instant donné, une image de la scène en prenant en compte l'ensemble des paramètres. Pour calculer une vidéo, il faut calculer toutes les images, les unes après les autres pour la durée de l'intervalle de temps sélectionné.

La notion fondamentale du rendu est le temps de calcul. En effet, une image peut mettre de plusieurs minutes à plusieurs jours à se calculer en fonction de la complexité des données ou des paramètres de calcul utilisés.

Certains algorithmes dépendent du nombre de polygones de la scène (comme par exemple le lancer de rayon qui cherche dans la scène une surface à rencontrer), d'autres vont dépendre du nombre de pixels de l'image finale. Certains algorithmes consomment beaucoup de mémoire, tandis que d'autres consomment beaucoup de processeur.

Bien connaître les outils de rendu utilisés est essentiel pour maîtriser les temps de calcul mais également pour comprendre comment accéder au résultat désiré sans faire des centaines de tests durant chacun plusieurs heures.

Pour accélérer un rendu, tentez de réduire le nombre de polygones de la scène, de réduire la taille des textures, de réduire la qualité des ombres, des solutions de lumière, le nombre de lumières... Chaque élément de la scène est potentiellement un gros consommateur de puissance de calcul. Essayez d'avoir un ensemble équilibré entre performance et qualité.

Lorsque vous avez testé et approuvé le paramétrage de votre rendu, lancez un calcul final en qualité supérieure.

## B. Calculer un rendu

- Assurez-vous que la fenêtre de l'interface principale de 3ds Max est la fenêtre active.
- Lancez un rendu par le menu **Rendering** - **Render** ou le bouton  (barre d'outils principale) ou le raccourci [⇧] **Q** ou [F9]. Une nouvelle fenêtre apparaît avec le calcul final de votre scène.
- Pour consulter les messages du moteur de rendu, utilisez le menu **Rendering - Render Message Window** ou [Ctrl] [Alt] **Quad** - **Render Message Window**. Cette fenêtre apparaît automatiquement en cas d'erreur.

➲ Vous pouvez masquer ou afficher la fenêtre de rendu par le menu **Render - Render Frame Window** ou le bouton (barre de d'outils principale) ou le menu Ctrl Alt **Quad - Rendered Frame Window**.

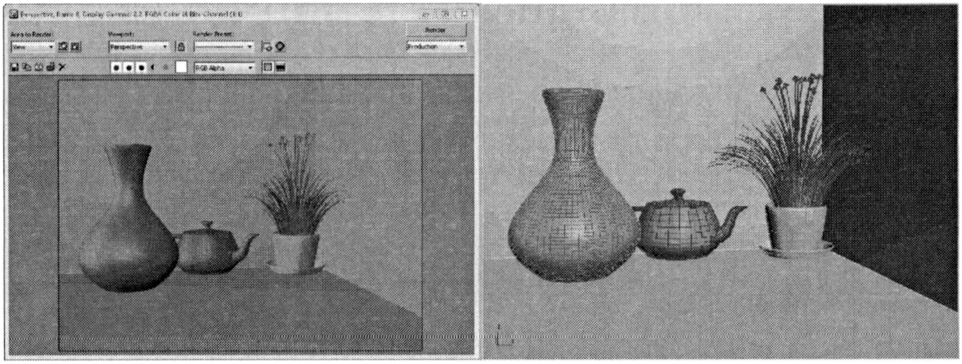

*La fenêtre de rendu, à gauche, dispose d'un certain nombre d'outils relatif au calcul final d'une seule image. Le calcul par défaut est celui de la vue active.*

Le calcul d'une image peut être très long en fonction des paramètres et du contenu de la scène.

➲ Pour choisir la partie de la scène sur laquelle effectuer le calcul du rendu, sélectionnez une des options de la liste **Area to Render** :

| | |
|---|---|
| **View** | Calcule le rendu de la totalité de la scène ; cette option est sélectionnée par défaut. |
| **Selected** | Calcule le rendu des objets sélectionnés dans la scène. |
| **Region** | Calcule le rendu de la zone définie dans la fenêtre de rendu. |
| **Crop** | Pour que la région choisie soit calculée comme une image finale, aux dimensions de la région. |
| **Blowup** | Pour calculer le rendu d'une partie de la vue aux dimensions de l'image finale, ce qui correspond à un zoom. |

➲ En mode **Region**, **Crop** ou **Blowup**, pour modifier la région à rendre, cliquez sur le bouton pour l'activer. Faites glisser les poignées de la région (en rouge dans la fenêtre de rendu et en bleu dans la vue) pour la redimensionner. Pour déplacer la région, pointez l'intérieur puis faites-la glisser.

➲ Dans les modes **Region**, **Crop** ou **Blowup**, activez le bouton pour utiliser une région incluant automatiquement la sélection de la scène.

- La vue utilisée pour le calcul final est la vue active au lancement du rendu. Choisissez une autre vue dans la liste **Viewport** pour changer la vue de rendu.
- Pour forcer la fenêtre de rendu à utiliser la vue sélectionnée comme source du rendu, cliquez sur le bouton pour l'activer.
- Pour choisir un profil de rendu, sélectionnez un profil dans la liste **Render Preset** de la fenêtre de rendu.
- Pour enregistrer les paramètres actuels en tant que profil de rendu, choisissez l'option **Save Preset** dans la liste **Render Preset**.
- Pour charger un profil de rendu à partir du disque dur, choisissez l'option **Load Preset** dans la liste **Render Preset**.
- Pour modifier les paramètres de rendu, utilisez le menu **Rendering** - **Render Setup** ou le bouton (barre d'outils principale) ou le bouton (fenêtre de rendu) ou la touche [F10] ou le menu [Ctrl] [Alt] **Quad** - **Render Setup**.
- Pour modifier les paramètres d'environnement, utilisez le menu **Rendering** - **Environment** ou le bouton (fenêtre de rendu) ou la touche **8** ou le menu [Ctrl] [Alt] **Quad** - **Environment**.
- Pour lancer un rendu, cliquez sur le bouton **Render**.
- Pour enregistrer l'image rendue, cliquez sur le bouton .
- Pour copier l'image dans le Presse-papiers, cliquez sur le bouton .
- Pour ouvrir l'image dans une nouvelle fenêtre, cliquez sur le bouton . Cela vous permet de garder cette version de l'image pendant que vous faites de nouveaux rendus.
- Pour imprimer le rendu, cliquez sur le bouton .
- Pour effacer le rendu, cliquez sur le bouton .
- Pour afficher ou masquer le canal rouge, vert, bleu, alpha, cliquez sur le bouton correspondant . Le canal alpha contient la transparence de la scène : si le fond de la scène est visible sans transparence, le canal alpha aura une valeur maximale.
- Pour afficher l'image en niveaux de gris, cliquez sur le bouton .

- Pour avoir des informations détaillées sur les pixels de l'image, maintenez le bouton droit de la souris sur l'image. La couleur du dernier pixel cliqué apparaît à droite du bouton d'affiche en niveaux de gris .

  Il existe une barre d'outils vous permettant d'accéder rapidement à trois paramétrages de rendu différents en clic : il s'agit de la barre d'outils **Render Shortcuts**.

- Faites un clic droit dans une zone vide de la barre d'outils principale de 3ds Max et choisissez **Render Shortcuts**.

*La barre d'outils **Render Shortcuts** présente des raccourcis vers trois paramétrages de rendu différents.*

- Personnalisez les options du moteur de rendu ou choisissez un profil dans la liste tout à droite de la barre d'outils.
- Maintenez la touche ⇧ et cliquez sur l'un des trois boutons de la barre d'outils **Render Shortcuts** : un nouveau profil intitulé **a**, **b** ou **c**, suivant le bouton sur lequel vous avez cliqué, apparaît dans la liste des profils de paramétrage du moteur de rendu.
- Cliquez sur le bouton choisi à l'étape précédente pour lancer un rendu avec les paramétrages qui lui ont été associés.

  Cette barre d'outils s'avère très utile lorsque vous faites de nombreux tests de rendu nécessitant plusieurs configurations du moteur de rendu.

## C. Le rendu interactif

Le rendu interactif, appelé **ActiveShade**, est une fenêtre de rendu qui se met à jour automatiquement à chaque fois que vous modifiez un paramètre, sans recharger le maillage de la scène. Cela permet avant tout de pouvoir tester différentes configurations de lumière ou de paramétrage de matériau.

- Pour ouvrir la fenêtre de rendu interactif, cliquez sur le bouton  (troisième option du bouton de rendu 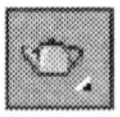 de la barre d'outils principale).
- Pour passer une vue en mode rendu interactif, cliquez sur le deuxième menu de la vue (situé en haut à gauche) et choisissez **Extended Viewport - ActiveShade**.

**ASTUCE**

*Assurez-vous que les temps de rendu sont assez rapides car chaque manipulation de paramètre, même si le rendu ne reprend pas certaines étapes du rendu classique, lancera une mise à jour du rendu interactif.*

- Pour choisir une région de mise à jour du rendu interactif, utilisez le menu **Quad - Draw Region** et dessinez une zone dans le rendu interactif.
- Pour sélectionner un objet à mettre à jour dans le rendu interactif, utilisez le menu **Quad - Select Object** et cliquez sur un objet dans le rendu interactif.
- Pour réinitialiser le rendu interactif, au cas où il n'est plus en phase avec les modifications que vous avez effectuées ou si l'initialisation automatique est désactivée, utilisez le menu **Quad - Initialize**.
- Pour forcer une mise à jour du rendu interactif, au cas où il n'est plus en phase avec les modifications que vous avez effectuées ou si la mise à jour automatique est désactivée, utilisez le menu **Quad - Update**.

### Remarque

*La mise à jour du rendu interactif ne prend pas en compte les changements importants comme la modification de la géométrie d'un objet ou le changement de matériau. Dans ces cas, une réinitialisation est nécessaire.*

- Pour forcer le rendu interactif à se mettre à jour uniquement lorsque le bouton de la souris est relâché sur un paramètre, cochez l'option **Act Only on Mouse Up** du menu **Quad**.
- Pour autoriser le rendu interactif à se réinitialiser, cochez l'option **Auto Initialization** du menu **Quad**.
- Pour autoriser le rendu interactif à se mettre à jour automatiquement, cochez l'option **Auto Update** du menu **Quad**.
- Si vous utilisez l'Active Shade dans une vue, vous pouvez afficher la barre d'outils **Active Shade** par le menu **Quad - Toggle Toolbar**.
- Pour enregistrer l'image rendue, cliquez sur le bouton .
- Pour ouvrir l'image dans une nouvelle fenêtre, cliquez sur le bouton 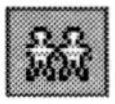. Cela vous permet de garder cette version de l'image pendant que vous faites de nouveaux rendus.
- Pour afficher ou masquer le canal rouge, vert, bleu, alpha, cliquez sur le bouton correspondant

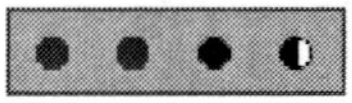. Le canal alpha contient la transparence de la scène : si le fond de la scène est visible sans transparence, le canal alpha aura une valeur maximale.

- Pour afficher l'image en niveaux de gris, cliquez sur le bouton .
- Pour effacer le rendu, cliquez sur le bouton .
- Pour fermer la fenêtre de rendu interactif, vous pouvez utiliser le menu **Quad** - **Close**.

### Remarque

*La progression du rendu s'affiche dans la barre de statut principale de 3ds Max, ce qui vous permet de vérifier la vitesse de progression.*

## D. Le rendu de l'éditeur de matériaux

Parfois, les matériaux se complexifient tellement qu'il devient vite nécessaire de contrôler leur paramétrage à différentes positions dans le calcul car le résultat final devient difficile à analyser.

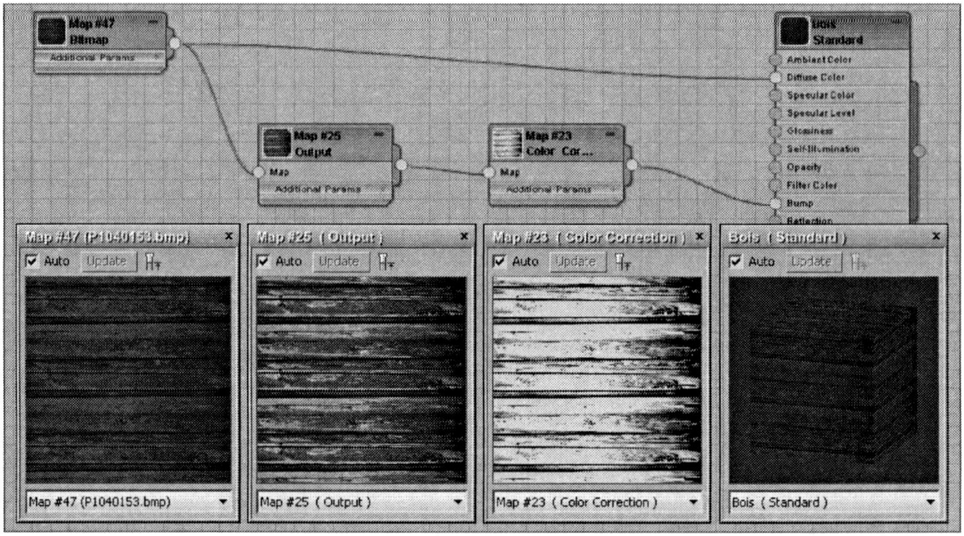


*Dans ce shader, il devient difficile de vérifier l'impact sur le relief du matériau final. Plusieurs fenêtres de rendu intermédiaire permettent de contrôler le résultat des différents opérateurs.*

- Pour ouvrir une fenêtre de rendu à la sortie d'un nœud, faites un clic droit sur ce nœud et choisissez **Open Preview Window**.
- La fenêtre de rendu de matériau est accrochable dans l'éditeur de matériaux : faites glisser le titre de la fenêtre et relâchez le bouton de la souris sur un marqueur de position de fenêtre  de l'éditeur.

- Pour autoriser la fenêtre de rendu de matériau à se mettre à jour automatiquement en cas de modification de paramètres, cochez l'option **Auto** de la fenêtre de rendu ou faites un clic droit sur le nœud et cochez l'option **Auto Update Preview**.
- Pour mettre à jour le rendu manuellement, faites un clic droit sur le nœud et cliquez sur l'option **Update Preview** ou cliquez sur le bouton **Update** de la fenêtre de rendu.
- Pour visualiser le rendu du dernier nœud dans la fenêtre de rendu de matériau, cliquez sur le bouton 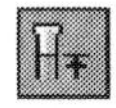 de la fenêtre de rendu.
- Pour changer le nœud actuellement rendu, sélectionnez un autre nœud dans la liste déroulante au bas de la fenêtre de rendu.
- Pour changer le type d'objet utilisé dans le rendu d'un matériau, faites un clic droit sur le nœud du matériau et choisissez un autre objet dans le menu **Preview Object Type**.
- Pour afficher le fond de la vue dans le rendu de matériau, faites un clic droit sur le nœud de matériau et cliquez sur **Show Background in Preview**.
- Pour afficher ou masquer la deuxième lumière dans le rendu de matériau, faites un clic droit sur le nœud de matériau et cliquez sur **Show Backlight**.
- Pour multiplier l'application du matériau dans la fenêtre de rendu de matériau, faites un clic droit sur le nœud de matériau et changez la valeur de tiling dans le menu **Preview UV Tiling**.
- Pour créer un rendu indépendant d'une texture, faite un clic droit sur un nœud de texture et cliquez sur **Render Map**.

## E. Gestion des états de la scène

De nombreuses raisons vont vous pousser à changer régulièrement la configuration des matériaux ou des lumières même si leur paramétrage vous convient déjà. Par exemple, si vous faites des tests sur la configuration d'un shader, peut-être que les lumières vous importent peu et il serait alors judicieux de désactiver les ombres ou les effets inutiles prenant du temps au rendu. Si vous faites des essais de disposition d'objet dans la scène, il serait alors judicieux de désactiver les textures de réflexion, de relief ou de déplacement pour accélérer le rendu. Il peut en être de même si vous faites des tests de paramétrage des ombres par exemple.

Les cas sont aussi nombreux qu'il existe de projets différents. 3ds Max vous propose d'enregistrer différents états de la scène (propriétés des lumières, objets, caméras, matériaux ou encore la position des lumières ou caméras) pour changer rapidement de configuration suivant les tests que vous souhaitez effectuer.

- Pour ouvrir le gestionnaire d'états de la scène, utilisez le menu **Tools** - **Manage Scene States**.
- Cliquez sur **Save** pour enregistrer un état de la scène.

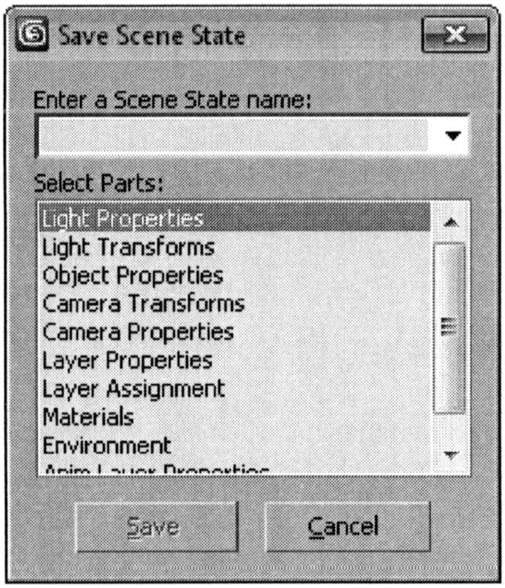


*De nombreux paramètres peuvent être sauvegardés.*

- Dans zone de liste **Select Parts**, sélectionnez les paramètres à enregistrer dans l'état de la scène ; pour sélectionner plusieurs paramètres, utilisez la touche ⇧ pour une sélection contiguë et/ou la touche Ctrl pour une sélection non contiguë :

**Light Properties** Pour enregistrer les propriétés des lumières.

**Light Transforms** Pour enregistrer les positions ou rotations des lumières.

**Object Properties** Pour enregistrer les propriétés des objets.

### Remarque

*Les propriétés des objets concernent seulement les propriétés disponibles dans la boîte de dialogue accessible par le menu **Quad - Object Properties**, tandis que les lumières voient leurs paramètres du panneau de commande enregistrés.*

**Camera Transforms** Pour enregistrer la position et rotation des caméras.

**Camera Properties** Pour enregistrer les propriétés des caméras.

**Layer Properties** Pour enregistrer les propriétés de calques. Plus de détails dans le chapitre Organisation et productivité.

**Layer Assignment** Pour enregistrer l'appartenance des objets à un calque. Plus de détails dans le chapitre Organisation et productivité.

**Materials** Pour enregistrer les matériaux et leur configuration.

**ASTUCE**

*Lorsque vous enregistrez un état des matériaux, 3ds Max duplique les matériaux et enregistre les différentes versions. Ainsi, si vous éditez un matériau et que vous changez d'état, le matériau en cours d'édition n'est pas le matériau utilisé mais le matériau de l'autre état. Vous pouvez éditer en même temps les matériaux des deux états.*

| | |
|---|---|
| **Environment** | Pour enregistrer les propriétés de l'environnement. |
| **Anim Layer Properties** | Pour enregistrer les propriétés des calques d'animation. Plus de détails dans le chapitre Animation. |

- Saisissez un nom de l'état de scène dans la zone **Enter a Scene State name** ou sélectionnez un nom préexistant pour écraser un état.
- Cliquez sur le bouton **Save** pour enregistrer.

*Les différents états vous permettent de changer rapidement de configuration de scène.*

- Pour appliquer un état sélectionné, cliquez sur le bouton **Restore**.
- Pour renommer un état sélectionné, cliquez sur le bouton **Rename**.
- Pour supprimer un état sélectionné, cliquez sur le bouton **Delete**.
- Pour fermer la fenêtre du gestionnaire d'états de la scène, cliquez sur le bouton **Close**.

## F. Les différents types de sources lumineuses

Le nombre de lumières, leur type, leurs paramètres, leur position, sont tout autant de données changeant radicalement la configuration de la scène.

Les principaux types de lumière sont la lumière **Omni** (pour omnidirectionnelle) projetant de la lumière à partir d'un point dans toutes les directions, le **Spot** projetant de la lumière à partir d'un point dans une direction avec un angle d'ouverture, la lumière **Directional** projetant des rayons de lumière parallèles dans une direction, simulant ainsi l'effet du soleil sur Terre.

*Une lumière **Omni** éclaire dans toutes les directions.*

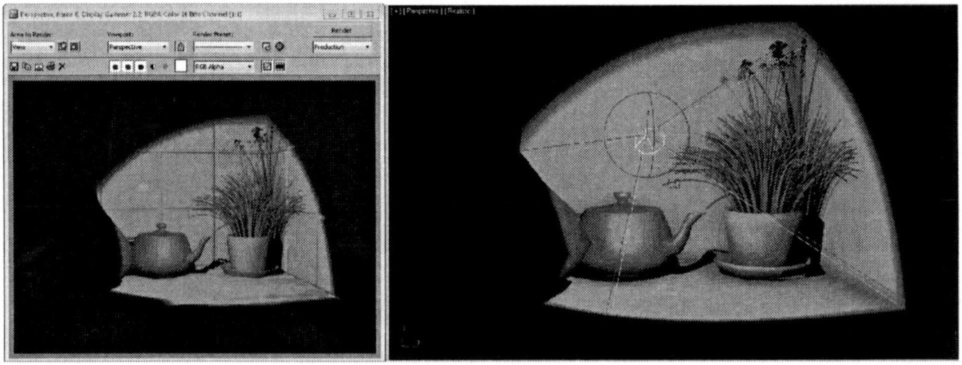

*Une lumière **Spot** éclaire suivant une direction et un angle d'ouverture.*

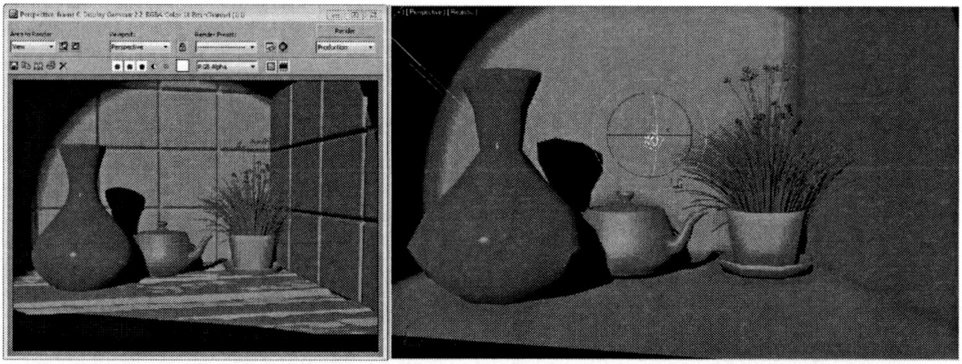

*Une lumière directionnelle (**Directional**) projette des rayons parallèles, similaire à l'effet du soleil.*

La direction des lumières **Spot** et **Directional** peut être contrôlée par rotation ou avec l'aide d'une cible à positionner dans la scène. Cette cible (**Target** dans l'interface) permet de positionner avec précision la zone éclairée. De plus, cette cible peut être liée à un objet de la scène : la lumière serait ainsi toujours orientée vers cet objet.

Le dernier type de lumière est le dôme de lumière. Utilisé dans une configuration de rendu très particulière, le dôme de lumière simule un éclairage en extérieur ou en intérieur avec une très large diffusion de la lumière, ce qui résulte en des ombres très diffuses et un assombrissement des angles dans la géométrie. Son utilisation est conseillée avec la solution d'éclairage **Light Tracer** décrite plus loin.

- Cliquez sur l'icône de création du panneau de commandes : .
- Sélectionnez la catégorie des lumières : .
- Sélectionnez le type d'objet **Standard** dans la liste déroulante.
- Cliquez sur un nom d'objet pour entrer dans le mode de création.

  Vous pouvez également entrer dans le mode de création d'un objet par le menu **Create - Lights - Standard Lights**.
- Cliquez dans la scène pour positionner une lumière.

## Remarque

*Les lumières photométriques (disponibles dans la catégorie **Photometric Lights**) possèdent des paramètres physiques tels que l'intensité en lumens, la couleur en kelvins ou encore des profils issus de lampes réelles. Leur gestion est identique aux lumières du type **Standard**.*

- Passez en mode modification du panneau de commande.

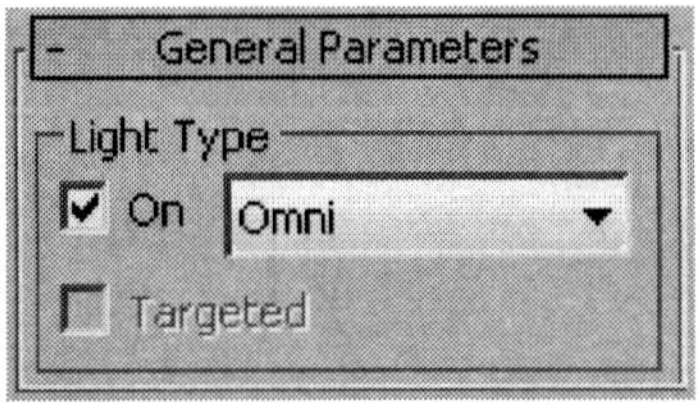


*Les types de lumière dans le panneau de commande en mode modification.*

- Vous pouvez désactiver la lumière en décochant l'option **On**.
- Vous pouvez à tout instant changer le type de la source lumineuse en sélectionnant un autre type dans la liste.
- Cochez l'option **Targeted** pour ajouter une cible à une lumière **Spot** ou **Directional**.

## G. Les paramètres de lumières

Il est possible de sélectionner précisément les objets concernés par l'éclairage ou la projection d'ombres d'une source lumineuse. Ainsi, il est possible par exemple de créer une ombre sans modifier l'éclairage de la scène, ou encore de changer de type de source lumineuse suivant les objets.

Deux modes sont disponibles. Le premier est l'inclusion d'objets : vous sélectionnez les objets à inclure et le reste de la scène est automatiquement exclu. Le deuxième est l'exclusion d'objets : vous sélectionnez les objets à exclure, le reste de la scène est inclus.

Vous pouvez inclure et exclure des objets de l'illumination et/ou de la projection d'ombres issus de la source lumineuse.

- Pour paramétrer les inclusions ou les exclusions d'une source lumineuse, cliquez sur le bouton **Exclude** (ou **Include** si vous changez de mode) du panneau **General Parameters** de la source lumineuse.
- Activez l'option **Exclude** ou **Include** pour changer le mode.
- Activez l'option **Illumination**, **Shadow Casting** ou **Both** pour inclure ou exclure les objets de l'illumination, la projection d'ombres ou les deux.
- Sélectionnez des objets dans la liste de gauche et cliquez sur le bouton  pour les ajouter à la liste d'inclusion ou exclusion.
- Sélectionnez des objets dans la liste de droite et cliquez sur le bouton  pour les retirer de la liste d'inclusion ou exclusion.
- Pour vider la liste d'inclusion ou exclusion, cliquez sur le bouton **Clear**.
- Validez en cliquant sur le bouton **OK**.

Le panneau **Intensity/Color/Attenuation** présente les paramètres d'impact direct de la source lumineuse sur la scène.

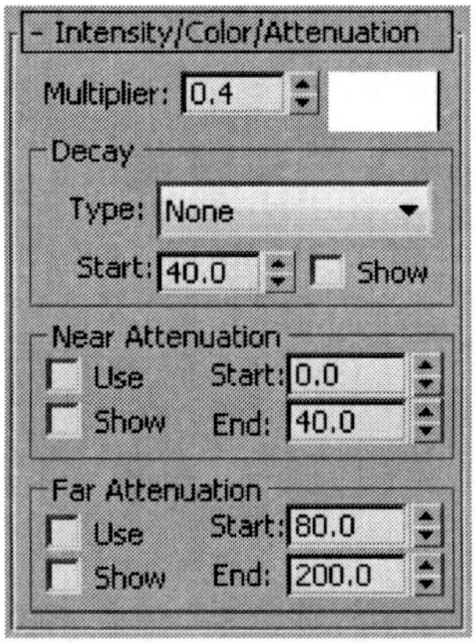


- Modifiez la valeur **Multiplier** pour changer l'intensité de la lumière. La couleur à droite du paramètre est la couleur de la lumière, impactant également l'intensité.
- Modifiez la valeur de la liste **Type** dans le groupe de paramètres **Decay** pour paramétrer les diminutions d'intensité en fonction de la distance. L'option **Inverse** diminue linéairement l'intensité, tandis que l'option **Inverse Square** diminue en fonction du carré de la distance. La valeur **Start** définit à quelle distance de la lumière la diminution d'intensité commence. L'option **Show** affiche visuellement dans la scène un indicateur de cette distance.
- Cochez l'option **Use** du groupe de paramètres **Near Attenuation** pour utiliser une diminution d'intensité au plus proche de la lumière à partir de la distance **Start** jusqu'à la distance **End**. Cochez l'option **Show** pour afficher visuellement dans la scène un indicateur de ces valeurs.
- Cochez l'option **Use** du groupe de paramètres **Far Attenuation** pour utiliser une diminution d'intensité lointaine de la lumière à partir de la distance **Start** jusqu'à la distance **End**. Cochez l'option **Show** pour afficher visuellement dans la scène un indicateur de ces valeurs.

Les lumières **Spot** et **Directional** disposent de paramètres supplémentaires.

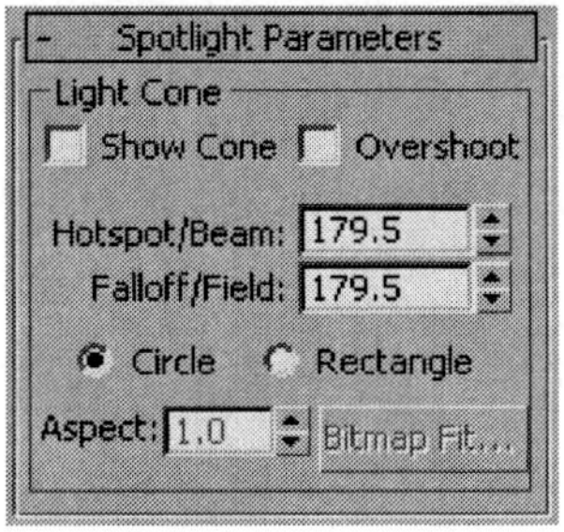

- Cochez l'option **Show Cone** pour afficher le cône ou le cylindre de lumière dans la scène même si l'objet n'est pas sélectionné.
- Cochez l'option **Overshoot** pour ignorer le cône ou le cylindre de lumière.
- Changez la valeur **Hotspot/Beam** pour changer l'angle ou le rayon du cône ou du cylindre de lumière.
- Changez la valeur **Falloff/Field** pour changer l'angle ou le rayon du cône ou du cylindre de lumière définissant la diminution d'intensité autour du cône ou du cylindre.
- Activez l'option **Circle** pour utiliser un cône ou cylindre de lumière ou l'option **Rectangle** pour utiliser une pyramide ou une boîte de lumière.
- Dans le cas d'une pyramide ou d'une boîte de lumière (option **Rectangle**), spécifiez le ratio entre la largeur et la hauteur dans la zone **Aspect**. Ce ratio peut être calculé à partir d'une texture en cliquant sur le bouton **Bitmap Fit**.

Le panneau **Advanced Effects** :

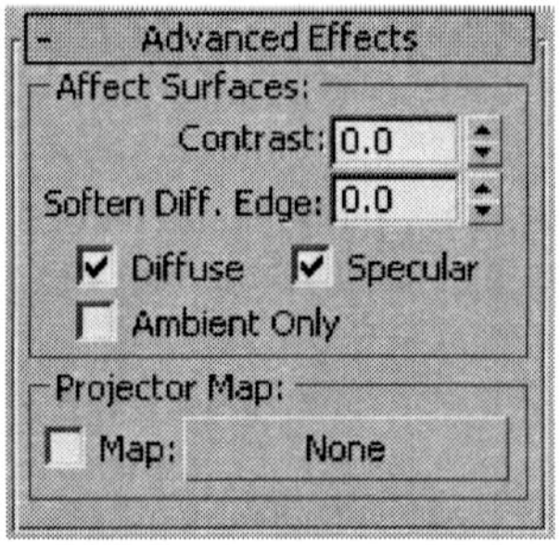


- Spécifiez la rapidité du passage d'état éclairé à ombré sur la surface des objets dans la zone **Contrast**.

*Une valeur de contraste maximale donne un effet cartoon à l'éclairage.*

- La valeur **Soften Diff. Edge** augmente l'adoucissement du passage d'état éclairé à ombré sur la surface des objets.
- Les options **Diffuse** et **Specular** activent ou désactive l'inclusion de la lumière dans les calculs diffus ou spéculaires dans la scène.
- L'option **Ambient Only** utilise la couleur ambiante des objets pour le calcul de l'éclairage.
- Pour projeter une texture en lieu et place des rayons de lumière, cochez la case à gauche de **Map** dans le groupe de paramètres **Projector Map** et choisissez une texture à projeter avec le bouton à droite de **Map**.

*La projection de texture par une lumière est souvent utilisée dans les jeux vidéo pour simuler des ombres sans calculs complexes. Cela peut également projeter une texture de vitrail par exemple pour simuler une lumière passant à travers un vitrail sans réellement calculer l'opacité, les filtres.*

## H. Les ombres

La façon la plus évidente de calculer les ombres consiste au résultat naturel d'absence de lumière : si un pixel n'est pas éclairé, il est dans l'ombre. Avec cette méthode, tous les pixels sont supposés éclairer et c'est après diffusion de toutes les sources lumineuses par lumière directe et indirecte que le résultat peut être définitif. Le résultat de cette méthode est parfaitement réaliste. Cette méthode est coûteuse en temps de calcul et est utilisée dans les techniques par traceur de lumière ou par radiosité. Ces techniques sont abordées plus loin.

Il existe une méthode plus rapide, mais moins réaliste, qui consiste à créer des ombres naïves pour chaque source lumineuse et à combiner le résultat à la fin entre zones d'ombre et de lumière. La limitation de cette méthode réside dans le fait que chaque source d'ombre est indépendante et exclut par définition une homogénéité de la solution d'éclairage. Cette méthode est très performante. Si aucun système d'éclairage avancé n'est mis en place, la deuxième méthode est la méthode utilisée.

Les paramètres d'ombre d'une lumière :

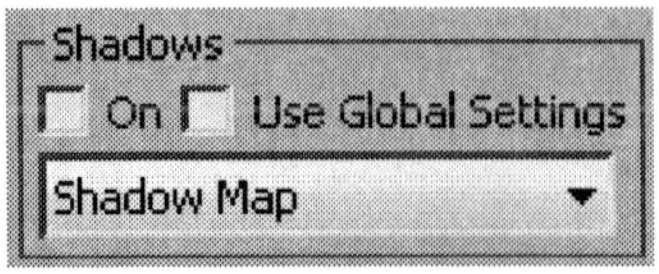


- Pour activer les ombres d'une lumière, cochez l'option **On** du groupe de paramètres **Shadows** du panneau **General Parameters**.
- Pour partager un paramétrage d'ombres avec toute les lumières, cochez l'option **Use Global Settings**. Une modification de paramètre d'ombre changera le paramètre pour toutes les lumières utilisant les paramètres globaux.

  Le panneau de paramètres d'ombres :

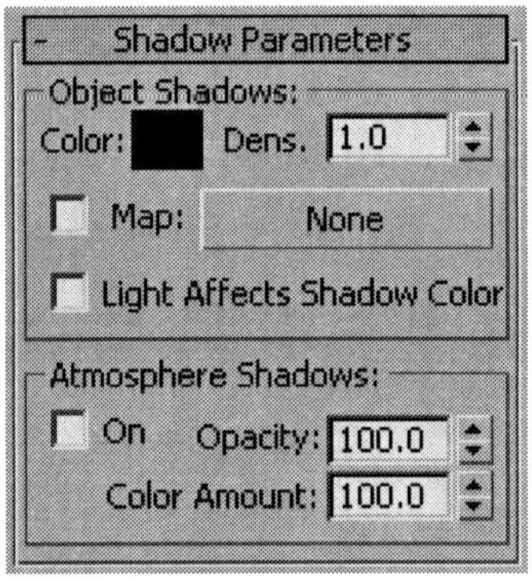


- Si besoin, affichez le contenu du panneau déroulant **Shadow Parameters**.
- Changez la couleur de l'ombre en cliquant sur le rectangle de couleur.
- Changez la valeur **Dens.** pour modifier la densité (opacité) de l'ombre.
- Cochez l'option **Map** et cliquez sur le bouton à droite pour projeter une texture comme ombre.
- Cochez l'option **Light Affects Shadow Color** pour modifier la couleur de l'ombre en fonction de la couleur des lumières.
- Cochez l'option **On** du groupe de paramètres **Atmosphere Shadows** pour créer des ombres au travers d'effets d'atmosphère. La valeur **Opacity** est l'opacité de cette ombre et **Color Amount** l'impact colorimétrique de l'effet sur l'ombre.

  Il existe différentes méthodes de projection d'ombre.

- Choisissez la méthode de calcul des ombres dans la liste du groupe de paramètres **Shadows** du panneau **General Parameters** :
  - La méthode **Shadow Map** utilise une texture projetée sur les objets pour définir l'ombre. Cette technique est très performante et produit naturellement des ombres au contour diffus. Cependant, la résolution de la texture est trop faible, il se peut que certains objets, trop fins pour la résolution, ne projettent pas d'ombre ou une ombre trop importante. Une texture de grande résolution augmente rapidement les besoins de mémoire au rendu.

*La technique de **Shadow Map** produit des ombres très naturelles mais parfois trop approximatives. À gauche, une résolution de 512 est utilisée et de 4096 à droite.*

### Remarque

*La méthode de **Shadow Map** ne supporte pas les objets transparents.*

Le paramètre le plus important du panneau **Shadow Map Params** est la valeur **Size** qui définit la résolution de la texture (une texture de largeur **Size** et de hauteur **Size**).

  - La méthode **Ray Traced Shadows** lance des rayons entre la source lumineuse et les pixels pour déterminer les ombres. Le résultat naturel de cette méthode est très fin mais très couteux en calcul.

– La méthode **Adv. Ray Traced** est une méthode de lancer de rayon utilisant un certain nombre d'optimisations au détriment de la qualité. Le plus souvent, ses défauts ne sont que très peu perceptibles et ses performances sont bien plus importantes que la méthode **Ray Traced**.

*À gauche, la méthode* ***Adv. Ray Traced*** *produit une ombre aux bords fins rapidement, mais de qualité moins élevée que la méthode* ***Ray Traced*** *à droite, très coûteuse en temps de calcul.*

## Remarque

*Les méthodes* ***Ray Traced*** *et* ***Adv. Ray Traced*** *ne supportent pas les techniques d'ombres douces. Les ombres douces sont générées par une surface lumineuse plutôt que par un point. Les ombres par lancer de rayon peuvent être floues, mais pas issues de surfaces lumineuses.*

– La dernière méthode, **Area Shadow**, est conçue pour créer des ombres à partir de surfaces lumineuses et non pas à partir d'une source ponctuelle. Cette méthode est coûteuse en temps de calcul mais est la seule méthode à proposer de vraies surfaces lumineuses.

*La méthode **Area Shadow** propose une méthode de création d'ombres issues de surfaces lumineuses. À gauche, les sources lumineuses sont des sphères larges ; à droite, des sources ponctuelles.*

Le paramètre le plus important de la méthode **Area Shadow** est la valeur **Shadow Quality** qui va augmenter lentement la qualité du dégradé d'ombre en réduisant rapidement les performances de calcul.

## I. L'éclairage par traceur de lumière

Dans 3ds Max, le traceur de lumière **Light Tracer** est une solution complète d'éclairage. Elle utilise les dômes de lumière. Vous n'avez besoin que d'un seul dôme de lumière dans la scène. D'autres sources lumineuses standard sont possibles mais optionnelles.

- Cliquez sur l'icône de création du panneau de commandes : .
- Sélectionnez la catégorie des lumières : .
- Sélectionnez le type d'objet **Standard** dans la liste déroulante.
- Cliquez sur **Skylight** pour entrer dans le mode de création.

  Vous pouvez également entrer dans le mode de création de cet objet par le menu **Create** - **Lights** - **Standard Lights** - **Skylight**.
- Cliquez dans la scène pour positionner le dôme de lumière.

- Pour activer le traceur de lumière, ouvrez la fenêtre des paramètres de rendu en utilisant le menu **Rendering** - **Render Setup** ou le bouton (barre d'outils principale) ou le bouton (fenêtre de rendu) ou F10 ou le menu Ctrl Alt **Quad** - **Render Setup**.
- Cliquez sur l'onglet **Advanced Lighting**.
- Sélectionnez **Light Tracer** dans la liste ou utilisez le menu Ctrl Alt **Quad** - **Light Tracer**.
- Pour désactiver le traceur de lumière, décochez la case **Active** située à droite de la liste.

### Remarque

*Si vous désactivez la solution d'éclairage en sélectionnant **no lighting plug-in** dans la liste, tous les paramétrages seront perdus car le traceur de lumière reviendra ensuite aux réglages par défaut.*

*À gauche, la solution du traceur de lumière donne un effet d'éclairage de jour. À droite, associé avec des sources lumineuses standard, on retrouve du spéculaire et de nouvelles ombres en fonction du placement des lumières standard.*

Les paramètres les plus importants du traceur de lumière sont la valeur **Rays/Sample** permettant de définir le nombre d'échantillons de lumières dispersés dans la scène, la valeur **Adaptive Undersampling** qui accélère grandement le traitement et la valeur **Subdivide Down To** qui plus elle est faible et plus le résultat est affiné.

Il est à noter que la valeur **Sky Lights** contrôle l'intensité du dôme de lumière. La valeur d'intensité du dôme de lumière est ignorée.

**ASTUCE**

*Afin d'avoir un éclairage restant dans des teintes normales, veillez à régler les intensités de telle sorte que les intensités maximales soient autour de 1 en un endroit donné. Dans les exemples précédents, nous avions un dôme de lumière d'intensité 1 ou un dôme et deux lumières omnidirectionnelles chacun d'intensité 0.35 (0.35 x 3 = 1.05).*

## J. L'éclairage par radiosité

La radiosité est un type d'algorithme tentant de reproduire le comportement physique réaliste de la lumière. Le traceur de lumière utilise un algorithme simplifié de radiosité, plus performant mais moins réaliste et puissant.

Dans la réalité, la lumière n'est pas seulement issue de sources lumineuses. Chaque objet participe, en fonction des propriétés de sa matière, à l'éclairage de la scène. Les rayons lumineux rebondissent sur les surfaces, s'éparpillent, jusqu'à perdre totalement leur intensité.

Le principe de l'outil de radiosité est de précalculer la dissémination des rayons lumineux sur la surface des objets. Ces informations sont enregistrées sur les sommets de ces objets. Ce précalcul dépend donc en partie du nombre de sommets de la scène ainsi que du nombre de sources lumineuses. Une fois ce précalcul effectué, il n'est plus à recalculer, ce qui rend extrêmement rapide les rendus dans une scène statique.

Si la scène évolue, seule une partie du précalcul est recalculée en fonction des différences.

Une autre particularité de la solution de radiosité est la possibilité de définir un niveau de qualité initial global qui peut être ensuite augmenté individuellement au rendu, par objet, par lumière directe ou indirecte.

### 1. Sources lumineuses

La solution d'éclairage par radiosité est conçue pour utiliser les sources lumineuses photométriques.

- Cliquez sur l'icône de création du panneau de commandes : .
- Sélectionnez la catégorie des lumières : .
- Sélectionnez le type d'objet **Photometric** dans la liste déroulante.
- Cliquez sur un type de source lumineuse pour entrer dans le mode de création.

  Vous pouvez également entrer dans le mode de création de cet objet par le menu **Create - Lights - Photometric Lights**.
- Cliquez dans la scène pour positionner la lumière.

## 2. Lumière du soleil

La solution d'éclairage par radiosité peut également utiliser une source lumineuse de simulation de l'éclairage de jour similaire au dôme de lumière. Ce système vous permet de paramétrer un éclairage réaliste en fonction de la position fictive de la scène dans le monde, des fuseaux horaires et de l'heure, entre autres.

- Cliquez sur l'icône de création du panneau de commandes : .
- Sélectionnez la catégorie des systèmes : .
- Sélectionnez le type d'objet **Standard** dans la liste.
- Cliquez sur le type de source lumineuse **Sunlight** pour un des rayons parallèles ou **Daylight** pour un éclairage plus diffus par un dôme plus diffus.
- Cliquez dans la scène pour positionner le compas du système. Cliquez une deuxième fois pour disposer la source lumineuse.

## 3. Contrôler l'exposition

Une fois les sources lumineuses en place, la solution de radiosité nécessite une gestion a posteriori de l'équilibre des couleurs de l'image finale, il s'agit de l'outil de contrôle d'exposition. Sous certaines conditions, 3ds Max vous demandera de l'activer pour les besoins de la solution d'éclairage.

- Pour activer le contrôle de l'exposition, ouvrez la fenêtre des paramètres d'environnement : utilisez le menu **Rendering** - **Environment** ou le bouton  (fenêtre de rendu) ou la touche **8** ou le menu Ctrl Alt **Quad** - **Environment** ou Ctrl Alt **Quad** - **Exposure Control**.
- Choisissez une méthode de contrôle de l'exposition dans la liste déroulante du panneau **Exposure Control**. La méthode logarithmique est la plus couramment utilisée.
- Décochez la case **Active** pour désactiver le contrôle de l'exposition.
- Décochez la case **Process Background and Environment Maps** pour ne pas modifier les valeurs des pixels de fond.
- Vous pouvez lancer un très petit rendu en cliquant sur le bouton **Render Preview**.

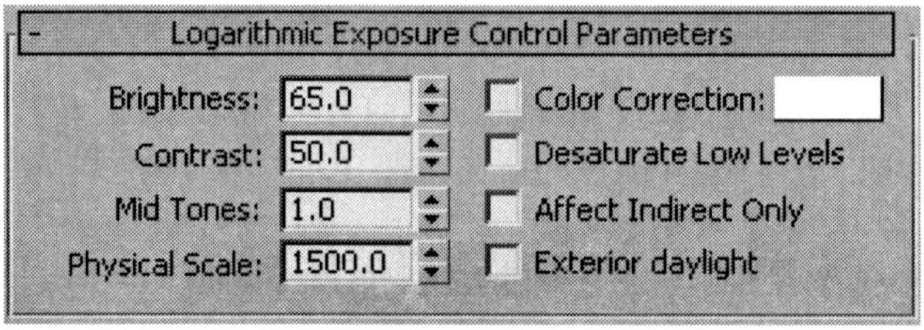

Vous pouvez utiliser le mini rendu du panneau **Exposure Control** pour visualiser les changements de paramètres du contrôle d'exposition.

## 4. Activer l'éclairage par radiosité

Avec les sources lumineuses et le contrôle d'exposition, la solution d'éclairage de radiosité est prête à être activée.

- Pour activer la solution de radiosité, ouvrez la fenêtre des paramètres de rendu en utilisant le menu **Rendering** - **Render Setup** ou le bouton  (barre d'outils principale) ou le bouton  (fenêtre de rendu) ou la touche F10 ou le menu Ctrl Alt **Quad** - **Render Setup**.
- Cliquez sur l'onglet **Advanced Lighting**.
- Sélectionnez **Radiosity** dans la liste ou utilisez le menu Ctrl Alt **Quad** - **Radiosity**.
- Pour désactiver la solution de radiosité, décochez la case **Active** située à droite du menu déroulant.

### Remarque

*Si vous désactivez la solution d'éclairage en sélectionnant* ***no lighting plug-in*** *dans la liste, tous les paramétrages seront perdus car la solution de radiosité reviendra ensuite aux réglages par défaut.*

- Pour lancer le précalcul de la solution de radiosité, cliquez sur le bouton **Start**.

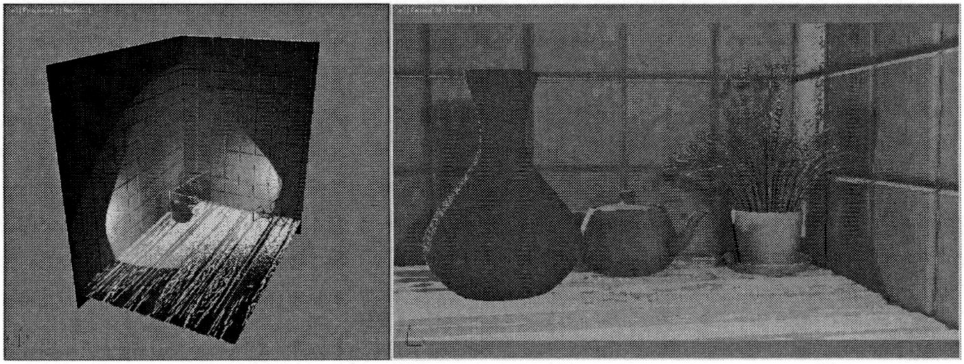

*À la fin du précalcul, un aperçu de la solution est visible dans la scène.*

- Pour redémarrer le calcul, supprimez les données en cliquant sur le bouton **Reset All** puis cliquez à nouveau sur le bouton **Start**.

- Pour changer la durée du calcul et la qualité de la solution, changez la valeur **Initial Quality**. Les valeurs **Refine** ajoutent de nouvelles passes de calcul lors du rendu.
- Pour affiner l'éclairage direct et indirect et visualiser le résultat dans la vue, modifiez les valeurs du groupe de paramètres **Interactive Tools**.

## K. Caméras et format de sortie

La vue perspective n'est pas assez paramétrable pour être une bonne source de rendu. De plus, il suffit d'un moment d'inattention pour pivoter légèrement la vue et perdre ainsi l'angle recherché. Enfin, nous le verrons dans le chapitre Animation, vous devez être capable d'animer la vue pour faire des travelling notamment.

C'est pourquoi 3ds Max vous propose un objet caméra à placer dans la scène.

- Cliquez sur l'icône de création du panneau de commandes : .
- Sélectionnez la catégorie des caméras : .
- Cliquez sur un type de caméra pour entrer dans le mode de création.

  Vous pouvez également entrer dans le mode de création de cet objet par le menu **Create** - **Cameras**.
- Cliquez dans la vue pour créer une caméra.

  Vous pouvez aussi créer une caméra à partir de la vue perspective en activant la vue et en utilisant le menu **Create** - **Cameras** - **Create Camera From View** ou Ctrl **C**.
- Pour visualiser la scène par « l'œil » de la caméra, utilisez le deuxième menu de la vue puis le menu **Cameras** ou la touche **C**.

  L'objet caméra est le garant de la position et de l'orientation de la vue. La caméra propose également une série de paramétrages pour personnaliser le rendu. Toutefois, un certain nombre de paramètres, comme la résolution de l'image du rendu, se trouvent dans les propriétés du moteur de rendu et non dans la caméra.
- Pour modifier les paramètres de format de rendu, ouvrez la fenêtre des paramètres de rendu en utilisant le menu **Rendering** - **Render Setup** ou le bouton  (barre d'outils principale) ou le bouton  (fenêtre de rendu) ou F10 ou le menu Ctrl Alt **Quad** - **Render Setup**.

- Cliquez sur l'onglet **Common**.

  La première série de paramètres vous permet de configurer la séquence de rendu.

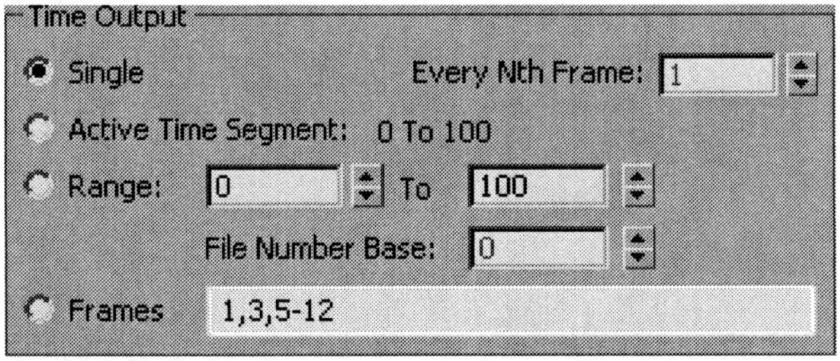


- Activez l'option **Single** pour calculer une image simple.
- Activez l'option **Active Time Segment** pour calculer une image pour chaque frame de temps actif. Plus de détails dans le chapitre Animation.
- Activez l'option **Range** pour choisir un intervalle de temps précis.
- Activez l'option **Frames** pour choisir des images ou des intervalles précis.

  Les paramètres du groupe **Area to Render** sont similaires à ceux de la fenêtre de rendu.

  Le groupe de paramètres **Output Size** vous permet de paramétrer la résolution du rendu.

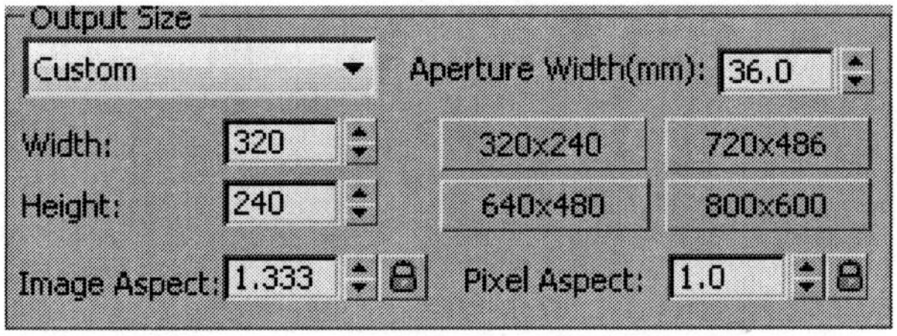


- Sélectionnez un profil en fonction de votre projet dans la liste déroulante ; le choix **Custom** vous permet de définir des jeux de résolution personnalisés.
- Spécifiez l'angle d'ouverture de la caméra dans la zone **Aperture Width**.
- Spécifiez la largeur de l'image et sa hauteur dans les zones **Width** et **Height**.
- Spécifiez le ratio de l'image (largeur divisée par hauteur) dans la zone **Image Aspect**. Changer cette valeur modifie la valeur **Height**.
- Spécifiez le ratio du pixel de l'image dans la zone **Pixel Aspect** : le ratio peut ne pas être carré. Changer cette valeur modifie la valeur **Image Aspect**.

- Pour définir un nouveau profil personnalisé, vous pouvez faire un clic droit sur l'un des boutons.
  Le groupe de paramètres **Render Output** vous permet d'enregistrer automatiquement les rendus.

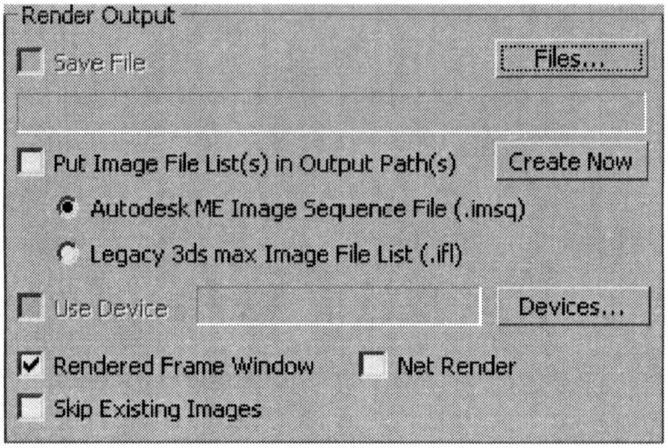


### Remarque

*Si vous spécifiez un intervalle de temps à rendre (plusieurs images) sans spécifier de sortie dans ce groupe de paramètres, les rendus s'écraseront les uns les autres et seule la dernière image sera encore présente dans la fenêtre de rendu à la fin.*

- Pour enregistrer le rendu, cliquez sur le bouton **Files**, choisissez un format et un nom de fichier puis cliquez sur le bouton **Enregistrer**. Si plusieurs images sont rendues, elles seront numérotées avec le nom choisi comme préfixe.
- Pour visualiser dans la vue caméra la même chose que ce qui sera visible dans le fichier de sortie, cliquez sur le deuxième menu de la vue et sélectionnez **Show Safe Frames**. Dans ce mode, quelle que soit la disposition des vues, vous êtes assuré de voir dans le vue la même chose que dans le rendu.

## L. Les paramètres de caméra

Les premiers paramètres de la caméra concernent le type de lentille utilisé.

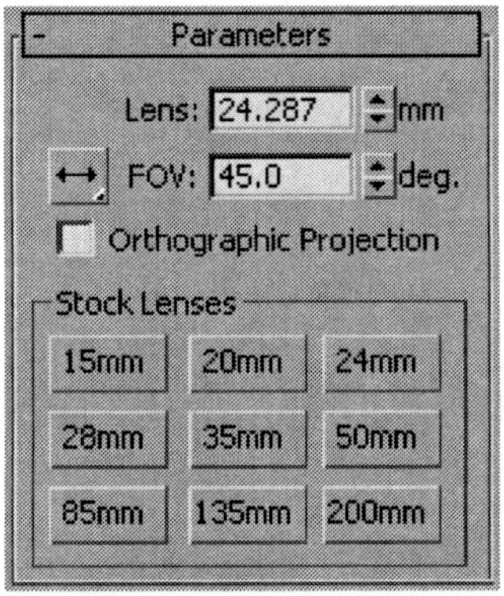


- Affichez, si besoin, le contenu du panneau déroulant **Parameters** dans le panneau de commandes.

  Sans changer le format de sortie, il est possible de changer le type de lentille utilisé. Un angle d'ouverture large renforce la profondeur mais déforme l'image.
- Le paramètre **Lens** est la distance focale tandis que le paramètre **FOV** (*Field Of View*) est l'angle d'ouverture. Ces deux valeurs sont deux façons différentes de mesurer l'ouverture de la lentille.

**ASTUCE**

*L'angle d'ouverture peut être mesuré horizontalement, verticalement ou en diagonale. Si vous partagez votre projet entre différents logiciels, vérifiez comment est prise la mesure.*

- Comme les lumières, dans la liste **Type** vous pouvez choisir entre une caméra libre (**Free Camera**) dont vous devez contrôler la rotation ou une caméra avec cible (**Target Camera**) dont vous positionnez la cible pour orienter la caméra.
- Cochez l'option **Show Cone** pour afficher le cône de vision de la caméra dans la scène même lorsqu'elle n'est pas sélectionnée.
- Cochez l'option **Show Horizon** pour afficher une ligne d'horizon dans la vue caméra (si l'horizon est visible).
- Dans le groupe de paramètres **Environment Ranges**, indiquez les distances minimum et maximum dans lesquelles afficher les effets d'environnement.
- Dans le groupe de paramètres **Clipping Planes**, indiquez les distances minimum et maximum d'affichage de la scène. Au-delà de ces valeurs, la scène est masquée.

Les effets du groupe Multi-Pass Effect sont généralement gérés et paramétrés ailleurs, comme nous le verrons dans le chapitre Calculer un rendu de la scène - Les effets de caméras.

## M. Les paramètres d'objet

Vous pouvez contrôler certains paramètres de rendu par objet. Ces paramètres sont accessibles dans la fenêtre des propriétés des objets.

- Pour ouvrir la fenêtre des propriétés des objets, utilisez le menu **Quad** - **Object Properties**.

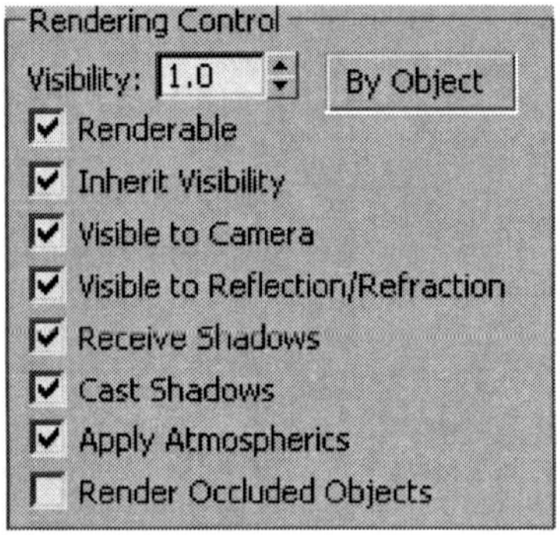


*Certains paramètres de rendu sont modifiables par objet.*

- Pour modifier la transparence au rendu d'un objet, changez la valeur **Visibility**.
- Pour exclure un objet du rendu, décochez l'option **Renderable**.
- Par défaut, un objet utilise la visibilité de ses parents, s'il en a. Pour rendre la valeur de visibilité indépendante des parents de l'objet, décochez l'option **Inherit Visibility**.
- Pour rendre l'objet invisible par les caméras uniquement, décochez l'option **Visible to Camera**.
- Pour empêcher l'objet d'être pris en compte dans les calculs de réflexion et réfraction, décochez l'option **Visible to Reflection/Refraction**.
- Pour empêcher l'objet de recevoir des ombres, décochez l'option **Receive Shadows**.
- Pour empêcher l'objet de projeter des ombres, décochez l'option **Cast Shadows**.
- Pour ne pas inclure l'objet dans les calculs d'effets d'atmosphère, décochez l'option **Apply Atmospherics**.
- Pour forcer le rendu d'objets masqués par cet objet, cochez l'option **Render Occluded Objects**.

  Si vous utilisez un éclairage par traceur de lumière ou par radiosité, vous pouvez personnaliser des paramètres relatifs à ces solutions dans l'onglet **Adv. Lighting**.
- Pour exclure l'objet des calculs de solution lumineuses avancées, cochez l'option **Exclude from Adv. Lighting Calculations**.

## N. Les paramètres d'environnement

L'environnement est ce qui est visible lorsqu'aucun objet n'est présent sur un pixel. Lorsque votre projet se déroule dans un endroit clos, il n'est pas forcément nécessaire de paramétrer un environnement. Dans un projet ouvert, vous utiliserez une image de paysage ou de ciel pour combler le vide.

Toutefois, on paramètre souvent un environnement même si le fond de la scène n'est pas visible. Par exemple, on peut se servir d'une image d'environnement pour éclairer la scène avec le dôme de lumière, cela rend l'éclairage bien plus réaliste. On utilise également souvent une image d'environnement pour les réflexions. En effet, dans les exemples utilisés précédemment, seule une partie de la scène est visible. Personne ne sait ce qui se trouve derrière la caméra. Il serait inopportun de créer une scène complète uniquement pour gérer de la réflexion. On utilisera donc une image d'environnement pour cela.

- Pour modifier les paramètres d'environnement, utilisez le menu **Rendering** - **Environment** ou le bouton  (fenêtre de rendu) ou la touche **8** ou le menu Ctrl Alt **Quad** - **Environment**.
- Pour définir une couleur d'environnement, cliquez sur le rectangle de couleur associé à l'option **Color**, sélectionnez la couleur souhaitée puis cliquez sur le bouton **OK**.
- Pour utiliser une texture comme image d'environnement, cliquez sur le bouton associé à l'option **Environment Map**, choisissez une texture puis cliquez sur le bouton **OK**.

### Remarque

*Pour modifier les paramètres de cette texture, maintenez le bouton gauche de la souris enfoncé sur le bouton de texture et déplacez la souris sur la vue nodale de l'éditeur de matériaux. Choisissez l'option **Instance** puis cliquez sur le bouton **OK**.*

- Pour influencer la teinte du rendu, changez la couleur **Tint** et son facteur d'application **Level**.
- Pour paramétrer une couleur ambiante globale pour la scène, changez la couleur **Ambient**.

## O. Paramétrer le moteur de rendu

- Pour modifier les paramètres du moteur de rendu, ouvrez la fenêtre des paramètres de rendu en utilisant le menu **Rendering** - **Render Setup** ou le bouton  (barre d'outils principale) ou le bouton  (fenêtre de rendu) ou la touche F10.
- Cliquez sur l'onglet **Renderer**.

Les premiers paramètres d'importance sont ceux gérant l'anti-aliasing.

*Sans anti-aliasing, les bordures sont pixellisées.*

*Avec un anti-aliasing, les pixels sont traités pour lisser les bordures.*

3ds Max vous propose 12 algorithmes de traitement de l'anti-aliasing.

- Pour activer l'anti-aliasing, cochez l'option **Antialiasing**.
- Cochez l'option **Filter Maps** pour appliquer également l'anti-aliasing aux textures.
- Le **Global SuperSampling** est une méthode encore plus poussée de traitement de l'anti-aliasing au sein des matériaux. Activez-le si vous notez des scintillements dans certains matériaux, notamment dans le cas de reliefs.
- Pour activer le flou de bougé des objets, cochez l'option **Apply** du groupe de paramètres **Object Motion Blur**. La valeur **Duration** indique l'intervalle de temps sur lequel le flou doit être calculé, **Samples** définit le nombre de sous-positions à calculer et **Duration Subdivisions** définit le nombre de sous-intervalles à utiliser.
- Pour activer le flou de bougé de l'image, cochez l'option **Apply** du groupe de paramètres **Image Motion Blur**. La valeur **Duration** indique l'intervalle de temps sur lequel le flou doit être calculé. Cochez l'option **Transparency** pour gérer la transparence et l'option **Apply to Environment Map** pour appliquer le flou à la texture d'environnement.

## P. Paramétrer le lancer de rayon

- Pour modifier les paramètres du lancer de rayon, ouvrez la fenêtre des paramètres de rendu en utilisant le menu **Rendering** - **Render Setup** ou le bouton (barre d'outils principale) ou le bouton (fenêtre de rendu) ou la touche F10 ou le menu Ctrl Alt **Quad** - **Render Setup**.
- Cliquez sur l'onglet **Raytracer** ; le menu Ctrl Alt **Quad** - **Raytracer Settings** permet d'accéder directement à l'onglet **Raytracer**.

Les options de lancer de rayon sont utilisées dans le calcul d'ombres par lancer de rayon ou encore par les textures de lancer de rayon utilisées pour les réflexions et réfractions.

- L'option **Maximum Depth** est très importante car elle impacte énormément les performances de calcul de la réflexion et réfraction. En effet, lorsque vous paramétrez de la réflexion, pour calculer la couleur d'un pixel, un rayon est lancé pour trouver la surface visible en réflexion. Si la surface rencontrée possède elle aussi des paramètres de réflexion, un nouveau rayon est lancé et ainsi de suite. Cette opération est également effectuée pour la réfraction. On voit bien qu'il faut arrêter le traitement à un moment donné car certaines situations peuvent être infinies.

  Par défaut, 3ds Max autorise 9 lancers de rayon successifs pour chaque opération de lancer de rayon. Souvent, une valeur plus faible est suffisante et accélère grandement les performances de calcul.

*À gauche, une valeur de 2 lancers de rayon successifs maximum ne suffit pas pour traverser les parois de la carafe. À droite, une valeur de 5 lancers de rayon successifs est suffisante et est bien plus performante que la valeur par défaut.*

Vous pouvez inclure ou exclure des objets du lancer de rayon pour accélérer les traitements. En effet, si un objet a peu d'impact sur les rendus de réflexion ou de réfraction par exemple, vous pouvez l'ignorer des lancers de rayon.

Deux modes sont disponibles. Le premier est l'inclusion d'objets : vous sélectionnez les objets à inclure et le reste de la scène est automatiquement exclu. Le deuxième est l'exclusion d'objets : vous sélectionnez les objets à exclure, le reste de la scène est inclus.

- Pour paramétrer les inclusions ou exclusions des lancers de rayon, cliquez sur le bouton **Exclude** (ou **Include** si vous changez de mode) de l'onglet **Raytracer** de la fenêtre des paramètres de rendu ; le menu Ctrl Alt **Quad - Raytrace Global Include/Exclude** permet d'accéder directement à la fenêtre **Exclude/Include**.
- Activez l'option **Exclude** ou **Include** pour changer le mode.
- Sélectionnez des objets dans la liste de gauche et cliquez sur le bouton >> pour les ajouter à la liste d'inclusion ou d'exclusion.
- Sélectionnez des objets dans la liste de droite et cliquez sur le bouton << pour les retirer de la liste d'inclusion ou d'exclusion.

- Pour vider la liste d'inclusion ou exclusion, cliquez sur le bouton **Clear**.
- Validez en cliquant sur le bouton **OK**.

## Q. Les effets de caméra

Il est possible d'appliquer un certain nombre d'effets de caméra.

- Pour ajouter un effet de caméra, utilisez le menu **Rendering** - **Environment** ou le bouton (fenêtre de rendu) ou la touche **8** ou le menu Ctrl Alt **Quad** - **Environment** ou Ctrl Alt **Quad** - **Effects**.
- Si besoin, cliquez sur l'onglet **Effects**.
- Pour ajouter un effet, cliquez sur le bouton **Add**, sélectionnez l'effet puis cliquez sur **OK**.
- Pour supprimer un effet sélectionné, cliquez sur le bouton **Delete**.
- Pour désactiver un effet sélectionné, décochez l'option **Active**.

### Remarque

*Les effets d'environnement s'appliquent les uns derrière les autres, dans l'ordre de la liste de haut en bas.*

- Pour déplacer un effet vers le haut de la liste, cliquez sur le bouton **Move Up**.
- Pour déplacer un effet vers le bas de la liste, cliquez sur le bouton **Move Down**.

Le groupe de paramètres **Preview** vous permet de modifier les effets sans relancer le rendu final, et donc de gagner beaucoup de temps.

- Pour mettre à jour tous les effets, activez l'option **All**.
- Pour mettre à jour uniquement l'effet sélectionné, activez l'option **Current**.
- Pour mettre à jour les effets automatiquement au changement de paramètres de l'effet, cochez l'option **Interactive**.
- Pour désactiver l'effet, cliquez sur le bouton **Show Original**.
- Pour réappliquer l'effet, cliquez sur le bouton **Show Effects**.
- Pour recalculer le rendu, cliquez sur le bouton **Update Scene**.
- Pour mettre à jour l'application de l'effet, cliquez sur le bouton **Update Effect**.

*Le rendu original.*

*L'effet **Blur** permet l'application de différents algorithmes de flou.*

*L'effet **Brightness and Contrast** permet de changer la luminosité et le contraste final.*

*L'effet **Color Balance** vous permet de maîtriser la balance des couleurs.*

*L'effet **Depth of Field** simule un effet de focale de l'objectif de la caméra.*

*L'effet **Film Grain** ajoute un grain de film au rendu.*

Deux effets supplémentaires sont disponibles : l'effet **Lens Effects** simule un reflet d'objectif lorsque la caméra est située en face d'une source lumineuse ; l'effet **Motion Blur** ajoute un flou de bougé à l'image.

## R. Les effets d'atmosphère

3ds Max propose quatre effets d'atmosphère. Certains sont indépendants et d'autres nécessitent un objet de la scène pour être appliqués.

- Pour accéder aux effets d'atmosphère, utilisez le menu **Rendering** - **Environment** ou le bouton (fenêtre de rendu) ou la touche **8** ou le menu Ctrl Alt **Quad** - **Environment**.
- Pour ajouter un effet, cliquez sur le bouton **Add** dans le panneau **Atmosphere**.
- Pour supprimer un effet sélectionné, cliquez sur le bouton **Delete**.
- Pour désactiver un effet sélectionné, décochez l'option **Active**.

### Remarque

*Les effets d'environnement s'appliquent les uns derrière les autres, dans l'ordre de la liste de haut en bas.*

- Pour déplacer un effet vers le haut de la liste, cliquez sur le bouton **Move Up**.
- Pour déplacer un effet vers le bas de la liste, cliquez sur le bouton **Move Down**.

L'effet **Fog** simule un brouillard dans la scène. Lorsque l'effet est léger, dans le cas de scènes très grandes, il ajoute de la profondeur à la scène.

L'effet **Volume Light** simule de la lumière volumétrique. Les rayons sont visibles dans les espaces vides de la scène.

*La lumière volumétrique simule le reflet des particules présentes dans l'air.*

- Pour accéder aux effets d'atmosphère, utilisez le menu **Rendering** - **Environment** ou le bouton (fenêtre de rendu) ou **8** ou le menu Ctrl Alt **Quad** - **Environment**.

- Pour ajouter un effet, cliquez sur le bouton **Add**.
- Sélectionnez l'effet **Volume Light**.
- Pour sélectionner la lumière produisant l'effet, cliquez sur le bouton **Pick Light** et cliquez sur la lumière dans la scène.

  L'effet **Fire Effect** simule un feu tandis que l'effet **Volume Fog** produit un brouillard. Ces deux effets nécessitent un **gizmo** qui définit leur limite dans l'espace de la scène.

- Cliquez sur l'icône de création du panneau de commandes : .
- Sélectionnez la catégorie des outils d'aide : .
- Sélectionnez **Atmospheric Apparatus** dans la liste.
- Entrez dans le mode de création d'un objet en cliquant sur son nom.
- Maintenez le bouton gauche de la souris enfoncé dans la scène pour commencer la création puis faites glisser la souris et cliquez plusieurs fois pour définir toutes les dimensions du **gizmo**.
- Pour accéder aux effets d'atmosphère, utilisez le menu **Rendering** - **Environment** ou le bouton (fenêtre de rendu) ou la touche **8** ou le menu Ctrl Alt **Quad** - **Environment**.
- Pour ajouter un effet, cliquez sur le bouton **Add**.
- Sélectionnez l'effet **Volume Fog** ou **Fire Effect**.
- Pour sélectionner le **gizmo** contenant l'effet, cliquez sur le bouton **Pick Gizmo** et cliquez sur le **gizmo** dans la scène.

## S. Rendre la scène sous forme de couches séparées

Si vous prévoyez d'utiliser un logiciel de post-production comme **Composite** (anciennement **Combustion**) ou **After Effect**, ou encore un logiciel de montage comme **Première** ou **Final Cut**, vous devriez envisager de faire un rendu par couche. Cela consiste à rendre certaines informations dans des images différentes. Vous pouvez par exemple rendre la couche **ZBuffer** qui contient pour chaque pixel la distance à la caméra : avec cette information vous pouvez inclure une vidéo à l'intérieur de la scène ou encore créer un effet de particule bien intégré dans la scène.

- Pour paramétrer le rendu par couche, ouvrez la fenêtre des paramètres de rendu en utilisant le menu **Rendering** - **Render Setup** ou le bouton (barre d'outils principale) ou le bouton (fenêtre de rendu) ou la touche F10 ou le menu Ctrl Alt **Quad** - **Render Setup**.
- Cliquez sur l'onglet **Render Elements**.
- Cliquez sur le bouton **Add** pour ajouter une couche.

**ASTUCE**

*Si aucune information de sortie n'est paramétrée (chemin d'enregistrement du rendu), 3ds Max affiche une erreur et ne procède pas au rendu des couches.*

Ci-après, un échantillon des couches les plus utilisées :

*L'image rendue par la caméra.*

***Background** : rendu de l'environnement*

***Blend** : un mélange de différentes couches, ici un mélange de toutes les couches redonnant ainsi le rendu initial.*

***Diffuse** : rendu de la couleur diffuse des objets.*

***Illuminance HDR Data** : rendu d'une image représentant les surfaces éclairées sans prise en compte des matériaux.*

***Lighting** : rend en niveau de gris l'intensité lumineuse à chaque pixel.*

***Luminance HDR Data** : rendu d'une image représentant les surfaces éclairées avec prise en compte du matériau.*

***Reflection** : rendu des informations de réflexion de la scène.*

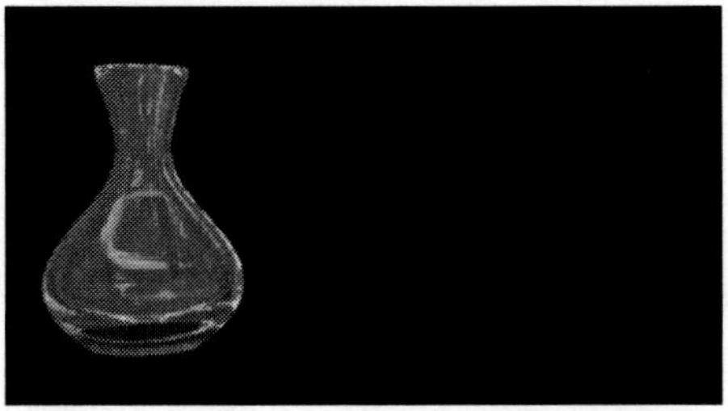

***Refraction** : rendu des informations de refraction de la scène.*

***Shadow** : rendu des ombres dans le canal alpha (image inversée : un pixel blanc est un pixel d'ombre).*

***Specular** : rendu des informations de spéculaire de la scène.*

***Z Depth** : rendu d'une image dont chaque pixel représente une distance relative à la caméra.*

- Pour supprimer une couche sélectionnée, cliquez sur le bouton **Delete**.
- Pour importer des couches venant d'un autre fichier de scène de 3ds Max, cliquez sur le bouton **Merge** et parcourez le disque dur pour sélectionner le fichier 3ds Max désiré.
- Pour désactiver ou activer une couche sélectionnée, cochez l'option **Enable**.

- Pour exporter les couches dans un espace de travail de Combustion, cochez l'option **Enable** du groupe de paramètres **Output to Combustion** et renseignez le chemin du fichier d'espace de travail **Combustion** associé.

## T. Rendre la scène ou un objet dans une texture

3ds Max propose un outil très puissant pouvant projeter des informations d'un objet ou de la scène sur un objet dans son repère de texture.

Prenons l'exemple classique dans le domaine des jeux vidéo 3D. Le calcul d'une solution lumineuse de type Traceur de lumière ou radiosité n'est pas envisageable dans un jeu vidéo pour une raison simple de performance. Cependant, on peut très bien calculer une solution d'éclairage avec 3ds Max, transférer l'éclairage dans une texture et afficher l'objet avec cette texture dans un jeu vidéo. Cette solution ne permet pas de changer l'éclairage de l'objet, mais il est toujours possible dans le jeu de mixer cette solution avec un système d'éclairage plus simple et le tour est joué : l'objet paraît éclairé avec une solution d'éclairage avancée mais il n'en est rien.

Un autre exemple de plus en plus répandu est la texture de normales. Il s'agit de transférer les informations de la surface extrêmement détaillée d'un objet avec un maillage en haute résolution dans une texture appliquée sur un objet basse résolution. Cet objet basse résolution utilisant cette texture ressemble à s'y méprendre à l'objet haute définition excepté le fait que l'objet basse résolution offre des performances compatibles avec les jeux vidéo.

On parle de jeux vidéo mais comprenez bien que ce domaine est très contraignant, ce qui fait qu'il est souvent à la pointe en termes d'optimisation. En effet, imaginez que vous ayez une portion de scène avec peu de changements de lumière. Ne serait-il pas possible de calculer une solution d'éclairage extrêmement détaillée puis de l'enregistrer dans des textures afin de calculer les images suivantes à une rapidité inégalable ?

Ci-après, la procédure permettant de calculer le rendu d'un éclairage sur un objet.

- Assurez-vous d'avoir un objet 3D dans la scène possédant des coordonnées de texture et d'avoir positionné quelques lumières. Paramétrez l'éclairage et le moteur de rendu.
- Sélectionnez l'objet.
- Pour ouvrir l'outil de rendu sur texture, utilisez le menu **Rendering** - **Render To Texture** ou la touche **0**.

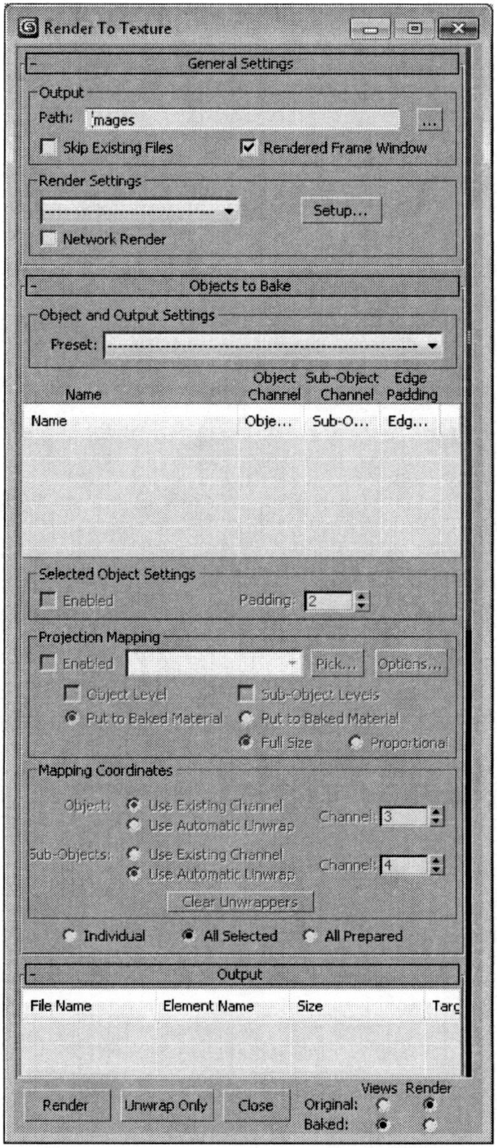


- Dans le panneau déroulant **Objects to Bake**, cochez l'option **Use Existing Channel** et sélectionnez le canal de sommet 1 dans la liste **Channel** si l'objet a bien des coordonnées de texture dans ce canal. Sinon, vous pouvez demander à l'outil de générer des coordonnées de texture pour vous en cochant l'option **Use Automatic Unwrap**.

> **ASTUCE**
> *Les coordonnées de texture doivent être incluses dans l'intervalle 0 à 1 sur U et sur V. Aucune face ne doit se chevaucher dans le repère des coordonnées de texture.*

- Cliquez sur le bouton **Add** du panneau **Output**.
- Sélectionnez l'option **LightingMap** correspondant au rendu des lumières puis cliquez sur le bouton **Add Elements**.
- Sélectionnez **Diffuse Color** dans la liste déroulante **Target Map Slot** pour que l'outil branche automatiquement la texture créée à la couleur ambiante du matériau.

> **ASTUCE**
> *Si votre objet comporte déjà un matériau avec une texture diffuse, elle sera utilisée au rendu. C'est pourquoi si vous faites plusieurs rendus sur textures à la suite, vous pouvez avoir des surprises, le résultat précédent s'ajoutant au nouveau résultat. Veillez à bien remettre votre matériau dans un état initial avant de lancer le rendu.*

- Choisissez une résolution de texture raisonnable en cliquant sur le bouton correspondant pour ne pas avoir de problèmes de qualité. Une résolution de 2048 devrait parer à toute éventualité.

  Par défaut, dans le panneau **Baked Material**, l'option **Save Source (Create Shell)** est sélectionnée. Cette option signifie que l'objet se verra appliquer un matériau **Shell**, son ancien matériau sera conservé et un nouveau matériau sera créé.
- Si vous souhaitez utiliser directement le matériau de votre objet pour recevoir la texture, cochez l'option **Output Into Source**.
- Cliquez sur le bouton **Render** pour lancer le calcul.
- Pour visualiser le résultat, passez la vue en mode **Consistent Colors**. Ainsi, l'éclairage de la scène n'aura plus d'effet sur votre objet, laissant juste sa lumière diffuse.
- Activez l'affichage du matériau dans la scène en faisant un clic droit sur le nœud du matériau de l'objet puis en cliquant sur l'option **Show Shaded Material in Viewport**.

*La théière semble éclairée mais en fait il n'en est rien, l'éclairage est dans la texture.*

Voyons maintenant la procédure pour générer une texture de normales :

- Assurez-vous d'avoir deux objets 3D dans la scène : 1 objet haute définition avec des détails au niveau du maillage et 1 objet similaire en basse définition possédant des coordonnées de texture.

  Pour notre exemple, à gauche nous avons une sphère classique comme objet basse définition, de diamètre 30 et 12 segments. À droite, l'objet haute définition est une géosphère de diamètre 30 et 24 segments avec un modificateur de bruit (**Noise**) d'échelle 2.5 et de force [4, 4, 4].

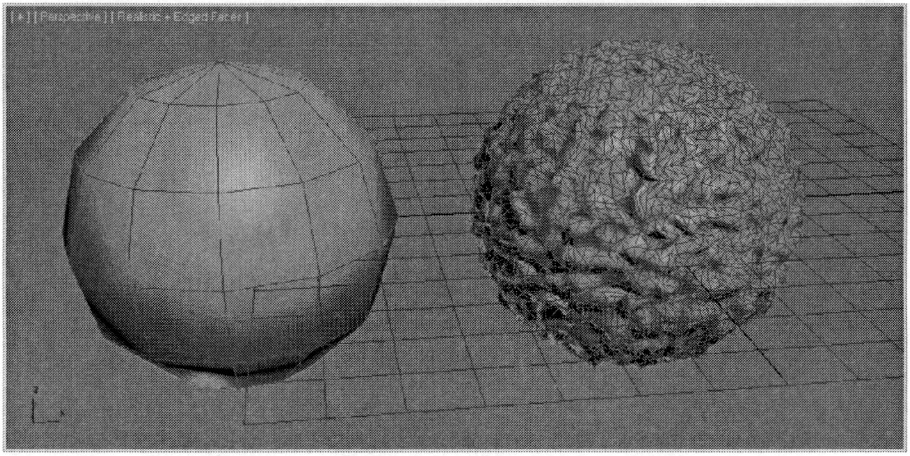

- Veillez à bien superposer les deux objets, par un alignement rapide par exemple.
- Sélectionnez l'objet basse définition.

- Pour ouvrir l'outil de rendu sur texture, utilisez le menu **Rendering** - **Render To Texture** ou la touche **0**.
- Cochez l'option **Enabled** du groupe de paramètres **Projection Mapping** du panneau **Objects to Bake**.
- Pour indiquer quels sont les objets source de la projection, les objets haute définition, cliquez sur le bouton **Pick** du groupe de paramètres **Projection Mapping**, sélectionnez l'objet haute définition et validez en cliquant sur le bouton **Add** : un modificateur **Projection** vient d'être ajouté à l'objet basse définition permettant de paramétrer la projection entre les deux objets.
- Activez l'option **Object: Use Existing Channel** dans le groupe de paramètres **Mapping Coordinates** et sélectionnez le canal de sommet 1 dans la liste **Channel**.
- Cliquez sur le bouton **Add** du panneau **Output**.
- Sélectionnez l'option **NormalMaps** correspondant à une texture de normales puis cliquez sur le bouton **Add Elements**.
- Sélectionnez **Bump** dans la liste déroulante **Target Map Slot** pour que l'outil branche automatiquement la texture créée dans le relief du matériau.

**ASTUCE**

*Si votre objet comporte déjà un matériau avec une texture de relief, elle sera utilisée au rendu.*

- Choisissez une résolution de texture raisonnable en cliquant sur le bouton correspondant pour ne pas avoir de problème de qualité. Une résolution de 2048 devrait parer à toute éventualité.
- Cochez l'option **Output into Normal Bump** dans le groupe de paramètres **Selected Element Unique Settings**. Cette option branchera la texture dans une texture **Normal Bump** qui sera elle-même branchée dans le relief du matériau. Cette texture intermédiaire sert uniquement à dire à 3ds Max d'utiliser la texture comme une texture de normales et non comme une texture de relief classique en niveaux de gris.
- Activez l'option **Output Into Source** pour ne pas créer de double matériau.
- Cliquez sur le bouton **Render** pour lancer le calcul.
- Pour visualiser le résultat, masquez l'objet haute définition.
- Assurez-vous que la vue est bien en mode **Realistic**.
- Éditez le matériau de l'objet basse définition en cliquant sur la pipette de l'éditeur de matériaux puis en cliquant sur l'objet basse définition.
- Activez l'affichage réaliste du matériau dans la scène en faisant un clic droit sur le nœud du matériau de l'objet et en cliquant sur **Show Realistic Material in Viewport**.

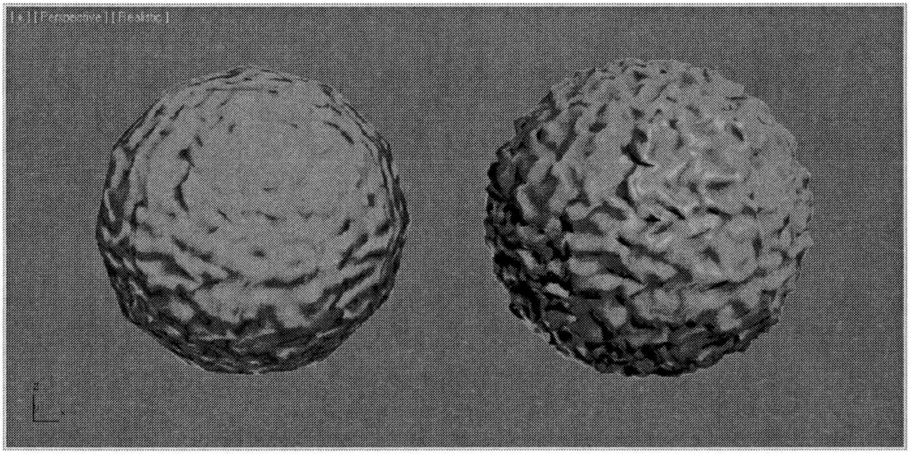

*Les deux objets ont un rendu similaire réceptif à la lumière de façon quasi équivalente, alors que l'objet de gauche a 120 polygones et l'objet de droite en comporte 11520. Le seul gros défaut des textures de normales est qu'elles ne reproduisent pas la silhouette.*

## U. Générer des textures de surface

3ds Max vous permet de générer différents types de texture à partir d'un objet de type polygone éditable.

- Assurez-vous d'avoir un objet de type polygone éditable sélectionné dans la scène. L'outil ne prend pas en charge les objets ayant un modificateur polygone éditable. L'objet doit avoir une pile de modificateurs vierge.
- Ouvrez l'outil rendu de texture de surface en utilisant le menu **Rendering** - **Render Surface Map**.
- Sélectionnez une taille de texture à l'aide des paramètres largeur (**W**) et hauteur (**H**) ou en choisissant une taille dans le menu déroulant **Size**.
- Cliquez sur un bouton pour calculer le rendu de la texture.

# Chapitre 21
# Animation

## A. La théorie : animation de paramètres et interpolations

Mathématiquement, une animation est le changement de valeur d'une donnée dans le temps. Pour définir ce changement, nous avons besoin d'un point de départ, d'un point d'arrivée et d'informations de temps.

Par exemple, nous pouvons passer de la valeur entière 0 au temps t1 à la valeur entière 10 au temps t2. Si la valeur évolue uniformément entre les deux temps, on peut déterminer que la valeur est de 5 à la moitié du temps entre t1 et t2.

La façon dont évolue la valeur entre deux temps est déterminée par interpolation. L'interpolation est l'acte de calculer une valeur intermédiaire entre deux valeurs connues en fonction de différents paramètres. Dans le cas évoqué ci-dessus, l'interpolation est linéaire.

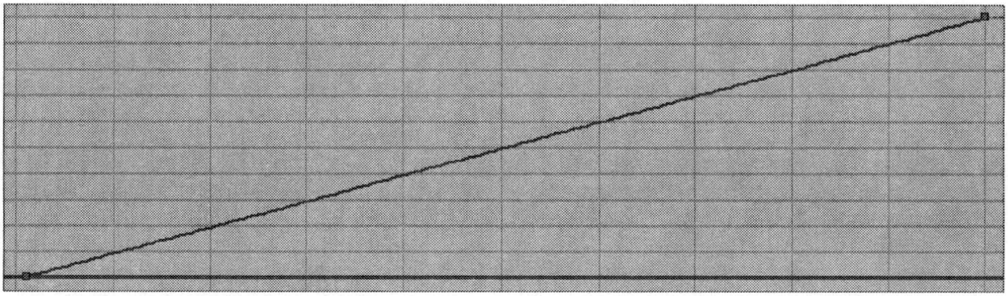

*Une interpolation linéaire est assimilable à un segment reliant les deux valeurs dans le temps.*

Physiquement, un mouvement ne peut pas être linéaire. L'inertie d'un objet implique un démarrage progressif et une fin également progressive pour arriver à l'arrêt. C'est pourquoi 3ds Max utilise une courbe par défaut lors d'une animation.

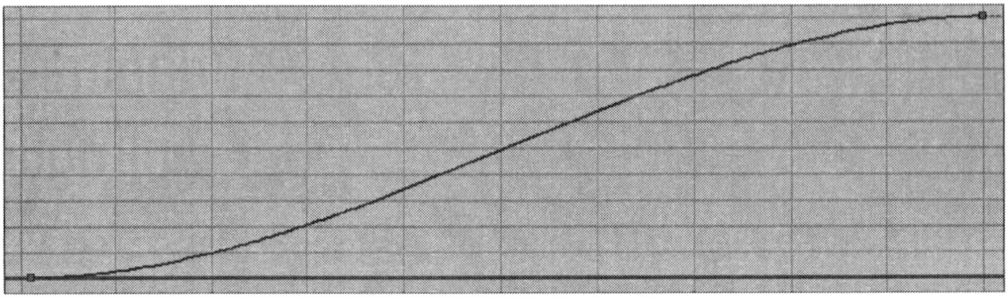

*Par défaut, 3ds Max interpole les animations suivant ce type de courbe.*

Bien entendu, tout est configurable. Il existe dans 3ds Max cinq types de courbes automatiques et deux types personnalisables en changeant les tangentes manuellement.

Dans 3ds Max, quasiment tous les paramètres sont animables. Il est possible d'animer la valeur X d'une position, d'animer le décalage sur U d'une texture ou encore d'animer le nombre de segments d'une sphère.

La gestion des valeurs et des interpolations est incluse dans un contrôleur. Par exemple, gérer la position par les trois valeurs X, Y et Z est un contrôleur particulier. La position pourrait également être gérée aléatoirement. Il existe de nombreux contrôleurs plus ou moins spécialisés permettant de personnaliser la façon dont sont gérées les données et les interpolations.

Dans 3ds Max, le temps se décompose en images. Il s'agit d'un nombre entier d'étapes entre le début et la fin de l'animation. Ces images durent un certain temps. En France, on utilise généralement le système PAL dans lequel il y a 25 frames par seconde, chaque image représente donc un vingt-cinquième de seconde. Dans le système NTSC il y a 30 images par seconde, chaque image représente donc un trentième de seconde. 3ds Max conserve en interne une précision de 1/4800 seconde. Ces subdivisions sont appelées **Ticks**.

Pour animer un paramètre, il faut créer une image clé, c'est-à-dire une copie de la valeur du paramètre au début d'une image donnée. Ensuite, il faut créer une nouvelle image clé au début d'une image différente puis changer la valeur. 3ds Max est capable d'interpoler automatiquement la valeur entre ces deux images clés.

Ainsi, la méthode est très simple : positionnez le temps à une image, changez les valeurs, enregistrez-les et recommencez à un autre temps, une autre image. Enfin, finalisez l'animation par éventuellement une personnalisation de l'interpolation entre les images clés.

## B. Paramétrer la barre de temps

La barre de temps est située dans le coin inférieur droit de la fenêtre de l'interface principale. Par défaut, la barre de temps débute à l'image 0 et fini à l'image 100 (ce qui fait un temps total de 101 images).

*La barre d'outils d'animation est positionnée sous la barre de temps.*

➲ Pour configurer le temps actif, cliquez sur le bouton  (barre d'outils d'animation) ou faites un clic droit sur l'un des boutons de la barre d'outils d'animation.

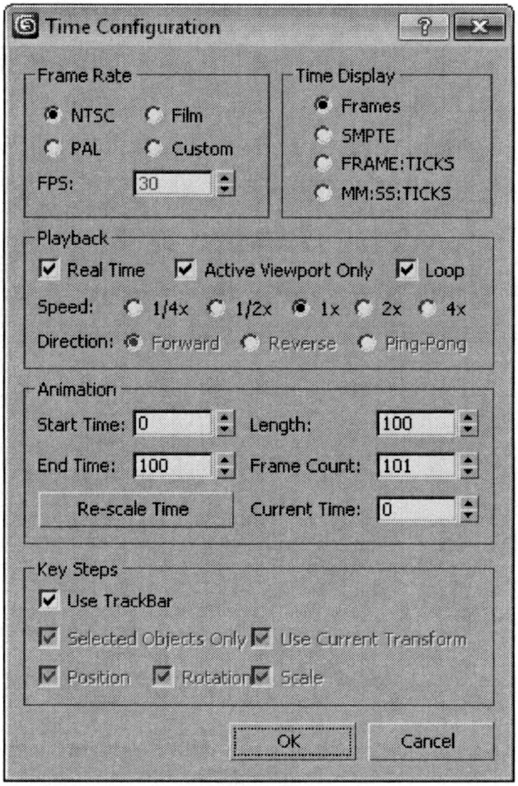


*La fenêtre de configuration du temps.*

- Sélectionnez un taux d'images par seconde en activant l'option **NTSC** (30 images par seconde), **Film** (24 images par seconde), **PAL** (25 images par seconde) ou **Custom** pour entrer une valeur personnalisée dans la zone **FPS**.
- Personnalisez l'unité de temps affichée en choisissant **Frames** (images), **SMPTE** (minutes : secondes : images), **FRAME:TICKS** (images : **Ticks**) ou **MM:SS:TICKS** (minutes : secondes : **Ticks**).
- Cochez l'option **Real Time** pour favoriser le déroulement en temps réel de l'animation dans la vue au détriment du rafraîchissement. Dans ce mode, il se peut que l'image « saute » si 3ds Max n'arrive pas à calculer l'affichage de l'animation dans le temps imparti. Sans cette option, l'animation est éventuellement ralentie pour afficher toutes les images.
- Cochez l'option **Active Viewport Only** pour n'animer que dans la vue active.
- Cochez l'option **Loop** pour recommencer automatiquement au début lorsque l'animation atteint la dernière image de la barre de temps.
- Ralentissez ou accélérez l'animation dans la vue en activant un des facteurs de vitesse associés à l'option **Speed**.
- Si l'option **Real Time** est décochée, vous pouvez choisir de lire l'animation en avant en activant l'option **Forward**, à l'envers en activant l'option **Reverse**, ou en avant puis en arrière et ainsi de suite en activant l'option **Ping-Pong**.
- Définissez le temps de début de la barre de temps par la valeur **Start Time** et le temps de fin de la barre de temps par la valeur **End Time**.
- Spécifiez la longueur de l'animation dans la zone **Length** et le nombre d'images dans la zone **Frame Count**. Dans la zone **Current Time**, spécifiez la position actuelle du curseur de temps.
- Validez en cliquant sur le bouton **OK**.
- Pour changer la position du curseur de temps, maintenez le clic gauche sur le curseur de temps [0 / 100] de la barre de temps et faites glisser la souris.
- Pour avancer d'une image, utilisez le bouton [>] du chariot de temps, pour reculer d'une image utilisez le bouton [<] du chariot de temps. Le pointeur de la souris se déplace automatiquement avec le chariot, ce qui vous permet de cliquer autant de fois que vous le désirez sans avoir à regarder la position de votre pointeur.
- Pour changer la valeur **Start Time** sans ouvrir la fenêtre de configuration de temps, maintenez les touches [Ctrl] [Alt] et le bouton gauche de la souris enfoncés dans une zone neutre de la barre de temps et déplacez la souris.
- Pour changer la valeur **End Time** sans ouvrir la fenêtre de configuration du temps, maintenez les touches [Ctrl] [Alt] et le bouton gauche de la souris enfoncés dans une zone neutre de la barre de temps et déplacez la souris.

Les boutons d'animation permettent, de gauche à droite, de revenir au début, reculer d'une image, jouer/mettre en pause l'animation, avancer d'une image, aller à la fin.

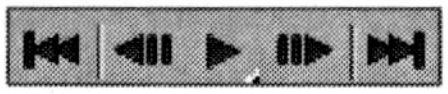

## C. La gestion des clés et la lecture de l'animation

3ds Max propose un mode de création d'image clé automatique. Dans ce mode, si vous changez une valeur, une clé se crée automatiquement et si une clé existe déjà, sa valeur est changée.

Le moyen le plus simple et visuel de créer une animation est d'animer la position d'un objet dans la scène.

- Assurez-vous d'avoir un objet dans la scène.
- Entrez en mode clé automatique en cliquant sur le bouton 

 (barre d'outils d'animation) en appuyant sur la touche **N** : la barre de temps devient rouge pour vous signaler l'activation du mode.
- Déplacez le curseur de temps à une position différente de l'image de départ.
- Déplacez l'objet dans la scène.

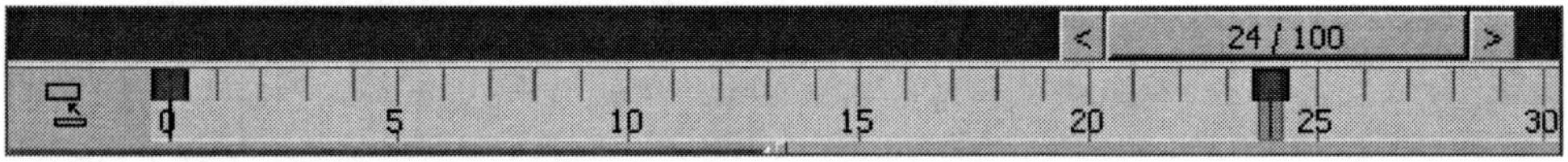


*Deux rectangles apparaissent : à l'image 0 et à l'image courante. Ils signalent l'enregistrement de deux images clé.*

- Recommencez la manipulation autant de fois que nécessaire.
- Désactivez le mode clé automatique en cliquant à nouveau sur le bouton 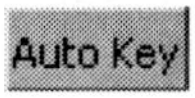

 ou en appuyant sur la touche **N**.
- Lancez la lecture de l'animation en cliquant sur le bouton  ou en appuyant sur la touche / (slash).
- Stoppez la lecture en cliquant sur le bouton  ou en appuyant sur la touche / (slash).
- Pour vous déplacer manuellement dans le temps image par image, cliquez sur les boutons  (ou la touche virgule ,) ou  (ou la touche point .).

Seules les clés de la sélection sont visibles dans la barre de temps. Vous pouvez essayer d'animer d'autres paramètres comme la rotation ou un paramètre de l'objet (diamètre, taille, etc.).

**ASTUCE**

*Les images clés sont relatives, cela veut dire que si vous modifiez un paramètre en dehors du mode de création de clé, vous décalez l'animation. Par exemple, si l'animation fait passer la position X de 2 à 5 et que vous décalez l'objet en dehors du mode de création de clé automatique de 2 sur X, l'animation fera passer la position X de l'objet de 4 à 7.*

Pour modifier une série de transformations puis ensuite valider le tout en créant des clés, utilisez le mode animation simple.

- Entrez en mode animation en cliquant sur le bouton Set Key (barre d'outils d'animation) : la barre de temps devient rouge pour vous signaler l'activation du mode.
- Pour créer une clé à l'image courante pour les transformations de la sélection, cliquez sur le bouton (barre d'outils d'animation) ou par le menu Alt **Quad** - **Set Keyframe**.
- Désactivez le mode animation en cliquant à nouveau sur le bouton Set Key.

**ASTUCE**

*Les images clés sont relatives, cela veut dire que si vous modifiez la transformation de l'objet sans être en mode animation, vous décalez l'animation.*

- Pour sélectionner une clé, cliquez dessus dans la barre de temps ; pour sélectionner plusieurs clés, cliquez dessus en maintenant la touche Ctrl enfoncée.
- Pour désélectionner les clés, cliquez dans une zone vide de la barre de temps.
- Pour modifier la position temporelle des clés sélectionnées, pointez une des clés sélectionnées, cliquez puis faites-la glisser vers sa nouvelle position : les autres clés sélectionnées sont également déplacées.
- Pour supprimer des clés sélectionnées, appuyez sur la touche Suppr.
- Pour dupliquer des clés sélectionnées dans la barre de temps, faites glisser une des clés sélectionnées en maintenant la touche ⇧ enfoncée : les autres clés sélectionnées sont également déplacées.
- Pour supprimer les animations de l'objet sélectionné, utilisez le menu Alt **Quad** - **Delete Selected Animation**.

## Remarque

*Pour modifier la valeur d'une clé, il suffit d'enregistrer une nouvelle clé pour le même paramètre à la même image.*

# D. Visualiser et éditer la trajectoire

Il est possible de visualiser et de modifier la trajectoire d'un objet animé directement dans la scène.

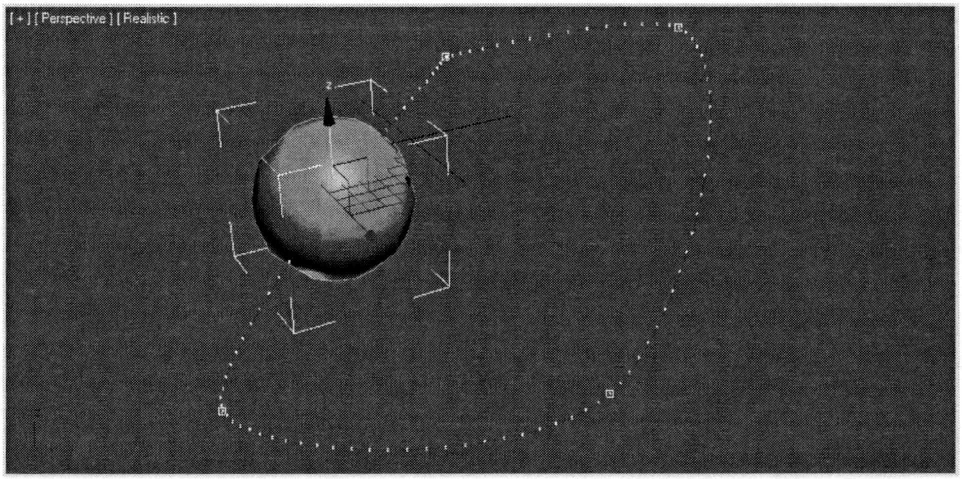


- Assurez-vous d'avoir un objet dans la scène avec des clés d'animation de position.
- Pour visualiser la trajectoire d'un objet animé, passez en mode animation en cliquant sur l'onglet  du panneau de commandes.
- Cliquez sur le bouton **Trajectories**. Pour activer constamment l'affichage de la trajectoire de l'objet, cochez l'option **Trajectory** dans les propriétés de l'objet ou utilisez le menu Alt **Quad - Show Trajectory Toggle**.
- Pour éditer les clés, cliquez sur le bouton **Sub-Object**.
- Sélectionnez et transformez les points de la trajectoire avec les outils de sélection et de transformation classiques.

  Notez que pour les rotations et les échelles, il faut sélectionner au moins deux points de trajectoires.
- Pour supprimer les clés sélectionnées, cliquez sur le bouton **Delete Key**.
- Pour ajouter des clés à la trajectoire, cliquez sur le bouton **Add Key** et cliquez sur la trajectoire.
- Cliquez à nouveau sur le bouton **Sub-Object** pour quitter le mode d'édition des clés.
- Pour créer une spline à partir de la trajectoire, cliquez sur le bouton **Convert To** : la spline utilise la trajectoire à partir du temps **Start Time** jusqu'au temps **End Time** et contient un nombre de sommets égal à la valeur **Samples**.

- Pour utiliser une spline comme trajectoire, cliquez sur le bouton **Convert From** puis cliquez sur une spline de la scène : la spline définit la trajectoire à partir du temps **Start Time** jusqu'au temps **End Time** et crée un nombre de clés égal à la valeur **Samples**.

## E. Éditer les paramètres de clés

- Assurez-vous d'avoir un objet sélectionné dans la scène avec des clés d'animation de transformation.
- Passez en mode animation en cliquant sur l'onglet du panneau de commandes.
- Cliquez sur le bouton **Parameters** s'il n'est pas sélectionné.
- Si besoin, affichez le contenu du panneau **PRS Parameters**.

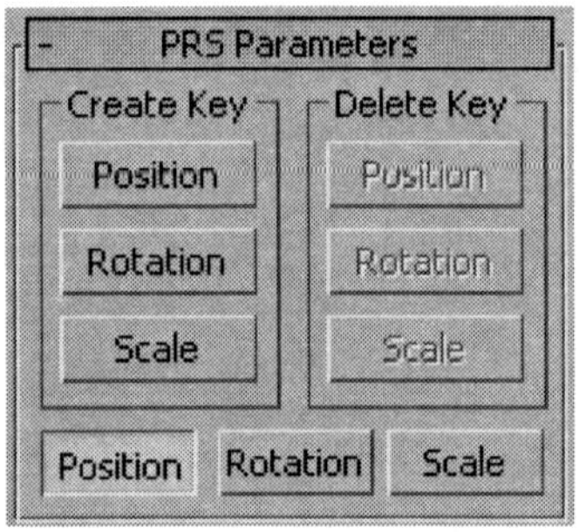


*Le panneau **PRS Parameters** permet de gérer les clés de transformation.*

- Pour créer une clé de position, rotation ou échelle à l'image courante, cliquez sur les boutons **Position**, **Rotation** ou **Scale** du groupe de paramètres **Create Key**.
- Pour supprimer une clé de position, rotation ou échelle à l'image courante, cliquez sur les boutons **Position**, **Rotation** ou **Scale** du groupe de paramètres **Delete Key**.
- Pour éditer les paramètres de clé de position, rotation ou échelle, cliquez sur les boutons correspondants en bas du panneau **PRS Parameters**.
- Pour déplacer le curseur de temps à la prochaine clé, utilisez les boutons du panneau **Key Info** ; vous pouvez aussi passer en mode clé en cliquant sur le bouton (barre d'outils d'animation) puis cliquer sur les boutons (ou la touche virgule ,) et (ou la touche point .).
- Pour déplacer une clé dans le temps, modifiez la valeur du champ **Time** du panneau **Key Info**.
- Pour modifier la valeur de la clé, changez la valeur du champ **Value**.

- Pour changer la méthode d'interpolation de la clé en amont et en aval, utilisez les boutons de courbes **In** et **Out** du panneau **Key Info**.

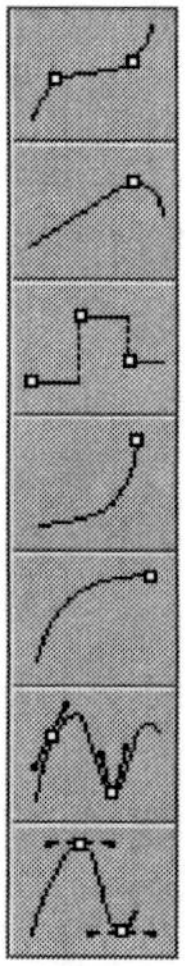

*Les types de courbes en amont et en aval utilisables pour l'interpolation des clés.*

## F. Les contrôleurs d'animation

Les contrôleurs permettent de gérer les données et les interpolations d'une animation. Par défaut, la position est gérée par un contrôleur **Position XYZ** permettant d'enregistrer des clés pour chaque axe. La rotation utilise un contrôleur **Euler XYZ** qui permet d'enregistrer des clés de rotation autour de chaque axe.

- Assurez-vous d'avoir un objet sélectionné dans la scène avec des clés d'animation de transformation.
- Passez en mode animation en cliquant sur l'onglet  du panneau de commandes.
- Cliquez sur le bouton **Parameters** s'il n'est pas sélectionné.
- Si besoin, affichez le contenu du panneau **Assign Controller**.

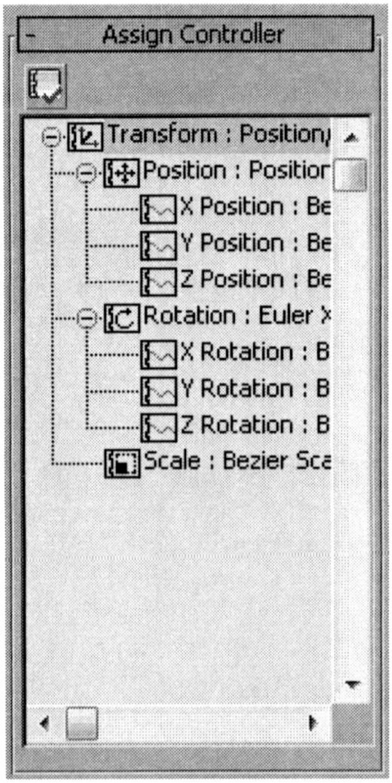


*Le panneau **Assign Controller** gère l'application de contrôleurs.*

➲ Pour assigner un contrôleur à une piste, sélectionnez l'une des pistes et cliquez sur le bouton .

### Remarque

*Les contrôleurs changent en fonction de la piste sélectionnée.*

➲ Sélectionnez un contrôleur parmi ceux proposés :

- Le contrôleur bézier (**Bezier Float**) interpole les clés en utilisant une courbe de type spline.
- Le contrôleur TCB (**TCB Float**) interpole les clés également avec des courbes mais en utilisant un jeu de paramètres différents.
- Le contrôleur linéaire (**Linear Float**) interpole les clés linéairement.
- Le contrôleur de bruit (**Noise Float**) produit des valeurs aléatoires.
- Les contrôleurs de position XYZ (**Position XYZ**) et d'angle XYZ (**Euler XYZ**) permettent de créer des clés avec trois pistes différentes pour la position et la rotation.

- Le contrôleur audio (**AudioFloat**) utilise les données d'un fichier son ou d'une source temps réel comme le microphone pour déterminer les valeurs.

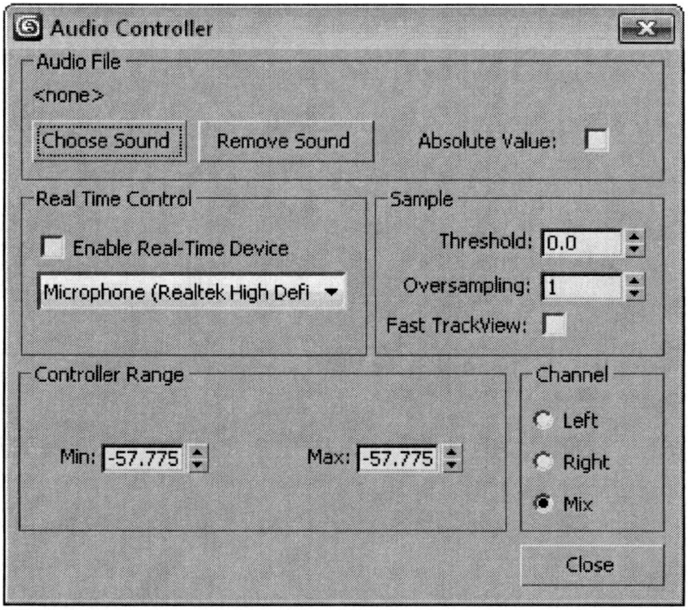


*Le contrôleur audio vous permet de faire varier la valeur avec un son, voire à partir du micro.*

- Le contrôleur liste (**Float List**) permet de combiner plusieurs contrôleurs sur le même paramètre.
- Les contrôleurs expression (**Float Expression**) et script (**Float Script**) utilisent une formule et un script pour évaluer la valeur.
- Le contrôleur de capture de mouvement (**Float Motion Capture**) permet d'utiliser une source de donnée externe comme la souris, le clavier ou un joystick pour déterminer la valeur.
- Le contrôleur on/off (**On/Off**) produit des valeurs binaires 0 ou 1, chaque clé change l'état.
- Le contrôleur booléen (**Boolean Controller**) est similaire au contrôleur on/off excepté qu'il ne change pas forcément d'état à chaque clé.
- Le contrôleur de sinusoïde (**Waveform Float**) produit des valeurs à partir de fonctions mathématiques périodiques.
- Le contrôleur position/rotation/scale (**Position/Rotation/Scale**) gère la transformation d'un objet avec les données classiques.
- Le contrôleur de script de transformation (**Transformation Script**) détermine une transformation à partir d'un script.

– Le contrôleur de rotation douce (**Smooth Rotation**) produit des interpolations de rotation automatiques et non personnalisables.

➲ Cliquez sur le bouton **OK**.

➲ Modifiez, si besoin est, les paramètres du contrôleur.

**Remarque**

*Il n'est pas possible de supprimer un contrôleur. Chaque piste se voit attribuer un contrôleur lors de la création de l'objet. Il est possible de changer le contrôleur assigné.*

**Remarque**

*Un double clic sur une piste permet de modifier les paramètres du contrôleur correspondant.*

## G. L'éditeur de courbes

3ds Max possède un éditeur de courbes très complet d'édition des contrôleurs d'animation et des clés.

➲ Pour ouvrir l'éditeur de courbes, utilisez le menu **Graph Editors** - **Track View** - **Curve Editor** ou le bouton  (barre d'outils principale) ou le menu Alt **Quad** - **Curve Editor**.

Pour ouvrir la version de l'éditeur de courbes intégrée à l'interface principale de 3ds Max, cliquez sur le bouton  situé à gauche de la barre de temps. Cliquez sur le bouton **Close** pour refermer l'éditeur de temps.

Pour insérer l'éditeur de courbes dans une vue, ouvrez le deuxième menu de la vue et sélectionnez **Extended Viewports** - **Track View** - **Track View** - **Curve Editor**.

Pour retrouver une vue standard après avoir placé un éditeur de courbe dans une vue, utilisez le menu **Views - Configure Views**, cliquez sur l'onglet **Layout** et changez le type de la vue en faisant un clic droit dessus.

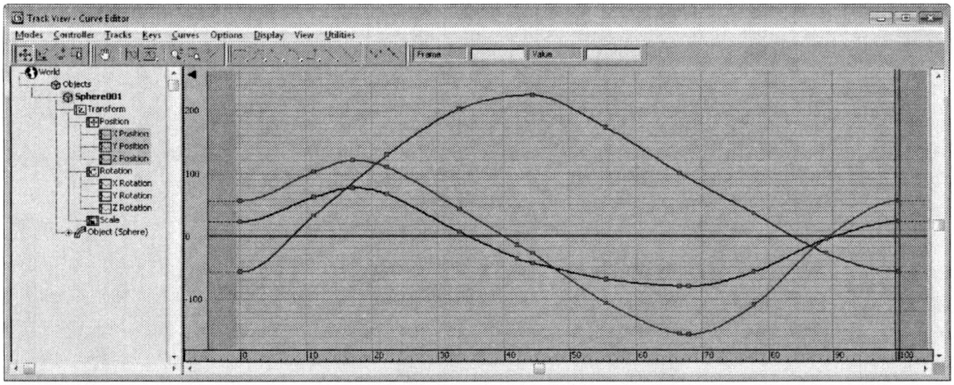


*L'éditeur de courbes permet de maîtriser très précisément le comportement des clés d'animation et des contrôleurs. Le temps est défini horizontalement et les valeurs des clés verticalement.*

- Sélectionnez dans la liste de gauche la ou les pistes à afficher ; utilisez la touche Ctrl pour une sélection non contiguë et/ou la touche ⇧ pour une sélection contiguë.
- Pour sélectionner et déplacer une clé, cliquez sur le bouton 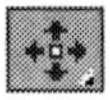 ou utilisez le menu **Quad - Move Keys**, maintenez le bouton gauche sur une clé puis faites glisser la souris. Utilisez son option  pour modifier uniquement le temps et son option 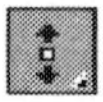 pour modifier seulement les valeurs.
- Pour dessiner une courbe, sélectionnez la piste concernée, cliquez sur le bouton 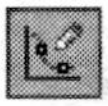, maintenez le bouton gauche de la souris enfoncé dans la vue de courbes et faites glisser la souris.
- Pour ajouter une clé, cliquez sur le bouton 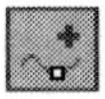 ou utilisez le menu **Quad - Insert Keys** et cliquez sur une courbe.
- Pour sélectionner des clés par dessin d'une région de sélection, cliquez sur le bouton , maintenez le bouton gauche de la souris enfoncé dans la vue de courbes puis faites glisser la souris de façon à englober les clés à sélectionner.
- Pour déplacer la vue de courbes, cliquez sur le bouton , maintenez le bouton gauche de la souris dans la vue de courbes et faites glisser la souris.

  Vous pouvez aussi maintenir la molette enfoncée dans la vue de courbes puis faire glisser la souris.
- Pour zoomer afin de voir l'ensemble de la zone de temps active, cliquez sur le bouton .

- Pour zoomer afin de voir l'ensemble des valeurs de clés, cliquez sur le bouton .
- Pour zoomer, cliquez sur le bouton , maintenez le bouton gauche de la souris enfoncé dans la vue de courbes puis faites glisser la souris vers l'intérieur ou l'extérieur selon le zoom souhaité.
- Pour zoomer sur une région précise, cliquez sur le bouton , maintenez le bouton gauche de la souris enfoncé dans la vue de courbes puis faites glisser la souris pour définir la région à zoomer.
- Pour changer le type d'interpolation des clés sélectionnées, cliquez sur le type souhaité parmi les boutons d'interpolation 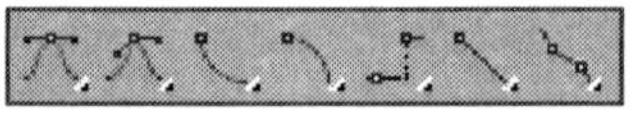 proposés. Certaines interpolations sont disponibles par le menu **Quad**.
- Pour gérer indépendamment les tangentes d'entrée et de sortie des clés sélectionnées, cliquez sur le bouton  ou utilisez le menu **Quad** - **Break Tangents**.
- Pour gérer de façon liée les tangentes d'entrée et de sortie des clés sélectionnées, cliquez sur le bouton 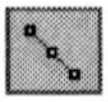 ou utilisez le menu **Quad** - **Unify Tangents**.
- Pour modifier le temps des clés sélectionnées, entrez le temps dans le champ **Frame**.
- Pour modifier la valeur des clés sélectionnées, entrez la valeur dans le champ **Value**.
- Pour faire apparaître la fenêtre des propriétés d'une clé, faites un clic droit sur la clé.

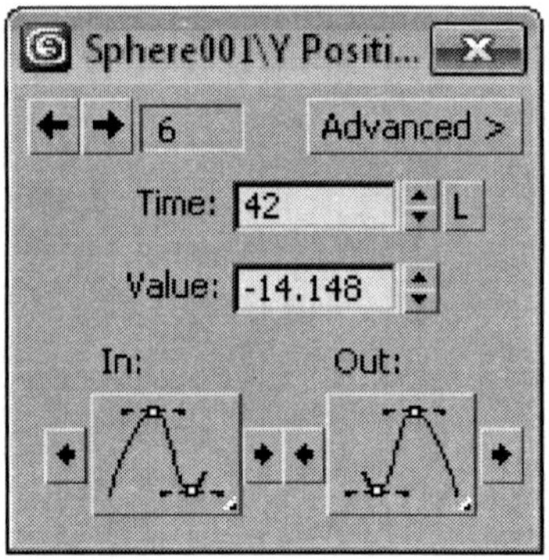


*La fenêtre des propriétés d'une clé vous permet de définir son temps, sa valeur et ses interpolations d'entrée et de sortie de la même façon que dans le panneau de commandes en mode animation.*

## H. La feuille d'exposition

La feuille d'exposition rassemble tous les paramètres liés à l'animation.

➲ Pour ouvrir la feuille d'exposition, utilisez le menu **Graph Editors** - **Track View** - **Dope Sheet** ou le menu Alt **Quad** - **Dope Sheet**.

Pour insérer la feuille d'exposition dans une vue, ouvrez le deuxième menu de la vue et sélectionnez **Extended Viewports** - **Track View** - **Trackbar**.

Pour retrouver une vue standard après avoir placé une feuille d'exposition dans une vue, utilisez le menu **Views** - **Configure Views**, cliquez sur l'onglet **Layout** et changez le type de la vue en faisant un clic droit dessus.

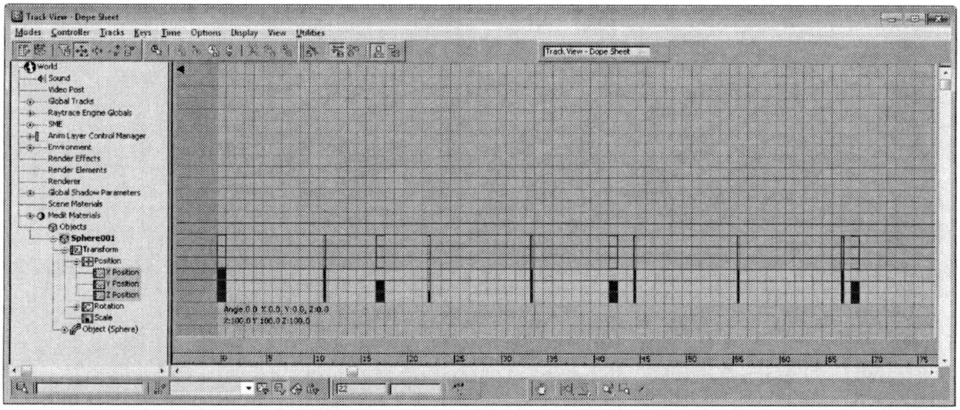


La feuille d'exposition est un éditeur de temps très complet permettant de superposer les clés de différentes pistes en un seul endroit sans avoir à sélectionner les objets.

➲ Pour déplacer la feuille d'exposition, cliquez sur le bouton , maintenez le bouton gauche de la souris dans la feuille d'exposition puis faites glisser la souris.

Vous pouvez aussi maintenir la molette enfoncée dans la feuille d'exposition puis faire glisser la souris.

➲ Pour zoomer afin de voir l'ensemble de la zone de temps active, cliquez sur le bouton .

➲ Pour zoomer, cliquez sur le bouton , maintenez le bouton gauche de la souris enfoncé dans la feuille d'exposition et faites glisser la souris vers l'intérieur ou l'extérieur selon le zoom souhaité.

- Pour zoomer sur une région précise, cliquez sur le bouton , maintenez le bouton gauche de la souris enfoncé dans la feuille d'exposition puis faites glisser la souris pour définir la région.

- Pour sélectionner et modifier les pistes entières de clés, cliquez sur le bouton . Maintenez le bouton gauche de la souris sur une poignée blanche de l'intervalle et faites glisser la souris pour redimensionner l'animation (ce qui revient à accélérer ou ralentir l'animation). Maintenez le bouton gauche de la souris enfoncé sur l'intervalle puis faites glisser la souris pour déplacer l'animation dans le temps.
- Pour sélectionner et modifier des clés, cliquez sur le bouton .

- Pour déplacer des clés dans le temps, cliquez sur le bouton ou utilisez le menu **Quad** - **Move Keys**, maintenez le bouton gauche de la souris enfoncé sur une clé et faites glisser la souris.

- Pour déplacer une clé et toutes les clés suivantes, cliquez sur le bouton , maintenez le bouton gauche de la souris enfoncé sur une clé et faites glisser la souris.

- Pour ajouter une clé, cliquez sur le bouton ou utilisez le menu **Quad** - **Insert Keys** et cliquez dans une piste de la feuille d'exposition.
- Pour modifier l'échelle d'espacement des clés sélectionnées, cliquez sur le bouton , maintenez le bouton gauche de la souris enfoncé sur une des clés sélectionnées puis faites glisser la souris.
- Pour sélectionner un temps donné, cliquez sur le bouton , maintenez le bouton gauche de la souris enfoncé dans la feuille d'exposition et faites glisser la souris.
- Pour supprimer toutes les clés du temps sélectionné et reculer les clés suivantes de la longueur du temps sélectionné, cliquez sur le bouton .
- Pour inverser l'animation dans le temps sélectionné, cliquez sur le bouton .

- Pour changer l'échelle du temps sélectionné, cliquez sur le bouton , maintenez le bouton gauche de la souris enfoncé dans la feuille d'exposition puis faites glisser la souris.

- Pour insérer une période de temps dans l'animation, cliquez sur le bouton , maintenez le bouton gauche de la souris enfoncé dans la feuille d'exposition puis faites glisser la souris.

- Pour couper le temps sélectionné, cliquez sur le bouton .

- Pour copier le temps sélectionné, cliquez sur le bouton .
- Pour coller le temps copié, cliquez sur le bouton .
- Pour verrouiller la sélection, cliquez sur le bouton .
- Pour accrocher les manipulations aux images, cliquez sur le bouton 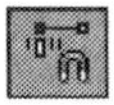.
- Pour visualiser les pistes animables dans la liste des pistes de gauche, cliquez sur le bouton .

## I. Connecter des valeurs

Toutes les valeurs animables de 3ds Max peuvent également être connectées entre elles. La position sur X d'une sphère peut faire varier l'intensité de la texture diffuse d'un matériau. Ces liens s'appellent les **Wire Parameters**.

- Pour lier deux paramètres entre eux, sélectionnez un premier objet et utilisez le menu **Quad** - **Wire Parameters**.
- Dans le menu contextuel qui s'affiche, sélectionnez un premier paramètre.
- Cliquez sur un deuxième objet de la scène.
- Dans le menu contextuel qui s'affiche, sélectionnez un deuxième paramètre.

**ASTUCE**

*Les contrôleurs doivent être compatibles pour connecter deux paramètres ensemble. Vous ne pouvez par exemple pas connecter un contrôleur **Point3** à un contrôleur **Float**.*

La fenêtre de connexion des paramètres apparaît.

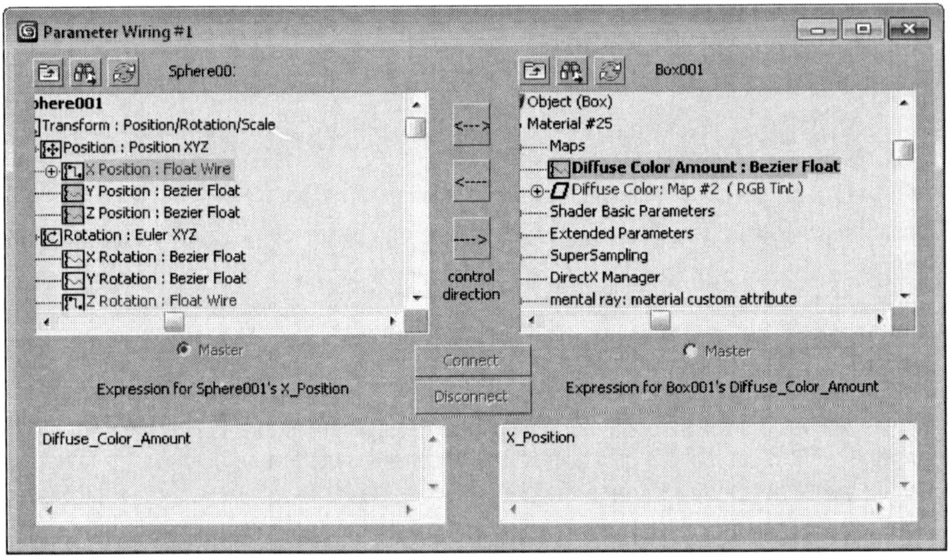


- Sélectionnez de chaque côté le paramètre concerné.
- Pour connecter les paramètres en double sens (la modification d'un paramètre impacte l'autre), cliquez sur le bouton 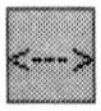. Pour ne définir qu'un sens unique, utilisez le bouton 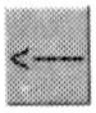 ou 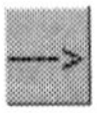.
- Cliquez sur le bouton **Connect** pour connecter les paramètres.
- Cliquez sur le bouton **Disconnect** pour déconnecter les paramètres.

# Chapitre 22
# Squelettes et personnages

## A. La théorie : simplifier un corps déformable

Déformer un corps pour l'animer est une tâche particulière. La méthode la plus évidente consisterait à déformer les sommets du maillage à chaque nouvelle image clé de l'animation. Cette opération s'appelle le morphing.

Il est aisément compréhensible que cela s'avère fastidieux, d'autant plus si le modèle est complexe et comporte des milliers voire des centaines de milliers de sommets.

En 3D, l'astuce consiste à simplifier le corps à animer par un squelette. L'avantage de cette solution est que les os sont indéformables et donc simples à animer, et qu'ils contrôlent chacun des centaines voire des milliers de sommets. On assimile alors le maillage à la peau du squelette.

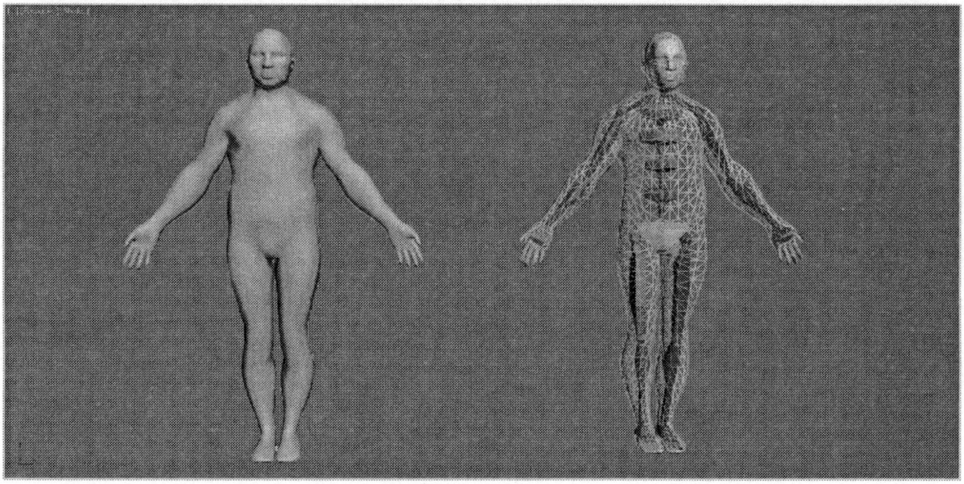

*En utilisant un squelette et en l'associant avec le maillage, il devient plus facile d'animer un corps souple.*

L'opération de mise en place et d'association d'un corps déformable à un squelette est communément appelée rigging. La position des os par rapport au maillage est très importante car la rotation des jointures du squelette va avoir un impact déterminant sur la forme finale du maillage déformé.

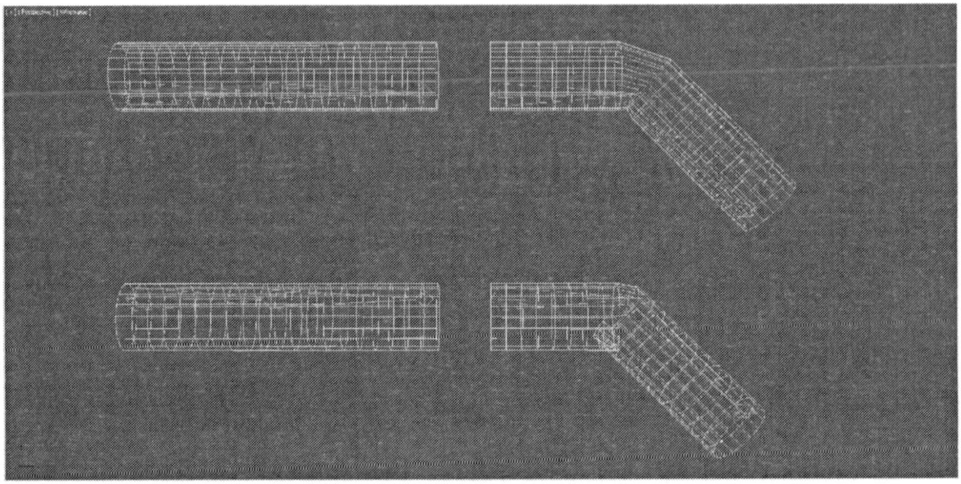

*En haut à gauche, le cylindre a deux os associés positionnés sur le bas du cylindre. En haut à droite, la déformation appliquée déforme de façon importante la partie haute du coude. En bas à gauche, les os ont été positionnées sur le haut du cylindre. En bas à droite, la même déformation appliquée sur le cylindre produit un résultat différent sur le coude, avec une déformation extérieure moindre mais un intérieur dont le maillage se chevauche.*

L'opération plus particulière consistant à associer les sommets du maillage avec les différents os du squelette est le skinning. Cette opération est cruciale, elle déterminera avec précision le comportement du maillage en fonction des mouvements du squelette. Il s'agit de choisir, pour chaque sommet, quel est l'os associé ou quels sont les os associés et comment est répartie leur influence. Associer plusieurs os à un sommet permet d'avoir des déformations de maillage plus douces et réalistes qu'avec un seul os.

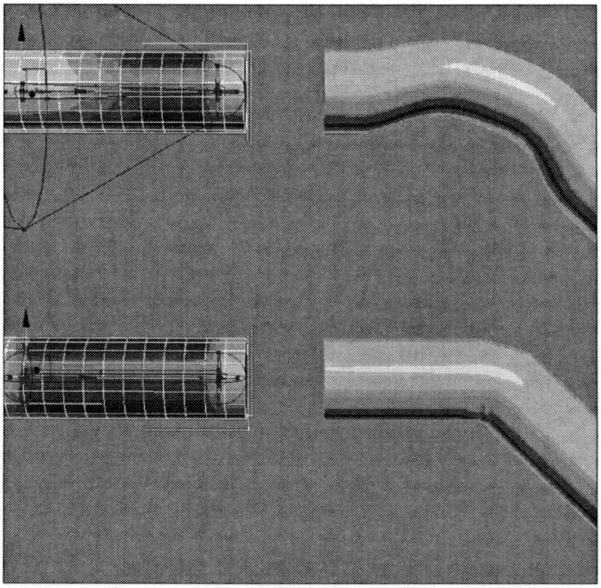

*Dans le cas du haut, les sommets ont été distribués selon les deux os avec une influence partagée au centre se traduisant par une transition douce tandis qu'en bas, la transition est franche, chaque sommet étant associé exclusivement avec un seul os. Cette différence se retrouve à droite avec les déformations du squelette.*

Lorsqu'un sommet est influencé par plusieurs os, la valeur d'association du sommet avec chaque os s'appelle le poids, le total des poids d'un sommet est normalement égal à 1. Par exemple, un sommet partagé uniformément entre deux os aura deux poids de valeur 0,5 pour chaque os.

Théoriquement, un sommet peut avoir une influence partagée entre un nombre infini d'os. Cependant, en pratique, on limite le nombre d'influences pour chaque sommet afin d'accélérer l'opération de skinning, qui peut s'avérer longue. Mais cela peut également être dû à des contraintes techniques : dans le domaine du jeu vidéo, le calcul de la position des sommets a un coût à chaque image et dépend en partie du nombre d'os associés. Suivant les technologies utilisées, il n'est pas rare de voir des limites d'influence de deux os maximum, voire un seul. De même, un personnage a souvent dans ce domaine un nombre maximum d'os pour le squelette, incitant par exemple à n'utiliser qu'un seul os pour la main qui est un gros consommateur d'os, empêchant ainsi d'animer les doigts (une main normale contient un os pour la main et cinq fois trois os pour les doigts, ce qui augmente vite le nombre total).

La notion supplémentaire très importante est le principe de cinématique inverse. Prenez le cas d'un bras. Pour déplacer la main, il vous faudrait normalement pivoter l'omoplate, puis le bras et enfin l'avant-bras. On voit bien qu'avec cette manipulation, le positionnement de la main est difficile et approximatif. Pour résoudre ce problème, on utilise la cinématique inverse qui, si vous tentez de déplacer la main, calcule automatiquement les rotations des os parents dans la hiérarchie et vous empêche d'atteindre des positions impossibles : lorsque le bras est parfaitement tendu, vous ne pouvez plus éloigner la main de l'épaule.

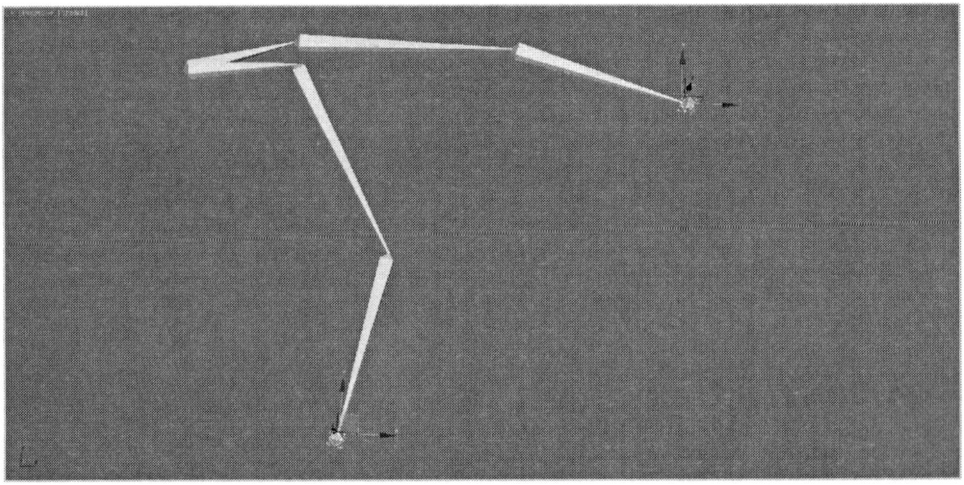

*Grâce à la cinématique inverse, le déplacement de la « main » a modifié la position des os du « bras » et de « l'épaule ».*

Les os d'un squelette sont connectés entre eux en hiérarchie. Cette hiérarchie a une racine, un os dont le déplacement déplace l'ensemble du squelette. Dans un squelette humain, la racine de la hiérarchie des os est généralement l'os du bassin. Cette hiérarchie se termine par des feuilles, les extrémités du squelette qui vous permettront de manipuler le squelette par cinématique inverse. Dans un squelette humain, les feuilles de la hiérarchie sont généralement les pieds, les mains et la tête.

3ds Max vous propose deux outils de squelette : des os simples à connecter entre eux et un système de squelette humanoïde pré-paramétré simplifiant grandement l'animation de personnages appelé Biped.

## B. Créer une hiérarchie d'os

- Cliquez sur l'icône de création du panneau de commandes : .
- Sélectionnez la catégorie des systèmes : .

- Sélectionnez le type **Standard** dans la liste.
- Entrez dans le mode de création d'os en cliquant sur le bouton **Bones**.
- Cliquez une première fois dans la scène pour poser la racine de l'os.
- Déplacez la souris et cliquez plusieurs fois pour déterminer la hiérarchie des os.

  Un clic droit désactive l'outil.

**ASTUCE**

*Les os sont liés entre eux, si vous tentez de déplacer l'un des os non racine de la hiérarchie, son déplacement sera limité aux mouvements permis par son parent. De même, toute transformation appliquée sur les os, telle qu'une mise à l'échelle, n'est pas possible directement par les outils classiques, il faut utiliser un outil spécifique.*

- Pour modifier les os, ouvrez l'outil de gestion des os par le menu **Animation** - **Bone Tools**.

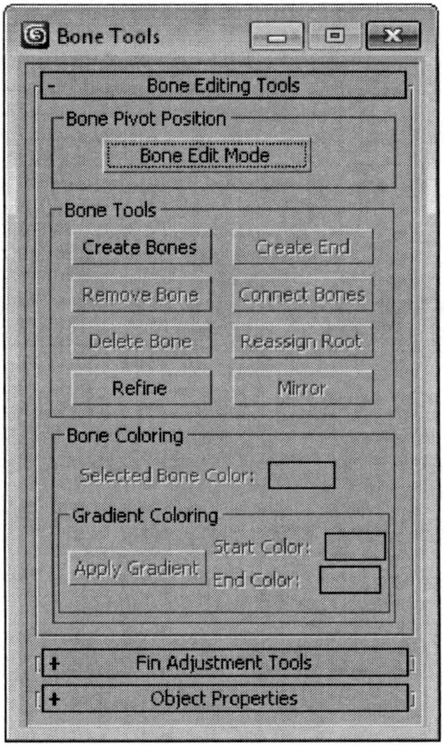


*L'outil **Bone Tools** vous permet de contrôler la hierarchie des os.*

Cliquez sur le bouton **Bone Edit Mode** puis utilisez les outils de transformation classiques (translation, rotation, échelle) pour modifier la disposition et la forme des os.

- Pour créer une nouvelle hiérarchie d'os, cliquez sur le bouton **Create Bones** puis cliquez plusieurs fois dans la scène. Si vous cliquez la première fois sur un os existant, il sera connecté à la hiérarchie existante.
- Pour supprimer un os sélectionné de la hiérarchie, et voir son enfant connecté directement à son parent, cliquez sur le bouton **Remove Bone**.
- Pour supprimer un os sélectionné et séparer en deux la hiérarchie dont il fait partie, cliquez sur le bouton **Delete Bone** ou appuyez sur la touche Suppr.
- Pour diviser un os en deux, cliquez sur le bouton **Refine** et cliquez sur un os de la hiérarchie.
- Pour ajouter une feuille à la feuille sélectionnée, cliquez sur le bouton **Create End**.
- Pour ajouter un os entre l'os sélectionné et un autre os, cliquez sur le bouton **Connect Bones** et cliquez sur le deuxième os.
- Pour désigner l'os sélectionné comme racine de la hiérarchie, cliquez sur le bouton **Reassign Root**.
- Pour créer une copie miroir des os sélectionnés, cliquez sur le bouton **Mirror**, spécifiez les paramètres de la copie miroir dans la boîte de dialogue **Bone Mirror** puis cliquez sur le bouton **OK**.
- Pour personnaliser la forme des os, utilisez les paramètres du panneau **Fin Adjustment Tools**.

## C. Paramétrer une cinématique inverse

Pour paramétrer la cinématique inverse, vous devez créer une solution de résolution de la cinématique inverse. Il en existe trois types : solution sans historique, solution avec historique et solution de membres.

La solution sans historique (**HI Solver**) est la solution classique de résolution de la cinématique inverse. Elle permet de résoudre, par exemple, le cas d'une épaule à la main, du bassin aux pieds ou encore du bassin à la tête. Chaque articulation est paramétrable et vous pouvez définir leurs degrés de liberté, c'est-à-dire leurs possibilités de rotation sur 1, 2 ou 3 axes. Dans la plupart des cas, la solution sans historique est suffisante pour produire le résultat désiré.

La solution avec historique (**HD Solver**) ajoute la gestion des degrés de liberté en translation dans la cinématique inverse, par exemple un os élastique. Cette solution est dépendante des calculs depuis la première image de l'animation, ce qui la rend coûteuse en calculs avec la durée de l'animation.

La solution de membres (**IK Limb Solver**) est une version simplifiée plus performante que la solution sans historique, qui est destinée à gérer les membres humains. Elle ajoute les contraintes suivantes à la solution sans historique : le nombre d'os dans la solution ne peut être différent de trois (par exemple bras, avant-bras, main), le premier os a 3 degrés de liberté (épaule ou hanche), le deuxième n'en a qu'un (coude ou genou).

## 1. Créer une cinématique inverse

Nous étudierons ici le cas général : la solution sans historique.

- Sélectionnez l'os d'origine de la cinématique, par exemple l'os du bras ou celui de la jambe.
- Utilisez le menu **Animation - IK Solvers - HI Solver**.
- Cliquez sur le dernier os de la cinématique, par exemple la main ou la cheville.

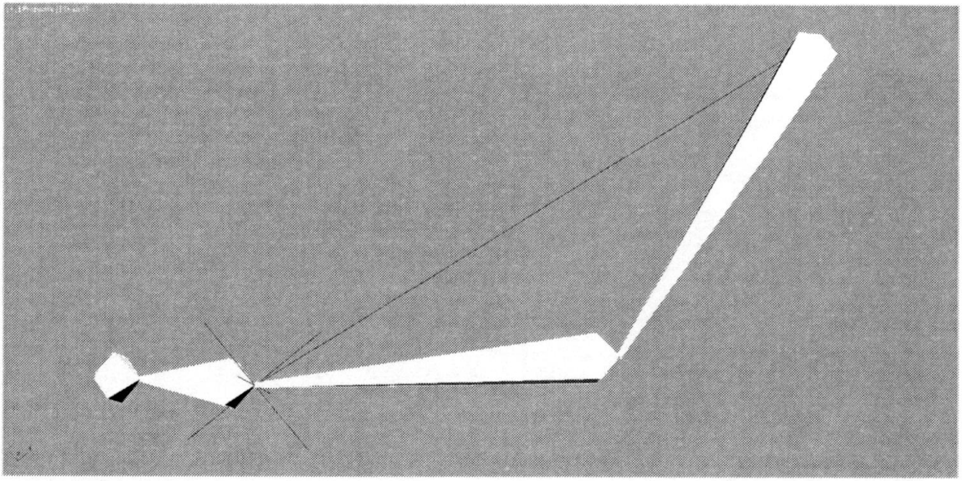

*Un lien apparaît entre le premier et le dernier os. En sélectionnant et déplaçant la croix bleue, représentation de la solution de cinématique inverse, positionnée à la racine du dernier os de la solution, l'ensemble de la hiérarchie se transforme.*

- Créez autant de solutions de cinématique inverse que nécessaire. Vous pouvez créer plusieurs solutions de cinématique inverse qui se chevauchent.

**ASTUCE**

*Lorsque vous venez de définir une cinématique inverse, la cinématique normale (modifier la rotation de l'un des os de la solution) n'est plus possible. C'est uniquement dû à une option de la solution de cinématique inverse cochée par défaut.*

## 2. Paramétrer une solution de cinématique inverse

- Pour accéder aux paramètres de la solution de cinématique inverse, sélectionnez la croix bleue positionnée à la racine du dernier os de la solution.
- Cliquez sur l'icône d'animation du panneau de commandes : .

➲ Si besoin, cliquez sur le bouton **Parameters**.

Les paramètres de la solution de cinématique inverse sélectionnée se trouvent dans les panneaux **IK Solver** et **IK Solver Properties**.

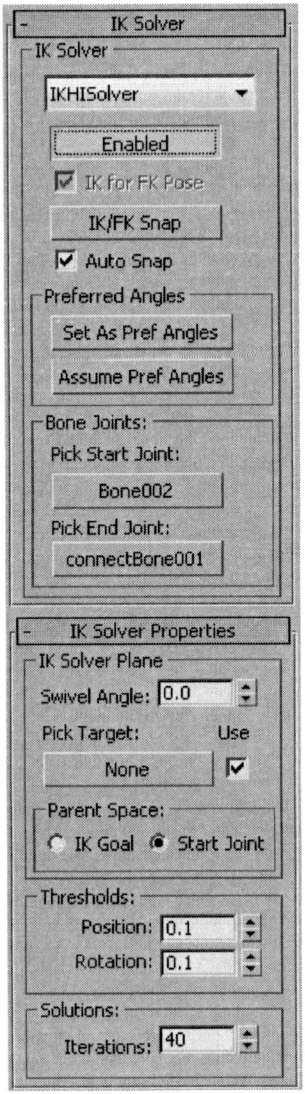


➲ Pour réactiver la cinématique normale, désactivez le bouton **Enabled**.

- Pour enregistrer les angles actuellement formés par les os comme position de repos de référence, cliquez sur le bouton **Set As Pref Angles**.
- Pour changer l'os de départ de la solution, cliquez sur le bouton associé à l'option **Pick Start Joint** et cliquez sur un autre os dans la scène.
- Pour changer l'os de fin de la solution, cliquez sur le bouton associé à l'option **Pick End Joint** et cliquez sur un autre os de la scène.
- La solution s'applique dans un plan ; pour réorienter le plan, modifiez la valeur **Swivel Angle**.

### 3. Paramétrer les articulations

Vous pouvez paramétrer les degrés de liberté de chaque articulation intégrée à une solution de cinématique inverse.

- Pour accéder aux paramètres d'une articulation, sélectionnez l'os enfant de cette articulation.
- Cliquez sur l'icône de hiérarchie du panneau de commandes : 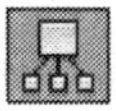.
- Cliquez sur le bouton **IK**.
- Pour ajouter ou supprimer des degrés de liberté, cochez ou décochez l'option **Active** des axes **X**, **Y** et/ou **Z** dans le panneau **Rotational Joint**.
- Cochez l'option **Limited** pour limiter le degré de liberté. Par exemple, un genou est libre dans un seul degré de liberté, mais ce degré de liberté est limité, le genou ne peut pas parcourir 360 degrés de rotation.
- Changez les valeurs **From** et **To** pour définir les angles maximum du degré de liberté.
- Changez la valeur **Preferred** pour définir l'angle de repos de l'articulation.

## D. Créer et paramétrer un Biped

### 1. Créer un Biped

La hiérarchie des os, la cinématique inverse et les articulations du Biped sont déjà paramétrées pour vous. Cependant, ce squelette est limité, il ne pourra pas vous permettre d'animer tout type de créature.

- Pour créer un Biped, cliquez sur l'icône de création du panneau de commandes : 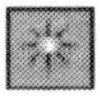.
- Sélectionnez la catégorie des systèmes : .
- Sélectionnez le type **Standard** dans la liste.
- Cliquez sur le bouton **Biped** pour entrer en mode de création.

➲ Maintenez le bouton de la souris enfoncé dans la scène et faites glisser la souris pour définir la taille générale du squelette.

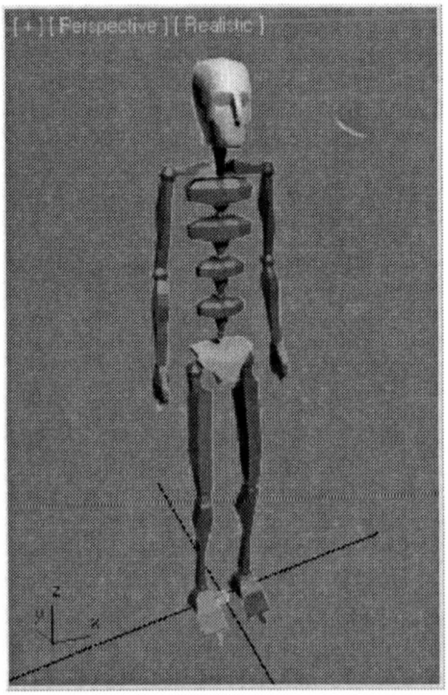


## 2. Paramétrer un Biped

**ASTUCE**

*Une fois que vous êtes sorti du mode de création, les différents paramètres de personnalisation du Biped disparaissent et ne se trouvent pas dans le panneau de modification. De plus, le Biped n'est plus en mode de modification mais en mode d'animation. Suivez bien les étapes suivantes pour terminer la création de votre Biped.*

➲ Sélectionnez un os du Biped.

➲ Cliquez sur l'icône d'animation du panneau de commandes  puis sur le bouton **Parameters**.

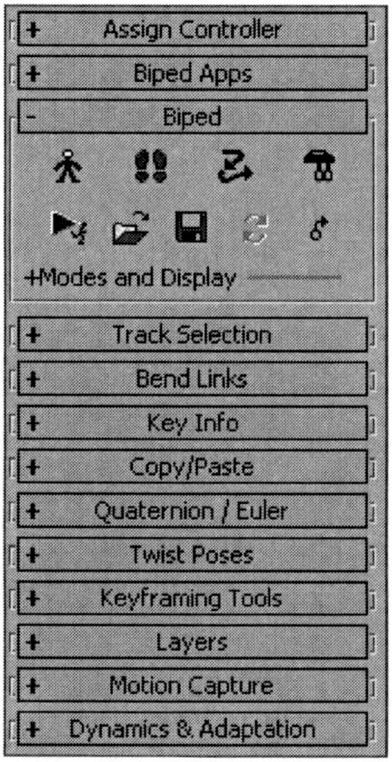


*Lorsque vous avez terminé la création du Biped, ses paramètres sont en mode animation.*

- Pour personnaliser le Biped, cliquez sur le bouton 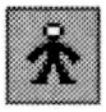 : le fond du bouton s'affiche en bleu.

**ASTUCE**

*Si vous avez commencé le travail d'animation, il va devenir très compliqué de modifier la structure de votre Biped, voire impossible. Les résultats pourraient être catastrophiques et vous pourriez être obligé de recommencer à zéro. Assurez-vous de bien avoir personnalisé la structure de votre Biped avant de commencer à l'animer.*

- Affichez le contenu du panneau **Structure**.

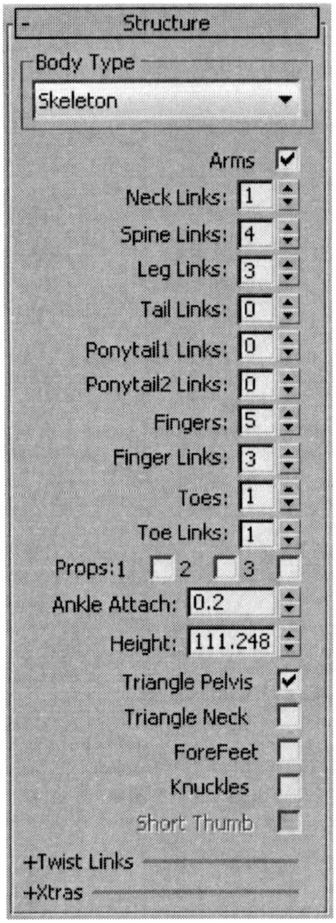


*Le panneau **Structure** vous permet de personnaliser la structure de la hiérarchie des os du Biped. Ce panneau n'est accessible qu'en mode figure.*

- Pour désactiver les bras, cochez l'option **Arms**.
- Changez les valeurs intitulées **Link** pour définir de combien d'os est constituée chacune des parties du squelette.
- Cochez les options **Props** pour obtenir des os complémentaires.
- Changez la valeur **Ankle Attach** pour décaler la cheville par rapport à la jambe.
- Changez la valeur **Height** pour changer la taille générale du Biped.

- Pour créer des objets **Twist** permettant de créer des torsions le long des os, cliquez sur le symbole + situé à gauche de l'option **Twist Links**, cochez l'option **Twists** puis augmentez les valeurs pour les os concernés.
- Utilisez les **Xtras** pour ajouter des os personnalisés à la structure.

## 3. Effectuer un rigging

Une fois la structure personnalisée, il faut adapter votre Biped au maillage qu'il va déformer. La racine de la hierarchie du Biped est un objet nommé par défaut **Bip01**. Cet objet est factice, il ne servira pas à déformer le maillage mais en tant que racine de la structure, vous pouvez déplacer l'ensemble du Biped en déplaçant cet objet.

- Positionnez le Biped dans le maillage de votre modèle.

### Remarque

*Utilisez les différentes vues et les différents modes de vues pour être à l'aise lors de la mise en place du squelette. Lorsque vous aurez franchi certaines étapes, il sera difficile voire impossible de revenir en arrière sans perdre de nombreuses heures de travail. Prenez le temps de faire un travail de qualité. Vous pouvez par exemple geler le maillage pour éviter de le sélectionner et le rendre transparent.*

- Vous pouvez utiliser les outils classiques de transformation, rotation et échelle sur tous les os, translation sur la racine, les mains et les pieds, ces deux derniers utilisant la cinématique inverse.

### Remarque

*Pensez à changer le système de repère pour le repère local, cela vous aidera lors des alignements avec votre maillage. En effet, dans le repère local, le* ***gizmo*** *de rotation vous indiquera l'alignement des os. De plus, dans le système local vous pouvez appliquer une rotation similaire de chaque côté du Biped.*

- Positionnez chaque articulation en partant de la racine de la hiérarchie.

**ASTUCE**

*Comme il a été évoqué plus haut, soyez vigilant en ce qui concerne la position de la transformation de chaque os qui définit le centre de rotation de l'os et de la même façon le centre de transformation des sommets.*

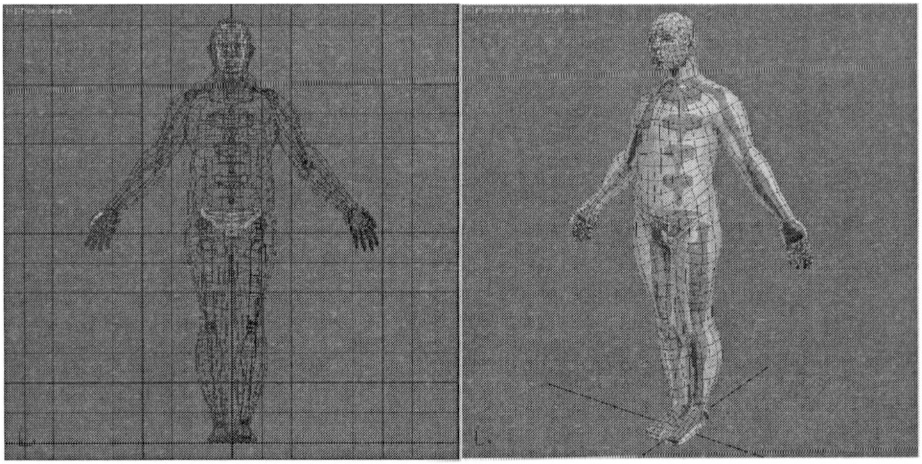

*Le squelette du Biped est correctement disposé dans le maillage.*

## 4. Copier et coller des postures

Vous pouvez enregistrer la configuration spatiale de certains os en tant que posture. Il est également possible d'enregistrer la configuration spatiale de l'ensemble du squelette en tant que pose.

➲ Affichez le contenu du panneau **Copy/Paste**.

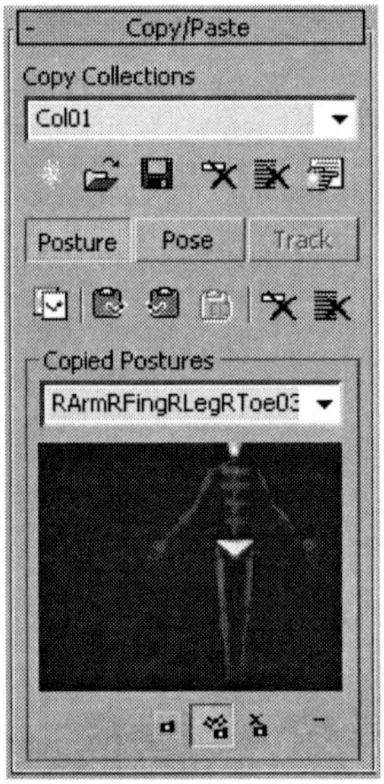

*Le panneau **Copy/Paste** est un centre d'enregistrement de postures et de poses. Vous pouvez à tout moment réappliquer une posture ou une pose.*

Les postures et poses sont classées dans des collections.

- Pour créer une collection, cliquez sur le bouton .
- Pour renommer la collection sélectionnée dans la liste, entrez un nouveau nom dans la liste située en haut du panneau et validez par la touche ⏎.
- Pour charger des collections à partir d'un fichier, cliquez sur le bouton .
- Pour enregistrer les collections dans un fichier, cliquez sur le bouton .
- Pour supprimer la collection sélectionnée dans la liste, cliquez sur le bouton .
- Pour supprimer toutes les collections, cliquez sur le bouton .
- Pour enregistrer uniquement les os sélectionnés dans la collection, par exemple la configuration de la main sans se soucier où est placée la main, cliquez sur le bouton **Posture** puis sur le bouton .

  Pour enregistrer tout le squelette dans la collection, cliquez sur le bouton **Pose** puis sur le bouton .
- Pour renommer la disposition sélectionnée dans la liste, entrez un nouveau nom dans la liste et validez par la touche ⏎.
- Pour appliquer la disposition sélectionnée dans la liste, cliquez sur le bouton dans le cas d'une posture ou sur le bouton dans le cas d'une pose.
- Pour appliquer la disposition sélectionnée dans la liste à l'opposé sur le squelette (les os bleus sur les os verts et vice versa), cliquez sur le bouton ou sur le bouton .

### Remarque

*Si votre modèle 3D est symétrique, vous pouvez vous servir de cette fonctionnalité pour, par exemple, disposer la moitié du squelette, l'enregistrer et la coller sur l'autre partie du squelette.*

- Pour supprimer la disposition sélectionnée dans la liste, cliquez sur le bouton .
- Pour supprimer toutes les dispositions enregistrées dans la collection sélectionnée, cliquez sur le bouton .
- Maintenant que votre squelette est terminé, cliquez sur le bouton pour quitter le mode figure.

  L'étape suivante consiste à associer des sommets avec le squelette.

### Remarque

*À cette étape, c'est une bonne idée que d'enregistrer une pose de votre squelette. En effet, dans l'étape suivante, vous aller bouger votre squelette régulièrement pour vérifier l'efficacité de votre skinning. Pour réinitialiser votre squelette, vous pourrez utiliser cette pose que vous avez enregistrée.*

## E. Associer une peau à un squelette

Pour associer le maillage au squelette, nous allons utiliser un modificateur **Skin** ajouté au maillage 3D. Ce modificateur vous permettra de mener l'étape de skinning du début à la fin.

- Sélectionnez le maillage 3D du personnage.
- Ajoutez un modificateur **Skin** à l'objet.

  Modifions quelques paramètres généraux du panneau **Advanced Parameters**.
- Affichez, si besoin, le contenu du panneau **Advanced Parameters**.
- Pour définir une peau dont chaque sommet n'appartient qu'à un seul os, cochez la case **Rigid Vertices**.
- Pour, au contraire, utiliser plusieurs os par sommet, ce qui est le cas général, décochez la case **Rigid Vertices** et entrez le nombre maximum d'os associés à un sommet dans la valeur **Bone Affect Limit**. Plus cette valeur est grande, plus l'étape de skinning sera longue. Souvent, un nombre de 3 os par sommet est suffisant.
- Pour réinitialiser tous les paramètre de sommets, cliquez sur le bouton .
- Pour réinitialiser les paramètres d'enveloppes, cliquez sur le bouton .
- Pour réinitialiser tous les paramètres d'os, cliquez sur le bouton .
- Pour enregistrer le skinning dans un fichier, cliquez sur le bouton **Save**.

**ASTUCE**

*Le fait d'avoir enregistré votre skinning ne suffit pas pour le retrouver en cas de problème. Tout se passera bien à condition que la liste des os soit la même et que le maillage soit strictement le même.*

- Pour recharger un skinning à partir d'un fichier, cliquez sur le bouton **Load**.

Nous pouvons à présent commencer le skinning à proprement parler.

- Cliquez sur le bouton **Add** du panneau **Parameters** ou utilisez le menu **Quad** - **Add Bones** pour ajouter des os ayant une influence sur le maillage.

**ASTUCE**

*Vous pouvez très bien ignorer certains os du Biped s'ils n'ont aucune influence désirable sur le maillage.*

- Pour enlever un os de la liste des os du modificateur **Skin**, sélectionnez-le dans la liste et cliquez sur le bouton **Remove** ou utilisez le menu **Quad** - **Remove Bones**.

**ASTUCE**

*Tous les paramétrages de poids associés avec cet os seront perdus si vous le retirez de la liste du modificateur.*

Pour vous aider à mettre en place rapidement des premiers poids sur l'ensemble du maillage, l'outil **Skin** utilise des outils appelés enveloppes. Ces enveloppes englobent chaque os et sont déformables par l'intermédiaire de **Cross Sections**.

- Pour éditer les enveloppes, cliquez sur le bouton **Edit Envelopes** situé en haut du panneau **Parameters** ou utilisez le menu **Quad** - **Envelope** : vous êtes en fait passé en mode sous-objet enveloppe. Vous ne pouvez donc plus désélectionner le modèle.

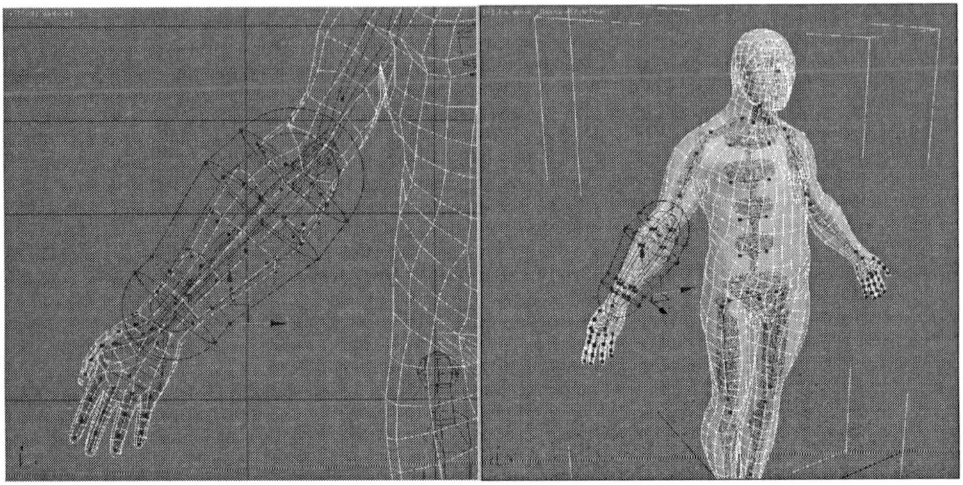

*L'enveloppe de chaque os est symbolisée par un fin trait sombre superposé à chaque os et terminé par deux carrés noirs. Une fois sélectionnée, une enveloppe fait apparaître en couleur les sommets qu'elle influence ainsi qu'une série de cercles définissant sa zone d'influence dans l'espace : les Cross Sections. La zone rouge intérieure définit sa zone d'influence maximale, la zone extérieure marron, sa limite d'influence.*

- Pour sélectionner une enveloppe, cliquez sur le trait fin qui la représente dans la scène ou choisissez un os dans la liste des os du modificateur.
- Pour modifier la taille d'une zone d'influence maximale ou la limite de zone d'influence, cliquez sur une poignée des **Cross Sections** et utilisez l'outil classique de translation pour modifier leur taille.
- Pour repositionner l'enveloppe dans la scène, cliquez sur les poignées du trait représentant l'enveloppe et déplacez-la à l'aide de l'outil classique de translation.
- Pour ajouter une **Cross Section**, cliquez sur le bouton **Add** du groupe de paramètres **Cross Sections** ou utilisez le menu **Quad** - **Add Cross Section** et cliquez sur le trait représentant une enveloppe.
- Pour supprimer une **Cross Section**, cliquez sur l'une des poignées de la **Cross Section** et cliquez sur le bouton **Remove** du groupe de paramètres **Cross Sections** ou utilisez le menu **Quad** - **Remove Cross Section**.
- Pour définir manuellement la taille de la **Cross Section** dont une poignée est sélectionnée, changez la valeur du paramètre **Radius** du groupe de paramètres **Envelope Properties**.

**ASTUCE**

*Il n'est pas possible avec les enveloppes de définir précisément les sommets pris en compte. Souvent, des enveloppes du bras prennent en compte des sommets du torse par exemple. Cela n'est pas grave, vous pourrez affiner la prise en compte des sommets par la suite.*

- Pour changer la courbe de diminution de l'influence entre la zone d'influence principale et la zone de limite d'influence, maintenez le bouton gauche de la souris enfoncé sur le bouton  puis cliquez sur la courbe souhaitée.

**Remarque**

*Il existe un mode miroir qui vous permettra de recopier les enveloppes d'un côté à l'autre si votre squelette est symétrique. Dans ce cas, ne perdez pas de temps à paramétrer toutes les enveloppes. Par contre, paramétrez bien toutes les enveloppes symétriques du même côté.*

## F. Personnaliser les poids des sommets

Une fois que vous avez placé les enveloppes au mieux, certaines enveloppes englobent des sommets non désirés. Nous allons d'abord exclure les sommets les plus simples.

- Assurez-vous d'être en mode sous-objet enveloppe du modificateur Skin en cliquant au besoin sur le bouton **Edit Envelopes** du panneau de commande, s'il n'est pas actif.
- Activez la sélection de sommets en cochant l'option **Vertices** dans le groupe de paramètres **Select** ou utilisez le menu **Quad** - **Select Vertices**.
- Désactivez la sélection d'enveloppes et de **Cross Section** en décochant l'option **Envelopes** et l'option **Cross Section** du groupe de paramètres **Select** ou utilisez le menu **Quad** - **Select Envelopes** et **Quad** - **Select Cross Sections**.
- Sélectionnez un os dans la liste dont vous voulez exclure des sommets ; par exemple, un os du torse dont vous voulez exclure les sommets du bras.
- Cliquez dans la scène pour sélectionner des sommets ; par exemple, les sommets des bras si vous voulez les exclure de l'enveloppe sélectionnée. Maintenez la touche [Ctrl] enfoncée pour ajouter des sommets à la sélection. Maintenez la touche [Alt] pour enlever des sommets de la sélection.
- Pour exclure les sommets sélectionnés de l'enveloppe sélectionnée, cliquez sur le bouton  du groupe de paramètres **Weight Properties** ou utilisez le menu **Quad** - **Exclude Verts**.

- Pour réinclure des sommets sélectionnés de l'enveloppe sélectionnée, exclus par erreur, cliquez sur le bouton du groupe de paramètres **Weight Properties** ou utilisez le menu **Quad** - **Include Verts**.
- Pour sélectionner les sommets exclus de l'enveloppe sélectionnée, cliquez sur le bouton ou utilisez le menu **Quad** - **Select Excluded Verts**.
- Pour réduire la sélection de sommets, cliquez sur le bouton **Shrink** du groupe de paramètres **Select**.
- Pour augmenter la sélection de sommets, cliquez sur le bouton **Grow**.
- Pour sélectionner les sommets d'arêtes parallèles à l'arête représentée par les sommets sélectionnés, cliquez sur le bouton **Ring**.
- Pour sélectionner les sommets d'arêtes incluses dans la boucle de l'arêtes représentée par les sommets sélectionnés, cliquez sur le bouton **Loop**.

### Remarque

*N'hésitez pas à sortir du mode enveloppe et à transformer des os du Biped afin de contrôler les déformations.*

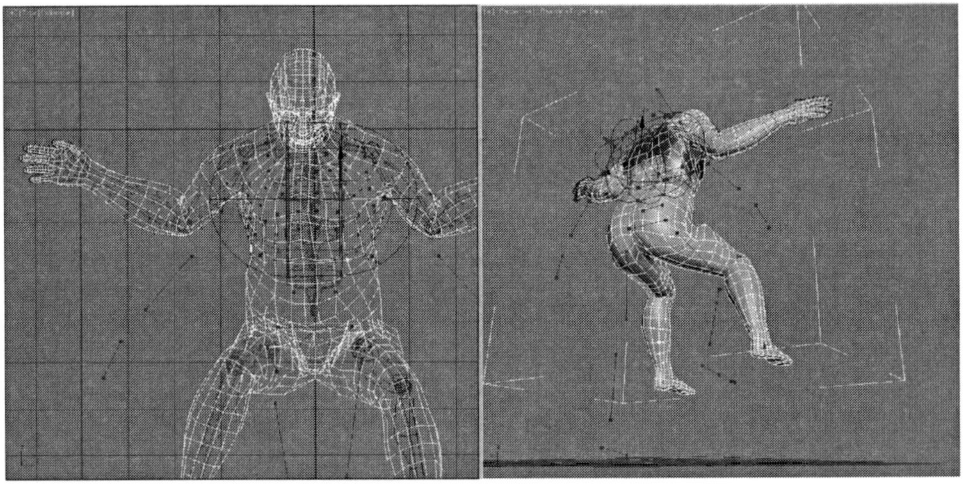

*En déformant le Biped, vous pouvez contrôler aisément les influences des os sur le maillage.*

- Pour modifier la valeur de poids d'un sommet sélectionné par rapport à une enveloppe sélectionnée, entrez le poids dans le champ **Abs. Effect** du groupe de paramètres **Weight Properties**.

➲ Pour voir l'ensemble des sommets et des poids qui leurs sont associés, cliquez sur le bouton **Weight Table** ou utilisez le menu **Quad - Weight Table Dialog**.

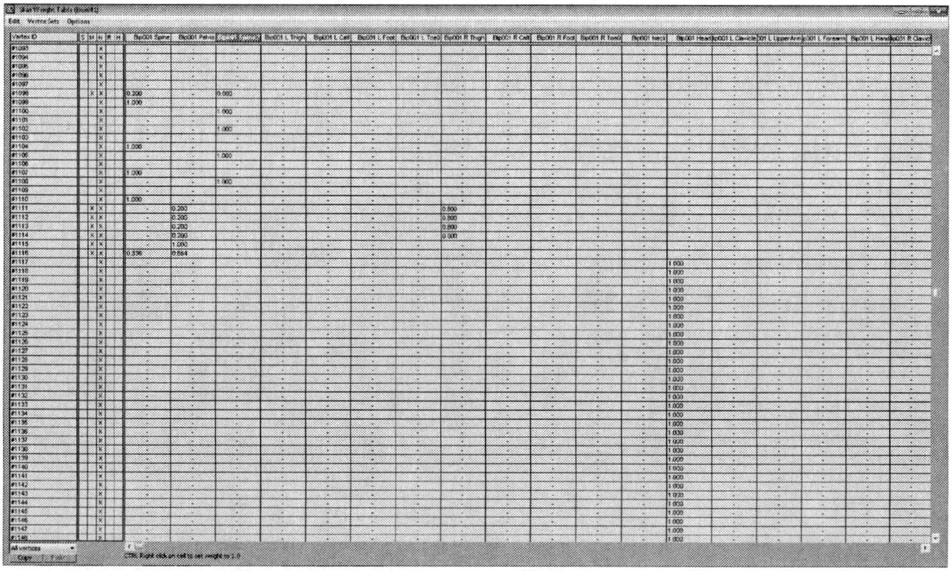

*La table des poids peut paraître repoussante, mais elle est particulièrement utile lorsque vous ne comprenez plus quelles sont les associations de certains sommets.*

Le symbole **S** indique un sommet sélectionné, le symbole **M** un sommet modifié à la main, le symbole **N** un sommet dont la somme des poids est bien égale à 1 et le symbole **R** indique un sommet rigide, c'est-à-dire associé à un seul os.

➲ Pour entrer directement le poids d'un sommet dans une case, cliquez et entrez la valeur.

➲ Pour afficher uniquement les sommets sélectionnés, choisissez **Selected Vertices** dans la liste située en bas à gauche.

➲ Pour afficher seulement les sommets de l'enveloppe sélectionnée, choisissez **Selected bone** dans la liste située en bas à droite.

➲ Pour sélectionner des sommets à partir de la table des poids, sélectionnez les lignes concernées puis cliquez dans l'une des cases de la colonne **S** pour marquer les sommets correspondants sélectionnés.

Enfin, vous pouvez peindre les poids par passage de pinceau.

➲ Pour peindre les poids, cliquez sur le bouton **Paint Weights** du groupe de paramètres **Weight Properties** puis cliquez sur le bouton 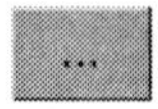 à sa droite pour paramétrer le pinceau.

- Maintenez le bouton gauche de la souris enfoncé sur le maillage de l'objet pour augmenter l'association des sommets peints avec l'enveloppe sélectionnée.

## G. Le mode miroir

Souvent les personnages sont symétriques. L'outil **Skin** propose de dupliquer les informations de skinning d'un côté à l'autre du modèle, que ce soit la forme et le paramétrage des enveloppes mais aussi les valeurs des poids des sommets.

- Assurez-vous d'être en mode sous-objet enveloppe du modificateur Skin en cliquant au besoin sur le bouton **Edit Envelopes** du panneau de commande, s'il n'est pas actif.
- Pour activer le mode miroir, cliquez sur le bouton **Mirror Mode** du Panneau **Mirror Parameters**.

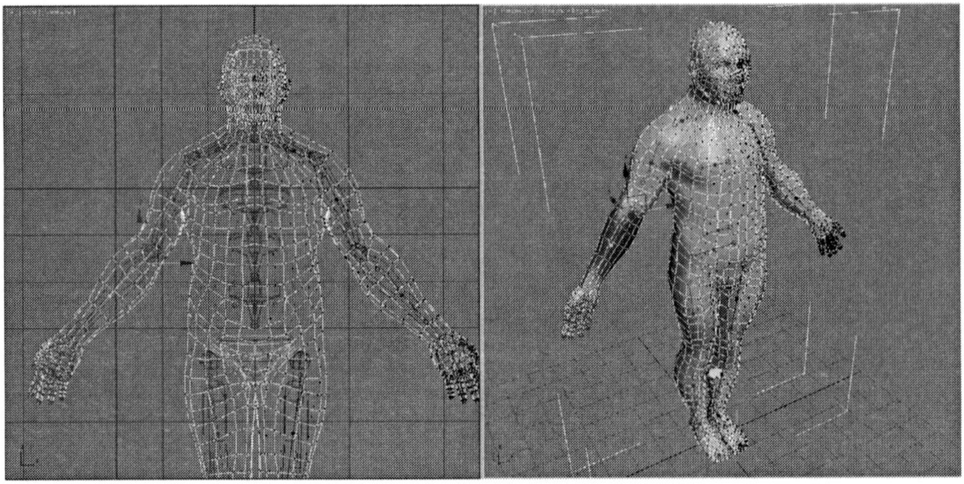

*En mode miroir, les enveloppes et les sommets symétriques sont en bleu d'un côté et en vert de l'autre. Les enveloppes et les sommets non symétriques sont en rouge.*

L'outil miroir détecte la symétrie grâce à un plan positionné dans la scène. Pour de nombreuses raisons, il arrive que l'outil ne puisse pas déterminer où doit se situer le plan ou suivant quel axe.

- Pour changer l'axe du plan, sélectionnez un axe dans la liste déroulante **Mirror Plane**.
- Pour décaler le plan suivant l'axe, changez la valeur **Mirror Offset**.
- Pour augmenter la distance de recherche de symétrie, augmentez la valeur **Mirror Thresh**.

Lorsque la configuration miroir vous convient, c'est-à-dire qu'un maximum de sommets et d'enveloppes sont affichés en vert et en bleu, vous pouvez utiliser les fonctionnalités de l'outil miroir.

- Pour copier et coller l'enveloppe sélectionnée ainsi que ses sommets associés sur sa partie symétrique, cliquez sur le bouton .
- Pour copier les enveloppes vertes et les coller sur les enveloppes bleues, cliquez sur le bouton .
- Pour copier les enveloppes bleues et les coller sur les enveloppes vertes, cliquez sur le bouton .
- Pour copier les associations des sommets verts et les coller sur les sommets bleus, cliquez sur le bouton .
- Pour copier les associations des sommets bleus et les coller sur les sommets verts, cliquez sur le bouton .

## H. Les déformateurs de maillage

Il arrive qu'une articulation se déforme particulièrement mal. Dans ce cas, vous pouvez utiliser un déformateur local à l'articulation. Il existe trois types de déformateur : le déformateur parent, le déformateur parent-enfant et le déformateur par morphing.

- Assurez-vous d'être en mode sous-objet enveloppe du modificateur Skin en cliquant au besoin sur le bouton **Edit Envelopes** du panneau de commande, s'il n'est pas actif.
- Sélectionnez les sommets à contrôler par le déformateur.
- Pour appliquer un déformateur, choisissez son type dans la liste du panneau **Gizmos** et cliquez sur le bouton .
- Pour supprimer le déformateur sélectionné, cliquez sur le bouton .
- Pour copier le déformateur sélectionné, cliquez sur le bouton .
- Pour coller le déformateur copié sur les sommets sélectionnés, cliquez sur le bouton .

Le déformateur parent **Bulge Angle Deformer** et le déformateur parent-enfant **Joint Angle Deformer** fonctionnent de la même façon. Leur différence est que le déformateur parent ne peut modifier que les sommets de l'os parent de l'articulation.

Le panneau du déformateur **Joint Angle Deformer** :

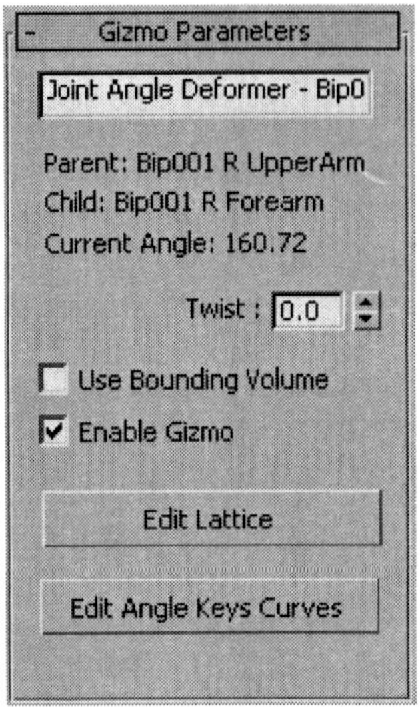


- Pour réorienter le **gizmo** de déformation, modifiez la valeur du champ **Twist**.
- Sortez du mode sous-objet puis appliquez une rotation sur l'articulation concernée. Retournez ensuite dans le mode sous-objet et sélectionnez le déformateur dans la liste.
- Pour modifier les points du **gizmo**, cliquez sur le bouton **Edit Lattice** et transformez les points du **gizmo** dans la scène.
- Recommencez les deux dernières étapes pour des angles différents si nécessaire.

Le déformateur par morphing **Morph Angle Deformer** utilise différentes versions du maillage pour les différents angles de l'articulation. Vous pouvez utiliser un modificateur de maillage pour créer une version différente du maillage ou utiliser des copies de l'objet.

Le panneau du déformateur par morphing **Morph Angle Deformer** :

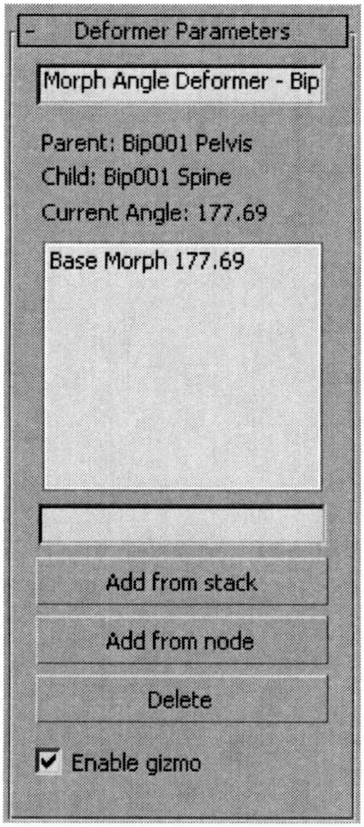


- Pour ajouter le maillage en provenance d'un modificateur à l'angle actuel de l'articulation, cliquez sur le bouton **Add from stack**.
- Pour ajouter le maillage en provenance d'un autre objet de la scène à l'angle actuel de l'articulation, cliquez sur le bouton **Add from node** et cliquez sur l'objet dans la scène.
- Pour supprimer l'étape de morphing sélectionnée, cliquez sur le bouton **Delete**.

# Chapitre 23
# Animation de personnages avec Biped

## A. La théorie : les pistes d'animation de Biped

Biped n'utilise pas un système de clés d'animation aussi libre que dans le reste du logiciel 3ds Max. La première règle est que les os de Biped n'utilisent que des clés de rotation. En effet, aucun os de la hiérarchie ne peut effectuer de translation. Même lorsque vous utilisez la cinématique inverse avec une translation, les clés d'animation enregistrées sont en fait la succession des rotations des os participant à la cinématique inverse.

Une seule exception à cette règle : l'objet racine de la hiérarchie, nommé par défaut Bip01, est un objet considéré comme positionnant le Biped dans la scène. Ses clés d'animation sont gérées par trois valeurs : horizontale, verticale et en rotation.

Enfin, les clés issues de la cinématique inverse peuvent être de trois types : libres, glissantes ou fixes. En étant libres, leur position est conservée comme relative à la position du corps ; glissantes, elles conservent leur position dans l'espace sans être particulièrement fixes ; fixes, elles ne bougent pas du tout de leur position fixée dans la scène. Par défaut, les clés de la cinématique inverse sont de type libre.

## B. Créer des clés

Pour créer des clés d'animation en mode automatique, utilisez la même procédure que dans le chapitre Animation.

Nous traiterons ici de la création manuelle de clés de Biped et leur personnalisation.

➲ Cliquez sur l'icône d'animation du panneau de commandes  puis cliquez sur le bouton **Parameters**.

Le panneau **Track Selection** contient les contrôles des pistes de la racine du Biped.

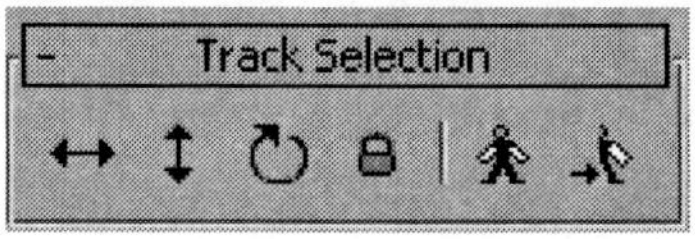

- Pour sélectionner la racine en mode translation horizontale, cliquez sur le bouton 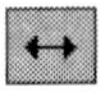. Si vous sélectionnez puis déplacez la racine horizontalement, ce bouton se sélectionnera automatiquement.
- Pour sélectionner la racine en mode translation verticale, cliquez sur le bouton . Si vous sélectionnez puis déplacez la racine verticalement, ce bouton se sélectionnera automatiquement.
- Pour sélectionner la racine en mode rotation, cliquez sur le bouton . Si vous sélectionnez puis appliquez une rotation à la racine, ce bouton se sélectionnera automatiquement.
- Pour créer une clé sur la piste sélectionnée, horizontal, vertical ou rotation, cliquez sur le bouton  du panneau **Key Info**.

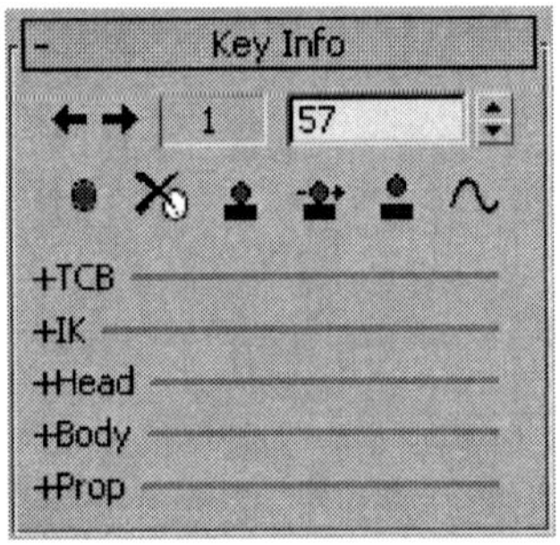


*Le panneau **Key Info** contient les outils de création et de gestion des clés.*

- Pour sélectionner plusieurs pistes à la fois et ainsi créer plusieurs clés à la fois, activez le bouton  puis sélectionnez les pistes désirées.
- Pour créer une clé pour l'os sélectionné à l'image actuelle, cliquez sur le bouton .
- Pour supprimer la clé de l'os sélectionné à l'image actuelle, cliquez sur le bouton .
- Dans le cas d'un os sélectionné participant à une cinématique inverse, pour créer une clé fixe à l'image actuelle, cliquez sur le bouton .
- Dans le cas d'un os sélectionné participant à une cinématique inverse, pour créer une clé glissante à l'image actuelle, cliquez sur le bouton .

- Dans le cas d'un os sélectionné participant à une cinématique inverse, pour créer une clé libre à l'image actuelle, cliquez sur le bouton .
- Pour afficher les trajectoires des os sélectionnés, cliquez sur le bouton .

## C. Créer une animation à l'aide des collections

Dans le chapitre Squelettes et personnages, nous avons vu comment créer des collections de postures et de poses en mode figure.

En mode normal, le panneau **Copy/Paste** est toujours présent et permet également l'enregistrement d'os ainsi que leurs clés.

Les procédures sont identiques à ce qui a été vu dans le chapitre Squelettes et personnages, excepté qu'avant d'enregistrer quelque chose dans la collection, vous devez cliquer sur le bouton **Track**.

Il est intéressant de noter que l'outil de collection permet de créer rapidement des animations répétitives comme la course ou la marche.

- Disposez le squelette dans une attitude de marche, pied droit en avant et main gauche en avant.
- Copiez dans une collection la pose et créez des clés pour l'ensemble du Biped.
- Déplacez-vous dans le temps.
- Collez la posture précédente de façon opposée et créez des clés.
- Déplacez-vous à la moitié du temps séparant les deux jeux de clés et personnalisez la position du corps qui est une sorte de moyenne des positions. Le pied droit est bien à plat, le pied gauche relevé à son côté.
- Copiez dans une collection la pose et créez des clés pour l'ensemble du Biped.
- Déplacez-vous dans le temps à la dernière clé à laquelle vous ajoutez le temps entre la première et deuxième clé.
- Collez la posture précédente de façon opposée et créez des clés.
- Paramétrez la barre de temps pour qu'elle commence à la première clé et se finisse à la dernière clé et jouez l'animation en boucle.
- Sélectionnez tous les os du Biped et enregistrez la piste dans le mode **Track** pour la retrouver ultérieurement.

## D. Créer une animation de pas

L'outil Biped vous permet de créer des marches, courses et sauts automatiquement à utiliser comme base de travail. Pour créer ces mouvements, il vous suffit de poser des pas au sol et Biped s'occupera de créer le départ d'animation pour vous.

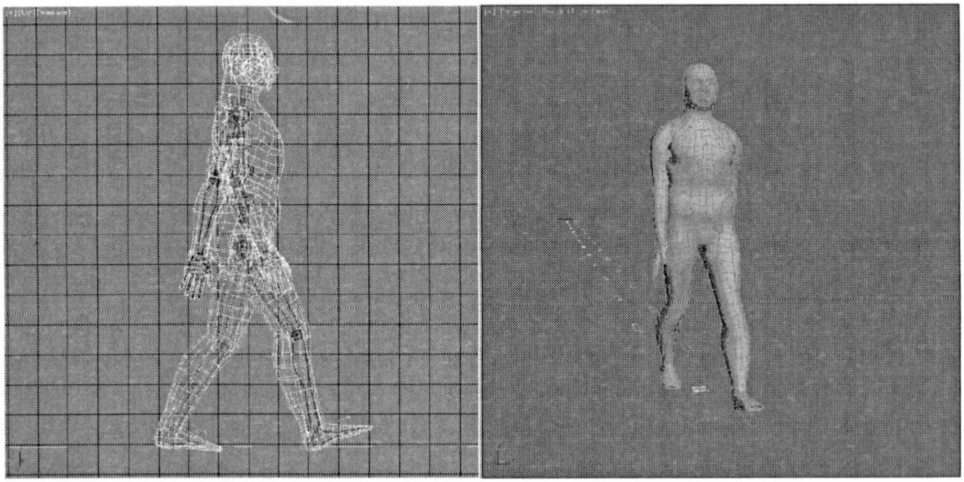

*Les animations de pas automatiques de Biped sont un bon départ d'animation.*

- Assurez-vous d'avoir supprimé toutes les clés des os de votre Biped.
- Cliquez sur l'icône d'animation du panneau de commandes  puis cliquez sur le bouton **Parameters**.
- Entrez en mode pas en cliquant sur le bouton  du panneau **Biped**.
- Pour créer une série de pas automatiquement, cliquez sur le bouton 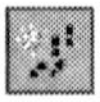, entrez le nombre de pas dans la zone **Number of Footsteps** puis cliquez sur le bouton **OK**.
- Pour poser un pas à l'image actuelle, cliquez sur le bouton  et cliquez dans la scène.
- Pour ajouter un pas, cliquez sur le bouton  et cliquez dans la scène.
- Pour que les prochains pas soient des pas de marche, sélectionnez le mode .

- Pour que les prochains pas soient des pas de course, sélectionnez le mode .
- Pour que les prochains pas soient des pas de saut, sélectionnez le mode .
- Vous pouvez déplacer et appliquer des rotations sur les pas dans la scène, les positionner sur des objets…
- Pour calculer l'animation, cliquez sur le bouton  du panneau **Footstep Operation**.
- Lancez l'animation.

## E. Les calques

Vous pouvez enregistrer vos différentes animations dans des calques. Vous pouvez ensuite mélanger et rendre visibles/invisibles vos calques à volonté. Cela permet à la fois de mélanger des animations différentes mais également de séparer des travaux d'animation différents.

Reprenons par exemple le cas précédent de la marche. Imaginez que vous vouliez faire faire au Biped un signe de la main pendant la marche, vous pourriez créer de façon indépendante cette animation du signe de la main dans un autre calque avec quelques clés toutes simples : main en bas, main en haut, main en bas. Le résultat du mélange des calques jouera cette animation mélangée avec la marche qui elle aussi a une action sur le bras et, ainsi, le bras se lève pendant la marche tout en étant légèrement dévié en fonction du balancement du corps.

- Cliquez sur l'icône d'animation du panneau de commandes  puis cliquez sur le bouton **Parameters**.
- Affichez le contenu du panneau **Layers**.

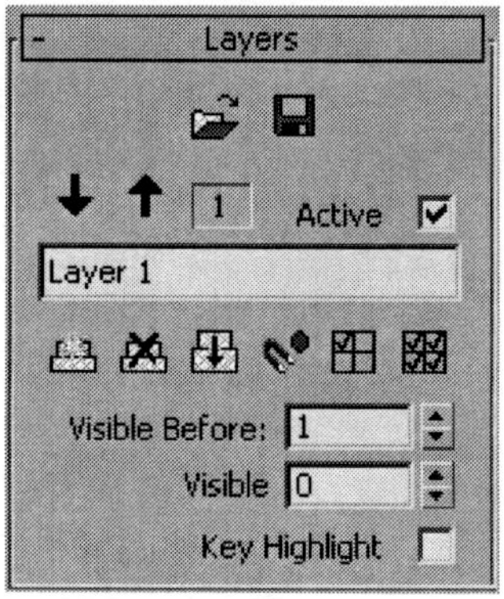


*Le panneau **Layers** regroupe les outils des calques de Biped.*

- Pour créer un calque vierge, cliquez sur le bouton puis modifiez éventuellement le nom du calque dans la zone de saisie.
- Pour changer de calque actif et passer au calque précédent, cliquez sur le bouton .
- Pour changer de calque actif et passer au calque suivant, cliquez sur le bouton .
- Pour désactiver le calque actif, décochez l'option **Active**.
- Pour supprimer un calque ainsi que toutes les clés qu'il contient, cliquez sur le bouton .
- Pour mélanger définitivement le calque avec le calque précédent, cliquez sur le bouton .
- Pour créer une clé pour les os sélectionnés en utilisant la position des ces os dans le calque précédent, cliquez sur le bouton .
- Pour n'afficher que le calque actuel, cliquez sur le bouton .
- Pour afficher tous les calques, cliquez sur le bouton .
- Pour enregistrer le calque actif dans un fichier, cliquez sur le bouton .
- Pour charger un calque à partir d'un fichier, cliquez sur le bouton .

## F. Enregistrer des animations

Dans le cas où l'animation du Biped est unique dans la scène, vous n'avez pas besoin de vous soucier des données du Biped qui sont sauvegardées dans la scène.

Dans le cas où vous avez besoin de créer plusieurs animations différentes avec le même Biped, il devient intéressant d'enregistrer les animations de la scène séparément dans des fichiers propres à Biped qui peuvent ensuite être réutilisés dans les différents outils de Biped.

- Cliquez sur l'icône d'animation du panneau de commandes puis cliquez sur le bouton **Parameters**.
- Pour enregistrer une animation, cliquez sur le bouton du panneau **Biped**.

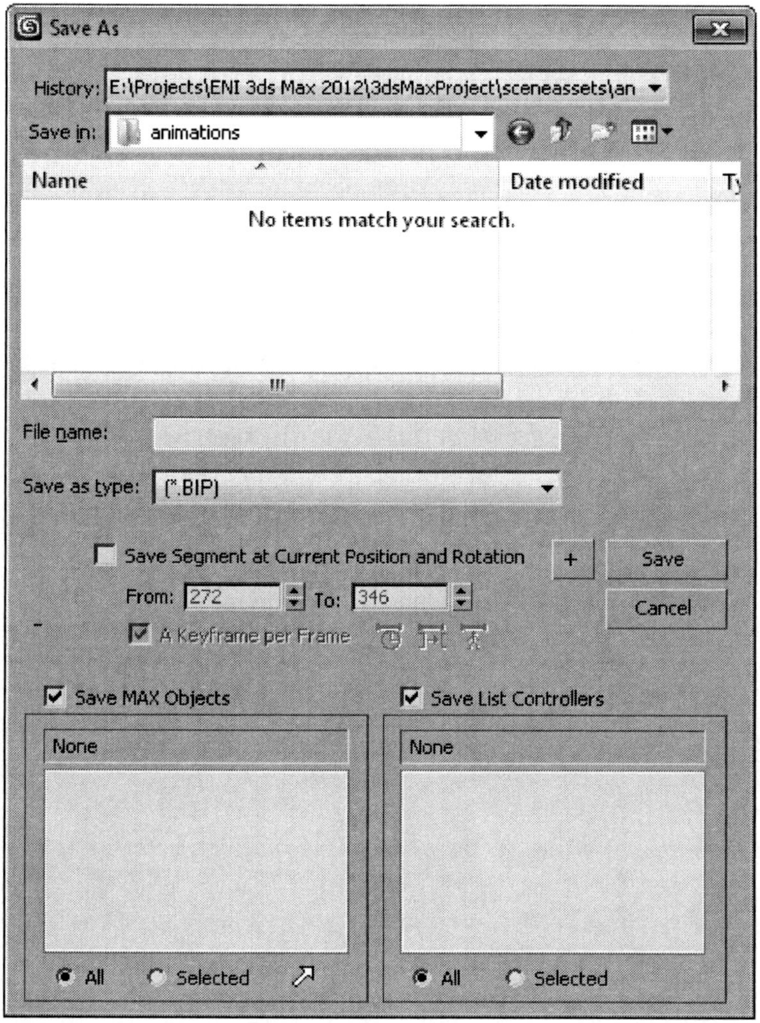


*La fenêtre de sauvegarde des fichiers d'animation Biped.*

- Sélectionnez le dossier d'enregistrement et saisissez un nom de fichier dans la zone **File name**. Les fichiers d'animation de Biped utilisent l'extension **.BIP**.
- Pour enregistrer une partie de l'animation seulement, cochez l'option **Save Segment at Current Position and Rotation** et spécifiez les images de départ et de fin dans les champs **From** et **To**.
- Pour enregistrer une clé par image, cochez l'option **A Keyframe per Frame**.

- Si des objets sont liés aux os du Biped dans la scène (par exemple si le Biped tient un objet dans la main), les objets apparaissent dans la liste en bas à gauche. Pour les enregistrer avec l'animation, cochez l'option **Save MAX Objects**.
- Pour enregistrer une version incrémentale du fichier (le nom du fichier avec un numéro qui s'incrémente automatiquement), cliquez sur le bouton ; sinon, cliquez sur le bouton **Save**.

## G. Le Mixer

L'outil **Mixer** de Biped est un banc de montage complet permettant de charger différents types d'animations et de les mélanger entre elles.

- Cliquez sur l'icône d'animation du panneau de commandes puis cliquez sur le bouton **Parameters**.
- Pour ouvrir le **Mixer**, cliquez sur le bouton **Mixer** dans le panneau **Biped Apps**.

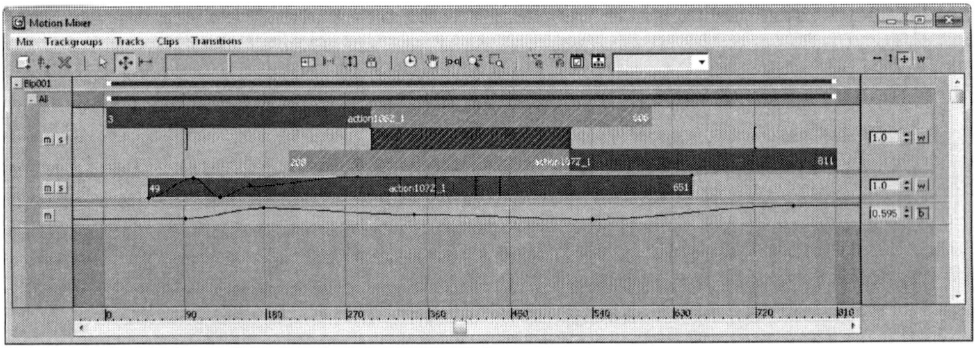


*L'outil **Mixer** ressemble fortement à un banc de montage. Les pistes horizontales présentent les différentes animations suivant le temps. Le résultat final sera une combinaison des clips et de leurs paramètres.*

- Pour ajouter un clip dans une piste du **Mixer**, faites un clic droit dans la piste, pointez l'option **New Clips** puis cliquez sur **From Files**.

  Vous pouvez aussi ouvrir le réservoir en cliquant sur le bouton , charger des fichiers en utilisant le bouton **New Entry** et ensuite faire un clic droit dans la piste puis choisir **New Clips - From Reservoir**.
- Pour ajouter une piste, faites un clic droit dans une piste et cliquez sur **Add Layer Track Above** ou **Add Layer Track Below**.
- Pour ajouter une piste à trois étages avec une gestion de transition entre deux clips, faites un clic droit dans une piste et cliquez sur **Add Transition Track Above** ou **Add Transition Track Below**.

- Pour ajouter un objet de la scène dans le **Mixer**, cliquez sur le bouton .
- Pour ajouter un autre Biped dans le **Mixer**, cliquez sur le bouton .
- Pour supprimer la sélection, cliquez sur le bouton .
- Pour passer en mode sélection, cliquez sur le bouton .
- Pour déplacer les clips, passez en mode sélection et déplacement des clips en cliquant sur le bouton , maintenez le bouton de la souris enfoncé sur un clip et déplacez la souris.
- Vous pouvez aussi utiliser le bouton 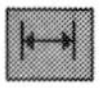.
- Pour changer la durée totale de l'animation, maintenez le bouton gauche de la souris enfoncé sur les poignées blanches de la ligne d'animation noire et déplacez la souris.
- Pour décaler l'animation dans le temps, maintenez le bouton gauche de la souris enfoncé sur la ligne d'animation noire et déplacez la souris.
- Pour changer la durée d'un clip, maintenez le bouton gauche de la souris enfoncé sur un de ses bords et déplacez la souris.
- Pour rogner un clip et faire disparaître ainsi son début ou sa fin, activez le bouton 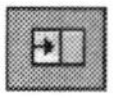, maintenez le bouton gauche de la souris enfoncé sur un bord du clip et déplacez la souris.
- Pour changer l'impact d'une piste sur le rendu final, modifiez le poids de la piste dans la zone de saisie située à droite de la piste en spécifiant une valeur inférieure à 1.
- Pour utiliser une courbe de poids dont l'intensité est variable au fur et à mesure de l'animation, cliquez sur le bouton  situé à droite de la piste concernée pour faire apparaître la courbe. Pour chaque point à créer, cliquez sur la courbe. Maintenez le bouton gauche de la souris enfoncé sur un point de la courbe et faites glisser la souris pour modifier sa valeur ou son temps.
- Pour visualiser un aperçu du résultat sur le Biped, activez le bouton  du panneau **Biped** dans le panneau de commandes.
- Pour calculer le résultat final et l'appliquer au Biped, faites un clic droit sur le nom du Biped à gauche de la piste du Biped et cliquez sur **Compute Mixdown**.

## H. Le Workbench

L’outil **Workbench** est un éditeur de courbes personnalisé pour le Biped. En effet, de par certaines contraintes techniques, l’éditeur de courbes classique de 3ds Max ne possède pas toujours les bonnes informations. Le **Workbench** vient combler cette problématique.

- Cliquez sur l'icône d'animation du panneau de commandes  puis cliquez sur le bouton **Parameters**.
- Pour ouvrir le **Workbench**, cliquez sur le bouton **Workbench** dans le panneau **Biped Apps**.

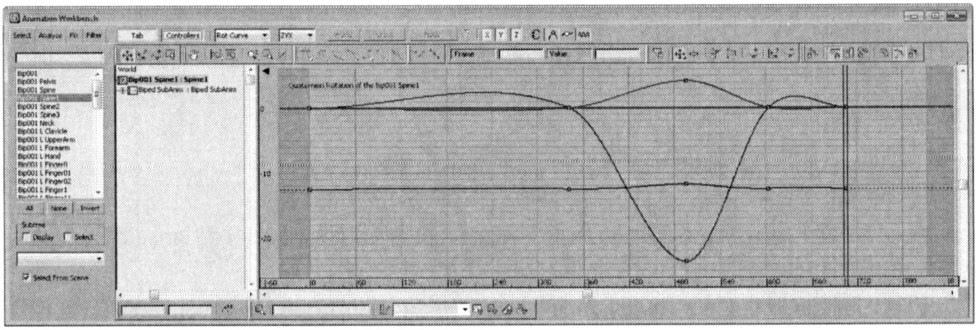


*L’outil **Workbench** est similaire à l’éditeur de courbes.*

- Pour afficher ou masquer le tableau de contrôle, cliquez sur le bouton **Tab**. L’onglet **Select** est un raccourci permettant la sélection des os, l’onglet **Analyze** est un outil d’analyse du bruit de courbes lorsqu’elles sont issues de motion capture, l’onglet **Fix** permet de réduire les bruits de courbes et l’onglet **Filter** dissimule le bruit de courbes.
- Pour afficher ou masquer la liste des contrôleurs pour l’os sélectionné, cliquez sur le bouton **Controllers**.

  L’ensemble des barres d’outils sont similaires à celles de l’éditeur de courbes standard.

# Chapitre 24
# Les systèmes de particules

## A. La théorie : complexité à partir de comportements simples

Le principe des systèmes de particules est de créer un effet complexe en utilisant un comportement simple de particules. C'est une simplification des phénomènes naturels pour lesquels les atomes, au sens large, sont particulièrement mobiles.

Chaque particule est un objet simple, souvent un plan avec une texture, et subit un certain nombre de forces simples régissant son comportement. La multiplication des particules et l'insertion de marges aléatoires produisent un effet complexe assimilé comme un tout où les particules ne sont plus discernables. L'aléatoire joue un rôle important dans quasiment chaque paramètre du système. Nous parlons ici de pseudo aléatoire en fonction d'une graine, une valeur vous permettant d'obtenir un résultat qui ne change pas dans le temps. Plus de détails dans le chapitre Concepts 3D et édition d'objets.

Les systèmes de particules sont utilisés très souvent dans la simulation de gaz ou de fluides : feux et flammes, fumées, étincelles, liquides, éclaboussures…

Enfin, et notamment dans les jeux vidéo ou les films fantastiques, les systèmes de particules sont particulièrement adaptés aux effets lumineux « magiques », futuristes ou extra-terrestres.

Un système de particules se compose d'un émetteur définissant la méthode de création des particules (à partir d'une surface, d'une position, d'un volume…) et le taux de particules à créer en fonction du temps. Chaque particule est indépendante du système et est paramétrée pour avoir un comportement à la naissance, comme une vitesse, ou une trajectoire et une condition de mort, comme un temps de vie ou une collision avec un objet.

Il est également possible d'ajouter à ces systèmes des événements pouvant survenir durant la vie de chaque particule, comme la rencontre avec une surface, ou avec une autre particule ou encore l'atteinte d'une vitesse donnée ou l'approche d'une position.

Un système de particules est donc dépendant du temps, on peut l'assimiler à une animation mathématique. Son comportement est visible dans la vue en faisant varier le curseur de temps.

Le logiciel 3ds Max propose sept systèmes de particules différents. Cependant, cinq d'entre eux sont des versions simplifiées d'un sixième et le septième est suffisamment complexe pour obtenir la plupart des résultats désirés.

Nous étudierons donc ici les deux systèmes les plus représentatifs des systèmes de particules : le système Super Spray, qui est simple de prise en main tout en restant puissant, et le système Particle Flow, qui est très puissant et plus complexe.

## B. Le système Super Spray

Le système de particules **Super Spray** est un objet à placer dans la scène. Cet objet représente l'émetteur, origine des particules.

### 1. Créer un système de particules Super Spray

- Cliquez sur le mode de création du panneau de commandes : .
- Sélectionnez la catégorie des objets géométriques : .
- Sélectionnez le type d'objet **Particle Systems** dans la liste.
- Pour entrer en mode de création de l'objet **Super Spray**, cliquez sur le bouton **Super Spray**.
- Maintenez le bouton gauche de la souris enfoncé dans la scène et faites glisser la souris pour créer le système.
- Déplacez le curseur de temps pour voir apparaître les particules.
- Si besoin, appliquez des translations et des rotations à l'émetteur.

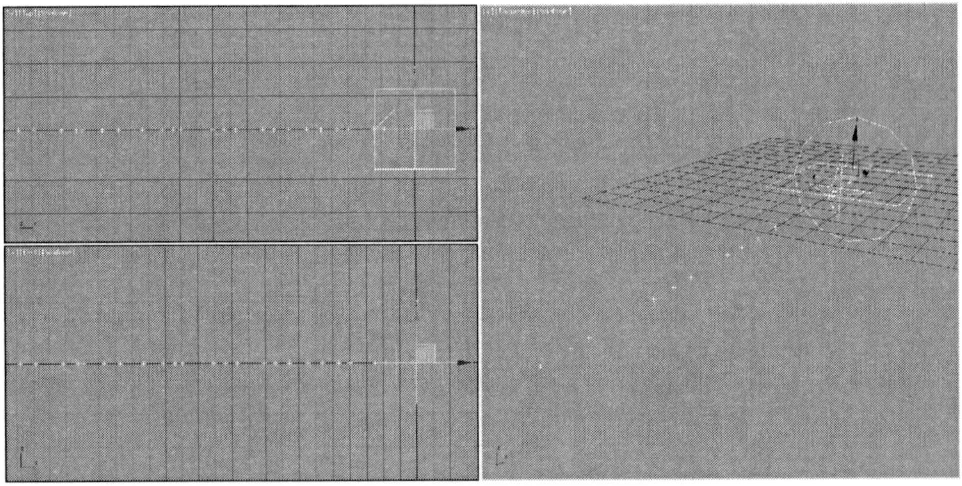

*Le système de particules est en place. Les particules sont représentées par de petites croix blanches.*

### 2. Modifier les paramètres

- Sélectionnez l'émetteur.
- Cliquez sur le mode modification  du panneau de commandes pour voir apparaître les paramètres du système.

Le panneau **Basic Parameters** présente les options principales du système.

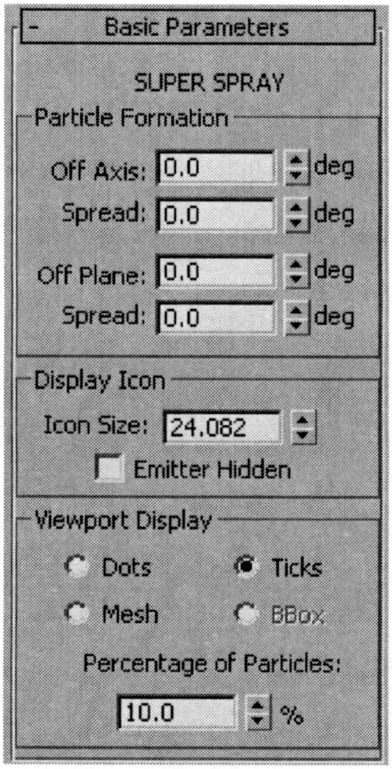


- Pour réorienter la direction initiale des particules dans le plan de l'émetteur, changez l'angle **Off Axis**.
- Pour disséminer la direction initiale des particules dans le plan de l'émetteur, changez la valeur de demi-angle **Spread**. Une valeur de 180 degrés couvre 360 degrés autour de l'émetteur.
- Pour réorienter le plan de l'émetteur, changez l'angle **Off Plane**.
- Pour disséminer la direction d'émission des particules hors du plan de l'émetteur, changez la valeur du demi-angle **Spread**. Une valeur de 180 degrés dans les deux valeurs **Spread** simule une projection dans toutes les directions à partir de l'émetteur.
- Pour changer la taille de l'icône de l'émetteur, modifiez la valeur **Icon Size**.
- Pour masquer l'icône de l'émetteur, cochez l'option **Emitter Hidden**.
- Pour afficher les particules dans la vue sous forme de points, cochez l'option **Dots**.
- Pour afficher les particules dans la vue sous forme de croix, cochez l'option **Ticks**.
- Pour afficher les particules dans la vue à l'aide d'un objet, cochez l'option **Mesh**.

### Remarque

*Il arrive que l'affichage des particules disparaisse. Changez la sélection pour retrouver l'affichage des particules.*

- Pour afficher les particules dans la vue avec des boîtes englobantes, cochez l'option **BBox**.

### Remarque

*L'option **BBox** ne sera disponible que lorsque vous aurez choisi un objet de référence pour les particules dans le panneau **Particle Type**.*

- Pour changer le nombre de particules affichées dans la vue par rapport aux particules affichées au rendu, changez le pourcentage **Percentage of Particles**.

Le panneau **Object Motion Inheritance** permet de contrôler le transfert de vitesse entre les déplacements de l'émetteur et les particules.

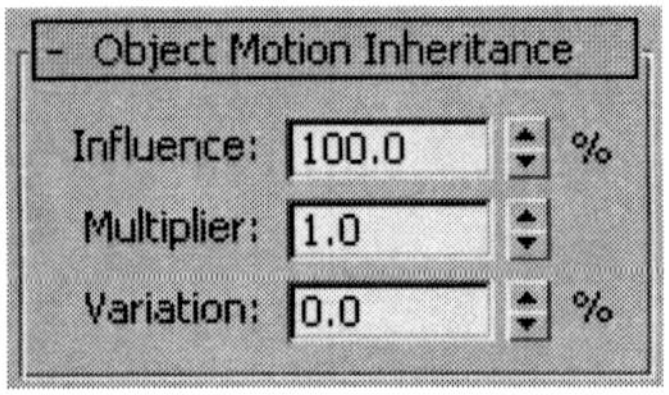


- Pour réduire l'influence de l'émetteur sur les particules, réduisez le pourcentage **Influence**. Avec une valeur de 100 %, l'effet se déplace avec l'émetteur. Avec une valeur de 0 %, les particules, une fois créées, sont totalement indépendantes des mouvements de l'émetteur.
- Pour changer le facteur d'influence des mouvements de l'émetteur sur les particules, changez la valeur **Multiplier**.
- Pour introduire de l'aléatoire dans l'influence de l'émetteur sur les particules, indiquez une variation en pourcentage dans le champ **Variation**.

## 3. Génération de particules

La génération des particules, entendez par là leur nombre, leur vitesse, les ratios de création en fonction du temps ou encore leur taille, définit en grande partie la forme du système.

- Sélectionnez l'émetteur puis cliquez sur le mode modification  du panneau de commandes.
- Affichez le contenu du panneau **Particle Generation**.

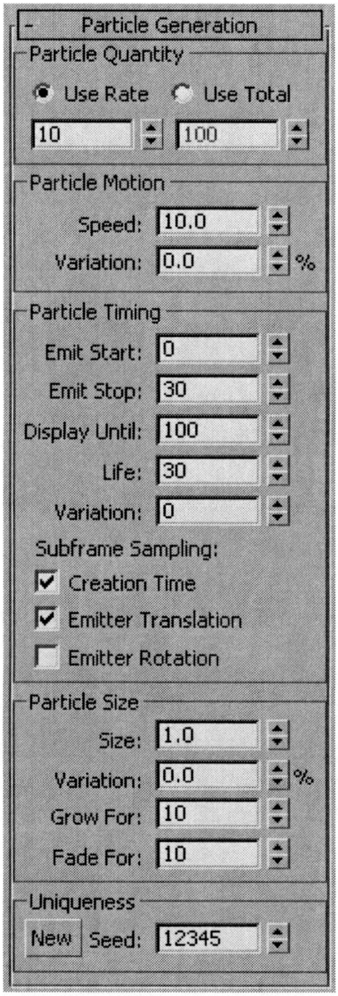


*Le panneau **Particle Generation** regroupe les paramètres de création des particules.*

- Pour utiliser un taux de création par image, activez l'option **Use Rate** et entrez le taux dans la zone située en dessous. Ce fonctionnement assure un débit constant quelle que soit la durée d'émission.
- Pour utiliser un total de création de particules, activez l'option **Use Total** et entrez le total dans la zone située en dessous. Cette méthode permet de maîtriser le nombre de particules générées pour le système.

- Pour modifier la vitesse initiale des particules à leur création, modifiez la valeur **Speed**.
- Pour introduire de l'aléatoire dans la vitesse initiale des particules, indiquez un pourcentage de variation dans le champ **Variation**.
- Pour définir l'image de début d'émission des particules, modifiez la valeur **Emit Start**.
- Pour définir l'image de fin d'émission des particules, modifiez la valeur **Emit Stop** : la création de particules s'arrêtera à cette image mais les particules déjà créées seront présentes dans la scène jusqu'à leur mort.
- Pour vous assurer qu'à partir d'une certaine image, plus aucune particule ne sera visible (et donc calculée), modifiez la valeur du champ **Display Until**.
- Pour définir, en nombre d'images, la durée de vie d'une particule, modifiez la valeur **Life** : une particule sera visible et calculée à partir de l'image de sa création jusqu'à cette image plus la valeur **Life**, à moins que la valeur **Display Until** ait été atteinte avant.
- Pour introduire de l'aléatoire dans la durée de vie des particules, indiquez un pourcentage de variation dans le champ **Variation**.
- Pour autoriser la création de particules entre les images (par exemple à l'image 16,254) et ainsi avoir une création de particules plus fluide, cochez l'option **Creation Time** du groupe de paramètres **Subframe Sampling**.
- Pour autoriser la création de particules entre les images (par exemple à l'image 16,254) lors de translation de l'émetteur (cas très sensible à un effet de groupage des particules) et ainsi avoir une création de particules plus fluide, cochez l'option **Emitter Translation** du groupe de paramètres **Subframe Sampling**.
- Pour autoriser la création de particules entre les images (par exemple à l'image 16,254) lors de rotation de l'émetteur (cas très sensible à un effet de groupage des particules) et ainsi avoir une création de particules plus fluide, cochez l'option **Emitter Rotation** du groupe de paramètres **Subframe Sampling**.
- Pour changer la taille des particules, changez la valeur **Size**.
- Pour introduire de l'aléatoire dans les tailles de particules, indiquez un pourcentage de variation dans le champ **Variation**.
- Pour définir le nombre d'images que met la particule pour atteindre sa taille à partir de sa création, indiquez un nombre d'images dans le champ **Grow For**.
- Pour définir le nombre d'images que met la particule pour atteindre une taille nulle à sa mort, indiquez un nombre d'images dans le champ **Fade For**.
- Pour changer la graine de l'aléatoire, modifiez la valeur **Seed** ou cliquez sur le bouton **New**.

# 4. Les types de particules

Les particules peuvent être de trois types : un objet standard (**Standard Particles**), des métaparticules (**MetaParticles**), ou une géométrie personnalisée (**Instanced Geometry**).

## a. Les particules de type standard

- Sélectionnez l'émetteur puis cliquez sur le mode modification  du panneau de commandes.
- Affichez le contenu du panneau **Particles Type**.
- Pour que les particules soient des objets standard, activez l'option **Standard Particles** et choisissez un objet dans le groupe de paramètres **Standard Particles**.

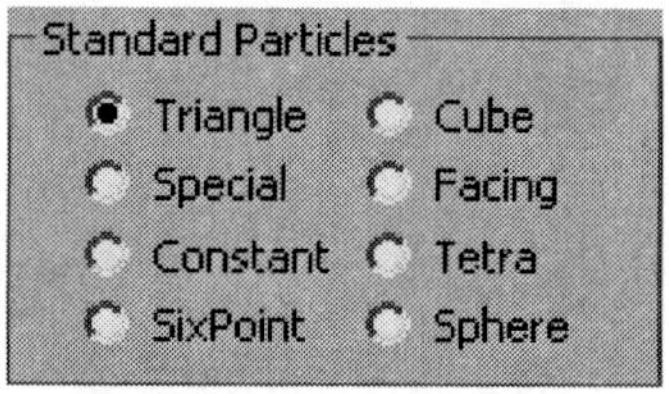


*Les particules standard sont des objets simples.*

- Pour associer un matériau à ces objets, appliquez un matériau à l'émetteur. Si le matériau n'est plus à jour, cliquez sur le bouton **Get Material From** dans le groupe de paramètres **Mat'l Mapping and Source**.

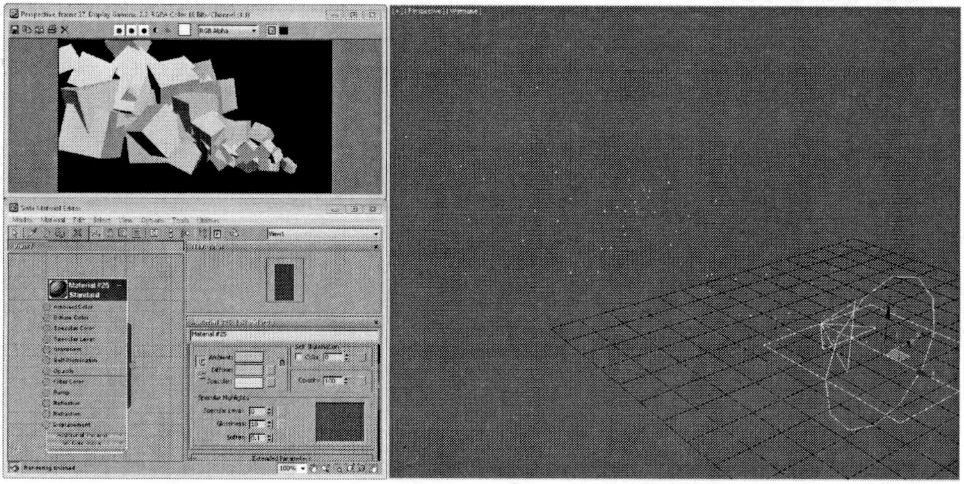

*Exemple d'une projection de particules de type cube avec un matériau standard.*

### b. Les particules de type métaparticules

➲ Pour que les particules soient de type métaparticules, cochez l'option **MetaParticles**.

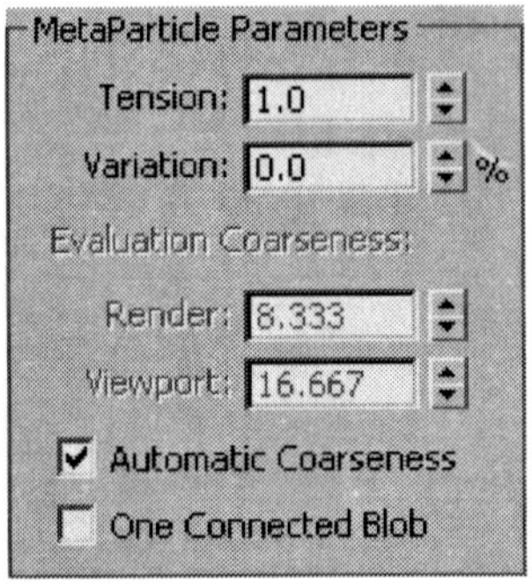


*Les métaparticules sont des sphères qui, lorsqu'elles sont proches les unes des autres, voient leur maillage se relier pour former une masse unie. Cela est particulièrement utile pour les liquides.*

➲ Pour modifier la forme des connexions entre métaparticules, modifiez la valeur **Tension**.

➲ Pour introduire de l'aléatoire dans la forme des connexions entre particules, indiquez un pourcentage de variation dans le champ **Variation**.

➲ Pour associer un matériau à la forme finale, appliquez un matériau à l'émetteur. Si le matériau n'est plus à jour, cliquez sur le bouton **Get Material From** dans le groupe de paramètres **Mat'l Mapping and Source**.

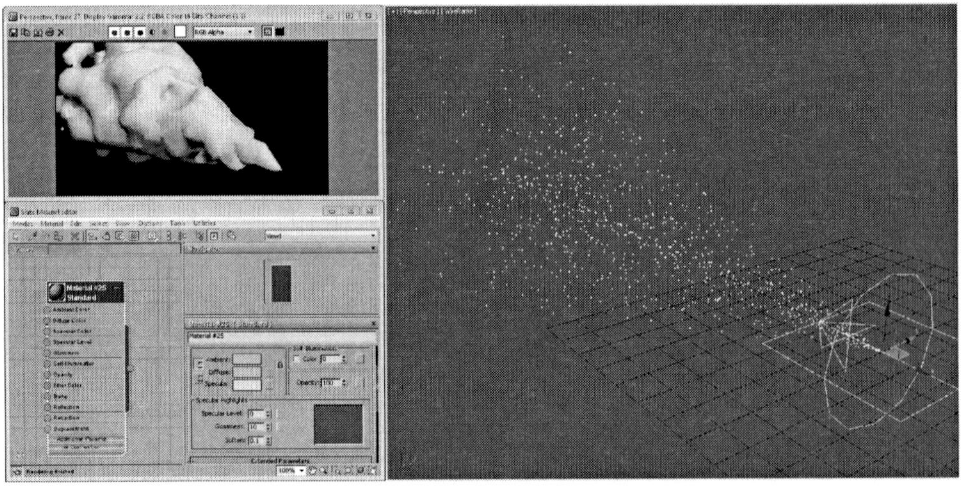

*Exemple de projection de métaparticules.*

### c. Les particules de type géométrie personnalisée

- Pour que les particules soient une géométrie personnalisée, cochez l'option **Instanced Geometry**.

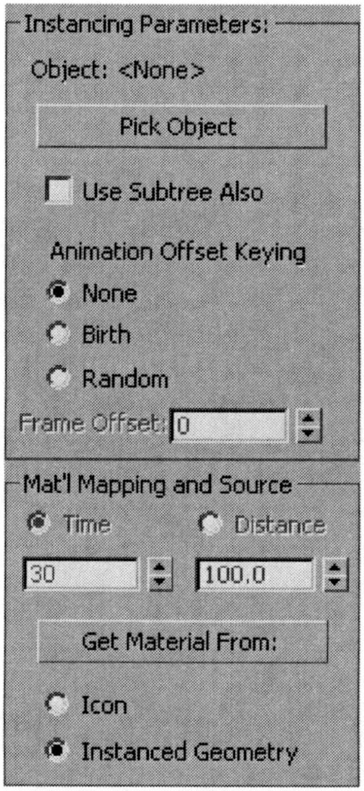


*Utiliser un objet comme modèle géométrique pour les particules vous assure un contrôle parfait des particules. De plus, vous pouvez personnaliser l'application des textures sur cet objet.*

- Pour choisir l'objet modèle, cliquez sur le bouton **Pick Object** puis cliquez sur un objet de la scène.
- Pour utiliser également les enfants de l'objet, cochez l'option **Use Subtree Also**.
- Si cet objet est animé, l'option **None** désactive ses animations, l'option **Birth** démarre ses clés à la naissance de la particule et l'option **Random** démarre ses clés aléatoirement avec un décalage de la valeur du champ **Frame Offset**.
- Pour associer un matériau aux particules, appliquez un matériau à la géométrie de référence. Si le matériau n'est plus à jour, cliquez sur le bouton **Get Material From** du groupe de paramètres **Mat'l Mapping and Source**.
- Pour utiliser le matériau de l'émetteur, choisissez l'option **Icon** située en dessous du bouton **Get Material From**.

*Exemple d'émission de théières. Le matériau de l'objet est utilisé pour les particules.*

## 5. Rotation et collision

Une fois que la particule est lancée, on peut lui appliquer des forces de rotation pour qu'elle tourne sur elle-même et paramétrer des collisions entre particules : les particules s'entrechoquent et se repoussent les unes les autres.

- Sélectionnez l'émetteur puis cliquez sur le mode modification  du panneau de commandes.
- Affichez le contenu du panneau **Rotation and Collision**.

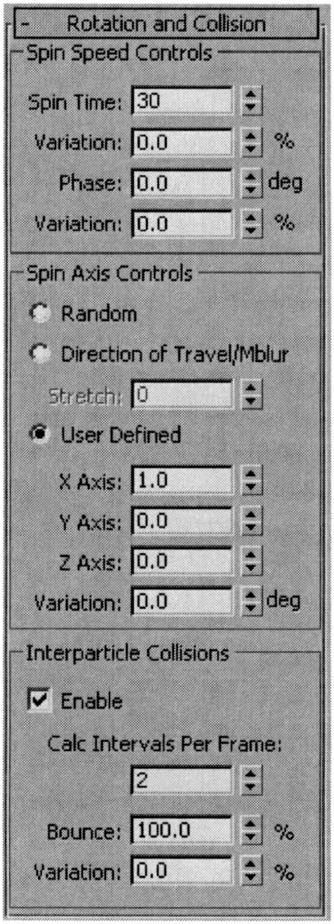


*Le panneau **Rotation and Collision**.*

- Pour définir en nombre d'images combien de temps met une particule pour faire un tour sur elle-même, changez la valeur **Spin Time**.
- Pour introduire de l'aléatoire dans le temps de rotation d'une particule, indiquez un pourcentage de variation dans le champ **Variation**.
- Indiquez en degrés la rotation initiale de la particule à la création dans le champ **Phase**.
- Pour introduire de l'aléatoire dans la rotation initiale de la particule, indiquez un pourcentage de variation dans le champ **Variation**.
- Pour choisir un axe de rotation aléatoire pour la particule, cochez l'option **Random** du groupe de paramètres **Spin Axis Controls**.

- Pour choisir l'axe de déplacement de la particule comme axe de rotation, cochez l'option **Direction of Travel/Mblur** du groupe de paramètres **Spin Axis Controls**.
- Pour choisir un axe personnalisé de rotation des particules, cochez l'option **User Defined** dans le groupe d'options **Spin Axis Controls** et entrez les valeurs **X**, **Y** et **Z** du vecteur de l'axe dans les zones correspondantes. Pour introduire de l'aléatoire, indiquez une variation en degrés de cet axe dans le champ **Variation**.
- Pour autoriser les collisions entre particules, cochez l'option **Enable** du groupe de paramètres **Interparticle Collisions**.
- Indiquez combien de fois entre chaque image les calculs de collision doivent être effectués dans le champ **Calc. Intervals Per Frame**.
- Indiquez la force de rebond des particules en pourcentage dans le champ **Bounce**.
- Pour introduire de l'aléatoire dans le pourcentage de rebond, indiquez un pourcentage de variation dans le champ **Variation**.

## 6. L'effet bulle

Vous pouvez appliquer un comportement de bulles dans un liquide à vos particules en jouant sur les paramètres du panneau **Bubble Motion**. Ces paramètres introduisent une oscillation dans le mouvement des particules.

- Sélectionnez l'émetteur puis cliquez sur le mode modification  du panneau de commandes.
- Affichez le contenu du panneau **Bubble Motion**.

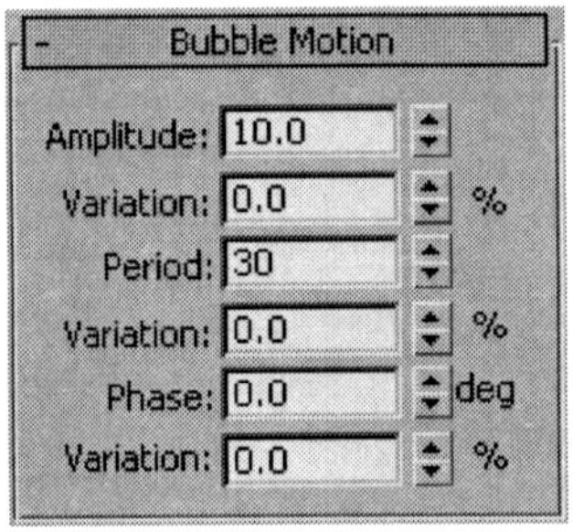


*Le panneau **Bubble Motion** rassemble les paramétrages d'un effet bulles dans un liquide.*

- Pour définir l'amplitude de l'oscillation, modifiez la valeur **Amplitude**.
- Pour introduire de l'aléatoire dans l'amplitude de l'oscillation, indiquez un pourcentage de variation dans le champ **Variation**.
- Pour définir la longueur en images d'une oscillation complète, changez la valeur **Period**.
- Pour introduire de l'aléatoire dans la longueur d'oscillation, indiquez un pourcentage de variation dans le champ **Variation**.

- Pour changer la position initiale de la courbe d'oscillation, indiquez un décalage en degrés dans le champ **Phase**.
- Pour introduire de l'aléatoire dans la position initiale de la courbe d'oscillation, indiquez un pourcentage de variation dans le champ **Variation**.

## 7. L'éclatement de particules

Il est possible de créer de nouvelles particules lors d'un impact, ou de changer certains paramètres des particules à l'impact.

- Sélectionnez l'émetteur puis cliquez sur le mode modification  du panneau de commandes.
- Affichez le contenu du panneau **Praticle Spawn**.

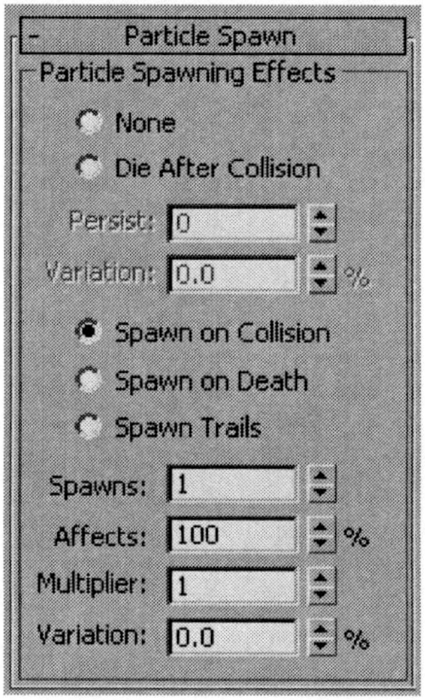


*Le premier groupe de paramètres du panneau **Particle Spawn** indique le type d'événement lors de l'impact d'une particule.*

- Pour désactiver l'éclatement de particules, activez l'option **None**.
- Pour détruire une particule après une collision, cochez l'option **Die After Collision**. La valeur **Persist** indique le nombre d'images pendant lesquelles la particule reste en vie après l'impact et la valeur **Variation** est un pourcentage de variation de cette durée.
- Pour éclater la particule lors d'une collision, cochez l'option **Spawn on Collision**.
- Pour éclater la particule lors de sa mort, cochez l'option **Spawn on Death**.
- Pour créer des éclats de particules à chaque image de vie d'une particule, cochez l'option **Spawn Trails**.

- Pour définir le nombre de particules créées lors d'un éclatement, changez la valeur **Spawns**.
- Modifiez le pourcentage **Affects** pour changer le pourcentage de particules subissant un éclatement.
- Pour multiplier le nombre de particules créées par éclatement par images, modifiez le facteur **Multiplier**.
- Pour introduire de l'aléatoire dans le facteur de particules créées par éclatement, indiquez un pourcentage de variation par la valeur **Variation**.

Les paramètres de **Chaos** gèrent l'aléatoire des particules issues de l'éclatement.

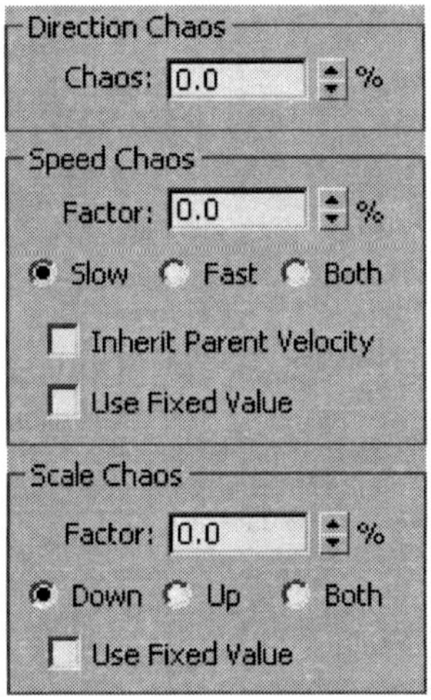


- Pour définir le pourcentage d'aléatoire de la direction des particules issues de l'éclatement, modifiez la valeur **Chaos** du groupe de paramètres **Directions Chaos**.
- Pour modifier la vitesse des particules issues de l'éclatement en pourcentage de la vitesse de la particule d'origine, modifiez le pourcentage **Factor** du groupe de paramètres **Speed Chaos**. Activez l'option **Slow** si ce pourcentage indique un ralentissement, activez **Fast** s'il indique une accélération ou activez l'option **Both** si cette modification peut accélérer ou ralentir les particules.
- Pour modifier la taille des particules issues de l'éclatement en pourcentage de la taille de la particule d'origine, modifiez le pourcentage **Factor** du groupe de paramètres **Scale Chaos**. Activez l'option **Down** si ce pourcentage indique un rapetissement, activez **Up** s'il indique un grossissement ou activez l'option **Both** si cette modification peut rapetisser ou grossir les particules.

Vous pouvez modifier, au fil des éclatements, les durées de vie et les géométries des particules.

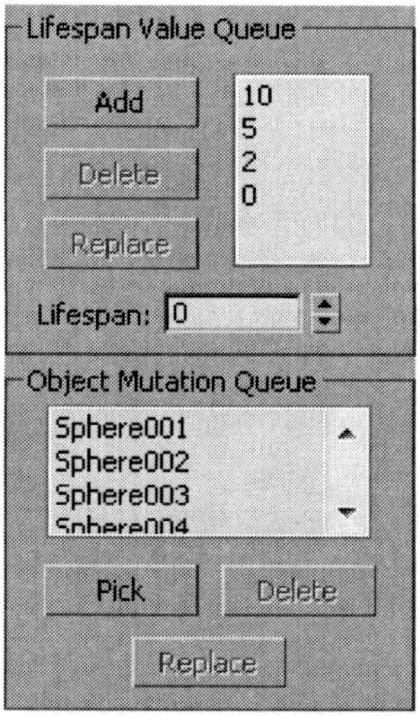


Le groupe de paramètres **Lifespan Value** Queue est une liste de durées de vie. Lors d'un éclatement, les particules issues de l'éclatement utilisent la première valeur de la liste. Si ces particules éclatent, les particules issues de ce nouvel éclatement utiliseront la deuxième valeur de la liste et ainsi de suite jusqu'à utiliser la dernière valeur pour tous les éclatements après la fin de la liste.

- Pour ajouter une valeur à la liste, modifiez la valeur **Lifespan** et cliquez sur le bouton **Add**.
- Pour supprimer une valeur sélectionnée dans la liste, cliquez sur le bouton **Delete**.
- Pour modifier une valeur sélectionnée dans la liste, modifiez la valeur **Lifespan** et cliquez sur le bouton **Replace**.
- Le groupe de paramètres **Object Mutation Queue** n'est accessible que si les particules sont de type **Instanced Geometry**. C'est une liste de géométries. Lors d'un éclatement, les particules issues de l'éclatement utilisent la première valeur de la liste. Si ces particules éclatent, les particules issues de ce nouvel éclatement utiliseront la deuxième valeur de la liste et ainsi de suite jusqu'à utiliser la dernière valeur pour tous les éclatements après la fin de la liste.

## 8. Ajouter des forces

Au-delà de l'ensemble des paramétrages internes du système de particules, vous pouvez appliquer des forces indépendantes au système : force simple, couple en rotation, vortex, ressort, explosion, contrainte de chemin, gravité, vent.

Ces forces sont des objets à placer dans la scène et à lier à l'émetteur.

- Cliquez sur le mode de création du panneau de commandes : .

- Sélectionnez la catégorie des déformations spatiales .
- Sélectionnez le type d'objet **Forces** dans la liste.
- Pour entrer en mode de création d'une force, cliquez sur un bouton du panneau **Object Type**.
- Maintenez le bouton gauche de la souris dans la scène et faites glisser la souris pour créer la force.
- Pour entrer en mode liaison de déformation spatiale, cliquez sur le bouton  (barre d'outils principale).
- Maintenez le bouton gauche de la souris enfoncé sur la force dans la scène puis faites glisser la souris au-dessus du système de particules.

  Le système de particules possède maintenant un modificateur correspondant à la force qui s'affiche en haut de sa pile des modificateurs .
- Pour délier le système de particules et la déformation spatiale, supprimez le modificateur du système de particules associé à la force.

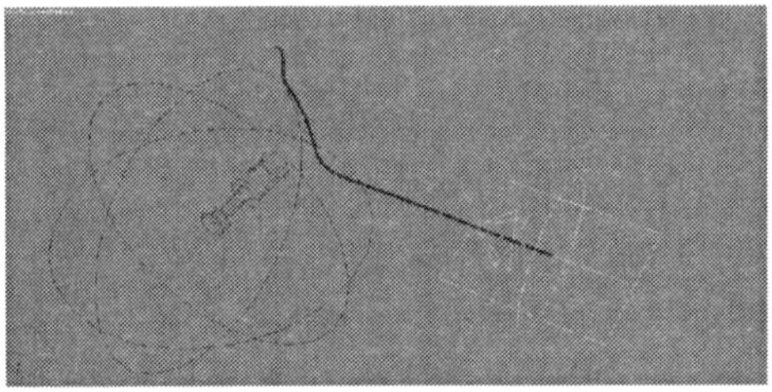

***Push** : applique une force en translation.*

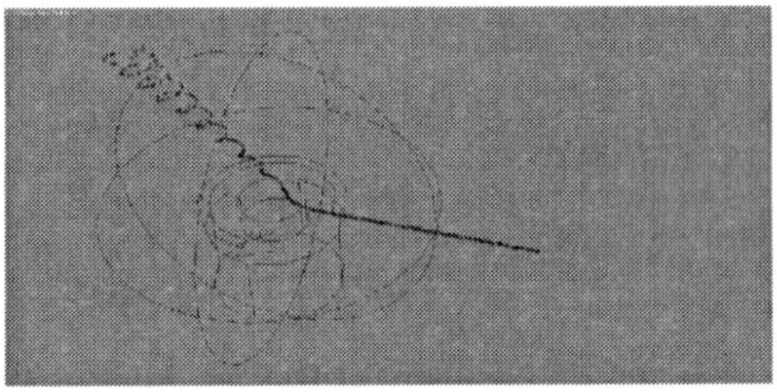

***Motor** : applique un couple en rotation.*

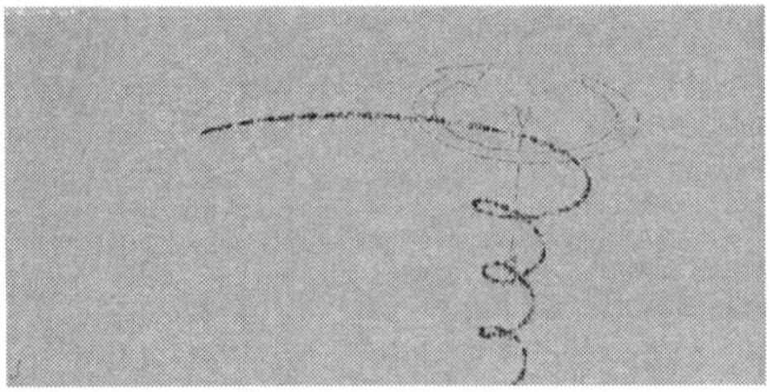

***Vortex** : applique un couple et une translation.*

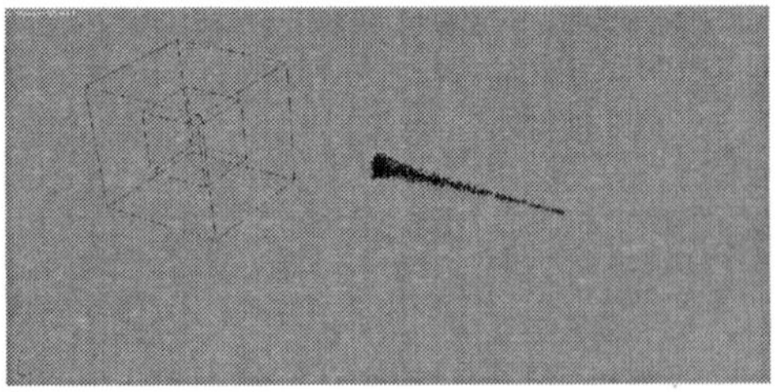

***Drag** : ralentit les particules.*

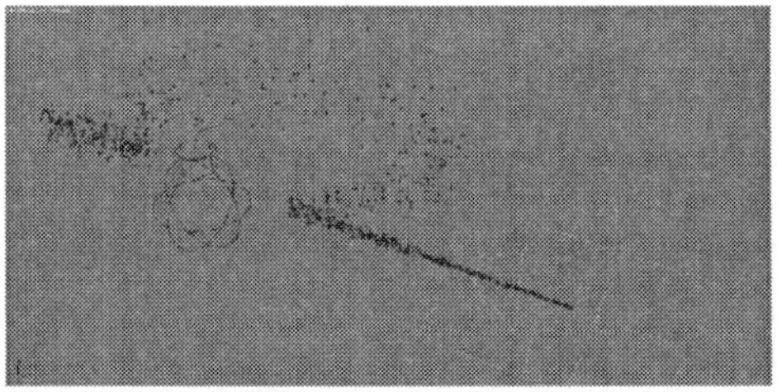

***PBomb*** *: simule une explosion.*

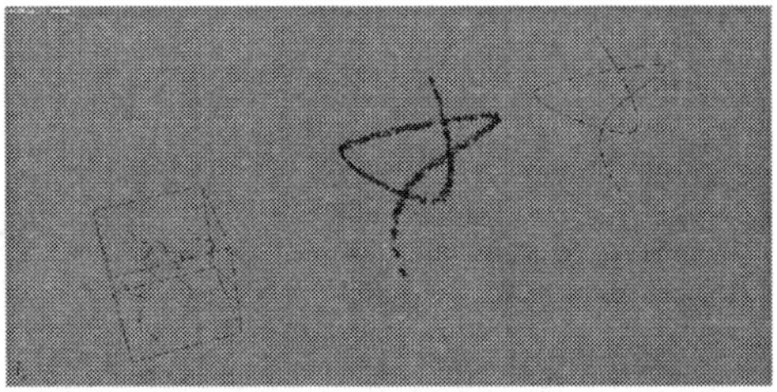

***Path Follow*** *: force les particules à suivre une spline.*

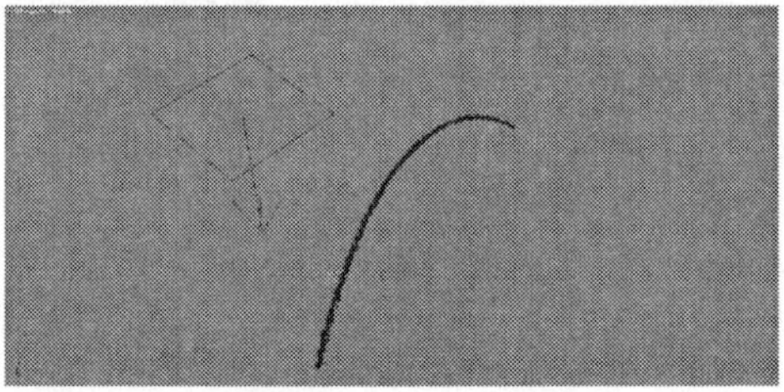

***Gravity*** *: simule la gravité.*

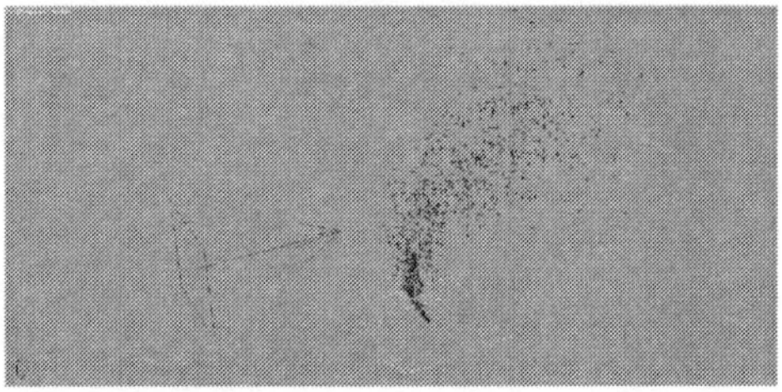

***Wind*** *: simule un vent.*

## 9. Ajouter des déflecteurs

En addition des forces, vous pouvez créer des obstacles pour diffuser les particules au travers ou les faire rebondir dessus, ce sont les réflecteurs ou réfracteurs.

Ces réflecteurs et réfracteurs sont des objets à placer dans la scène et à lier à l'émetteur.

- Cliquez sur le mode de création du panneau de commandes : .
- Sélectionnez la catégorie des déformations spatiales .
- Sélectionnez le type d'objet **Deflectors** dans la liste.
- Pour entrer en mode de création des déflecteurs, cliquez sur un bouton du panneau **Object Type**.
- Maintenez le bouton gauche de la souris dans la scène et faites glisser la souris pour créer le déflecteur.
- Pour entrer en mode liaison de déformation spatiale, cliquez sur le bouton (barre d'outils principale).
- Maintenez le bouton gauche de la souris enfoncé sur la force dans la scène et faites glisser la souris au-dessus du système de particules.

Le système de particules possède maintenant un modificateur correspondant au réfracteur ou réflecteur visible en haut de sa pile de modificateurs.

- Pour délier le système de particules et la déformation spatiale, supprimez le modificateur du système de particules associé au réfracteur ou réflecteur.

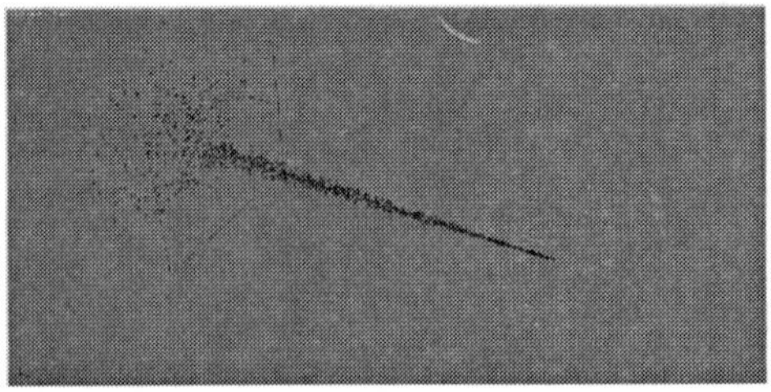

***POmniFlect*** *: permet une réfraction des particules à partir d'un plan.*

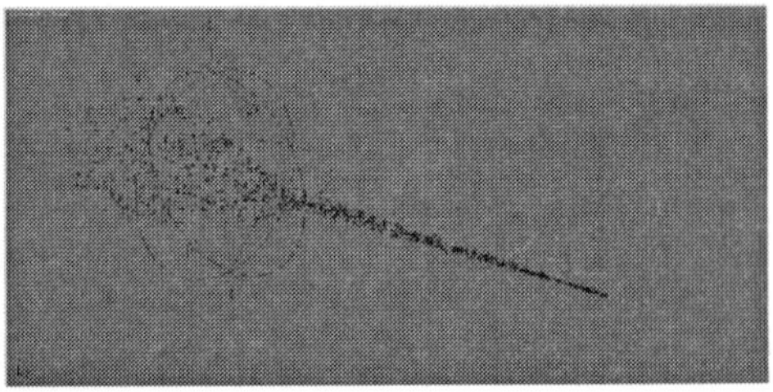

***SOmniFlect*** *: permet une réfraction des particules à partir d'une sphère.*

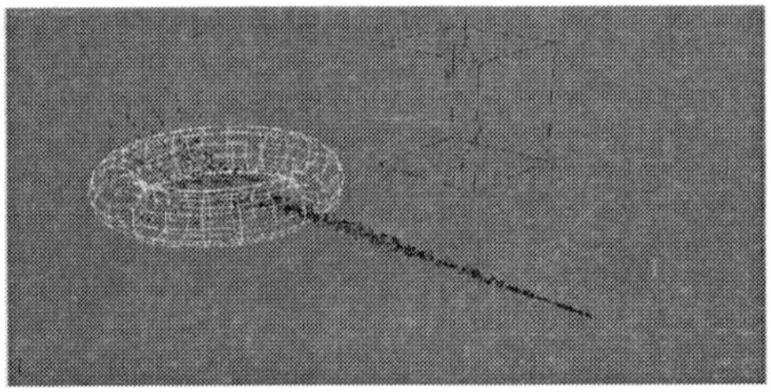

***UOmniFlect*** *: permet une réfraction des particules à partir d'un objet géométrique.*

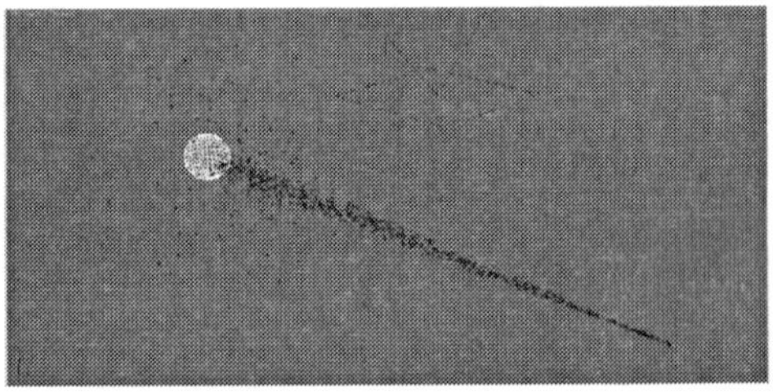

***UDeflector*** *: permet un rebond des particules contre un objet géométrique.*

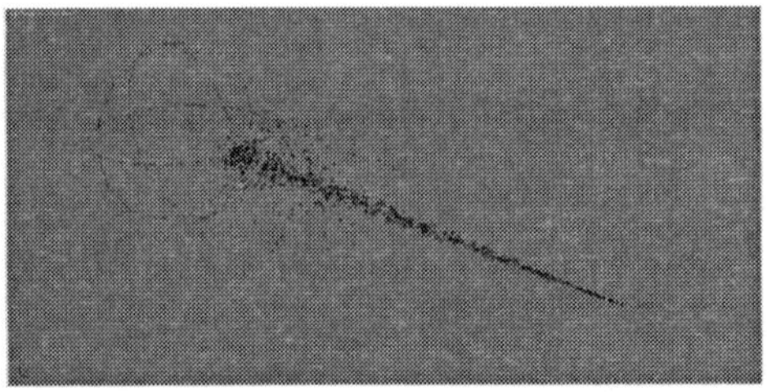

***SDeflector*** *: permet un rebond des particules contre une sphère.*

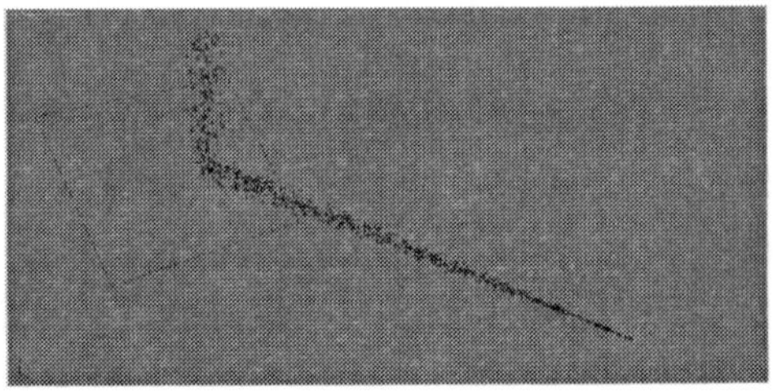

***Deflector*** *: permet un rebond des particules contre un plan.*

## C. Le système Particle Flow

Le système de particules **Particle Flow** est un système de particules événementiel. Chaque étape de la vie de la particule est un événement avec ses paramètres. Les événements peuvent transférer une particule à un autre événement suivant des conditions, voire transmettre la particule à des événements différents suivant les conditions.

Le système **Particle Flow** utilise sa propre interface de gestion des événements.

### 1. Créer un système de particules Particle Flow

- Cliquez sur le mode de création du panneau de commandes : .
- Sélectionnez la catégorie des objets géométriques .
- Sélectionnez le type d'objet **Particle Systems** dans la liste.
- Pour entrer en mode de création de l'objet **Particle Flow**, cliquez sur le bouton **PF Source**.
- Maintenez le bouton gauche de la souris enfoncé dans la scène et faites glisser la souris pour créer le système.
- Déplacez le curseur de temps pour voir apparaître les particules.
- Si besoin, appliquez des translations et des rotations à l'émetteur.

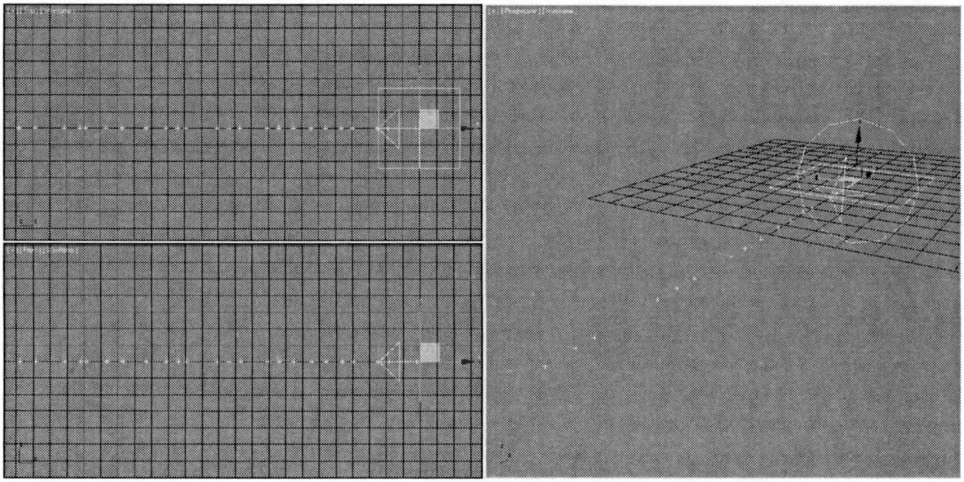

*Le système de particules est en place. Les particules sont représentées par de petites croix blanches.*

## 2. Paramétrer l'émetteur

- Sélectionnez l'émetteur.
- Cliquez sur le mode modification  du panneau de commandes pour voir apparaître les paramètres du système.
- Si besoin, affichez le contenu du panneau **Emission**.

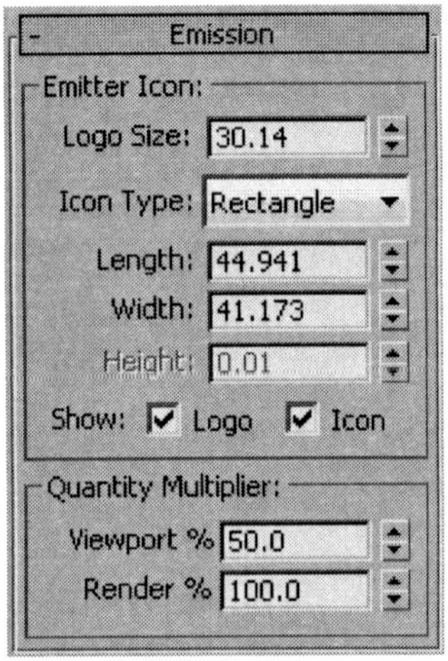


*Le panneau **Emission** présente des paramètres de l'icône et de performance.*

- Pour changer la taille de l'icône du système dans la scène, changez la valeur **Logo Size**.
- Changez la forme de l'icône en choisissant une forme dans la liste **Icon Type**.
- Modifiez les valeurs **Length**, **Width** et **Height** pour personnaliser précisément sa taille.
- Pour afficher un pourcentage des particules dans la vue, modifiez le pourcentage **Viewport**.
- Pour afficher un pourcentage des particules lors du rendu, modifiez le pourcentage **Render**.
- Pour spécifier une limite maximum de particules dans tout le système **Particle Flow**, modifiez la valeur **Upper Limit** du panneau **System Management**.
- Pour changer la précision du système dans la vue, changez la valeur **Viewport**.
- Pour changer la précision du système au rendu, changez la valeur **Render** : une valeur **Frame** indique un calcul à chaque image, **Half Frame** deux fois par image, **1/4 Frame** quatre fois par image, **1/8 Frame** huit fois par image. Concernant les valeurs **Ticks**, il y en a 4800 par seconde, tout dépend de la configuration de temps de 3ds Max.

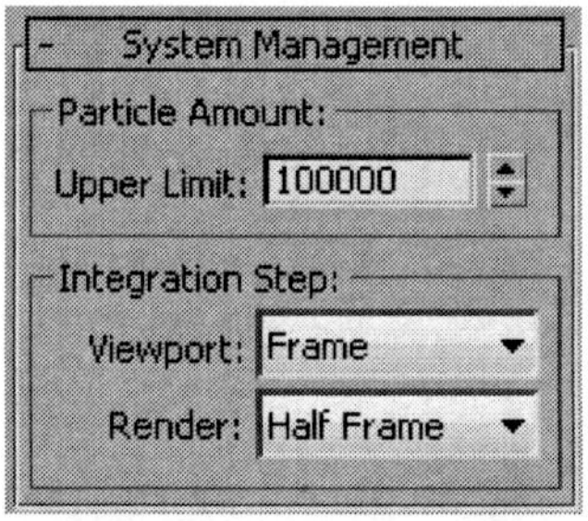


*Le panneau **System Management** ajoute des options de gestion de la performance.*

## 3. Sélectionner des particules

- Sélectionnez l'émetteur puis cliquez sur le mode modification  du panneau de commandes.
- Affichez le contenu du panneau **Selection**.

*Le panneau **Selection** donne accès aux sous-objets, vous permettant ainsi de sélectionner des particules.*

- Pour entrer en mode sous-objet particule, cliquez sur le bouton 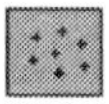 ou utilisez le menu **Quad - Particle** en haut à gauche ou le raccourci **1**.
- Sélectionnez des particules directement dans la scène à l'aide des outils de sélection classiques.

- Pour ajouter à la sélection les particules ayant un identifiant particulier, entrez l'identifiant dans la zone **ID** et cliquez sur le bouton **Add**.
- Pour enlever de la sélection les particules ayant un identifiant particulier, entrez l'identifiant dans la zone **ID** et cliquez sur le bouton **Remove**.
- Pour sélectionner les particules associées à un événement sélectionné dans le mode sous-objet événement, cliquez sur le bouton **Get From Event Level**.

### Remarque

*Le système de particules évolue au fil du temps, notamment en créant ou supprimant des particules. Les différents outils de sélection de particules utiliseront l'état du système à l'image du curseur de temps pour leur sélection.*

- Pour entrer en mode sous-objet événement, cliquez sur le bouton ou utilisez le menu **Quad - Event** en haut à gauche ou le raccourci **2**.
- Pour sélectionner les particules associées à un événement, sélectionnez l'événement dans la liste **Select by Events**.

## 4. L'éditeur d'événements

- Sélectionnez l'émetteur puis cliquez sur le mode modification du panneau de commandes.
- Pour ouvrir l'éditeur d'événements du système **Particle Flow** sélectionné, cliquez sur le bouton **Particle View** du panneau **Setup**.

  Vous pouvez aussi utiliser le menu **Graph Editors - Particle View** ou le raccourci **6**.

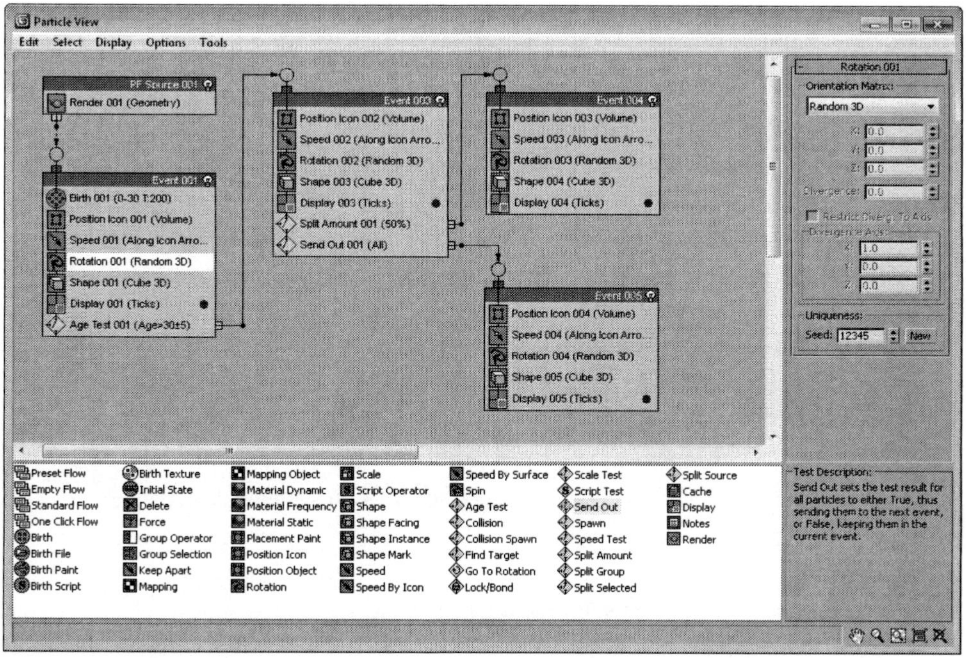


*Cet éditeur présente les événements de tous les systèmes **Particle Flow** présents dans la scène.*

La partie centrale est une vue schématique contenant les différents événements reliés entre eux par des liens. À droite, vous visualisez les paramètres de la sélection dans la vue schématique.

En bas à gauche se trouve la bibliothèque de composants d'événement et à sa droite une description du composant sélectionné.

- Pour déplacer la vue schématique, cliquez sur le bouton , maintenez le bouton gauche de la souris dans la vue schématique et faites glisser la souris.

  Vous pouvez aussi maintenir le bouton du milieu de la souris dans la vue schématique puis faire glisser la souris.

- Pour zoomer dans la vue schématique, cliquez sur le bouton , maintenez le bouton gauche de la souris dans la vue schématique et faites glisser la souris.
- Pour dessiner un zone de zoom dans la vue schématique, cliquez sur le bouton  et encadrez la zone à zoomer dans la vue schématique.
- Pour zoomer de telle sorte que l'ensemble des événements soient visibles, cliquez sur le bouton .
- Pour revenir au niveau de zoom normal, cliquez sur le bouton .

## 5. Créer un événement

Un système de particules **Particle Flow** commence toujours avec un opérateur **Flow** auquel est associée une icône blanche  dans la librairie.

➲ Pour créer un nouveau système de particules vide, faites glisser l'opérateur **Empty Flow** de la librairie vers un espace vide de la vue schématique.

Cette opération ajoute également un objet **Particle Flow** dans la scène.

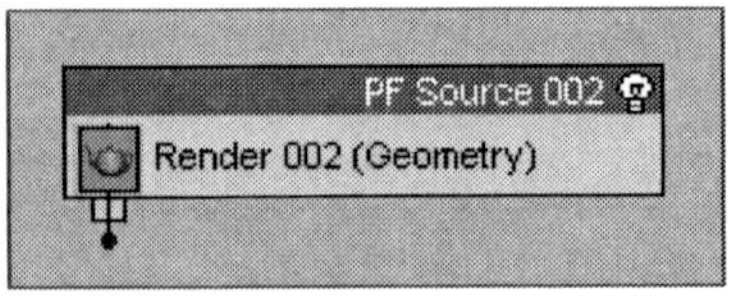


*Un système de particules **Particle Flow** débute toujours par un opérateur **Flow**.*

L'opérateur **Render** vous permet de paramétrer le rendu du système de particules.

➲ Cliquez sur un opérateur pour afficher ses paramètres.

Pour que le système de particules crée des particules, un premier événement est nécessaire. Cet événement doit contenir au minimum un opérateur de naissance, un opérateur de positionnement des particules et un opérateur d'affichage dans la scène.

➲ Pour créer un premier événement simple, faites glisser l'opérateur **Birth** situé dans la librairie vers un espace vide de la vue schématique.

Cette opération crée un événement et lui ajoute automatiquement un opérateur **Display** dont le rôle est d'afficher les particules de l'événement dans la scène.

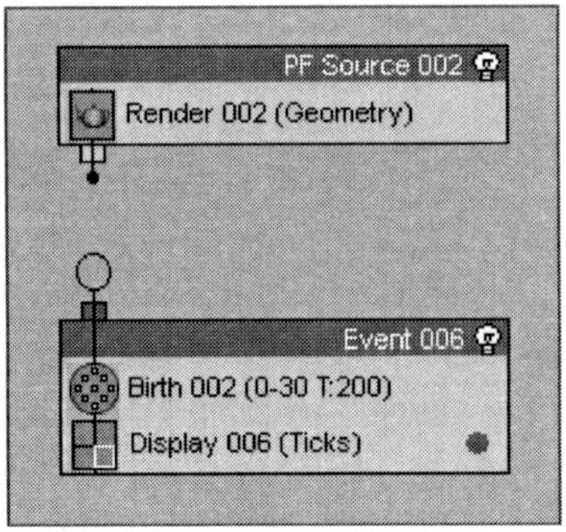


*Le premier événement est créé. Il ne reste plus qu'à le relier à un système **Particle Flow**.*

➲ Pour personnaliser les paramètres de naissance des particules, cliquez sur l'opérateur **Birth**.

- Pour personnaliser l'affichage des particules dans la scène et leur couleur, cliquez sur l'opérateur **Display**.
- Pour relier le système de particules créé précédemment et notre premier événement, faites glisser la borne bleue en bas à gauche de l'opérateur **Render** ● sur le cercle noir ○ en haut à gauche de l'opérateur **Birth**.
- Pour compléter le premier événement, indiquez la position des particules lors de la naissance en faisant glisser l'opérateur **Position Icon** situé dans la librairie entre les opérateurs **Birth** et **Display** de notre événement.

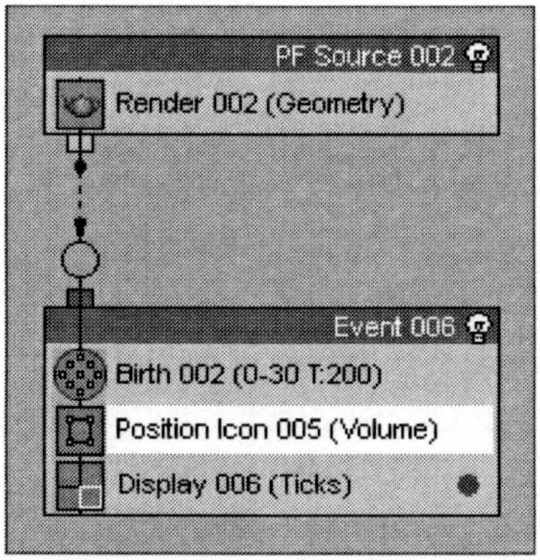


*En déplaçant le curseur de temps, vous verrez apparaître les particules sur l'icône du système **Particle Flow** dans la scène.*

L'opérateur **Position Icon** utilise l'icône du système **Particle Flow** dans la scène pour émettre les particules.

L'opérateur **Position Object** utilise un objet de la scène pour émettre les particules, par sa surface, ses arêtes, sommets, faces ou encore son volume.

## 6. Le mouvement des particules

Pour transmettre un mouvement aux particules, vous devez ajouter un opérateur de vitesse au premier événement.

- Dans la fenêtre de l'éditeur d'événements, faites glisser l'opérateur **Speed** situé dans la librairie entre deux opérateurs de notre premier événement.

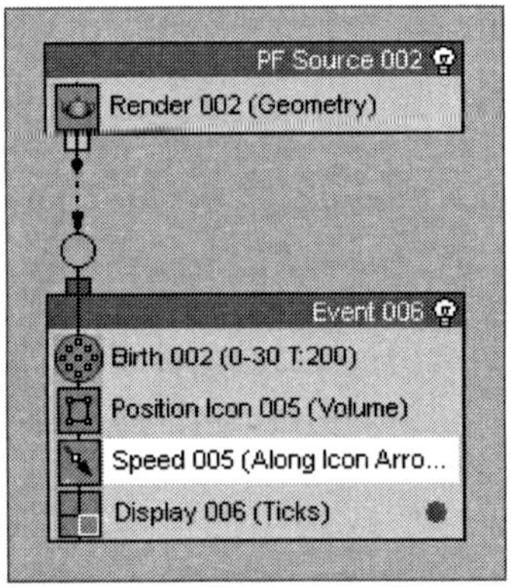


*Les particules sont désormais en déplacement à partir de l'icône du système dans la scène.*

L'opérateur **Speed** permet de donner aux particules une vitesse initiale selon une direction donnée par l'icône du système ou encore une direction aléatoire.

➲ Deux autres opérateurs de mouvement des particules sont disponibles :

- L'opérateur **Speed By Icon** ajoute un objet dans la scène. La vitesse et la direction des particules seront la vitesse et la direction de cet objet une fois animé dans la scène.
- L'opérateur **Speed By Surface** utilise les caractéristiques d'une surface, comme les normales, pour déterminer la vitesse des particules.

## 7. Modifier le mouvement des particules

➲ 3ds Max met à votre disposition quatre opérateurs permettant de modifier le mouvement des particules :

- L'opérateur **Rotation** applique des rotations aux particules.
- L'opérateur **Spin** fait tourner les particules sur elles-mêmes.
- L'opérateur **Force** vous permet d'utiliser une déformation spatiale de type force sur les particules de l'événement.
- L'opérateur **Keep Apart** contrôle la vitesse des particules afin de s'assurer qu'elles ne collisionnent pas entre elles.

## 8. Le rendu des particules

➲ De nombreux opérateurs permettant de modifier le rendu des particules sont disponibles dans 3ds Max :

- L'opérateur **Shape** vous propose un certain nombre de géométries basiques pour le rendu des particules.

- L'opérateur **Shape Facing** utilise des plans toujours orientés vers la caméra ou un objet.
- L'opérateur **Shape Mark** simule des traces déposées sur la surface d'un objet.
- L'opérateur **Shape Instance** utilise un objet de la scène comme géométrie pour le rendu des particules.
- L'opérateur **Scale** vous permet de contrôler la taille des particules.
- L'opérateur **Mapping** applique des coordonnées de texture standard à chaque particule.
- L'opérateur **Mapping Object** utilise les coordonnées de texture d'objets de la scène et les applique aux particules.
- L'opérateur **Material Static** permet d'assigner un matériau aux particules.
- L'opérateur **Material Frequency** assigne aléatoirement différents matériaux aux particules.
- L'opérateur **Material Dynamic** utilise un matériau comportant des sous-matériaux ; il applique successivement les différents sous-matériaux aux particules dans le temps.

## 9. Tests et conditions

En fonction de différents tests, vous pouvez transférer des particules à un nouvel événement.

Voyons par exemple la suppression des particules lorsqu'elles atteignent un certain âge.

➲ Dans la fenêtre de l'éditeur d'événements, faites glisser l'opérateur **Age Test** situé dans la librairie entre deux opérateurs de notre premier événement.

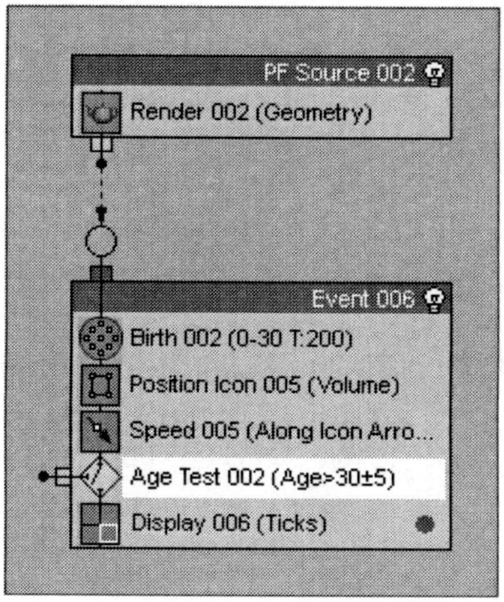


*Le premier événement comporte à présent un test, en jaune. Ce test sera effectué sur chaque particule à chaque image.*

➲ Faites glisser l'opérateur **Delete** situé dans la librairie vers un espace vide de la vue schématique : cette opération crée un deuxième événement.

➲ Pour relier le test d'âge du premier événement au deuxième événement, faites glisser la borne bleue ■ située à gauche de l'opérateur **Age Test** sur le cercle noir ○ situé en haut à gauche du deuxième événement.

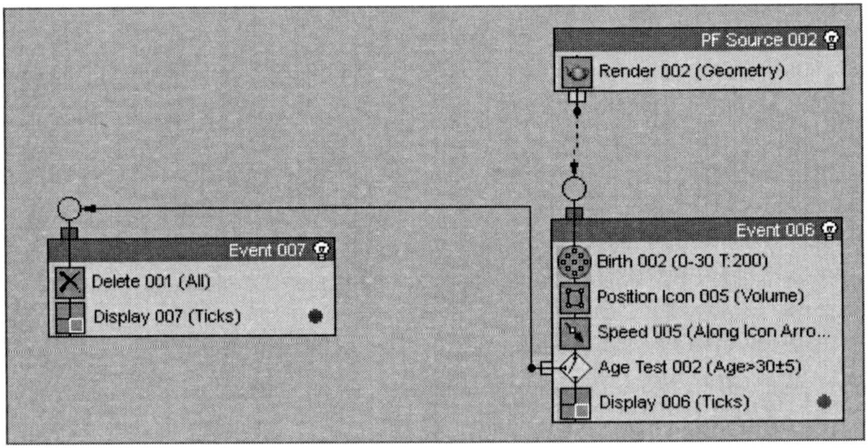


*Les particules remplissant les conditions d'âge sont transférées au deuxième événement qui supprime les particules.*

➲ De nombreux autres opérateurs de tests sont disponibles dans 3ds Max :

- L'opérateur **Age Test** teste l'âge des particules.
- L'opérateur **Collision** teste la collision entre les particules et un déflecteur de type déformation spatiale présent dans la scène.
- L'opérateur **Collision Spawn** teste la collision entre les particules et un déflecteur de type déformation spatiale présent dans la scène et transfère les particules issues de l'éclatement à l'événement lié.
- L'opérateur **Find Target** pousse les particules à atteindre une cible. Lorsque la cible est atteinte les particules sont transférées à l'événement lié.
- L'opérateur **Go To Rotation** calcule une transition entre deux événements comportant des opérateurs de rotation très différents.
- L'opérateur **Lock/Bond** accroche les particules à un objet. Si les particules sont détachées par une force, elles sont transférées à l'événement lié.
- L'opérateur **Scale Test** teste la taille des particules.
- L'opérateur **Script Test** vous offre la possibilité d'écrire votre propre procédure de test dans le langage de script de 3ds Max.
- L'opérateur **Send Out** transfère les particules à l'événement lié.

- L'opérateur **Spawn** crée des particules d'éclatement et les transfère à l'événement lié.
- L'opérateur **Speed Test** teste la vitesse des particules.
- L'opérateur **Split Amount** transfère à l'événement lié un certain nombre de particules.
- L'opérateur **Split Selected** transfère les particules sélectionnées à l'événement lié.
- L'opérateur **Split Source** transfère les particules issues d'un système **Particle Flow** précis à l'événement lié. Cela peut être nécessaire si deux systèmes de particules partagent des événements.

# Chapitre 25
# Organisation et productivité

## A. Le mode expert

Le mode expert vous permet de maximiser les vues en masquant une très grande partie de l'interface de 3ds Max. Ce mode fait la part belle aux raccourcis-clavier, au menu **Quad** et aux barres d'outils flottantes.

➲ Pour entrer en mode expert, utilisez le menu **Views** - **Expert Mode** ou le raccourci Ctrl **X**.

*L'édition d'une scène en mode expert.*

➲ Pour sortir du mode expert, utilisez à nouveau le menu **Views** - **Expert Mode** ou le raccourci Ctrl **X** ou cliquez sur le bouton **Cancel Expert Mode** situé en bas à droite de l'interface.

## B. Les statistiques

Vous pouvez afficher dans une vue un certain nombre d'informations concernant la sélection ou la scène, comme le nombre de polygones. Il est également possible d'afficher en temps réel des outils d'aide à la résolution de problèmes de maillage ou de coordonnées de texture.

### 1. Afficher/masquer les statistiques

- Pour activer les statistiques, utilisez le menu **Views - xView - Show Statistics** ou ouvrez le premier menu de la vue et choisissez **xView - Show Statistics** ou utilisez le raccourci **7**.

*Par défaut, les statistiques affichent le nombre de polygones de la scène, le nombre de sommets de la scène et le taux de rafraîchissement de la vue (**FPS** pour Frames Per Second).*

### 2. Personnaliser les statistiques

- Pour masquer les statistiques, utilisez à nouveau le menu **Views - xView - Show Statistics** ou ouvrez le premier menu de la vue et choisissez **xView - Show Statistics** ou utilisez le raccourci **7** puis cliquez sur **Show Statistics**.
- Utilisez le premier menu de la vue et choisissez **Configure Viewports** ou le menu **Views - Viewport Configuration** ou faites un clic droit sur l'une des icônes de la barre d'outils de paramétrage des vues située en bas à droite de la fenêtre.
- Cliquez sur l'onglet **Statistics**.
- Pour afficher le nombre de polygones, cochez l'option **Polygon Count**.
- Pour afficher le nombre de triangles, cochez l'option **Triangle Count**.

- Pour afficher le nombre d'arêtes, cochez l'option **Edge Count**.
- Pour afficher le nombre de sommets, cochez l'option **Vertex Count**.
- Pour afficher le taux de rafraîchissement de la vue, cochez l'option **Frames Per Second**.
- Pour afficher les statistiques de toute la scène, activez l'option **Total**.
- Pour afficher les statistiques de la sélection, activez l'option **Selection**.
- Pour afficher les statistiques de toute la scène et de la sélection, activez l'option **Total + Selection**.
- Cliquez sur le bouton **OK**.

## 3. Activer un outil d'aide

- Pour activer un outil d'aide à la résolution des problèmes de **xView**, utilisez le menu **Views - xView** ou ouvrez le premier menu de la vue et pointez l'option **xView**.
- Activez un des outils suivants situés dans la liste supérieure :

| | |
|---|---|
| **Faces Orientation** | Affiche l'arrière des faces en noir, vous permettant ainsi de repérer les faces dont la normale serait inversée. |
| **Overlapping Faces** | Affiche les faces se superposant d'un même objet. |
| **Open Edges** | Affiche les arêtes de bordure, vous alertant ainsi sur les trous du maillage. |
| **Multiple Edges** | Indique des arêtes partagées par plus de deux faces. |
| **Isolated Vertices** | Affiche les sommets non utilisés du maillage. |
| **Overlapping Vertices** | Indique les sommets superposés du maillage. |
| **T-Vertices** | Surligne les sommets n'appartenant qu'à trois arêtes visibles. |
| **Missing UVW Coordinates** | Affiche les faces qui ne possèdent pas de coordonnées de texture. |
| **Overlapped UVW Faces** | Surligne les faces qui possèdent des coordonnées de texture qui se superposent. |

- Pour sélectionner les sous-objets détectés par l'outil actif de **xView**, utilisez le menu **Views - xView - Select Results** ou ouvrez le premier menu de la vue et choisissez **xView - Select Results**.
- Pour désactiver un outil d'aide à la résolution de problèmes, cliquez sur le libellé correspondant dans la scène puis cliquez sur l'outil pour le désactiver.

## C. Définir des raccourcis des modificateurs

Lorsque vous utilisez souvent des modificateurs, vous pouvez les ajouter sous forme de boutons dans le panneau de commandes en mode modification.

- Affichez le panneau de commandes en mode modification : .
- Pour afficher les boutons d'accès rapide aux modificateurs, cliquez sur le bouton de personnalisation et choisissez l'option **Show Buttons**.

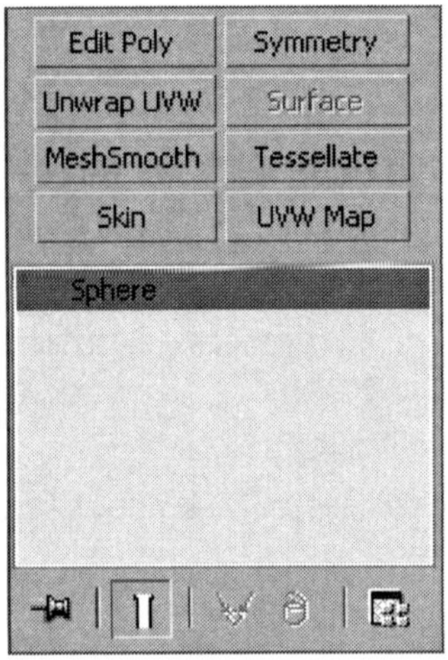


*Les modificateurs ajoutés sous forme de boutons sont à portée de clic.*

- Pour choisir un autre profil de boutons, cliquez à nouveau sur le bouton de personnalisation puis cliquez sur le profil souhaité dans la partie basse du menu.

  Si aucun des profils ne vous convient, vous pouvez en créer un nouveau.

- Cliquez sur le bouton de personnalisation et choisissez **Configure Modifier Sets**.
- Entrez le nombre de boutons à afficher dans le champ **Total Buttons**.
- Faites glisser des modificateurs de la liste de gauche sur les boutons à droite pour les changer.
- Entrez un nom de profil dans le champ **Sets**.
- Cliquez sur le bouton **Save** pour enregistrer votre profil.
- Cliquez sur le bouton **OK**.

**Remarque**

*Pour supprimer un profil, sélectionnez son nom dans la liste **Sets** de la boîte de dialogue **Configure Modifier Sets** puis cliquez sur le bouton **Delete**.*

## D. Les conteneurs

Les conteneurs sont des groupes d'objets indépendants qui peuvent être partagés dans plusieurs scènes et par plusieurs utilisateurs en même temps.

Vous pouvez modifier le contenu du conteneur localement et être le seul à posséder les modifications ou modifier le conteneur partagé et ainsi voir le contenu du conteneur modifiable dans toutes les scènes l'utilisant.

Les conteneurs sont multi-utilisateurs. Si un utilisateur ouvre un conteneur pour le modifier, les autres utilisateurs ne peuvent pas ouvrir le conteneur en même temps.

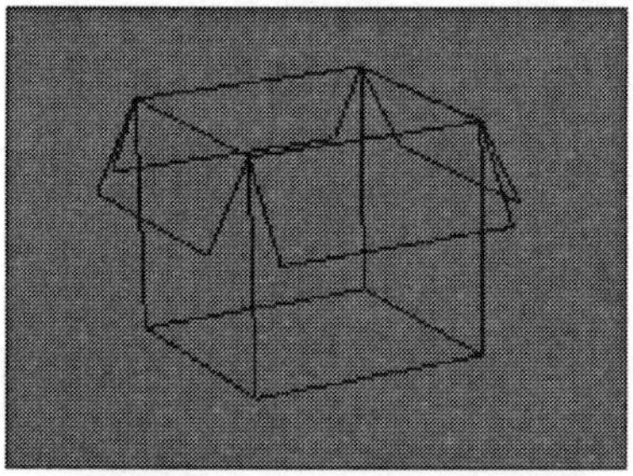

*Les conteneurs sont représentés dans la scène par un graphisme de carton ouvert ou fermé.*

L'objet conteneur est présent dans la scène avec sa propre transformation et tous les objets qu'il contient sont des enfants du conteneur.

➲ Pour afficher la barre d'outils des conteneurs, faites un clic droit dans une zone vide de la barre d'outils principale et sélectionnez **Containers**.

*Une barre d'outils est dédiée à la gestion des conteneurs.*

➲ Pour créer un conteneur, sélectionnez les objets qu'il doit inclure et utilisez le menu **Tools - Containers - Create Container from Selection** ou cliquez sur le bouton  (barre d'outils des conteneurs).

**ASTUCE**

*Il se peut que l'objet conteneur soit caché derrière ou dans les objets qui ont servi à le créer. Pour le sélectionner, utilisez la sélection par nom ou passez en mode affichage des arêtes.*

- L'objet conteneur est le parent des objets qu'il contient. Si vous déplacez le conteneur, son contenu est également déplacé. Pour déplacer le conteneur sans déplacer son contenu, cliquez sur le mode hiérarchie du panneau de commandes, cliquez sur le bouton **Don't Affect Children** du panneau **Adjust Transform** et déplacez le conteneur.
- Pour enregistrer le conteneur et pourvoir le partager, utilisez le menu **Tools** - **Containers** - **Local Content** - **Save Container** ou cliquez sur le bouton (barre d'outils des conteneurs). Spécifiez le dossier d'enregistrement, le nom du fichier puis cliquez sur le bouton **Save**.
- Pour fermer le conteneur et le rendre ainsi accessible en modification à d'autres utilisateurs, utilisez le menu **Tools** - **Containers** - **Close Container** ou cliquez sur le bouton (barre d'outils des conteneurs). Lorsqu'un conteneur est fermé, vous ne pouvez plus sélectionner son contenu séparément.
- Pour décharger un conteneur et voir son contenu disparaître de la scène, utilisez le menu **Tools** - **Containers** - **Unload Container** ou cliquez sur le bouton (barre d'outils des conteneurs).
- Pour charger un conteneur et ainsi voir son contenu dans la scène, utilisez le menu **Tools** - **Containers** - **Load Container** ou cliquez sur le bouton (barre d'outils des conteneurs).
- Pour ouvrir un conteneur et le modifier, utilisez le menu **Tools** - **Containers** - **Open Container** ou cliquez sur le bouton (barre d'outils des conteneurs). Si un autre utilisateur a ouvert le conteneur, cette opération sera impossible.
- Pour ajouter un objet sélectionné au conteneur, utilisez le menu **Tools** - **Containers** - **Local Content** - **Add Selected to Container** ou cliquez sur le bouton (barre d'outils des conteneurs).
- Pour supprimer un objet sélectionné du conteneur, utilisez le menu **Tools** - **Containers** - **Local Content** - **Remove Selected from Container** ou cliquez sur le bouton (barre d'outils des conteneurs).

- Pour insérer un conteneur extérieur à la scène, utilisez le menu **Tools** - **Containers** - **Inherit Container** ou cliquez sur le bouton (barre d'outils des conteneurs).
- Vous pouvez insérer à nouveau un conteneur déjà présent dans la scène ou le copier. Cependant, seule la première version du conteneur sera éditable.

# E. Les références externes

De la même façon que les conteneurs, les références externes tentent de résoudre les problématiques liées au partage de données entre membres d'une même équipe. Cependant, les références externes sont bien plus rigides que les conteneurs. En effet, leur seul rôle se résume à importer dans la scène le contenu d'une autre scène sans pouvoir le modifier.

Si la référence externe est modifiée par quelqu'un, elle se met à jour chez les équipiers qui l'utilisent.

Il existe deux types de référence externes : les références de scène et les références d'objets.

## 1. Les références de scène

La référence de scène consiste à charger le contenu d'une scène extérieure dans la scène en affichage seul : rien n'est sélectionnable ou modifiable, la scène importée est seulement visible. Cela peut servir par exemple à voir se compléter progressivement le décor d'une scène qui est réalisé par un autre membre d'équipe dans la scène où on travaille.

- Pour créer une référence de scène externe, cliquez sur le bouton 3ds Max , pointez l'option **References** puis cliquez sur **XRef Scene**.

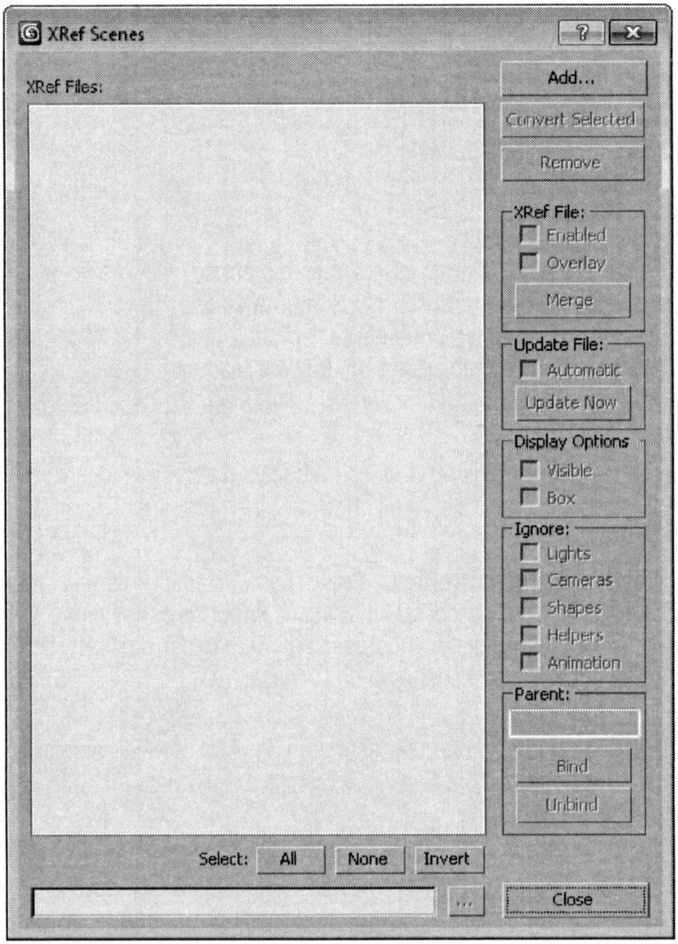


*La fenêtre de référence de scènes.*

- Pour ajouter une référence de scène externe, cliquez sur le bouton **Add** et choisissez un fichier .max.
- Pour supprimer une référence de scène externe sélectionnée, cliquez sur le bouton **Remove**.
- Pour créer une référence de scène externe à partir de la sélection actuelle de la scène, c'est-à-dire enregistrer la sélection dans une scène, cliquez sur le bouton **Convert Selected**, spécifiez le nom du fichier puis enregistrez.

- Pour importer définitivement une copie de la référence de scène externe dans la scène et briser ainsi le lien entre les deux fichiers, cliquez sur le bouton **Merge** puis confirmez en cliquant sur le bouton **OK**.
- Pour ignorer certaines catégories d'objets de la référence de scène externe qui n'apparaîtront pas dans la scène, cochez les catégories correspondantes dans le groupe de paramètres **Ignore**.
- Pour forcer le contenu importé de la référence de scène externe à suivre les déplacements d'un objet de la scène, cliquez sur le bouton **Bind** et cliquez sur un objet de la scène.
- Pour casser le lien entre la référence de scène externe et un objet de la scène, cliquez sur le bouton **Unbind**.

## 2. Les références d'objets

Les références externes d'objets utilisent un objet provenant d'une autre scène et l'incluent dans la scène courante comme n'importe quel objet. Cet objet est transformable mais n'est pas éditable et possède des propriétés de références externes permettant l'optimisation des opérations.

Il est à noter que l'objet est une référence externe, incluant potentiellement des références externes de matériaux et des références externes de contrôleurs.

- Pour ouvrir le gestionnaire de références externes d'objets, cliquez sur le bouton 3ds Max , pointez l'option **References** puis cliquez sur **XRef Objects**.
- Pour ajouter une scène source de références externes d'objets, cliquez sur le bouton 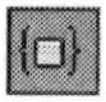, sélectionnez le fichier .max puis validez. Dans la boîte de dialogue qui s'affiche, sélectionnez les objets à utiliser comme références externes puis cliquez sur **OK**.

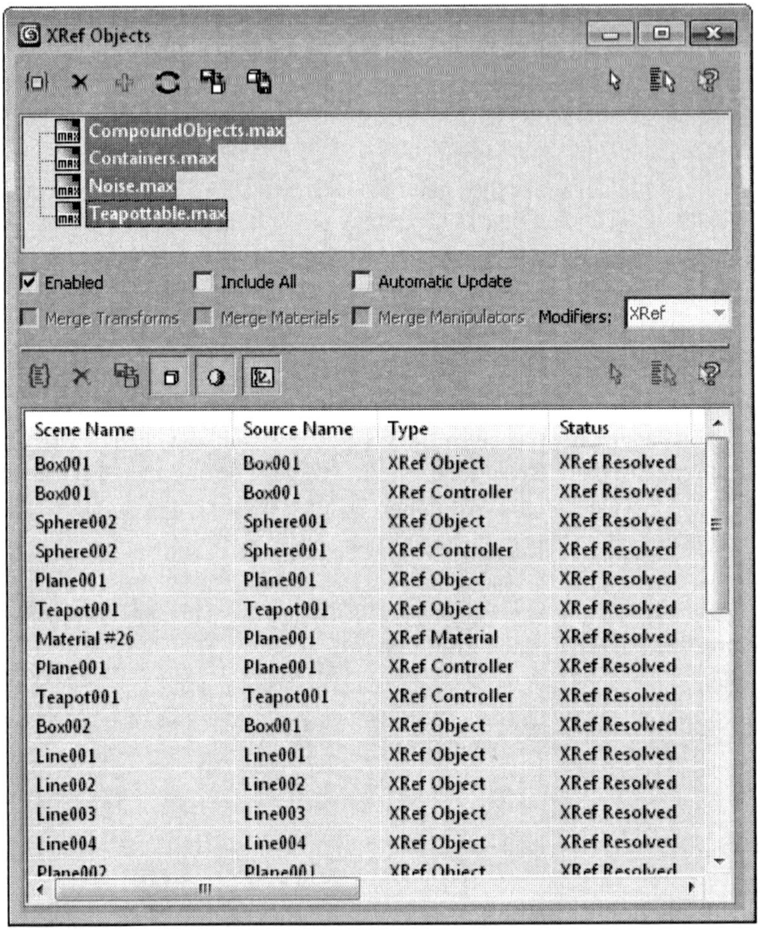


*Le gestionnaire de références externes d'objets. La première liste contient les fichiers de scène d'où proviennent les références ; la deuxième liste contient les références externes d'objets, de matériaux et de contrôleurs.*

- Pour supprimer une scène sélectionnée comme source de références externes, cliquez sur le bouton  puis confirmez en cliquant sur le bouton **OK** du message qui s'affiche.
- Pour combiner deux enregistrements sélectionnés de la même scène comme source de références externes, cliquez sur le bouton .
- Pour mettre à jour les références externes des scènes sélectionnées, cliquez sur le bouton .

- Pour fusionner les références externes des scènes sélectionnées définitivement dans la scène et briser ainsi le lien de référence externe, cliquez sur le bouton .
- Pour créer une référence externe à partir de la sélection actuelle de la scène, c'est-à-dire enregistrer la sélection dans une scène, cliquez sur le bouton 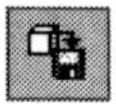, spécifiez le nom du fichier puis enregistrez.
- Pour ajouter un nouvel objet de la scène sélectionnée en tant que référence externe dans la scène actuelle, cliquez sur le bouton .
- Pour supprimer une référence externe sélectionnée, cliquez sur le bouton .
- Pour fusionner les références externes sélectionnées définitivement dans la scène et briser ainsi le lien de référence externe, cliquez sur le bouton .

## 3. Substituer la référence par un proxy

Une référence externe peut utiliser un objet proxy pour améliorer les performances des scènes utilisant la référence. Un proxy est généralement une version simplifiée de la référence.

- Sélectionnez la référence externe.
- Passez en mode modification du panneau de commandes en cliquant sur le bouton .
- Affichez le contenu du panneau **Proxy Object**.

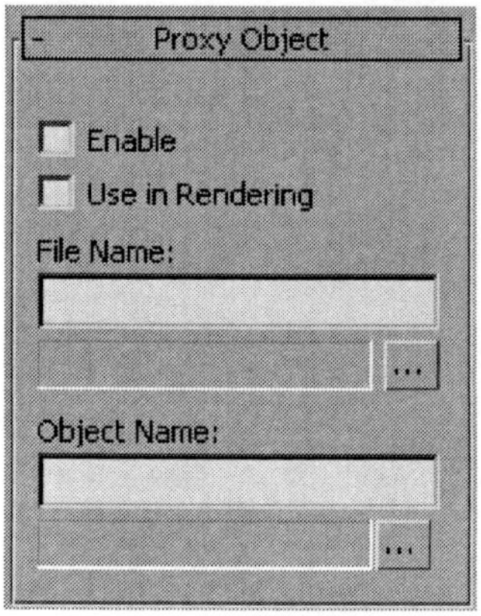


*Le panneau **Proxy Object** d'une référence externe.*

- Pour activer le proxy, cochez l'option **Enable**.

- Pour activer l'objet original dans le rendu, cochez l'option **Use in Rendering**.
- Entrez le chemin complet du fichier .max contenant le proxy dans la zone **File Name**.
- Entrez le nom de l'objet proxy dans le champ **Object Name**.

## F. Les calques

Afin de perfectionner un peu l'organisation de votre scène, 3ds Max vous propose un système de calques vous permettant de séparer les objets dans différentes catégories. Un certain nombre d'opérations sont possibles sur l'ensemble des objets d'un calque, comme modifier les paramètres de visibilité ou la sélection.

- Pour afficher la barre d'outils dédiée aux calques, faites un clic droit dans une zone vide de la barre d'outils principale et cliquez sur **Layers**.

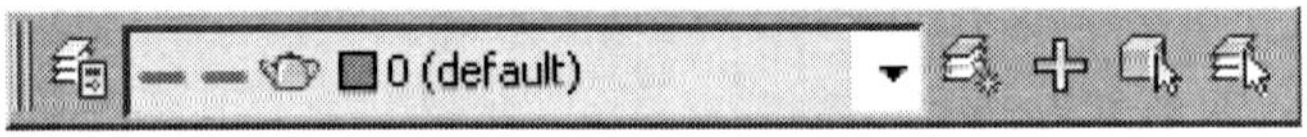


*La barre d'outils des calques.*

- Pour ouvrir le gestionnaire de calques, cliquez sur le bouton  (barre d'outils principale ou barre d'outils des calques) ou utilisez le menu **Tools** - **Manage Layers**.

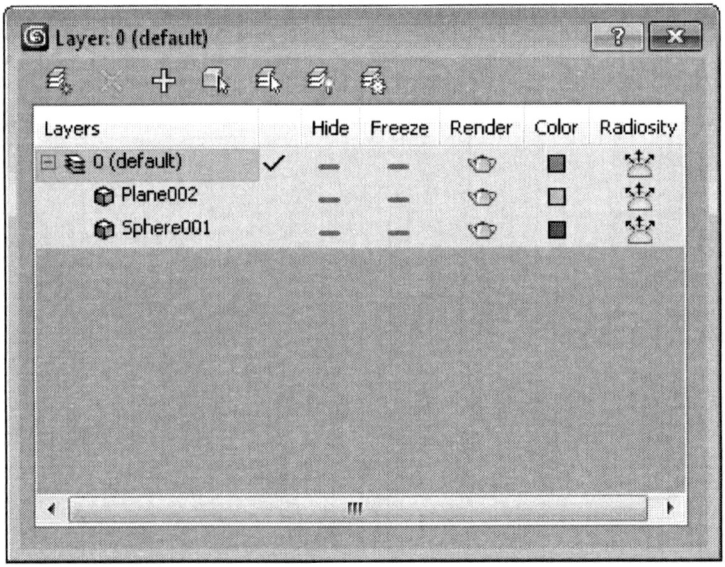


*Le gestionnaire de calques.*

- Pour ajouter un calque, cliquez sur le bouton . La sélection active est automatiquement déplacée dans le nouveau calque.
- Pour changer de calque actif, sélectionnez un calque différent à partir de la barre d'outils des calques ou cochez la case à cocher à droite du nom du calque dans le gestionnaire des calques.
- Pour ajouter les objets sélectionnés au calque actif, cliquez sur le bouton .
- Pour sélectionner les objets contenus dans le calque actif, cliquez sur le bouton .
- Pour activer le calque dont font partie les objets sélectionnés, cliquez sur le bouton .
- Pour masquer ou afficher tous les calques, cliquez sur le bouton  dans le gestionnaire des calques.
- Pour geler ou dégeler tous les calques, cliquez sur le bouton  dans le gestionnaire des calques.
- Pour masquer ou afficher des calques ou des objets sélectionnés dans le gestionnaire des calques, cliquez, dans la colonne **Hide**, sur une des icônes  de la sélection ; un clic sur une icône  de la sélection permet de les afficher de nouveau.
- Pour geler ou dégeler des calques ou des objets sélectionnés dans le gestionnaire de calques, cliquez, dans la colonne **Freeze**, sur une des icônes  de la sélection ; un clic sur une icône  de la sélection permet de les dégeler de nouveau.
- Pour désactiver le rendu de calques ou d'objets sélectionnés dans le gestionnaire de calques, cliquez, dans la colonne **Render**, sur une des icônes  de la sélection ; un clic sur une icône  de la sélection permet de les activer de nouveau.
- Pour modifier la couleur d'un calque ou d'un objet dans le gestionnaire de calques, cliquez, dans la colonne **Color**, sur le sélecteur de couleur correspondant.
- Pour désactiver ou activer l'inclusion dans le calcul de radiosité des calques ou des objets sélectionnés dans le gestionnaire de calques, cliquez, dans la colonne **Radiosity**, sur une des icônes  de la sélection.
- Pour modifier les propriétés d'un calque, cliquez sur l'icône  à gauche de son nom.
- Pour modifier les propriétés d'un objet, cliquez sur l'icône  à gauche de son nom.

➲ Pour supprimer un calque, vous devez au préalable assigner tous les objets qu'il contient à un autre calque. Puis sélectionnez le calque à supprimer et cliquez sur le bouton .

## G. Les dossiers de projet et scène de démarrage

Partager des données et travailler à plusieurs sur un même projet peut s'avérer être un casse-tête du point de vue de l'organisation. En effet, les fichiers sont nombreux, les chemins dépendent du disque dur de chacun et les erreurs humaines sont monnaie courante, telles que ne pas utiliser la bonne version d'une ressource, ou encore ne pas avoir utilisé les mêmes unités de mesure de scène et s'en apercevoir lors de la mise en commun.

3ds Max propose un outil de gestion de projet qui est un début de solution. Avec l'aide d'un peu d'astuce et du partage de certaines informations, on peut arriver à résoudre une grande partie des problèmes en amont, avant de devoir investir du temps dans le rattrapage des erreurs.

Une fois configurés, les dossiers de projet de 3ds Max seront utilisés par défaut par tous les outils du logiciel. Que ce soit les rendus, chercher une image ou encore enregistrer des scènes ou des animations, tous les chemins des fenêtres d'exploration de l'ordinateur seront par défaut dans le dossier de projet. En utilisant ce dossier de projet, vous avez peu de chance de vous tromper d'emplacement pour vos fichiers et ressources.

➲ Pour définir un chemin de projet, cliquez sur le bouton 3ds Max , pointez l'option **Manage** puis cliquez sur **Set Project Folder** ; vous pouvez aussi cliquer sur le bouton  (barre d'accès rapide).

➲ Sélectionnez un dossier et validez.

3ds Max crée pour vous un certain nombre de sous-dossiers destinés à enregistrer les différentes ressources.

Si chaque utilisateur du projet référence le même dossier, partagé sur un réseau par exemple, les principaux problèmes sont réglés. Dans le cas où chaque utilisateur place ses fichiers à des emplacements différents du disque dur, un autre problème se pose, ce sont les chemins des ressources externes. En effet, quand vous utilisez une texture par exemple, son chemin est absolu.

L'une des solutions est que l'ensemble des utilisateurs créent un lecteur réseau avec une lettre de lecteur commune pointant sur leur dossier local de projet de 3ds Max. Ainsi, tous les utilisateurs du projet ont exactement les mêmes chemins, par exemple X:\sceneassets.

Le dernier problème récurrent concerne les propriétés de scène par défaut. Il n'est vraiment pas rare de rencontrer des problèmes de correspondance d'échelle. Cela peut être évité par une astuce.

- Lancez 3ds Max ou réinitialisez le logiciel.
- Paramétrez les unités notamment et tous les paramétrages de scène.
- Enregistrez la scène vide dans le dossier **scenes** de votre dossier de projet sous le nom **maxstart.max**.
- Réinitialisez le logiciel.
- Changez les unités et sauvegardez la scène sous un nom quelconque.
- Réinitialisez le logiciel : 3ds Max vous propose de changer les unités par défaut pour revenir à celles du fichier maxstart. Si un fichier avec un tel nom existe, 3ds Max s'en sert pour paramétrer la scène lors du lancement du logiciel ou après une réinitialisation.

## H. Le navigateur de ressources

Avec la complexité des projets, le nombre de fichiers externes explose, les dossiers de textures augmentent vertigineusement et les formats sont variables. De plus, l'explorateur de Windows ne peut pas toujours afficher un aperçu des différents types de fichier disponibles sur votre disque dur. Enfin, il serait pratique de pouvoir déplacer et lâcher n'importe quel type de ressource facilement dans l'interface de 3ds Max.

L'outil navigateur de ressources **Asset Browser** répond à ces problématiques.

- Pour ouvrir le navigateur, cliquez sur le mode utilitaire  du panneau de commandes.
- S'il est déjà présent dans le panneau **Utilities**, cliquez sur le bouton **Asset Browser**. Sinon, cliquez sur le bouton **More**, sélectionnez **Asset Browser** dans la liste et validez par **OK**.

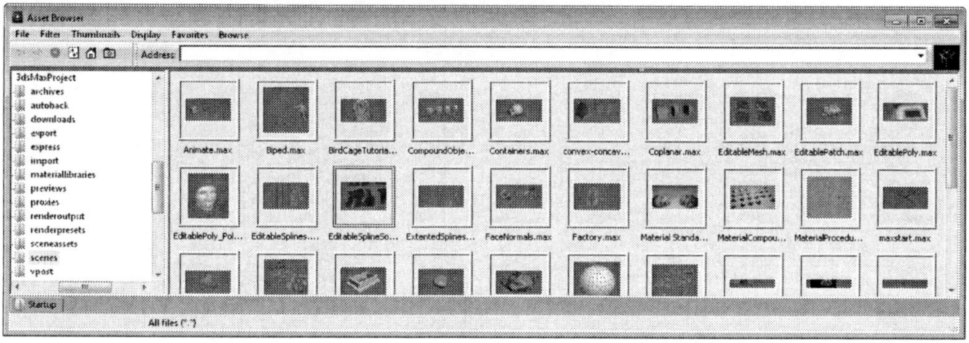


*Le navigateur de ressources remplace aisément l'explorateur de disque dur.*

- Pour mettre en place des filtres sur les fichiers affichés, utilisez le menu **Filter**.
- Pour changer la taille des miniatures, utilisez le menu **Thumbnails**.

- Pour utiliser une ressource directement dans l'interface de 3ds Max, faites-la glisser sur l'interface.

  Le navigateur de ressources est également disponible en tant que vue.

- Ouvrez le deuxième menu de la vue et choisissez **Extended Viewports** - **Asset Browser**.

# Chapitre 26
# Nouveautés 3ds Max 2013

## A. L'interface

### 1. Couleur de fond des vues

Dans 3ds Max 2013, le fond des vues perspectives est maintenant un dégradé de couleur par défaut.

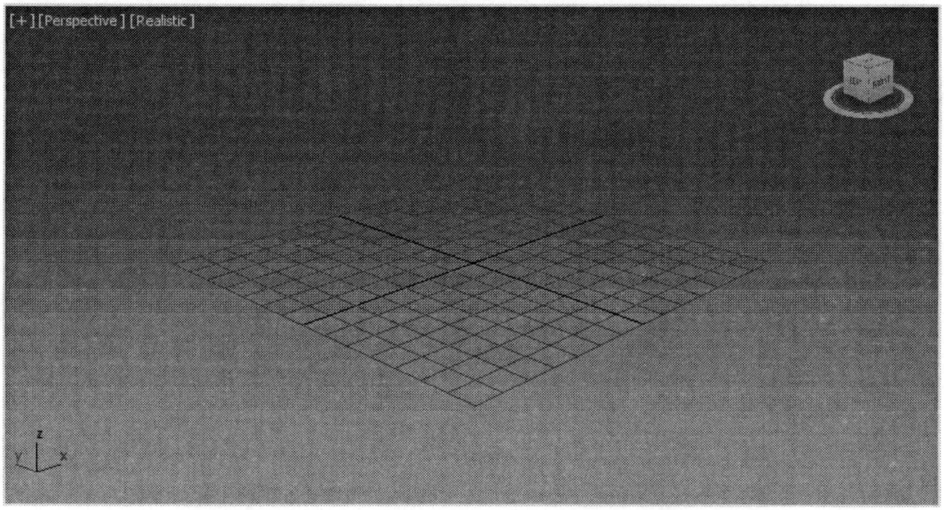


- Pour revenir à une couleur uniforme, utilisez le menu **Views** - **Viewport Background** - **Solid Color**.
- Pour réactiver le dégradé, utilisez le menu **Views** - **Viewport Background** - **Gradient Color**.

### 2. Gérer des espaces de travail

Il est maintenant possible d'enregistrer facilement la disposition des éléments de l'interface de 3ds Max et d'en changer.

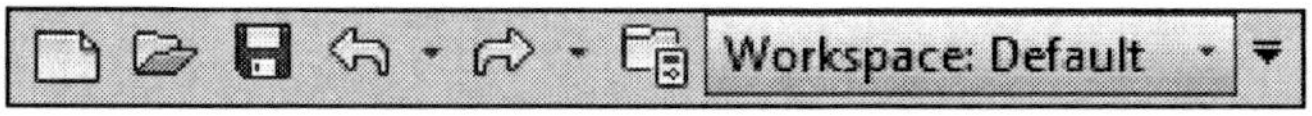


*Un nouveau menu déroulant est positionné à droite de la barre d'accès rapide.*

- Cliquez sur le nouveau menu présent à droite de la barre d'accès rapide. Sélectionnez un espace de travail dans la première partie de la liste pour changer la disposition de l'interface.
- Sélectionnez **Manage Workspace** dans la deuxième partie de la liste pour gérer les espaces de travail sauvegardés ou pour en enregistrer un nouveau.
- Sélectionnez **Reset to Default State** pour retrouver la configuration par défaut de l'espace de travail.

## 3. Amélioration des performances des vues

Le moteur de rendu en temps réel des vues, Nitrous, a été amélioré. Cela se traduit par des gains de performance notables sur de larges scènes, avec des ombres de qualité. Deux nouveaux shaders font leur apparition.

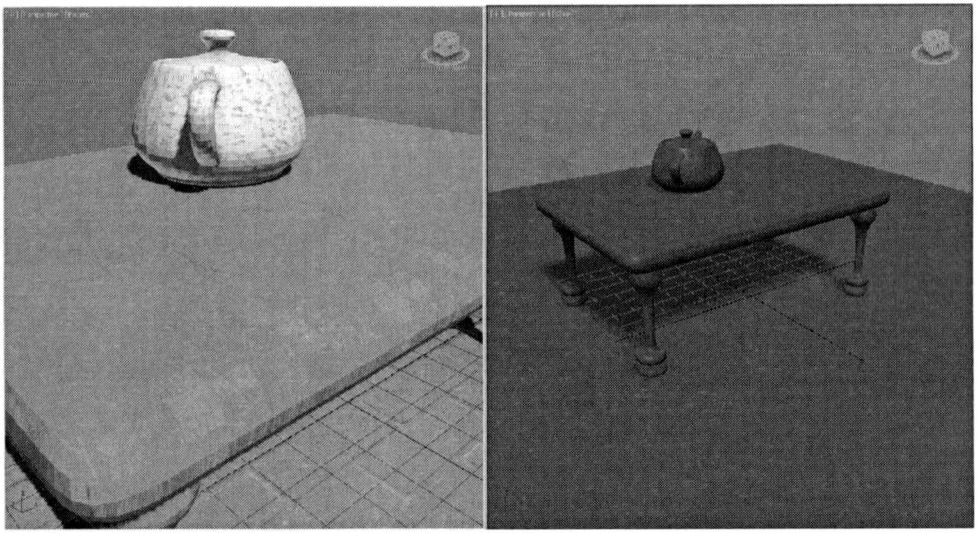

*À gauche, le shader **Facets** supprime le lissage des surfaces courbes des objets ; à droite le shader **Clay** utilise une couleur uniforme à la place des textures pour permettre aux modeleurs de se concentrer sur la géométrie.*

## 4. Jeux de vues

Une nouvelle barre d'outils fait son apparition dans l'interface. Elle vous permet d'enregistrer dans la scène et de changer rapidement les configurations des vues : leur nombre et leur disposition.

*La nouvelle barre d'outils en bas à gauche, vous permet de changer rapidement de configuration de vues.*

- Pour ajouter une configuration de vues à la scène, cliquez sur la flèche ▶ et cliquez sur une configuration. Elle s'ajoute à la barre d'outils.
- Pour changer la configuration des vues, cliquez sur la configuration désirée dans la barre d'outils.
- Pour supprimer une configuration, faites un clic droit dessus et cliquez sur **Delete Tab**.
- Enregistrez votre scène pour retrouver ces configurations à la prochaine ouverture de la scène.

# B. Les outils

## 1. Créer des tableaux de clones

Dans les versions antérieures de 3ds Max, la fenêtre de l'outil Tableau de clones doit être fermée pour naviguer dans la scène. Dans 3ds Max 2013, vous pouvez garder la fenêtre de l'outil Tableau de clones ouverte et manipuler la scène en même temps. Notez que vous ne pouvez pas modifier la sélection tant que la prévisualisation est active (bouton **Preview**).

## 2. La forme Œuf

Une nouvelle forme est disponible : **Œuf**.

- Cliquez sur l'icône de création du panneau de commande : .
- Sélectionnez la catégorie des objets géométriques : .
- Sélectionnez le type d'objet **Splines** dans le menu déroulant.
- Cliquez sur **Egg** pour entrer dans le mode de création.

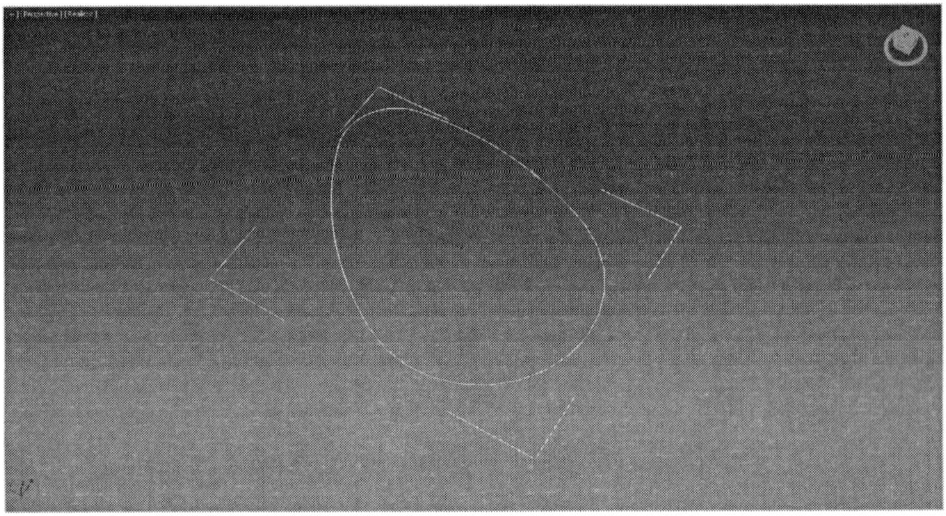

*La nouvelle forme Œuf.*

Vous pouvez également entrer dans le mode de création de cette forme par le menu **Create** - **Shapes** - **Egg**.

## 3. Texture de couleur du dôme de lumière

Il est maintenant possible de prévisualiser dans la vue le résultat d'un dôme de lumière sans solution de lumière Light Tracer. Ce dôme peut également comporter une texture de lumière. Notez que pour visualiser le résultat final, vous devez patienter sans faire d'action dans l'interface pendant un certains temps qui dépend des performances de votre matériel graphique.

*Une prévisualisation d'un éclairage par dôme de lumière dans une vue perspective.*

## C. Animation

### 1. Le format gPoly

Les objets géométriques peuvent être de différents formats, tels que les polygones éditables ou les maillages éditables.

Un nouveau format est disponible dans 3ds Max 2013, le **gPoly**. Ce format ne dispose pas d'outils de modélisation. Son seul but est d'obtenir les meilleures performances possibles lors de la déformation animée d'un maillage 3D, comme pour la peau d'un personnage.

Vous pouvez soit convertir l'objet servant de peau pour votre personnage en gPoly, soit ajouter un modificateur gPoly avant d'appliquer votre modificateur de peau.

- Assurez-vous d'avoir un objet sélectionné dans la scène.
- Passez dans le mode Modification du panneau de commande .
- Faites un clic droit sur le type de l'objet et cliquez sur le type **Deformable gPoly** pour convertir l'objet.

#### Remarque

*Vous pouvez également convertir un objet avec le menu **Quad**, choisissez le sous-menu **Convert to - Convert to Deformable gPoly**.*

Afin de conserver la pile de modificateurs de votre objet, vous pouvez également appliquer un modificateur de changement de type. Veillez seulement à bien l'appliquer avant d'appliquer un modificateur peau.

➲ Pour changer le type d'un objet en **gPoly**, ajoutez le modificateur **Turn to gPoly**.

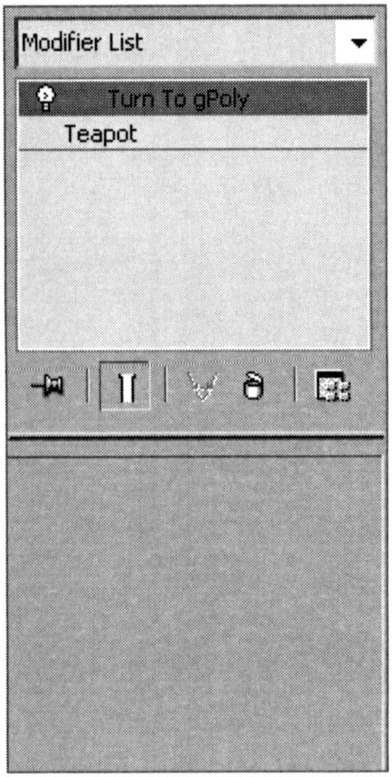


*Les objets de type **gPoly** ne comportent aucun paramètre ou outil.*

## 2. L'éditeur de courbes

Dans 3ds Max 2013, les menus de l'éditeur de courbes ont été revus pour présenter les outils de façon plus efficace.

## 3. Modifier des portions de temps

Un nouvel outil fait son apparition dans l'éditeur de courbes : l'outil de modification de portions de temps. Il permet de sélectionner une portion de temps et de l'accélérer ou de la ralentir sans changer l'animation. Il est possible de supprimer cette modification pour retrouver l'animation originale.

➲ Assurez-vous d'avoir un objet animé dans la scène.

➲ Pour ouvrir l'éditeur de courbes, utilisez le menu **Graph Editor** - **Track View** - **Curve Editor** ou le bouton  (barre d'outils principale) ou le menu Alt **Quad - Curve Editor**.

➲ Cliquez sur l'outil de modification de portion de temps .

➲ Double cliquez à deux endroits différents de la vue de l'éditeur de courbes pour placer les marqueurs de l'outil.

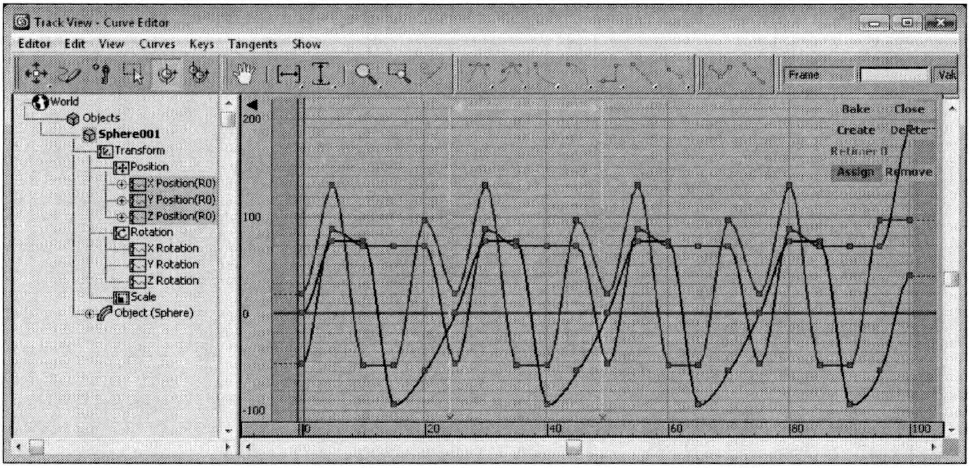


*Deux barres jaunes, les marqueurs, indiquent les limites de la modification de temps, où vous avez effectué les double clics. Les marqueurs sont des traits verticaux constitués de deux parties fines entourant une partie plus épaisse.*

➲ Pour déplacer les marqueurs de l'outil sans modifier le temps, maintenez le bouton gauche de la souris sur une partie fine d'un marqueur et déplacez la souris.

➲ Pour modifier la position d'un marqueur et dilater ou contracter le temps situé entre les deux marqueurs, maintenez le bouton gauche de la souris sur la partie épaisse de l'un des marqueurs et déplacez la souris.

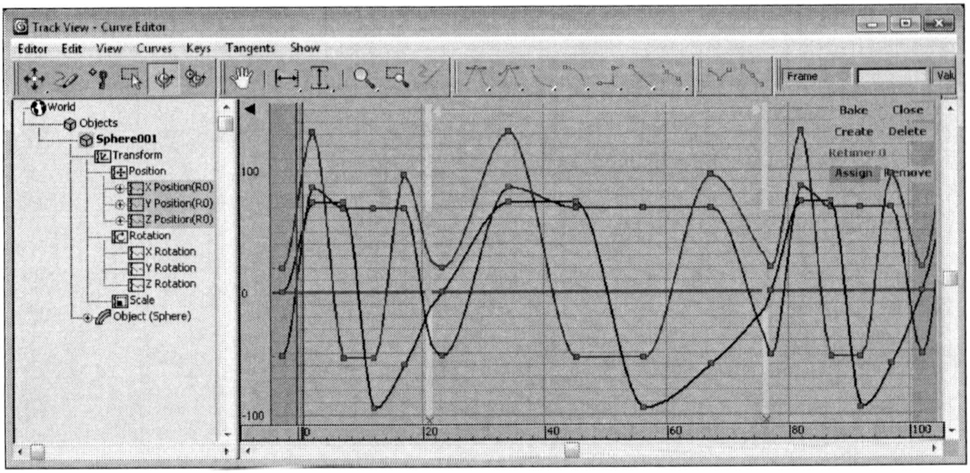


*Dans cet exemple, les deux marqueurs ont été éloignés, dilatant le temps entre ces deux marqueurs tout en conservant les clés d'animation avant et après dans le timing original.*

## 4. L'Animation Store

Autodesk vous propose d'acheter des personnages dans l'Animation Store.

➲ Utilisez le menu **Animation - Autodesk Animation Store**.

*L'**Animation Store** apparaît dans le panneau de commande.*

➲ Cliquez sur le bouton **Buy a Character** pour parcourir la librairie de personnages.

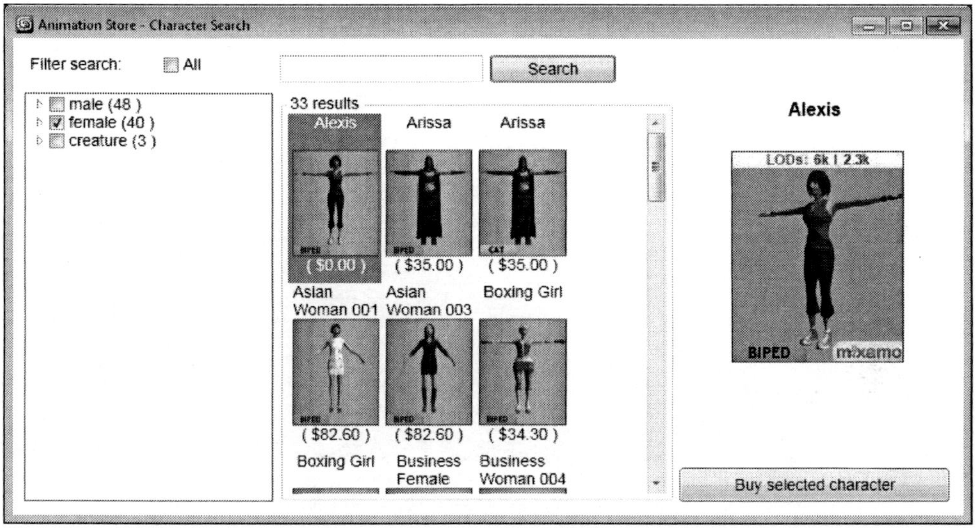


*La librairie de personnages. Notez que certains d'entre eux sont gratuits.*

Cet utilitaire vous permet également de parcourir de nombreuses animations de personnages, de les prévisualiser sur un personnage présent dans la scène et enfin d'acheter cette animation.

➲ Assurez-vous d'avoir un **Biped** dans la scène.

➲ Utilisez le menu **Animation - Autodesk Animation Store**.

➲ Sélectionnez un os de votre **Biped**.

➲ Cliquez sur le bouton **Search Motions**.

➲ Sélectionnez une animation dans l'**Animation Store**.

➲ Cliquez sur le bouton **Preview in Scene** du panneau de commande pour jouer l'animation sur le **Biped** de la scène.

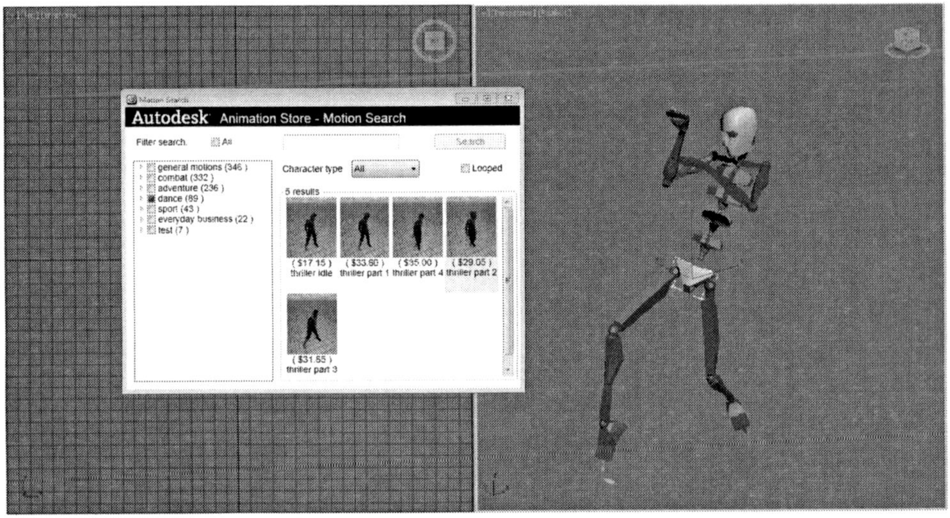


*La librairie d'animations avec une prévisualisation sur un **Biped** de la scène. Notez que certaines animations sont gratuites et vous permettront de tester un skinning par exemple.*

## 5. Le modificateur Skin

Un nouveau bouton a fait son apparition dans le modificateur peau (**Skin**). Ce bouton, placé au-dessus de la liste des os vous permet de trier la liste des os dans l'ordre alphabétique croissant ou décroissant.

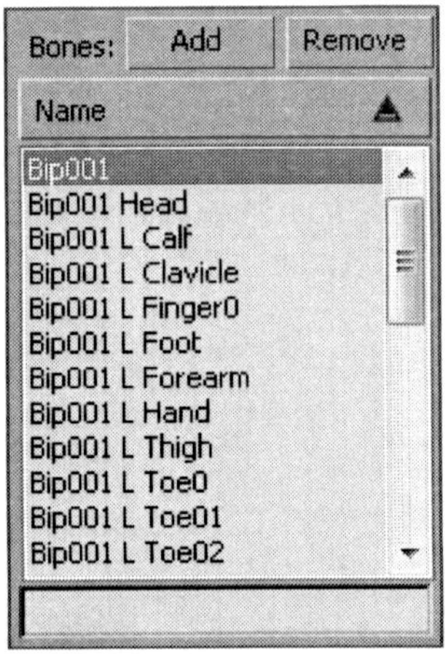


*Le bouton intitulé **Name** change l'ordre de tri des os de la liste.*

## D. Jeux d'états de rendu

De la même manière que les états de la scène, les états de rendu vous permettent d'enregistrer différents jeux de paramétrage pour le rendu de votre scène.

Cet état de la scène enregistrera les paramètres d'environnement, les paramètres de temps, l'activation des effets d'atmosphère, les effets de caméra, les couches de rendu, les paramètres de calques, les propriétés des objets de la scène, les paramètres de lumières, les paramètres du rendu, la configuration des vues, la caméra active.

- Utilisez le menu **Rendering** - **State Sets**.

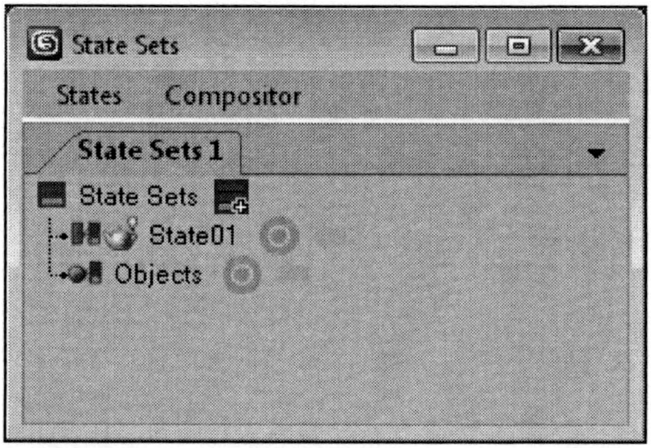


*La fenêtre de gestion des états de rendu.*

- Pour ajouter un nouvel état de rendu, cliquez sur le bouton .
- Pour commencer à enregistrer vos modifications, cliquez sur le bouton .
- Modifiez des paramètres enregistrables dans les jeux d'états de rendu.

**ASTUCE**

*N'oubliez pas, si vous voulez combiner par la suite les différents états de rendu dans un logiciel de montage vidéo ou de montage photo, d'assigner à chaque état un nom de fichier de sortie différent.*

- Pour cesser d'enregistrer les modifications, cliquez sur le bouton .

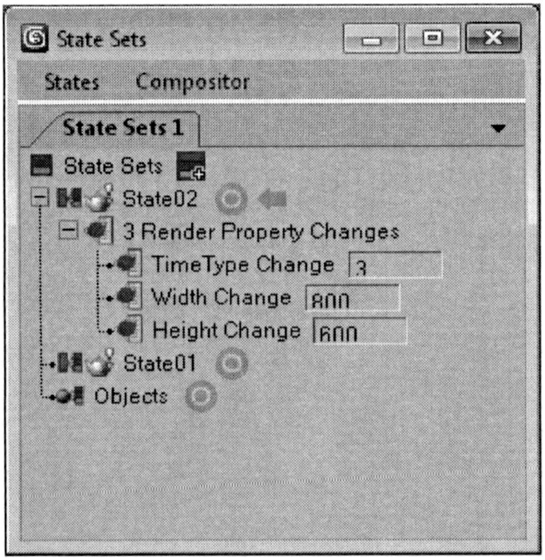


La fenêtre de gestion des états de rendu présente les paramètres enregistrés et leur valeur.

- Pour modifier la valeur d'un des paramètres enregistrés dans un état de rendu, double cliquez sur la valeur à modifier et entrez une nouvelle valeur.
- Pour lancer le rendu de tous les états en même temps, utilisez le menu **States** - **Render All States**.
- Pour visualiser dans une vue schématique les différents états de rendu et leur résultat, utilisez le menu **Compositor** - **Compositor View**.

# Index

# C

# N



# O

# S

# T

# V